데이터베이스 *for* Beginner 2판

지은이 **우재남** 5288893@hanafos.com

서강대학교에서 정보시스템 전공으로 석사 과정을 마친 후 다양한 IT 관련 분야에서 실전 업무를 수행했고, 대학에서 프로그래밍, 데이터베이스, 운영체제 등의 과목을 강의해왔다. 현재는 디티솔루션의 공간데이터베이스 연구소장으로 재직하고 있으며, 공간 정보와 IT의 융합 학문인 유시티 IT 분야의 공학박사 학위도 취득했다. 지금도 한양사이버대학교 컴퓨터공학과와 삼성, LG, 현대, CJ, KT, SK 등의 기업에서 인공지능 및 IT 전문 분야를 강의하고 있다. 자신이 체험한 다양한 IT 실무 경험과 지식을 최대한 쉽고 빠르게 수강생과 독자에게 전달하는 것을 강의와 집필의 모토로 삼고 있다.

* 대표 저서(한빛아카데미/한빛미디어)
이것이 우분투 리눅스다(3판) (2024)
IT CookBook, Android Studio를 활용한 안드로이드 프로그래밍(9판) (2024)
IT CookBook, C 언어 자료구조와 알고리즘 for Beginner (2023)
IT CookBook, 난생처음 자바 프로그래밍 (2023)
이것이 리눅스다(3판) (2023)
이것이 Windows Server다(개정판) (2023)
IT CookBook, C# 프로그래밍 for Beginner (2022)
IT CookBook, 파이썬 데이터 분석 for Beginner (2022)
IT CookBook, C 언어 for Beginner(4판) (2022)
IT CookBook, 파이썬 for Beginner(3판) (2022)
혼자 공부하는 SQL (2021)
IT CookBook, 난생처음 파이썬 프로그래밍 (2021)
IT CookBook, 파이썬 자료구조와 알고리즘 for Beginner (2021)
IT CookBook, 코틀린을 활용한 안드로이드 프로그래밍 (2020)
이것이 MySQL이다(개정판) (2020)

데이터베이스 *for* Beginner 2판

초판발행 2025년 1월 3일

지은이 우재남 / **펴낸이** 전태호
펴낸곳 한빛아카데미(주) / **주소** 서울시 서대문구 연희로2길 62 한빛아카데미(주) 2층
전화 02-336-7112 / **팩스** 02-336-7199
등록 2013년 1월 14일 제25100-2017-000063호 / **ISBN** 979-11-7340-009-4 93000

총괄 박현진 / **책임편집** 김성무 / **기획 · 편집** 정지윤 / **교정** 박민정
디자인 박정우 / **전산편집** 김정하 / **제작** 박성우, 김정우
영업 김태진, 김성삼, 이정훈, 임현기, 이성훈, 김주성 / **마케팅** 김호철, 심지연

이 책에 대한 의견이나 오탈자 및 잘못된 내용에 대한 수정 정보는 아래 이메일로 알려주십시오.
파본은 구매처에서 교환하실 수 있습니다. 책값은 뒤표지에 표시되어 있습니다.

홈페이지 www.hanbit.co.kr / 이메일 question@hanbit.co.kr

Published by HANBIT Academy, Inc. Printed in Korea

데이터베이스 for Beginner 2판

우재남 지음

한빛아카데미
Hanbit Academy, Inc.

지은이 머리말

데이터베이스 입문자를 위한 친절하고 쉬운 MySQL 교과서

데이터베이스는 현대 사회에서 필수적인 기술입니다. 교통카드와 신용카드의 결제 정보, 온라인 쇼핑몰의 구매 내역, SNS의 메시지 기록 등 우리가 살아가면서 접하는 데이터는 대부분 데이터베이스를 통해 저장 및 관리됩니다. 이처럼 데이터베이스는 다양한 산업과 일상생활에 없어서는 안 될 중요한 기술입니다.

하지만 데이터베이스는 처음 접할 때 이론적으로 알아야 할 내용이 많고 사용법이 복잡하여 어렵게 느껴질 수 있습니다. 따라서 이 책은 데이터베이스 입문자가 쉽고 빠르게 학습할 수 있도록 MySQL 실습을 중심으로 구성했습니다. 책의 내용을 차근차근 따라가다 보면 데이터베이스의 기본 개념부터 활용 방법까지 자연스레 익힐 수 있습니다. 특히 1~2장에서 MySQL 설치와 초기 설정을 집중적으로 다루어 독자가 데이터베이스 운영을 바로 시작할 수 있도록 도와줍니다. 또한 책의 후반부에서는 파이썬과 MySQL을 연동하여 데이터베이스를 응용 프로그램에서 활용하는 방법도 소개했습니다. 이 책을 끝까지 학습하면 데이터베이스의 기본 사용법뿐만 아니라 응용 프로그램에서 데이터베이스를 활용하는 기술도 익힐 수 있습니다.

새로이 개정된 2판의 주요 특징은 다음과 같습니다.

❶ 누구나 쉽게 MySQL을 설치할 수 있습니다

데이터베이스를 처음 배울 때는 DBMS 프로그램 설치부터 막히는 경우가 많습니다. 이 책은 초보자도 MySQL을 성공적으로 설치할 수 있도록 자세하고 친절하게 안내합니다. 내용을 그대로 따라 하면 누구나 MySQL을 설치할 수 있습니다.

❷ 가장 기본이자 필수인 SQL을 효과적으로 학습할 수 있습니다

데이터베이스 언어인 SQL에 대해 가장 기본적인 내용을 위주로 설명하여, SQL을 처음 접하는 독자도 쉽게 배울 수 있습니다. 초반에는 GUI 툴을 사용하여 SQL 문을 작성하는 방법을 익히게 하여 학습 부담을 덜어주며, 후반에는 주요 SQL 문법을 직접 입력하고 실행 결과를 확인하면서 학습하도록 구성했습니다.

❸ MariaDB 응용 예제를 추가했습니다

MySQL로 학습한 내용을 MariaDB로 실습하는 응용 예제를 각 장 끝부분에 수록하고, 해당 소스코드를 별도로 제공하여 학습 편의성을 더했습니다. MySQL과 MariaDB를 둘 다 경험해봄으로써 실무에서 유연하게 대처할 수 있습니다.

❹ 실무에서 사용되는 고급 데이터베이스 기술도 다룹니다

기본 SQL 문을 익힌 후 테이블, 뷰, 인덱스, 스토어드 프로그램, 트리거, 전체 텍스트 검색, 파티션 등 고급 데이터베이스 기술을 학습하도록 구성되어 있습니다. 초보자를 위해 단순하고 쉬운 예제를 통해 설명하기 때문에 어려운 기술도 가볍게 이해할 수 있습니다.

❺ 다양한 강의에 활용하기 좋게 구성되어 있습니다

대학 수업이나 IT 관련 강의에서 다양하게 활용할 수 있도록 총 14개 장으로 구성했습니다. 대학 저학년 학생 또는 IT 비전공자에게 필요한 기본 내용을 중심으로 하되, 부가적으로 [여기서 잠깐]이나 [TIP]을 통해 실무자에게 유용한 고급 기술을 소개했습니다. 따라서 수강생의 수준에 따라 다양한 방식으로 이 책을 활용할 수 있습니다.

❻ 다양한 실습을 통해 주요 이론을 자연스럽게 익힐 수 있습니다

데이터베이스는 이론이 방대하여 어렵게 느껴지는 분야인데, 이 책에서는 다양한 실습을 통해 데이터베이스 이론을 자연스럽게 익힐 수 있습니다. 이론을 완전히 이해하지 못하더라도 직접 실습을 해보면서 결과를 확인하다 보면 학습 내용을 자기 것으로 만들 수 있습니다.

❼ 데이터베이스의 주요 활용 분야인 프로그래밍 연동을 포함했습니다

파이썬과 MySQL을 연동하는 프로젝트를 13~14장에 담았습니다. 파이썬의 깊은 내용을 다루지는 않지만, 응용 프로그램에서 MySQL을 활용하는 데 필요한 기본적인 내용을 충분히 설명했습니다. 이 책을 끝까지 학습하면 응용 프로그램에서 데이터베이스를 연동하여 활용하는 로직을 완벽히 이해할 수 있습니다.

이 책은 데이터베이스 초보자가 필수적으로 알아야 할 내용은 물론이고 다양한 고급 기술도 담고 있습니다. 이 책을 읽은 모든 독자가 초보자를 넘어 중급자로 도약할 수 있기를 바랍니다. 끝으로, 집필에 집중할 수 있도록 지원해준 한빛아카데미㈜ 임직원 여러분에게 감사드립니다. 특히 늘 신경 써주시는 김성무 팀장님과 책의 완성도를 높여준 정지윤 선임님에게 깊은 감사의 마음을 전합니다.

지은이 **우재남**

이 책의 사용 설명서

강의 보조 자료

한빛아카데미 홈페이지에서 '교수회원'으로 가입한 분은 인증 후 교수용 강의 보조 자료를 제공받을 수 있습니다. 한빛아카데미 홈페이지 상단의 〈교수전용공간〉 메뉴를 클릭하세요.

http://www.hanbit.co.kr/academy

학습 보조 자료

학습에 필요한 예제 소스와 설치 파일은 아래 주소에서 내려받을 수 있습니다.

http://www.hanbit.co.kr/src/41009

구성 요소

본문

1장에서 MySQL을 소개하고 설치한 후 2장에서 데이터베이스의 전체 운영 방법을 맛보기로 살펴봅니다. 3~12장에서 데이터베이스 기본 이론과 SQL 문법을 익히고, 13~14장에서 MySQL과 파이썬 프로그램을 연동하는 프로젝트를 진행합니다.

요약

그 장에서 기억해야 할 핵심 내용을 요약·정리했습니다.

요약

1 MySQL Workbench는 MySQL 5.0 버전부터 본격적으로 GUI 툴을 제공했다.

2 Workbench의 주요 기능은 다음과 같이 요약된다.
- 데이터베이스 연결
- 인스턴스 관리
- 마법사(Wizard)를 이용한 MySQL 동작
- 통합된 기능의 SQL 편집기 제공
- 데이터베이스 모델링 기능 제공
- 포워드/리버스 엔지니어링 기능 제공
- 데이터베이스 인스턴스 시작/종료
- 데이터베이스 내보내기/가져오기
- 데이터베이스 계정 관리

연습문제

1 MySQL Workbench에 대한 설명으로 거리가 먼 것을 고르시오.
① 데이터베이스 연결
② SQL 문 실행
③ 데이터베이스 모델링
④ 데이터베이스 내보내기
⑤ MySQL 8.4 설치 파일에 포함되어 있음

2 MySQL Workbench의 접속에 대한 설명으로 거리가 먼 것을 모두 고르시오.
① localhost는 자신의 컴퓨터를 의미한다.
② [Connection]에서는 접속 방식으로 기본적으로 Web을 선택한다.
③ [SSL] 탭에서는 보안과 관련된 내용을 설정할 수 있다.
④ [Remote Management] 탭에서는 SSH 서버 기반 원격 접속 관리가 가능하다.
⑤ [System Profile] 탭에서는 접속할 윈도우 버전을 7, 8, 10, 11 중에서 선택할 수 있다.

연습문제

본문에서 배운 내용을 복습하고 자신의 실력을 점검할 수 있는 문제를 수록했습니다.

01 MySQL Workbench 기본 사용법

1 MySQL Workbench의 개요

1~3장에서는 MySQL의 툴과 유틸리티를 계속 사용했다. 이 장에서는 MySQL이 제공하는 여러 가지 툴과 유틸리티 사용법을 체계적으로 살펴본다. 최근 들어 기능이 확장되고 활용도가 높아진 MySQL Workbench의 사용법을 잘 알면 여러모로 유용하다.

먼저 MySQL Workbench(줄여서 Workbench)의 발전 과정을 간단히 알아보자. 2002년에 만들어진 DBDesigner4는 MySQL의 비주얼 툴로 사용되다가 2003년에 MySQL GUI Tools Bundle로 통합되었다. MySQL GUI Tools Bundle은 2005년에 MySQL Workbench 프리뷰 버전으로 변경되어 발표되었고, 2007년부터 본격적으로 개발되어 버전이 업그레이드되었다.

Workbench는 MySQL 5.0 버전부터 본격적으로 GUI 툴을 제공했다. Workbench 5.0 버전은 윈도우용으로만 제공되었으나 5.1 버전부터 다른 운영체제도 지원하기 시작했다. 이후 Workbench 5.2, 6.0, 6.1, 6.2, 6.3 버전이 발표되고 2018년에 8.0 버전이 발표되었다.

2 MySQL Workbench 실행과 MySQL 서버 연결

윈도우의 [시작]-[모든 앱]-[MySQL]-[MySQL Workbench 8.0 CE]를 선택하면 MySQL Workbench의 로고 화면이 나온다.

TIP 실무에서는 root 사용자로 접속하는 것이 바람직하지 않다. root 사용자는 MySQL의 모든 작업을 할 수 있기 때문에 만약 root의 비밀번호가 유출되면 심각한 문제가 발생할 수 있다. 따라서 실무에서는 일반 사용자를 생성하고 그에 적합한 권한을 부여한다. 사용자를 생성하고 권한을 부여하는 방법은 이 장의 후반부에서 설명하겠다.

여기서 잠깐

MySQL과 MySQL Workbench 버전 MySQL Server 8.0까지는 MySQL 설치 파일 안에 MySQL Workbench가 포함되어 있었으나 MySQL Server 8.1부터는 MySQL Workbench를 별도로 설치해야 한다. 이 책에서 사용하는 MySQL Workbench의 버전은 8.0.36이다.

TIP/여기서 잠깐

참고로 알아두면 좋을 내용, 실습 시 주의 사항 등을 알려줍니다.

실습 환경

- **운영체제**: Windows 11 또는 10
- **프로그램**: MySQL 8.4 LTS 및 MySQL Workbench 8.0.36(1~14장), Python 3.12.3(13~14장)

연습문제 해답

이 책은 대학 강의용 교재로 개발되었으므로 연습문제 해답을 제공하지 않습니다.

비기너 카페

이 책의 저자가 직접 운영하는 강의 보조 사이트는 다음과 같습니다.

https://cafe.naver.com/itCookBook

실습 4-1 내비게이터에서 SQL 문 자동으로 생성하기

내비게이터의 [Schemas] 탭은 모든 개체에 대해 SQL 문을 자동으로 생성하는 기능을 갖추고 있다. 이 기능을 잘 이용하면 개체 생성을 위한 SQL 문을 파악하기가 쉽다.

1 테이블을 만드는 SQL 문 자동 생성하기

1-1 ShopDB의 memberTBL 테이블을 선택한 후 마우스 오른쪽 버튼을 클릭하고 [Send to SQL Editor]-[Create Statement]를 선택한다. 새로운 쿼리 창에 선택한 테이블을 생성하는 **CREATE TABLE 테이블이름 …** 형식의 SQL 문이 나온다. 2장에서는 Workbench의 그래픽 창에서 테이블을 만들었는데, SQL 문을 입력하여 테이블을 만들 때는 이러한 구문을 사용하면 된다(자세한 내용은 9장에서 다룰 것이다).

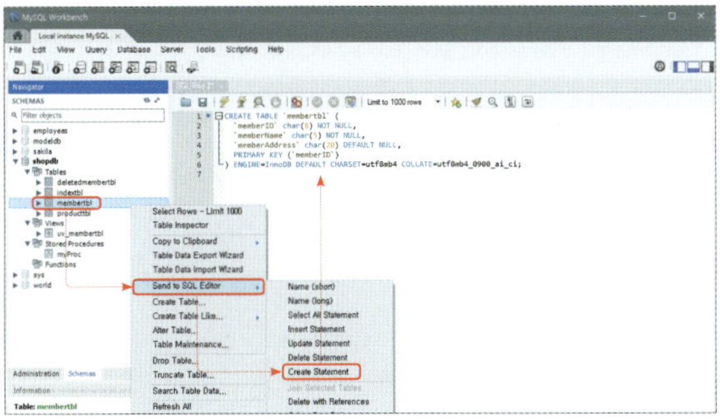

그림 4-12 **테이블 생성 스크립트 자동 생성**

1-2 테이블을 만드는 CREATE 문뿐 아니라 SELECT 문, INSERT 문, UPDATE 문, DELETE 문도 같은 방법으로 생성할 수 있으니 스스로 해보자.

2 뷰를 만드는 SQL 문 자동으로 생성하기

2-1 다른 개체도 마찬가지 방법으로 SQL 문을 생성할 수 있다. [그림 4-13]은 uv_memberTBL 뷰의 CREATE 문을 생성한 예이다. 새로운 쿼리 창을 보면 3장에서 뷰를 생성했던 구문보다 복잡한 구문이 생성되었지만 기본적인 내용은 동일하다.

실습

본문에서 설명한 주요 이론과 문법을 MySQL에서 실습하고 그 결과를 확인할 수 있습니다.

응용예제

MySQL로 학습한 내용을 MariaDB로 실습할 수 있는 예제입니다. 이를 통해 MySQL과 MariaDB의 환경을 비교해보고 실무 적응력을 키울 수 있습니다.

응용 예제 MariaDB에서 사용자 관리 및 백업, 복원하기

MariaDB에서 사용자 권한 부여하기

[그림 4-40]과 동일하게 MariaDB에서 사용자를 생성하고 권한을 부여해보자.

(1) 팀장 생성 및 데이터베이스 관리자 권한 부여

HeidiSQL 메뉴의 [도구]-[사용자 관리자]를 선택한다. [사용자 관리자] 창에서 〈추가〉를 클릭한 후 사용자 이름에 'director'를 입력한다. 호스트는 '%'로 설정하고, 암호는 기억하기 쉽게 'director'로 설정한다. 접근 허용의 '전체 권한'에 체크하고 〈저장〉을 클릭하면 director 사용자가 등록된 것을 확인할 수 있다.

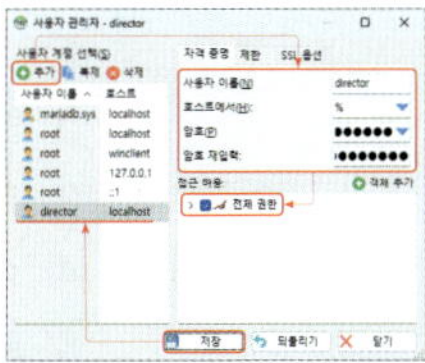

팀장 생성

목차

CHAPTER 01

데이터베이스의 이해와 MySQL 설치

학습목표

- 데이터베이스와 DBMS의 개념을 이해한다.
- MySQL 프로그램의 역할을 알아본다.
- MySQL 프로그램을 다운로드하여 설치한다.
- 샘플 데이터베이스를 구축한다.

01 DBMS의 개요

1 데이터베이스의 정의와 특징

데이터베이스는 여러 사용자나 응용 프로그램이 공유하고 동시에 접근 가능한 '데이터의 집합'이라고 정의할 수 있다. DBMS(DataBase Management System, 데이터베이스 관리 시스템)는 이러한 데이터베이스를 관리하고 운영하는 소프트웨어이다. 일반적으로 사용하는 마이크로소프트의 엑셀 같은 프로그램은 데이터의 집합을 다루기 때문에 DBMS와 비슷해 보이지만, 엑셀은 대용량 데이터를 관리하거나 여러 사용자가 동시에 사용하는 용도로 설계된 것이 아니므로 DBMS에 해당하지 않는다.

데이터베이스는 '데이터의 저장 공간' 자체를 의미하기도 한다. 이 책에서 살펴볼 DBMS 중 하나인 MySQL에서는 데이터베이스를 '자료가 저장되는 디스크 공간(주로 파일로 구성됨)'으로 취급한다. [그림 1-1]은 데이터베이스, DBMS, 사용자, 응용 프로그램의 관계를 보여준다.

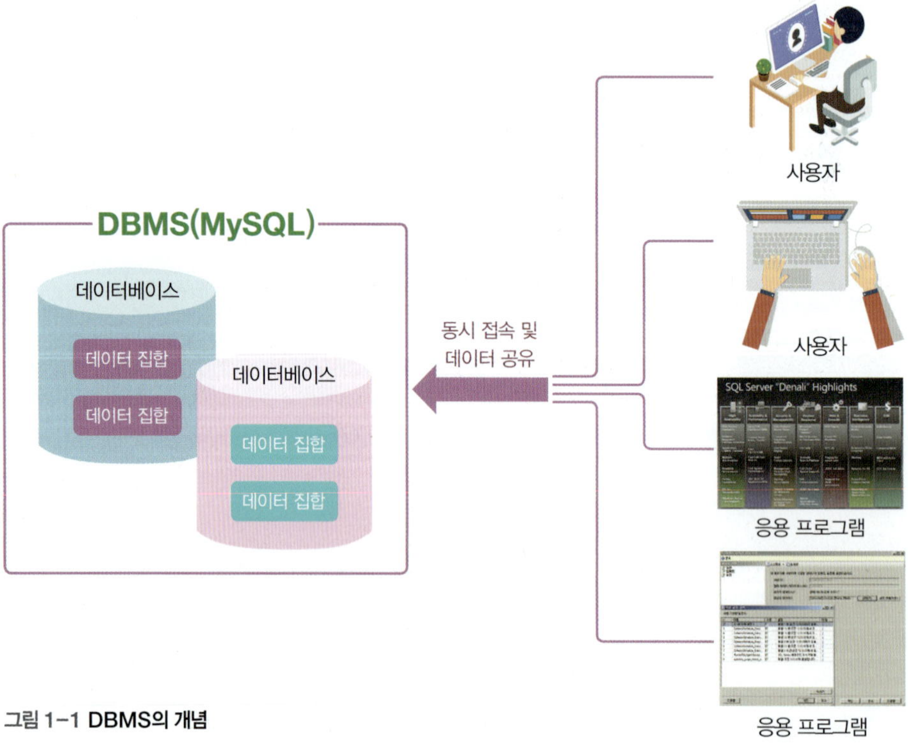

그림 1-1 DBMS의 개념

[그림 1-1]에서 보듯이 DBMS는 데이터베이스를 관리하는 소프트웨어이다. 여러 사용자나 응용 프로그램은 DBMS가 관리하는 데이터에 동시에 접속하여 데이터를 공유한다. 즉 DBMS는 데이터베이스에서 사용되는 데이터를 집중 관리한다.

여기서 잠깐

데이터베이스와 DBMS

다른 책이나 소프트웨어에서는 데이터베이스와 DBMS를 같은 용어처럼 혼용하는 경우가 종종 있다. 바라보는 시각에 따라서는 그렇게 사용하는 것이 완전히 틀린 것은 아니지만, 이 책에서는 데이터베이스를 '데이터의 집합' 또는 '데이터의 저장 공간'으로, DBMS를 '데이터베이스 운영 소프트웨어'로 구분하겠다.

[그림 1-1]에서는 DBMS의 예로 MySQL을 들었지만 이 밖에도 [표 1-1]과 같이 다양한 DBMS가 있다.

표 1-1 많이 사용되는 DBMS(2024년 중반 기준)

DBMS	제작사	운영체제	최신 버전	비고
MySQL	오라클	유닉스, 리눅스, 윈도우, 맥	8.4	오픈 소스(무료), 상용
MariaDB	마리아DB	유닉스, 리눅스, 윈도우	11.4	오픈 소스(무료)
PostgreSQL	PostgreSQL	유닉스, 리눅스, 윈도우, 맥	16.2	오픈 소스(무료)
Oracle	오라클	유닉스, 리눅스, 윈도우	23AI	상용 시장 점유율 1위
SQL Server	마이크로소프트	리눅스, 윈도우	2022	
DB2	IBM	유닉스, 리눅스, 윈도우	11.5	메인프레임 시장 점유율 1위
Access	마이크로소프트	윈도우	16	PC용
SQLite	SQLite	안드로이드, iOS	3.45	모바일 전용, 오픈 소스(무료)

DBMS 또는 데이터베이스의 중요한 특징 몇 가지를 살펴보자.

- **데이터의 무결성**

  데이터베이스의 데이터는 어떤 경로를 통해 들어왔든 오류가 있어서는 안 되는데, 이를 무결성(integrity)이라고 한다. 무결성을 지키기 위해 데이터베이스는 제약 조건(constraint)을 따른다. 예를 들어 학생 데이터에서 모든 학생은 학번이 반드시 있어야 하고, 학번이 중복되면 안 된다는 제약 조건을 생각해보자. 이 제약 조건을 충실히 지킨다면 학번으로도 학생 데이터에서 학생을 정확히 찾을 수 있다. 즉 학번은 무결한 데이터를 보장하는 요소이며, 자동 발급기로 성적 증명서나 재학 증명서를 뗄 때 학번만 조회해도 정확한 자료를 출력할 수 있다.

- **데이터의 독립성**

  데이터베이스의 크기를 변경하거나 데이터 파일의 저장소를 변경하더라도 기존 응용 프로그램은 전혀 영향을 받지 않는다. 즉 데이터베이스와 응용 프로그램은 서로 의존적인 관계가 아니라 독립적인 관계이다. 예를 들어 데이터베이스가 저장된 디스크가 새것으로 변경되어도 기존에 사용하던 응용 프로그램은 아무런 변경 없이 계속 사용할 수 있다.

- **보안**

데이터베이스의 데이터는 아무나 접근할 수 있는 것이 아니라 데이터를 소유한 사람 또는 데이터에의 접근이 허가된 사람만 접근할 수 있다. 또한 같은 데이터에 접근하더라도 사용자의 계정에 따라 권한이 각기 다르다. 최근 들어 고객 정보 유출 사고가 자주 발생하여 보안(security)은 더욱 중요한 이슈로 다루어지고 있다.

- **데이터 중복 최소화**

데이터베이스에서는 동일한 데이터가 여러 곳에 중복 저장되는 것을 방지한다. 학교를 예로 들면, 학생 정보를 이용하는 교직원들(학생처, 교무처, 과사무실 등)이 제각각 별도의 엑셀 파일로 학생 정보를 관리하면 한 학생의 정보가 여러 엑셀 파일에 중복 저장된다. 그러나 데이터베이스에 통합하여 관리하면 하나의 테이블에 데이터를 저장한 후 응용 프로그램마다 이를 공유하여 사용함으로써 데이터의 중복을 최소화할 수 있다.

- **응용 프로그램 개발 및 수정 용이**

기존 파일 시스템에서는 각각의 파일 포맷에 맞춰 응용 프로그램을 개발했다. 그러나 데이터베이스를 이용하면 통일된 방식으로 응용 프로그램을 작성할 수 있고 유지·보수도 용이하다.

- **데이터의 안전성 향상**

대부분의 DBMS는 데이터 백업 및 복원 기능을 제공한다. 따라서 데이터 손상 문제가 발생하더라도 원래의 상태로 복원 또는 복구할 수 있다.

2 DBMS의 분류

DBMS는 크게 계층형(hierarchical), 망형(network), 관계형(relational), 객체지향형(object-oriented), 객체관계형(object-relational)으로 분류된다. 현재는 관계형 DBMS가 가장 많이 사용되며, 일부 멀티미디어 분야에서는 객체지향형이나 객체관계형 DBMS가 활용되기도 한다. 이 책에서 다루는 MySQL을 비롯해 Oracle, DB2, SQL Server, Access 등은 모두 관계형 DBMS이므로 이 책에서는 관계형 DBMS(RDBMS)를 기준으로 설명할 것이다.

- **계층형 DBMS**

1960년대에 처음 등장한 DBMS 개념으로, [그림 1-2]와 같이 각 계층이 트리 형태를 이루며 1:N 관계를 맺고 있다. 예컨대 사장 한 명이 여러 부서를 관리하는 경우가 계층형 구조이다. 계층형 DBMS는 구축한 후 구조를 변경하기가 상당히 까다롭고, 주어진 상태에서는 데이터 검색 속도가 빠르지만 임의로 접근해야 할 때는 유연성이 부족하여 검색에 어려움이 있다.

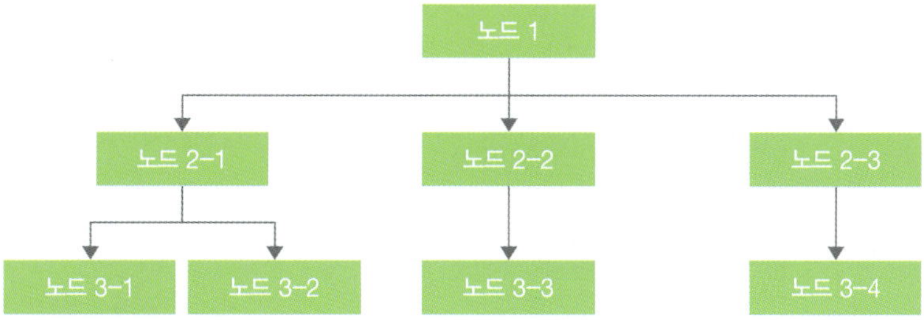

그림 1-2 계층형 구조

- **망형 DBMS**

계층형 DBMS의 문제점을 개선하기 위해 1970년대에 도입되었다. 망형 DBMS에서는 1:1, 1:N, N:M(다대다) 관계를 지원하므로 효과적이고 빠른 데이터 추출이 가능하다. 그러나 계층형 DBMS와 마찬가지로 내부 구조가 매우 복잡하고, 프로그래머가 모든 구조를 이해해야만 프로그램을 작성할 수 있다는 단점이 여전히 존재한다.

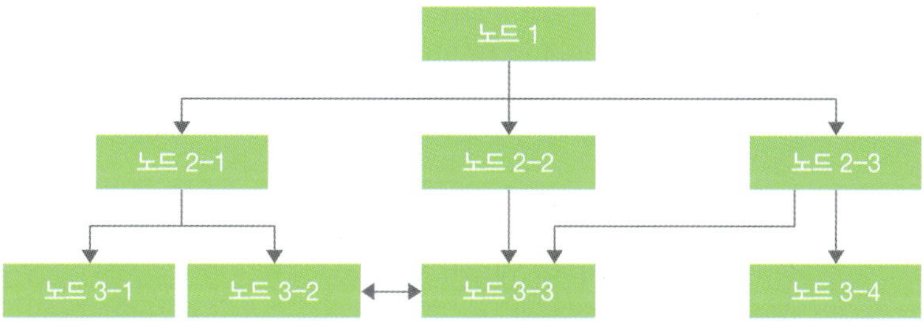

그림 1-3 망형 구조

- **관계형 DBMS**

1969년에 에드거 F. 코드(Edgar F. Codd)가 수학적 모델을 토대로 고안한 DBMS이다. 관계형 DBMS의 핵심 개념은 '데이터베이스는 테이블(table)이라는 최소 단위로 구성되고, 이 테이블은 하나 이상의 열로 구성된다'는 것이다.

관계형 DBMS에서는 모든 데이터가 테이블에 저장된다. 테이블 구조는 관계형 DBMS의 가장 기본적이고 중요한 구성 요소로, 테이블을 이해하면 관계형 DBMS의 기본 개념을 이해했다고 할 수 있다.

테이블은 데이터를 효율적으로 저장하기 위한 구조이다. 관계형 DBMS에서는 데이터를 여러 테이블에 나누어 저장하여 공간 낭비를 줄이고 데이터 저장의 효율성을 높인다. 이렇게 나뉜 테이블의 관계를 기본키(Primary Key, PK)와 외래키(Foreign Key, FK)를 통해 연결함으로써 두 테이블이 부모와 자식 관계로 묶인다. 부모와 자식 관계로 연결된 테이블을 서로 조합하여 원하는 결과를 얻을 수 있는데, 이때 SQL(Structured Query Language, 구조화된 질의 언어)의 조인(join) 기능을 이용한다.

TIP 테이블을 릴레이션(relation) 또는 엔티티(entity)라고도 부른다.

그림 1-4 관계형 구조

관계형 DBMS는 다른 DBMS에 비해 업무 변화에 신속히 적응할 수 있고 유지·보수가 용이하다는 것이 장점이다. 또한 대용량 데이터를 체계적으로 관리할 수 있고 데이터의 무결성도 잘 보장된다. 따라서 여러 응용 프로그램이 동시에 데이터에 접근해야 하는 환경에서는 관계형 DBMS가 적절한 선택이 될 수 있다. 그러나 관계형 DBMS는 시스템 자원을 많이 소비하여 성능 저하를 유발할 수 있는데, 최근에는 하드웨어 기술의 발전으로 이러한 단점이 많이 보완되었다.

3 SQL의 개요

SQL은 관계형 데이터베이스에서 사용되는 언어로, '에스큐엘' 또는 '시퀄'이라고 읽는다. 관계형 DBMS(그중에서도 MySQL)를 배우려면 SQL을 익히는 것이 필수이다.

데이터베이스를 조작하는 언어인 SQL은 일반적인 프로그래밍 언어(C, C++, 자바, C# 등)와 다른 특성을 가지고 있다. 국제 표준화 기관에서는 SQL의 표준화된 내용을 계속 발표했으며, 그 특징은 다음과 같다.

- **DBMS 제작 회사와 독립적이다**
  모든 DBMS 제작 회사에 표준 SQL이 공개되어 각 회사는 이 표준 SQL에 맞춰 DBMS를 개발한다. 따라서 SQL은 대부분의 DBMS 제품에서 공통적으로 호환된다.

- **다른 시스템으로의 이식성이 좋다**
  SQL은 서버용, 개인용, 휴대용 장비 등 운영되는 DBMS마다 상호 호환성이 뛰어나다. 한 시스템에서 사용하던 SQL을 다른 시스템으로 이식하는 데 큰 문제가 없다.

- **표준이 계속 발전한다**
  SQL은 SQL-86, SQL-89, SQL-92, SQL:1999, SQL:2003, SQL:2008, SQL:2011, SQL:2016, SQL:2019 등으로 개선된 표준안이 계속 발표되었으며, 지금도 꾸준히 연구 중이다.

- **대화식 언어이다**
  기존 프로그래밍 언어는 프로그램 작성, 컴파일 및 디버깅, 실행 과정을 거쳐야만 그 결과를 확인할 수 있지만, SQL은 바로 질의하고 결과를 얻는 대화식 언어이다.

- **클라이언트/서버 구조를 지원한다**
  SQL은 분산형 구조인 클라이언트/서버 구조를 지원한다. 클라이언트에서 질의를 하면 서버에서 그 질의를 받아 처리하여 클라이언트에 전달하는 구조이다.

SQL을 사용할 때 주의할 점은, 모든 DBMS 제품의 SQL 문이 완벽하게 동일하지는 않다는 것이다. 많은 회사가 되도록 표준 SQL을 준수하려고 노력하나 각 회사의 DBMS마다 특징이 있기 때문에 현실적으로 완전히 통일되기는 어렵다. 각 회사는 가급적 표준 SQL을 지키면서도 자사 제품에 특화된 SQL을 사용한다. 이를 오라클에서는 PL/SQL, SQL Server에서는 T-SQL이라 부르고 MySQL에서는 그냥 SQL이라 일컫는다.

[그림 1-5]와 같이 각 회사는 표준 SQL을 공통으로 사용하면서 자사 제품의 특성에 맞춘, 호환되지 않는 SQL 문도 사용한다. 이 책의 5장부터 표준 SQL 및 MySQL의 특화된 SQL을 상세히 다룰 것이다.

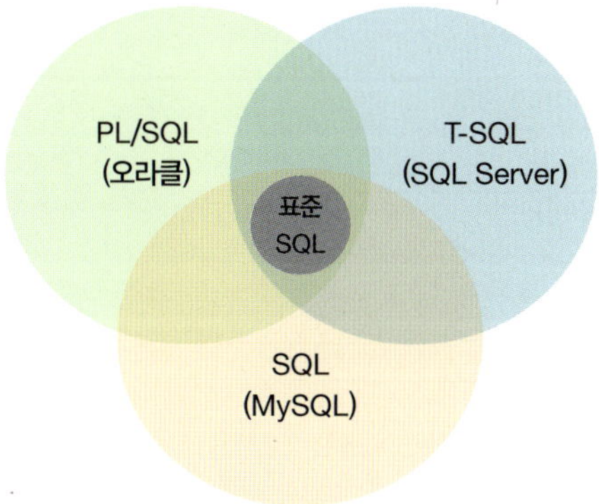

그림 1-5 표준 SQL과 각 회사의 SQL

02 MySQL의 개요

1 MySQL의 개요

MySQL은 오라클이 제공하는 오픈 소스 DBMS 소프트웨어로, '마이에스큐엘' 또는 '마이시퀄'이라고 읽는다. 오픈 소스 소프트웨어란 소스 코드를 공개하여 누구나 자유롭게 수정하고 배포할 수 있는 소프트웨어를 말한다. MySQL은 무료로 다운로드하여 사용할 수 있으며, 소스 코드를 수정하여 자신만의 소프트웨어를 만들 수도 있다.

DBMS는 대량의 데이터를 관리하는 소프트웨어이다. 앞 절에서 DBMS를 살펴보았으니 여기서는 MySQL의 변천을 간단히 알아보자. [표 1-2]에 MySQL의 버전별 변천사를 간략히 정리했다.

표 1-2 MySQL의 변천사

시기	버전	비고
1994년		마이클 와이드니우스와 데이비드 엑스마크가 개발
1998년 1월		윈도우용 릴리스
1998년	3.21	상용 제품 릴리스, www.mysql.com 구축
2004년 10월	4.1	R-트리, B-트리, 서브쿼리 등 지원
2005년 10월	5.0	커서, 스토어드 프로시저, 트리거, 뷰 등 지원
2008년		썬마이크로시스템즈가 인수
2010년 1월		오라클이 썬마이크로시스템즈를 인수
2010년 12월	5.5	InnoDB를 기본 엔진으로 사용하는 등 큰 변화가 있었음
2013년 2월	5.6	성능 개선, NoSQL 지원 등
2015년 10월	5.7	보안 강화, InnoDB 확장, JSON 지원 등
2018년 4월	8.0	성능 개선, 보안 강화, 장애 대비 능력 강화 등
2023년 7월	8.1~8.3	이노베이션 릴리스
2024년 5월	8.4	LTS 릴리스

MySQL은 2023년 7월에 8.1 버전을 내놓으면서 실험적인 기능을 추가한 이노베이션 릴리스(Innovation release)와 안정적인 LTS 릴리스(Long-Term Support release)로 나누어 출시하기 시작했다. 이노베이션 릴리스는 출시 후 3개월간 기술 지원이 되고, LTS 릴리스는 최대 8년간

장기적인 기술 지원을 받을 수 있다. [그림 1-6]에 나타냈듯이 8.1.0부터 8.3.0은 이노베이션 릴리스이고 8.4.0은 LTS 릴리스이다. LTS의 경우 8.4.0, 8.4.1 등으로 계속 유지·관리되며, 기술 지원이 종료될 때까지 버전이 올라간다. LTS가 발표된 이후에 나오는 이노베이션 릴리스는 앞자리가 바뀐다. 즉 8.4.0 LTS 이후에는 9.0.0 이노베이션 릴리스가 출시될 예정이다.

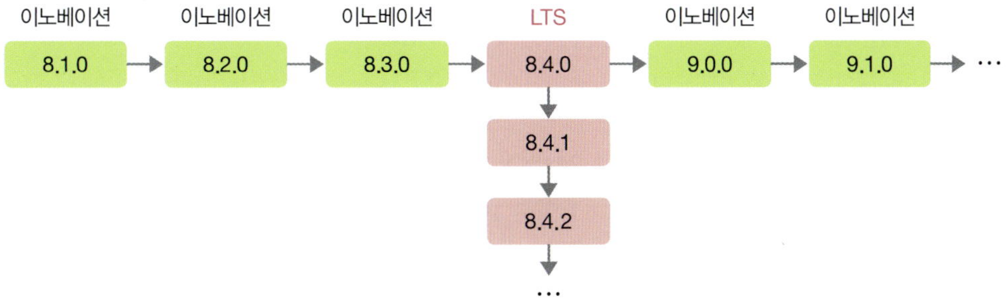

그림 1-6 MySQL 8.1 이후의 버전 변경

이 책에서는 집필 시점의 최신 안정화 버전인 8.4.0 LTS 버전을 사용하여 학습을 진행한다. 특별한 경우가 아니라면 독자도 8.4.x 버전을 사용하기 바란다. 참고로 이전 버전인 MySQL 8.0.xx도 모두 LTS 릴리스라고 보면 된다.

2 MySQL 에디션

MySQL은 크게 상용 에디션과 무료 에디션으로 구분된다. 상용 에디션에는 Standard, Enterprise, Cluster CGE가 있고 무료 에디션에는 Community 에디션이 있다. 비용과 기능 면에서는 Standard < Enterprise < Cluster CGE 순으로 가격이 높고 기능이 더 많다. 무료인 Community 에디션은 Enterprise 에디션과 기능상 차이가 거의 없지만 사용 허가에 대한 라이선스 차이가 있다고 볼 수 있다. 이 책의 실습은 상업적인 용도가 아니므로 별도의 라이선스 허가가 필요 없는 Community 에디션을 사용한다.

TIP 향후에 영리를 목적으로 MySQL을 사용해야 한다면 Standard, Enterprise, Cluster CGE 에디션 중 하나를 구매하여 이 책에서 배운 내용과 동일하게 사용하면 된다.

여기서 잠깐

MySQL 라이선스

MySQL은 비상업적 용도나 교육 목적으로는 자유롭게 사용할 수 있지만, 상업적 용도로 사용하려면 상용 라이선스를 취득해야 한다. 상용 라이선스 없이 상업적으로 사용하고자 한다면 MySQL 초창기 개발자들이 독립해서 만든 MariaDB(www.maraidb.org)를 사용하는 것이 좋다. MariaDB는 MySQL과 대부분 호환되며, 이 책에 등장하는 대부분의 코드도 MariaDB에서 문제없이 작동한다.

03 MySQL 설치

1 MySQL 설치 전 준비 사항

이 책에서는 MySQL 8.4를 설치할 것이며, MySQL 8.4를 설치할 수 있는 서버 및 PC용 운영체제는 다음과 같다. 운영체제는 64bit 윈도우 11 또는 10이면 된다.

표 1-3 MySQL Community 8.4 설치를 위한 운영체제(64bit)

서버 운영체제(64bit)	PC 운영체제(64bit)
윈도우 서버 2025 윈도우 서버 2022 윈도우 서버 2019 윈도우 서버 2016 윈도우 서버 2012 R2	윈도우 11 윈도우 10 윈도우 8

MySQL 8.4를 설치할 때는 Server 기능과 Client 기능만 필수로 설치하면 되며, 원칙적으로는 별도의 추가 소프트웨어가 필요하지 않다. 그러나 원활한 학습을 위해 추가 소프트웨어를 설치해야 하는데, 특히 Workbench는 꼭 설치해야 한다.

표 1-4 MySQL 관련 소프트웨어와 사용하기 위한 필수 요구 사항

관련 소프트웨어	요구 사항	요구 사항 설치	비고
MySQL Server	Visual C++ 2019 Redistributable	자동	서버 프로그램
MySQL Client		자동	클라이언트 프로그램
MySQL Workbench	Visual C++ 2019 Redistributable	자동	별도로 설치해야 하는 GUI 지원 통합 관리 툴
Sample Database		자동	샘플 데이터베이스

이 책에서는 MySQL Server와 MySQL Client 외에 추가로 MySQL Workbench와 Sample Database를 설치하여 사용하겠다.

여기서 잠깐

이전 MySQL 버전의 설치 파일

이전 버전인 MySQL 8.0에서는 설치 파일에 MySQL Server, MySQL Client, Sample Database, MySQL Workbench가 모두 포함되어 있어 한 번에 설치가 가능했다. 그러나 MySQL 8.1부터는 기본 설치 파일에 MySQL Server, MySQL Client만 포함되어 있다. Sample Database는 설치 완료 후 환경 설정 단계에서 추가로 설치할 수 있고, MySQL Workbench는 별도로 다운로드하여 설치해야 한다.

2 MySQL Community 8.4 설치

이 책에서는 집필 시점의 최상위 버전인 MySQL Community 8.4.0을 설치한다. 가능하면 독자도 동일한 버전을 사용할 것을 권장한다. 앞에서 언급했듯이 MySQL Community 버전은 상용인 MySQL Enterprise와 기능이 거의 동일하다.

여기서 잠깐

파일 다운로드

이 책에서 사용되는 웹 사이트의 링크가 변경되거나 없어질 수도 있다. 이에 대비하여 이 책에서 사용되는 모든 파일 또는 최신 링크를 책의 자료실(http://www.hanbit.co.kr/src/41009)에 올려두었다. 실습할 때 파일을 찾기 어렵거나 버전이 다르다면 책의 자료실에서 다운로드하기 바란다.

0 컴퓨터의 운영체제가 64bit(x64)인지 확인한다. 이는 윈도우의 [시작]에서 마우스 오른쪽 버튼을 클릭하고 [시스템]을 선택하여 확인할 수 있다.

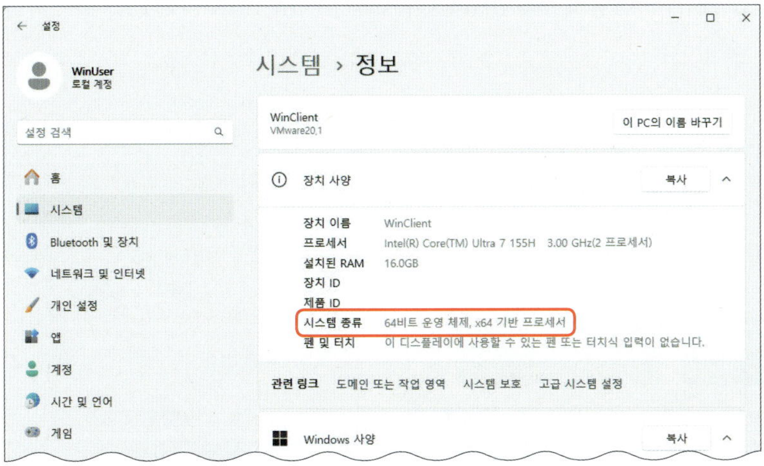

그림 1-7 시스템 종류 확인

1 MySQL Community를 다운로드한다.

1-1 웹 브라우저에서 https://dev.mysql.com/downloads/mysql/에 접속하면 최신 버전의 MySQL Community를 다운로드할 수 있다. [Windows (x86, 64-bit), MySQL Installer MSI]를 선택하여 다운로드한다. 이 책을 집필하는 시점에 가장 안정화된 최신 버전은 8.4.0 LTS이다.

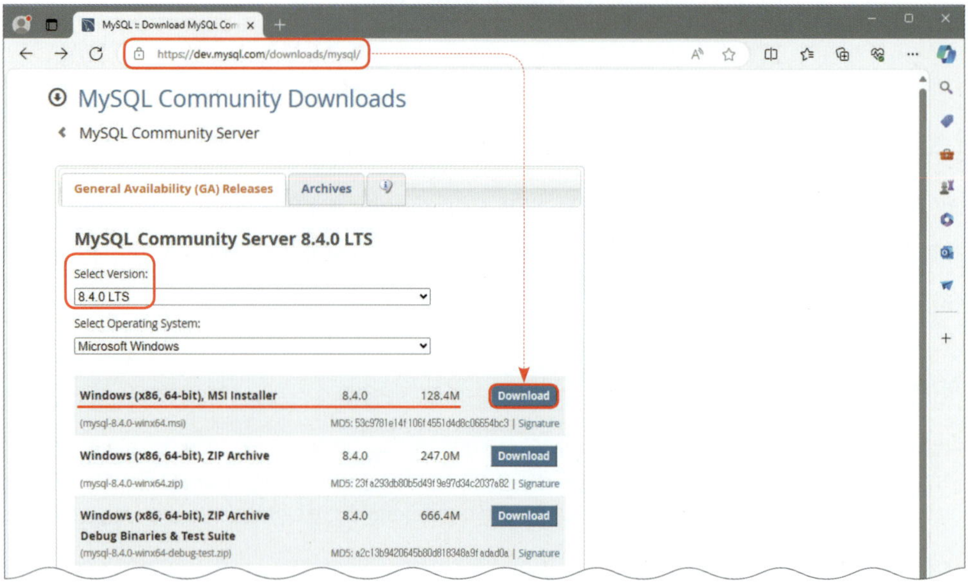

그림 1-8 MySQL Community 8.4 다운로드 1

TIP 시간이 어느 정도 지나면 다른 버전이 보일지도 모른다. 이 책과 동일한 버전을 사용하려면 https://downloads.mysql.com/archives/community/에서 MySQL 8.4.0 LTS 버전을 다운로드한다.

1-2 로그인 화면이 나왔을 때 왼쪽 하단의 [No thanks, just start my download.]를 클릭하면 로그인 없이 다운로드할 수 있다.

그림 1-9 MySQL Community 8.4 다운로드 2

1-3 MySQL Workbench도 다운로드한다. https://dev.mysql.com/downloads/workbench/에서 최신 버전을 다운로드할 수 있다. 이 책을 집필하는 시점의 최신 버전은 MySQL Workbench 8.0.36이다.

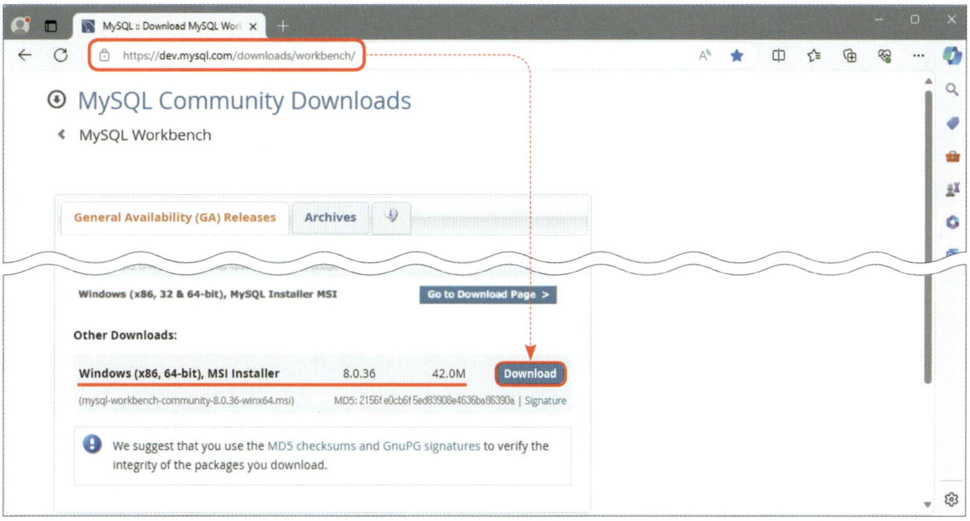

그림 1-10 MySQL Workbench 다운로드

TIP MySQL 버전과 MySQL Workbench 버전이 달라도 상관없다. MySQL Workbench는 다운로드 시점의 최신 버전을 사용해도 된다. 만약 이 책과 완전히 동일한 버전을 사용하고 싶다면 https://downloads.mysql.com/archives/workbench/에서 MySQL Workbench 8.0.36을 다운로드한다.

2 다운로드한 MySQL을 설치한다.

2-1 다운로드한 mysql-8.4.0-winx64.msi 파일을 더블클릭하여 설치를 시작한다. 환영 메시지가 나오면 〈Next〉를 클릭한다.

그림 1-11 MySQL Community 8.4 설치 1

TIP 다운로드한 파일은 보통 C:\Users\사용자이름\Downloads\ 폴더에 저장되며, 파일의 확장자를 보면서 학습하는 것이 좋다. 윈도우 11에서는 파일 탐색기의 [보기]–[표시]–[파일 확장명]을, 윈도우 10에서는 파일 탐색기의 [보기]–[파일 확장명]을 선택하면 확장자를 볼 수 있다.

TIP MySQL Server 또는 MySQL Workbench를 설치하는 중에 Visual C++ 2019 Redistributable Package 관련 경고 메시지 창이 나타나면 https://aka.ms/vs/17/release/vc_redist.x64.exe에서 관련 프로그램을 다운로드하고 설치한 후 다시 진행해본다.

2-2 [End-User License Agreement]에서 'I accept the terms in the License Agreement'에 체크하고 〈Next〉를 클릭한다.

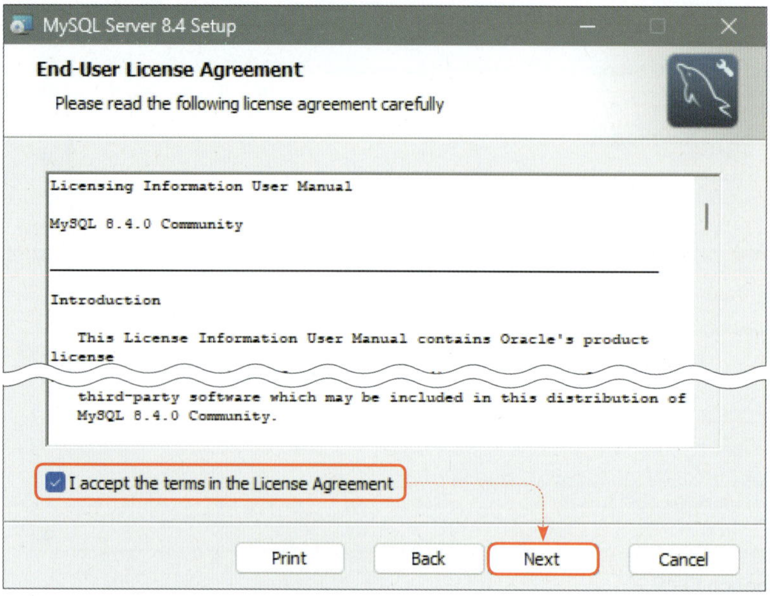

그림 1-12 **MySQL Community 8.4 설치 2**

2-3 [Choose Setup Type]에서는 설치할 유형을 선택한다. 〈Custom〉을 선택하여 필요한 항목만 설치한다.

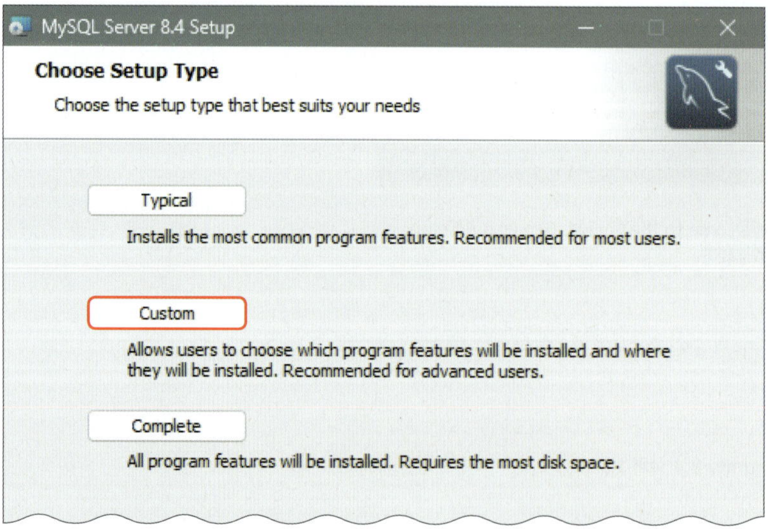

그림 1-13 **MySQL Community 8.4 설치 3**

2-4 [Custom Setup]에서는 설치할 제품을 선택한다. MySQL Server, Client Programs, Development Components가 있는데 모두 기본값이 선택되어 있다. 설치 위치(Location)도 기본값으로 두고 〈Next〉를 클릭한다.

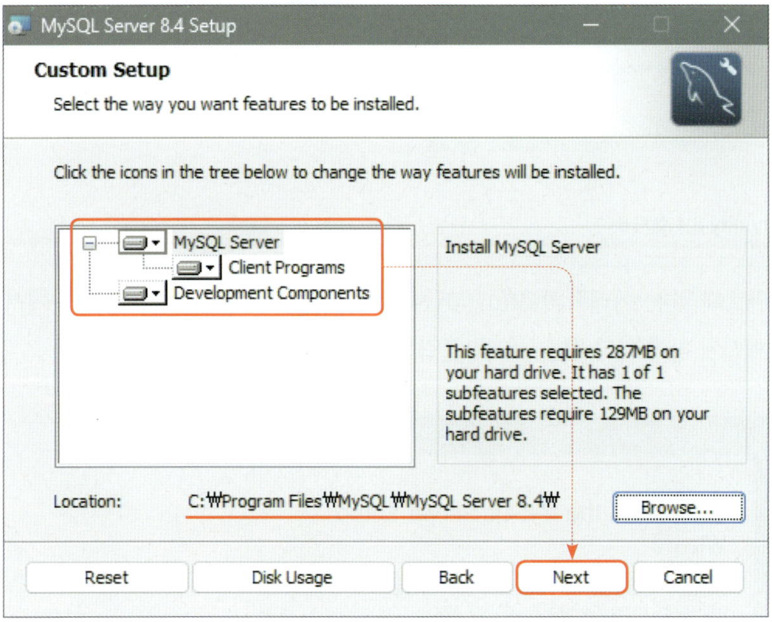

그림 1-14 **MySQL Community 8.4 설치 4**

TIP 이전 버전인 MySQL 8.0에서는 MySQL Server, Application, MySQL Connectors, Documentation 등 다양한 항목을 선택할 수 있었지만, MySQL 8.1부터는 설치할 항목이 3개로 줄어들었다. 필요한 항목은 별도로 설치하면 된다.

2-5 [Ready to install MySQL Server 8.4]에서는 〈Install〉을 클릭한다.

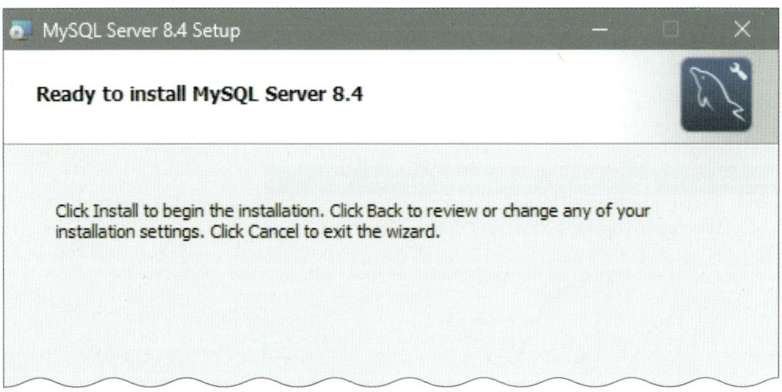

그림 1-15 **MySQL Community 8.4 설치 5**

2-6 잠시 동안 설치가 진행된다.

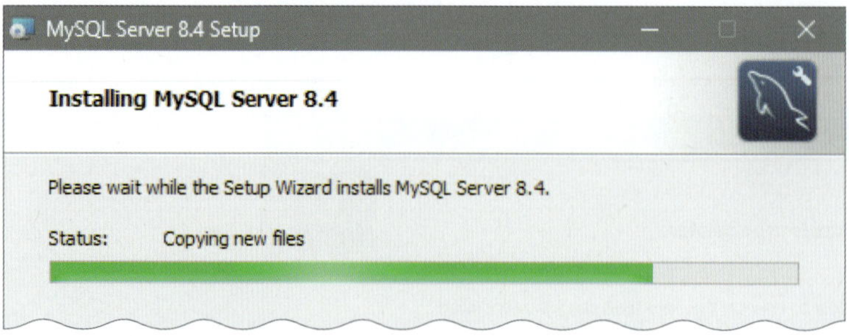

그림 1-16 **MySQL Community 8.4 설치 6**

2-7 MySQL 설치가 완료되었다. 아래쪽의 'Run MySQL Configurator'가 체크된 상태에서 〈Finish〉를 클릭한다. 메시지 창이 나타나면 〈예〉를 클릭한다.

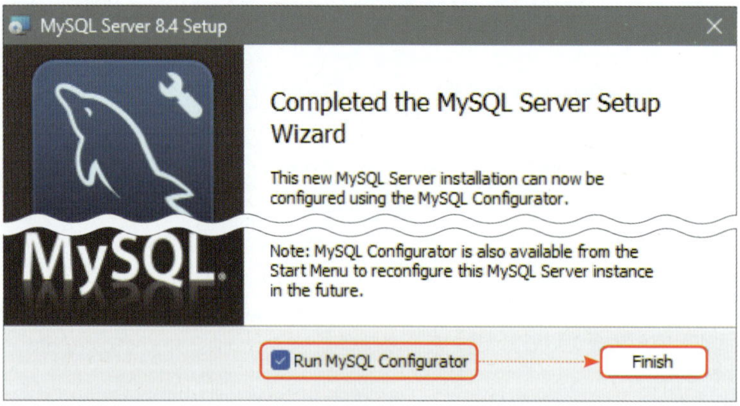

그림 1-17 **MySQL Community 8.4 설치 7**

3 MySQL을 설치한 후 몇 가지 환경 설정을 진행한다.

3-1 [MySQL Configurator] 창이 열리고 환영 메시지가 나타나면 〈Next〉를 클릭한다.

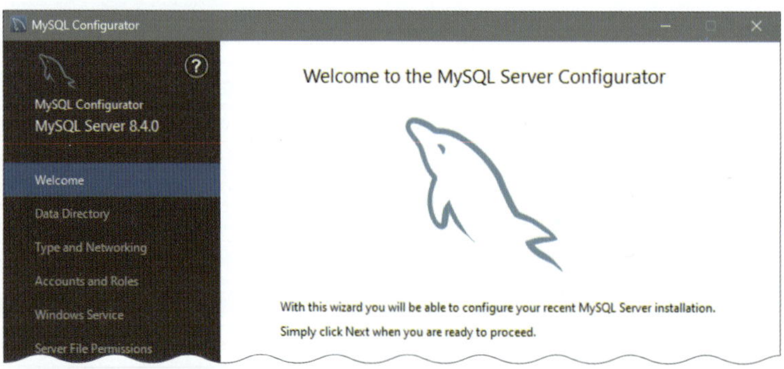

그림 1-18 **MySQL Community 8.4 환경 설정 1**

3-2 [Data Directory]에서는 기본값인 'C:\ProgramData\MySQL\MySQL Server 8.4\'를 그대로 둔 채 〈Next〉를 클릭한다.

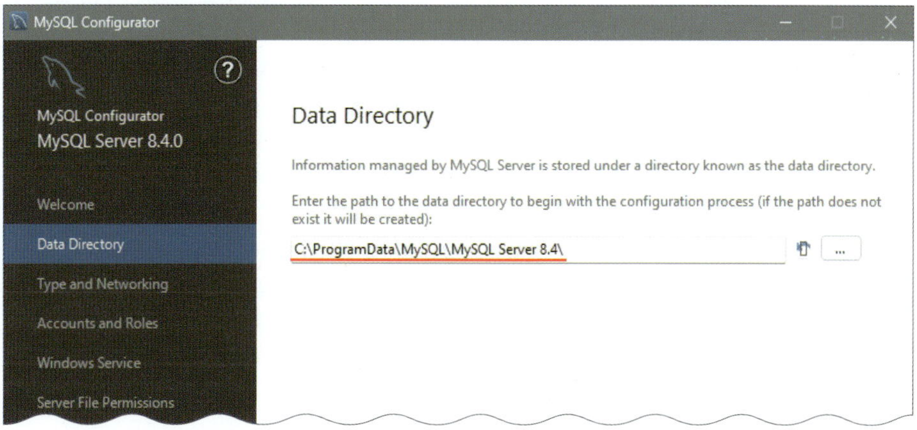

그림 1-19 MySQL Community 8.4 환경 설정 2

TIP 실무에서는 데이터 저장 폴더를 별도의 디스크로 지정하는 경우가 많다. 지금은 학습 중이니 그대로 두어도 무방하다.

3-3 [Type and Networking]에서 Config Type으로 'Development Computer'를 선택하고, 'TCP/IP'가 체크된 상태에서 포트 번호가 3306으로 설정된 것을 확인한다. 'Open Windows Firewall ports for network access'도 체크되어 있어야 한다. 확인 후 〈Next〉를 클릭한다.

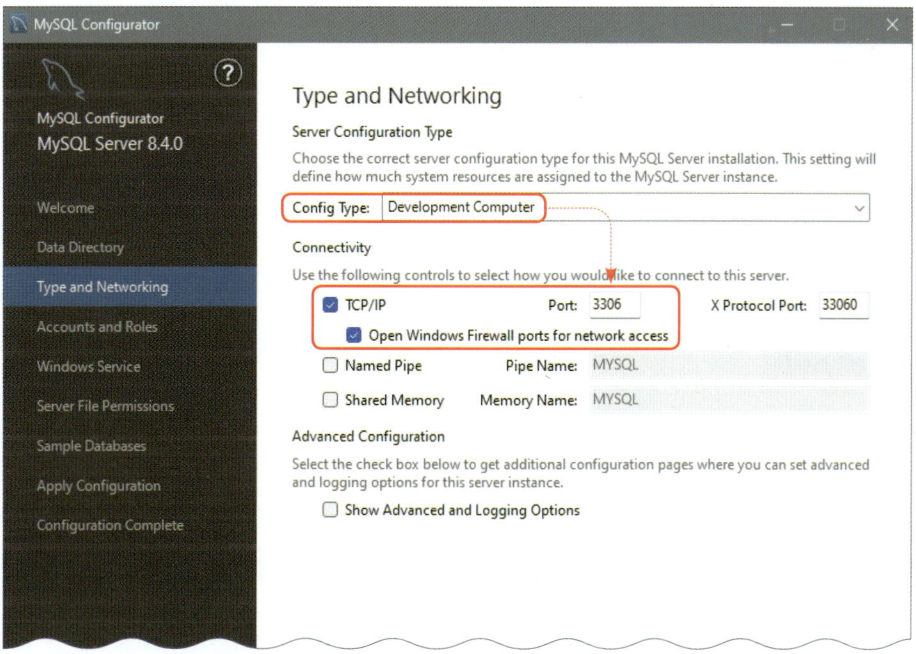

그림 1-20 MySQL Community 8.4 환경 설정 3

여기서 잠깐

Type and Networking 설정

- **Config Type**
  - Development Computer: MySQL 외에 여러 프로그램을 사용할 예정이라면 이 설정이 적합하다.
  - Server Computer: 웹 서버 등 중요한 서버에서 MySQL을 설치할 때 선택한다. MySQL이 최소한의 메모리만 사용하므로 웹 서버 등의 성능 저하가 최소화된다.
  - Dedicated Computer: 다른 프로그램을 사용하지 않고 MySQL을 전용으로 사용하는 컴퓨터에 적합하다. MySQL이 사용 가능한 메모리를 최대한 사용함으로써 성능이 극대화된다.
- **TCP/IP**: 네트워크를 통해 MySQL에 접근할 때는 반드시 체크해야 한다. 가장 일반적인 설정이며, 이것을 체크하지 않으면 외부에서 해당 컴퓨터의 MySQL에 접근할 수 없다.
- **Open Windows Firewall ports for network access**: 외부 컴퓨터에서 MySQL에 접근할 수 있도록 윈도우 방화벽에서 3306 포트를 허용하는 것이다. 이 번호는 기억해놓는 것이 좋다.

이 외의 설정은 사용할 일이 거의 없으니 신경 쓰지 않아도 된다.

3-4 [Accounts and Roles]에서는 MySQL 관리자(root) 계정의 비밀번호를 설정한다. 기억하기 쉽게 '1234'로 설정하고 ⟨Next⟩를 클릭한다. 참고로 아래쪽의 MySQL User Accounts에서는 root 외의 사용자를 추가할 수 있는데, 이는 나중에 해볼 것이다.

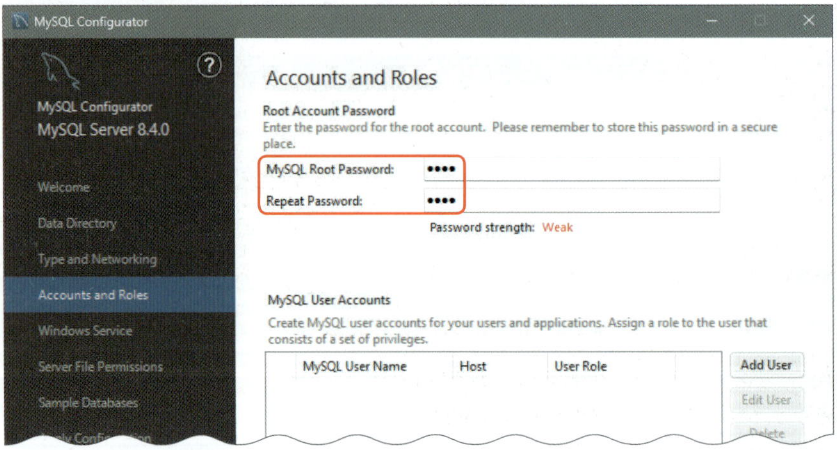

그림 1-21 MySQL Community 8.4 환경 설정 4

여기서 잠깐

root 비밀번호

root는 MySQL의 모든 권한을 가진 관리자 계정의 이름이므로 이 관리자의 비밀번호가 유출된다면 해당 컴퓨터의 중요한 정보가 모두 유출될 것이다. 따라서 root의 비밀번호는 문자, 숫자, 기호를 섞어 최소한 8자 이상으로 설정할 것을 적극 권장한다. 지금은 학습 중이라 비밀번호를 간단하게 설정했지만 실무에서는 절대 이렇게 하면 안 된다.

3-5 [Windows Service]에서는 MySQL 서버를 윈도우의 서비스로 등록하기 위한 설정을 한다. 'Windows Service Name'은 일반적으로 많이 사용되는 'MySQL'로 설정하고, 나머지는 기본값을 유지한 채 〈Next〉를 클릭한다.

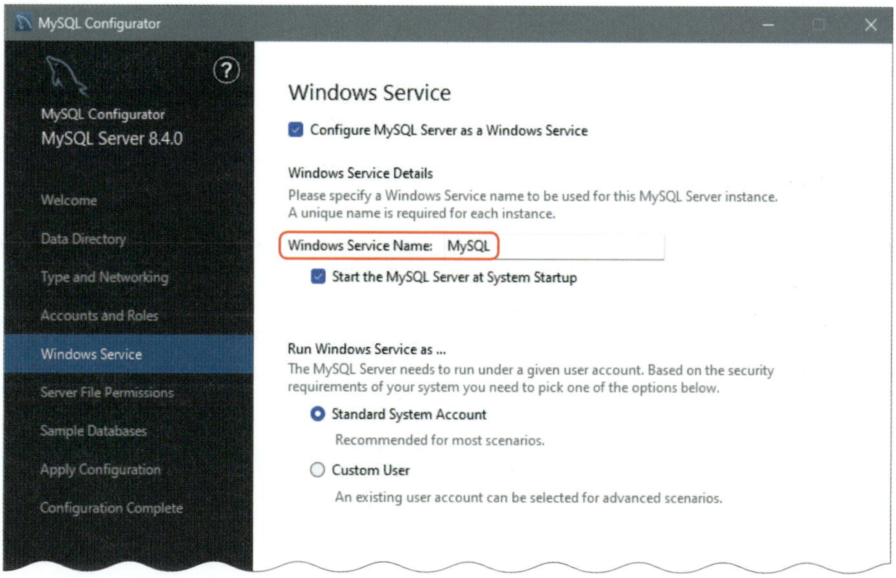

그림 1-22 MySQL Community 8.4 환경 설정 5

TIP Windows Service Name은 추후에 윈도우의 [서비스] 앱에서 확인할 수 있다.

3-6 [Server File Permissions]는 MySQL의 데이터 폴더에 대한 접근을 제한하는 설정이다. 기본값을 그대로 두고 〈Next〉를 클릭한다.

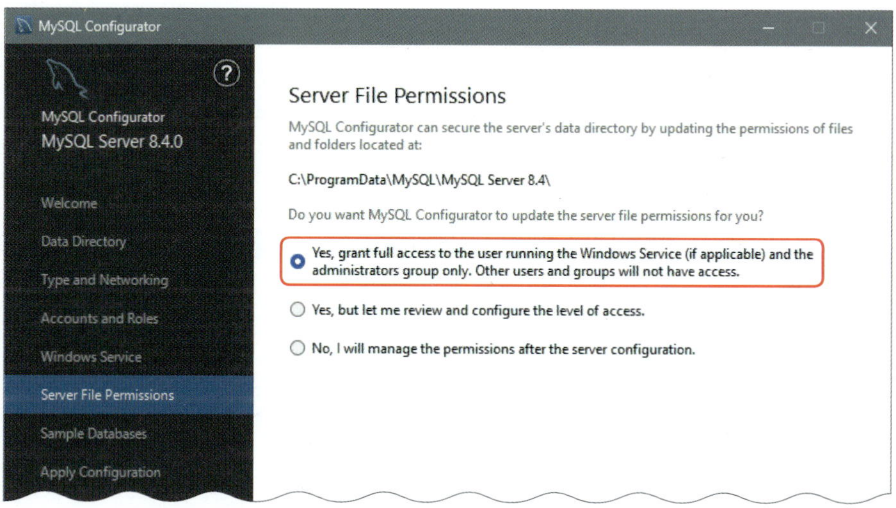

그림 1-23 MySQL Community 8.4 환경 설정 6

3-7 [Sample Databases]에서는 샘플 데이터베이스의 생성을 선택할 수 있다. 2개의 샘플을 모두 선택하고 〈Next〉를 클릭한다.

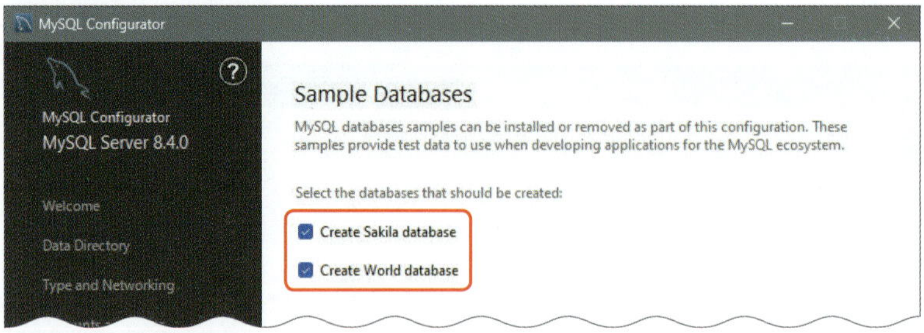

그림 1-24 MySQL Community 8.4 환경 설정 7

3-8 [Apply Configuration]에서 〈Execute〉를 클릭하면 설정된 내용이 적용된다. 각 항목 앞에 초록색 체크 표시가 나타나면 성공적으로 설정된 것이다. 완료 후 〈Next〉를 클릭한다.

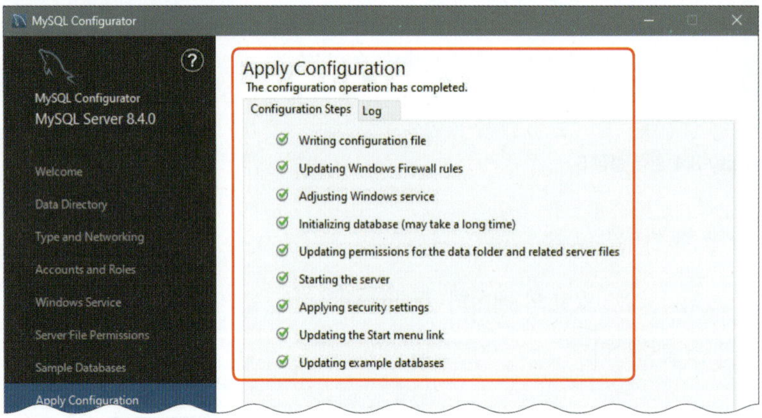

그림 1-25 MySQL Community 8.4 환경 설정 8

3-9 [Configuration Complete]가 나타나면 설정이 모두 완료된 것이다. 〈Finish〉를 클릭하여 창을 닫는다.

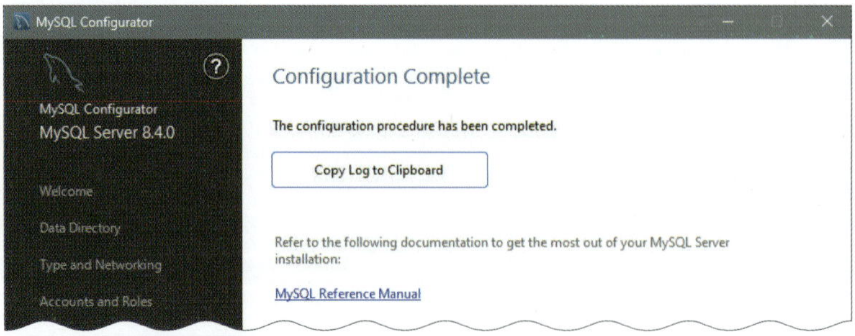

그림 1-26 MySQL Community 8.4 환경 설정 9

4 MySQL에 접속할 수 있는 툴인 MySQL Workbench를 설치한다.

4-1 앞서 다운로드한 mysql-workbench-community-8.0.36-winx64.msi 파일을 더블클릭한다. 환영 메시지가 나타나면 〈Next〉를 클릭한다.

그림 1-27 **MySQL Workbench 설치 1**

4-2 [Destination Folder]에서는 MySQL Workbench가 설치될 폴더를 지정한다. 기본값을 그대로 두고 〈Next〉를 클릭한다.

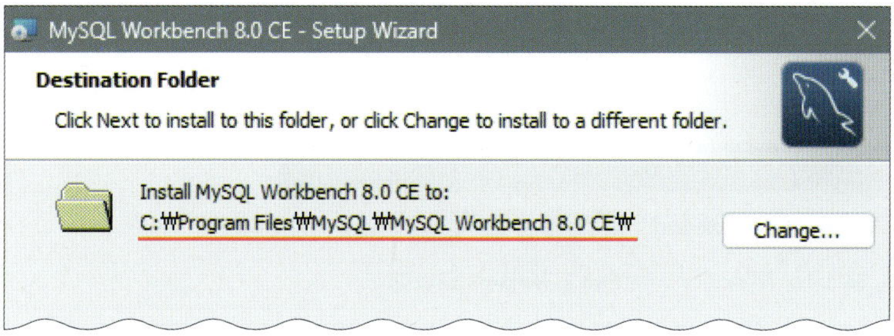

그림 1-28 **MySQL Workbench 설치 2**

4-3 [Setup Type]에서는 기본값인 'Complete'를 선택하고 〈Next〉를 클릭한다.

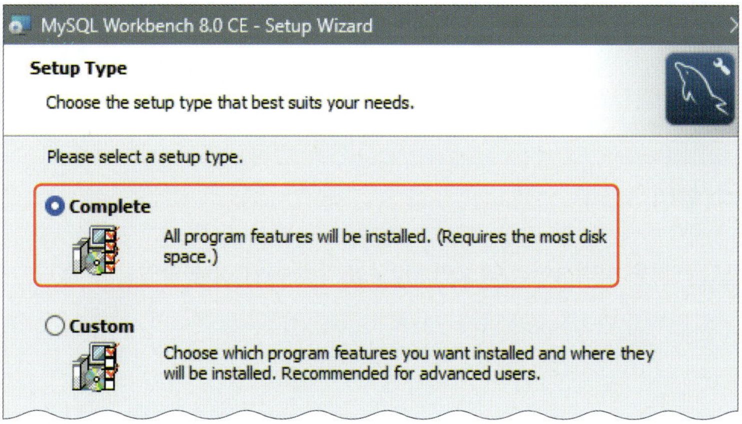

그림 1-29 **MySQL Workbench 설치 3**

4-4 [Ready to Install the Program]에서는 〈Install〉을 클릭하여 설치를 진행한다. 설치가 완료될 때까지 기다린다.

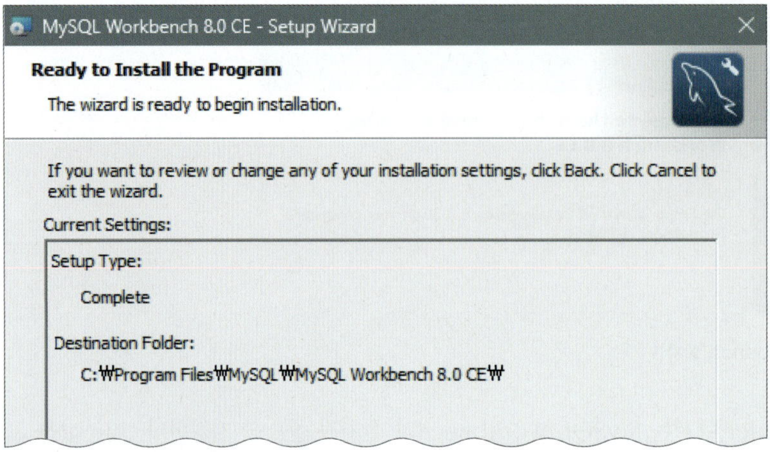

그림 1-30 **MySQL Workbench 설치 4**

4-5 설치가 완료되면 'Launch MySQL Workbench now'의 체크를 해제하고 〈Finish〉를 클릭한다.

그림 1-31 **MySQL Workbench 설치 5**

4-6 윈도우의 [시작]에서 [모든 앱]을 선택하여 살펴보면 MySQL이 등록된 것을 확인할 수 있다.

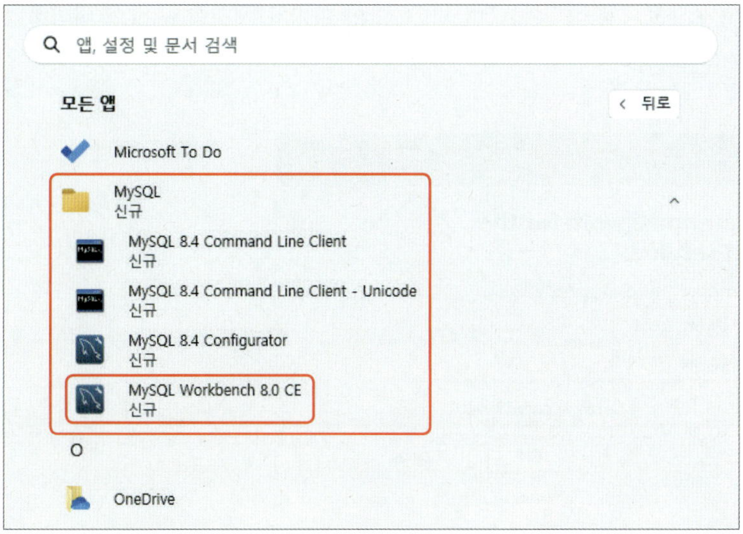

그림 1-32 MySQL 메뉴

5 설치가 완료되었으니 MySQL에 접속한다.

5-1 윈도우의 [시작]-[모든 앱]-[MySQL]-[MySQL Workbench 8.0 CE]를 선택한다.

5-2 [MySQL Workbench]의 초기 화면이 나타나는데, 아직 MySQL Server에 연결되지 않은 상태이다. [MySQL Connections]에서 'Local instance MySQL'을 클릭하여 컴퓨터에 설치한 MySQL Server에의 연결을 시도한다.

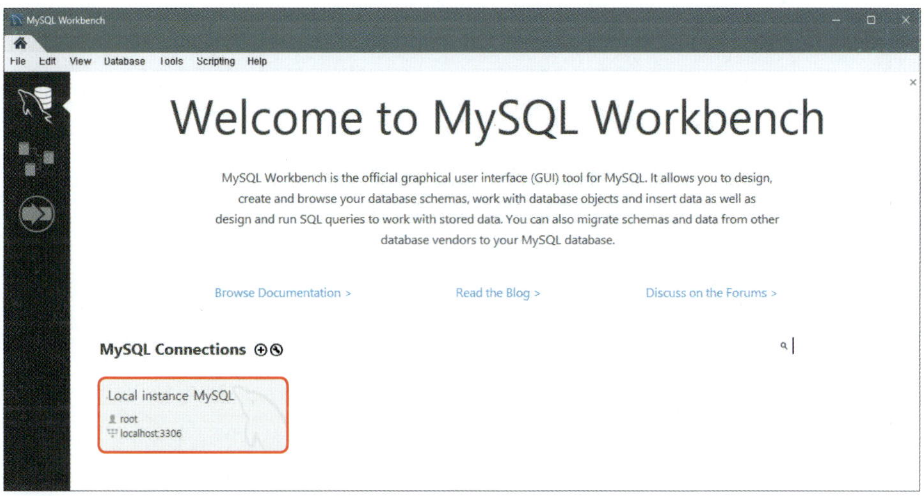

그림 1-33 MySQL Workbench 초기 화면

TIP 'workbench'는 '작업대'를 뜻한다. 이러한 의미처럼 MySQL Workbench에서 MySQL과 관련된 대부분의 작업을 GUI(Graphical User Interface)로 처리하고 결과를 확인할 수 있으며, 이러한 환경을 '통합 개발 환경(Integrated Development Environment, IDE)'이라고 한다. 물론 MySQL Workbench 없이도 MySQL을 텍스트 모드로 운영할 수 있는데, 이는 2장에서 다룰 것이다.

5-3 [Connect to MySQL Server] 창이 나타나면 MySQL의 관리자 계정인 root의 비밀번호 '1234'를 입력하고 〈OK〉를 클릭한다.

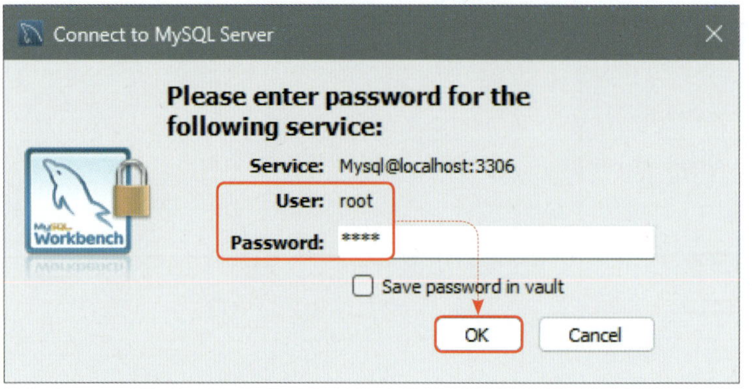

그림 1-34 MySQL Server에 접속

5-4 만약 [Connection Warning] 창이 나타나면 'Don't show this message again'에 체크하고 〈Continue Anyway〉를 클릭한다. 이는 설치된 MySQL Server가 8.4 버전이고 MySQL Workbench가 8.0 버전이라 나오는 경고인데 무시해도 된다.

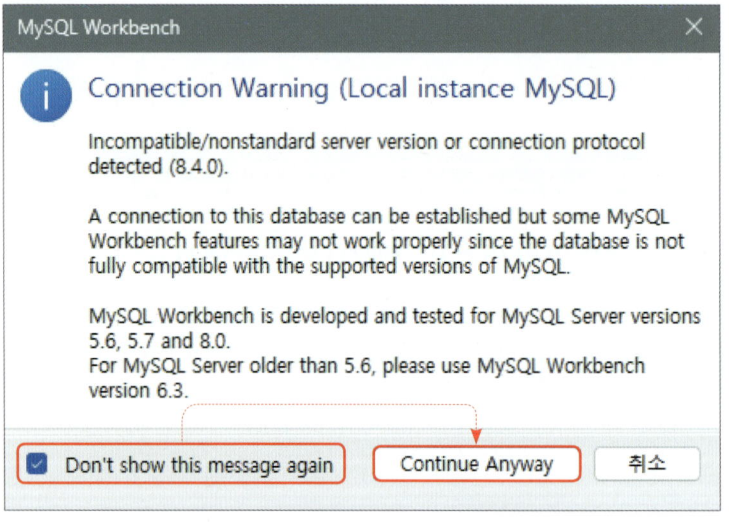

그림 1-35 MySQL Server와 MySQL Workbench 버전 관련 경고

5-5 MySQL Server에 완전히 접속된 MySQL Workbench 화면이 나타난다. 여기서 MySQL의 작업을 대부분 수행할 수 있다.

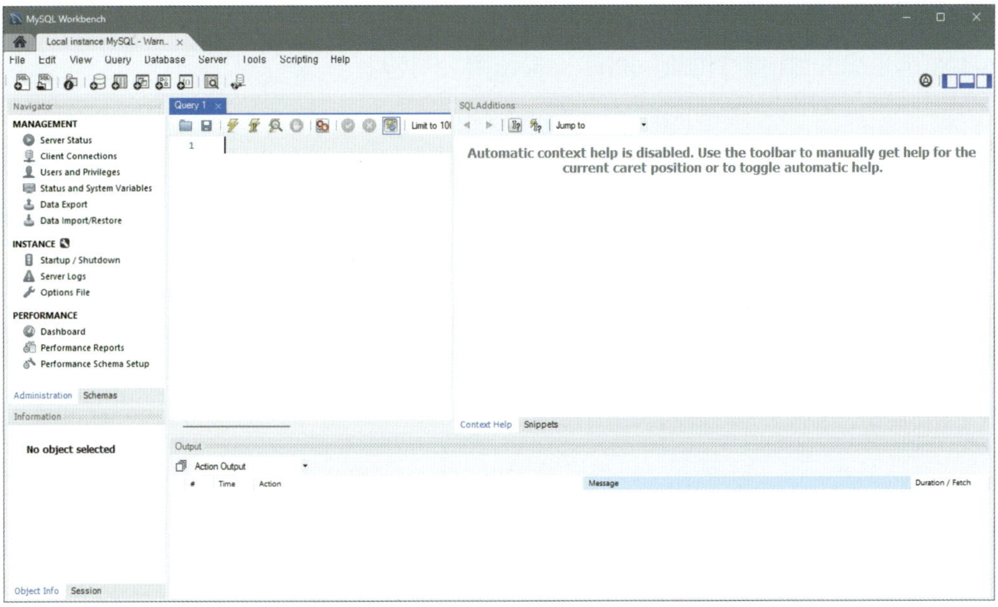

그림 1-36 MySQL Server에 접속된 MySQL Workbench

5-6 화면 구성 중에서 오른쪽의 [SQL Additions]는 당분간 사용할 일이 없으니 닫아도 된다. 화면 가운데의 [Query 1], 왼쪽의 [Navigator], 아래쪽의 [Output] 영역만 사용할 것이다. 오른쪽 상단의 파란색 사각형 아이콘 중에서 맨 오른쪽 아이콘을 클릭하면 [SQL Additions]가 닫히며, 앞으로 다음과 같은 화면에서 학습을 진행하게 될 것이다.

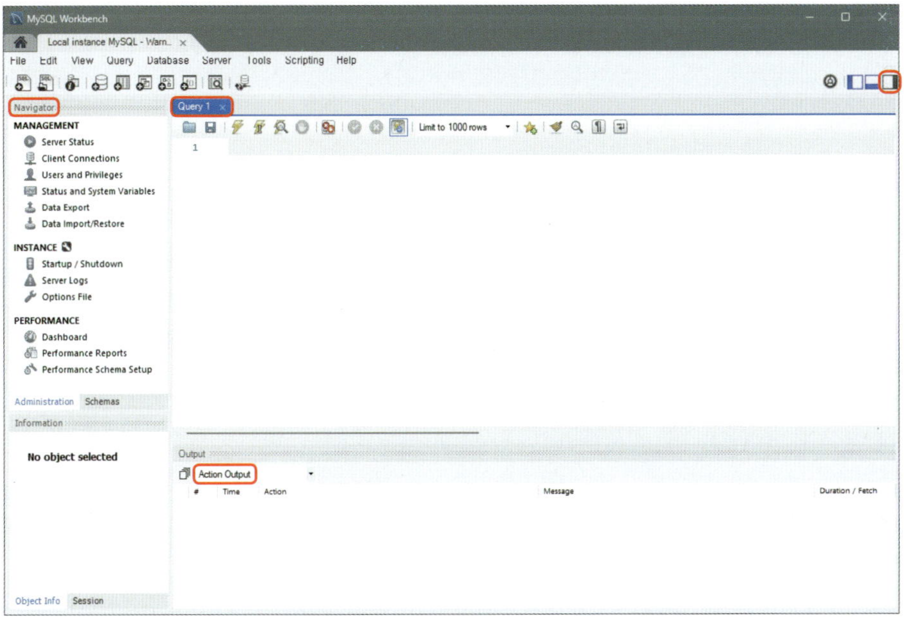

그림 1-37 앞으로 주로 사용될 MySQL Workbench 화면

6 MySQL Workbench의 몇 가지 설정을 확인한다.

6-1 Workbench 메뉴에서 [Edit]–[Preferences]를 선택한다.

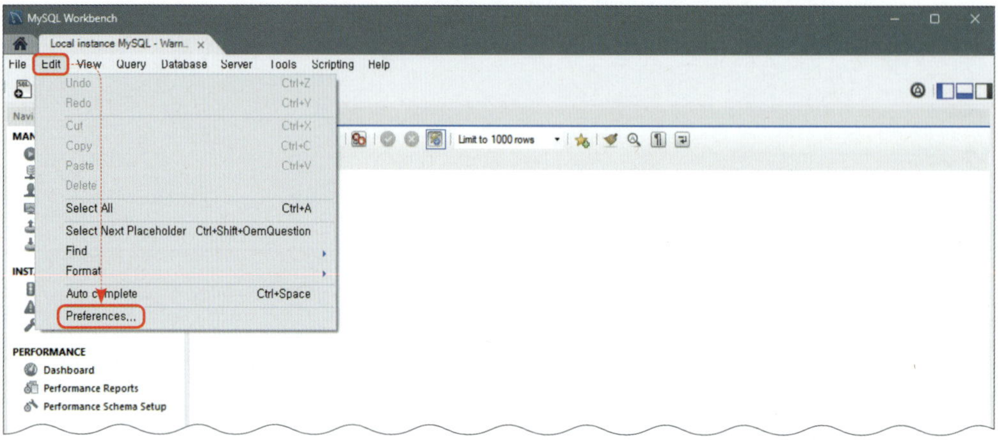

그림 1-38 MySQL Workbench 설정 1

6-2 왼쪽에서 [SQL Editor]를 선택하고 오른쪽 아래 'Safe Updates'의 체크를 해제한 후 〈OK〉를 클릭한다.

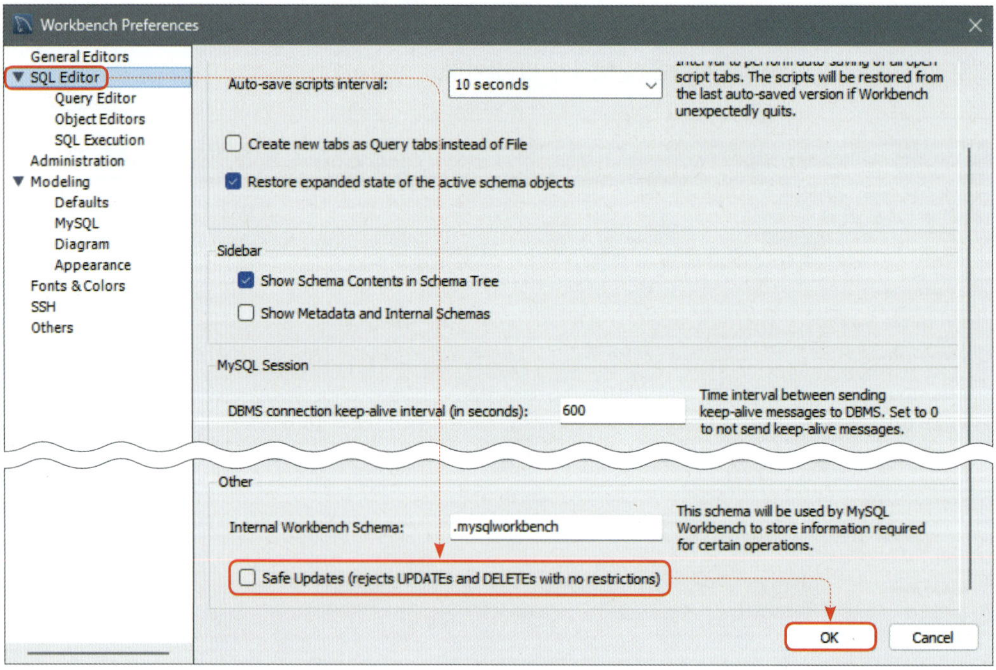

그림 1-39 MySQL Workbench 설정 2

여기서 잠깐

Safe Updates 'Safe Updates' 옵션을 해제하는 것은 앞으로 사용할 Update 문과 Delete 문을 원활하게 사용하기 위해서이다. 이 옵션이 활성화되어 있으면 Update 문이나 Delete 문에서 기본키가 설정된 열이 들어가야만 한다. 지금은 이해하기 어렵겠지만 뒤에서 자세히 설명할 테니 그때 명확히 이해하면 된다.

6-3 메뉴의 [File]–[Exit]를 선택하여 MySQL Workbench를 닫는다.

6-4 MySQL Workbench는 앞으로 자주 사용할 테니 윈도우 작업 표시줄에 고정해두는 것이 좋다. 윈도우의 [시작]–[모든 앱]–[MySQL]–[MySQL Workbench 8.0 CE]에서 마우스 오른쪽 버튼을 클릭하고 [기타]–[작업 표시줄에 고정]을 선택한다.

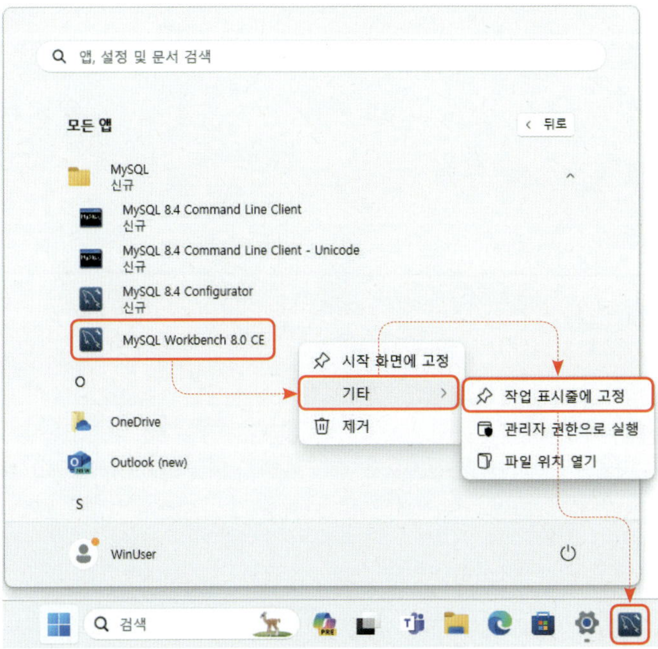

그림 1-40 MySQL Workbench를 작업 표시줄에 고정

7 MySQL의 실행 파일 경로를 시스템 Path에 추가한다.

7-1 윈도우의 [시작]에서 마우스 오른쪽 버튼을 클릭하고 [터미널(관리자)] 또는 [Windows PowerShell(관리자)]를 선택하여 관리자 권한으로 파워셸을 실행한다. 그리고 **cmd** 명령을 입력하여 명령 프롬프트로 전환한다.

7-2 다음 명령을 입력하여 MySQL 실행 파일 경로를 시스템 Path에 추가한다. 명령어를 입력할 때 띄어쓰기와 철자가 틀리지 않도록 주의해야 한다.

```
SETX PATH "%PATH%;C:\Program Files\MySQL\MySQL Server 8.4\bin" /M
```

그림 1-41 C:\Program Files\MySQL\MySQL Server 8.4\bin 폴더를 Path에 추가

7-3 이제 컴퓨터를 재부팅한다.

04 샘플 데이터베이스

1 샘플 데이터베이스의 개요

실습을 진행할 때는 종종 대량의 데이터가 필요한데, 이를 위해 수십만, 수백만 건의 데이터를 직접 입력하는 것은 현실적으로 어렵다. 그래서 MySQL을 설치할 때 sakila, world 샘플 데이터베이스를 자동으로 설치했다. 또한 이 책에서는 전통적으로 많이 사용되는 employees 샘플 데이터베이스를 제공하니 이를 다운로드하여 설치한다. 앞으로 실습에서 sakila, world, employees 샘플 데이터베이스를 사용할 것이다.

2 employees 샘플 데이터베이스 설치

1 이 책의 자료실(http://www.hanbit.co.kr/src/41009)에서 employees.zip(약 34.1MB) 파일을 다운로드하고 압축을 푼다. 필자는 C:\employees\ 폴더에 압축을 풀었다.

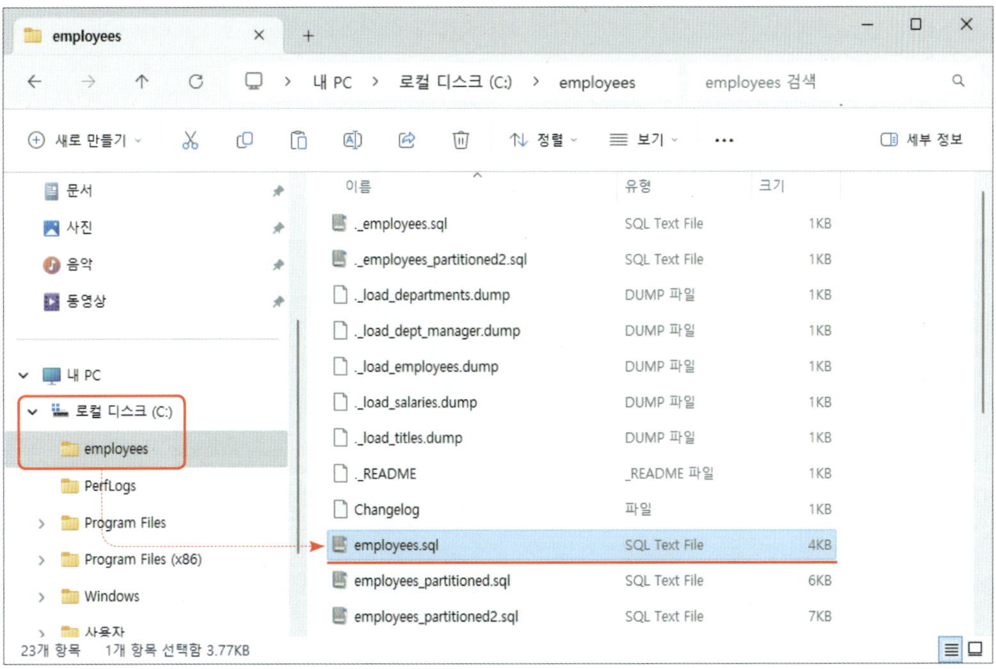

그림 1-42 샘플 데이터베이스 파일

2 샘플 데이터베이스를 MySQL로 가져온다.

2-1 윈도우의 [시작]에서 마우스 오른쪽 버튼을 클릭하고 [터미널(관리자)] 또는 [Windows PowerShell(관리자)]를 선택하여 관리자 권한으로 파워셸을 실행한다. 그리고 **cmd** 명령을 입력하여 명령 프롬프트로 전환한다.

2-2 **CD c:\employees** 명령으로 폴더를 이동한 후 **mysql -u root -p** 명령을 입력하고 비밀번호 '1234'를 입력하여 MySQL에 접속한다.

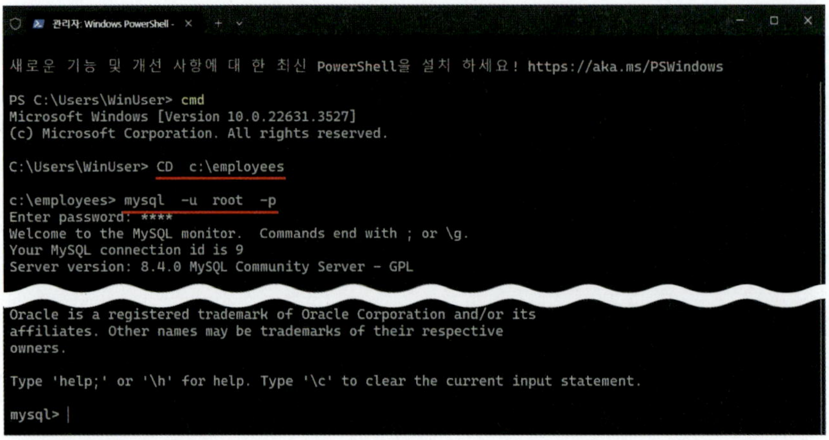

그림 1-43 MySQL 접속

2-3 다음 SQL 명령어로 샘플 데이터베이스를 MySQL에 가져온다. 실행 중 'Query OK' 메시지가 여러 번 나타날 것이다.

```
source employees.sql ;
```

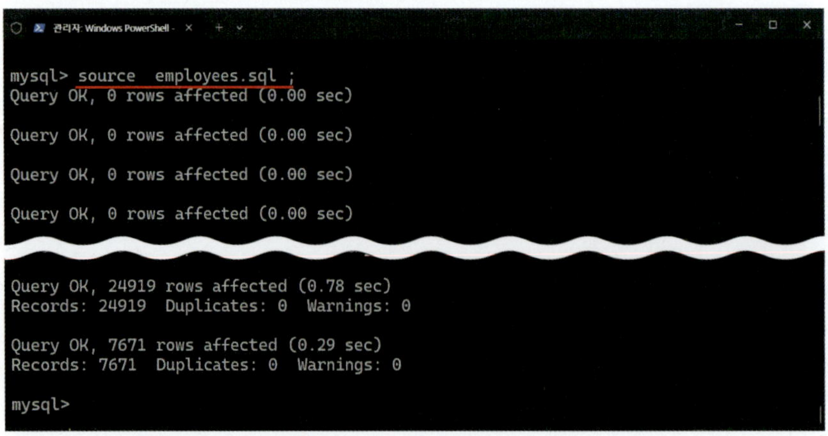

그림 1-44 샘플 데이터베이스 가져오기

2-4 다음 SQL 명령어로 데이터베이스 목록을 확인하면 employees 데이터베이스가 보일 것이다.

```
show databases ;
```

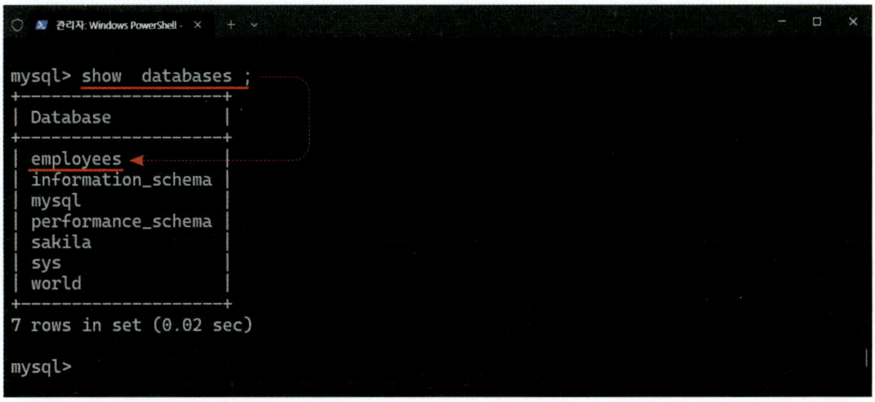

그림 1-45 샘플 데이터베이스 확인

2-5 exit 명령어로 MySQL 접속을 종료한다.

요약

1 데이터베이스는 데이터의 집합이며, DBMS는 이를 관리하고 운영하는 소프트웨어이다.

2 DBMS 제품으로는 MySQL, MariaDB, PostgreSQL, Oracle, SQL Server, DB2, Access, SQLite 등이 있다.

3 데이터베이스의 주요 특징은 데이터의 무결성, 데이터의 독립성, 보안, 데이터 중복 최소화, 응용 프로그램 개발 및 수정 용이성, 데이터의 안전성 향상 등이다.

4 DBMS는 크게 계층형, 망형, 관계형, 객체지향형, 객체관계형으로 구분된다. MySQL, Oracle, DB2, SQL Server, Access 등은 모두 관계형 DBMS이다.

5 SQL은 관계형 데이터베이스에서 사용되는 언어이다.

6 SQL은 DBMS 제작 회사와 독립적이며, 이식성이 좋아 다른 시스템으로의 이전이 용이하다. 또한 표준이 계속 발전하고, 대화식 언어로 구성되어 있으며, 분산형 클라이언트/서버 구조를 지원한다.

7 모든 DBMS 제품의 SQL 문이 완벽하게 동일하지는 않으며, 각 회사는 표준 SQL을 준수하면서도 자사 제품에 특화된 SQL을 사용한다.

8 MySQL은 오라클이 제공하는 오픈 소스 DBMS 소프트웨어이다.

9 MySQL의 상용 에디션은 Standard, Enterprise, Cluster CGE이고, 무료 에디션은 Community 에디션이다.

10 이 책에서는 MySQL Server, MySQL Client, MySQL Workbench, Sample Database를 설치하여 사용한다.

11 MySQL 8.4는 64bit 윈도우에 설치해야 한다.

12 MySQL은 기본적으로 3306 포트를 사용한다.

13 MySQL Workbench는 MySQL과 관련된 대부분의 작업을 GUI 환경에서 처리할 수 있는 통합 개발 환경이다.

14 MySQL에서 제공하는 대용량 샘플 데이터베이스는 employees이다.

연습문제

1 DBMS 또는 데이터베이스에 대한 설명으로 옳지 않은 것을 고르시오.

① DBMS는 사용자와 응용 프로그램이 동시에 접근할 수 있다.

② 데이터베이스는 데이터의 집합 또는 저장 공간이다.

③ MySQL은 데이터베이스 소프트웨어이다.

④ 엑셀은 DBMS가 아니다.

⑤ 접근 권한이 있는 사용자만 데이터에 접근할 수 있어야 한다.

2 다음 중 오픈 소스가 아닌 것을 모두 고르시오.

Access	MariaDB	Oracle	PostgreSQL	SQL Server	SQLite

3 DBMS 또는 데이터베이스의 특징에 해당하지 않는 것을 고르시오.

① 데이터는 어떤 경로를 통해 들어와도 오류가 없어야 한다.

② 데이터 파일의 저장소가 변경되면 즉시 응용 프로그램도 변경해야 한다.

③ 접근 권한이 있는 사용자만 데이터에 접근할 수 있어야 한다.

④ 데이터는 가능하면 중복 저장되지 않도록 해야 한다.

⑤ 데이터의 백업 및 복원 기능을 제공해야 한다.

4 DBMS의 유형이 아닌 것을 고르시오.

① 계층형 ② 망형 ③ 관계형

④ 계층관계형 ⑤ 객체지향형

5 SQL의 특징에 해당하지 않는 것을 모두 고르시오.

① 이식성이 좋다.

② 클라이언트/서버 구조를 지원한다.

③ 각 회사마다 완전히 통일된 문법을 사용한다.

④ 중앙 집중식 질의만을 제공한다.

⑤ 각 DBMS 제품에 독립적이다.

연습문제

6 MySQL 8.4를 설치할 수 없는 운영체제를 고르시오.

① Windows 11　　② Windows 10　　③ Windows 8

④ Windows Server 2025　　⑤ Windows 7

7 MySQL 8.4의 설치 과정에 대한 설명으로 옳지 않은 것을 고르시오.

① MySQL Community Edition은 무료로 다운로드할 수 있다.

② MySQL Workbench는 MySQL 8.4에 포함되어 있다.

③ MySQL의 포트는 3306으로 지정되어 있다.

④ 설치 과정에서 root 사용자의 비밀번호를 설정해야 한다.

⑤ 설치 시 서비스 이름을 설정할 수 있고, 서비스 이름은 변경이 가능하다.

8 MySQL의 샘플 데이터베이스 employees에 대한 설명으로 옳지 않은 것을 고르시오.

① 명령 프롬프트나 파워셸에서 MySQL에 접속한 후 employees.sql을 사용하여 설치한다.

② 설치 SQL 명령은 source employees.sql이다.

③ 설치가 완료되면 데이터베이스의 이름이 employees로 생성된다.

④ employees 데이터베이스는 MySQL Server 8.4 설치 패키지에 포함되어 있다.

응용 예제 MariaDB 설치 및 기본 사용법

MySQL과 MariaDB는 초기 개발자가 같아 대부분의 SQL 문이 호환된다. 특히 MariaDB는 상용이라도 라이선스의 제약 없이 무료로 사용할 수 있다. MariaDB의 안정화된 버전을 다운로드하여 설치해보자.

1 MariaDB 공식 사이트(https://www.mariadb.org/download)에서 장기 지원 버전인 MariaDB Server 11.4.xx 버전을 다운로드한다.

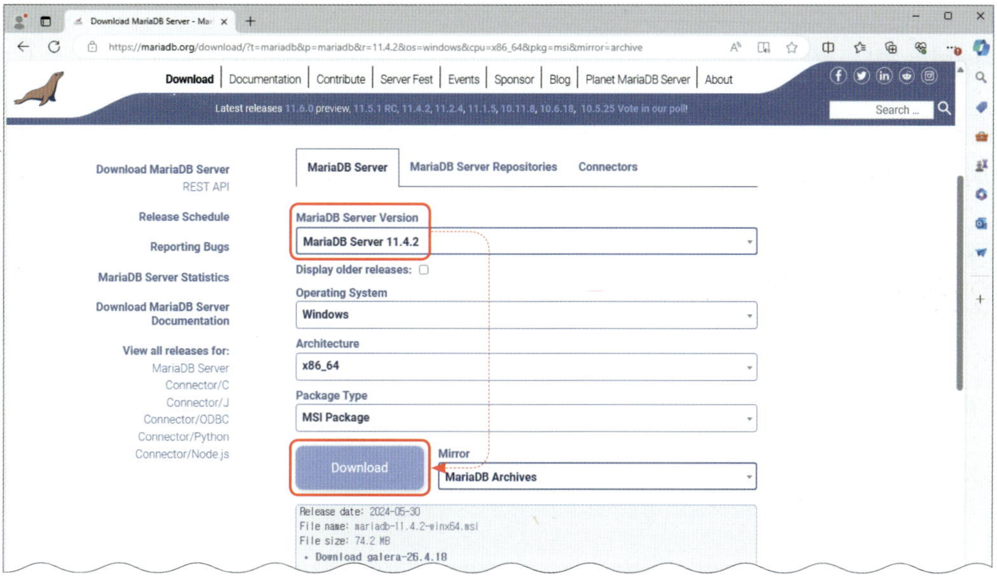

MariaDB 다운로드

TIP MariaDB의 버전이 책과 달라도 사용하는 데 별 차이가 없다.

2 다운로드한 파일을 실행하고 초기 환경 화면에서 〈Next〉를 클릭한다.

3 [End-User License Agreement] 화면에서 라이선스에 동의하고 〈Next〉를 클릭한다.

4 [Custom Setup]에서는 기본 설정을 유지한 채 〈Next〉를 클릭한다.

5 [Default instance properties]에서 root 계정의 비밀번호를 '1234'로 설정하고 'Use UTF8 as default server's character set'에 체크한 후 〈Next〉를 클릭한다.

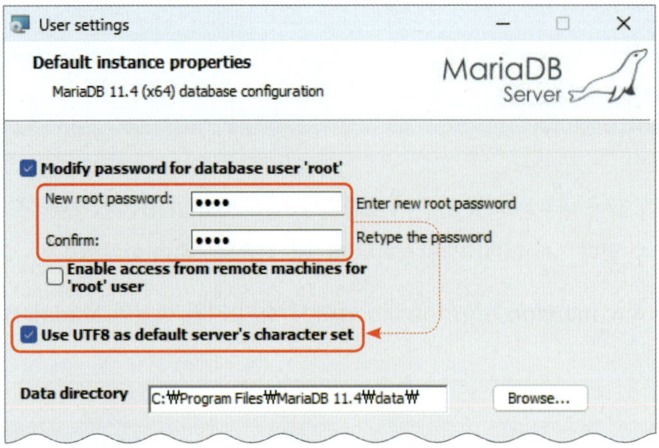

MariaDB 설치 1

6 TCP port 3306은 이미 MySQL이 사용하고 있으므로 MariaDB의 TCP port를 3307로 변경하고 〈Next〉를 클릭한다.

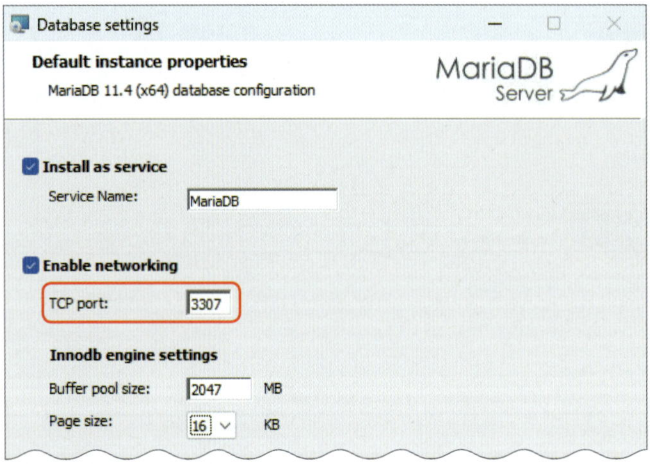

MariaDB 설치 2

TIP MySQL과 MariaDB는 태생이 같아서 둘 다 기본적으로 3306번 포트를 사용한다. 한 컴퓨터에 2개를 모두 설치할 때는 포트 번호가 중복되면 안 되므로 MariaDB는 임의로 3307번을 사용하는 것이다.

7 [Ready to install MariaDB 11.4 (x64)]에서 〈Install〉을 클릭하면 잠시 동안 설치가 진행된다.

8 설치가 완료되면 〈Finish〉를 클릭하여 종료한다.

9 샘플 데이터베이스를 설치하려면 윈도우의 [시작]에서 마우스 오른쪽 버튼을 클릭하고 [터미널(관리자)] 또는 [Windows PowerShell(관리자)]를 선택한다. 이후 다음 명령을 실행한다.

```
cmd
cd C:\employees
"\Program Files\MariaDB 11.4\bin\mysql" -u root -p -- MariaDB의 mysql.exe 실행
비밀번호 입력
source employees.sql ;
exit
```

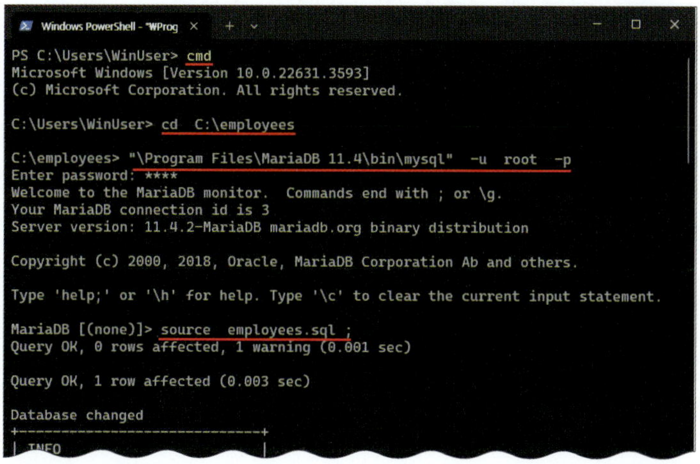

샘플 데이터베이스 설치

10 바탕화면의 HeidiSQL을 더블클릭하여 실행한다. HeidiSQL은 MariaDB의 클라이언트 툴로, MySQL의 Workbench와 유사한 역할을 한다. 실행 후 왼쪽 아래의 〈신규〉를 클릭하여 새로운 접속을 생성한다. [세션 이름]에 'Local'을, 암호에 '1234'를 입력하고 MariaDB의 포트 번호를 '3307'로 변경한 후 〈저장〉을 클릭한다.

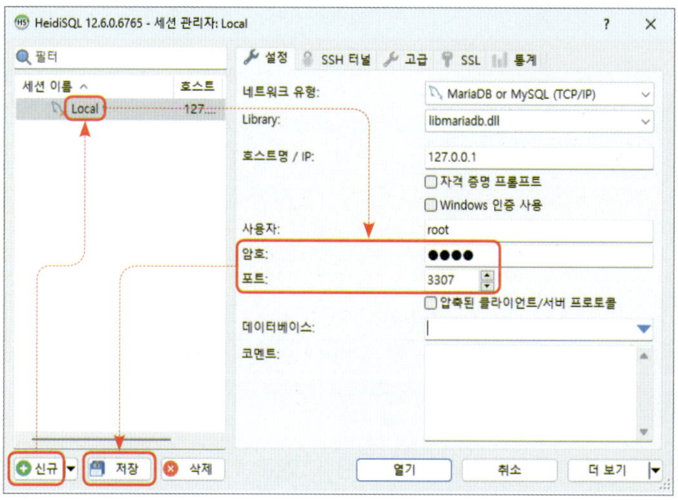

HeidiSQL 접속 설정

11 〈열기〉를 클릭하면 MariaDB로 접속된다. 왼쪽의 [Local]을 클릭하면 오른쪽에 데이터베이스 목록이 나타난다. [Local] 아래의 데이터베이스를 선택하면 해당 데이터베이스의 테이블 목록이 오른쪽에 나타난다. SQL 문을 직접 입력하려면 [쿼리] 탭을 클릭하면 된다.

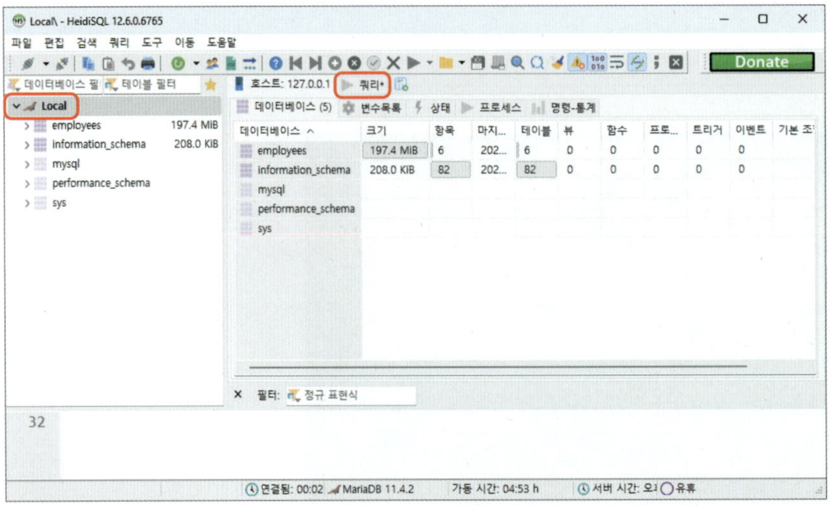

HeidiSQL 접속 화면

12 [쿼리] 탭을 클릭하여 SQL 문을 입력한 후, 실행할 부분을 드래그로 선택하고 Ctrl+F9를 누르거나 ▶ 아이콘을 확장하고 [선택 실행]을 클릭하여 실행한다.

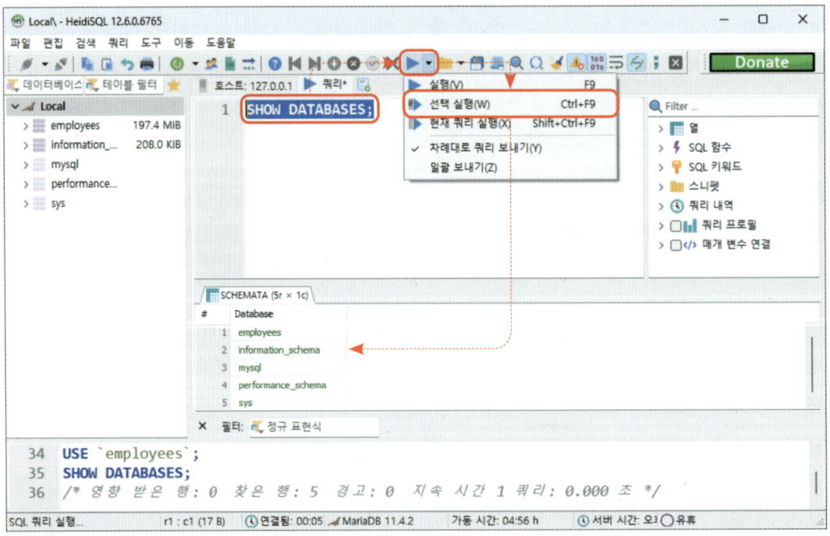

SQL 문 실행

13 HeidiSQL 메뉴에서 [파일]-[종료]를 선택하면 프로그램이 종료된다. 만약 '쿼리가 수정되었습니다'라는 메시지 창이 뜨면 〈아니요〉를 클릭한다. 이는 입력한 쿼리를 별도의 파일로 저장하겠냐는 메시지이다.

CHAPTER 02

데이터베이스 전체 운영 맛보기

학습목표

- 데이터베이스 모델링의 기본 개념을 이해한다.
- 데이터베이스에서 사용하는 주요 용어를 이해한다.
- 데이터베이스 구축 절차를 실습한다.
- 테이블, 뷰, 인덱스, 스토어드 프로시저, 트리거의 개념을 이해한다.

01 데이터베이스 모델링

1 정보 시스템 구축의 개요

정보 시스템을 구축하기 위해서는 일반적으로 분석-설계-구현-시험-유지·보수라는 5단계를 거친다. 분석은 프로젝트의 첫 번째 단계로 시스템 분석 또는 요구 사항 분석이라고도 한다. 요구 사항 분석은 '무엇을(what)' 할지 결정하는 것으로, 이 단계에서는 사용자 인터뷰와 업무 조사 등을 수행한다. 분석은 프로젝트의 첫 단추를 끼우는 중요한 단계이므로 당연히 많은 시간 동안 심혈을 기울여야 한다.

두 번째 단계인 설계는 시스템 설계 또는 프로그램 설계라고도 하며, 이 단계에서는 구축하고자 하는 시스템을 '어떻게(how)' 설계할 것인지 결정한다. 설계 단계가 끝나면 그 결과 문서를 프로그래머(또는 코더)에게 넘겨주고, 프로그래머는 설계서대로 프로그램을 작성하면 된다. 따라서 일반적으로는 시스템 설계가 끝나면 가장 큰 작업을 마친 셈이다. 대부분의 프로젝트에서는 분석과 설계 단계가 전체 공정의 50% 이상을 차지한다. 이에 대한 자세한 내용은 3장에서 살펴보겠다.

2 데이터베이스 모델링과 필수 용어

데이터베이스 모델링이란 현실 세계에서 사용되는 데이터를 MySQL에 어떻게 옮겨놓을지 결정하는 과정으로, 정보 시스템 구축 시 분석과 설계 단계에서 가장 중요한 작업 중 하나이다.

TIP 실제 데이터베이스 모델링 방법은 3장에서 실습을 통해 배울 것이다.

인터넷 쇼핑몰을 생각해보자. 인터넷 쇼핑몰에는 사람(또는 회원)이 필요하다. 그렇다면 이 사람을 어떻게 MySQL에 넣을까? 사람의 몸 자체를 컴퓨터에 넣을 수는 없는 노릇이다. 데이터베이스에서는 사람을 나타내는 여러 가지 특성(속성)을 추출하여 저장한다. 어떤 사람의 신분을 증명하는 신분증에 이름, 주민등록번호, 주소 등의 정보가 있는 것과 비슷한 개념이다. 인터넷 쇼핑몰에서 판매하는 제품도 마찬가지이다. 제품 자체를 컴퓨터에 넣을 수는 없으니 제품명, 가격, 제조일, 제조사, 남은 수량 등을 저장한다. 이때 정보가 단편적으로 저장되는 것이 아니라 테이블이라는 형식에 맞춰 저장된다.

지금까지 설명한 사람과 제품에 관한 정보를 테이블에 구현하면 [그림 2-1]과 같다.

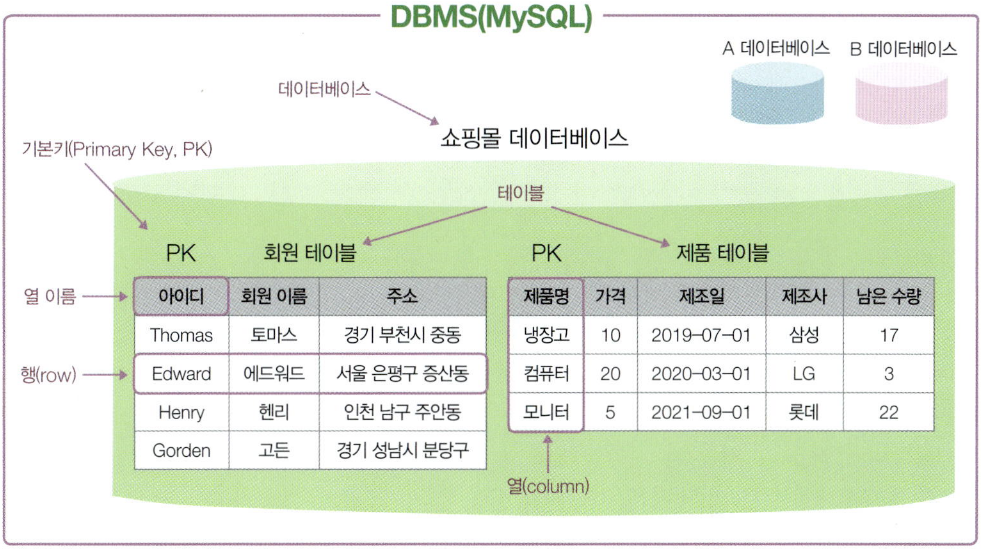

그림 2-1 테이블의 구조와 관련 용어

[그림 2-1]을 보면 테이블 외에 몇 가지 용어가 더 있는데 이를 자세히 살펴보자. 조금 어렵게 느껴질 수도 있지만 이 책을 공부하기 위해 우선적으로 알아야 할 내용이니 잘 이해하기 바란다.

- **데이터**

  토마스, 컴퓨터, 2019-07-01과 같이 테이블에 저장된 하나하나의 단편적인 정보를 데이터라고 한다. 즉 정보는 있으나 아직 체계화되지 않은 상태이다.

- **테이블**

  회원이나 제품의 데이터를 입력하기 위해 표 형태로 만든 것을 말한다. [그림 2-1]에서는 인터넷 쇼핑몰을 구현하기 위해 회원 정보를 보관할 회원 테이블과 제품 정보를 보관할 제품 테이블을 합쳐서 총 2개의 테이블을 만들었다.

- **데이터베이스**

  테이블이 저장되는 저장소로서 원통 모양으로 나타낸다. [그림 2-1]에는 3개의 데이터베이스가 있으며, 각 데이터베이스는 각각의 고유한 이름을 가지고 있다. 이 책에서 실습하는 데이터베이스는 쇼핑몰 데이터베이스이다.

- **DBMS**

  'DataBase Management System'의 약자로, 데이터베이스를 관리하는 시스템 또는 소프트웨어를 말한다. 1장에서 설치한 MySQL이 바로 DBMS이며, [그림 2-1]에서는 DBMS가 3개의 데이터베이스를 관리하고 있다.

여기서 잠깐

데이터베이스의 정의

데이터베이스와 DBMS의 정의는 학자 또는 제품마다 조금씩 다르다. 학문적으로 설명하자면 얘기가 길어질 테니 데이터베이스는 데이터(테이블) 저장소, DBMS는 데이터베이스를 관리하는 소프트웨어 정도로 이해하면 이 책을 공부하는 데 무리가 없을 것이다.

- **열(필드)**

  각 테이블은 열로 구성된다. [그림 2-1]의 회원 테이블은 '아이디', '회원 이름', '주소'라는 3개의 열로 구성되어 있다.

- **열 이름**

  각 열을 구분하기 위한 이름으로, 회원 테이블의 '아이디', '회원 이름', '주소'가 열 이름이다. 열 이름은 각 테이블 내에서 중복되지 않고 고유해야 한다.

- **데이터 형식**

  열의 데이터 형식을 말한다. 회원 테이블의 회원 이름 열은 당연히 숫자가 아닌 문자 형식이어야 한다. 또한 제품 테이블의 가격 열은 숫자(특히 정수) 형식이어야 한다. 가격에 '고가' 같은 글자가 들어가서는 안 되기 때문이다. 데이터 형식은 테이블을 생성할 때 열 이름과 함께 지정한다.

- **행(레코드)**

  실질적인 데이터를 말한다. 회원 테이블의 'Thomas/토마스/경기 부천시 중동'은 하나의 행으로 '행 데이터'라고도 부른다. 행은 회원 테이블에서 회원이 몇 명인지, 행 데이터가 몇 개 있는지와 동일한 의미이다. 회원 테이블의 행은 4개로, 즉 4명의 회원이 존재한다.

- **기본키(주키)**

  기본키는 각 행을 구분하는 유일한 열을 말한다. 기본키는 중복되면 안 되고 비어 있어서도 안 된다. 또한 각 테이블에는 기본키가 하나만 지정되어 있어야 한다. 회원 테이블의 기본키는 아이디 열에 지정되어 있는데, 만약 기본키를 회원 이름 열에 지정하면 어떻게 될까? 기본키는 각 행을 구분하는 유일한 열이라고 했는데, '토마스'라는 이름만으로 그 사람이 경기도 부천시 중동에 산다는 것을 확신할 수 있는가? 만약 '토마스'라는 이름이 또 있다면? 현실적으로 같은 이름을 가진 사람이 또 있을 수 있기 때문에 회원 이름 열은 기본키로 지정하기에 부적합하다. 그렇다면 주소 열은 어떨까? 마찬가지로 주소만 가지고 유일한 사람이라고 단정지을 수 없다. 같은 집에 여러 사람이 살 수도 있기 때문이다.

  그렇다면 아이디 열은 어떤가? 쇼핑몰 사이트에 가입해본 독자라면 회원 가입을 할 때 아이디를 만들면서 〈아이디 중복 확인〉 버튼을 클릭했을 것이다. 즉 아이디는 중복되지 않게 지정해야 한다. 또한 쇼핑몰 사이트에 회원 가입을 할 때 아이디를 만들지 않고는 가입할 수 없다. 결국 모든 회원은 아이디를 가지고 있고 모든 회원의 아이디가 각각 다르기 때문에 아이디는 기본키로 지정하기에 매우 적절하다. 한편 회원 테이블에 주민등록번호나 이메일 열이 있다면 역시 중복되지 않고 비어 있지도 않으므로 기본키로 지정할 수 있다.

- **외래키**

  [그림 2-1]에는 나타나 있지 않지만 외래키는 두 테이블의 관계를 맺어주는 키를 말한다. 외래키에 대해서는 나중에 상세히 설명하겠다.

- **SQL(구조화된 질의 언어)**

  DBMS에서 어떤 작업을 하고 싶다면 어떻게 해야 할까? "어이~ MySQL아~ 테이블 하나 만들어볼래?"라고 사람끼리 주고받는 언어로 말할 수는 없다. DBMS에서 어떤 작업을 하고 싶다면 DBMS가 알아듣는 말로 해야 할 텐데, 이때 사용하는 것이 바로 SQL이다. SQL은 사람과 DBMS가 소통하기 위한 말(언어)이다. SQL 문법은 6장과 7장에서 상세히 다루고 이 장에서는 필요한 내용만 간단히 사용해보겠다.

이 밖에도 새로운 용어가 앞으로 속속 등장할 것이다. 이러한 용어는 학습을 진행하면서 설명하겠지만 위의 용어는 기본적인 것이니 잘 기억해두기 바란다.

02 데이터베이스 구축

1 데이터베이스 구축 절차 요약

앞에서는 이론적인 설명만 했는데 이해하기 어려운 부분도 있고 조금 지루하기도 했을 것이다. 이제 [그림 2-1]에 표현된 것을 직접 MySQL에서 구축해보자. 현재는 데이터베이스 모델링(3장에서 소개)이 완료된 상태라고 가정한다. 그래서 [그림 2-1]과 같이 테이블의 구조를 결정할 수 있었다. 모델링이 완성된 후 실제로 데이터베이스를 구축할 때는 [그림 2-2]의 순서를 따르면 된다. 각 단계를 하나씩 진행해보자.

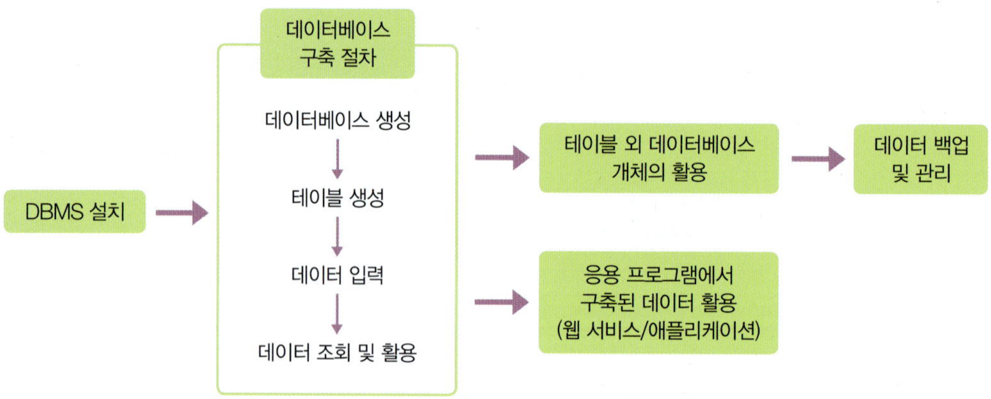

그림 2-2 데이터베이스 구축 및 관리·활용의 전반적인 절차

2 데이터베이스 생성

[그림 2-1]의 인터넷 쇼핑몰을 구축하기 위한 쇼핑몰 데이터베이스를 생성해보자.

실습 2-1 쇼핑몰 데이터베이스(ShopDB) 생성하기

1 Workbench 실행하기

1-1 윈도우의 [시작]-[MySQL]-[MySQL Workbench 8.0 CE]를 클릭하여 Workbench를 실행한다.

1-2 [MySQL Connections] 창이 나온다. Local instance MySQL 아래를 보면 사용자가 root로 되어 있고 컴퓨터는 localhost, 포트는 3306이다. 이를 클릭하여 MySQL에 연결한다. root의 비밀번호를 입력하는 창이 나오면 '1234'를 입력하고 〈OK〉를 클릭한다.

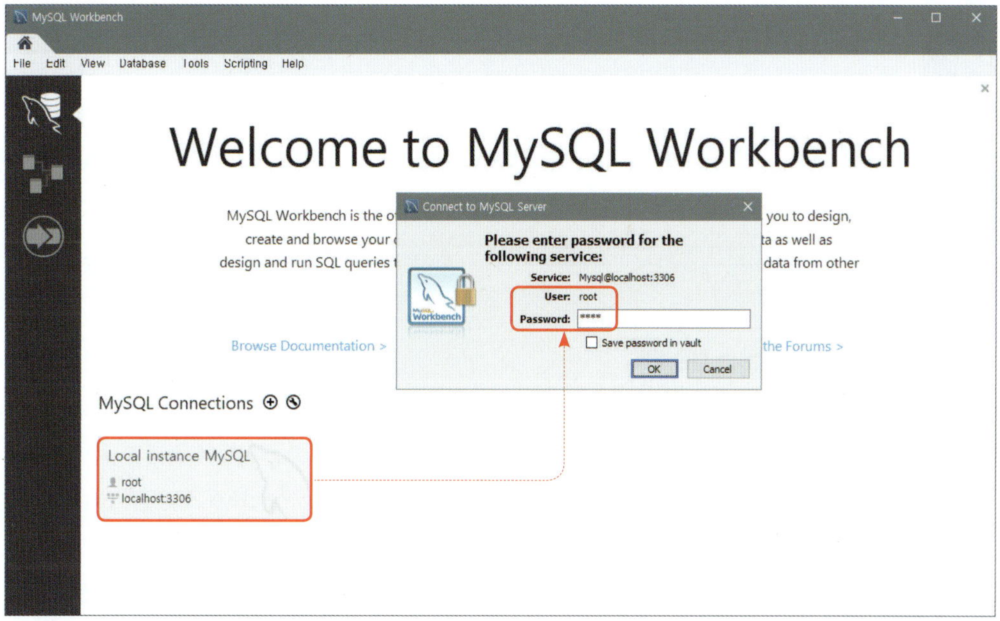

그림 2-3 **MySQL 서버에 연결**

여기서 잠깐

localhost와 포트

localhost(127.0.0.1)는 자신의 컴퓨터를 의미한다. 그리고 MySQL 포트는 3306을 사용한다. 포트는 컴퓨터의 가상 연결 통로를 의미하는 것으로, 0~65535번을 사용할 수 있다. 일반적으로 0~1023번은 운영체제가 사용하고 그 이후는 응용 프로그램별로 자신의 포트를 지정하여 사용한다. 또한 인스턴스(instance)는 MySQL 프로그램이 컴퓨터에서 활성화되어 있는 서비스를 말한다. 일반적으로 MySQL 서버, MySQL 서비스, MySQL 인스턴스 등을 모두 MySQL 자체로 보면 된다.

1-3 만약 Cannot Connect to Database Server 오류가 발생하여 접속이 안 되면 메뉴의 [Database]–[Connect to Database]를 선택한 후 Stored Connection에서 'Local instance MySQL'을 선택하고 〈OK〉를 클릭한다. 그리고 다시 root의 비밀번호 '1234'를 입력하여 접속한다.

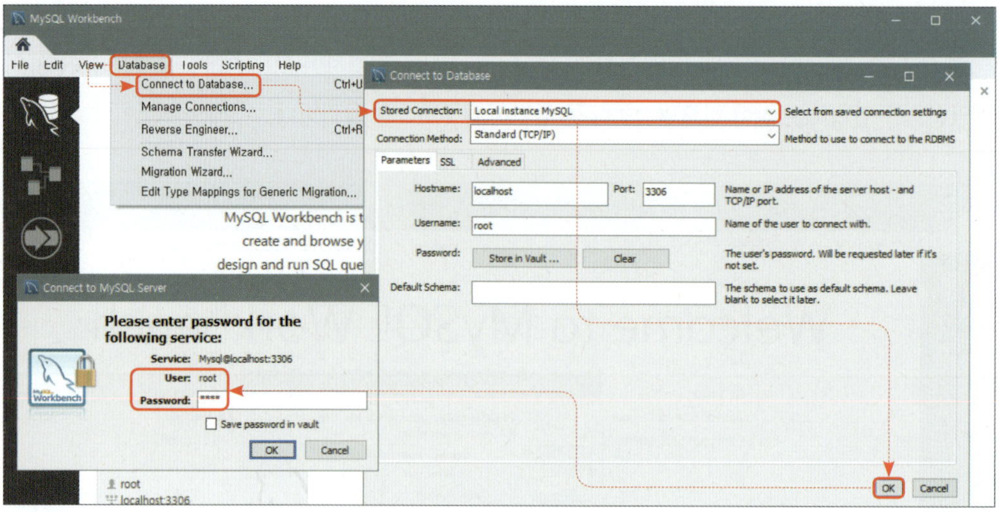

그림 2-4 MySQL 서버에 연결하는 다른 방법

여기서 잠깐

MySQL Workbench의 화면 구성

앞으로는 MySQL Workbench를 줄여서 Workbench라고 하겠다. Workbench의 화면 구성은 [그림 2-5]와 같다.

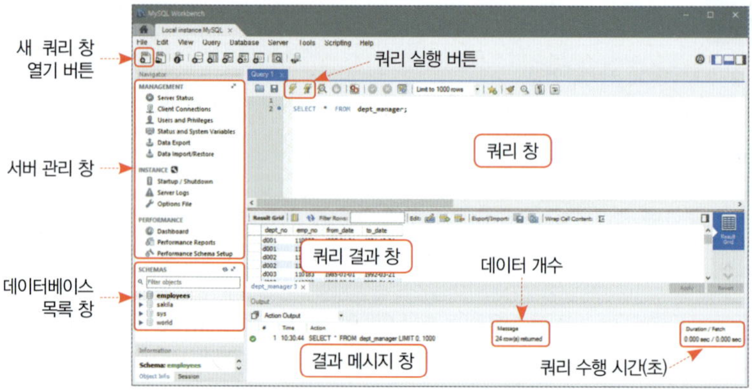

그림 2-5 Workbench의 화면 구성

- **쿼리 창**: 쿼리(SQL)를 직접 입력하는 곳으로, 이 책에서 가장 많이 사용되는 창이다.
- **쿼리 실행 버튼**: 쿼리 창에 입력된 쿼리문을 실행한다. 왼쪽 버튼은 쿼리 창에 입력된 전체 쿼리나 선택된 부분을 실행하고, 오른쪽 버튼은 키보드 커서가 있는 행만 실행한다.
- **쿼리 결과 창**: 쿼리 창에 SQL을 입력하고 쿼리 실행 버튼을 클릭하면 결과 목록이 출력된다.
- **결과 메시지 창**: 쿼리가 정상적으로 실행되거나 오류가 발생한 경우 그 결과 메시지가 나온다.
- **데이터 개수**: 쿼리 수행 결과 몇 건의 데이터가 조회되었는지 개수를 보여준다.
- **쿼리 수행 시간(초)**: SQL을 수행하여 결과가 나오기까지 소요된 시간(초)을 보여준다.
- **서버 관리 창**: 서버의 상태, 데이터 가져오기/내보내기 등 MySQL을 관리하는 기능을 제공한다.
- **데이터베이스 목록 창**: MySQL 내부에 존재하는 데이터베이스의 목록과 그 내부 테이블 등을 보여준다. 데이터베이스를 더블클릭하면 해당 데이터베이스가 선택되고 굵은 폰트로 나타난다.

TIP 쿼리, 쿼리문, SQL, SQL 문 등은 모두 동일한 용어라고 생각하면 된다. 이 책에서는 문맥에 따라 다양하게 사용할 것이다.

1-4 다음과 같은 Workbench의 초기 창이 나타난다. 만약 왼쪽 [Navigator]의 [MANAGEMENT] 옆에 확대/축소 아이콘이 있다면 클릭한다(MySQL Workbench 버전에 따라서 이 아이콘이 보이지 않을 수도 있다).

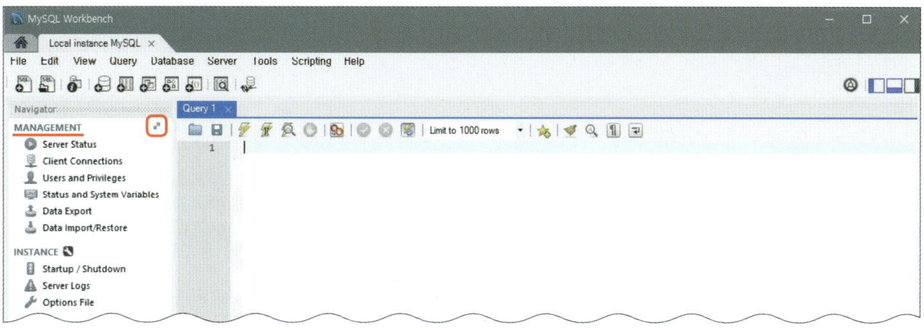

그림 2-6 [Navigator]를 탭으로 설정 1

1-5 왼쪽 아랫부분이 [Administration]과 [Schemas] 탭으로 구분되어 있는데 앞으로 이 탭을 클릭해서 사용할 것이다. 기본적으로 [Schemas] 탭을 클릭해놓는다.

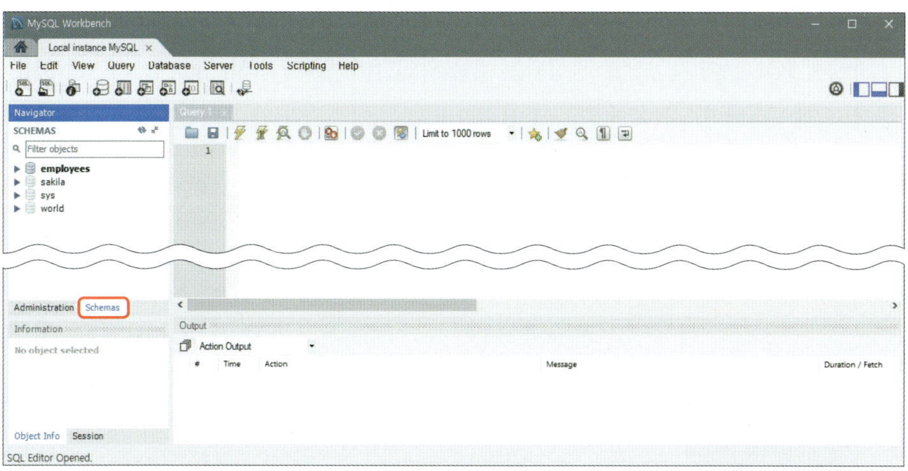

그림 2-7 [Navigator]를 탭으로 설정 2

1-6 Workbench를 종료하고 다시 실행해보자. 앞서 설정해놓은 화면이 기본으로 고정되어 나올 것이다. 앞으로 이 화면이 주로 사용하는 화면이다.

2 쇼핑몰 데이터베이스(ShopDB) 생성하기

2-1 Workbench [SCHEMAS]의 빈 부분에서 마우스 오른쪽 버튼을 클릭하여 [Create Schema](Create Database)를 선택한다.

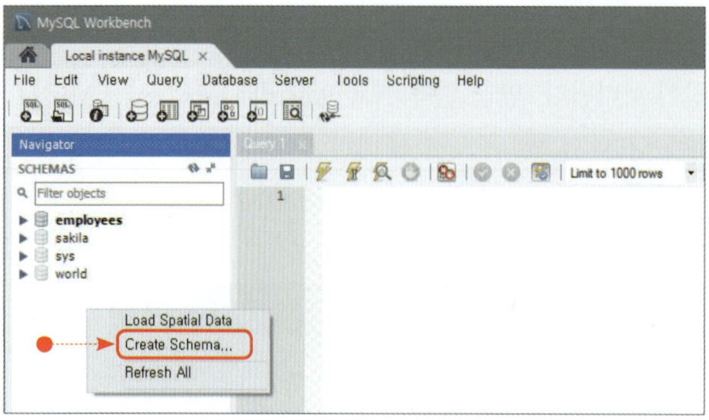

그림 2-8 **데이터베이스 생성 1**

> **여기서 잠깐**
>
> **스키마와 데이터베이스**
>
> MySQL에서는 스키마(schema)와 데이터베이스가 동일한 용어로 사용된다. 그러므로 이 책에서 데이터베이스라고 지칭하더라도 스키마가 나오면 동일한 것이라고 생각하면 된다. 다른 DBMS에서는 스키마와 데이터베이스가 서로 다른 의미로 사용되는 경우도 있으니 주의하기 바란다.

2-2 새 스키마 창에서 Name에 [그림 2-1]의 데이터베이스 이름인 'shopdb'를 입력하면 위쪽 탭 이름이 자동으로 'shopdb – Schema'로 바뀐다. 〈Apply〉를 클릭하면 [Apply SQL Script to Database] 창에서 SQL 문이 자동으로 생성되는 것을 확인할 수 있다. 다시 〈Apply〉와 〈Finish〉를 클릭하면 왼쪽 데이터베이스 목록에 ShopDB 데이터베이스(스키마)가 추가된다.

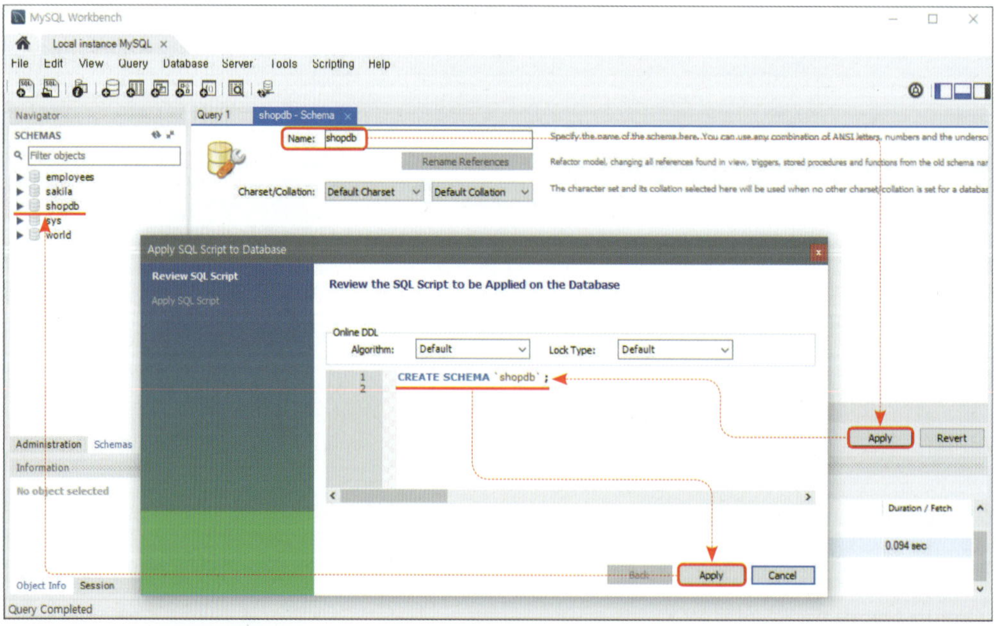

그림 2-9 **데이터베이스 생성 2**

여기서 잠깐

GUI 모드와 쿼리 창

지금은 GUI 모드를 사용하고 있지만 GUI 모드에서 마우스로 클릭하는 것과 CREATE SCHEMA 'shopdb' 문을 쿼리 창에서 입력하는 것은 실행 면에서 동일하다. 이 책에서는 SQL 문을 입력하는 방법을 주로 사용할 것이다. SQL 문을 입력하는 것은 유닉스, 리눅스 등에서도 완전히 호환되는 방법이므로 권장한다.

2-3 Workbench 메뉴의 [File]–[Close Tab]을 클릭한다. 만약 저장할 것인지 묻는 창이 나오면 'Don't Save'를 클릭하여 탭을 닫는다. 이로써 [그림 2-1]의 원통 모양 쇼핑몰 데이터베이스가 생성되었다. 당연히 그 안에는 아직 아무것도 들어 있지 않다.

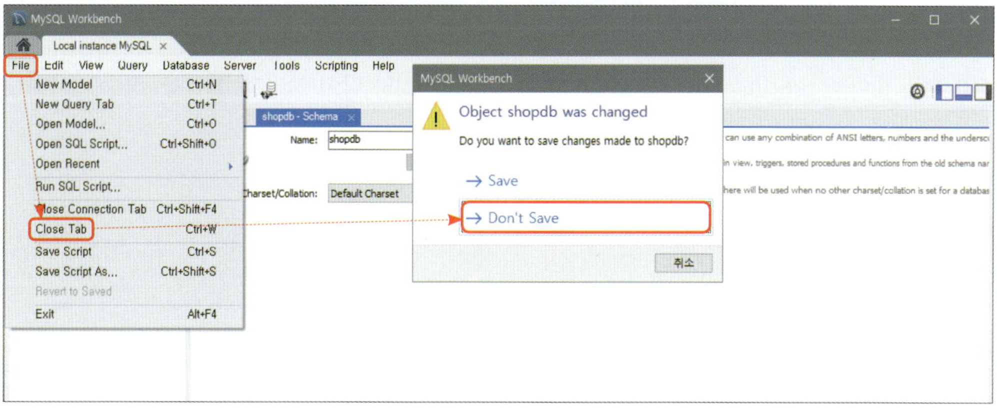

그림 2-10 **데이터베이스 생성 3**

3 테이블 생성

[그림 2-1]의 쇼핑몰 데이터베이스 안에 회원 테이블과 제품 테이블을 생성해보자.

실습 2-2 테이블 생성하기

1 개체 이름 정하기

1-1 테이블을 생성하기 전에 [그림 2-1]에는 나타나 있지 않은 각 열의 영문 이름과 데이터 형식을 결정하자. 이 과정은 원래 데이터베이스 모델링(특히 물리적 모델링)을 할 때 진행된다. 데이터 형식 및 길이에 대한 자세한 내용은 7장에서 살펴보겠다. 지금은 그냥 영문(숫자, 기호 포함)이나 한글을 입력하기 위한 데이터 형식으로 CHAR 또는 VARCHAR가 있다는 정도만 알아두자. 참고로 'NULL 허용'은 아무것도 입력하지 않는 것을 허용하는지를 나타낸다.

1-2 회원 테이블(memberTBL)의 데이터 형식은 [표 2-1]과 같이 지정할 것이다.

여기서 잠깐

개체의 이름 개체(데이터베이스, 테이블, 열 등)의 이름에는 영문을 사용해야 한다. 실무에서는 각 개체의 이름을 한글로 쓰는 경우가 거의 없다. 만약 개체의 이름에 한글을 사용하면 호환성 등 추후에 문제가 발생할 소지가 많다. 한글은 행 데이터의 값(실제 데이터 내용)을 입력할 때만 사용한다.

표 2-1 회원 테이블 정의

열 이름(한글)	영문 이름	데이터 형식	길이	NULL 허용
아이디	memberID	문자(CHAR)	8자(영문)	×
회원 이름	memberName	문자(CHAR)	5자(한글)	×
주소	memberAddress	문자(CHAR)	20자(한글)	○

1-3 제품 테이블(productTBL)의 데이터 형식은 [표 2-2]와 같이 지정할 것이다. 정수를 나타내는 INT와 날짜를 나타내는 DATE 형식을 추가로 사용했다.

표 2-2 제품 테이블 정의

열 이름(한글)	영문 이름	데이터 형식	길이	NULL 허용
제품명	productName	문자(CHAR)	4자(한글)	×
가격	cost	숫자(INT)	정수	×
제조일	makeDate	날짜(DATE)	날짜형	○
제조사	company	문자(CHAR)	5자(한글)	○
남은 수량	amount	숫자(INT)	정수	×

2 회원 테이블(memberTBL) 만들기

2-1 Workbench의 [Navigator]–[SCHEMAS]에서 [shopdb]를 확장하여 [Tables]를 선택한 후 마우스 오른쪽 버튼을 클릭하여 [Create Table]을 선택한다.

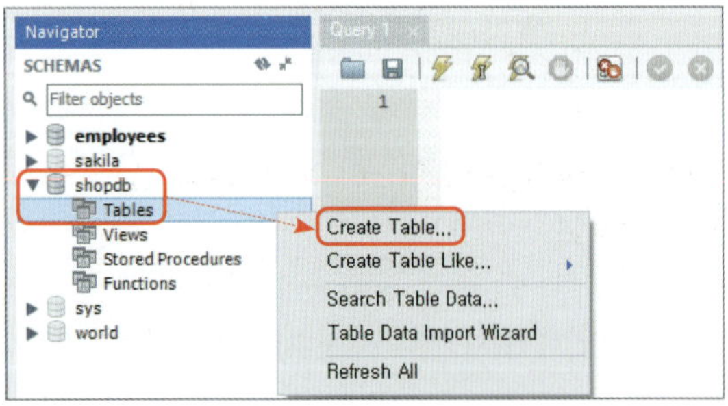

그림 2-11 테이블 생성 1

2-2 [표 2-1]의 회원 테이블 내용을 입력한다. 테이블 이름(Table Name)에 'memberTBL'을 입력하고 열 이름(Column Name) 바로 아랫부분을 더블클릭하여 내용을 입력한다. 데이터 형식(Datatype)은 직접 쓰거나 드롭다운으로 선택할 수 있다. 또한 아이디(memberID)와 회원 이름(memberName)에서는 NN(Not Null)에 체크 표시를 한다. 나머지는 모두 체크를 해제한다.

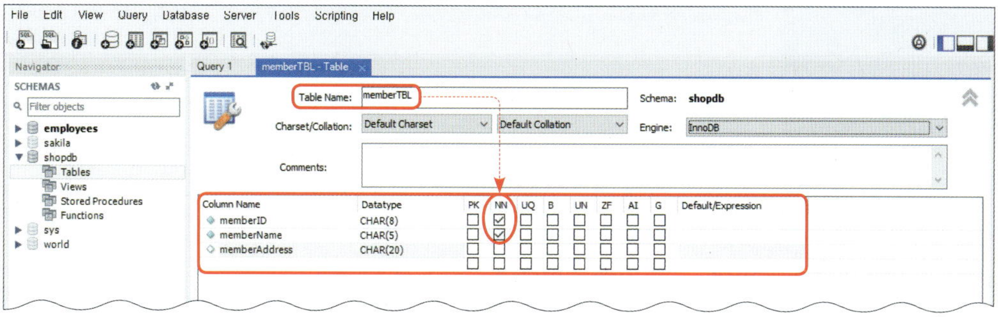

그림 2-12 테이블 생성 2

TIP 테이블을 생성하는 화면의 크기가 작을 때는 오른쪽 위의 네모 모양 아이콘 중 가운데 것을 클릭하면 아래쪽 [Output] 창이 On/Off 되어 화면을 크게 사용할 수 있다. 만약 열의 정의를 잘못 입력했을 때는 해당 열을 선택한 후 마우스 오른쪽 버튼을 클릭하여 [Delete Selected]를 선택하면 열 정보가 삭제된다.

2-3 [그림 2-1]에서는 아이디(memberID) 열을 기본키로 설정하기로 했다. 아이디(memberID) 열의 PK(Primary Key)에 체크 표시를 하여 기본키로 지정한다.

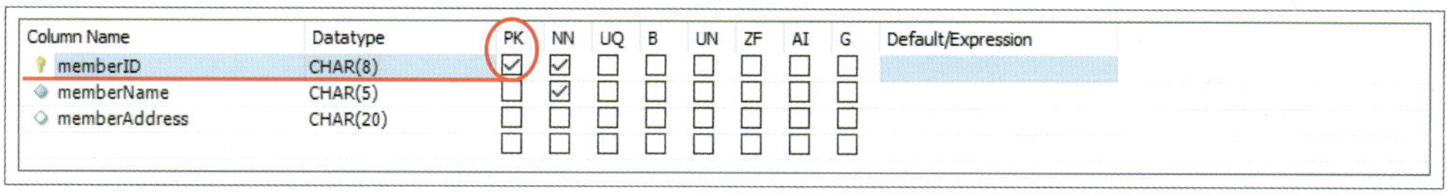

그림 2-13 테이블 생성 3

2-4 오른쪽 아래의 〈Apply〉를 클릭한다. 경고 창이 나오면 'Don't show this message again'에 체크 표시를 하고 〈OK〉를 클릭한다.

그림 2-14 대·소문자를 모두 소문자로 변경한다는 경고 창

2-5 [Apply SQL Script to Database] 창이 나오고 자동으로 생성된 SQL 문이 보인다(이 SQL 문을 직접 쿼리 창에 입력하여 테이블을 생성해도 동일한 결과를 얻을 수 있다). 〈Apply〉와 〈Finish〉를 클릭하여 테이블 생성을 완료한다.

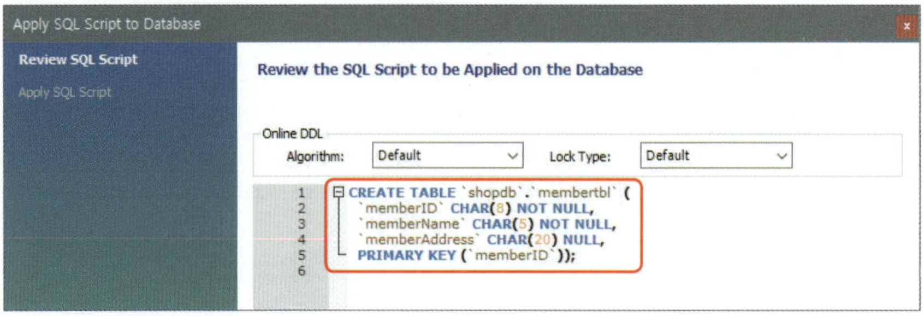

그림 2-15 **자동으로 생성된 SQL 문**

여기서 잠깐

영문 대·소문자 처리

MySQL은 기본적으로 테이블 이름, 열 이름 등을 모두 소문자로 처리한다. 따라서 대문자로 입력하더라도 소문자로 변경되어 저장된다. 독자가 읽기 편하도록 이 책에서는 대문자와 소문자를 섞어서 사용한다. 예를 들면 memberTBL은 멤버(member)의 테이블(TBL)이라는 의미이다. memberTBL, MEMBERtbl, membertbl은 모두 동일하며, MySQL 내부적으로는 membertbl로 처리된다.

2-6 메뉴의 [File]-[Close Tab]을 선택하여 테이블 생성 창을 닫는다.

3 제품 테이블(productTBL) 만들기

3-1 같은 방식으로 [표 2-2]의 제품 테이블(productTBL)을 직접 만들고 저장해보라(productName을 PK로 지정해야 한다). 결과는 다음과 같다. 변경 내용을 적용하고 테이블 생성 창을 닫는다.

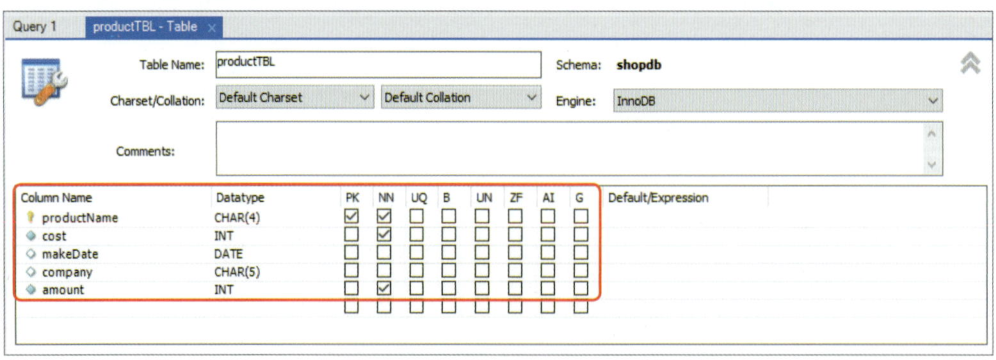

그림 2-16 **제품 테이블 생성 완료**

4 생성한 테이블 확인하기

4-1 [shopdb]의 [Tables]에서 ▶ 아이콘을 클릭하여 펼치면 테이블 2개가 생성된 것을 확인할 수 있다.

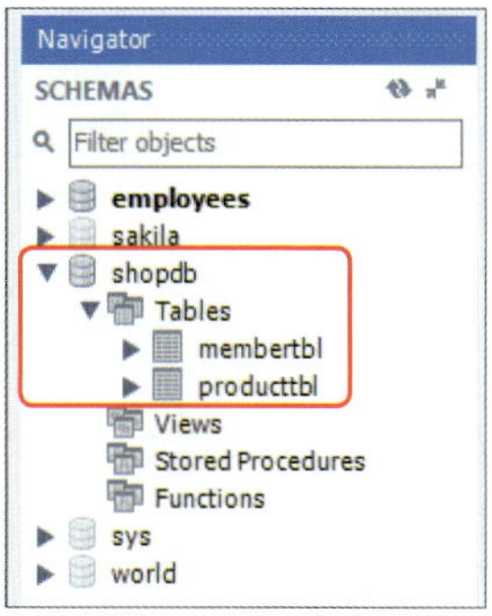

그림 2-17 생성된 테이블 확인

TIP 테이블이 모두 보이지 않으면 [Tables]에서 마우스 오른쪽 버튼을 클릭하여 [Refresh All]을 선택한다.

4-2 쇼핑몰 데이터베이스(ShopDB)의 회원 테이블과 제품 테이블을 생성했다. 데이터가 입력되지 않은 상태이니 이제 데이터를 입력해보자.

4 데이터 입력

생성한 테이블에 실제 행 데이터를 입력해보자.

실습 2-3 행 데이터 입력하기

1 회원 테이블의 데이터 입력하기

1-1 [Navigator]의 [SCHEMAS]에서 [shopdb]–[Tables]–[membertbl]을 선택한 후 마우스 오른쪽 버튼을 클릭하여 [Select Rows – Limit 1000]을 선택한다.

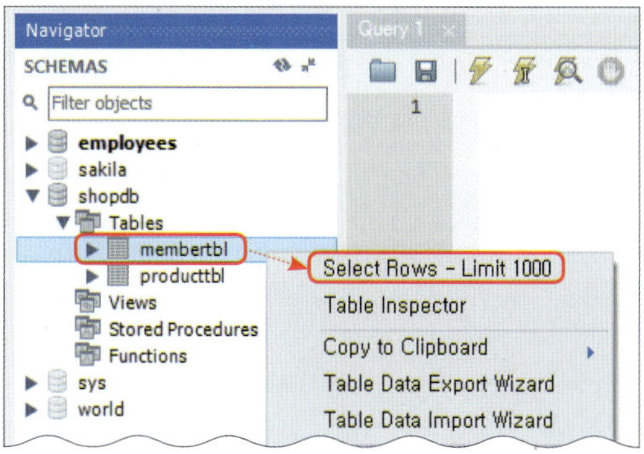

그림 2-18 행 데이터 입력 1

1-2 쿼리 결과 창 오른쪽 아래의 [Result Grid]에서 [그림 2-1]의 데이터를 입력한다. 입력된 결과는 다음과 같다(다른 칸으로 이동할 때는 Tab 키를 사용하면 편리하다). 입력을 완료했으면 오른쪽 아래의 〈Apply〉를 클릭한다. SQL 문이 자동으로 생성되면 〈Apply〉와 〈Finish〉를 클릭한다.

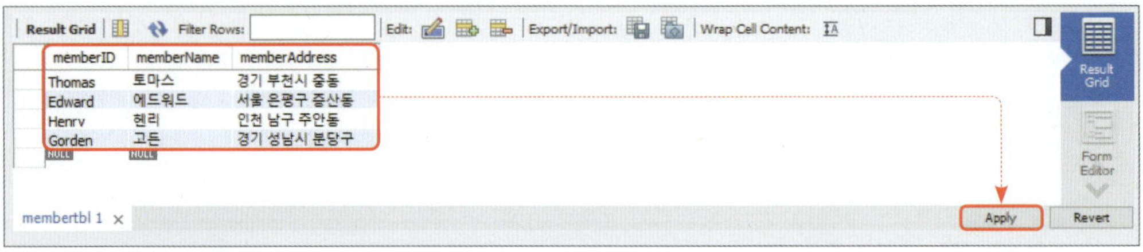

그림 2-19 행 데이터 입력 2

1-3 입력이 끝났으므로 Workbench 메뉴의 [File]-[Close Tab]을 선택하여 창을 닫는다.

여기서 잠깐

입력된 데이터의 삭제

데이터를 잘못 입력했을 때는 다음과 같이 삭제할 행의 앞부분에서 마우스 오른쪽 버튼을 클릭하여 [Delete Row(s)]를 선택한다.

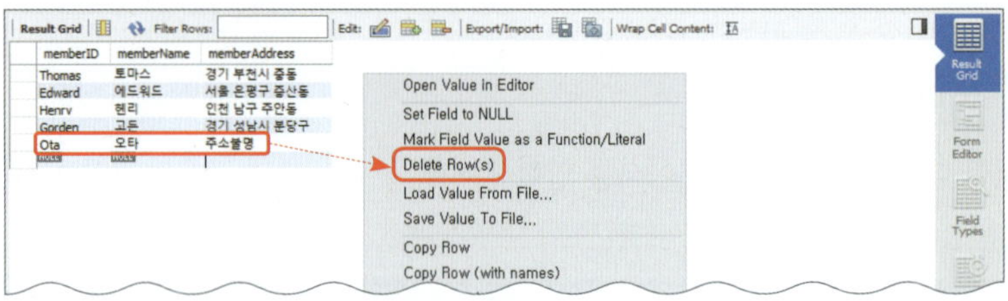

그림 2-20 행 데이터 삭제

2 제품 테이블의 데이터 입력하기

2-1 같은 방식으로 제품 테이블(productTBL)에 [그림 2-1]의 데이터를 입력한다. 입력된 결과는 다음과 같다. 〈Apply〉를 클릭하여 변경 내용을 적용한다.

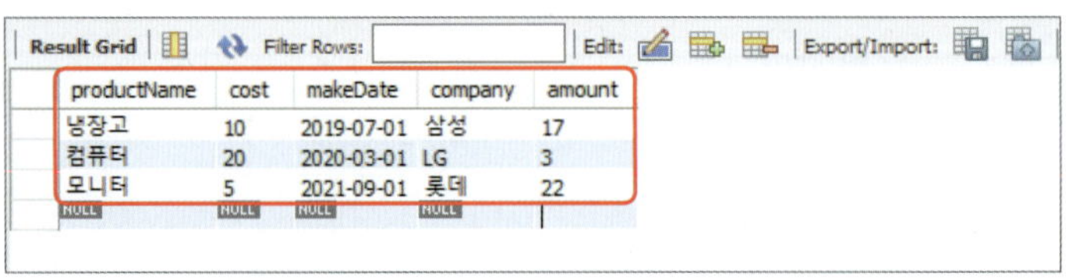

그림 2-21 행 데이터 입력 3

TIP 데이터를 입력하는 SQL은 INSERT 문이고 삭제하는 SQL은 DELETE 문이다. 자세한 사용법은 6장에서 배울 것이다.

3 창 닫기

3-1 입력이 끝났으면 Workbench 메뉴의 [File]–[Close Tab]을 선택하여 창을 닫는다.

3-2 이렇게 해서 인터넷 쇼핑몰을 운영하기 위한 기본적인 데이터베이스 구축이 완료되었다. 첫 실습이라 간단하지만 실무에서 대용량 데이터베이스를 구축하는 경우도 흐름 자체는 크게 다르지 않다. 실무에서 고려해야 할 복잡한 사항은 앞으로 계속 언급할 것이다.

5 데이터 활용

입력한 데이터를 활용하지 않는다면 데이터베이스를 구축한 의미가 없다. 입력한 데이터를 활용하는 방법을 살펴보자.

실습 2-4 SQL 문 작성하기

데이터를 활용한다는 것은 주로 SQL의 SELECT 문을 사용한다는 의미이다. 앞으로 계속 나오는 SELECT 문은 5장에서 자세히 살펴볼 것이다.

1 쿼리 창 열기

1-1 SQL 문을 직접 입력할 수 있는 쿼리 창을 열어보자. 이미 열려 있는 쿼리 창이 있으면 모두 닫는다.

1-2 Workbench 상단 왼쪽의 [Create a new SQL tab for executing queries] 아이콘을 클릭하거나 Workbench 메뉴의 [File]–[New Query Tab]을 클릭한다.

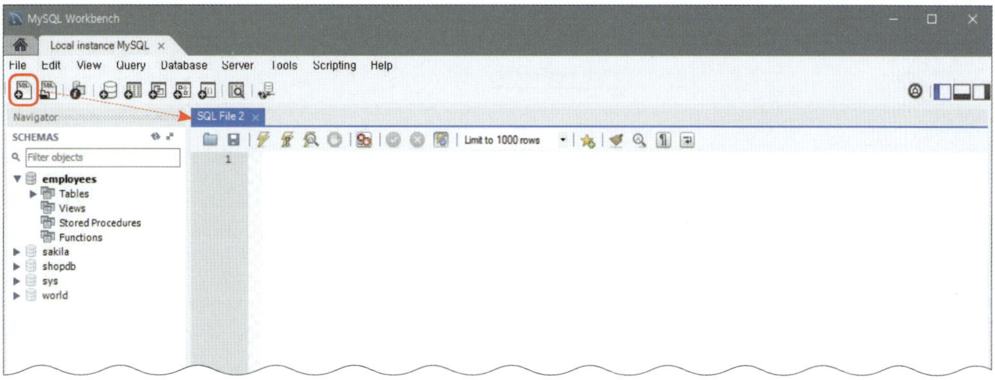

그림 2-22 새 쿼리 창 열기

1-3 먼저 [SCHEMAS]의 데이터베이스 [shopdb]를 더블클릭한다. 색깔이 진하게 변하면서 선택된다. 이는 앞으로 쿼리 창에 입력할 SQL 문이 ShopDB에 적용된다는 의미이다.

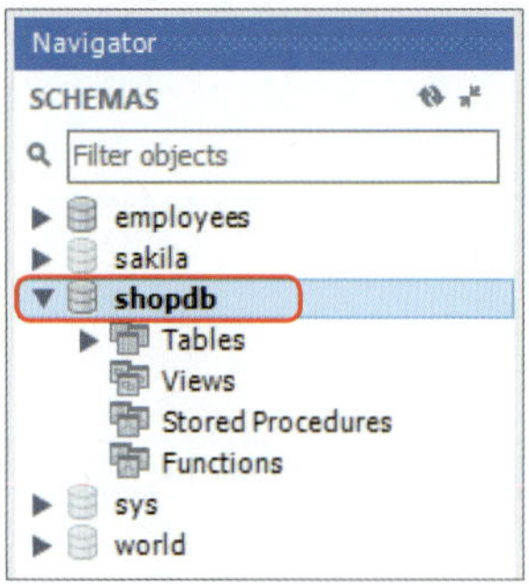

그림 2-23 **사용할 데이터베이스 선택**

2 SELECT 문 작성하기

2-1 회원 테이블의 모든 데이터를 조회해보자. SQL 문을 실행하려면 쿼리 창에 문법에 맞는 SQL 문을 입력한 후 툴바의 [Execute the selected portion …] 아이콘을 클릭하거나, Ctrl + Shift + Enter를 누르거나, 메뉴의 [Query]–[Execute (All or Selection)]을 선택한다. 세 가지 방법 중 편한 것을 사용하면 된다.

```
SELECT * FROM memberTBL;
```

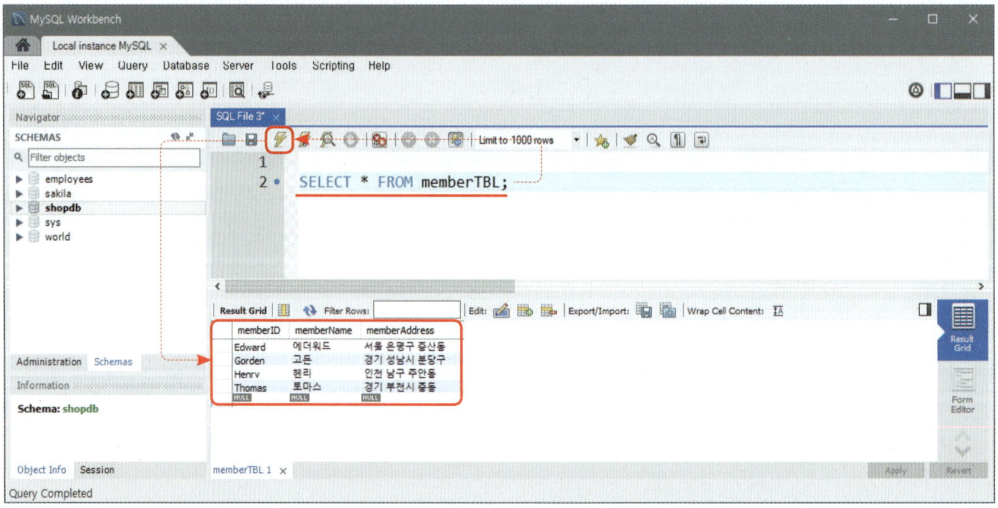

그림 2-24 SELECT 문 활용 1

TIP 입력한 SQL 문이 틀리지 않았는데도 [Output] 창에 'Error Code: 1146. Table … doesn't exist'라는 오류 메시지가 나타나면 대부분 [그림 2-23]과 같이 데이터베이스를 선택하지 않았기 때문이다. 그러므로 쿼리 창을 연 다음 사용하고자 하는 데이터베이스를 먼저 선택하는 습관을 들이는 것이 좋다.

SQL 문을 작성하면서 기억해야 할 것은 SQL 문은 대문자와 소문자를 구분하지 않는다는 것이다. 그러나 이 책에서는 독자가 읽기 편하도록 예약어를 대문자로 표시하겠다.

SELECT 문의 기본 형식은 **SELECT 열이름 FROM 테이블이름 WHERE 조건**이다(5장에서 자세히 설명할 것이다). *는 모든 열을 의미한다. 그러므로 **SELECT * FROM memberTBL** 문은 '회원 테이블의 모든 열을 보여주라'는 의미이다. 그 결과가 아래쪽 결과 창에 나타난다. 또한 [Output] 창에는 현재 결과가 몇 건이고 조회하는 데 시간(초)이 얼마나 걸렸는지 표시된다.

여기서는 결과가 4건뿐이라 한눈에 보이지만 수천, 수만 건의 결과를 확인할 때는 [Output] 창을 통해 확인하는 것이 더 빠르다. SQL 문에서 마지막의 세미콜론(;)은 없어도 되지만 Workbench가 아닌 명령어 모드로 사용할 때는 반드시 필요하기 때문에 Workbench에서도 문장의 끝에 반드시 세미콜론을 넣는다고 알아두자.

TIP [Output] 창이 보이지 않으면 Workbench 메뉴의 [View]–[Panels]–[Show Output Area]를 선택하거나 Workbench 오른쪽 상단의 네모 모양 아이콘 중 가운데 것을 클릭한다.

2-2 회원 테이블의 이름과 주소만 출력해보자. 기존 SQL 문을 지우고 아래 내용을 2행에 새로 입력한 후 실행한다.

```
SELECT memberName, memberAddress FROM memberTBL;
```

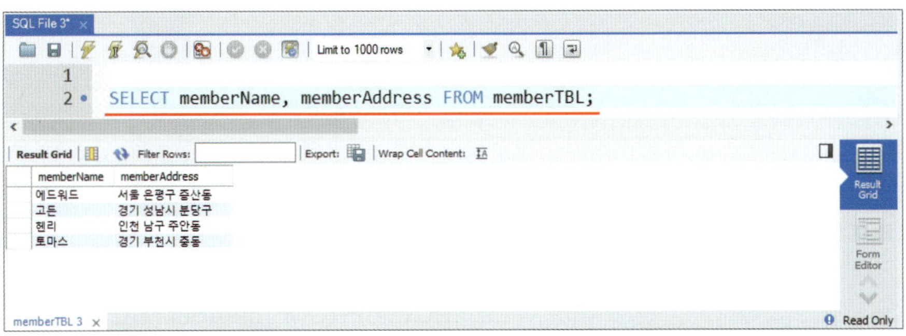

그림 2-25 SELECT 문 활용 2

2-3 '토마스'에 대한 정보만 추출해보자. 이번에는 앞의 SQL 문을 지우지 말고 다음 줄에 이어서 아래 내용을 입력한 후 실행한다.

```
SELECT * FROM memberTBL WHERE memberName = '토마스';
```

여기서 잠깐

예약어와 IntelliSense 기능

쿼리 창에서 예약어를 입력하면 자동으로 파란색으로 표시된다. [그림 2-24]에서 사용한 SELECT, FROM 등은 SQL 문에서 약속된 예약어이므로 화면에 파란색으로 표시되는 것을 확인할 수 있다. 또한 MySQL Workbench는 IntelliSense 기능을 제공한다. 이는 글자의 일부만 입력해도 그와 관련된 글자가 나타나는 기능이다. [그림 2-26]에서 보듯이 'p'만 입력해도 proudctTBL이 자동으로 선택된다. 이 상태에서 화살표 키와 Tab 키를 누르면 자동으로 proudctTBL이 완성된다. 이 기능을 잘 활용하면 입력이 빨라지고 오타도 줄어들 것이다.

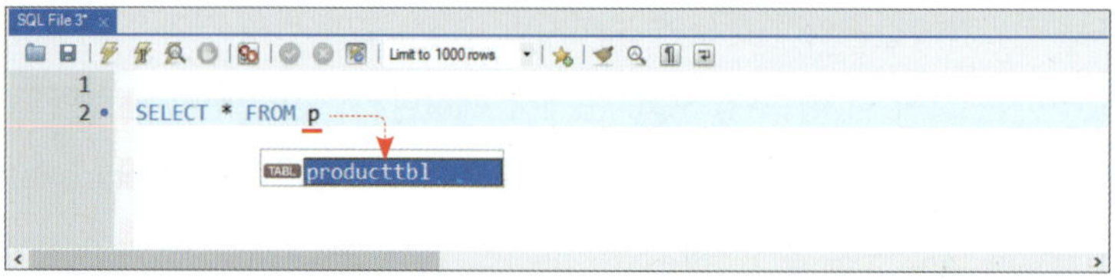

그림 2-26 IntelliSense 기능

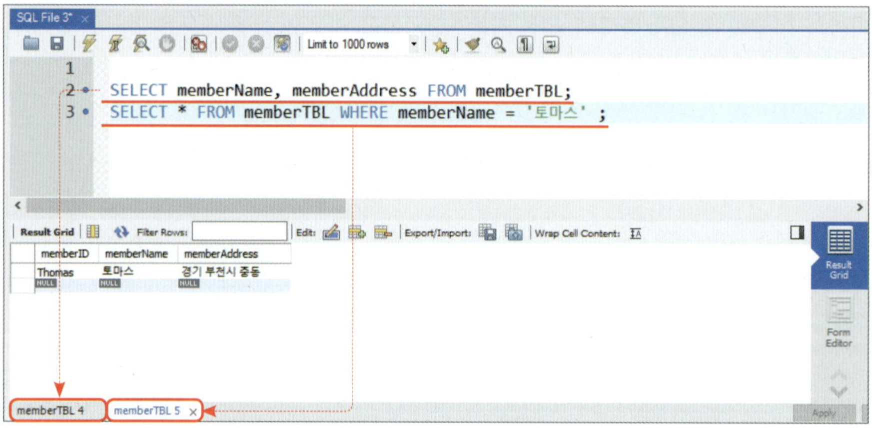

그림 2-27 SELECT 문 활용 3

그런데 결과가 조금 이상하다. 두 번째 SQL 문 **SELECT * FROM memberTBL WHERE memberName = '토마스'** 문의 결과만 나와야 하는데, 결과 창을 자세히 보면 탭으로 구분되어 첫 번째 SQL 문 **SELECT memberName, memberAddress FROM memberTBL** 문까지 동시에 실행된 2개의 결과가 나왔다. 이는 쿼리 창에서 실행했을 때 그 쿼리 창에 있는 모든 SQL 문을 수행하기 때문이다. [그림 2-27]의 경우 SELECT 문만 있고 몇 줄 안 되어 별 문제가 없지만, 데이터를 변경하는 SQL 문을 사용하거나 코드가 길어진다면 데이터에 문제를 일으킬 수 있으므로 주의해야 한다. 그렇다면 이를 방지하는 방법을 살펴보자.

2-4 이번에는 실행할 두 번째 쿼리 부분만 마우스로 드래그하여 선택한 후 툴바의 [Execute the selected portion …] 아이콘을 클릭하거나 Ctrl + Shift + Enter 를 눌러 실행한다.

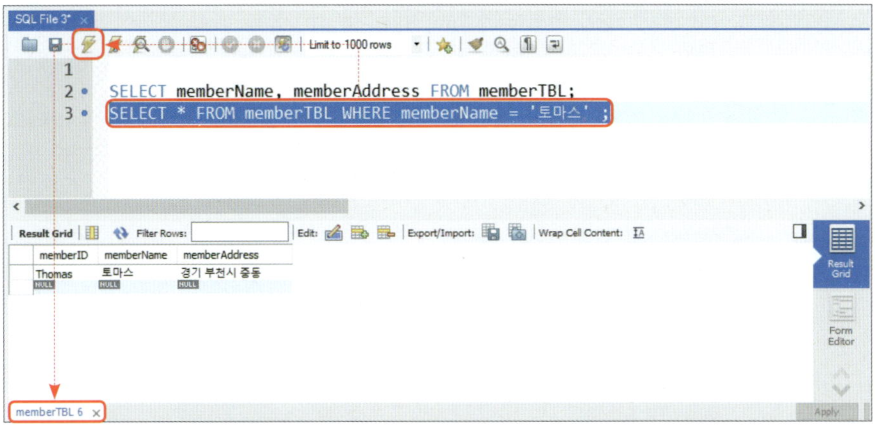

그림 2-28 SELECT 문 활용 4

선택된 부분만 실행되기 때문에 하나의 결과 탭만 나왔다. 앞으로는 기존의 SQL 문을 지우지 말고 실행하고자 하는 SQL 문만 마우스로 드래그하여 선택한 후 실행하자.

SELECT 문에 WHERE 절을 사용하면 검색 조건을 지정할 수 있다. [그림 2-28]에서는 회원 이름(memberName)이 '토마스'인 회원의 모든 열을 보고자 하는 SQL 문을 실행해보았다.

3 SQL 문으로 새로운 테이블 생성하기

3-1 기존의 SQL 문을 모두 지우고 아래의 간단한 테이블을 생성하는 SQL 문을 실행하자[주의할 점은 키보드 맨 왼쪽 위의 백틱(backtick, `) 키이다]. 이 구문은 테이블을 생성하는 SQL 문이다. 여기서 테이블 이름에 띄어쓰기가 허용된 것에 주목하라.

```
CREATE TABLE `my testTBL` (id INT);
```

TIP 중간에 공백(space)이 있는 개체의 이름을 사용할 때는 백틱(` `)으로 묶어야 하나의 이름으로 인식한다.

3-2 그런데 [Navigator]를 살펴보면 방금 생성한 'my testTBL'이 보이지 않는다. 쿼리 창에서 CREATE 문으로 개체를 생성하면 [Navigator]에 자동으로 적용되지 않기 때문에 보이지 않는다.

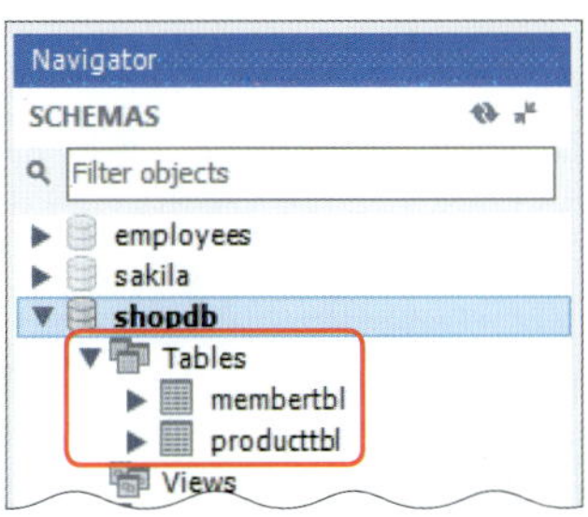

그림 2-29 [Navigator]에는 적용되지 않음

3-3 이는 처음 MySQL을 사용할 때 흔히 저지르는 실수이다. 테이블 등을 쿼리 창에서 SQL 문으로 생성한 후 [Navigator]에서 바로 확인하고 싶다면 다음과 같이 해당 개체 그룹을 선택한 후 마우스 오른쪽 버튼을 클릭하여 [Refresh All]을 선택해야 한다. 개체가 있어야 하는데 보이지 않을 때는 먼저 [Navigator]에서 [Refresh All]을 선택한 후 확인하면 된다.

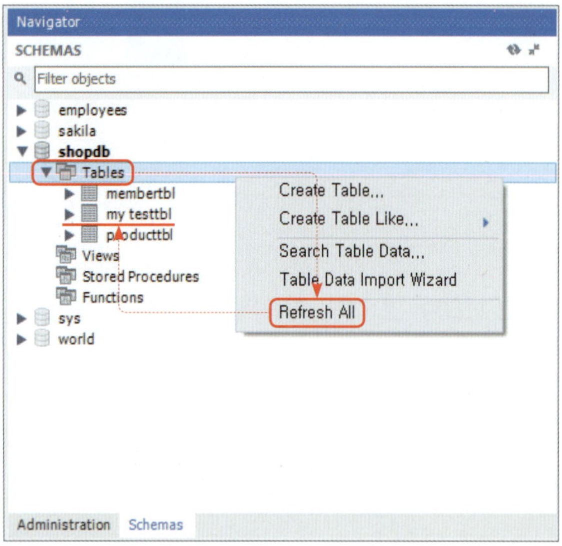

그림 2-30 **새로 고침**

4 테이블 삭제하기

4-1 'my TestTBL'을 삭제해보자. DROP TABLE 문을 사용하거나 또는 [Navigator]에서 해당 테이블을 선택한 후 마우스 오른쪽 버튼을 클릭하여 [Drop Table]을 선택한다.

```
DROP TABLE `my TestTBL`;
```

6 정리

지금까지 데이터베이스 구축의 전반적인 과정을 요약하여 간단히 실습해보았다. 실무에서는 이보다 더 많은 테이블이 존재하고 입력하는 데이터의 양도 훨씬 많다. 그러나 데이터베이스를 구축하는 과정은 앞의 실습과 별반 차이가 없다. 학습한 내용을 바탕으로 하여 앞으로 심화된 내용을 하나씩 살펴볼 것이다.

03 데이터베이스 개체 활용

1 데이터베이스 개체의 종류

[그림 2-1]에는 데이터베이스 안에 테이블만 표현되어 있다. 테이블이 데이터베이스의 가장 기본적이고 중요한 개체임은 확실하지만 테이블만 가지고 데이터베이스를 운영하지는 못한다. 자동차(데이터베이스)에서 가장 중요한 것은 엔진(테이블)이지만 타이어, 운전대, 기어, 사이드미러 등이 있어야 운전이 가능한 것과 같은 이치이다.

테이블 외에 중요한 데이터베이스 개체로는 인덱스, 뷰, 스토어드 프로시저, 트리거, 함수, 커서 등이 있다. 이에 대해서는 10~12장에서 자세히 다루고 이 절에서는 그중 몇 가지만 간단히 살펴보겠다.

2 인덱스

인덱스(index)는 10장에서 자세히 다룰 것이니 여기서는 그 개념만 짚고 넘어가자. 인덱스는 책의 뒷부분에 실리는 '찾아보기(색인)'와 같은 개념이다. 책의 내용 중에서 특정 단어를 찾고자 할 때 처음부터 마지막 페이지까지 전부 넘기기보다는 찾아보기에 있는 페이지를 바로 펼쳐서 보면 훨씬 빠르다. 이 책에서 실습하는 데이터는 양이 많지 않아 인덱스가 없어도 큰 문제가 되지 않지만, 실무에서 사용하는 데이터는 많게는 수천만, 수억 건 이상에 달하므로 인덱스 없이 전체 데이터를 찾는다는 것은 MySQL 입장에서 굉장히 부담스러운(시간이 오래 걸리는) 일이다. 실제로 실무에서도 인덱스를 잘 활용하지 못하여 시스템의 성능이 전체적으로 느린 경우가 흔히 있다.

인덱스는 테이블의 열 단위에 생성된다. 앞의 실습에서는 별도로 인덱스를 생성한 적이 없지만 실제로는 회원 테이블(memberTBL)의 아이디(memberID)에 인덱스가 생성되어 있다. 열을 기본 키로 설정하면 자동으로 인덱스가 생성되기 때문이다.

여기서는 적은 데이터를 가지고 실습하기 때문에 인덱스가 있든 없든 쿼리에 대한 응답 속도가 몇 초도 되지 않는다. [그림 2-1]에서는 **SELECT * FROM productTBL WHERE prodName = '세탁기'** 문을 실행하면 제품 테이블에 제품이 3개밖에 되지 않으니 그 3개를 읽어서 '세탁기'에 해당하는 행을 가져오면 된다. 그러나 만약 제품이 100만 개라면 100만 행을 읽어서 해당하는 행을 가져와야 하는데, 이는 MySQL 입장에서 엄청나게 부하가 걸리는 일이다. 어떻게든 결과가 나오겠지만 사용자는 그 결과를 보기 위해 MySQL이 매번 하드디스크나 SSD를 한참 동안 읽는 것을 참고 기다려야 하는데, 이러한 문제를 해결하기 위한 것이 바로 인덱스이다.

여기서 잠깐

데이터베이스 튜닝

데이터베이스 튜닝(tuning)이란 데이터베이스의 성능을 향상하거나 응답하는 시간을 단축시키는 것을 말한다. 튜닝 시 특히 쿼리에 대한 응답을 줄이기 위해 가장 집중적으로 보는 부분 중 하나가 인덱스이다. 인덱스를 적절히 활용하는지 여부에 따라서 시스템의 성능이 몇 배, 심하게는 몇십 배 이상 차이가 날 수 있다.

실습 2-5 인덱스 사용하기

1 적정량의 데이터가 있는 테이블 생성하기

1-1 인덱스 사용 여부를 확인하려면 데이터의 양이 어느 정도 있어야 한다. 적정량의 데이터가 있는 테이블을 우선 생성하자. 열려 있는 쿼리 창을 닫고 Workbench 왼쪽 상단의 [Create a new SQL tab for executing queries] 아이콘을 클릭하여 새 쿼리 창을 연다. [Navigator]에서 [shopdb]를 더블클릭하여 현재 데이터베이스를 ShopDB로 변경한다.

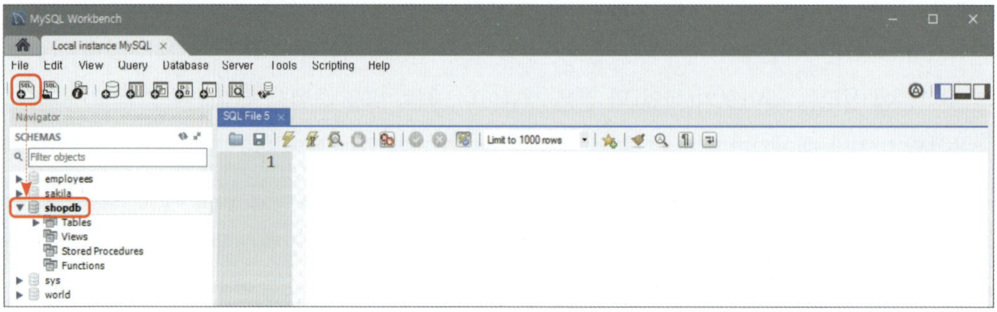

그림 2-31 현재 데이터베이스 선택

1-2 다음과 같은 쿼리를 실행하여 500건의 데이터가 있는 indexTBL을 생성한다. 아래 쿼리의 내용은 5장에서 살펴볼 것이며, 지금은 그냥 샘플 데이터베이스인 employees에서 대량 데이터를 복사하여 indexTBL을 생성한다는 정도로만 알아두자.

```
CREATE TABLE indexTBL (first_name varchar(14), last_name varchar(16), hire_date date);
INSERT INTO indexTBL
    SELECT first_name, last_name, hire_date
    FROM employees.employees
    LIMIT 500;
SELECT * FROM indexTBL;
```

여기서 잠깐

쿼리문 저장 앞으로 쿼리 창을 닫을 때 다음과 같이 저장 여부를 묻는 메시지 창이 나오면 'Don't Save'를 클릭한다. 특별한 경우가 아니라면 이 책에서 입력한 쿼리를 저장할 필요는 없다.

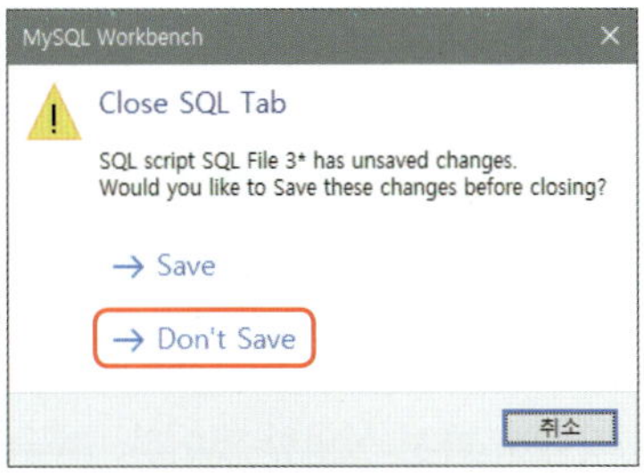

그림 2-32 **쿼리 내용을 저장하지 않음**

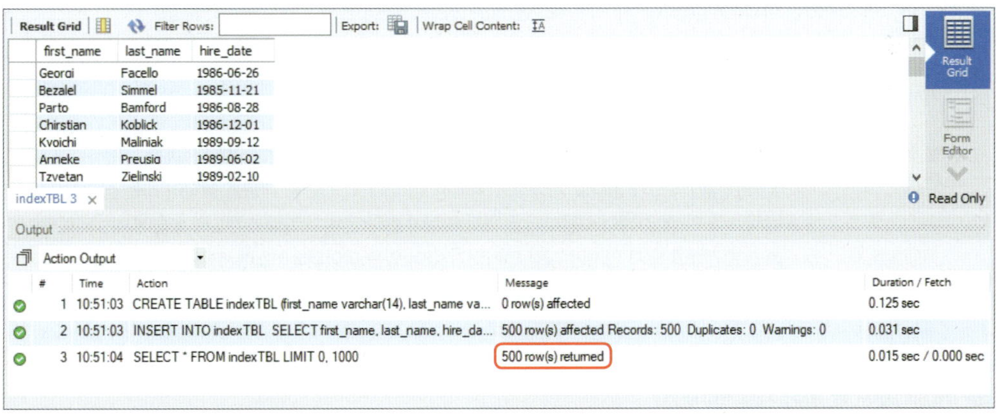

그림 2-33 **indexTBL 생성 및 확인**

TIP 쿼리 창에 쿼리를 입력한 후 해당 쿼리를 마우스로 드래그하여 선택하고 [Execute the selected portion …] 아이콘을 클릭해야 한다. 또는 쿼리 창에서 기존의 내용을 모두 지운 후 실행할 쿼리만 입력하고 [Execute the selected portion …] 아이콘을 클릭해야 한다. 처음 MySQL을 사용할 때 자주 하는 실수라 다시 언급한다.

2 인덱스가 없는 상태에서 쿼리 작동 확인하기

2-1 indexTBL에서 이름이 'Mary'인 사람을 조회해보자.

```
SELECT * FROM indexTBL WHERE first_name = 'Mary';
```

2-2 잠시 후에 결과가 나오면 결과 창 오른쪽에서 아이콘을 계속 클릭한다. 맨 아래로 내려 [Execution Plan]을 클릭하면 실행 계획을 확인할 수 있다.

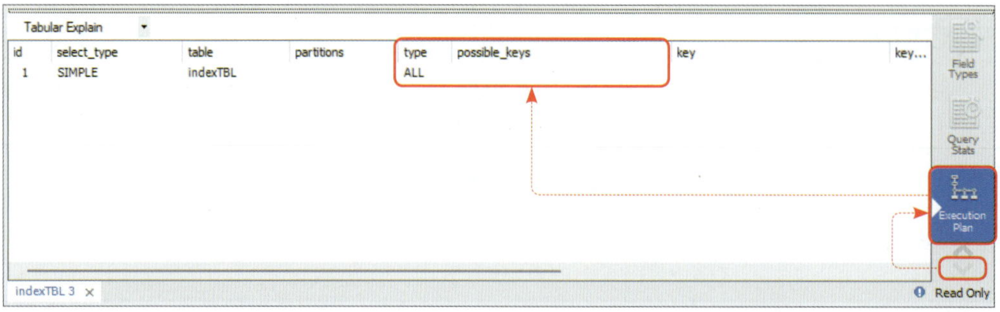

그림 2-34 인덱스 생성 전의 실행 계획 확인

실행 계획의 내용에 대한 자세한 사항은 10장에서 다시 설명할 것이다. 지금은 type 부분이 'ALL'이라는 것에 주목하라. ALL은 'full table scan(전체 테이블 스캔)'을 말하는데, 이는 인덱스를 사용하지 않고 테이블 전체를 검색했다는 의미이다. 즉 500건을 모두 읽어서 1개의 결과를 찾아냈다는 것이다. 아직은 인덱스가 없으니 테이블의 전체 내용을 검색해서 찾을 수밖에 없다.

여기서 잠깐

전체 테이블 스캔

전체 테이블 스캔은 전체 테이블의 모든 행 데이터를 읽어보는 것을 말한다. 예를 들어 이 책에 찾아보기(인덱스)가 없다고 가정하고 책에서 'trigger'와 관련된 내용을 찾아야 하는 상황을 생각해보자. 이 경우 책의 처음부터 끝까지 뒤져야 한다(전체 테이블 스캔). 위 실습에서는 데이터가 500건밖에 되지 않지만 대량 데이터가 들어 있는 데이터베이스에서 검색한다면 시간이 많이 걸리는 것은 물론 시스템에 과부하를 초래할 것이다.

3 인덱스 생성 후 쿼리 작동 확인하기

3-1 다음 SQL 문을 실행하여 테이블(indexTBL)의 이름(first_name) 열에 인덱스를 생성한다. 인덱스의 이름 idx_indexTBL_firstname은 indexTBL 테이블의 first_name 열에 생성된 인덱스가 된다(idx는 'InDeX'의 약자이다). 사실 인덱스의 이름은 별로 중요하지 않지만 지금처럼 이름만으로 어느 테이블의 어느 열에 설정된 인덱스인지 알 수 있도록 지정하는 것이 좋다.

```
CREATE INDEX idx_indexTBL_firstname ON indexTBL(first_name);
```

TIP SELECT 문의 경우 성공적으로 실행되면 아래 결과 창에 해당 데이터가 보인다. 반면에 CREATE 문은 새로운 개체를 생성하는 것이므로 성공했을 때 아래 [Output] 창에 초록색 아이콘으로 성공 메시지가 표시된다. 성공 메시지가 아니면 SQL 문이 실행되지 않은 것이다.

3-2 2-1에서 조회하기 위해 사용했던 SQL 문을 입력하여 다시 검색해보자.

```
SELECT * FROM indexTBL WHERE first_name = 'Mary';
```

3-3 결과는 동일하게 1건이 출력되지만 인덱스 생성 전과 후의 내부적 작동은 큰 차이가 있다.

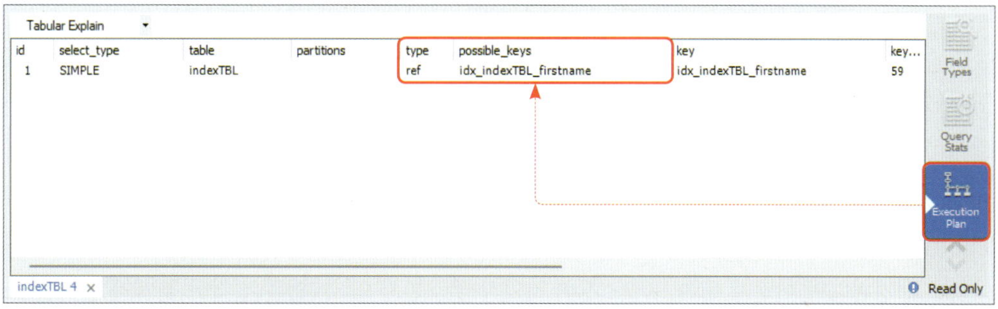

그림 2-35 인덱스 생성 후의 실행 계획 확인

자세한 내용은 10장에서 살펴보고 여기서는 type이 'ref'라는 것에 주목하라. ref는 'non-unique key lookup(인덱스를 사용했다)'을 말하는데, 이는 인덱스를 사용하여 결과를 찾아냈다는 의미이다. 그래서 possible_keys 부분에 인덱스 이름인 idx_indexTBL_firstname이 나타나 있다.

결론적으로 인덱스를 생성하기 전인 **2-1**의 쿼리는 책의 찾아보기가 없는 상태에서 특정 단어를 검색하는 것(책의 전체 페이지를 찾아보는 것)과 같고, 인덱스를 생성한 후인 **3-2**의 쿼리는 책의 찾아보기가 있을 때 먼저 찾아보기에서 특정 단어를 찾아보고 그 페이지를 펴서 검색하는 것과 같다. 즉 **3-2**의 쿼리 결과는 **2-1**의 쿼리 결과보다 엄청나게 적은 수고로 얻은 것이다. 이처럼 인덱스를 생성한 후 조회하는 것은 데이터의 양에 따라서 크게는 몇십 배 이상 빠를 수도 있다(실습에서는 데이터의 양이 500건밖에 되지 않아 실감이 나지 않을 것이다).

실무에서는 필요한 열에 반드시 인덱스를 생성해야 한다. 한편 인덱스는 잘 사용하면 약이 되지만 잘못 사용하거나 함부로 남용하면 독이 될 수 있으므로 세심한 주의가 필요하다. 이에 대해서는 10장에서 설명하겠다.

3 뷰

뷰(view)는 가상의 테이블이다(보통 뷰를 '뷰 테이블'이라고도 부르지만 엄밀히 말하면 정확한 표현이 아니다). 사용자 입장에서 뷰는 테이블과 동일해 보이지만 실제 행 데이터를 가지고 있지 않다. 즉 실체가 없고 진짜 테이블에 연결(link)된 개념이다. 뷰를 SELECT 문으로 조회하면 진짜 테이블의 데이터를 조회하는 것과 동일한 결과가 나온다.

쇼핑몰을 운영하다가 회원의 주소를 대량으로 변경하는 작업이 필요하다고 가정해보자. 아르바이트생을 고용하여 회원의 정보 가운데 주소만 변경하는 일을 시키려고 한다. 이때 아르바이트생에게 회원 테이블(memberTBL)을 사용할 권한을 준다면 아르바이트생이 회원의 주소 외에 주민등록번호, 전화번호, 결혼 여부 등의 중요한 개인 정보를 열람하게 되어 고의든 실수든 개인 정보 유출이라는 심각한 상황이 발생할 수 있다.

TIP 이 책에서는 테이블을 간단히 만들기 위해 실제 회원 테이블에 주민등록번호 등의 열을 생성하지 않았지만 실제 상황이라면 당연히 회원 테이블에 더 많은 열을 생성해야 할 것이다.

이때 주민등록번호 등의 중요한 정보를 제외하고 아이디와 주소만 있는 테이블을 다시 생성한 후 데이터를 입력하는 방법을 생각해볼 수 있다. 그러나 이는 이미 있는 데이터를 다시 입력하는 소모적인 작업이며, 동일한 데이터가 두 테이블에 존재하게 되어 더 큰 문제를 수반할 것이다. 아이디 Thomas의 주소가 이미 회원 테이블에 있는데 새로 만든 테이블에도 있는 상황에서 두 주소 중 하나라도 변경된다면 어떻게 될까? 어느 것이 정확한 주소인지 알 수 없는 심각한 문제가 발생할 소지가 있다.

이러한 문제를 해결하기 위해 뷰를 사용한다. 다시 말해 아이디와 주소만 있는 뷰를 생성하는 것이다. 뷰는 실체가 있는 것이 아니라 회원 테이블에 링크된 개념이므로 실제 데이터는 회원 테이블에만 존재하고 데이터가 중복되지 않는다. 또한 아르바이트생에게 뷰에 대한 접근 권한만 주어 회원의 주민등록번호 등 중요한 정보를 아예 보지 못하게 할 수 있다. [그림 2-36]은 이를 그림으로 나타낸 것이다.

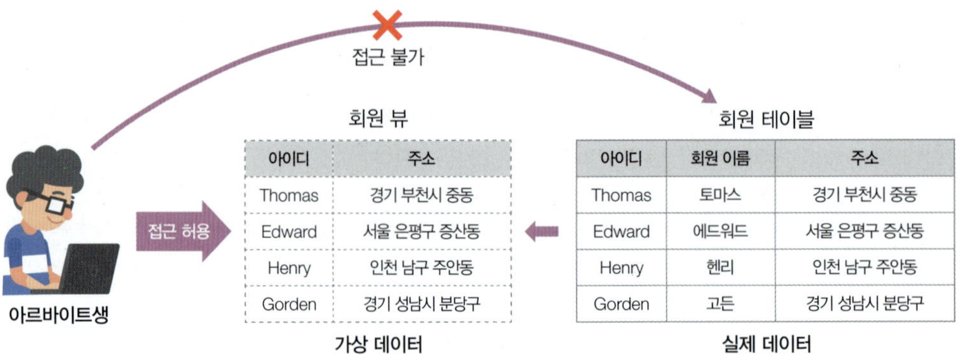

그림 2-36 뷰의 사용 예

실습 2-6 기본적인 뷰 사용법 알아보기

1 현재 데이터베이스를 ShopDB로 변경하기

1-1 기존의 쿼리 창을 닫고 새 쿼리 창을 연다. [Navigator]에서 [shopdb]를 더블클릭하여 현재 데이터베이스를 ShopDB로 변경한다.

2 뷰 생성하기

2-1 회원 이름과 주소만 있는 뷰를 생성해보자. 뷰의 이름은 uv_memberTBL로 설정한다. 눈치

가 빠른 독자는 알아챘겠지만 뷰의 실체는 SELECT 문이다. 사용자가 뷰(uv_memberTBL)에 접근하면 뷰를 생성할 때 입력한 SELECT 문이 비로소 작동한다.

```
CREATE VIEW uv_memberTBL
AS
    SELECT memberName, memberAddress FROM memberTBL;
```

TIP 'uv_'는 'User View'라는 의미이다. 간단히 View를 의미하는 'v_'를 붙이기도 한다.

3 뷰 조회하기

3-1 아르바이트생의 입장에서 뷰(uv_memberTBL)를 조회해보자. 아르바이트생은 뷰인지 테이블인지 알 필요도 없이 다른 테이블과 동일하게 사용하면 된다. 이제 안심하고 아르바이트생에게 주소 변경 작업을 맡길 수 있다.

```
SELECT * FROM uv_memberTBL;
```

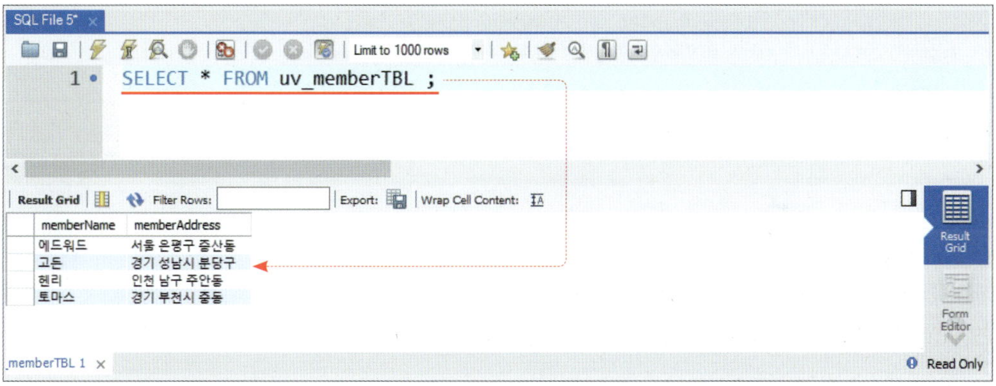

그림 2-37 뷰의 조회

뷰에 대한 더 상세한 내용은 9장에서 다룰 것이다.

4 스토어드 프로시저

스토어드 프로시저(stored procedure, 저장 프로시저)는 MySQL에서 제공하는 프로그래밍 기능을 말한다. 이는 SQL 문을 하나로 묶어 편리하게 사용하는 기능으로, SQL을 묶는 개념 외에 다른 프로그래밍 언어와 같은 기능도 담당한다. 실무에서는 SQL 문(주로 SELECT 문)을 매번 하나하나 수행하지 않고 스토어드 프로시저로 만들어놓고 호출하는 방식으로 많이 사용한다. 실습을 통해 이를 살펴보자.

실습 2-7 간단한 스토어드 프로시저 만들기

회원 테이블에 있는 '토마스'의 정보와 제품 테이블에 있는 '냉장고'의 정보를 매번 동시에 조회한다고 가정하자.

1 2개의 쿼리를 각각 실행하기

1-1 현재 데이터베이스가 ShopDB인지 확인한다.

1-2 지금까지 배운 SQL 문으로는 다음과 같이 동시에 수행해야 결과를 얻을 수 있다. 매번 긴(?) SQL 문 두 줄을 입력해야 한다면 매우 불편할 것이다. 게다가 오타가 나거나 SQL 문법에 맞지 않게 작성할 소지도 다분하다. 두 줄이 아닌 몇백 줄이면 더 큰 문제이다.

```
SELECT * FROM memberTBL WHERE memberName = '토마스';
SELECT * FROM productTBL WHERE productName = '냉장고';
```

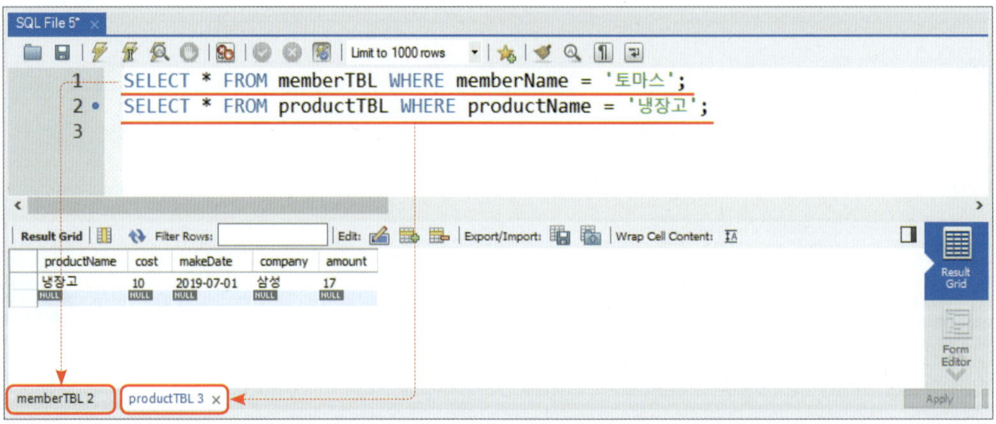

그림 2-38 여러 테이블 조회

2 2개의 쿼리를 하나의 스토어드 프로시저로 만들기

2-1 myProc()라는 이름의 스토어드 프로시저를 만들자.

```
DELIMITER //
CREATE PROCEDURE myProc()
BEGIN
    SELECT * FROM memberTBL WHERE memberName = '토마스';
    SELECT * FROM productTBL WHERE productName = '냉장고';
END //
DELIMITER ;
```

여기서 잠깐

구문 문자 SQL 문 뒤의 //는 기존의 세미콜론(;)을 //로 대신한다는 의미이며, 구문 문자(delimiter)라고 한다. //는 CREATE PROCEDURE ⋯ END까지를 하나의 단락으로 묶는 효과가 있다. 이때는 마지막 행에서 세미콜론으로 다시 돌려놓아야 한다. 이에 대해서는 8장에서 다시 설명하겠다.

2-2 앞으로는 방금 생성한 스토어드 프로시저를 실행하기만 하면 된다. 실행 명령문은 'CALL 스토어드프로시저이름()'이다.

```
CALL myProc();
```

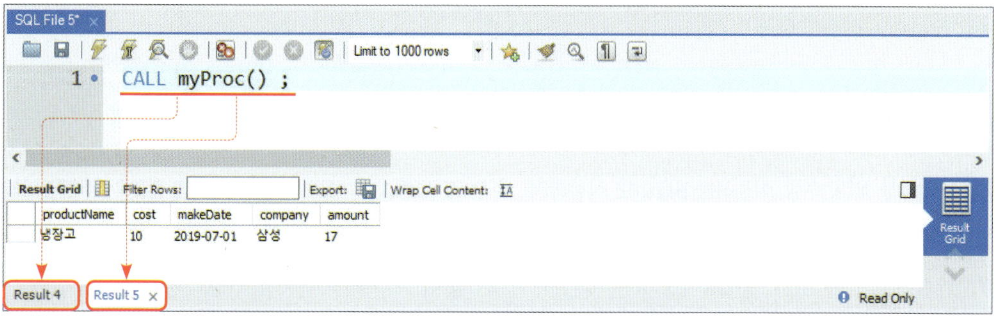

그림 2-39 **스토어드 프로시저 실행**

스토어드 프로시저는 실무에서 많이 사용되는 개체이다. 상세한 내용은 11장에서 다룰 것이다.

여기서 잠깐

개체의 생성과 삭제 데이터베이스 개체를 만들기 위해서는 'CREATE 개체종류 개체이름' 형식의 명령문을 사용한다. 'CREATE TABLE 테이블이름', 'CREATE VIEW 뷰이름', 'CREATE PROCEDURE 스토어드프로시저이름' 등과 같이 사용하는 것이다. 반대로 데이터베이스 개체를 삭제하기 위해서는 'DROP 개체종류 개체이름' 명령문을 사용한다. 앞의 실습에서 생성한 스토어드 프로시저를 삭제하려면 DROP PROCEDURE myProc 문을 실행하면 된다.

5 트리거

트리거(trigger)란 테이블에 부착되어 테이블에 INSERT(삽입), UPDATE(수정), DELETE(삭제) 작업이 발생하면 실행되는 코드를 말한다. 트리거는 다른 개체보다 좀 더 이해하기 어려울 수도 있다. 자세한 내용은 11장에서 살펴보고 여기서는 간단한 사례를 통해 트리거의 용도를 확인해보자.

[그림 2-1]의 회원 테이블에서 토마스가 회원 탈퇴를 하는 경우를 생각해보자. 회원 탈퇴 시 간단

히 회원 테이블(memberTBL)에서 토마스의 정보를 삭제하면(토마스의 행 데이터를 지우면) 되지만, 이렇게 하면 토마스가 회원 탈퇴를 한 사람인지 나중에 알 길이 없다. 원칙적으로 토마스는 데이터베이스에 존재하지 않기 때문이다.

이러한 경우 토마스의 행 데이터를 삭제하기 전에 그 내용을 다른 곳에 복사해놓으면 되는데, 이를 매번 수작업으로 하면 정보를 지우기 전에 다른 곳에 복사해놓아야 한다는 사실을 깜박 잊어버릴 수도 있다. 그런데 회원 테이블(memberTBL)에서 삭제 작업이 일어날 때마다 다른 곳에 그 데이터를 '자동으로' 저장하는 기능이 있다면 수작업으로 인해 발생하는 문제가 없을 것이다. 트리거는 이럴 때 사용하는 코드이다. 트리거를 작성하면 사용자는 행 데이터를 삭제하기 전에 다른 곳에 저장하는 업무 부담에서 벗어날 수 있을 뿐만 아니라, 삭제된 모든 데이터가 완벽하게 별도로 저장되어 있어 안심할 수 있다.

실습 2-8 가장 일반적으로 사용되는 트리거의 용도 알아보기

1 데이터를 삽입, 수정, 삭제하는 SQL 문 작성하기

1-1 데이터를 삽입, 수정, 삭제하는 작업은 MySQL Workbench의 [Navigator]에서도 가능하지만 실무에서는 SQL 문을 사용하는 경우가 훨씬 많다. 상세한 내용은 6장에서 살펴보고 여기서는 기본적인 것만 실습해보자. 먼저 새 쿼리 창을 열고 [Navigator]에서 현재 데이터베이스가 ShopDB인지 확인한다.

1-2 INSERT 문으로 회원 테이블에 새로운 회원 'Soccer/흥민/서울시 서대문구 북가좌동'을 삽입한다. 이어서 **SELECT * FROM memberTBL** 문으로 데이터가 잘 삽입되었는지 확인해본다.

```
INSERT INTO memberTBL VALUES ('Soccer', '흥민', '서울시 서대문구 북가좌동');
```

1-3 UPDATE 문으로 이름이 '흥민'인 회원의 주소를 '서울 강남구 역삼동'으로 수정한다. 이어서 **SELECT * FROM memberTBL** 문으로 데이터가 잘 수정되었는지 확인해본다.

```
UPDATE memberTBL SET memberAddress = '서울 강남구 역삼동' WHERE memberName = '흥민';
```

1-4 흥민이 회원 탈퇴를 했다고 가정하고 DELETE 문으로 회원 테이블에서 삭제한다. 이어서 **SELECT * FROM memberTBL** 문으로 데이터가 잘 삭제되었는지 확인해본다.

```
DELETE FROM memberTBL WHERE memberName = '흥민';
```

그런데 흥민이 예전에 회원이었다는 정보가 그 어디에도 기록되어 있지 않다. 흥민이 나중에라도 이 쇼핑몰의 회원이었다는 사실을 증명하라고 요구한다면 손쓸 방법이 없다.

2 삭제된 데이터와 삭제된 날짜를 다른 테이블에 기록하기

2-1 위와 같은 문제를 해결하기 위해 회원 테이블에서 삭제된 데이터와 삭제된 날짜를 다른 테이블에 기록한다. 삭제된 데이터를 보관할 테이블(deletedMemberTBL)을 우선 만들어보자. 이번에는 다음과 같은 SQL 문으로 테이블을 생성한다(SQL 문으로 테이블을 생성하는 방법은 9장에서 자세히 설명할 것이다).

```
CREATE TABLE deletedMemberTBL
(    memberID char(8),
     memberName char(5),
     memberAddress char(20),
     deletedDate date  -- 삭제한 날짜
);
```

2-2 회원 테이블(memberTBL)에서 삭제 작업이 일어나면 백업 테이블(deletedMemberTBL)에 삭제된 데이터가 기록되는 트리거를 생성한다.

```
DELIMITER //
CREATE TRIGGER trg_deletedMemberTBL  -- 트리거 이름
     AFTER DELETE  -- 삭제 후에 작동하도록 지정
     ON memberTBL  -- 트리거를 부착할 테이블
     FOR EACH ROW  -- 각 행마다 적용
BEGIN
     -- OLD 테이블의 내용을 백업 테이블에 삽입
     INSERT INTO deletedMemberTBL
          VALUES (OLD.memberID, OLD.memberName, OLD.memberAddress, CURDATE());
END //
DELIMITER ;
```

문법이 조금 어렵다. 상세한 내용은 11장에서 배우고 여기서는 memberTBL에 삭제 작업이 일어나면 삭제된 행이 deletedMemberTBL에 저장된다고만 알아두자.

3 회원 테이블의 데이터 삭제 후 삭제된 데이터가 백업 테이블에 들어가는지 확인하기

3-1 회원 테이블에 데이터가 4건 들어 있는지 확인해본다.

```
SELECT * FROM memberTBL;
```

3-2 회원 테이블에 '흥민'을 삽입한 후 바로 삭제한다. [Output] 창에 1개 행이 입력된 후 지워졌다는 메시지가 나타날 것이다.

```
INSERT INTO memberTBL VALUES ('Soccer', '흥민', '서울시 서대문구 북가좌동');
DELETE FROM memberTBL WHERE memberName = '흥민';
```

3-3 흥민이 회원 테이블에서 삭제되었는지 확인해보자. 제대로 삭제되었다면 원래의 데이터 4건만 남아 있을 것이다.

```
SELECT * FROM memberTBL;
```

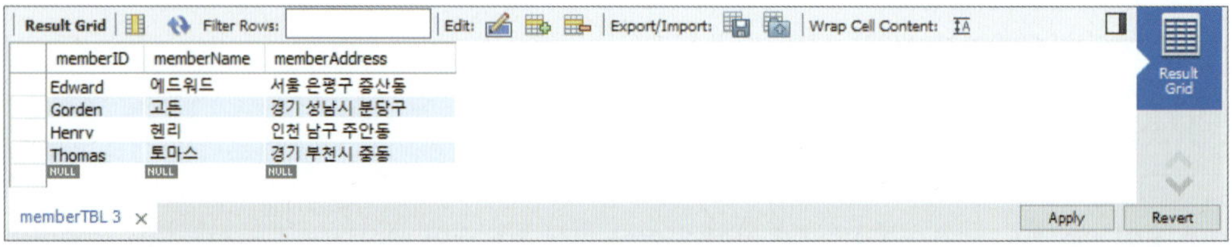

그림 2-40 **데이터 삭제 확인**

3-4 이번에는 백업 테이블을 확인해보자. 회원 테이블(memberTBL)에서 삭제된 행이 트리거에 의해 자동으로 백업 테이블(deletedMemberTBL)에 들어간 것을 확인할 수 있다. 또한 deletedMemberTBL 테이블에는 삭제된 날짜(deletedDate)가 자동으로 입력되어 있다.

```
SELECT * FROM deletedMemberTBL;
```

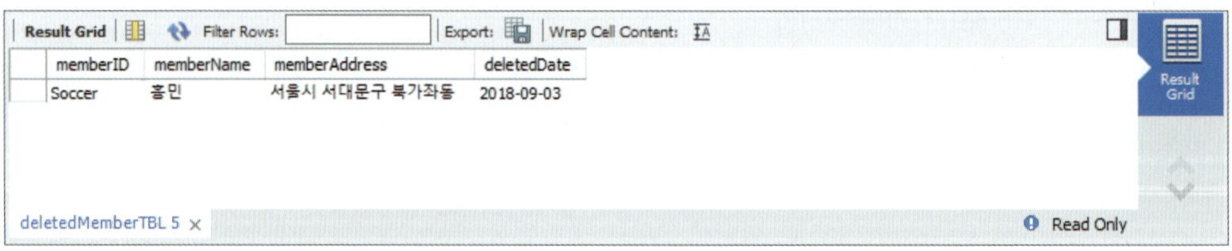

그림 2-41 **삭제된 데이터가 백업 테이블에 들어감**

3-5 Workbench를 종료한다.

요약

1 정보 시스템을 구축하기 위해서는 일반적으로 분석-설계-구현-시험-유지·보수라는 5단계를 거친다.

2 데이터베이스 모델링이란 현실 세계에서 사용되는 데이터를 MySQL에 어떻게 옮겨놓을지 결정하는 과정이다.

3 데이터베이스 관련 핵심 용어는 데이터, 테이블, 데이터베이스, DBMS, 열(필드), 열 이름, 데이터 형식, 행(레코드), 기본키(주키), 외래키, SQL 등이다.

4 데이터베이스 구축 및 관리 절차는 다음과 같다.

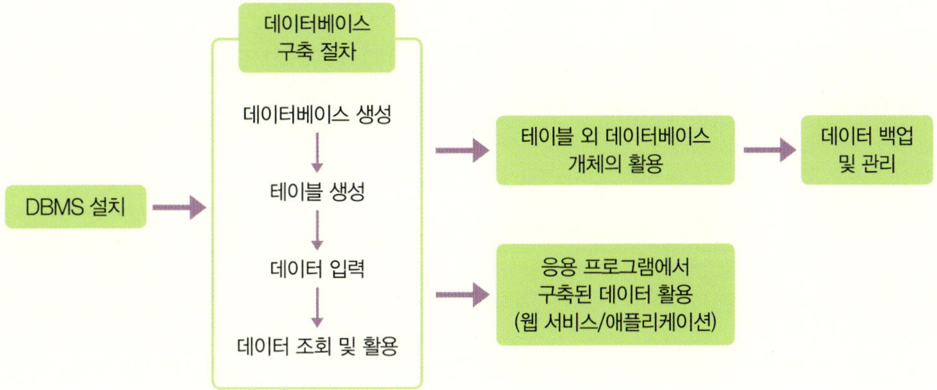

5 MySQL에서는 스키마와 데이터베이스가 동일한 용어로 사용된다.

6 MySQL에서는 기본적으로 테이블 이름, 열 이름 등을 모두 소문자로 처리한다.

7 데이터를 입력하는 SQL 문은 INSERT 문이고 삭제하는 SQL 문은 DELETE 문이다.

8 데이터를 검색하는 SELECT 문의 기본 형식은 'SELECT 열이름 FROM 테이블이름 WHERE 조건'이다.

9 Workbench에서 특정 SQL 문만 실행할 때는 마우스로 해당 부분을 드래그하여 선택한 후 툴바의 [Execute the selected portion …] 아이콘을 클릭하거나 Ctrl + Shift + Enter를 누른다.

요약

10 Workbench에서 개체가 있어야 하는데 보이지 않을 때는 [Navigator]에서 [Refresh All]을 선택한 후 확인한다.

11 인덱스는 책의 뒷부분에 실리는 찾아보기(색인)와 같은 개념으로, 데이터 검색을 빨리 할 수 있도록 도와준다.

12 가상의 테이블인 뷰는 보안에 도움이 되는 개체이다. 뷰의 실체는 SELECT 문이다.

13 스토어드 프로시저는 MySQL에서 제공하는 프로그래밍 기능이다.

14 트리거는 테이블에 부착되어 테이블에 INSERT(삽입), UPDATE(수정), DELETE(삭제) 작업이 발생하면 실행되는 코드이다.

연습문제

1 다음 각각의 설명에 해당하는 용어를 보기에서 고르시오.

데이터	데이터베이스	데이터 형식	기본키
SQL	열 이름	외래키	행 테이블

① 회원 이름은 숫자가 아닌 문자 형식이어야 한다.

② DBMS에서 특정 작업을 수행하기 위해 사용하는 언어이다.

③ 테이블이 저장되는 장소로, DBMS 내에서 고유한 이름을 가지고 있다.

④ 회원 테이블의 '아이디', '회원 이름', '주소' 등을 의미한다.

2 데이터베이스 구축 과정을 순서대로 나열하시오.

㉠ 테이블 생성	㉡ 데이터 조회
㉢ 데이터베이스 생성	㉣ 데이터 입력

3 MySQL의 기본 포트 번호를 쓰시오.

4 MySQL Workbench에 대한 설명으로 옳지 않은 것을 고르시오.

① 쿼리를 입력하는 쿼리 창을 제공한다.

② 쿼리 실행 버튼을 제공한다.

③ [Schemas] 탭을 클릭하면 데이터베이스 목록이 표시된다.

④ [Administration] 탭을 클릭하면 데이터베이스 생성, 수정, 삭제를 관리할 수 있다.

5 MySQL Workbench에서 데이터베이스를 생성하는 과정에 대한 설명으로 거리가 먼 것을 고르시오.

① [SCHEMAS]의 빈 부분에서 마우스 오른쪽 버튼을 클릭하여 [Create Schema]를 선택한다.

② 새 스키마 창에서 Name에 데이터베이스 이름을 입력한 후 [Apply]를 클릭한다.

③ CREATE DATABASE '데이터베이스이름' SQL 문이 자동으로 생성되고, [Apply]를 클릭하면 데이터베이스가 생성된다.

④ Workbench 왼쪽의 [SCHEMAS] 창에 생성된 데이터베이스 목록이 보인다.

연습문제

6 회원 테이블의 '회원 이름'에 적합한 데이터 형식을 고르시오.

① char ② int ③ date

④ float ⑤ double

7 MySQL Workbench에서 행 데이터를 입력 및 수정하는 방법으로 옳지 않은 것을 고르시오.

① 해당 테이블에서 마우스 오른쪽 버튼을 클릭하여 [Select Rows - Limit 1000]을 선택한다.

② 행 데이터를 입력한 후 [Apply]와 [Finish]를 클릭하여 입력을 완료한다.

③ 행 데이터를 잘못 입력하면 삭제할 행에서 마우스 오른쪽 버튼을 클릭하여 [Delete Row(s)]를 선택한다.

④ 입력된 행을 수정하려면 수정할 행에서 마우스 오른쪽 버튼을 클릭하여 [Update Row(s)]를 선택한다.

8 MySQL Workbench에서 SQL 문을 실행하는 방법으로 옳지 않은 것을 고르시오.

① 해당 SQL 문을 더블클릭한다.

② SQL 문을 실행하려면 [Execute the selected portion …] 아이콘을 클릭한다.

③ Ctrl + Shift + Enter 키를 누른다.

④ 메뉴의 [Query]-[Execute (All or Selection)]을 선택한다.

9 'Cook Table'이라는 이름의 테이블을 삭제하는 SQL 명령을 고르시오.

① DELETE TABLE `Cook Table` ;

② DELETE TABLE "Cook Table" ;

③ DROP TABLE `Cook Table` ;

④ DROP TABLE "Cook Table" ;

10 인덱스에 대한 설명으로 옳지 않은 것을 모두 고르시오.

① 책의 뒷부분에 실리는 찾아보기(색인)와 같은 개념이다.

② [Execution Plan]에서 'ALL'은 전체 데이터베이스를 스캔하는 것을 의미한다.

③ 인덱스를 생성하는 구문에는 CREATE INDEX를 사용한다.

④ 인덱스 이름은 반드시 idx로 시작해야 한다.

⑤ [Execution Plan]에서 'ref'는 인덱스를 사용했음을 의미한다.

10 다음은 스토어드 프로시저를 생성하는 SQL 문이다. 오류가 있는 행을 고르시오.

```
1행 : DELIMITER //
2행 : CREATE PROCEDURE sqlProc
3행 : BEGIN
4행 :     SELECT * FROM productTBL WHERE productName = '냉장고';
5행 : END //
6행 : DELIMITER ;
```

12 다음은 트리거를 생성하는 SQL 문이다. 빈칸에 들어갈 내용을 쓰시오.

```
DELIMITER //
CREATE TRIGGER 트리거_이름
    AFTER DELETE
    ON 테이블이름
    ___________
BEGIN
SQL 문
END //
DELIMITER ;
```

응용 예제 MariaDB에서 쇼핑몰 데이터베이스 구축하기

58쪽에 있는 [그림 2-2]의 절차를 참고하여 MariaDB에서 55쪽 [그림 2-1]의 쇼핑몰 데이터베이스를 구축해보자.

(1) 데이터베이스 생성

HeidiSQL의 왼쪽 [Local] 빈 부분에서 마우스 오른쪽 버튼을 클릭하고 [새로 생성]-[데이터베이스]를 선택하여 'shopdb'라는 이름의 새로운 데이터베이스를 생성한다.

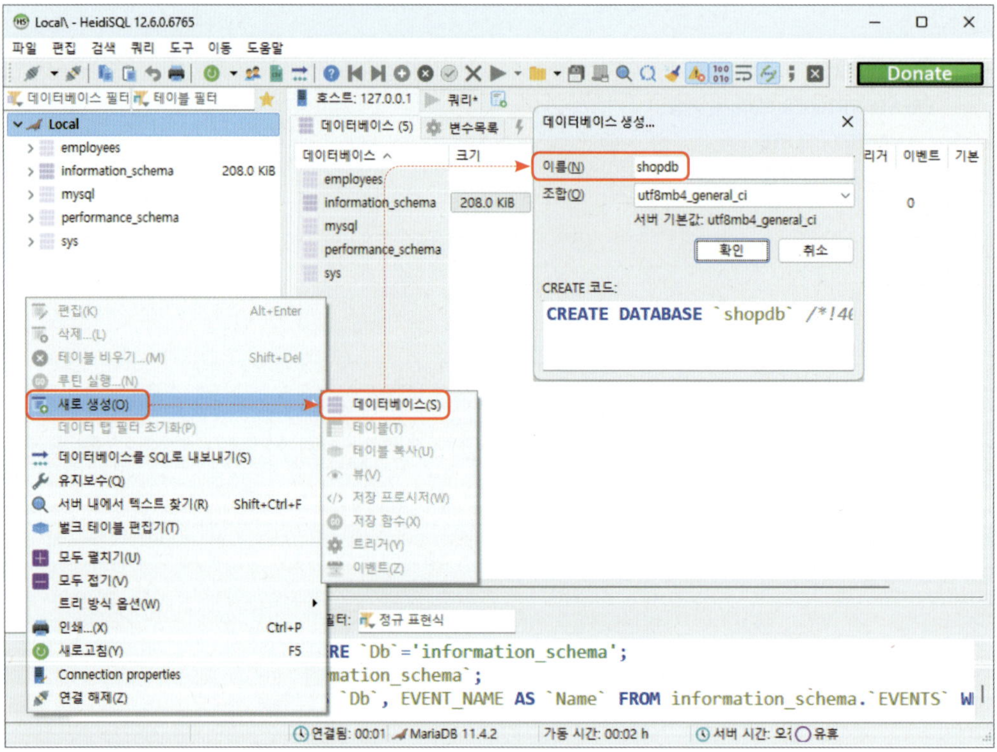

데이터베이스 생성

(2) 테이블 생성

생성한 데이터베이스에서 마우스 오른쪽 버튼을 클릭하고 [새로 생성]-[테이블]을 선택한 후, 테이블 이름에 'memberTBL'을 입력하고 <추가>를 클릭하여 열 정보를 입력한다. 열 정보에는 [표 2-1] 회원 테이블의 내용을 입력하면 된다. 필요한 열을 모두 정의했으면 <저장>을 클릭하여 테이블 정보를 저장한다.

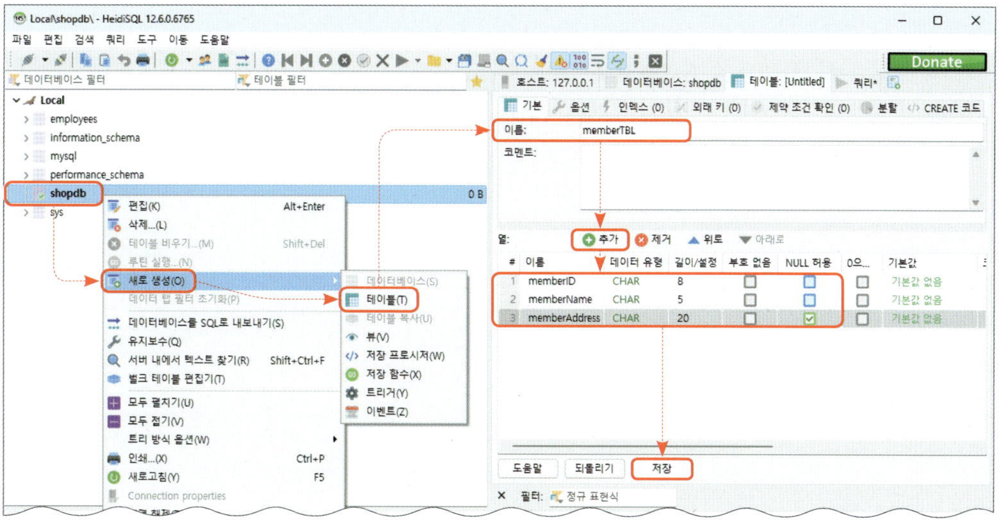

테이블 생성

(3) 데이터 입력

데이터를 입력할 테이블을 선택하고 오른쪽 상단의 [데이터] 탭을 클릭한다. 빈 곳에서 마우스 오른쪽 버튼을 클릭하고 [행 삽입]을 선택하면 행 데이터를 입력할 수 있다. [그림 2-1] 회원 테이블의 내용을 입력한다.

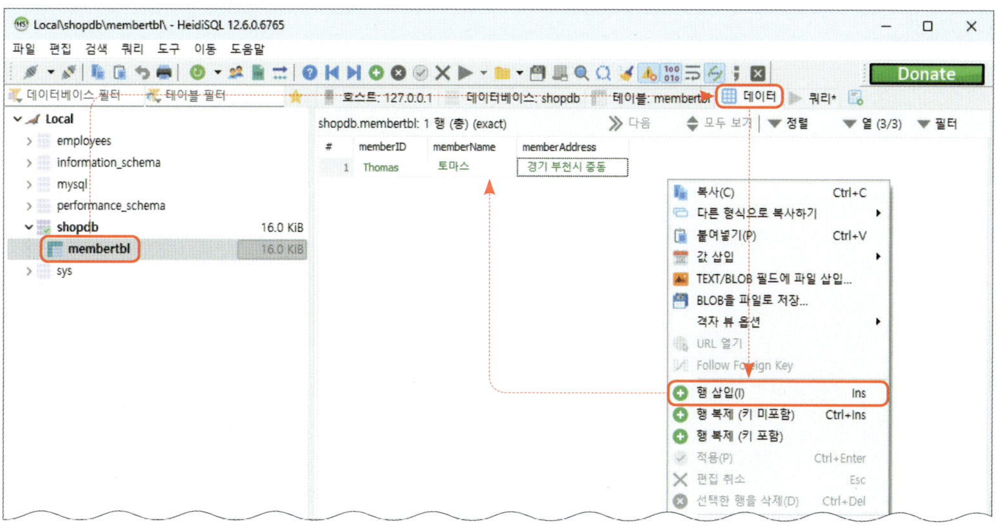

데이터 입력

(4) SQL 문 작성

왼쪽에서 해당 데이터베이스를 선택하고 오른쪽의 [쿼리] 창을 클릭한다. SQL 문을 입력하고 [실행] 아이콘을 클릭하면 SQL 문이 실행된다.

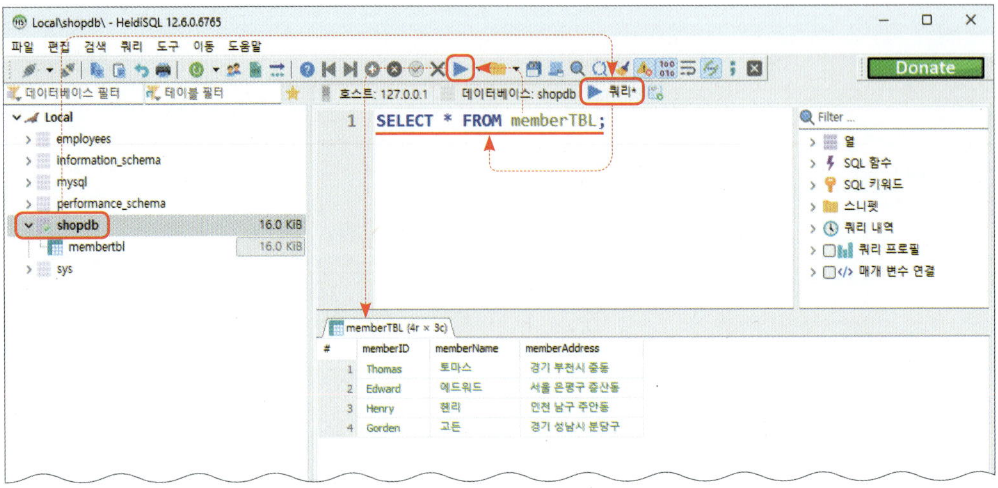

SQL 문 입력 및 실행

(5) 데이터베이스 개체 활용

데이터베이스 개체(인덱스, 뷰, 스토어드 프로시저, 트리거)를 작성하고 실행해본다. MySQL과 SQL 문의 차이가 거의 없을 것이다.

CHAPTER 03

데이터베이스 모델링의 이해

학습목표

- 요구 분석과 시스템 설계의 중요성을 이해한다.
- 데이터베이스 모델링의 개념을 이해하고 실제 모델링을 통해 연습한다.
- MySQL Workbench에서 제공하는 데이터베이스 모델링 툴을 실습한다.

01 요구 분석과 시스템 설계의 중요성

1 데이터베이스 모델링의 개요

데이터베이스 모델링은 쉽게 말해 건축 분야의 설계도를 작성하는 것과 같다. 건물을 지을 때 각종 시공 기법도 중요하지만 그에 못지않게 건물의 설계가 중요하듯이, 데이터베이스 모델링은 매우 중요하면서도 결코 쉽지 않은 분야이다. 좋은 설계도를 만들려면 많은 건축 경험이 필요한 것과 마찬가지로, 좋은 데이터베이스 모델링을 하기 위해서는 많은 학습과 더불어 오랜 실무 경험이 있어야 한다. 시중에는 넓게는 데이터베이스 이론서, 좁게는 데이터베이스 모델링만을 다룬 책이 많이 나와 있고 그 분량 또한 만만치 않다. 이 책은 데이터베이스 이론서도 아니고 데이터베이스 모델링을 주제로 한 책도 아니지만 데이터베이스 입문자를 위해 최소한의 개념을 짚고 넘어가려 한다.

2 프로젝트와 소프트웨어 공학

프로젝트는 '현실 세계의 업무를 컴퓨터 시스템으로 옮겨놓는 일련의 과정'이다. 더 쉽게 얘기하면 '대규모 프로그램을 작성하기 위한 전체 과정'이라고 할 수 있다. 초창기의 컴퓨터 프로그램은 몇몇 뛰어난 프로그래머가 작성했다. 예전에는 이렇게 혼자 프로그램을 작성하는 것이 큰 문제가 되지 않았다. 그러나 시간이 지나면서 프로그램의 규모가 커지고 사용자의 요구 사항도 복잡해지면서 문제가 발생했다. 상황이 이런데도 소프트웨어 분야에서는 큰 규모의 프로그램 작업(프로젝트)을 몇몇 우수한 프로그래머에게만 의존했다. 그 결과는 참담했다. 프로젝트가 실패로 이어지는 일이 비일비재하고 제작 기간 지연 등의 문제가 연쇄적으로 발생했다.

이러한 현상을 집을 짓는 것에 비유하면, 과거에 초가집이나 목조 건물을 지을 때는 우수한 기술자 몇 명만으로도 가능했지만 오늘날의 수십 층짜리 빌딩은 우수한 기술자 몇 명만으로 지을 수 없다. 빌딩을 지으려면 정확한 계획과 분석, 설계도 작업을 마친 후에 시공 작업을 해야 한다. 만약 100층짜리 건물을 지어달라는 요청을 받았는데 계획도 세우기 전에 벽돌부터 쌓는다면 어떨까? 벽돌을 10층까지 쌓았는데 콘크리트로 지어야 한다는 것을 깨닫는다면? 어쩔 수 없이 무너뜨리고 처음부터 다시 작업해야 할 것이다. 엄청난 비용과 시간이 낭비되어 결국 제시간에 건물을 완성할 수 없을뿐더러 열심히 일한 대가로 비난만 받게 될 것이다.

그런데 소프트웨어 분야에서는 위와 같은 미련한 일을 계속해왔다. 어떤 프로그램을 작성해달라는 요청을 받으면 계획과 분석보다 코딩부터 했던 것이다. 밤을 새가며 열심히 작성한 프로그램이 잘

못되어, 벽돌을 무너뜨리고 다시 짓듯이 프로그램을 삭제하고 처음부터 다시 작성하는 경우가 많았다. 이는 분석과 설계 작업을 소홀히 한 소프트웨어 분야의 고질적인 문제였다. 결국 이러한 문제를 해결하기 위해 '소프트웨어 개발 방법론'이 탄생했다. 이 방법론은 없던 것인 새로 생겨났다기보다는 다른 공학의 것을 소프트웨어 분야에 가져와 수정한 것으로, '소프트웨어 공학'이라고 부른다.

3 프로젝트 모델

소프트웨어 공학에서 제시하는 많은 소프트웨어 개발 모델 중에서 가장 오래되고 전통적으로 사용되는 것은 폭포수 모델(waterfall model)이다. 폭포수 모델은 말 그대로 폭포가 떨어지듯이 각 단계가 끝나면 다음 단계로 진행한다.

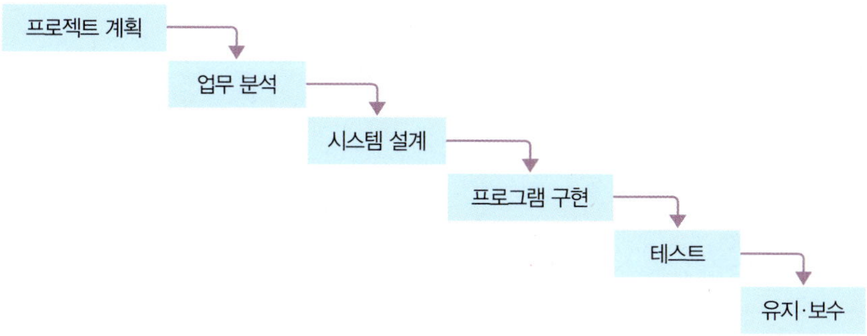

그림 3-1 **폭포수 모델**

이 모델의 장점은 각 단계가 뚜렷이 구분되어 프로젝트의 진행 단계가 명확하다는 것이다. 반면에 단점은 폭포가 아래에서 위로 거슬러 올라갈 수 없듯이 앞 단계에서 문제가 발생했을 때 되돌아가기 어렵다는 것이다. 게다가 대부분의 문제가 초기 단계인 업무 분석이나 시스템 설계보다 마감 단계인 프로그램 구현이나 테스트 단계에서 발생하는데, 이때 업무 분석 단계로 거슬러 올라가서 시작하려면 비용과 시간의 큰 손해를 감수해야 한다(물론 이를 보완한 소프트웨어 개발 모델도 많다).

폭포수 모델에서 가장 핵심적인 단계는 업무 분석과 시스템 설계이다. 경우에 따라 다르기는 하지만 대부분의 소프트웨어 프로젝트에서는 이 두 단계를 합쳐 전체 공정의 최소 50% 이상을 할애해야 한다. 이 두 단계의 비율을 줄일수록 프로젝트 실패 확률이 높아지는 것을 필자도 경험한 바 있다. 실패하는 프로젝트는 주로 프로그램 구현에 비중을 두는 경우가 많다. 단순하게 생각하면 프로그램 구현(코딩)이 가장 중요할 것 같지만 이는 몇백 줄짜리 프로그램을 짜는 경우에만 해당되며, 복잡한 시스템을 만들 때는 구현(코딩)이 분석과 설계에 비해 그다지 중요한 작업이 아니다. 100층짜리 건물을 지을 때 벽돌을 예쁘게 쌓거나 빨리 쌓는 것이 전체 건물을 완성하는 데 아주 중요한 작업이 아닌 것과 같은 이치이다. 이 장에서 살펴볼 데이터베이스 모델링은 분석과 설계 단계에서 가장 중요한 작업 중 하나임을 확실히 기억하자.

02 데이터베이스 모델링의 개념과 절차

1 데이터베이스 모델링의 개념

데이터베이스 모델링(또는 데이터 모델링)은 현실 세계에서 사용되는 작업이나 사물을 DBMS의 데이터베이스 개체로 옮기기 위한 과정이다. 다시 말해 현실에서 쓰이는 것을 테이블로 변경하기 위한 작업이라고 생각하면 된다. [그림 3-2]를 통해 데이터베이스 모델링을 쉽게 이해할 수 있을 것이다.

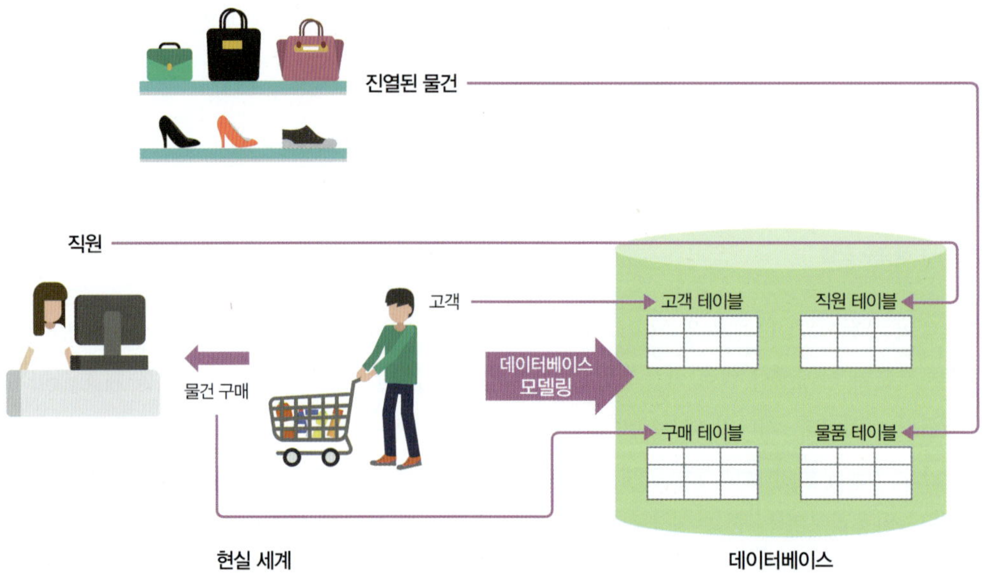

그림 3-2 데이터베이스 모델링의 개념

현실 세계의 고객, 물건, 직원 등은 데이터베이스의 각 테이블이라는 개체로 변환된다(물론 일부는 다른 개체로 변환되기도 한다). 여기서 주의할 점은 '물건 구매'라는, 실체가 없는 행위도 테이블로 변환된다는 것이다. 그렇다면 현실 세계를 데이터베이스 개체로 변환하는 데 정답이 있을까? 즉 데이터베이스 모델링에 정답이 있을까?

정답은 없다. 데이터베이스 모델링은 모델링을 하는 사람에 따라 각기 다른 결과가 나온다. 그러나 좋은 모델링과 나쁜 모델링은 존재한다. 즉 정답은 없지만 바람직한 답은 있다.

데이터베이스 모델링은 상당히 어려운 작업이다. 구현하려는 것에 대해 정확하고 폭넓은 지식을 지녀야 하고 데이터베이스 시스템에 대한 깊은 지식과 경험도 필요하다. 그래서 데이터베이스 모델링은 많은 프로젝트 경험을 쌓고 데이터베이스 관련 지식이 풍부한 사람이 담당하는 것이 일반적이다. 데이터베이스 모델링이 잘못되면 열심히 만든 프로그램이 결국 아무짝에 쓸모없는 결과를 낳을 수도 있다.

2 데이터베이스 모델링의 절차

데이터베이스 모델링은 개념적 모델링, 논리적 모델링, 물리적 모델링이라는 3단계를 거쳐 완성된다. 개념적 모델링은 [그림 3-1]의 폭포수 모델에서 업무 분석 단계에 진행되고, 논리적 모델링은 업무 분석의 후반부와 시스템 설계의 전반부에 걸쳐서 진행되며, 물리적 모델링은 시스템 설계의 후반부에 진행된다(이 분류가 절대적인 것은 아니다). 간단한 실습을 통해 데이터베이스 모델링의 절차를 살펴보자.

여기서 잠깐

정규화와 비정규화

데이터베이스 모델링을 할 때는 원칙적으로 정규화와 비정규화를 정확히 구분하여 작업해야 한다. 하지만 다음 실습에서는 이렇게 분류하지 않고 자연스럽게 데이터베이스 모델링 과정을 실습할 것이다. 실습 내용이 데이터베이스 모델링의 전부가 아니며, 단지 데이터베이스 모델링의 전체 흐름을 이해하기 쉽도록 가정한 것임을 알아두기 바란다.

실습 3-1 쇼핑몰 데이터베이스 모델링하기

새로운 쇼핑몰을 오픈하고 데이터베이스에 매장을 찾는 고객의 명단, 물건 구매 내역 등을 기록하려고 한다. 이러한 업무를 반영한 데이터베이스 모델링을 해보자.

1 고객 방문 기록 양식 보기

1-1 다음과 같은 고객 방문 내역이 메모장 또는 엑셀에 기록되어 있다고 가정한다. 고객은 여러 번 방문할 수도 있고 아무것도 사지 않을 수도 있다.

고객 방문 기록

고객 이름	출생 연도	주소	연락처	구매한 물건	단가(천 원)	수량
유재석	1972	서울	011-111-1111			
강호동	1970	경북	011-222-2222	운동화	30	2
강호동	1970	경북	011-222-2222	노트북	1000	1
김국진	1965	서울	019-333-3333			
김용만	1967	서울	011-444-4444	모니터	200	1
박수홍	1970	서울	019-000-0000	모니터	200	5
신동엽	1971	경기	남기지 않음			
강호동	1970	경북	011-222-2222	청바지	50	3
남희석	1971	충남	016-666-6666			
박수홍	1970	서울	019-000-0000	메모리	80	10
김제동	1974	경남	남기지 않음	책	15	5
이휘재	1971	경기	011-888-8888	책	15	2
남희석	1971	충남	016-666-6666			
이휘재	1971	경기	011-888-8888	청바지	50	1
박수홍	1970	서울	019-000-0000	운동화	30	2
이휘재	1971	경기	011-888-8888			
이휘재	1971	경기	011-888-8888	책	15	1
박수홍	1970	서울	019-000-0000	운동화	30	2
이경규	1960	경남	018-999-9999			

그림 3-3 데이터베이스 모델링 단계 1

2 물건을 구매한 적이 없는 고객 정렬하기

2-1 고객 방문 기록에서 물건을 구매한 적이 없는 고객을 상단부터 정렬해보자. 어떤 내용이든 들어 있는 칸을 색깔로 표시하면 전체 테이블이 L 자 모양이 되는데 이를 L 자형 테이블이라고 한다. L 자형 테이블의 문제는 공간 낭비이다. 다음 표를 보면 구매한 물건 정보 부분이 많이 비어 있어 사용되지 않은 공간이 많다.

고객 방문 기록

고객 이름	출생 연도	주소	연락처	구매한 물건	단가(천 원)	수량
유재석	1972	서울	011-111-1111			
김국진	1965	서울	019-333-3333			
신동엽	1971	경기	남기지 않음			
남희석	1971	충남	016-666-6666			
남희석	1971	충남	016-666-6666			
이휘재	1971	경기	011-888-8888			
이경규	1960	경남	018-999-9999			
강호동	1970	경북	011-222-2222	노트북	1000	1
박수홍	1970	서울	019-000-0000	메모리	80	10
김용만	1967	서울	011-444-4444	모니터	200	1
박수홍	1970	서울	019-000-0000	모니터	200	5
강호동	1970	경북	011-222-2222	운동화	30	2
박수홍	1970	서울	019-000-0000	운동화	30	2
박수홍	1970	서울	019-000-0000	운동화	30	2
김제동	1974	경남	남기지 않음	책	15	5
이휘재	1971	경기	011-888-8888	책	15	2
이휘재	1971	경기	011-888-8888	책	15	1
강호동	1970	경북	011-222-2222	청바지	50	3
이휘재	1971	경기	011-888-8888	청바지	50	1

그림 3-4 데이터베이스 모델링 단계 2

3 L 자형 테이블 분리하기

3-1 L 자형 테이블을 빈칸이 있는 곳과 없는 곳으로 분리해보자. 다음과 같이 고객 방문 기록이 고객 테이블과 구매 테이블로 분리되면서 빈 부분이 없어진다. 즉 공간을 절약할 수 있다. 그런데 고려해야 할 사항이 생겼다. 고객 테이블에서 똑같은 정보가 중복된다는 것이다. 여러 번 물건을 구매한 고객의 경우 동일한 정보가 여러 번 기록되지만 그럴 필요가 없으므로 중복된 고객을 하나만 남겨야 한다.

고객 테이블

고객 이름	출생 연도	주소	연락처
유재석	1972	서울	011-111-1111
김국진	1965	서울	019-333-3333
신동엽	1971	경기	남기지 않음
남희석	1971	충남	016-666-6666
남희석	1971	충남	016-666-6666
이휘재	1971	경기	011-888-8888
이경규	1960	경남	018-999-9999
강호동	1970	경북	011-222-2222
박수홍	1970	서울	019-000-0000
김용만	1967	서울	011-444-4444
박수홍	1970	서울	019-000-0000
강호동	1970	경북	011-222-2222
박수홍	1970	서울	019-000-0000
박수홍	1970	서울	019-000-0000
김제동	1974	경남	남기지 않음
이휘재	1971	경기	011-888-8888
이휘재	1971	경기	011-888-8888
강호동	1970	경북	011-222-2222
이휘재	1971	경기	011-888-8888

구매 테이블

구매한 물건	단가(천 원)	수량
노트북	1000	1
메모리	80	10
모니터	200	1
모니터	200	5
운동화	30	2
운동화	30	2
운동화	30	2
책	15	5
책	15	2
책	15	1
청바지	50	3
청바지	50	1

그림 3-5 데이터베이스 모델링 단계 3

3-2 고객 테이블의 중복을 없애면 10행만 남는다. 다음으로 쇼핑몰의 각 고객을 구분하기 위해 고객 이름을 구분자로 설정하는데, 이러한 구분자를 기본키(PK)라고 한다. 기본키는 각 행을 구분하는 유일한 값으로, 각 테이블에서 중복되는 값이 없어야 하고 해당 칸이 비어 있어도 안 된다(기본키는 8장에서 자세히 설명할 것이다).

PK 고객 테이블

고객 이름	출생 연도	주소	연락처
유재석	1972	서울	011-111-1111
김국진	1965	서울	019-333-3333
신동엽	1971	경기	남기지 않음
남희석	1971	충남	016-666-6666
이휘재	1971	경기	011-888-8888
이경규	1960	경남	018-999-9999
강호동	1970	경북	011-222-2222
박수홍	1970	서울	019-000-0000
김용만	1967	서울	011-444-4444
김제동	1974	경남	남기지 않음

그림 3-6 데이터베이스 모델링 단계 4

TIP 현실 세계에서는 동명이인이 많아 고객 이름이 중복되는 경우가 많다. 따라서 고객 이름은 기본키로 사용하기에 적당하지 않으며, 인터넷 쇼핑몰에 회원 가입을 할 때는 아이디를 생성하여 가입한다. 동일한 아이디가 있으면 가입하지 못하는 것은 아이디를 기본키로 사용하기 때문이다. 이 실습에서는 고객 이름이 중복되지 않는다고 가정하고 기본키로 사용한 것이다.

3-3 구매 테이블을 보면 누가 구매했는지 알 수 없기 때문에 구매 테이블의 맨 앞 열에 회원 테이블의 기본키로 사용한 고객 이름을 넣어보자. 주의할 점은 구매 테이블의 고객 이름이 중복되더라도 중복을 없애면 안 된다는 것이다. 구매 테이블의 각 행은 별도의 구매 내역이므로 고객 이름이 중복되더라도 그 행을 삭제하면 안 된다.

구매 테이블

고객 이름	구매한 물건	단가(천 원)	수량
강호동	노트북	1000	1
박수홍	메모리	80	10
김용만	모니터	200	1
박수홍	모니터	200	5
강호동	운동화	30	2
박수홍	운동화	30	2
박수홍	운동화	30	2
김제동	책	15	5
이휘재	책	15	2
이휘재	책	15	1
강호동	청바지	50	3
이휘재	청바지	50	1

그림 3-7 **데이터베이스 모델링 단계 5**

4 관계 맺기

4-1 고객 방문 기록 테이블이 고객 테이블과 구매 테이블로 구분되었다. 그런데 고객 테이블과 구매 테이블은 밀접한 관련이 있다. 고객의 주소와 연락처가 고객 테이블에 있기 때문에 구매 테이블만으로는 고객에게 배송할 수 없다. 즉 고객 테이블과 구매 테이블은 업무적인 연관성이 있는데, 이를 '관계(relation)'라고 부른다.

이제 두 테이블을 부모 테이블과 자식 테이블로 설정해보자. 주(master)가 되는 쪽은 부모로, 상세(detail) 내용이 되는 쪽은 자식으로 설정하면 된다. 고객과 물건(구매한 내역) 중에서 어느 쪽이 주가 될지 다음 문장을 통해 알아보자.

"고객은 물건(구매한 내역)을 소유한다."

또는

"물건(구매한 내역)은 고객을 소유한다."

어떤 문장이 더 자연스러운가? 당연히 첫 번째 문장이 훨씬 더 자연스럽다. 따라서 고객 테이블이 부모 테이블이 되고 구매 테이블이 자식 테이블이 된다. 앞으로 모델링을 계속하다 보면 이렇게 나누는 방법을 자연스레 습득하게 될 것이다. 위의 예에서 보듯이 주로 기준이 하나인 것은 부모 테이블이 되고, 하나의 기준에 따라 여러 개의 기록으로 남는 것은 자식 테이블이 된다.

다른 예로 학생 테이블과 과목 테이블을 생각해보자. 학생 한 사람이 여러 과목을 신청할 수 있으므로 학생 테이블을 부모 테이블로, 과목 테이블을 자식 테이블로 설정하면 된다. 이러한 관계를 일대다(1:N) 관계라고 하는데, 일대다 관계는 관계형 데이터베이스에서 많이 사용되는 테이블 간 관계이다.

4-2 부모 테이블인 고객 테이블과 자식 테이블인 구매 테이블의 관계 맺기는 기본키와 외래키를 설정함으로써 이루어진다. 이미 고객 테이블에서 고객 이름을 기본키로 설정했으므로 자식 테이블의 외래키는 부모 테이블의 기본키와 일치하는 구매 테이블의 고객 이름으로 설정해야 한다.

외래키란 이 키를 가지고 부모 테이블을 찾아가면 유일하게 하나의 정보를 얻을 수 있는 키를 말한다. [그림 3-8]에서 구매 테이블의 외래키인 '강호동'을 가지고 고객 테이블의 '강호동'을 찾아가면 유일한 한 명, 즉 '강호동'의 정보인 출생 연도, 주소, 연락처를 얻을 수 있다.

1 (PK) — N (FK)

고객 테이블

고객 이름	출생 연도	주소	연락처
유재석	1972	서울	011-111-1111
김국진	1965	서울	019-333-3333
신동엽	1971	경기	남기지 않음
남희석	1971	충남	016-666-6666
이휘재	1971	경기	011-888-8888
이경규	1960	경남	018-999-9999
강호동	1970	경북	011-222-2222
박수홍	1970	서울	019-000-0000
김용만	1967	서울	011-444-4444
김제동	1974	경남	남기지 않음

구매 테이블

고객 이름	구매한 물건	단가(천 원)	수량
강호동	노트북	1000	1
박수홍	메모리	80	10
김용만	모니터	200	1
박수홍	모니터	200	5
강호동	운동화	30	2
박수홍	운동화	30	2
박수홍	운동화	30	2
김제동	책	15	5
이휘재	책	15	2
이휘재	책	15	1
강호동	청바지	50	3
이휘재	청바지	50	1

그림 3-8 데이터베이스 모델링 단계 6

4-3 이렇게 부모와 자식의 관계를 맺고 나면 제약 조건이 자동으로 설정된다(제약 조건의 종류와 설정 방법은 9장에서 자세히 다룬다). 유병재라는 사람이 모니터 하나를 구매하려 한다고 생각해보자. 구매 테이블에 '유병재/모니터/200/1' 행이 추가되어야 한다. 그런데 구매 테이블의 외래키로 설정된 유병재가 고객 테이블에 존재하지 않기 때문에 이 행은 기본키(PK), 외래키(FK) 제약 조건을 위배하여 추가될 수 없다(이를 참조 무결성이라고 한다).

유병재가 물건을 구매하려면 먼저 부모 테이블인 고객 테이블에 유병재의 정보가 입력되어야 한다. 이는 인터넷 쇼핑몰에서 물건을 구매할 때 회원 가입을 하지 않으면 물건을 구매할 수 없는 것과 같은 개념이다.

부모 테이블(고객 테이블)의 강호동이 회원 탈퇴를 한다고 가정해보자. 이는 고객 테이블에서 강호동 행을 삭제하는 것인데, 강호동은 자식 테이블(구매 테이블)에 구매 기록이 있기 때문에 삭제되지 않는다. 부모 테이블의 데이터를 삭제하려면 먼저 자식 테이블의 연관 데이터를 삭제해야만 한다.

여기서 잠깐

부모 테이블과 자식 테이블 선정

두 테이블 중 부모 테이블과 자식 테이블을 결정할 때는 인간이 사물보다 소중하므로 고객 테이블이 부모 테이블이 된다는 논리로 접근하면 안 된다. 특히 데이터베이스 모델링에 익숙지 않은 개발자가 이렇게 생각하는 경향이 있는데, 앞의 예와 반대로 물건이 부모 테이블이 되는 경우도 적지 않다. 예를 들어 물품 종류에 대한 정보가 기록된 '물품 종류 테이블'과 물품을 판매한 직원이 기록된 '물품 판매 직원 테이블'이 있을 때, 물품 종류 하나를 여러 명의 직원이 판매할 수 있으므로 '물품 종류 테이블'이 부모 테이블이 되고 '물품 판매 직원 테이블'이 자식 테이블이 된다.

5 테이블 구조 정의하기

5-1 완성된 고객 테이블과 구매 테이블의 구조를 정의해보자. 이는 열 이름, 데이터 형식, NULL 여부 등을 결정하는 과정이다. 각 테이블에는 4개의 열이 정의되어 있다. NULL 허용은 연락처만 ○이고 나머지는 ×인데, 이는 연락처 열만 데이터가 없는 것을 허용한다는 의미이다. [표 3-1]의 데이터 형식은 실제로 입력될 값을 예상하여 필자가 임의로 설정한 것이다. 고객 이름이 4자 이상인 경우도 있으므로 필요하다면 고객 이름의 데이터 형식을 변경할 수도 있다.

표 3-1 데이터베이스 설계로 완료된 2개의 테이블

테이블 이름	열 이름	데이터 형식	NULL 허용	기타
고객 테이블 (userTBL)	고객 이름(userName)	문자(최대 3자)	×	PK
	출생 연도(birthYear)	숫자(정수)	×	
	주소(addr)	문자(최대 2자)	×	
	연락처(mobile)	문자(최대 12자)	○	
구매 테이블 (buyTBL)	고객 이름(userName)	문자(최대 3자)	×	FK
	구매한 물건(prodName)	문자(최대 3자)	×	
	단가(price)	숫자(정수)	×	
	수량(amount)	숫자(정수)	×	

03 데이터베이스 모델링 실습

1 데이터베이스 모델링 툴의 사용

1~2절에서 데이터베이스 모델링의 간단한 개념과 방법을 살펴보았다. 이 절에서는 MySQL에서 제공하는 데이터베이스 모델링 툴의 사용법을 익히자.

실습 3-2 쇼핑몰 데이터베이스 다이어그램 만들기

MySQL Workbench는 자체적으로 데이터베이스 모델링 툴을 제공한다. 이 툴을 이용하여 [표 3-1]에서 정의한 테이블을 다이어그램으로 만들어보자.

1 쿼리 창 닫기

1-1 Workbench를 실행하고 열린 쿼리 창을 모두 닫는다.

2 모델 다이어그램 만들기

2-1 메뉴의 [File]-[New Model]을 선택한다.

2-2 [MySQL Model] 탭이 열린다. 기본적으로 데이터베이스 이름은 mydb로 설정되는데, 데이터베이스에서 마우스 오른쪽 버튼을 클릭하여 [Edit Schema]를 선택한다.

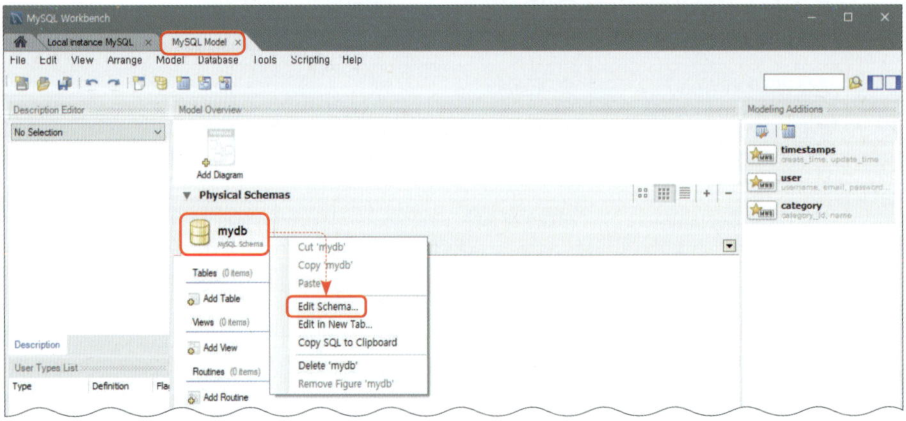

그림 3-9 모델 다이어그램 사용 1

2-3 데이터베이스 이름을 modelDB로 변경하고 Schema 창을 닫는다.

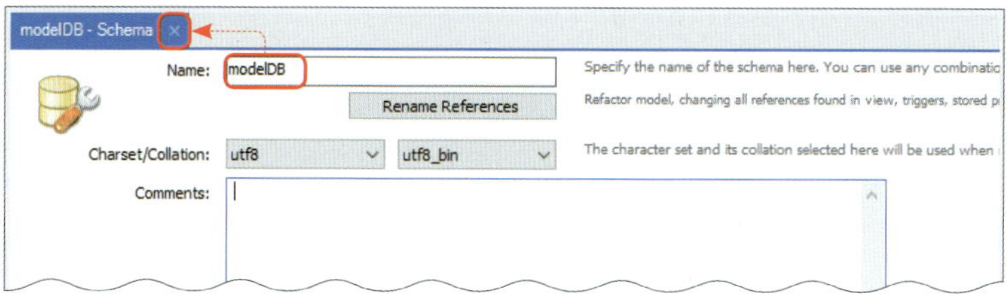

그림 3-10 **모델 다이어그램 사용 2**

2-4 [Model Overview]의 [Add Diagram]을 더블클릭한다.

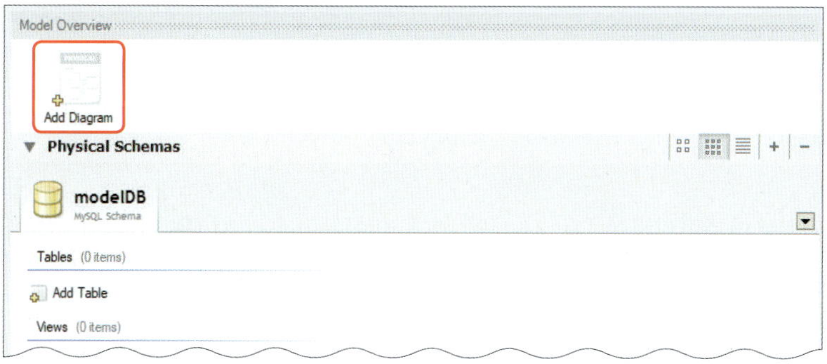

그림 3-11 **모델 다이어그램 사용 3**

2-5 [EER Diagram] 탭이 추가되고 다이어그램을 그릴 수 있는 상태가 된다.

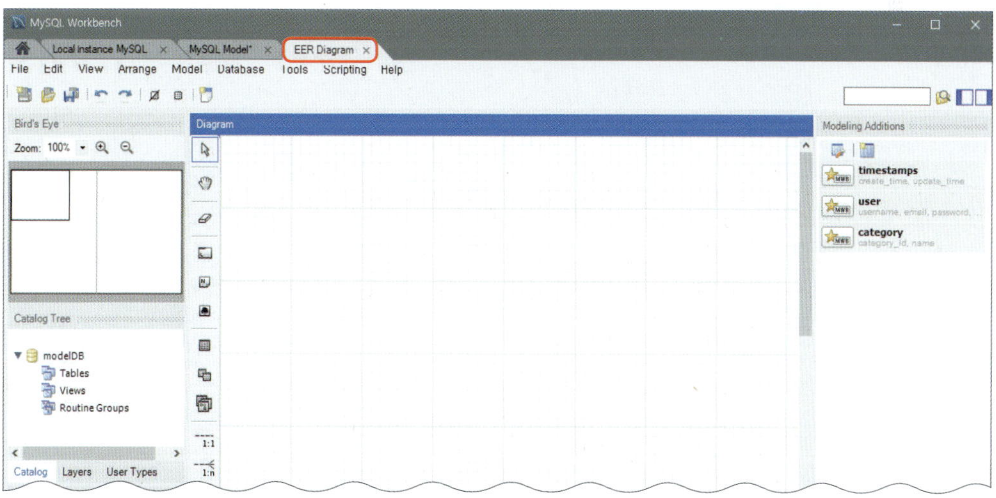

그림 3-12 **모델 다이어그램 사용 4**

2-6 왼쪽의 [Place a New Table] 아이콘을 클릭한 후 빈 화면에서 마우스를 클릭하면 그 위치에 테이블이 생성된다.

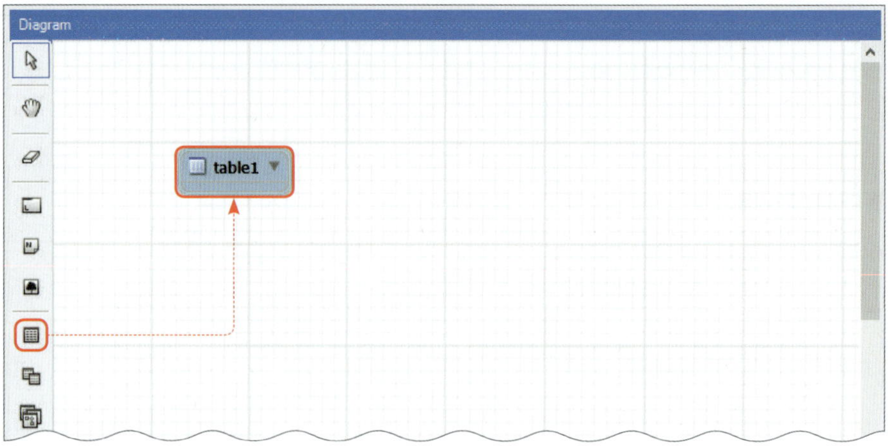

그림 3-13 모델 다이어그램 사용 5

2-7 다이어그램의 [table1]을 더블클릭하여 [표 3-1]의 고객 테이블(userTBL)을 만든다(화면이 작다면 아래쪽의 [userTBL - Table] 창을 크게 늘려 입력 창이 보이게 한다).

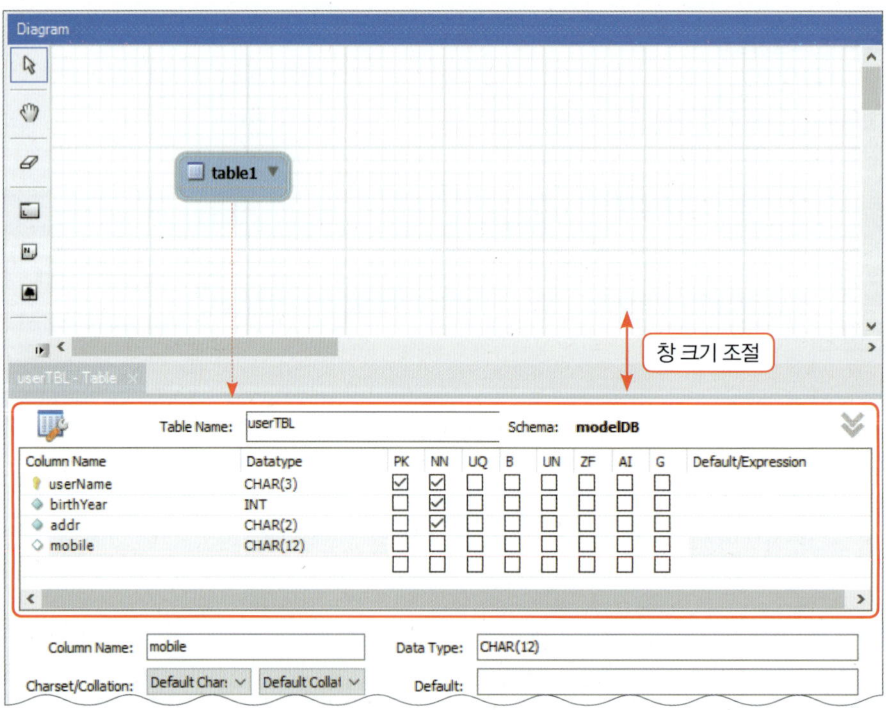

그림 3-14 모델 다이어그램 사용 6

2-8 입력을 완료하면 고객 테이블(userTBL)의 다이어그램이 위쪽에 완성된다.

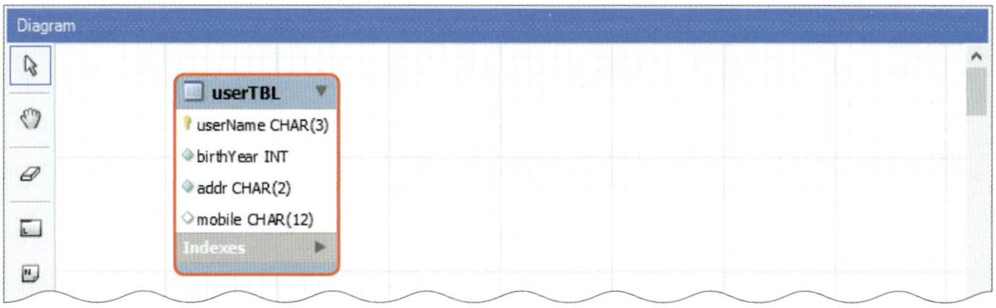

그림 3-15 모델 다이어그램 사용 7

2-9 2-6~2-7을 참조하여 [표 3-1]의 구매 테이블(buyTBL)을 입력한다(아직 외래키를 설정하지는 않는다). 현재까지 생성된 두 테이블의 다이어그램은 다음과 같다. 확인했으면 아래쪽의 [buyTBL – Table] 창을 닫는다.

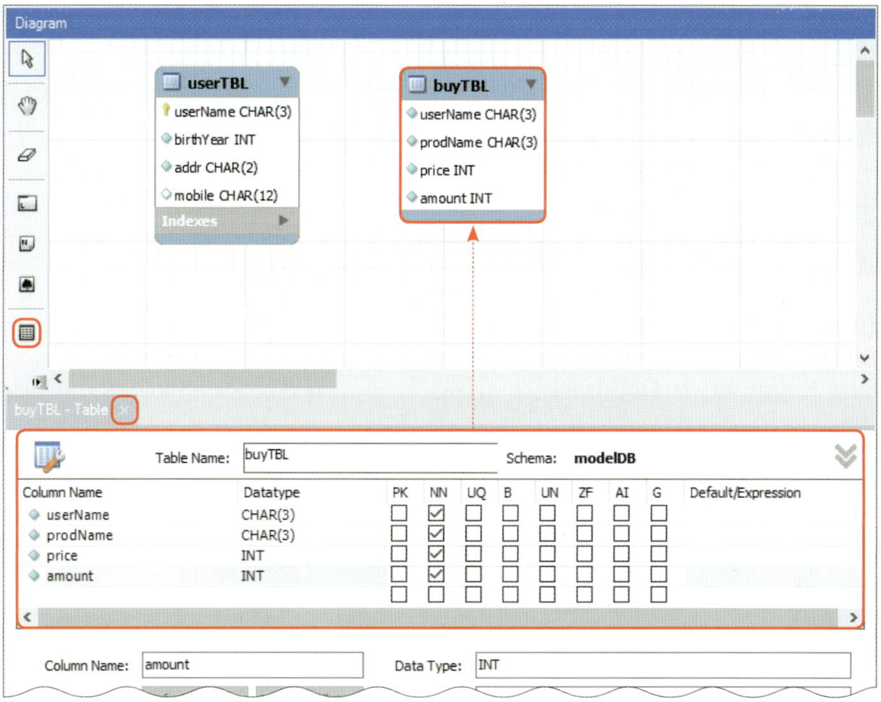

그림 3-16 모델 다이어그램 사용 8

2-10 [그림 3-8]에 제시된 두 테이블의 1:N 관계를 맺어보자. 이 관계는 기본키-외래키 관계라고도 일컫는다. 아이콘 중 맨 아래에 있는 [Place a Relationship Using Existing Columns] 아이콘을 클릭한 후 buyTBL의 'userName' 열과 userTBL의 'userName' 열을 차례로 클릭하면 다음과 같이 1:N 관계가 생성된다.

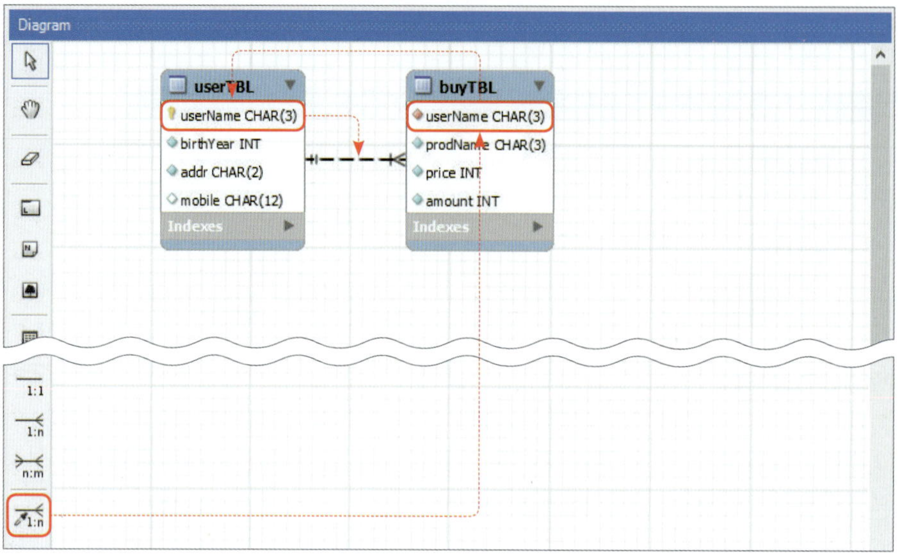

그림 3-17 모델 다이어그램 사용 9

2-11 Workbench 메뉴의 [File]–[Save Model]을 선택하면 지금까지 설정한 내용이 저장된다. 모델 이름을 물어보는 창이 나오면 'modelDB.mwb'를 입력하고 〈저장〉을 클릭한다. [EER Diagram] 탭과 [MySQL Model (modelDB.mwb)] 탭을 닫는다.

3 모델링 파일을 실제 데이터베이스에 적용하기

3-1 메뉴의 [File]–[Open Model]을 선택하고 앞에서 저장한 modelDB.mwb를 연다.

3-2 메뉴의 [Database]–[Forward Engineer]를 선택한다.

3-3 [Forward Engineer to Database]가 시작된다. 초기 화면인 [Set Parameters for Connecting to a DBMS]에서는 Stored Connection으로 'Local instance MySQL'을 선택한다. 나머지는 기본값을 그대로 두고 〈Next〉를 클릭한다.

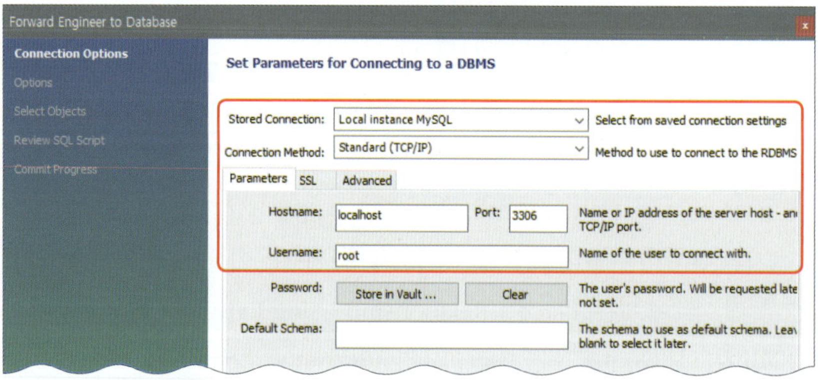

그림 3-18 다이어그램을 데이터베이스에 적용 1

3-4 [Set Options for Database to be Created]에서는 여러 가지 옵션을 선택할 수 있지만 그대로 두고 〈Next〉를 클릭한다.

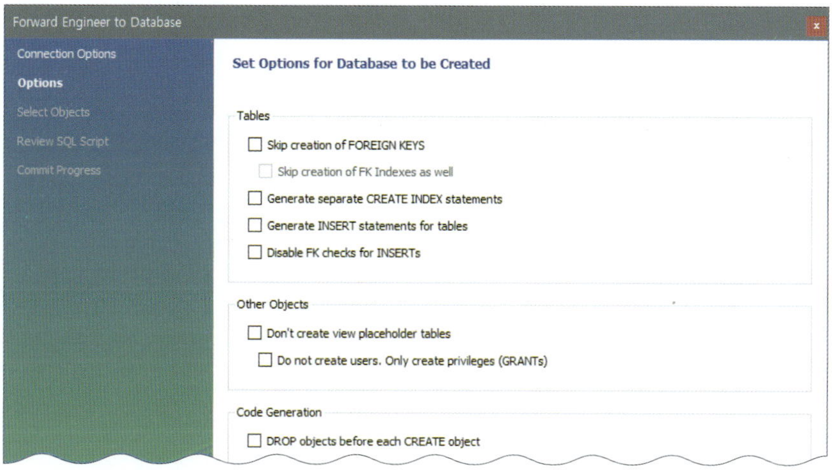

그림 3-19 다이어그램을 데이터베이스에 적용 2

3-5 root의 비밀번호를 물어보면 '1234'를 입력하고 〈OK〉를 클릭한다.

3-6 [Select Objects to Forward Engineer]에서는 'Export MySQL Table Objects'에 체크 표시가 되어 있고 2개가 선택되어 있다. 그대로 두고 〈Next〉를 클릭한다.

그림 3-20 다이어그램을 데이터베이스에 적용 3

TIP 앞에서 userTBL과 buyTBL을 만들었는데, 필요하다면 〈Show Filter〉를 클릭하여 데이터베이스로 내보내기를 할 때의 테이블을 별도로 선택할 수 있다. 그 밖에 View, Routine, Trigger, User 등도 모델링에서 만들어놓았다면 데이터베이스로 내보내기를 할 수 있다.

3-7 [Review the SQL Script to be Executed]에서는 자동으로 SQL 문이 생성된다. 〈Next〉를 클릭한다(만약 다시 root의 비밀번호를 물어보면 '1234'를 입력하고 〈OK〉를 클릭한다).

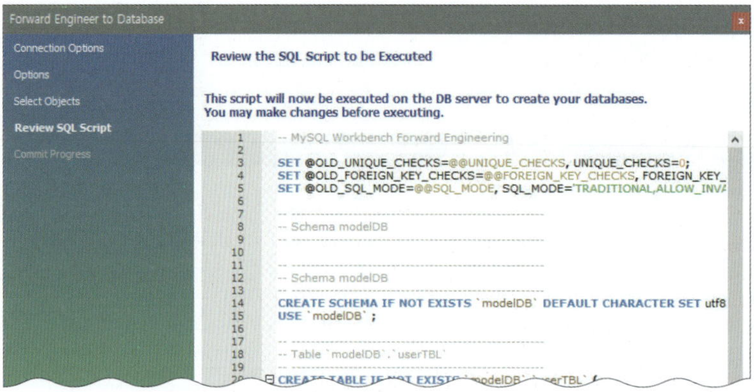

그림 3-21 다이어그램을 데이터베이스에 적용 4

TIP 필요하다면 아래쪽의 〈Save to File〉을 클릭하여 SQL 문을 파일로 저장할 수도 있다.

3-8 성공적으로 데이터베이스에 적용되는 것을 확인할 수 있다. 〈Close〉를 클릭한다.

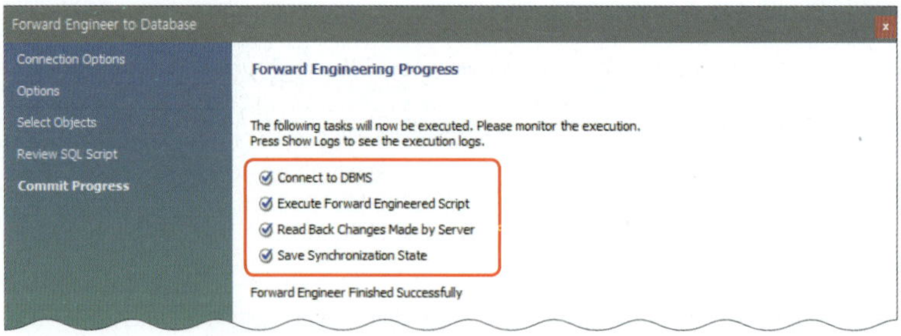

그림 3-22 다이어그램을 데이터베이스에 적용 5

3-9 [EER Diagram] 탭과 [MySQL Model (modelDB.mwb)] 탭을 닫는다.

4 다이어그램에서 데이터베이스로 내보내기한 결과 확인하기

4-1 [Navigator]-[SCHEMAS]의 빈 곳에서 마우스 오른쪽 버튼을 클릭하고 [Refresh All]을 선택하여 새로 고침을 한다.

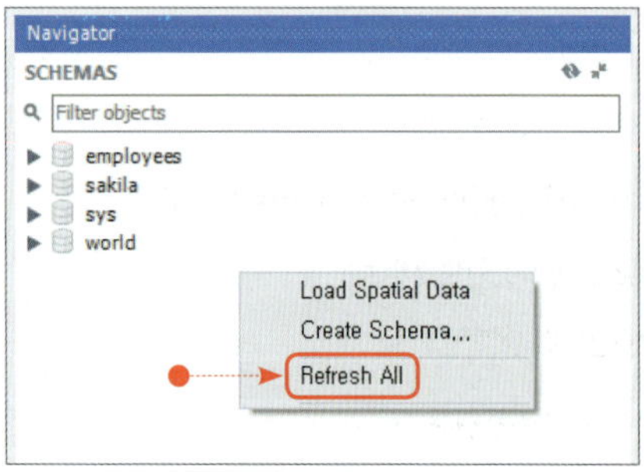

그림 3-23 데이터베이스 확인 1

4-2 [modeldb] 데이터베이스를 확장하면 테이블을 확인할 수 있다.

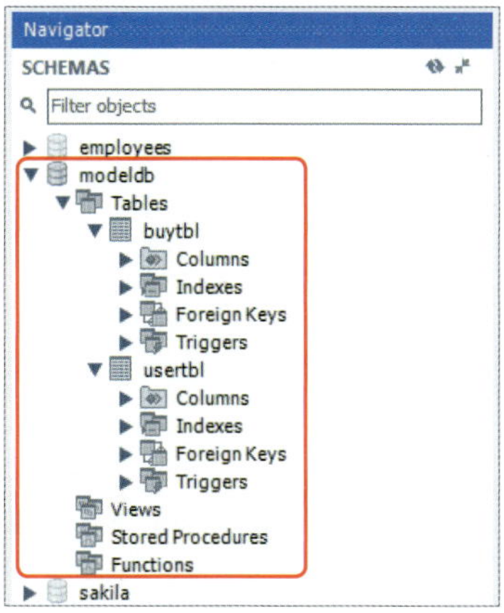

그림 3-24 데이터베이스 확인 2

5 기존 데이터베이스를 이용하여 다이어그램 만들기

기존 데이터베이스를 이용하여 다이어그램을 만드는 방법을 알아보자. MySQL에서 제공하는 샘플 데이터베이스 중 하나인 Sakila 데이터베이스의 테이블, 인덱스, 스토어드 프로시저, 트리거를 다이어그램으로 변경해볼 것이다.

5-1 메뉴의 [Database]–[Reverse Engineer]를 선택한다.

5-2 초기 화면인 [Set Parameters for Connecting to a DBMS]에서 기본값을 그대로 두고 〈Next〉를 클릭한다. root의 비밀번호를 물어보면 '1234'를 입력하고 〈OK〉를 클릭한다.

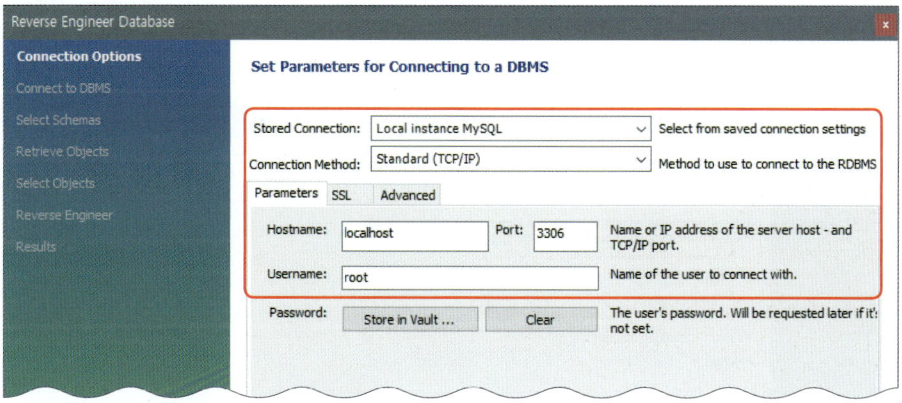

그림 3-25 데이터베이스를 다이어그램으로 변경 1

5-3 [Connect to DBMS and Fetch Information]에서 모두 체크 표시를 하고 〈Next〉를 클릭한다.

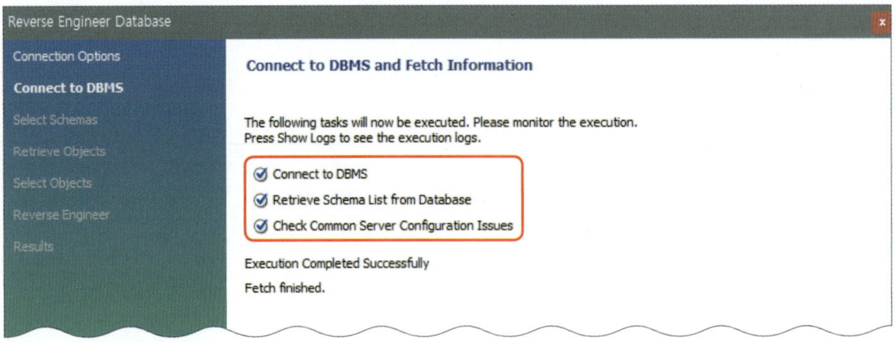

그림 3-26 데이터베이스를 다이어그램으로 변경 2

5-4 [Select Schemas to Reverse Engineer]에서는 'sakila'를 선택하고 〈Next〉를 클릭한다(root의 비밀번호를 물어보면 '1234'를 입력하고 〈OK〉를 클릭한다).

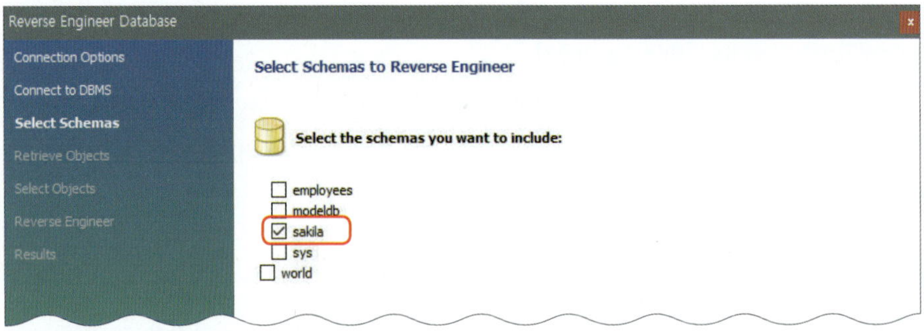

그림 3-27 데이터베이스를 다이어그램으로 변경 3

5-5 [Retrieve and Reverse Engineer Schema Objects]에서 모두 체크 표시가 된 것을 확인하고 〈Next〉를 클릭한다.

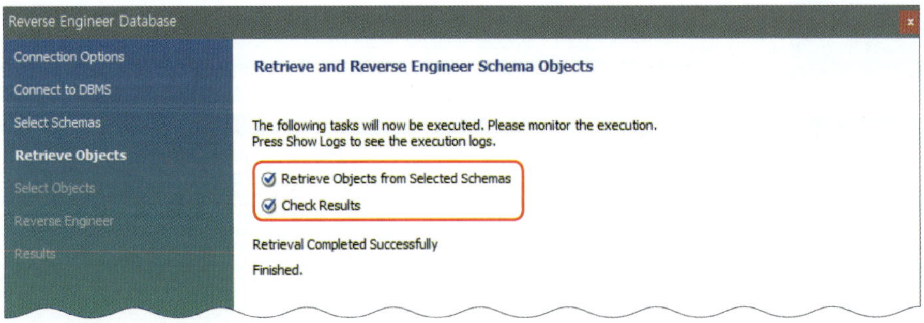

그림 3-28 데이터베이스를 다이어그램으로 변경 4

5-6 [Select Objects to Reverse Engineer]에서는 필요한 내용을 선택하여 다이어그램으로 변경할 수 있다. 모두 기본으로 선택된 상태를 그대로 두고 〈Execute〉를 클릭한다.

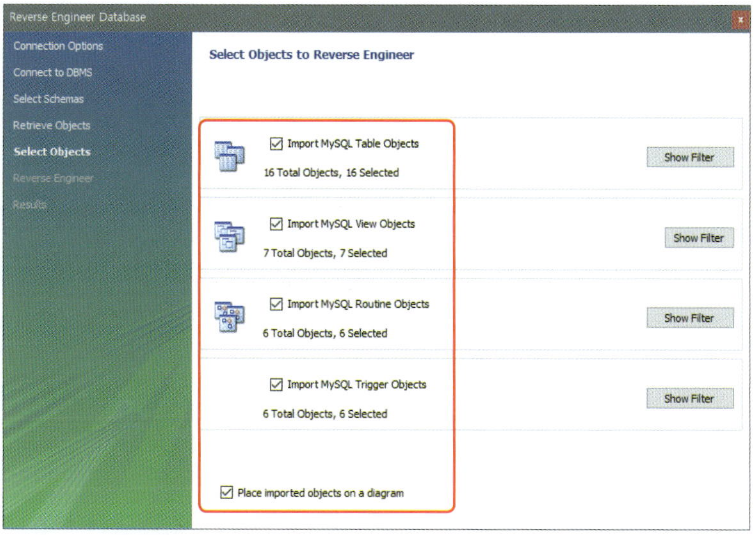

그림 3-29 데이터베이스를 다이어그램으로 변경 5

5-7 [Reverse Engineering Progress]에서는 성공적으로 체크 표시가 된 것을 확인하고 〈Next〉를 클릭한다.

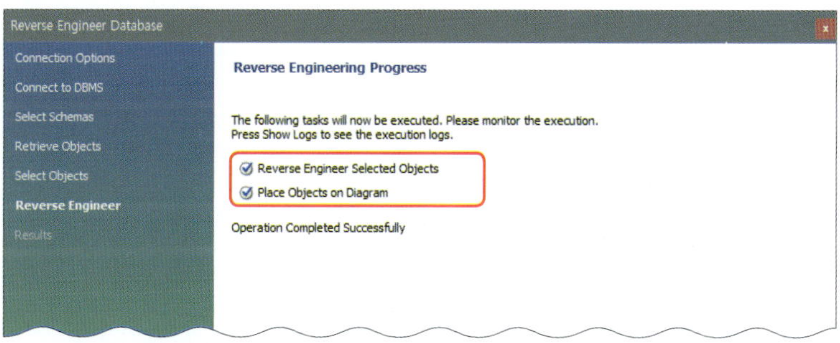

그림 3-30 데이터베이스를 다이어그램으로 변경 6

5-8 [Reverse Engineering Results]에서 테이블 16개, 뷰 7개, 루틴 6개(스토어드 프로시저 등)로 변환된 것을 확인할 수 있다. 〈Finish〉를 클릭한다.

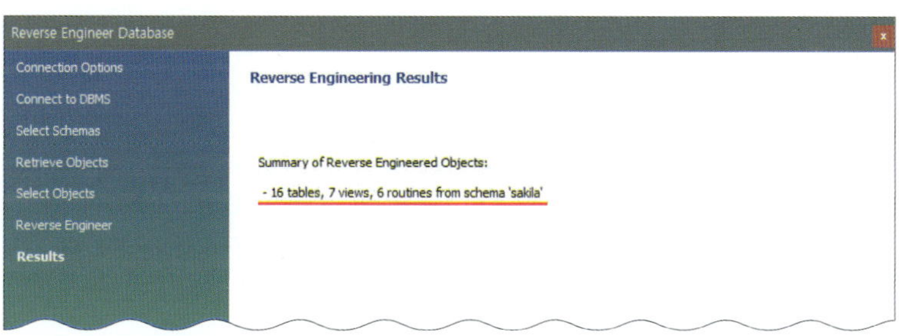

그림 3-31 데이터베이스를 다이어그램으로 변경 7

5-9 변환이 완료된 다이어그램을 확인해보자.

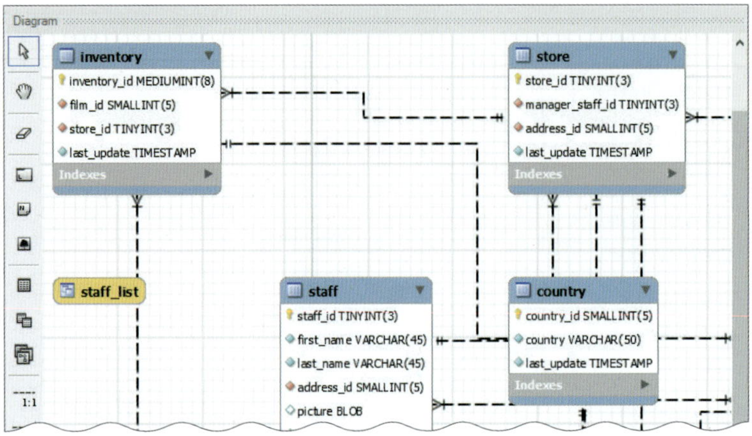

그림 3-32 데이터베이스를 다이어그램으로 만든 결과

TIP 스토어드 프로시저와 트리거는 다이어그램으로 표시되지 않는다. 또한 변환된 개체가 여기저기에 흩어져 있을 수도 있다. 화면 왼쪽 위의 [Bird's Eye]에서 전체 위치를 확인할 수 있다.

5-10 변환된 다이어그램을 저장하자. 메뉴의 [File]–[Save Model]을 선택하여 'sakila.mwb'를 입력하고 <저장>을 클릭한다.

5-11 [EER Diagram] 탭과 [MySQL Model (sakila.mwb)] 탭을 닫는다.

2 정리

MySQL Workbench에 포함된 데이터베이스 모델링 기능은 고가의 모델링 툴보다 조금 부족하지만 MySQL을 사용한다면 별도의 데이터베이스 모델링 툴이 없어도 나름대로 활용할 수 있어 유용하다. 데이터베이스 모델링 툴의 자세한 사용법은 이 책의 범위를 벗어나므로 더 깊이 다루지 않겠다.

이로써 데이터베이스 모델링 실습을 간단히 해보았다. 실무는 이보다 복잡할 뿐 기본적인 골격은 비슷하다. 앞에서도 언급했지만 데이터베이스 모델링은 한두 번의 실습으로 통달할 수 있는 성질의 것이 아니며 꾸준한 노력과 관심을 기울여야 한다.

> **여기서 잠깐**
>
> **데이터베이스 모델링 소프트웨어**
>
> 유명한 데이터베이스 모델링 소프트웨어는 CA 사의 ERwin, Embarcadero 사의 ER/Studio 등이다. 최근에는 무료 또는 저가의 모델링 툴인 Microsoft Visio, MySQL Workbench, Oracle SQL Developer Data Modeler, SQL Power Architect, exERD 등도 많이 사용되고 있다.

요약

1 데이터베이스 모델링은 쉽게 말해 건축 분야의 설계도를 작성하는 것과 같다.

2 프로젝트는 현실 세계의 업무를 컴퓨터 시스템으로 옮겨놓는 일련의 과정이다. 더 쉽게 얘기하면 대규모 프로그램을 작성하기 위한 전체 과정이라고 할 수 있다.

3 소프트웨어 공학에서 제시하는 많은 소프트웨어 개발 모델 중에서 가장 오래되고 전통적으로 사용되는 것은 폭포수 모델이다.

4 폭포수 모델은 프로젝트 계획, 업무 분석, 시스템 설계, 프로그램 구현, 테스트, 유지·보수의 단계로 진행된다.

5 데이터베이스 모델링(또는 데이터 모델링)은 현실 세계에서 사용되는 작업이나 사물을 DBMS의 데이터베이스 개체로 옮기기 위한 과정이다.

6 데이터베이스 모델링은 개념적 모델링, 논리적 모델링, 물리적 모델링이라는 3단계를 거쳐 완성된다.

7 L 자형 테이블의 문제는 공간 낭비이며, 이는 테이블을 분리하여 해결한다.

8 기본키는 각 행을 구분하는 유일한 값으로, 각 테이블에서 중복되는 값이 없어야 하고 해당 칸이 비어 있어도 안 된다.

9 두 테이블의 업무적인 연관성을 맺어주는 것을 관계라고 부른다. 일대다 관계는 관계형 데이터베이스에서 많이 사용되는 테이블 간 관계이다.

10 부모 테이블과 자식 테이블의 관계 맺기는 기본키와 외래키를 설정함으로써 이루어진다.

11 MySQL Workbench는 자체적으로 데이터베이스 모델링 툴을 제공한다.

12 EER Diagram에서는 GUI 기능으로 테이블을 설계하고 관계를 설정할 수 있다.

요약

13 MySQL Workbench에서 포워드 엔지니어링 기능을 이용하면 모델링 결과를 SQL 문으로 자동 생성할 수 있다.

14 MySQL Workbench에서 리버스 엔지니어링 기능을 이용하면 기존 데이터베이스에서 모델링 다이어그램을 생성할 수 있다.

연습문제

1 건축 분야의 설계도를 작성하는 것에 비유되는 개념으로, 데이터베이스 분야의 설계 작업을 총칭하는 용어를 고르시오.

① 프로젝트 ② 데이터베이스 모델링

③ 소프트웨어 공학 ④ 폭포수 모델

2 폭포수 모델의 단계에서 데이터베이스 모델링과 관련이 깊은 단계를 모두 고르시오.

㉠ 프로젝트 계획	㉡ 업무 분석	㉢ 시스템 설계
㉣ 프로그램 구현	㉤ 테스트	㉥ 유지·보수

3 데이터베이스 모델링은 현실의 객체나 행위를 테이블로 변환하는 작업이다. 다음 중 테이블로 변환하기에 적합하지 않은 것을 고르시오.

① 쇼핑몰 직원

② 고객

③ 물건 구매

④ 쇼핑몰에 입장

⑤ 가방, 구두, 옷 등의 물건

4 데이터베이스 모델링의 3단계에 포함되지 않는 것을 고르시오.

① 개념적 모델링 ② 논리적 모델링

③ 분석적 모델링 ④ 물리적 모델링

5 고객 방문 기록을 L 자형 테이블로 변환하기 직전에 수행해야 할 작업을 고르시오.

① 고객의 방문을 기록한다.

② 물건을 구매한 적이 없는 고객을 위쪽으로 정렬한다.

③ 테이블을 2개로 분리한다.

④ 고객 테이블의 중복을 없앤다.

연습문제

6 다음 빈칸에 들어갈 용어를 한글과 영문으로 쓰시오.

> 고객 방문 기록 테이블이 고객 테이블과 구매 테이블로 구분되었다. 그런데 고객 테이블과 구매 테이블은 밀접한 관련이 있다. 고객의 주소와 연락처가 고객 테이블에 있기 때문에 구매 테이블만으로는 고객에게 배송할 수 없다. 즉 고객 테이블과 구매 테이블은 업무적인 연관성이 있는데, 이를 ________라고 부른다.

7 다음 빈칸에 들어갈 용어를 쓰시오.

> 부모 테이블인 고객 테이블과 자식 테이블인 구매 테이블의 관계 맺기는 ____㉠____와 ____㉡____를 설정함으로써 이루어진다. 이미 고객 테이블에서 ____㉠____를 고객 이름으로 설정했으므로 자식 테이블의 ____㉡____는 부모 테이블의 ____㉠____와 일치하는 구매 테이블의 고객 이름으로 설정해야 한다.

8 데이터베이스 다이어그램에 대한 설명으로 거리가 먼 것을 고르시오.

① 스토어드 프로시저나 트리거는 모델 다이어그램에서 처리할 수 없다.

② EER Diagram에 다이어그램을 그릴 수 있다.

③ 기본키와 외래키를 마우스 클릭으로 설정할 수 있다.

④ 생성한 모델을 파일로 저장할 수 있다.

⑤ 생성한 모델을 SQL 문으로 생성할 수 있다.

응용 예제 MariaDB에서 데이터 모델링하기

MariaDB는 별도의 모델링 툴을 제공하지 않으므로 dbForge Studio라는 모델링 툴을 사용하여 105쪽에 있는 [표 3-1]의 테이블을 다이어그램으로 만들어보자.

1 https://www.devart.com/dbforge/mysql/studio/download.html 또는 이 책의 자료실(http://www.hanbit.co.kr/src/41009)에서 dbForge Studio를 다운로드한다. 평가판은 30일 동안 제공되지만 이후에도 기본적인 기능을 무료로 계속 사용할 수 있다.

2 다운로드한 설치 파일(dbforgemysql.exe)을 실행하여 설치한다. 설정된 기본값대로 진행하면 된다.

dbForge Studio 설치

3 설치가 완료되면 바탕화면의 dbForge Studio 아이콘을 더블클릭하여 실행한다. [Database Connection Properties]에서 Port를 '3307'로 변경하고 root 계정의 암호 '1234'만 입력한 후 〈Connect〉를 클릭한다. 경고 메시지가 나타나면 〈OK〉를 클릭한다. 30일 평가판 기간이 남았다는 메시지는 그냥 닫는다.

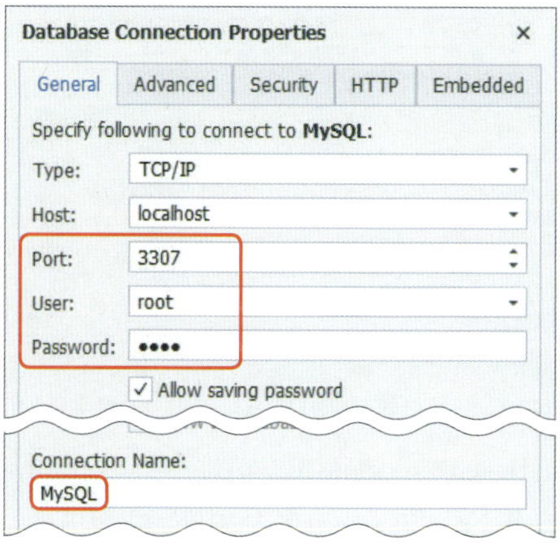

dbForge Studio 접속

4 왼쪽 [Database Explorer – MySQL]의 [MySQL]에서 마우스 오른쪽 버튼을 클릭하여 [New Database]를 선택한다. Name에 'modelDB'를 입력하고 〈Apply Changes〉를 클릭한다. 왼쪽의 [Database Explorer – MySQL]에 modelDB가 나타날 것이다. 만약 modelDB가 나타나지 않으면 새로 고침을 한다.

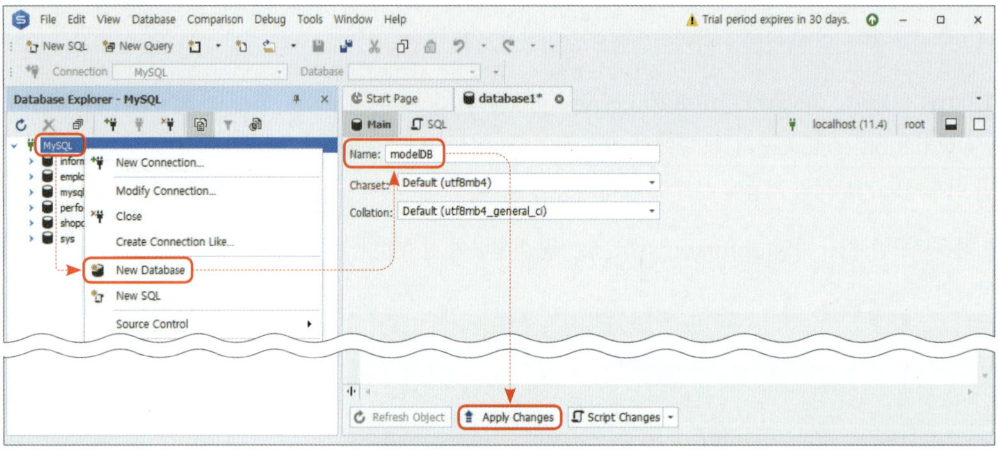

데이터베이스 생성

5 메뉴의 [File]–[New]–[Database Diagram]을 선택하여 새로운 다이어그램을 연다. [Diagram1.dbd] 탭에서 마우스 오른쪽 버튼을 클릭하여 [Save Diagram1.dbd]를 선택한 후 적당한 폴더에 modelDB.dbd로 저장한다.

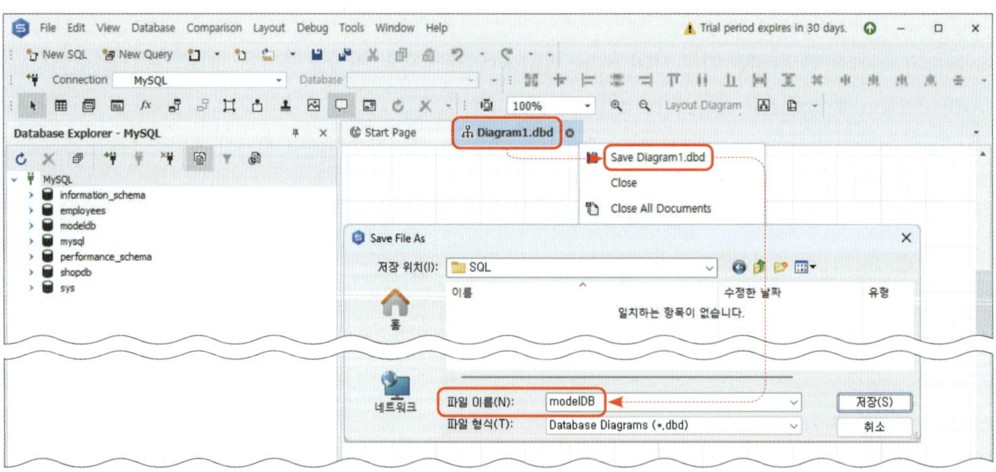

데이터베이스 다이어그램 사용 1

6 빈 화면에서 마우스 오른쪽 버튼을 클릭하여 [New]–[Table]을 선택하고 [표 3–1]의 고객 테이블(userTBL)을 만든다. Name에 'userTBL'을 입력하고, Database로 'modeldb'를 선택한다. Columns는 [표 3–1]대로 입력하고 〈Apply Changes〉를 클릭한 다음 [modeldb.usertbl] 창을 닫는다.

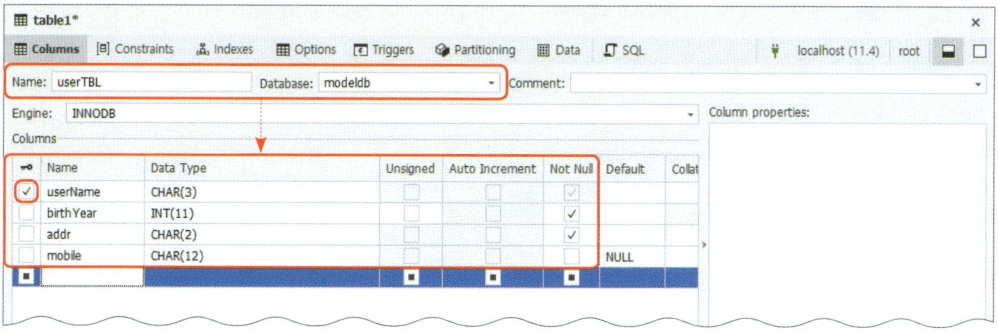

데이터베이스 다이어그램 사용 2

7 동일한 방식으로 [표 3-1]의 구매 테이블(buyTBL)을 만든다. 키 모양에는 체크하지 않는다.

8 두 테이블 간의 기본키-외래키 관계를 설정하기 위해 [New Relation] 아이콘( )을 클릭한다. 그런 다음 buyTBL의 userName 열을 마우스로 드래그하여 userTBL의 userName 열에 드롭하면 [Foreign Key Properties] 창이 나타난다. Table 부분이 buyTBL의 userName, Referenced Table 부분이 userTBL의 userName인 것을 확인하고 〈Apply Changes〉를 클릭한다.

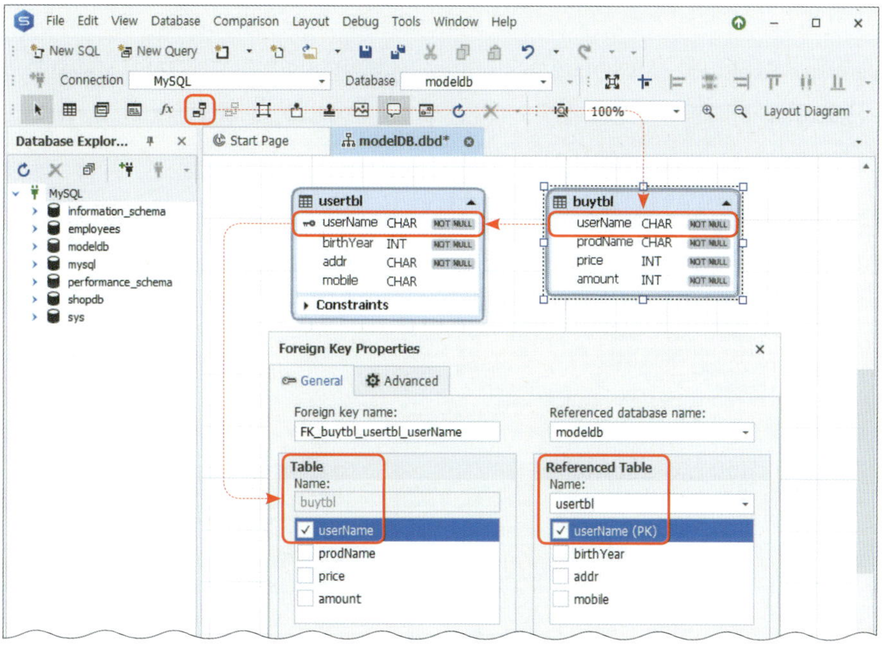

데이터베이스 다이어그램 사용 3

9 최종적으로 104쪽에 있는 [그림 3-8]과 같은 1:N 관계가 그림으로 생성된다. 왼쪽의 [Database Explorer – MySQL]에서 [modeldb]-[Tables]를 확장하면 테이블과 키를 확인할 수 있다. 메뉴에서 [File]-[Save All]을 클릭하여 지금까지 작업한 내용을 저장한다.

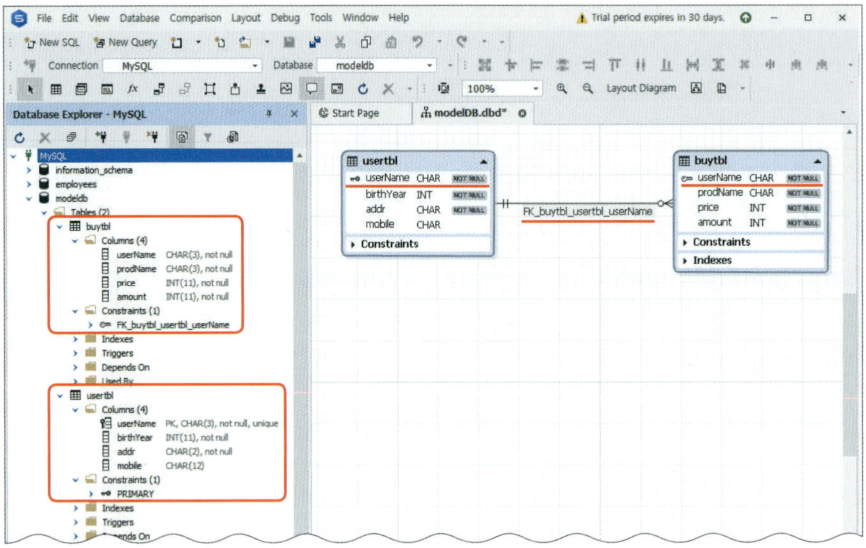

데이터베이스 다이어그램 사용 4

10 기존의 데이터베이스를 이용하여 다이어그램을 작성할 수도 있다. 메뉴의 [Database]-[Database Diagram]을 선택하여 빈 다이어그램을 준비한다.

11 왼쪽의 [Database Explorer – MySQL]에서 [employees] 데이터베이스를 드래그하여 오른쪽 창으로 가져가면 자동으로 다이어그램이 생성된다. 필요하다면 생성된 다이어그램을 저장한다.

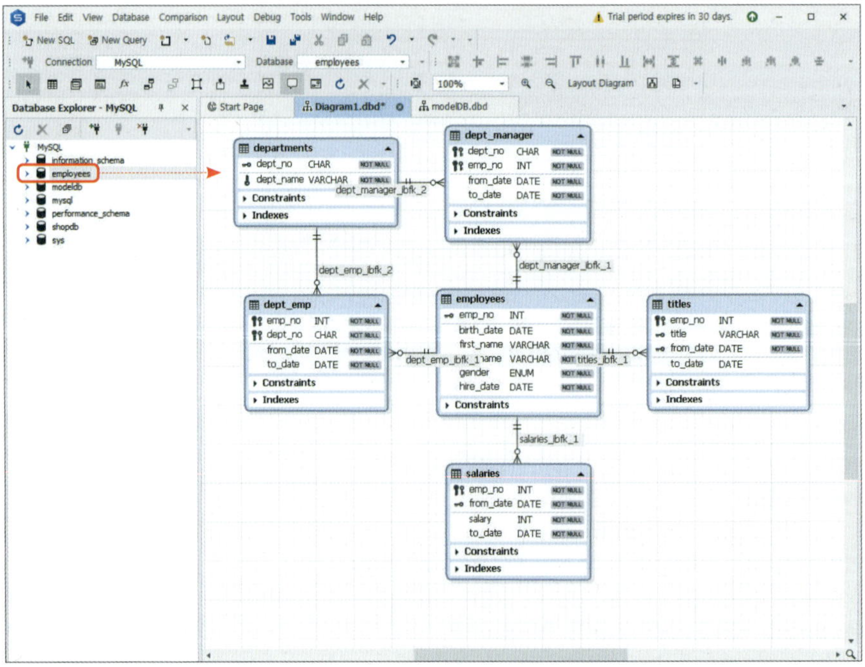

데이터베이스 다이어그램 사용 5

CHAPTER 04

MySQL 툴과 유틸리티 사용법

학습목표

- MySQL Workbench의 다양한 기능을 학습한다.
- MySQL 사용자 관리와 권한 부여 방법을 익힌다.
- 데이터베이스 백업 및 복원의 개념을 이해하고 실습한다.

01 MySQL Workbench 기본 사용법

1 MySQL Workbench의 개요

1~3장에서는 MySQL의 툴과 유틸리티를 계속 사용했다. 이 장에서는 MySQL이 제공하는 여러 가지 툴과 유틸리티 사용법을 체계적으로 살펴본다. 최근 들어 기능이 확장되고 활용도가 높아진 MySQL Workbench의 사용법을 잘 알면 여러모로 유용하다.

먼저 MySQL Workbench(줄여서 Workbench)의 발전 과정을 간단히 알아보자. 2002년에 만들어진 DBDesigner4는 MySQL의 비주얼 툴로 사용되다가 2003년에 MySQL GUI Tools Bundle로 통합되었다. MySQL GUI Tools Bundle은 2005년에 MySQL Workbench 프리뷰 버전으로 변경되어 발표되었고, 2007년부터 본격적으로 개발되어 버전이 업그레이드되었다.

Workbench는 MySQL 5.0 버전부터 본격적으로 GUI 툴을 제공했다. Workbench 5.0 버전은 윈도우용으로만 제공되었으나 5.1 버전부터 다른 운영체제도 지원하기 시작했다. 이후 Workbench 5.2, 6.0, 6.1, 6.2, 6.3 버전이 발표되고 2018년에 8.0 버전이 발표되었다.

Workbench의 주요 기능은 다음과 같이 요약된다.

- 데이터베이스 연결
- 인스턴스 관리
- 마법사(Wizard)를 이용한 MySQL 동작
- 통합된 기능의 SQL 편집기 제공
- 데이터베이스 모델링 기능 제공
- 포워드/리버스 엔지니어링 기능 제공
- 데이터베이스 인스턴스 시작/종료
- 데이터베이스 내보내기/가져오기
- 데이터베이스 계정 관리

2 MySQL Workbench 실행과 MySQL 서버 연결

윈도우의 [시작]-[모든 앱]-[MySQL]-[MySQL Workbench 8.0 CE]를 선택하면 MySQL Workbench의 로고 화면이 나온다.

그림 4-1 MySQL Workbench 로고 화면

여기서 잠깐

MySQL과 MySQL Workbench 버전

MySQL Server 8.0까지는 MySQL 설치 파일 안에 MySQL Workbench가 포함되어 있었으나 MySQL Server 8.1부터는 MySQL Workbench를 별도로 설치해야 한다. 이 책에서 사용하는 MySQL Workbench의 버전은 8.0.36이다.

Workbench를 실행하면 [그림 4-2]와 같은 [MySQL Connections] 창이 뜬다. 이 창에서 접속할 서버와 사용자, 포트를 선택한 후 접속을 시도한다. MySQL 서버에는 아무나 접속할 수 없고 MySQL에 등록된 사용자만 접속할 수 있다.

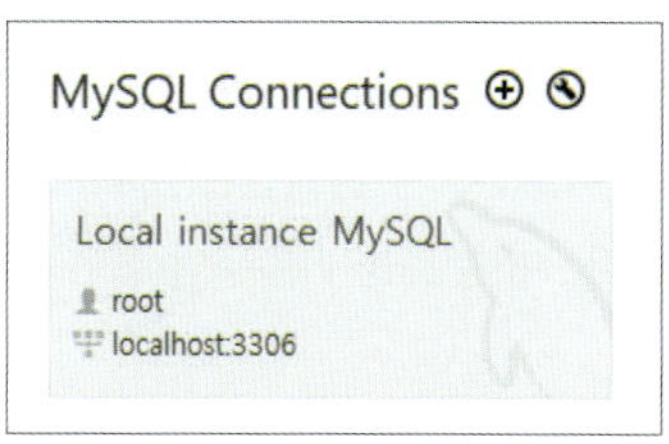

그림 4-2 MySQL 연결 창

[그림 4-2]를 보면 기본값으로 MySQL의 관리자인 root 사용자, 서버는 자신의 컴퓨터를 의미하는 localhost, 포트는 3306번으로 접속하도록 설정되어 있다. 다른 서버로 접속하려면 'Local instance MySQL'에서 마우스 오른쪽 버튼을 클릭하고 [Edit Connection]을 선택하여 추가로 접속할 서버를 등록하거나 편집하면 된다.

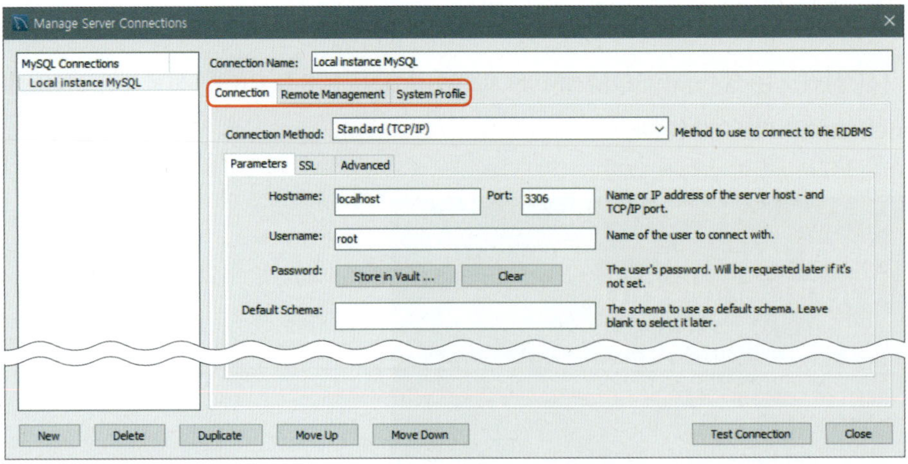

그림 4-3 서버 등록과 편집

[그림 4-3]에는 [Connection], [Remote Management], [System Profile] 탭이 있다. 각 탭에 대해 자세히 살펴보자.

2.1 [Connection] 탭

Connection Method는 Standard (TCP/IP), Local Socket/Pipe, Standard TCP/IP over SSH 중에서 선택할 수 있는데 대부분 Standard (TCP/IP)를 사용한다.

- **[Parameters] 탭**

  Hostname이 localhost 또는 127.0.0.1이라면 자신의 컴퓨터(Workbench가 설치된 컴퓨터)를 의미한다. 접속할 컴퓨터가 외부에 있다면 접속할 서버 컴퓨터의 IP 주소를 입력하면 된다. Port에는 접속할 MySQL의 포트 번호를 넣는데, 특별한 경우가 아니라면 3306을 사용한다. 필요하다면 보안을 위해 서버 컴퓨터에서 포트를 변경할 수도 있다. Username에는 접속할 MySQL의 사용자를 넣는다. root는 MySQL 관리자의 이름이다. Password에서 〈Store in Vault〉를 클릭하면 미리 사용자의 비밀번호를 저장할 수 있다. 〈Clear〉를 클릭하면 저장해둔 비밀번호가 지워진다. Default Schema는 접속 후에 기본적으로 선택되는 데이터베이스의 이름이다. 이 부분을 비워두면 접속 후에 사용할 데이터베이스를 별도로 지정해야 한다.

  TIP 실무에서는 root 사용자로 접속하는 것이 바람직하지 않다. root 사용자는 MySQL의 모든 작업을 할 수 있기 때문에 만약 root의 비밀번호가 유출되면 심각한 문제가 발생할 수 있다. 따라서 실무에서는 일반 사용자를 생성하고 그에 적합한 권한을 부여한다. 사용자를 생성하고 권한을 부여하는 방법은 이 장의 후반부에서 설명하겠다.

- **[SSL] 탭**

  SSL(Secure Socket Layer)은 보안을 위한 암호 규약으로, 서버와 클라이언트가 통신할 때 암호화를 통해 비밀을 유지하고 보안을 강화한다. 서버에서 특별히 설정하지 않았다면 그대로 두면 된다. SSL에 대한 상세한 내용은 이 책의 학습 범위를 벗어나므로 더 깊이 설명하지 않겠다.

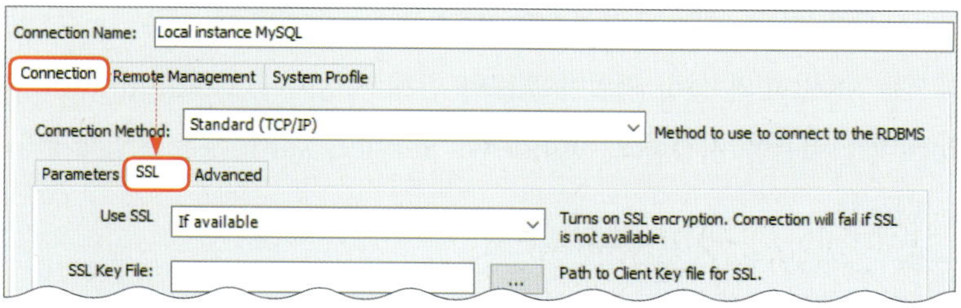

그림 4-4 [Connection]의 [SSL] 탭

- [Advanced] 탭

  [Advanced] 탭에서는 프로토콜의 압축, 인증 방식 등을 설정할 수 있다. 이 부분도 특별한 경우가 아니라면 변경할 필요가 없다.

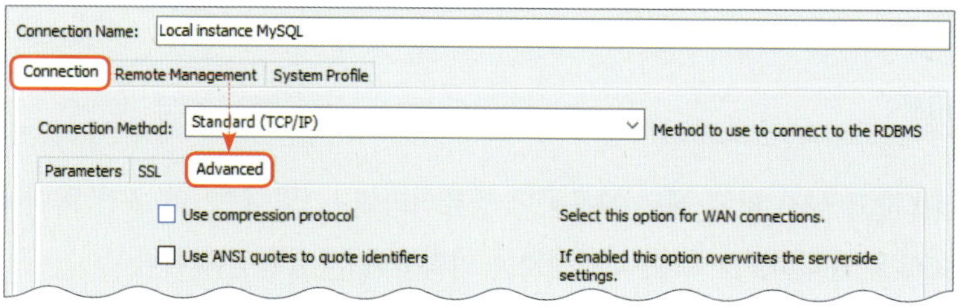

그림 4-5 [Connection]의 [Advanced] 탭

2.2 [Remote Management] 탭

원격 관리를 위한 여러 가지 설정을 한다. 이 부분이 활성화되려면 [그림 4-3]의 Hostname이 IP 주소로 설정되어 있어야 한다. 'Native Windows remote management'를 선택하면 MySQL 서버가 설치된 운영체제가 윈도우인 경우에만 설정할 수 있다. 'SSH login based management'의 경우 SSH 서버 기반으로 원격 접속이 된다.

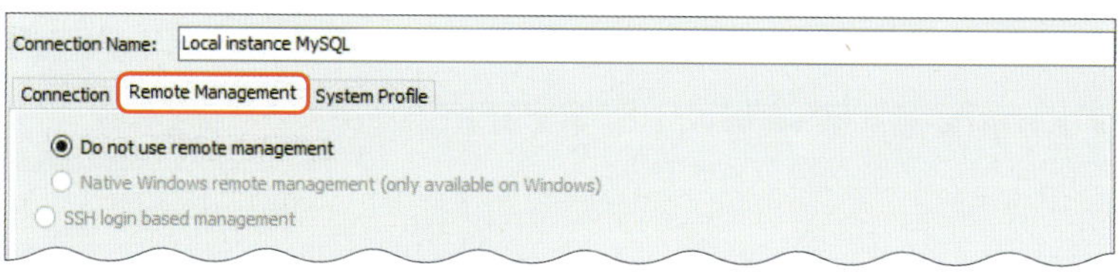

그림 4-6 [Remote Management] 탭

TIP 사용 중인 컴퓨터의 IP 주소는 명령 프롬프트나 파워셸 화면에서 ipconfig 명령을 입력하면 확인할 수 있다.

2.3 [System Profile] 탭

접속할 서버의 운영체제 종류와 MySQL 설정 파일의 경로 등을 설정한다. System Type은 FreeBSD, Linux, MacOS X, OpenSolaris, Windows 중에서 선택할 수 있는데, 여기서 어떤 운영체제를 선택하느냐에 따라 해당 운영체제의 Installation Type을 선택할 수 있다. Configuration File에서는 MySQL의 설정 파일이 경로와 함께 지정된다. Configuration File Section에서는 서버의 서비스 이름을 지정하고, Windows Service Name에는 운영체제의 [서비스]에 등록된 이름을 넣는다.

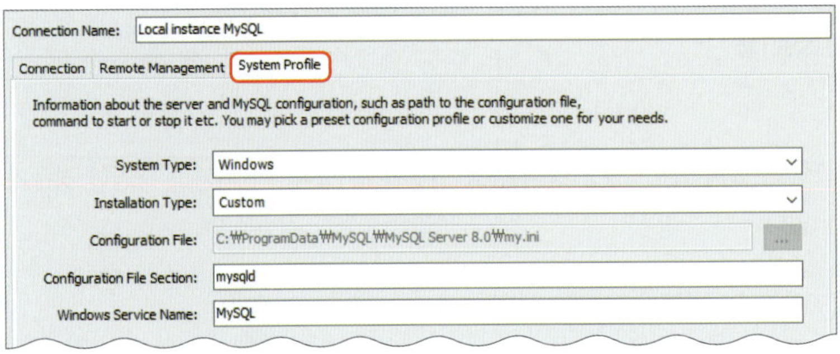

그림 4-7 [System Profile] 탭

특별히 다른 서버에 접속하고 싶지 않고 계속 사용하던 컴퓨터라면 [그림 4-2]의 초기 화면에서 'Local instance MySQL'을 클릭하고 root의 비밀번호를 입력하면 잘 접속될 것이다.

3 MySQL Workbench의 화면 구성

3.1 패널

Workbench를 실행했을 때 처음 나타나는 화면은 [그림 4-8]과 같다. 앞으로 이러한 화면에서 Workbench를 사용하게 될 테지만, 원한다면 화면 구성을 바꿀 수도 있다.

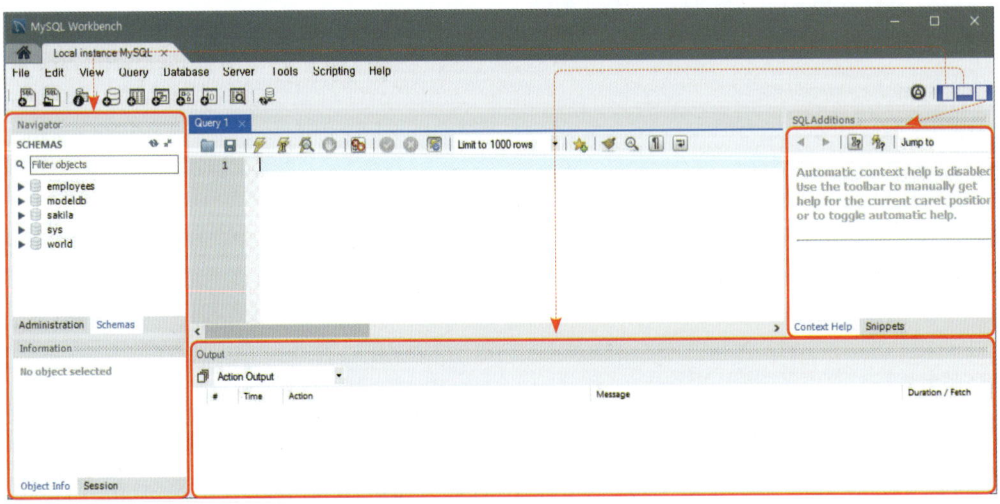

그림 4-8 Workbench의 기본 구성 창과 패널 아이콘

[그림 4-8]의 오른쪽 상단에 있는 3개의 아이콘은 패널 3개를 온/오프하는 기능을 제공하므로 필요할 경우 쿼리 창을 크게 사용할 수 있다. [그림 4-9]는 패널 3개를 모두 오프하고 쿼리 창만 크게 만든 화면이다.

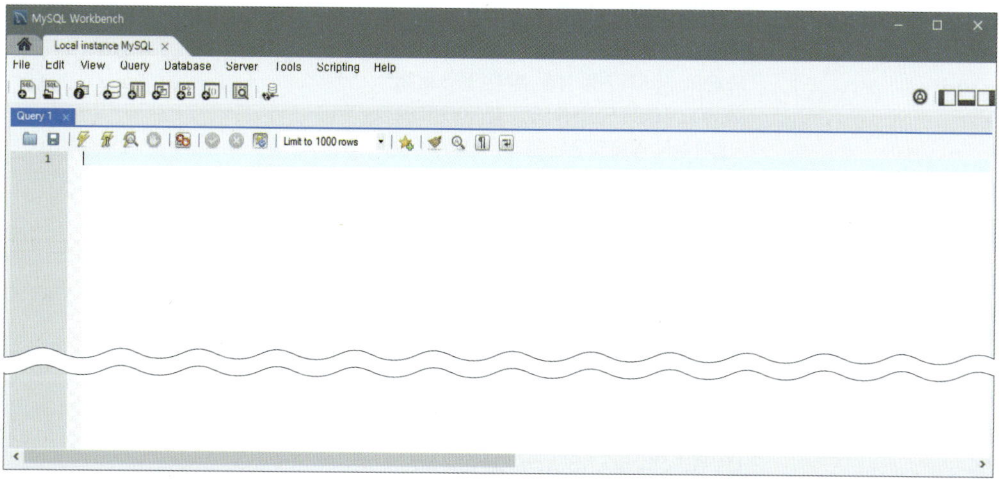

그림 4-9 패널 3개를 오프한 상태

3.2 내비게이터

내비게이터(Navigator)는 MySQL의 관리 및 운영을 위한 강력한 도구로, 내비게이터를 통해 MySQL의 많은 작업을 할 수 있다. MySQL 명령문이나 SQL 문을 모르더라도 내비게이터로 대부분의 작업을 수행할 수 있을 정도이다.

내비게이터의 각 탭에서 제공하는 기능은 [표 4-1]과 같다.

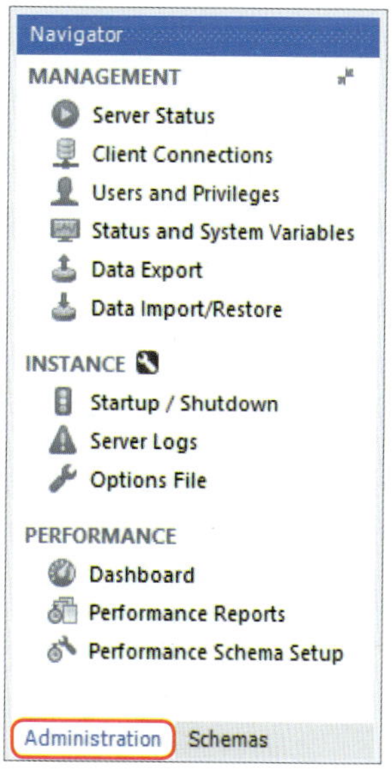

그림 4-10 내비게이터의 [Administration] 탭

표 4-1 내비게이터의 기능

탭	기능
[Schemas] 탭	• 데이터베이스(스키마) 생성 및 삭제 • 데이터베이스 개체(테이블, 뷰, 인덱스, 스토어드 프로시저, 함수 등) 생성 및 관리 • 데이터베이스 속성 조회
[Administration] 탭	• MANAGEMENT – MySQL 서버의 가동 상태, 설치된 폴더 등 확인 – MySQL 서버에 연결되어 있는 클라이언트의 정보 확인 – 사용자 생성, 삭제 및 권한 관리 – 서버 변숫값 확인 – 데이터 내보내기/가져오기 • INSTANCE – MySQL 연결 정보 관리 – MySQL 인스턴스 중지 및 시작 – 서버에 기록된 로그 조회 – MySQL 옵션 파일의 설정 정보 확인 및 변경 • PERFORMANCE – 네트워크 상태 및 MySQL의 성능 상태 확인 – 성능 상태 보고서 작성 – 성능 구성 설정

내비게이터의 [Schemas] 탭은 트리 형태로 되어 있어 각각의 항목에서 ▶를 클릭하면 확장할 수 있다. [그림 4-11]은 ShopDB 데이터베이스를 확장하여 테이블, 열, 트리거, 뷰, 스토어드 프로시저 등의 목록을 조회한 화면이다.

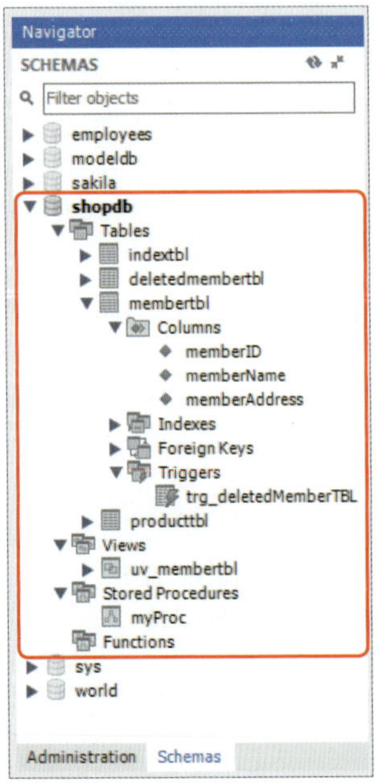

그림 4-11 [Schemas] 탭의 테이블 확장

실습 4-1 내비게이터에서 SQL 문 자동으로 생성하기

내비게이터의 [Schemas] 탭은 모든 개체에 대해 SQL 문을 자동으로 생성하는 기능을 갖추고 있다. 이 기능을 잘 이용하면 개체 생성을 위한 SQL 문을 파악하기가 쉽다.

1 테이블을 만드는 SQL 문 자동 생성하기

1-1 ShopDB의 memberTBL 테이블을 선택한 후 마우스 오른쪽 버튼을 클릭하고 [Send to SQL Editor]–[Create Statement]를 선택한다. 새로운 쿼리 창에 선택한 테이블을 생성하는 **CREATE TABLE 테이블이름 …** 형식의 SQL 문이 나온다. 2장에서는 Workbench의 그래픽 창에서 테이블을 만들었는데, SQL 문을 입력하여 테이블을 만들 때는 이러한 구문을 사용하면 된다(자세한 내용은 9장에서 다룰 것이다).

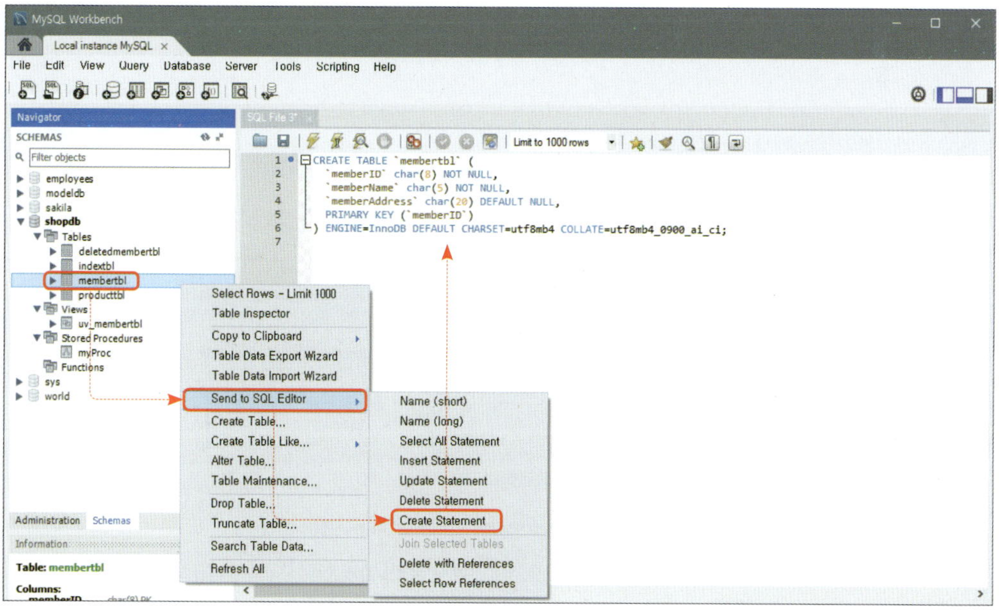

그림 4-12 테이블 생성 스크립트 자동 생성

1-2 테이블을 만드는 CREATE 문뿐 아니라 SELECT 문, INSERT 문, UPDATE 문, DELETE 문도 같은 방법으로 생성할 수 있으니 스스로 해보자.

2 뷰를 만드는 SQL 문 자동으로 생성하기

2-1 다른 개체도 마찬가지 방법으로 SQL 문을 생성할 수 있다. [그림 4-13]은 uv_memberTBL 뷰의 CREATE 문을 생성한 예이다. 새로운 쿼리 창을 보면 3장에서 뷰를 생성했던 구문보다 복잡한 구문이 생성되었지만 기본적인 내용은 동일하다.

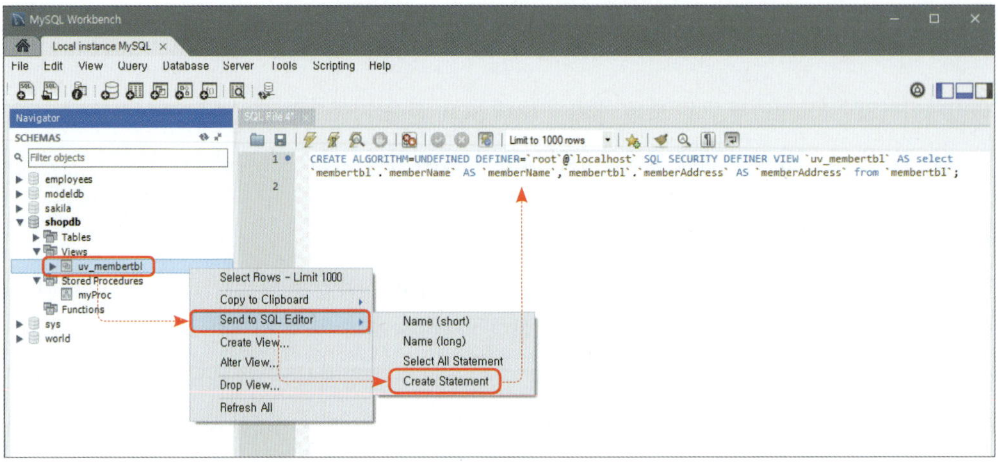

그림 4-13 뷰 생성 스크립트 자동 생성

2-2 실습이 끝나면 열린 쿼리 창을 모두 닫는다.

실습 4-2 내비게이터에서 MySQL 서버 관리하기

내비게이터의 [Administration] 탭을 활용하여 MySQL 서버를 관리하는 방법을 알아보자.

> **여기서 잠깐**
>
> **시스템 로캘 변경**
>
> 이 책에서 사용하는 MySQL Workbench 8.0.36 버전의 호환성 문제로 윈도우 설정을 일부 변경해야 할 수도 있다. 아래 **1-1**에서 [Server Status]를 클릭할 때 오류가 발생하면 다음과 같이 조치한다.
>
> ① MySQL Workbench를 종료한다.
>
> ② ⊞ + R을 누른 후 **intl.cpl** 명령을 입력하고 Enter를 누른다.
>
> ③ [국가 또는 지역] 창에서 상단의 [관리자 옵션] 탭을 선택하고 〈시스템 로캘 변경〉을 클릭한다.
>
> ④ [지역 설정] 창에서 하단의 'Beta : 세계 언어 지원을 위해 Unicode UTF-8 사용'을 선택하고 〈확인〉을 클릭한다.
>
> ⑤ [시스템 로캘 변경] 창에서 〈다시 시작〉을 클릭하여 컴퓨터를 재시작한다.

1 [MANAGEMENT] 탭

1-1 내비게이터의 [Administration] 탭에서 [MANAGEMENT]의 [Server Status]를 클릭한다. 현재 접속된 서버의 가동 상태, 포트, 환경 파일의 경로, 메모리 상태와 CPU 사용 상태 등을 확인할 수 있다. 이때 화면을 최대한으로 확대해야 전체 상태를 확인할 수 있다.

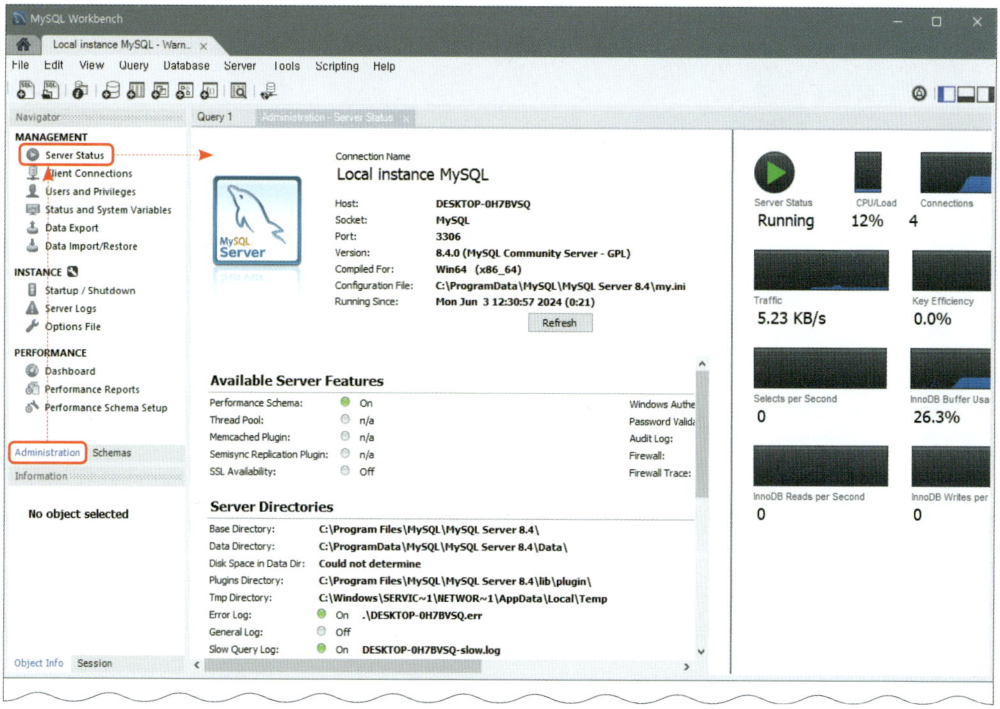

그림 4-14 [Server Status]

1-2 [Client Connections]를 클릭하면 현재 연결된 클라이언트 목록과 세부 연결 상태가 휴면(Sleep)인지 등을 확인할 수 있다. 필요하다면 해당 연결에서 마우스 오른쪽 버튼을 클릭하고 [Kill Connection(s)]를 선택하여 서버와의 연결을 강제로 끊을 수도 있다.

여기서 잠깐

Client Connections 오류

[Client Connections] 창에서 아무것도 보이지 않으면 다음과 같이 조치한다.

① MySQL Workbench를 종료한다.

② 파일 탐색기에서 C:\Program Files\MySQL\MySQL Workbench 8.0 CE\modules\wb_admin_connections.py 파일을 적당한 폴더(예: C:\SQL)로 이동한다. 이동 시 [파일 액세스 거부됨] 창이 나오면 <계속>을 클릭한다.

③ 메모장을 실행하여 wb_admin_connections.py 파일을 열고, 346행쯤을 다음과 같이 수정한 후 저장하고 닫는다. 즉 맨 앞의 대문자 DB를 소문자 db로 수정하면 된다(메모장의 행 번호는 오른쪽 아래 상태바에 표시된다).

```
("DB", mforms.StringColumnType, "DB", 100),
                    ↓
("db", mforms.StringColumnType, "DB", 100),
```

④ wb_admin_connections.py 파일을 원래 폴더로 이동한다.

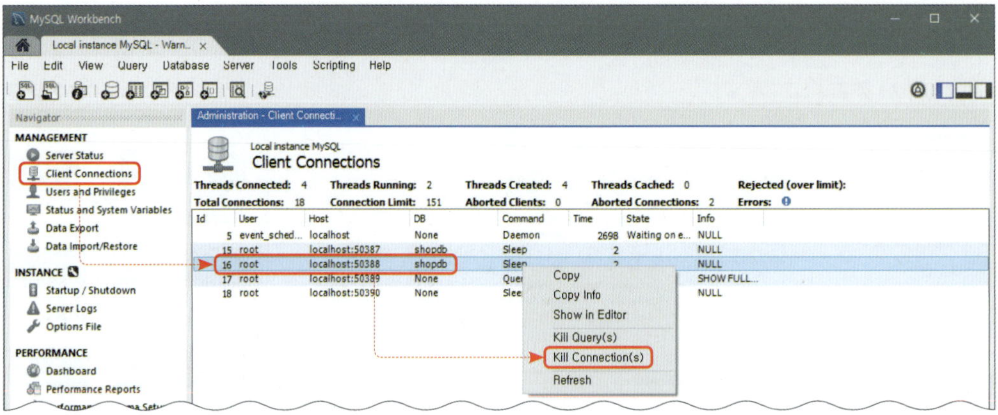

그림 4-15 [Client Connections]

1-3 [Users and Privileges]를 클릭하면 MySQL 사용자를 관리할 수 있다. 이는 [실습 4-4]에서 자세히 설명하겠다.

1-4 [Status and System Variables]를 클릭하면 MySQL 서버에 설정된 시스템 변수를 확인할 수 있다.

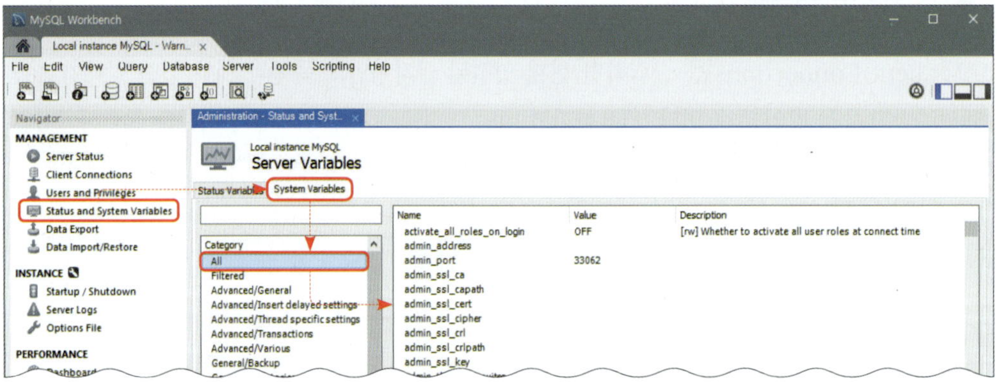

그림 4-16 [Status and System Variables]

1-5 [Data Export], [Data Import/Restore]를 클릭하면 백업, 복원과 관련된 설정을 할 수 있다. 이는 [실습 4-5]에서 자세히 살펴보겠다.

2 [INSTANCE] 탭

2-1 [INSTANCE]의 [Startup / Shutdown]을 클릭하면 MySQL 서버의 현재 작동 상태를 확인할 수 있다. MySQL 서버의 중지와 시작을 여기서 설정한다.

TIP MySQL Server 8.4 LTS와 MySQL Workbench 8.0.36의 버전 문제로 MySQL 서버의 시작/중지가 안 될 수도 있다. 대신 윈도우의 [시작]에서 마우스 오른쪽 버튼을 클릭하고 [터미널(관리자)] 또는 [Windows PowerShell(관리자)]를 실행한 후 **NET STOP MySQL** 또는 **NET START MySQL** 명령으로 MySQL 서버를 중지 또는 시작할 수 있다.

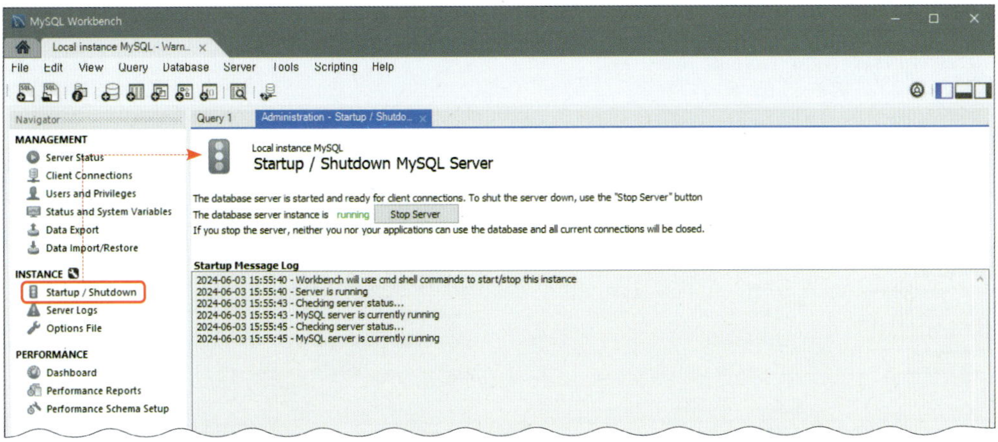

그림 4-17 [Startup / Shutdown]

여기서 잠깐

MySQL 서버와 MySQL 인스턴스

MySQL 서버는 하드디스크에 설치된 프로그램을 말하고, MySQL 인스턴스는 프로그램이 컴퓨터에서 백그라운드로 서비스를 제공 중인 상태를 말한다. 하지만 일반적으로 MySQL 서버, MySQL 인스턴스, MySQL 서비스를 모두 같은 것으로 보기 때문에 혼용해도 무방하다.

2-2 [Server Logs]를 클릭하면 서버에 기록된 오류, 경고, 방화벽 등의 로그를 확인할 수 있다. 서버에 문제가 발생하면 이 로그를 분석하여 문제를 해결한다.

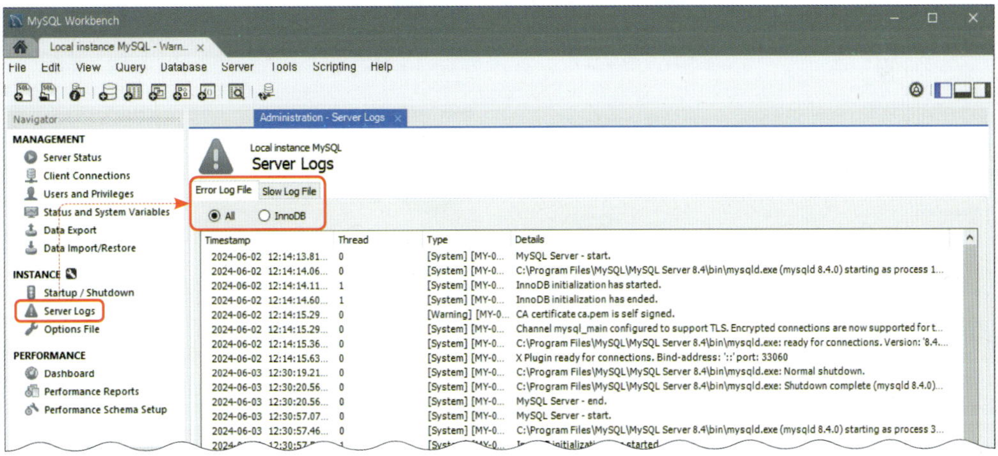

그림 4-18 [Server Logs]

2-3 [Options File]은 MySQL의 핵심 설정 파일인 my.ini의 내용을 GUI 모드로 보여준다. 설정을 변경한 후 적용하면 my.ini 파일을 에디터로 편집하는 것과 동일한 효과를 얻을 수 있다.

TIP 만약 Server 버전 8.4.0을 지원하지 않는다는 메시지 창이 나오면 '8.0'이 선택된 상태에서 〈OK〉를 클릭한다.

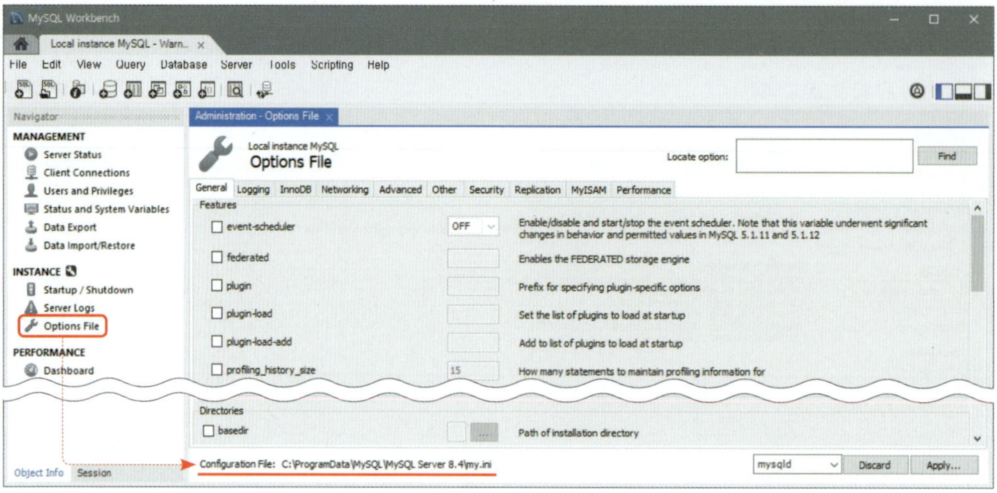

그림 4-19 [Options File]

3 [PERFORMANCE] 탭

3-1 [PERFORMANCE]의 [Dashboard]는 네트워크, MySQL 서버, InnoDB의 상태를 그래픽으로 보여준다.

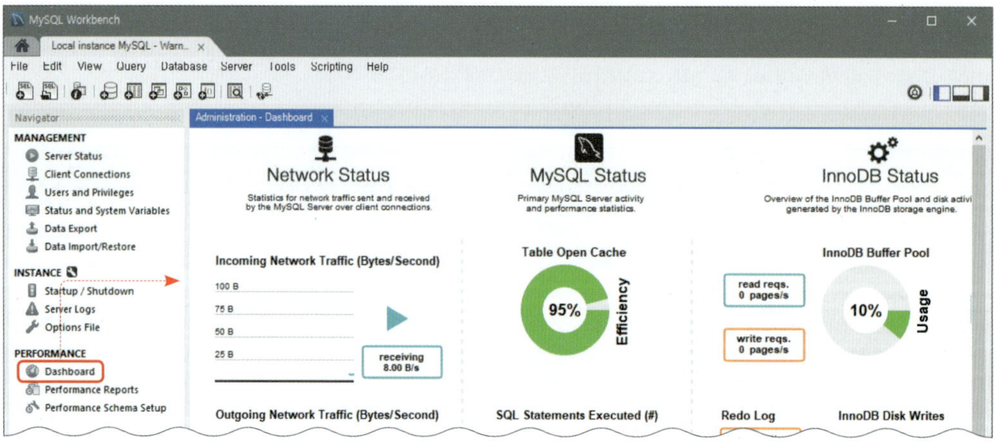

그림 4-20 [Dashboard]

3-2 [Performance Reports]에서는 입출력이 오래 걸린 파일, 비용이 많이 든 쿼리문, 데이터베이스 통계 등의 항목을 조회하고 결과를 내보내기할 수 있다.

TIP 일부 윈도우용 MySQL은 [Performance Reports]와 [Performance Schema Setup]이 잘 작동하지 않을 수 있다. 그러나 이 책을 학습하는 데에는 상관없으니 문제가 있더라도 넘어가면 된다.

3-3 [Performance Schema Setup]에서는 MySQL 성능에 대한 설정을 한다. 오른쪽 위의 〈Show Advanced〉나 〈Hide Advanced〉를 클릭하면 세부적인 설정까지 확인할 수 있다.

4 쿼리 창 활용

쿼리 창은 간단히 말해 '쿼리 문장(SQL 문)을 입력하고 실행하는 텍스트 에디터'라고 할 수 있다. 이미 어느 정도 사용해서 익숙해졌겠지만 쿼리 창에서 SQL 문을 실행하는 순서를 다시 한번 정리하고 넘어가자.

❶ Workbench 상단 왼쪽의 [Create a new SQL tab for executing queries] 아이콘을 클릭하거나 메뉴의 [File]-[New Query Tab]을 선택하여 쿼리 창을 연다.

❷ 작업할 데이터베이스를 [SCHEMAS] 탭에서 더블클릭하여 선택한다.

❸ SQL 문을 문법에 맞게 입력한다.

❹ SQL 문에 이상이 없으면 툴바의 [Execute the selected portion …] 아이콘을 클릭하거나 Ctrl + Shift + Enter 를 눌러 SQL 문을 실행한다.

❺ [Output] 창에서 실행 결과를 확인한다. 실행이 성공했다면 그 결과를, 실패했다면 오류 메시지를 확인할 수 있다. 열린 쿼리 창에서 계속 SQL 문을 입력하면서 사용하면 된다.

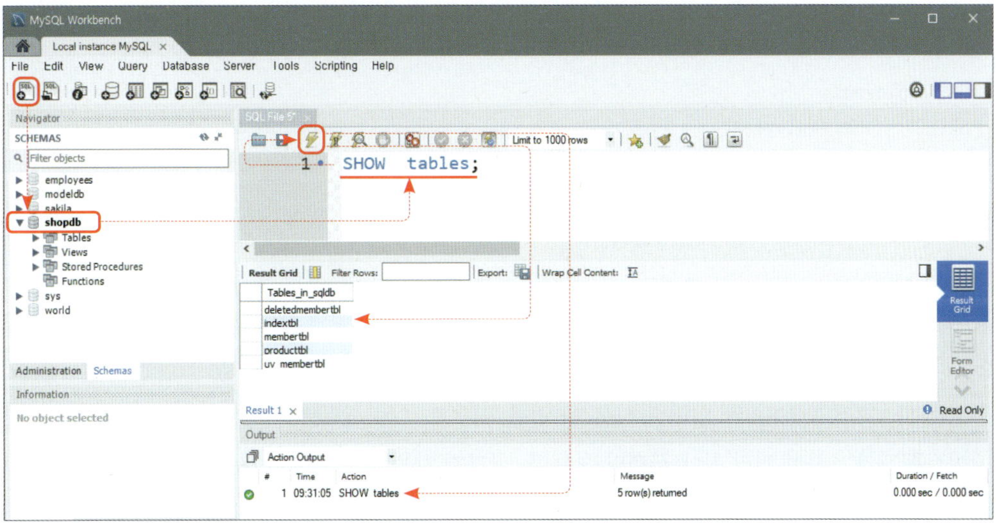

그림 4-21 쿼리 창 사용 순서

실습 4-3 쿼리 창 활용하기

1 열려 있는 쿼리 창 닫기

1-1 쿼리 창 제목 오른쪽의 닫기(☒) 버튼을 클릭하거나 Workbench 메뉴의 [File]-[Close Tab]을 선택하여 열려 있는 쿼리 창을 모두 닫는다. 저장할 것인지 묻는 창이 나오면 'Don't Save'를 클릭한다.

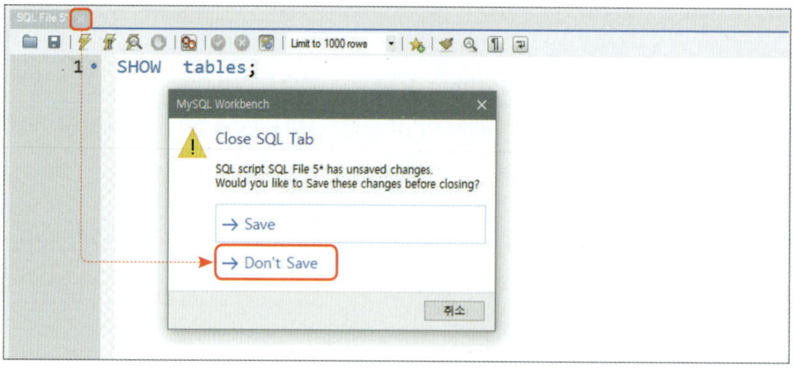

그림 4-22 쿼리 창 닫기

2 SQL 문 실행하기

2-1 화면 상단 왼쪽의 [Create a new SQL tab for executing queries] 아이콘을 클릭하거나 메뉴의 [File]–[New Query Tab]을 선택하여 새로운 쿼리 창을 연다.

2-2 다음 SQL 문을 입력한 후 [Execute the selected portion …] 아이콘을 클릭하거나 Ctrl + Shift + Enter를 눌러 SQL 문을 실행한다. 오타 없이 잘 입력했다면 실행 결과를 확인할 수 있다.

```
USE employees;
SELECT * FROM employees;
```

TIP MySQL에서는 각 SQL 문의 끝에 세미콜론(;)을 넣어야만 문장의 끝으로 인식한다. 따라서 세미콜론이 나올 때까지는 문장의 끝이 아니라고 인식하므로 행을 바꿔도 된다. 예를 들어 다음 ❶, ❷는 동일한 문장이다.

❶
```
USE employees;
```

❷
```
USE
employees;
```

2-3 내비게이터에서 개체 이름을 마우스로 드래그하여 입력할 수도 있다. 앞서 실행한 쿼리를 모두 지운다. 그리고 'USE'만 입력한 다음 한 칸을 띄우고 [그림 4-23]과 같이 employees 데이터베이스를 드래그하여 쿼리 창에 끌어다 놓는다. 글자가 자동으로 완성될 것이다. 자동 완성 기능을 사용하면 오타를 줄이면서 빠르게 SQL 문을 입력할 수 있다.

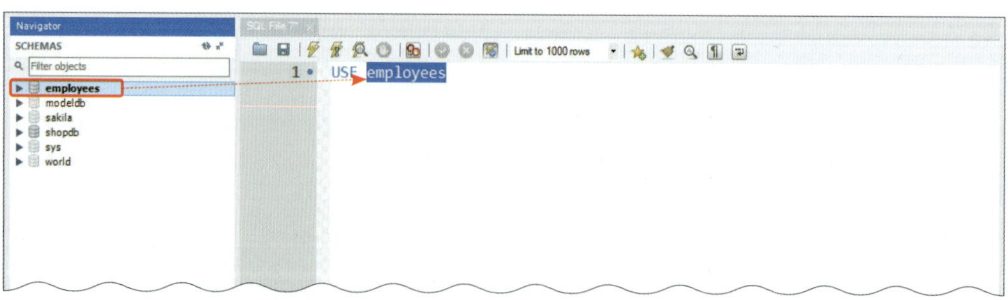

그림 4-23 개체를 드래그하여 자동 완성

3 예약어를 대문자 또는 소문자로 변경하기

3-1 다음 SQL 문을 쿼리 창에 입력해보자. 이때 예약어(keyword)는 모두 소문자로 입력한다.

```
use shopDB;
select * from membertbl;
```

3-2 메뉴의 [Edit]–[Format]–[UPCASE Keywords]를 선택하면 예약어만 모두 대문자로 변경된다. 같은 방식으로 [Edit]–[Format]–[lowercase Keywords]를 선택하면 예약어만 모두 소문자로 변경된다. 이 기능은 긴 코드에서 예약어만 대문자 또는 소문자로 변경할 때 편리하게 사용할 수 있다.

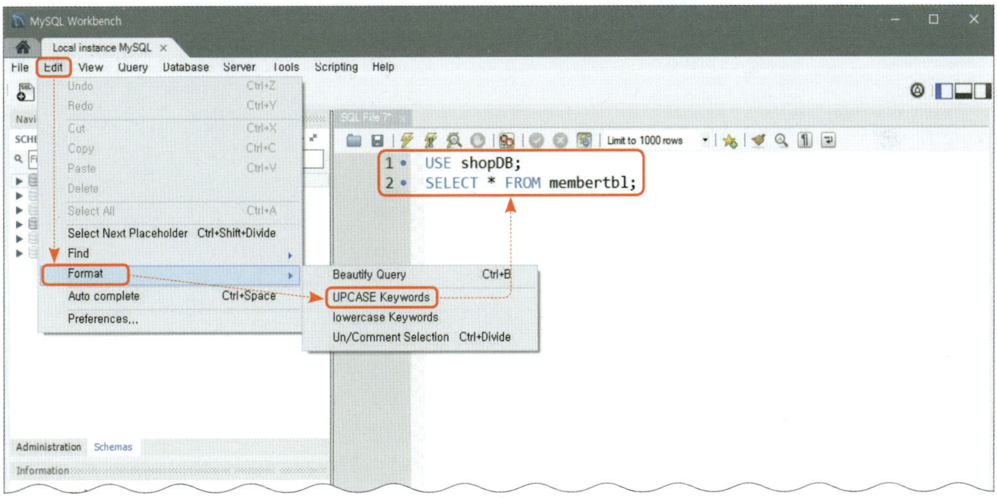

그림 4-24 예약어를 대문자로 변경

4 선택한 부분을 일괄적으로 주석 처리하거나 해제하기

4-1 앞에서 입력한 SQL 문 2줄을 마우스로 드래그한 후 메뉴의 [Edit]–[Format]–[Un/Comment Selection]을 선택하면 마우스로 드래그한 코드가 모두 주석 처리된다. 다시 SQL 문 2줄을 마우스로 드래그한 후 메뉴의 [Edit]–[Format]–[Un/Comment Selection]을 선택하면 주석이 해제된다.

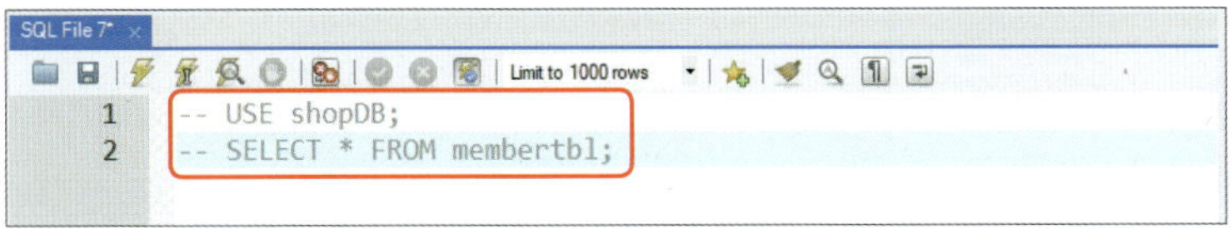

그림 4-25 주석 처리된 코드

TIP 한 줄만 주석으로 처리할 때는 '--'를 사용하고, 여러 줄을 주석으로 처리할 때는 '/* SQL 코드 */'를 사용한다. '--' 뒤에 공백이 1개 이상 있어야 주석으로 처리된다는 것을 주의하기 바란다.

5 SQL 문 실행 결과 행수 조절하기

5-1 다음 SQL 문을 입력하여 실행해보자. 실행 결과가 많아도 'Limit to 1000 rows'로 설정되어 있어 최대 1000행까지만 조회된다.

```
USE employees;
SELECT * FROM titles;
```

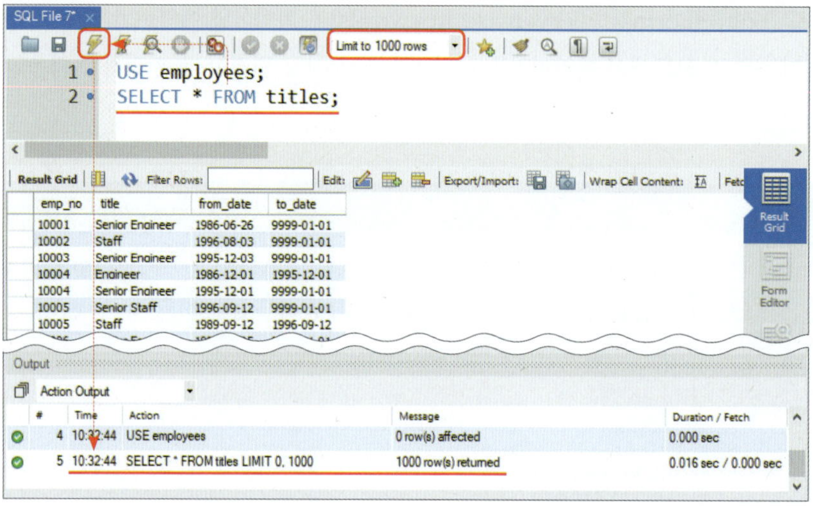

그림 4-26 1000행까지만 출력하는 설정

TIP 'Limit to 1000 rows'로 설정되어 있으면 SELECT 문을 실행하는 순간 SELECT 문의 맨 뒤에 LIMIT 0, 1000 구문이 자동으로 붙는다. 이는 시스템에서 0번째 행부터 1000번째 행이 출력되도록 조치하는 것이다.

5-2 SQL 문의 실행 결과 행수는 'Don't Limit(제한 없음)'로 하거나 조회에서 필요한 개수를 지정할 수 있다. 우선 'Don't Limit'를 선택해보자.

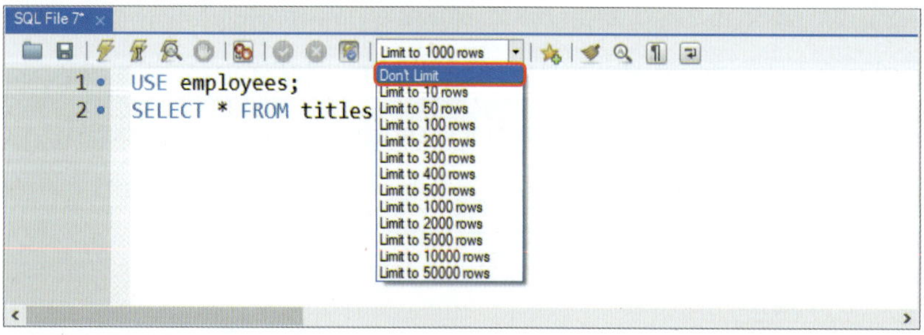

그림 4-27 행 개수 제한 없음 선택

5-3 다시 SQL 문을 실행하면 40만 개가 넘는 결과가 나오는 것을 확인할 수 있다. 다음 실습을 위해 기본값인 'Limit to 1000 rows'로 변경한다.

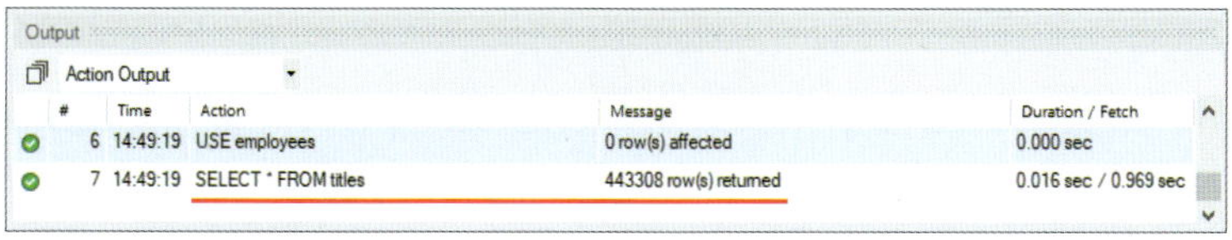

그림 4-28 [Output] 창

6 소문자로 자동 완성되는 예약어를 대문자로 설정하기

6-1 자동 완성되는 예약어는 기본적으로 소문자로 입력된다. 예를 들어 'se'를 입력하면 예약어가 소문자로 제시되고, 여기서 선택하면 입력된다.

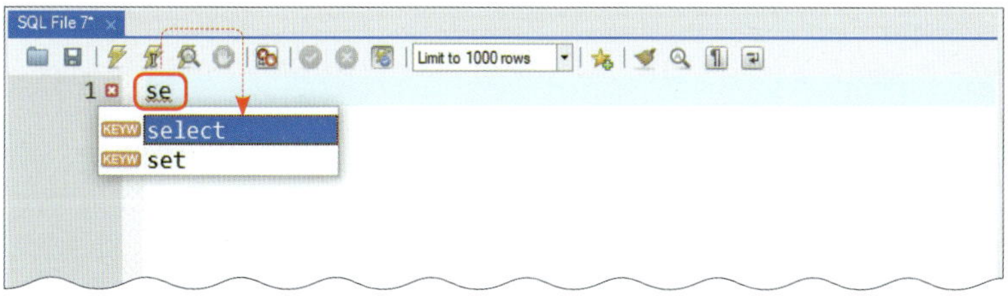

그림 4-29 **소문자로 자동 완성되는 상태**

6-2 메뉴의 [Edit]-[Preferences]를 선택한다. 창이 열리면 [Query Editor]를 선택하고 'USE UPPERCASE keywords on completion'에 체크 표시를 한 후 〈OK〉를 클릭한다.

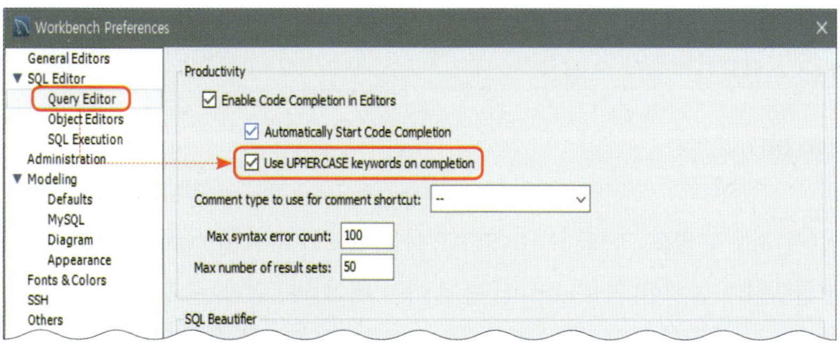

그림 4-30 **대문자로 자동 완성되도록 변경**

6-3 이제부터는 자동 완성되는 예약어가 대문자로 제시된다.

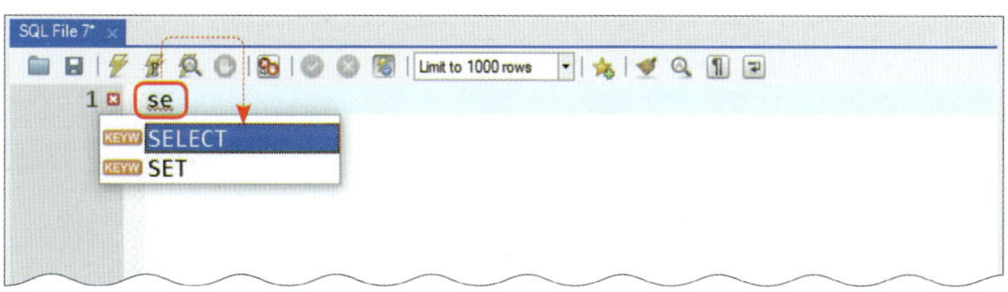

그림 4-31 **대문자로 자동 완성되는 상태**

7 쿼리 창의 글꼴 변경하기

7-1 메뉴의 [Edit]–[Preferences]를 선택한 후 [Fonts & Colors]를 선택하면 쿼리 창의 글꼴이나 크기를 변경할 수 있다. [그림 4–32]에서는 쿼리 창의 글꼴 크기를 14로 변경했다.

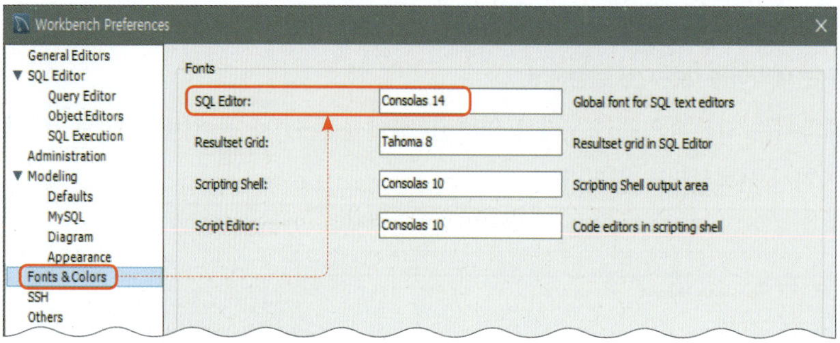

그림 4–32 **쿼리 창의 글꼴 크기 변경**

8 여러 SQL 문 실행하기

여러 SQL 문을 실행하는 방법은 앞에서 이미 실습했으나 초보자가 실수하기 쉽기 때문에 다시 한 번 살펴보자.

8-1 기존의 SQL 문을 모두 지운다. 테이블을 생성하는 다음 구문을 입력하고 [Execute the selected portion …] 아이콘을 클릭하여 실행한다. [Output] 창에 초록색 체크 아이콘이 나오면서 쿼리가 정상적으로 실행된다.

```
USE ShopDB;
CREATE TABLE test (id INT);
```

8-2 앞에서 입력한 구문을 지우지 말고 그 아래에 INSERT 문을 추가한 후 [Execute the selected portion …] 아이콘을 클릭하여 실행한다. [Output] 창에 이미 테이블이 있다는 오류 메시지가 나올 것이다.

```
USE ShopDB;
CREATE TABLE test (id INT);
INSERT INTO test VALUES(1);
```

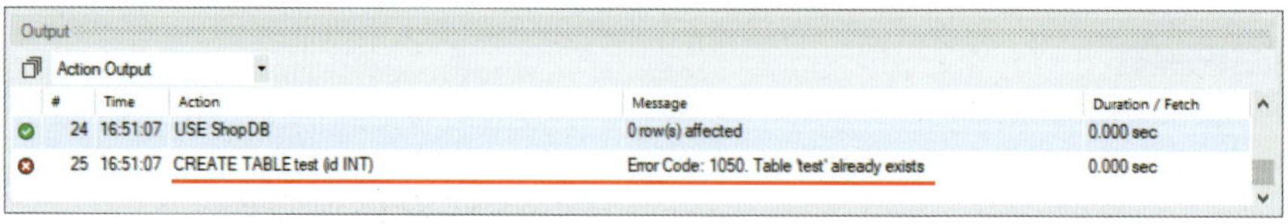

그림 4–33 **이미 테이블이 있다는 오류 메시지**

앞에서 실행한 **USE ShopDB** 구문과 **CREATE TABLE test (id INT)** 구문을 생략하고 마지막에 입력한 **INSERT INTO test VALUES(1)** 구문만 실행되기를 기대했는데 왜 이러한 오류 메시지가 뜨는 것일까? 그 이유는 쿼리 창의 첫 문장부터 실행하기 때문이다. 즉 2행의 'CREATE …' 구문을 다시 실행하여 이미 생성된 test라는 테이블을 또 생성하려고 하니 오류가 발생한 것이다. 오류가 발생한 이후에는 더 이상 실행되지 않으므로 'INSERT …' 구문 또한 정상적으로 실행되지 않는다.

TIP 이 경우에는 2행에서 오류가 발생하여 3행의 'INSERT …' 구문이 실행되지 않았다. 앞에서 오류가 발생하더라도 다음 행이 실행되게 하려면 메뉴의 [Query]–[Stop Script Execution on Errors]를 선택하고 체크를 해제하면 되지만 이렇게 하는 것을 권장하지는 않는다.

8-3 쿼리 창에 쓰여 있는 모든 SQL 문을 실행할 것이 아니라면 실행할 부분만 마우스로 드래그하여 선택한 후 [Execute the selected portion …] 아이콘을 클릭하거나 Ctrl + Shift + Enter 를 눌러야 한다. 이제부터 마우스로 드래그하여 실행하는 습관을 기르자.

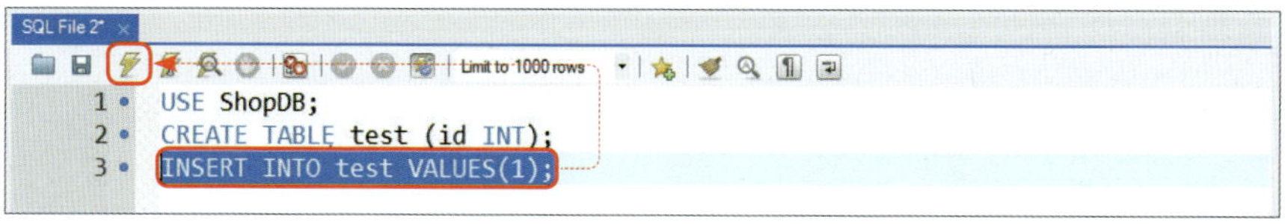

그림 4-34 실행할 부분만 마우스로 선택하여 실행

9 실행 결과를 필터링한 후 저장하기

9-1 쿼리 창에 다음 SQL 문을 작성하여 실행해보자. 실행할 SQL 문만 마우스로 드래그하여 실행한다. 1000행의 실행 결과가 나온다.

```
USE employees;
SELECT * FROM employees;
```

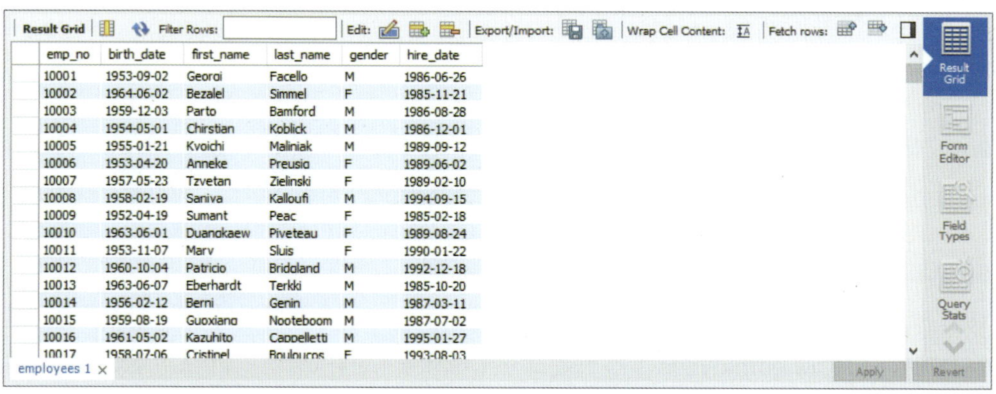

그림 4-35 1000행의 실행 결과

9-2 결과 창의 아이콘 중 Filter Rows: 옆의 텍스트 상자에 'Mary'를 입력하고 Enter를 누르면 실행 결과 중에서 Mary가 들어간 행만 필터링해서 보여준다. 1000개의 실행 결과 중에서 Mary라는 이름의 직원이 2명이라는 것을 확인할 수 있다.

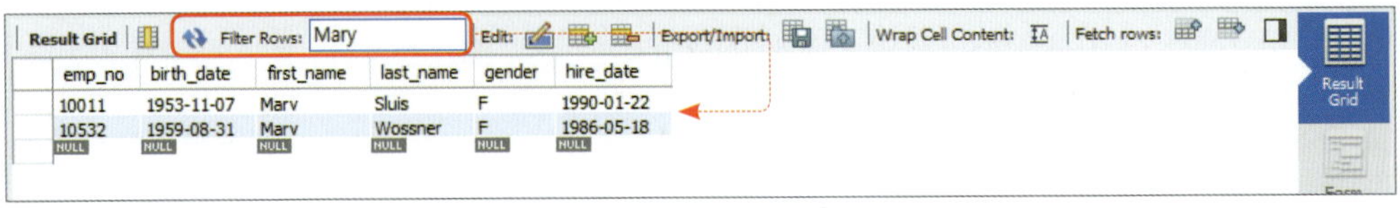

그림 4-36 필터 사용

9-3 실행 결과를 엑셀 파일로 저장해보자. [Export recordset to an external file] 아이콘을 클릭하여 창이 뜨면 파일 형식으로 CSV를 선택하고 파일 이름과 저장 장소를 적절히 입력한 후 〈저장〉을 클릭한다.

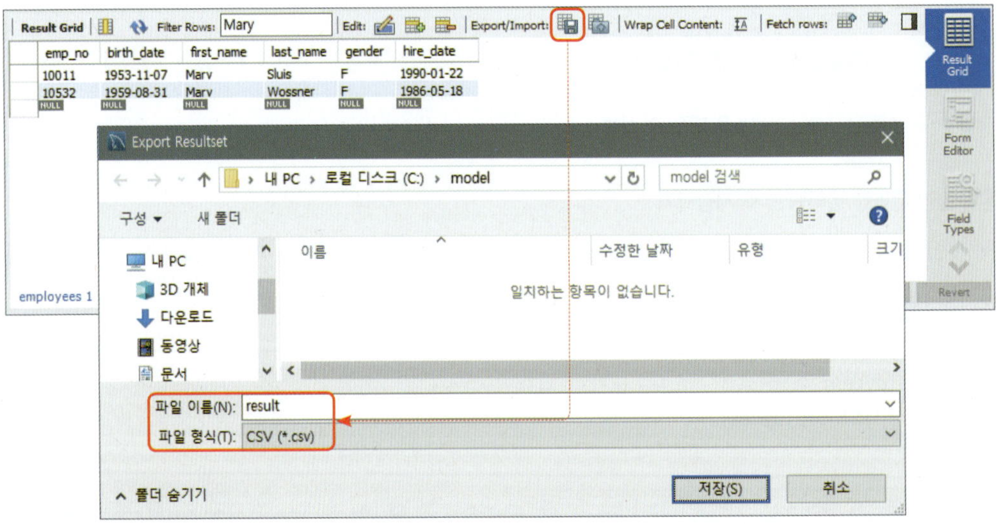

그림 4-37 엑셀 CSV로 저장

9-4 저장된 CSV 파일은 셀이 쉼표(,)로 구분되어 엑셀 등에서 쉽게 읽을 수 있다. 메모장에서도 읽을 수 있으니 독자 스스로 엑셀이나 메모장에서 파일을 열어보기 바란다.

10 SQL 문의 실행 계획 확인하기

10-1 SQL 문이 어떻게 실행되는지 실행 계획(Execution Plan)을 확인해보자. 앞에서 입력한 **SELECT * FROM employees** 문을 드래그하여 다시 실행한다. 결과 창의 오른쪽 하단으로 내려서 [Execution Plan]을 클릭하면 실행된 SQL 문이 어떻게 실행되었는지를 보여준다.

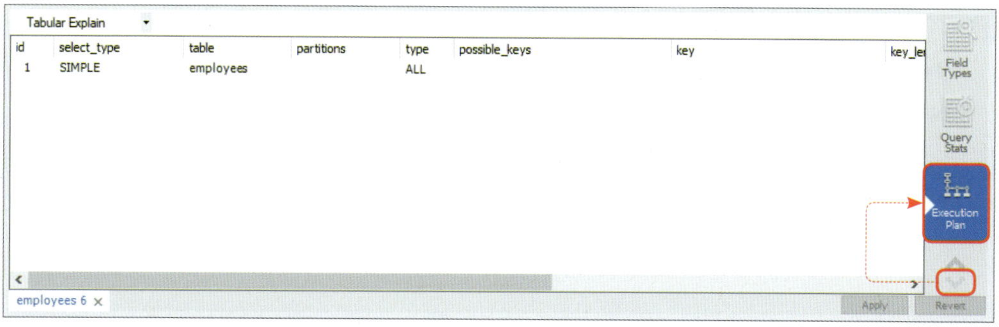

그림 4-38 SQL 문의 실행 계획 확인

TIP 실행 계획은 메뉴의 [Query]-[Explain Current Statement]를 선택해도 확인할 수 있다.

10-2 이 책에서 사용하는 MySQL Server 8.4 LTS와 MySQL Workbench 8.0.36의 버전 문제로 실행 계획을 표 형태로만 확인할 수 있다. 하지만 향후 MySQL Workbench의 업그레이드된 버전은 [Visual Explain]을 지원하여 그래픽 화면으로 결과를 보여줄 수도 있다.

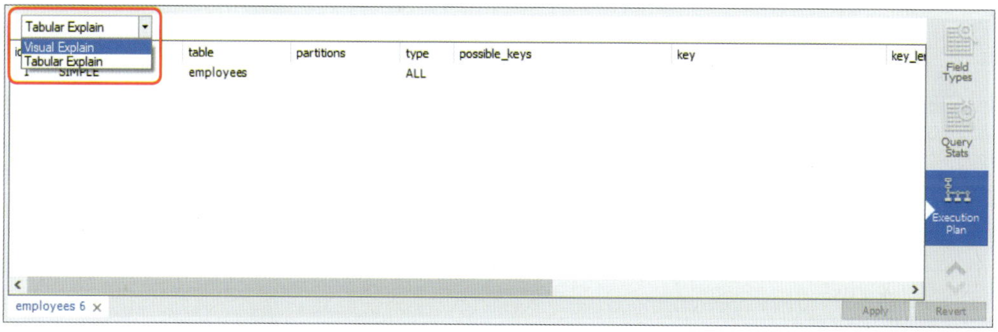

그림 4-39 Visual Explain(현재는 지원하지 않음)

10-3 실습을 마쳤으니 Workbench를 종료한다. 저장할 것인지 물어보는 창이 뜨더라도 굳이 저장할 필요는 없다.

02 데이터베이스 사용자 관리

지금까지 MySQL 관리자인 root로 접속하여 실습을 했다. 그런데 실무에서는 MySQL 데이터베이스를 혼자 사용하는 것이 아니라 다수의 사용자 또는 응용 프로그램이 접속하여 사용한다. 이렇게 MySQL 데이터베이스에 접속하는 사람들에게 모두 root의 비밀번호를 알려주면 어떻게 될까? 고의든 실수든 회사의 중요한 데이터가 유출되거나 삭제되는 끔찍한 일이 일어날 수도 있다.

이러한 문제를 방지하기 위해 root 외의 별도 사용자를 만들고 모든 권한이 아닌 적당한 권한을 부여하여 관리할 필요가 있다. [그림 4-40]은 일반적인 회사의 사용자와 권한의 예를 보여준다.

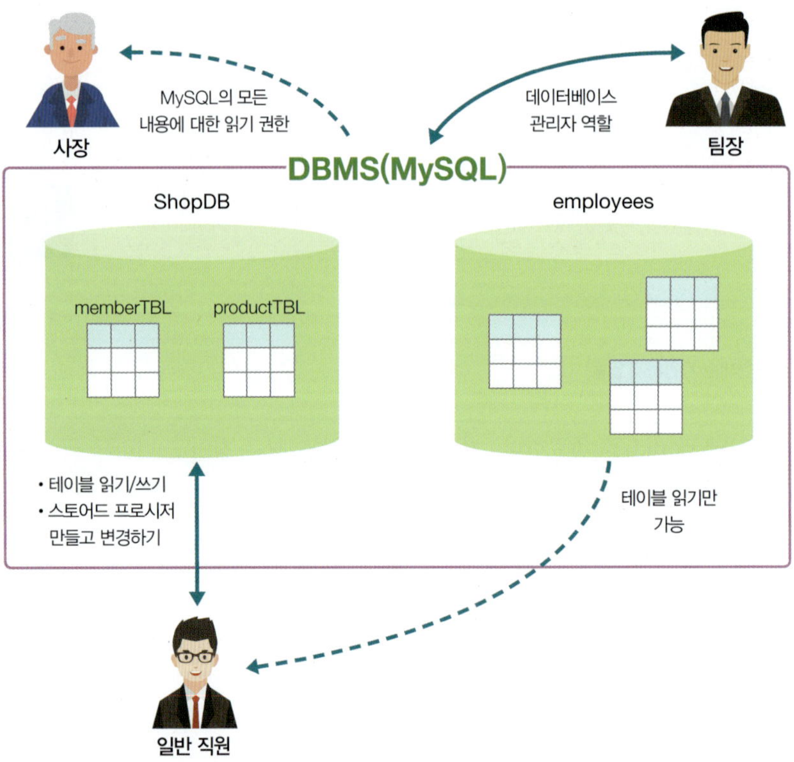

그림 4-40 사용자에게 부여된 다양한 권한

위 그림에는 사용자에게 부여된 다양한 권한의 형태가 나타나 있다. 팀장은 root와 동일한 데이터베이스 관리자 역할을 한다. 즉 모든 작업을 할 수 있다. 사장은 데이터베이스 작업을 하지는 않지만 회사의 모든 데이터를 읽을 수 있는 권한이 있다. 일반 직원은 자신이 맡은 업무이므로 ShopDB의 모든 테이블에 읽기 및 쓰기를 할 수 있으며 스토어드 프로시저, 스토어드 함수를 만들거나 변경하는 권한도 가지고 있다. 또한 업무에 참조할 수 있도록 employees 데이터베이스에 대해서는 테이블의 읽기 권한만 부여되어 있다.

여기서 잠깐

권한과 역할

권한(privilege)은 단편적인 것을 가리키며 SELECT 권한, INSERT 권한, CREATE 권한 등을 예로 들 수 있다. 반면에 역할(role)은 권한의 집합을 말한다. 예를 들면 데이터베이스 관리자(DBA)의 역할에는 SELECT 권한 등 모든 권한이 포함되어 있다고 말할 수 있다.

실습 4-4 MySQL 사용자 생성하고 권한 부여하기

1 MySQL 서버에 접속하기

1-1 Workbench를 실행하고 'Local instance MySQL'을 클릭하여 접속한다. 사용자를 생성하는 권한은 root에게만 있다. 지금은 root 사용자로 접속한다.

2 팀장 생성하고 권한 부여하기

2-1 [그림 4-40]의 팀장(director)을 생성하고 데이터베이스 관리자(DBA, DataBase Administrator) 권한을 부여해보자. 내비게이터의 [Administration] 탭을 선택하고 [Users and Privileges]를 클릭한다.

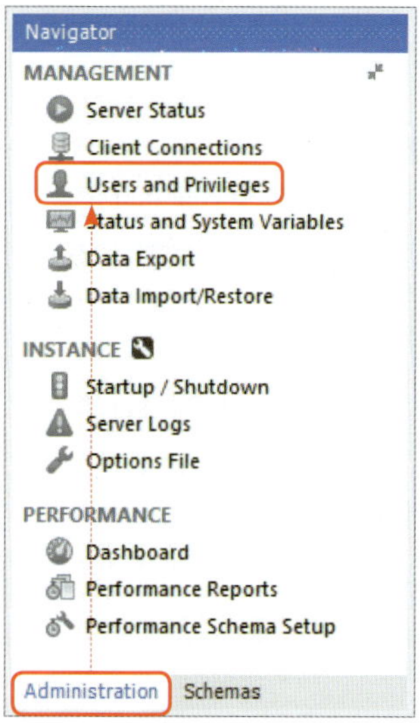

그림 4-41 사용자 생성 및 권한 부여 1

2-2 [Users and Privileges] 창에서 왼쪽 아래의 〈Add Account〉를 클릭한 후, [Login] 탭의 Login Name에 'director'를 입력하고 Authentication Type으로 'caching_sha2_password'를 선택한다. 비밀번호는 기억하기 쉽게 'director'를 입력한다. 아직 〈Apply〉를 클릭하지 말자.

TIP 만약 [Invalid Authentication Plugin] 경고 메시지가 나오면 무시한다.

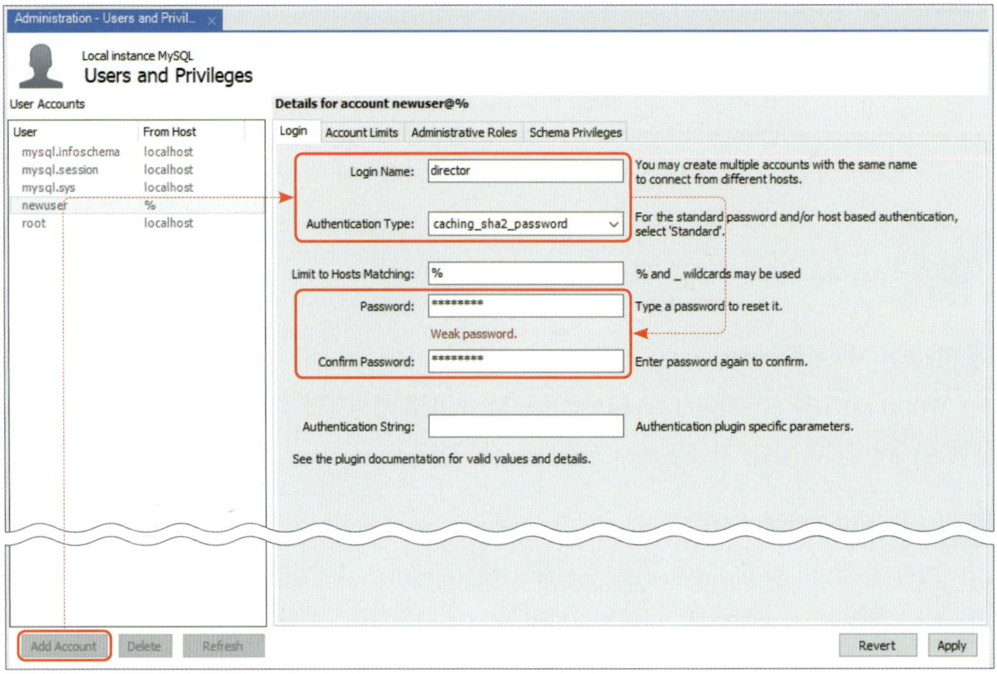

그림 4-42 사용자 생성 및 권한 부여 2

> **여기서 잠깐**
>
> **%의 의미** [Login] 탭에서 Limit to Hosts Matching에는 특정한 IP 주소만 지정할 수 있으며, 한 번 지정해놓으면 그 IP 주소 외의 컴퓨터에서는 현재 생성하는 사용자로 접속할 수 없다. 따라서 보안상 좋은 방법이다. [그림 4-42]에서는 '%'를 입력했는데 이는 모든 컴퓨터를 의미한다. 어떤 컴퓨터에서든 director 사용자와 비밀번호로 접속이 가능하므로 이는 보안에 취약하다.

2-3 [Account Limits] 탭을 클릭하여 모두 '0'을 입력한다. 최대 쿼리 수, 최대 업데이트 수, 시간당 최대 접속 수, 실시간 동시 접속 최대 수 등을 설정할 수 있는데, 0은 제한이 없다는 의미이다. 〈Apply〉를 클릭하면 director 사용자가 등록된다.

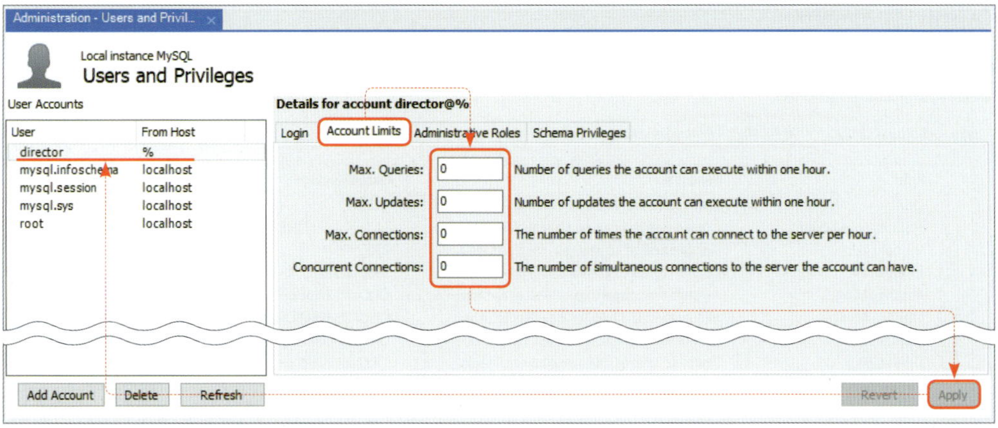

그림 4-43 사용자 생성 및 권한 부여 3

2-4 [Administrative Roles] 탭에서는 MySQL 자체에 대한 권한을 설정할 수 있다. [그림 4-40]에서는 팀장(director)이 DBA로 계획되어 있다. DBA에게는 모든 권한이 있으므로 Role의 DBA에 체크 표시를 하면 나머지는 모두 자동으로 체크 표시가 된다. 설정한 내용을 적용하기 위해 오른쪽 아래의 〈Apply〉를 클릭한다.

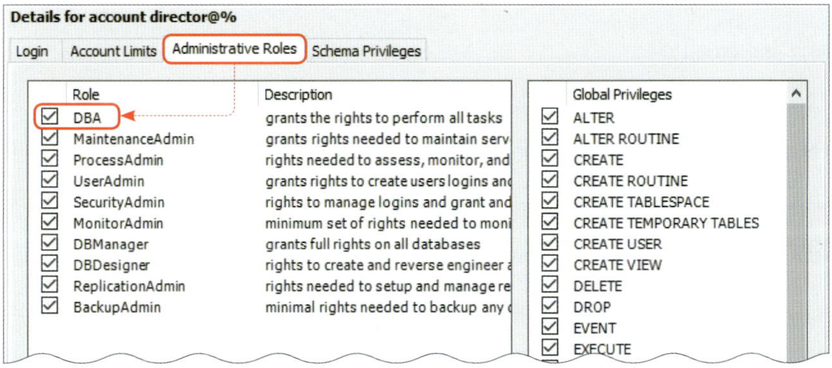

그림 4-44 사용자 생성 및 권한 부여 4

3 사장 생성하고 권한 부여하기

3-1 [그림 4-40]의 사장(ceo)을 생성하고 MySQL의 모든 데이터를 읽을 수 있는(SELECT) 권한을 부여해보자. [Users and Privileges] 창에서 왼쪽 아래의 〈Add Account〉를 클릭한 후, [Login] 탭의 Login Name에 'ceo'를 입력하고 비밀번호는 기억하기 쉽게 'ceo'를 입력한다. 그리고 [Account Limits] 탭을 클릭하여 모두 '0'을 입력하고 〈Apply〉를 클릭하면 왼쪽 사용자 목록에 ceo 사용자가 등록된다.

3-2 [Administrative Roles] 탭을 클릭한다. Global Privileges의 SELECT에 체크 표시를 하면 왼쪽 Role의 Custom에 자동으로 체크 표시가 된다. 설정한 내용을 적용하기 위해 오른쪽 아래의

〈Apply〉를 클릭한다.

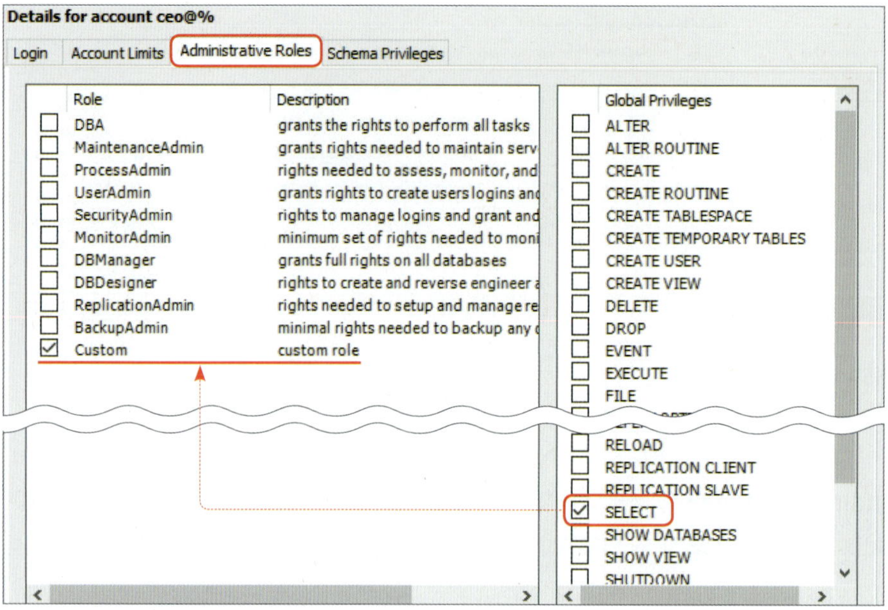

그림 4-45 사용자 생성 및 권한 부여 5

4 일반 직원 생성하고 권한 부여하기

4-1 [그림 4-40]의 일반 직원(staff)을 생성하고 ShopDB의 모든 테이블을 읽기(SELECT), 쓰기(INSERT, UPDATE, DELETE)할 수 있는 권한과 스토어드 프로시저 등을 생성(CREATE ROUTINE), 수정(ALTER ROUTINE)할 수 있는 권한, 그리고 employees 데이터베이스에 대해서는 읽기(SELECT) 권한을 부여해보자.

4-2 일반 직원(staff)을 SQL 명령으로 생성해보자. 우선 Workbench를 종료한다. 윈도우의 [시작]에서 마우스 오른쪽 버튼을 클릭하고 [터미널(관리자)] 또는 [Windows PowerShell(관리자)]를 선택한다. 파워셸에서 **cmd** 명령을 입력한 후 **mysql -u root -p** 명령으로 MySQL에 접속한다. 그리고 다음 명령으로 [그림 4-40]의 일반 직원을 생성하고, shopdb의 경우 읽기/쓰기(SELECT, INSERT, UPDATE, DELETE) 및 스토어드 프로시저 생성/변경(CREATE ROUTINE, ALTER ROUTINE)을, employees의 경우 읽기(SELECT) 권한을 준다.

```
CREATE USER staff@'%' IDENTIFIED BY 'staff';
GRANT SELECT, INSERT, UPDATE, DELETE ON shopdb.* TO staff@'%';
GRANT CREATE ROUTINE, ALTER ROUTINE ON shopdb.* TO staff@'%';
GRANT SELECT ON employees.* TO staff@'%';
exit
```

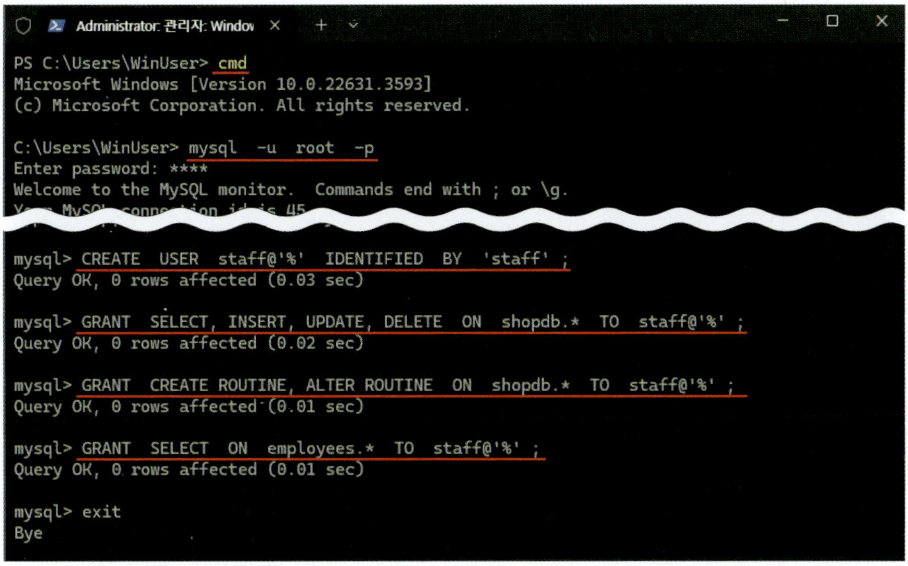

그림 4-46 사용자 생성 및 권한 부여 6

4-3 일반 직원(staff)이 잘 생성되었는지 확인해보자. 다시 Workbench를 실행하여 root로 접속한 후 일반 직원(staff)의 데이터베이스에 대한 권한인 [Schema Privileges]를 확인하고 Workbench를 종료한다.

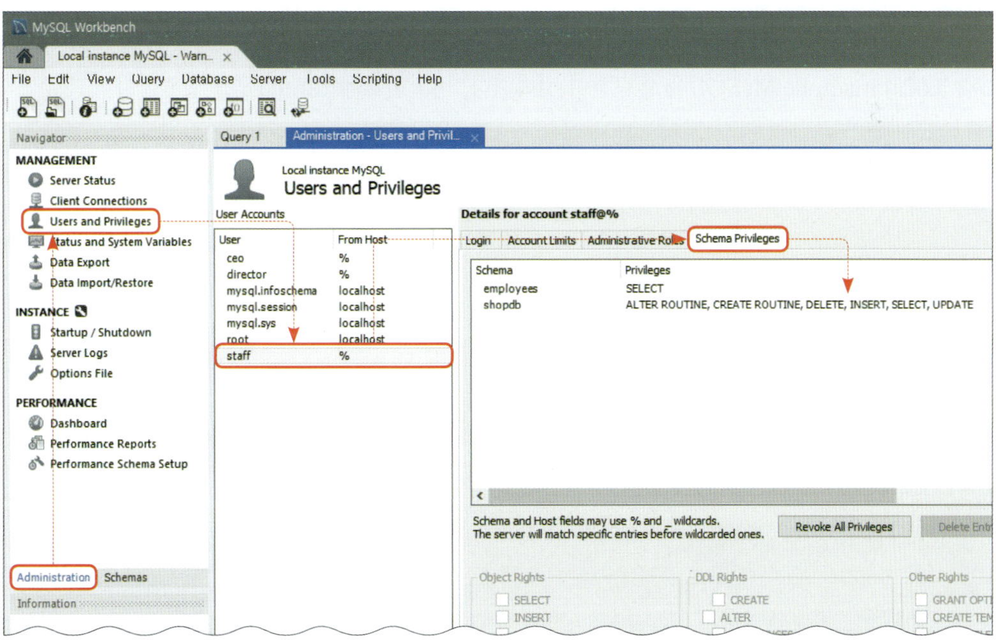

그림 4-47 사용자 생성 및 권한 부여 7

5 팀장으로 접속하여 권한 확인하기

5-1 팀장(director)으로 접속하여 [그림 4-40]과 같이 DBA 권한이 있는지 확인해보자. Workbench를 실행한다. 새로운 연결을 만들어도 되지만 기존의 'Local instance MySQL'에서 사용자를 변경해보자. 'Local instance MySQL'에서 마우스 오른쪽 버튼을 클릭하여 [Edit Connection]을 선택한다.

5-2 [Manage Server Connections] 창에서 Username을 'root'에서 'director'로 변경하고 〈Close〉를 클릭한다.

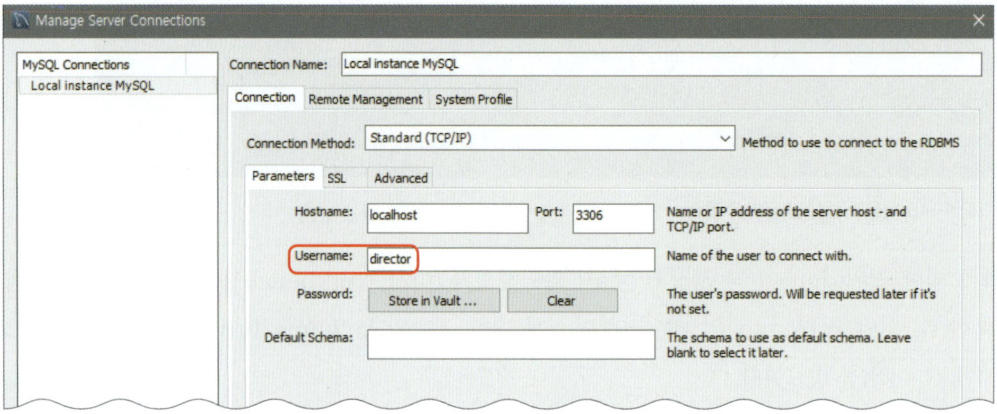

그림 4-48 **접속하는 사용자 변경**

5-3 'Local instance MySQL'을 클릭하여 접속한다. 비밀번호에 'director'를 입력한다.

5-4 쿼리 창에 다음 SQL 문을 입력하여 데이터베이스를 하나 생성한 후 삭제해본다. 잘 실행된다면 DBA의 권한이 있는 것이다.

```
CREATE DATABASE sampleDB;
DROP DATABASE sampleDB;
```

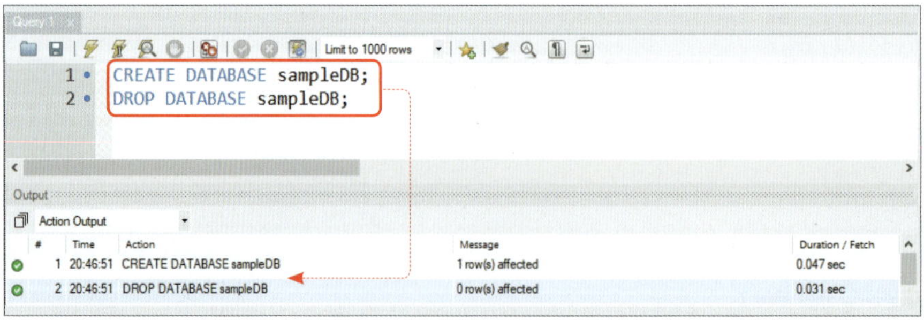

그림 4-49 **DBA 권한 확인**

5-5 다음 실습을 위해 메뉴의 [File]–[Close Connection Tab]을 선택하여 접속을 종료한다.

6 사장으로 접속하여 권한 확인하기

6-1 사장(ceo)으로 접속하여 [그림 4–40]과 같이 전체 MySQL의 읽기 권한만 있는지 확인해보자. 'Local instance MySQL'에서 마우스 오른쪽 버튼을 클릭하여 [Edit Connection]을 선택한다.

6-2 [Manage Server Connections] 창에서 Username을 'ceo'로 변경하고 〈Close〉를 클릭한다.

6-3 'Local instance MySQL'을 클릭하여 접속한다. 비밀번호에 'ceo'를 입력한다.

6-4 쿼리 창에 다음 SQL 문을 입력하여 제대로 읽기가 되는지 확인해본다.

```
USE ShopDB;
SELECT * FROM membertbl;
```

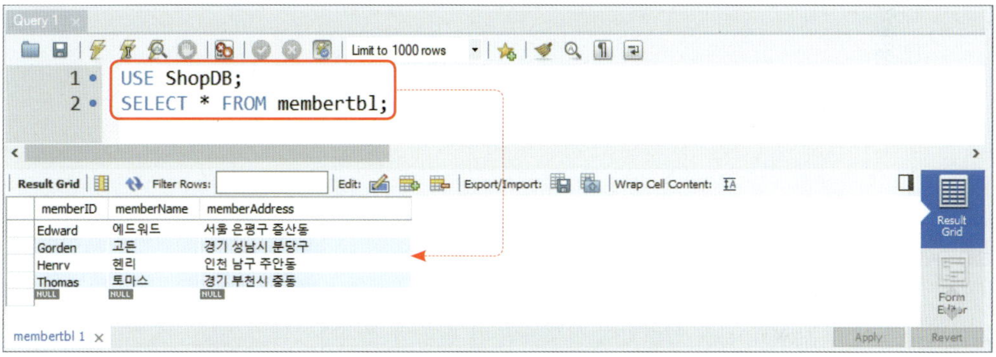

그림 4–50 SELECT 권한 확인

6-5 다음 SQL 문을 입력하여 데이터를 삭제해보자. 권한이 없기 때문에 실행되지 않을 것이다. 그 밖에 INSERT, UPDATE, CREATE 등도 모두 실행되지 않을 것이다.

```
DELETE FROM membertbl;
```

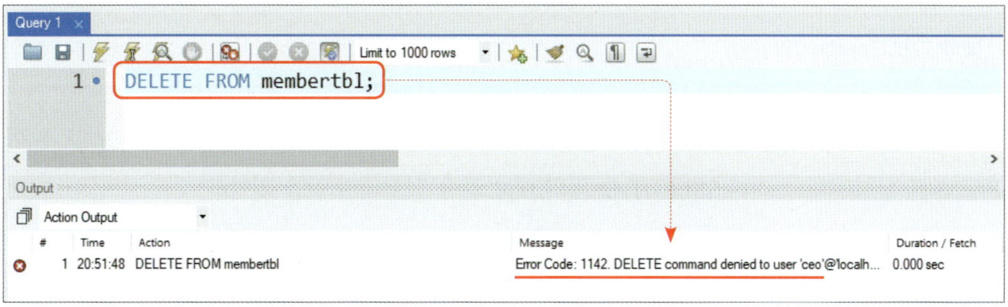

그림 4–51 DELETE는 권한이 없음

6-6 다음 실습을 위해 메뉴의 [File]–[Close Connection Tab]을 선택하여 접속을 종료한다.

7 일반 직원으로 접속하여 권한 확인하기

7-1 일반 직원(staff)으로 접속하여 [그림 4-40]과 같이 각 데이터베이스에 대한 권한이 있는지 확인해보자. 앞에서 했던 방식대로 staff로 접속한다.

7-2 [Navigator]의 [Schemas] 탭에는 데이터베이스가 2개밖에 보이지 않는다. staff에게는 2개의 데이터베이스에 대한 접근 권한만 있기 때문이다.

그림 4-52 2개의 데이터베이스만 보임

7-3 쿼리 창에 다음 SQL 문을 입력하여 실행하면 잘 실행될 것이다.

```
USE ShopDB;
SELECT * FROM memberTBL;
DELETE FROM memberTBL WHERE memberID = 'Gorden';
```

7-4 다음 SQL 문을 입력하여 테이블을 삭제해보자. 테이블 삭제(DROP) 권한이 없기 때문에 실행되지 않을 것이다.

```
DROP TABLE memberTBL;
```

7-5 이번에는 다음 SQL 문을 입력하여 실행해보자. employees 데이터베이스는 읽기만 할 수 있으므로 잘 실행된다. 그러나 SELECT 문 외의 SQL 문은 실행되지 않을 것이다.

```
USE employees;
SELECT * FROM employees;
```

7-6 메뉴의 [File]-[Close Connection Tab]을 선택하여 접속을 종료한다.

7-7 'Local instance MySQL'을 원래의 root로 변경하고 Workbench를 종료한다.

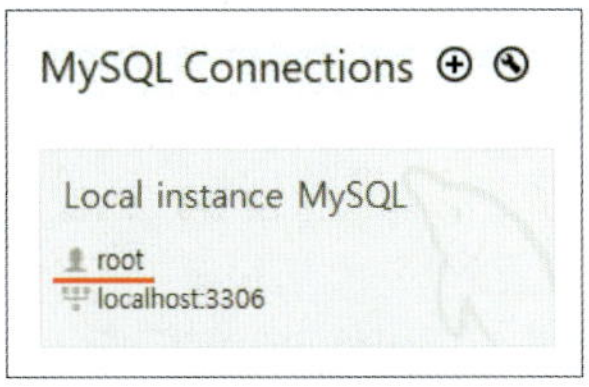

그림 4-53 root 사용자로 변경

03 데이터베이스 백업과 복원

백업과 복원은 데이터베이스 관리자(DBA)가 해야 할 가장 중요한 일 중 하나이다. 백업은 데이터베이스를 다른 매체에 보관하는 작업이고, 복원은 데이터베이스에 문제가 발생했을 때 다른 매체에 백업된 데이터를 이용하여 원상태로 돌려놓는 작업이다.

하드디스크가 손상되어 중요한 데이터를 잃어버린 적이 있는 독자라면 백업의 필요성에 공감할 것이다. 하물며 회사의 중요한 정보가 보관되어 있는 서버의 하드디스크가 손상되어 데이터를 잃어버린다면 그 피해는 더욱 크다. 이에 대비하여 간단한 백업과 복원을 실습해보자.

실습 4-5 쇼핑몰 데이터베이스 백업 후 복원하기

쇼핑몰 데이터베이스(ShopDB)를 백업한 후 실수로 데이터가 모두 삭제되었다고 가정하고 원상태로 복원해보자.

1 백업 준비하기

1-1 백업을 할 때 대상 데이터베이스가 저장된 하드디스크와 같은 곳에 백업하는 것은 의미가 없다. 원래의 하드디스크가 깨진다면 백업해놓은 데이터도 다 날아가기 때문에 백업은 다른 하드디스크에 해야 한다. 별도의 테이프 장치나 하드디스크를 준비하기 어려운 상황이니 파일 탐색기에서 C:\DB백업\ 폴더를 만들어 이 폴더를 별도의 디스크라고 가정하자.

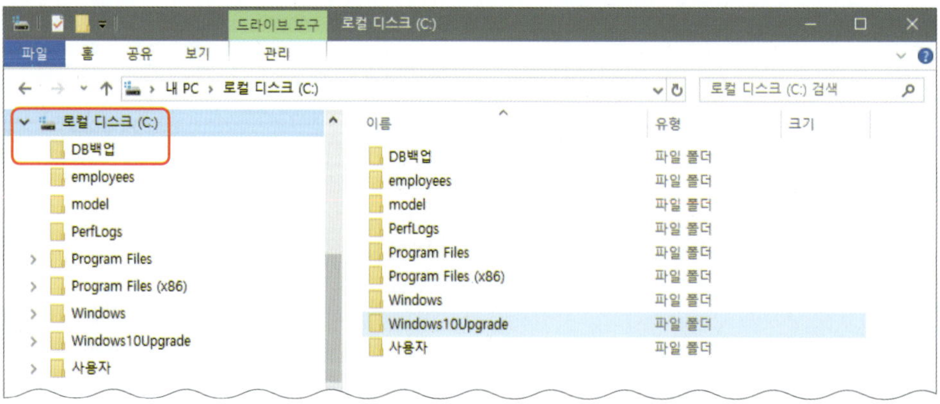

그림 4-54 백업용 폴더 생성

1-2 Workbench를 실행하고 'Local instance MySQL'에 root 사용자(비밀번호는 1234)로 접속한다. 열려 있는 쿼리 창이 있으면 모두 닫고 새 쿼리 창을 하나 연다.

1-3 쿼리 창에 다음 SQL 문을 입력하여 데이터를 확인한다. 실습을 계속 따라 한 독자라면 3개의 데이터가 보일 것이다. 그러나 몇 개든 관계없고 그 개수만 기억하자.

```
USE ShopDB;
SELECT * FROM productTBL;
```

2 쇼핑몰 데이터베이스(ShopDB) 백업하기

2-1 내비게이터의 [Administration] 탭을 선택하고 [Data Export]를 클릭하면 오른쪽에 [Data Export] 창이 열린다.

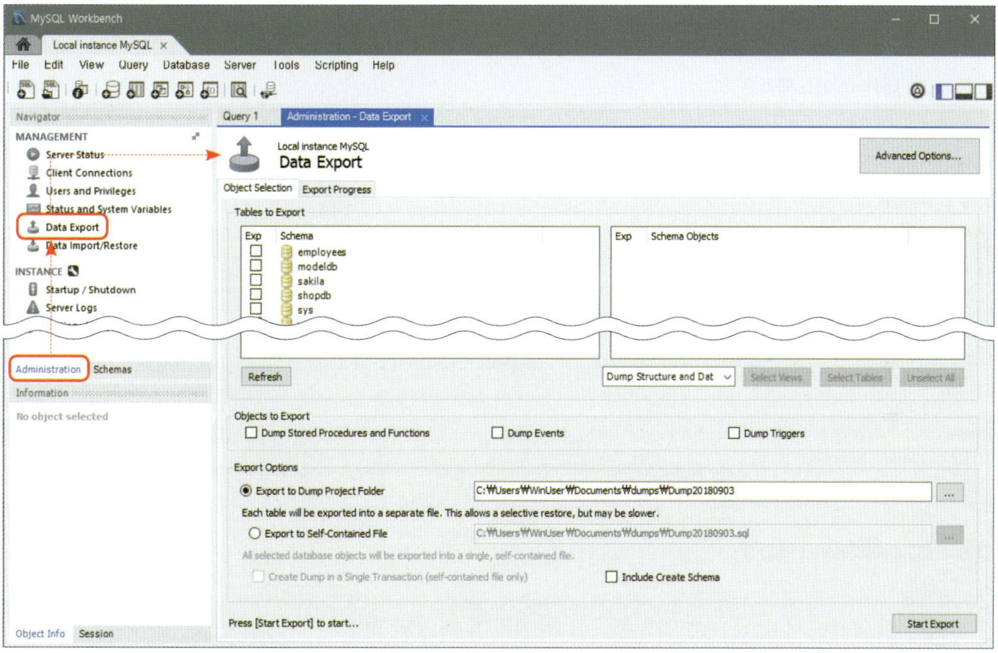

그림 4-55 데이터베이스 백업 1

2-2 ShopDB 데이터베이스를 선택하면 오른쪽에 테이블, 뷰 등이 보인다. 모두 체크 표시를 하고 [Objects to Export]에도 모두 체크 표시를 하여 스토어드 프로시저, 스토어드 함수, 트리거 등도 백업한다. 백업할 경로로 Export to Self-Contained File을 선택하고 파일을 'C:\DB백업\ShopDB.sql'로 수정한 후 Create Dump in a Single …과 Include Create Shema에도 체크 표시를 한다. ShopDB의 모든 내용을 백업하는 설정을 마치면 〈Start Export〉를 클릭한다.

TIP 만약 [mysqldump Version Mismatch] 경고 창이 나오면 〈Continue Anyway〉를 클릭한다.

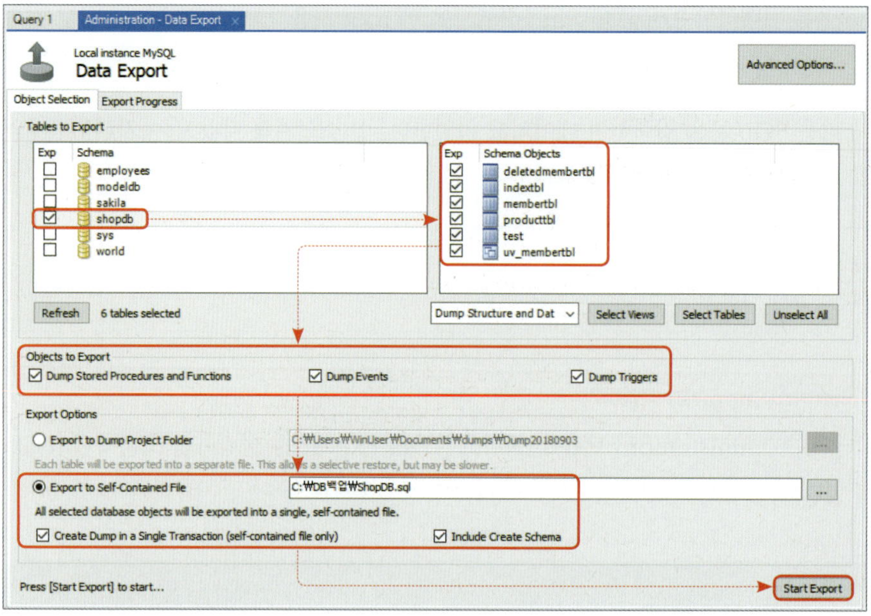

그림 4-56 **데이터베이스 백업 2**

2-3 성공적으로 백업이 종료되면 닫기(☒) 버튼을 클릭하여 창을 닫는다.

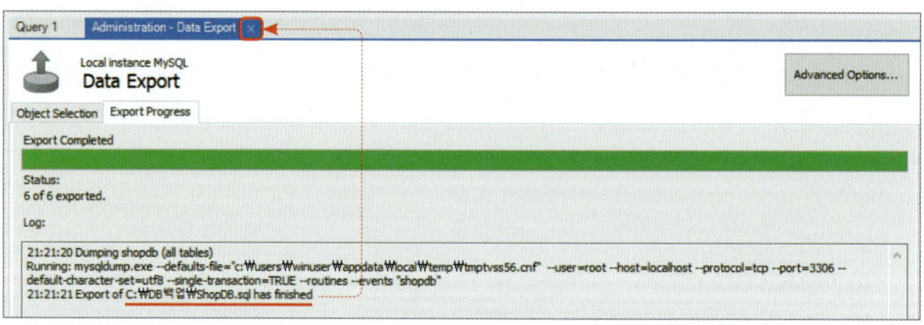

그림 4-57 **데이터베이스 백업 3**

2-4 파일 탐색기에서 C:\DB백업\ 폴더를 확인하면 백업된 파일인 ShopDB.sql을 볼 수 있다.

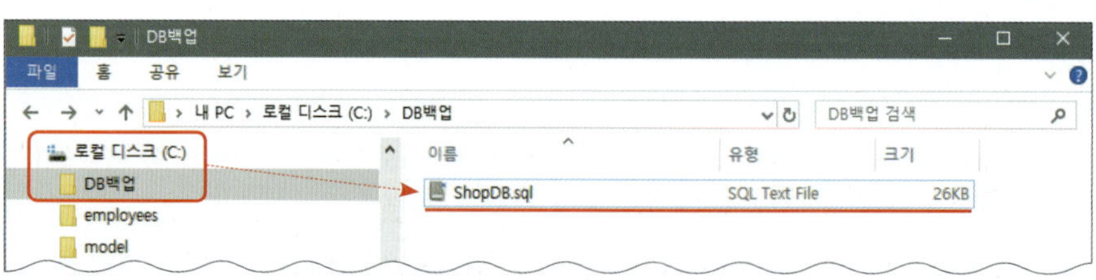

그림 4-58 **백업된 파일 확인**

TIP 백업한 *.sql 파일은 메모장에서 열어볼 수 있다. 이 파일을 열어서 확인해보면 테이블 생성, 데이터 입력 등 앞에서 작업한 내용이 조금 복잡한 코드로 쓰여 있다.

3 고의로 모든 데이터 삭제하기

3-1 모든 데이터가 삭제되는 큰 사고가 일어난 상황을 가정해보자. 쿼리 창에 다음 SQL 문을 입력하여 productTBL의 모든 데이터를 삭제한다.

```
DELETE FROM productTBL;
```

3-2 삭제가 완료되면 데이터를 되살릴 방도가 없다. 다음 SQL 문을 실행하면 당연히 0개의 데이터가 조회된다.

```
SELECT * FROM productTBL;
```

4 복원하기

4-1 백업한 데이터를 복원하여 앞에서 삭제한 productTBL을 원상 복구해보자. 사용 중인 데이터베이스를 복원하면 문제가 생길 수도 있으므로 사용 중인 데이터베이스를 ShopDB에서 다른 DB로 변경해야 한다. 쿼리 창에 다음 SQL 문을 입력하여 실행한다. sys가 아닌 데이터베이스를 선택해도 상관없다.

```
USE sys; -- 일단 다른 DB를 선택
```

4-2 내비게이터의 [Administration]에서 [Data Import/Restore]를 클릭한다.

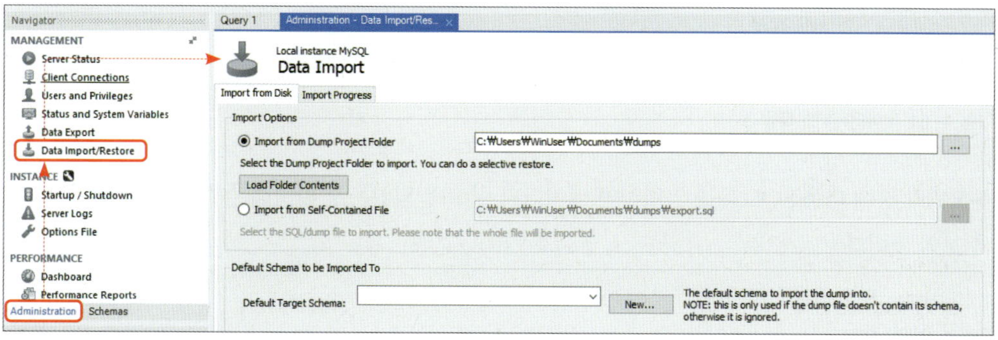

그림 4-59 데이터베이스 복원 1

4-3 [Data Import] 창에서 Import from Self-Contained File을 선택한 후 〈…〉을 클릭하여 C:\DB백업\ShopDB.sql 파일을 선택한다. Default Target Schema로 shopdb를 선택하고 〈Start Import〉를 클릭한다.

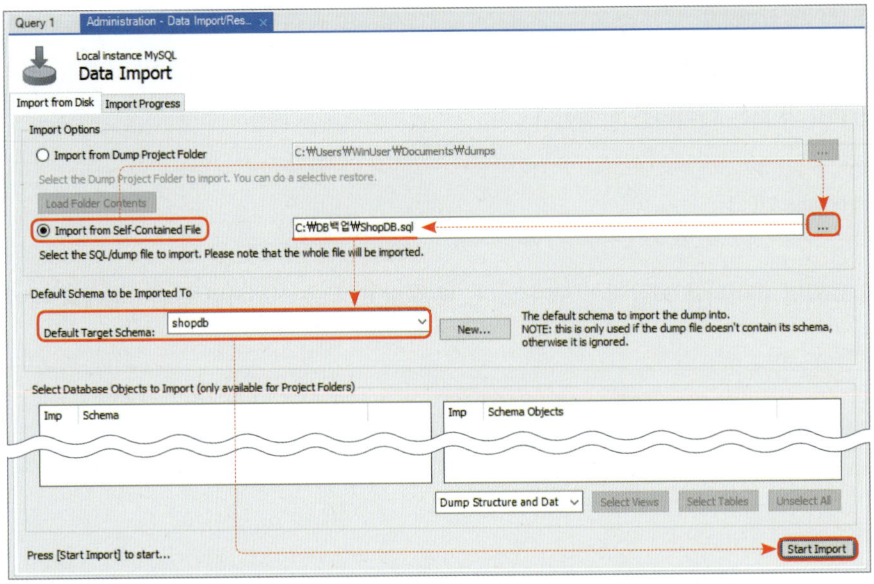

그림 4-60 데이터베이스 복원 2

4-4 제대로 복원된 것을 확인한 후 [Data Import] 창을 닫는다.

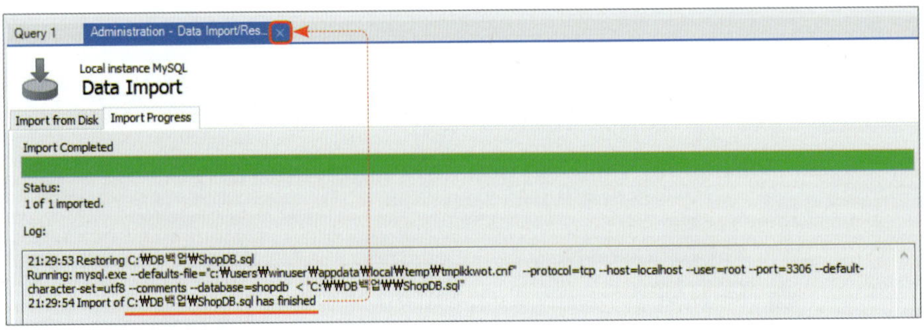

그림 4-61 데이터베이스 복원 3

4-5 쿼리 창에 다음 SQL 문을 입력하여 데이터가 잘 복원되었는지 확인해본다. 원래의 데이터 3개가 보일 것이다.

```
USE ShopDB;
SELECT * FROM productTBL;
```

백업과 복원을 간단히 실습해보았다. Workbench가 GUI 모드를 제공하여 편리하게 백업과 복원을 할 수 있었는데, 내부적으로는 mysqldump.exe와 mysql.exe 프로그램이 작동한 것이다. 따라서 명령어 모드에서도 mysqldump.exe 명령의 옵션과 함께 백업을 진행하면 동일하게 백업과 복원을 할 수 있다.

요약

1 MySQL Workbench는 MySQL 5.0 버전부터 본격적으로 GUI 툴을 제공했다.

2 Workbench의 주요 기능은 다음과 같이 요약된다.

- 데이터베이스 연결
- 인스턴스 관리
- 마법사(Wizard)를 이용한 MySQL 동작
- 통합된 기능의 SQL 편집기 제공
- 데이터베이스 모델링 기능 제공
- 포워드/리버스 엔지니어링 기능 제공
- 데이터베이스 인스턴스 시작/종료
- 데이터베이스 내보내기/가져오기
- 데이터베이스 계정 관리

3 [MySQL Connections] 창에서는 기본값으로 MySQL의 관리자인 root 사용자, 서버는 자신의 컴퓨터를 의미하는 localhost, 포트는 3306번으로 접속하도록 설정되어 있다.

4 내비게이터의 [Schemas] 탭에서 제공하는 기능은 다음과 같다.

- 데이터베이스(스키마) 생성 및 삭제
- 데이터베이스 개체(테이블, 뷰, 인덱스, 스토어드 프로시저, 함수 등) 생성 및 관리
- 데이터베이스 속성 조회

5 내비게이터의 [Administration] 탭에서 제공하는 기능은 다음과 같다.

- MySQL 서버의 가동 상태 및 설치된 폴더 확인
- MySQL 서버에 연결되어 있는 클라이언트의 정보 확인
- 사용자 생성, 삭제 및 권한 관리
- 서버 변숫값 확인
- 데이터 내보내기/가져오기
- MySQL 연결 정보 관리
- MySQL 인스턴스 중지 및 시작
- 서버에 기록된 로그 조회

요약

- MySQL 옵션 파일의 설정 정보 확인 및 변경
- 네트워크 상태 및 MySQL의 성능 상태 확인
- 성능 상태 보고서 작성
- 성능 구성 설정

6 내비게이터는 자동으로 SQL 문을 생성하는 기능을 제공한다.

7 쿼리 창은 간단히 말해 쿼리 문장(SQL 문)을 입력하고 실행하는 텍스트 에디터로 자동 완성, 대·소문자 변환, 자동 주석, 행 개수 제한, 결과 저장, 실행 계획 확인 등의 다양한 기능을 제공한다.

8 보안을 위해 root 외의 별도 사용자를 만들고 사용자마다 적당한 권한을 부여하여 관리할 필요가 있다.

9 내비게이터의 [Administration] 탭에서 [Users and Privileges]를 선택하면 데이터베이스 사용자를 생성하고 관리할 수 있다.

10 백업은 데이터베이스를 다른 매체에 보관하는 작업이고, 복원은 데이터베이스에 문제가 발생했을 때 다른 매체에 백업된 데이터를 이용하여 원상태로 돌려놓는 작업이다.

11 내비게이터의 [Administration] 탭에서 [Data Export]를 선택하면 데이터베이스를 백업할 수 있다. 백업된 파일은 *.sql 파일로 저장된다.

12 내비게이터의 [Administration] 탭에서 [Data Import/Restore]를 선택하면 백업된 *.sql 파일을 이용하여 데이터베이스를 복원할 수 있다.

연습문제

1 MySQL Workbench에 대한 설명으로 거리가 먼 것을 고르시오.

① 데이터베이스 연결

② SQL 문 실행

③ 데이터베이스 모델링

④ 데이터베이스 내보내기

⑤ MySQL 8.4 설치 파일에 포함되어 있음

2 MySQL Workbench의 접속에 대한 설명으로 거리가 먼 것을 모두 고르시오.

① localhost는 자신의 컴퓨터를 의미한다.

② [Connection]에서는 접속 방식으로 기본적으로 Web을 선택한다.

③ [SSL] 탭에서는 보안과 관련된 내용을 설정할 수 있다.

④ [Remote Management] 탭에서는 SSH 서버 기반 원격 접속 관리가 가능하다.

⑤ [System Profile] 탭에서는 접속할 윈도우 버전을 7, 8, 10, 11 중에서 선택할 수 있다.

3 [Administration] 탭에 포함되지 않은 내비게이터의 기능을 모두 고르시오.

㉠ MySQL 서버의 가동 상태, 설치된 폴더 등 확인

㉡ MySQL 서버에 연결되어 있는 클라이언트의 정보 확인

㉢ 사용자 생성, 삭제 및 권한 관리

㉣ 테이블 생성 및 관리

㉤ 네트워크 상태 및 MySQL의 성능 상태 확인

㉥ 데이터베이스 속성 조회

4 MySQL Workbench의 테이블에서 마우스 오른쪽 버튼을 클릭하여 [Send to SQL Editor] 메뉴를 선택할 때 자동으로 생성되지 않는 SQL 문을 모두 고르시오.

㉠ SELECT	㉡ UPDATE	㉢ DELETE	㉣ DROP
㉤ ALTER	㉥ INSERT	㉦ CREATE	

5 MySQL 서비스를 시작하는 터미널 명령과 중지하는 터미널 명령을 각각 쓰시오.

연습문제

6 MySQL Workbench 쿼리 창에 대한 설명으로 거리가 먼 것을 고르시오.

① 메뉴의 [File]-[New Query Tab]을 선택하면 새 쿼리 창이 열린다.

② SQL 문을 실행하려면 Ctrl + Alt + Enter를 누른다.

③ [Output] 창에서 실행 성공 또는 실패의 결과를 확인할 수 있다.

④ SELECT 문을 수행하기 전에 [SCHEMAS] 탭에서 해당 데이터베이스를 선택해야 한다.

7 SQL 문의 실행에 대한 설명으로 거리가 먼 것을 고르시오.

① 세미콜론이 나올 때까지는 행이 바뀌어도 한 문장으로 처리된다.

② 예약어는 모두 대문자 또는 소문자로 통일해서 입력하지 않으면 오류가 발생한다.

③ 한 줄만 주석으로 처리할 때는 '--'를 사용한다.

④ 여러 줄을 주석으로 처리할 때는 /* 코드 */를 사용한다.

⑤ SELECT를 실행하면 기본적으로 최대 1000개 행이 나오도록 설정되어 있다.

8 MySQL Workbench에서 새로운 사용자를 생성하는 방법에 대한 설명으로 거리가 먼 것을 고르시오.

① Workbench의 [Administration] 탭 중 [Users and Privileges]에서 생성할 수 있다.

② [Login] 탭의 Limit to Hosts Matching에서 %는 모든 컴퓨터를 의미한다.

③ [Account Limits] 탭을 클릭하면 최대 쿼리 수, 최대 업데이트 수 등을 설정할 수 있는데, 0은 쿼리 수 등을 0개로 제한한다는 의미이다.

④ [Administrative Roles] 탭에서 DBA를 선택하면 모든 권한이 부여된다.

9 일반 직원에게 다음과 같은 권한을 부여하는 SQL 문 중에서 옳지 않은 것을 고르시오.

> cookUser에 대해 hanbitdb는 읽기 및 스토어드 프로시저의 생성·변경 권한을, employees는 읽기/쓰기 권한을 부여한다.

① CREATE USER cookUser@'%' IDENTIFIED BY 'cookUser';

② GRANT SELECT ON employees.* TO cookUser@'%';

③ GRANT INSERT, UPDATE, DELETE ON employees.* TO cookUser@'%';

④ GRANT SELECT, INSERT, UPDATE, DELETE ON hanbitdb.* TO cookUser@'%';

⑤ GRANT CREATE ROUTINE, ALTER ROUTINE hanbitdb.* TO cookUser@'%';

10 MySQL Workbench의 데이터베이스 백업과 복원에 대한 설명으로 거리가 먼 것을 고르시오.

① 백업과 복원은 DBA의 역할이며 일반 사용자가 수행하지 않는다.

② 내비게이터의 [Administration]–[Data Export]에서 백업을 할 수 있다.

③ 필요하다면 백업 결과를 별도의 SQL 문으로 구성된 파일로 만들 수 있다.

④ 내비게이터의 [Administration]–[Data Import/Restore]에서 복원을 할 수 있다.

⑤ 명령어 모드에서 mysqlbackup.exe 명령으로도 백업을 할 수 있다.

응용 예제 MariaDB에서 사용자 관리 및 백업, 복원하기

MariaDB에서 사용자 권한 부여하기

148쪽에 있는 [그림 4-40]과 동일하게 MariaDB에서 사용자를 생성하고 권한을 부여해보자.

(1) 팀장 생성 및 데이터베이스 관리자 권한 부여

HeidiSQL 메뉴의 [도구]-[사용자 관리자]를 선택한다. [사용자 관리자] 창에서 〈추가〉를 클릭한 후 사용자 이름에 'director'를 입력한다. 호스트는 '%'로 설정하고, 암호는 기억하기 쉽게 'director'로 설정한다. 접근 허용의 '전체 권한'에 체크하고 〈저장〉을 클릭하면 director 사용자가 등록된 것을 확인할 수 있다.

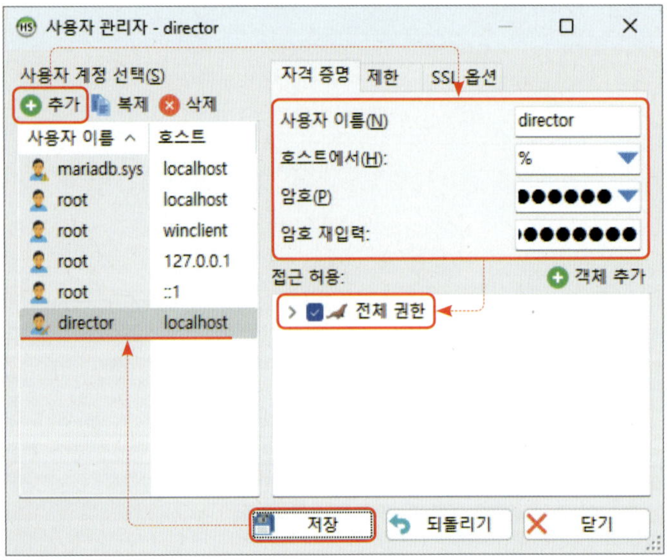

팀장 생성

(2) 사장 생성 및 읽기 권한 부여

[사용자 관리자] 창에서 〈추가〉를 클릭한 후 사용자 이름에 'ceo'를 입력한다. 호스트는 '%'로 설정하고, 암호는 기억하기 쉽게 'ceo'로 설정한다. [그림 4-40]을 보면 사장은 읽기(SELECT) 권한만 필요하므로 접근 허용의 '전체 권한'을 확장하여 'SELECT'에만 체크하고 〈저장〉을 클릭한다.

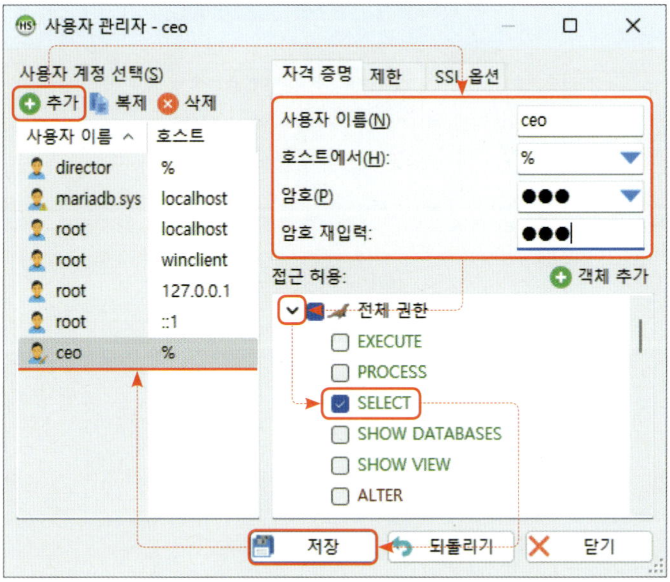

사장 생성

(3) 일반 직원 생성 및 권한 부여

다음으로 일반 직원(staff) 사용자를 생성하고, ShopDB 데이터베이스의 모든 테이블에 대해 읽기(SELECT), 쓰기(INSERT), 수정(UPDATE), 삭제(DELETE) 권한을 부여한다. 또한 스토어드 프로시저 등의 생성(CREATE ROUTINE) 및 수정(ALTER ROUTINE) 권한도 함께 설정한다. 추가로 employees 데이터베이스의 테이블에 대해서는 읽기(SELECT) 권한만 부여한다.

[사용자 관리자] 창에서 〈추가〉를 클릭한 후 사용자 이름에 'staff'를 입력한다. 호스트는 '%'로, 암호는 'staff'로 설정하고 〈객체 추가〉를 클릭하여 'shopdb'를 선택한다. '데이터베이스: shopdb'가 추가되면 계획대로 'SELECT, ALTER ROUTINE, CREATE ROUTINE, DELETE, INSERT, UPDATE'에 체크하고 〈저장〉을 클릭한다.

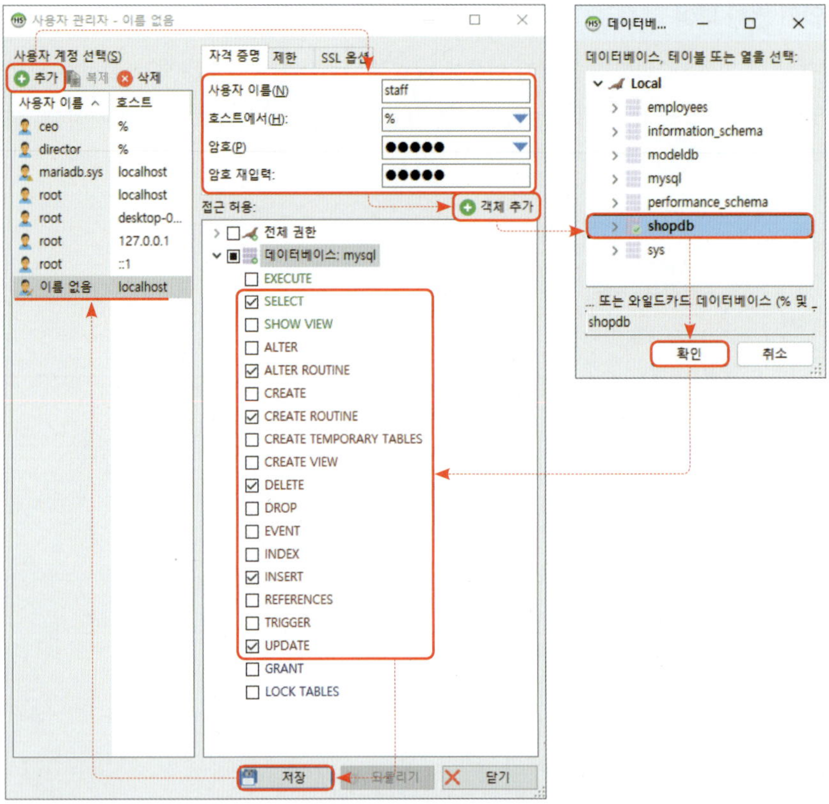

일반 직원 생성

(4) employees 데이터베이스 읽기 권한 부여

다시 〈객체 추가〉를 클릭하여 'employees' 데이터베이스를 선택하고 SELECT 권한에만 체크한다. 설정한 내용을 적용하기 위해 〈저장〉을 클릭한다.

(5) 권한 확인

부여된 권한이 제대로 적용되었는지 각 사용자로 접속하여 확인해본다. 예로 HeidiSQL을 종료하고 다시 실행한 후 사용자와 암호에 'director'를 입력하고 접속한다. **CREATE DATABASE sampleDB** 명령으로 데이터베이스가 생성되는지 확인해보자.

MariaDB에서 백업 및 복원하기

HeidiSQL에서 제공하는 간단한 백업 및 복원 기능을 사용하여 employees 데이터베이스를 백업하고 복원하는 과정을 연습해보자.

1 HeidiSQL의 왼쪽에 있는 데이터베이스 목록 창에서 [employees]를 선택하고 마우스 오른쪽 버튼을 클릭하여 [데이터베이스를 SQL로 내보내기]를 선택한다.

2 [테이블 도구] 창에서 employees를 확장하고 테이블 중 employees 외에 모든 체크를 해제한다. 이는 모든 테이블을 백업하면 용량이 커져서 실습 시간이 오래 걸리는 것을 방지하기 위함이다. 테이블 설정에서 '삭제', '생성'에 모두 체크하고 데이터 부분은 'INSERT (신규 데이터를 삽입)'으로 설정한다. 파일명은 'C:\SQL\employees.sql'로 지정하는데, 이는 salaries와 titles를 제외한 나머지 테이블의 구조와 데이터를 모두 백업하기 위한 설정이다. 설정이 완료되면 〈내보내기〉를 클릭한다.

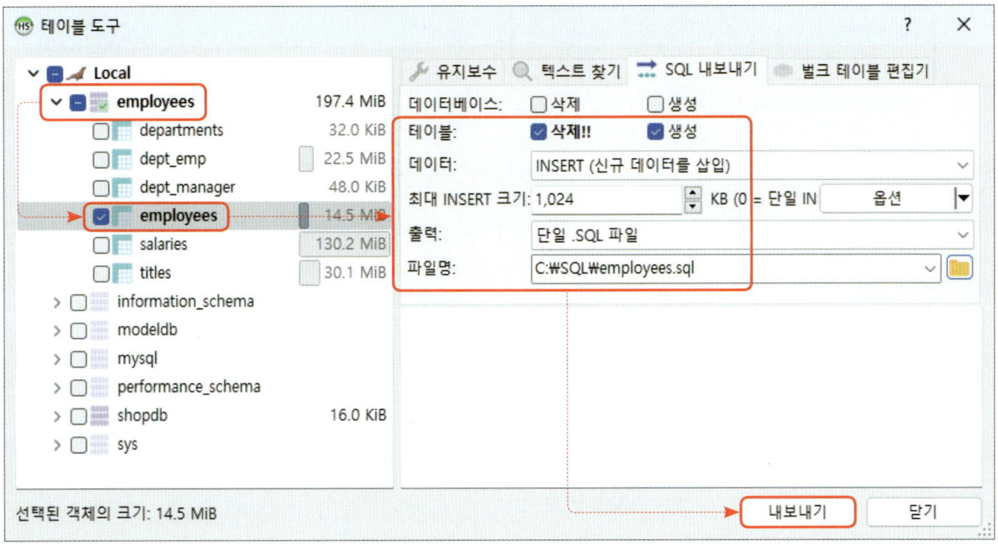

데이터베이스 백업

3 모든 데이터가 정상적으로 백업되었으면 〈닫기〉를 클릭하여 창을 닫는다.

4 다음 SQL 문을 실행하여 employees 데이터베이스의 employees 테이블을 삭제한다. 큰 사고가 난 것으로 가정한다.

```
USE employees;
DELETE FROM employees;
```

5 테이블을 확인해보면 데이터가 없을 것이다.

```
USE employees;
SELECT * FROM employees;
```

6 이제 데이터를 복원해보자. HeidiSQL 메뉴의 [파일]–[SQL 파일 불러오기]를 선택한 후, 앞에서 백업한 C:\SQL\employees.sql 파일을 선택하고 〈열기〉를 클릭한다. 인코딩을 자동 인식하겠냐는 메시지가 나오면 〈예〉를 클릭하고, [큰 파일 열기] 화면이 나타나면 〈파일을 직접 실행〉을 선택하여 실행한다.

데이터베이스 복원

7 잠시 후 employees 테이블을 다시 조회하면 데이터가 복원된 것을 확인할 수 있다.

CHAPTER 05

데이터 검색과 그루핑

학습목표

- 데이터 검색을 위한 SELECT 문을 학습한다.
- SELECT 문에 조건을 추가하여 검색하는 방법을 익힌다.
- SELECT 문에 서브쿼리, DISTINCT, ORDER BY 구문을 추가하여 검색하는 방법을 익힌다.
- SELECT 문에 그루핑 구문을 추가하여 검색하는 방법을 익힌다.

01 SELECT … FROM 문

1 SQL 문의 개요

SQL(Structured Query Language, 구조화된 질의 언어) 문은 데이터베이스에서 사용되는 일종의 공통 언어이다. 한국인에게는 한국어로, 중국인에게는 중국어로 이야기해야 의사소통이 되듯이 DBMS에는 SQL 문으로 명령을 지시해야 알아듣고 작업을 수행한 후 그 결과를 돌려준다.

DBMS는 이 책에서 다루는 MySQL 말고도 많은 제품이 있다. 따라서 모든 DBMS에서 통용되는 SQL 표준이 필요하여 NCITS(국제표준준화위원회)는 ANSI/ISO SQL이라는 명칭의 SQL 표준을 관리하고 있으며, 그중에서 1992년에 제정된 ANSI-92 SQL과 1999년에 제정된 ANSI-99 SQL을 대부분의 DBMS 회사에서 SQL 표준으로 사용하고 있다.

ANSI-92/99 SQL은 표준으로 채택되어 모든 회사에서 따르고 있지만 이 표준이 모든 DBMS 제품의 특성을 반영하는 것은 아니다. 이에 각 회사는 ANSI-92/99 SQL의 표준을 준수하면서도 자사의 제품 특성을 반영한 SQL에 별도의 이름을 붙였다. 예컨대 MySQL에서는 그냥 SQL이라고 명명한 SQL 문을 사용하고, 오라클에서는 PL/SQL이라는 SQL 문을, SQL Server에서는 Transact SQL(T-SQL)이라는 SQL 문을 사용한다.

결론적으로 MySQL이 사용하는 SQL 문은 대부분의 DBMS에 공통으로 적용되는 ANSI-92/99 SQL의 내용을 포함하면서도 MySQL만의 특성을 반영한 확장된 SQL이다. 앞으로는 SQL을 문맥에 따라서 쿼리 또는 쿼리문이라고 부를 텐데 다 같은 의미이니 혼동하지 말기 바란다.

주로 사용하는 SQL 문은 SELECT, INSERT, UPDATE, DELETE 문 등이다. 이 네 가지만 알아도 많은 쿼리문을 작성할 수 있다. 이 중에서 SELECT 문은 데이터베이스를 활용하는 데 기본 중의 기본이다.

2 SELECT 문의 형식

SELECT 문은 가장 많이 사용되는 구문으로 데이터베이스 내의 테이블에서 원하는 정보를 검색한다. MySQL의 도움말에 나오는 SELECT 문의 형식은 다음과 같다.

```
SELECT
    [ALL | DISTINCT | DISTINCTROW ]
      [HIGH_PRIORITY]
      [MAX_STATEMENT_TIME = N]
      [STRAIGHT_JOIN]
      [SQL_SMALL_RESULT] [SQL_BIG_RESULT] [SQL_BUFFER_RESULT]
      [SQL_CACHE | SQL_NO_CACHE] [SQL_CALC_FOUND_ROWS]
    select_expr [, select_expr …]
    [FROM table_references
      [PARTITION partition_list]
    [WHERE where_condition]
    [GROUP BY {col_name | expr | position}
      [ASC | DESC], … [WITH ROLLUP]]
    [HAVING where_condition]
    [ORDER BY {col_name | expr | position}
      [ASC | DESC], …]
    [LIMIT {[offset,] row_count | row_count OFFSET offset}]
    [PROCEDURE procedure_name(argument_list)]
    [INTO OUTFILE 'file_name'
        [CHARACTER SET charset_name]
        export_options
      | INTO DUMPFILE 'file_name'
      | INTO var_name [, var_name]]
    [FOR UPDATE | LOCK IN SHARE MODE]]
```

위 형식을 처음 보았을 때는 길고 복잡하여 어렵게 느껴질 것이다. SELECT 문에 붙는 옵션이 다양하기 때문에 복잡해 보이지만 실제로 많이 사용되는 옵션만 남기고 요약하면 다음과 같이 간단해진다. 아래 구문에서 대괄호([ ])의 내용은 생략할 수 있다.

```
SELECT select_expr
    [FROM table_references]
    [WHERE where_condition]
    [GROUP BY {col_name | expr | position}]
    [HAVING where_condition]
    [ORDER BY {col_name | expr | position}]
```

그래도 복잡해 보인다면 다음과 같이 아주 자주 쓰는 옵션만 남길 수 있다. 이 정도면 SELECT 문이 어렵지 않아 보일 것이다. 앞으로 쉬운 것부터 하나씩 살펴보면서 살을 붙여가는 방식으로 SELECT 문을 공부해보자.

```
SELECT 열이름
FROM 테이블이름
WHERE 조건
```

3 USE 문

SELECT 문으로 데이터를 검색하기 전에 먼저 사용할 데이터베이스를 지정해야 한다. 이 책에서 주로 사용하는 데이터베이스는 [실습 5-1]에서 만들 cookDB 데이터베이스와 MySQL의 샘플 데이터베이스인 employees이다.

현재 사용하는 데이터베이스를 지정하거나 변경하는 구문의 형식은 다음과 같다.

```
USE 데이터베이스이름;
```

예를 들어 employees 데이터베이스를 사용하려면 쿼리 창에서 다음과 같이 입력한다.

```
USE employees;
```

이렇게 데이터베이스를 지정하고 나면 특별히 USE 문을 사용하거나 다른 데이터베이스를 사용하겠다고 명시하지 않는 이상 모든 SQL 문이 employees 데이터베이스에서 수행된다. 위의 **USE employees** 문은 한마디로 '지금부터 employees 데이터베이스를 사용하겠으니 모든 쿼리는 employees에서 수행하라'는 뜻이다.

여기서 잠깐

SQL 문의 대·소문자 구분

SQL에서는 일반적으로 대문자와 소문자를 구분하지 않는다. 즉 USE, use, uSE를 모두 동일하게 인식한다. 하지만 대문자 또는 소문자로 통일하면 구문을 읽기도 쉽고 MySQL의 성능에도 조금 도움이 된다. 이 책에서는 독자의 편의를 위해 예약어(USE, SELECT 등)는 대문자로, 사용자 정의어(테이블 이름, 열 이름) 등은 대문자와 소문자를 섞어서 사용하겠다.

데이터베이스를 지정하는 다른 방법은 Workbench에서 직접 선택하여 지정하는 것이다. 내비게이터의 [Schemas] 탭에서 employees 데이터베이스를 더블클릭하면 진한 글씨로 바뀌고 왼쪽 아래에 'Active schema changed to employees'라는 메시지가 나타난다. 이는 이제부터 employees 데이터베이스가 기본적으로 사용된다는 의미이다.

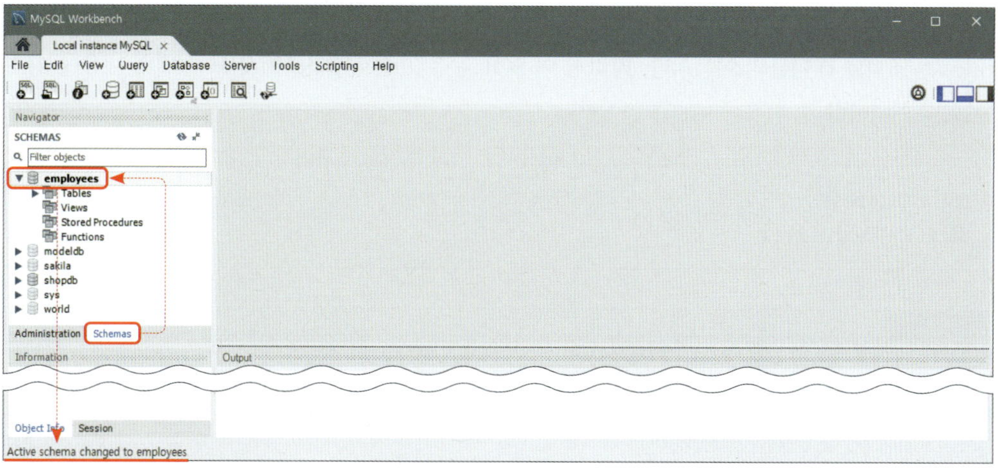

그림 5-1 현재의 데이터베이스 변경

만약 지정한 데이터베이스가 아니라 다른 데이터베이스를 조회하는 쿼리문을 실행하면 오류 메시지가 나타난다. 다음 쿼리문의 경우 현재 선택된 mysql 데이터베이스에는 employees라는 테이블이 없기 때문에 오류 메시지가 나타난다. 이는 MySQL을 처음 사용할 때 자주 범하는 실수이다. 따라서 쿼리 창을 연 후 자신이 작업할 데이터베이스가 선택되어 있는지 먼저 확인하는 습관을 들여야 한다.

```
USE mysql;
SELECT * FROM employees;
```

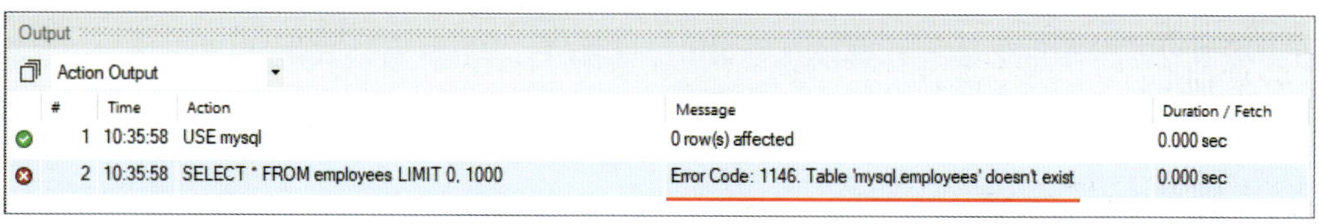

그림 5-2 오류 메시지

4 SELECT … FROM 문

SELECT … FROM 문은 데이터를 열 단위로 검색하는 구문이다. SELECT 다음에는 검색하려는 열 이름을, FROM 다음에는 검색하려는 테이블 이름을 넣는다.

4.1 모든 열 검색

쿼리의 결과 개수에 제한이 없도록 행 개수 제한을 'Don't Limit'로 설정하고 현재 데이터베이스를 employees로 지정한 후 다음과 같은 간단한 SQL 문을 입력해보자. 이 SQL 문에서 SELECT 다음의 *는 '모든 것'을 뜻하는데, 열 이름 자리에 있으므로 '모든 열'이라는 의미이다. FROM 다음의 titles는 조회할 테이블의 이름이다. 따라서 이 SQL 문은 'titles 테이블에서 모든 열의 내용을 가져오라'는 의미이다.

```
USE employees;
SELECT * FROM titles;
```

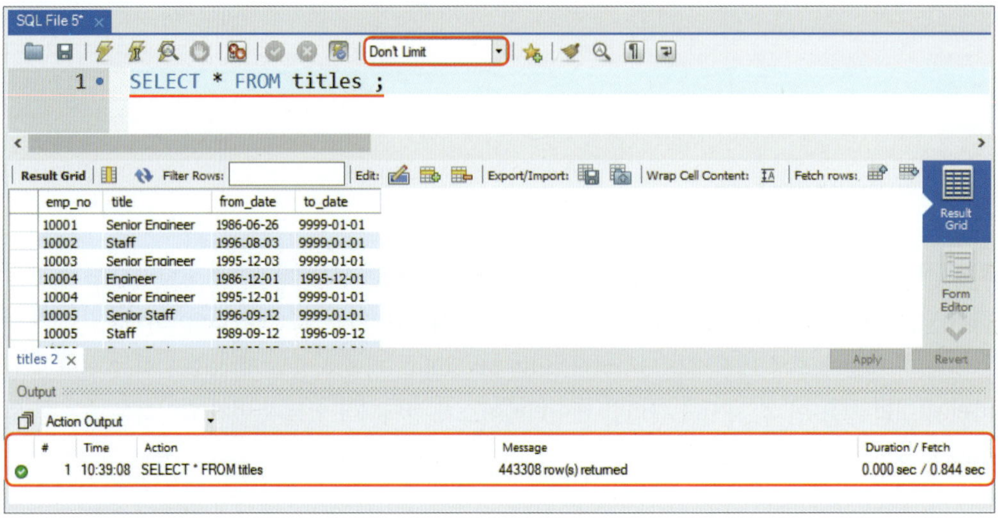

그림 5-3 **쿼리 실행 결과 1**

위 그림에서 [Output] 창의 아래쪽에 있는 상태 바의 구성을 알아보자.

- **초록색 아이콘**: 쿼리가 정상적으로 실행된 상태를 나타낸다. 오류일 때는 빨간색이 된다.
- **1**: 실행한 쿼리의 순번을 나타낸다. 실행한 쿼리가 여러 개라면 1, 2, 3, … 순으로 증가한다.
- **Action**: 실행한 쿼리문이 표시된다.
- **Message**: SELECT 문으로 조회한 행의 개수가 표시된다. 오류가 발생했을 때는 오류 번호, 오류 메시지가 표시된다.
- **Duration / Fetch**: Duration은 SQL 문이 실행되는 데 걸린 시간(초), Fetch는 데이터를 테이블에서 가져오는 데 걸린 시간(초)을 나타낸다.

원래 테이블의 전체 이름은 '데이터베이스이름.테이블이름' 형식으로 표현한다. titles 테이블은 employees 데이터베이스에 속해 있으므로 원칙적으로는 다음과 같이 사용해야 한다.

```
SELECT * FROM employees.titles;
```

하지만 데이터베이스의 이름을 생략하더라도 현재 선택한 데이터베이스의 이름이 자동으로 붙는다. 따라서 현재 선택된 데이터베이스가 employees라면 다음 두 쿼리는 동일하다.

```
SELECT * FROM employees.titles;
SELECT * FROM titles;
```

4.2 원하는 열만 검색

쿼리의 결과 행수를 기본인 'Limit to 1000 rows'로 설정하고 쿼리 창에 다음과 같은 SQL 문을 입력해보자. 사원 테이블에서 이름만 가져오는 명령이며, 결과로 사원의 이름만 출력된다.

```
SELECT first_name FROM employees;
```

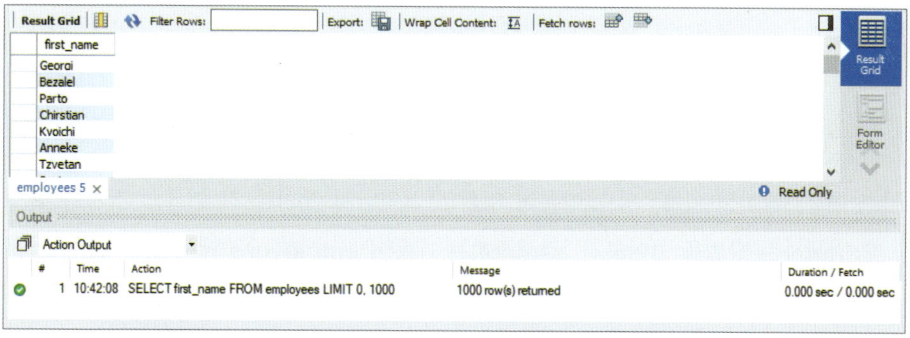

그림 5-4 **쿼리 실행 결과 2**

여러 개의 열을 가져오고 싶으면 쉼표(,)로 구분한다. 열 이름의 순서는 원하는 대로 바꿔도 된다.

```
SELECT first_name, last_name, gender FROM employees;
```

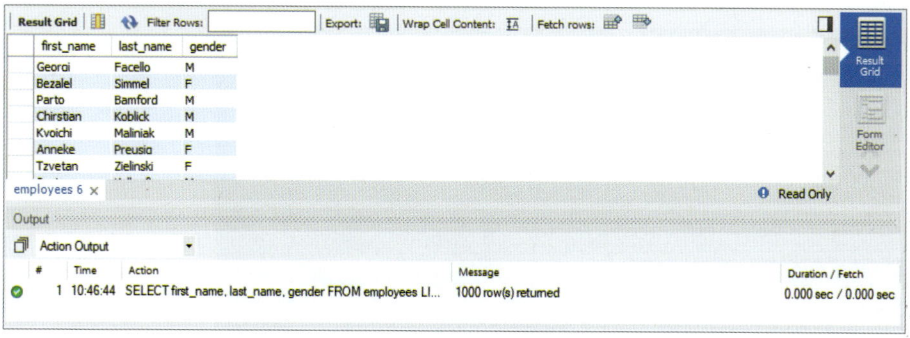

그림 5-5 **쿼리 실행 결과 3**

여기서 잠깐

MySQL의 주석

MySQL에서는 --(붙임표 2개) 이후의 문구를 모두 주석(remark)으로 처리한다. 주석은 코드에 보충 설명을 달거나 잠시 해당 부분만 실행하지 않을 때 사용한다. 주석 문구는 -- 뒤에 바로 붙여서 쓰면 안 되고 한 칸 이상 띄어야 한다. 주석으로 처리된 문구는 회색으로 바뀐다. 주석 문구가 여러 줄일 때는 /* */로 묶는다.

```
-- 한 줄 주석 연습
SELECT first_name, last_name, gender -- 이름과 성별 열을 가져옴
FROM employees;
```

```
/* 블록 주석 연습
SELECT first_name, last_name, gender
FROM employees;
*/
```

실습 5-1 개체의 이름을 정확히 모를 때 데이터 검색하기

데이터베이스 이름, 테이블 이름, 필드 이름이 정확히 기억나지 않거나 각 이름의 철자가 확실하지 않을 때 검색하는 방법을 알아보자. 검색하려는 내용이 employees 데이터베이스에 있는 employees 테이블의 first_name과 gender 열이라고 가정하자.

TIP 개체의 이름을 정확히 모를 때는 Workbench의 내비게이터에서 바로 확인할 수 있다. 그러나 MySQL을 GUI 환경에서 사용할 수 없는 리눅스나 유닉스에서는 바로 확인할 수 없는데, 그럴 때 이 실습이 유용하다.

1 명령 줄 모드로 MySQL 서버에 접속하기

1-1 윈도우의 [시작]-[모든 앱]-[MySQL]-[MySQL 8.4 Command Line Client]를 실행하고 비밀번호 '1234'를 입력하여 MySQL 서버에 접속한다.

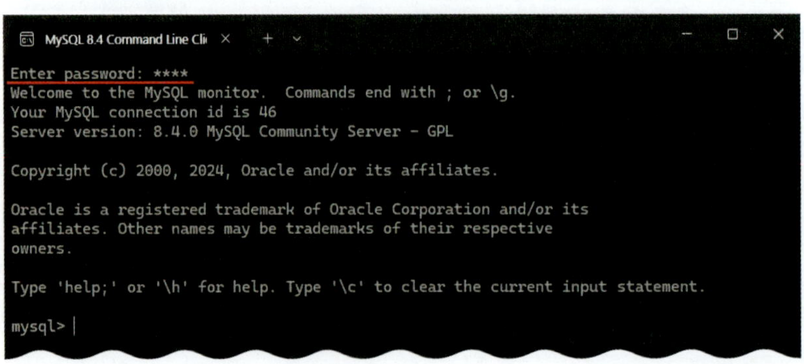

그림 5-6 명령 줄 모드로 MySQL 서버에 접속

2 개체 이름을 조회한 후 원하는 작업 하기

2-1 현재 서버에 어떤 데이터베이스가 있는지 조회한다. 찾는 데이터베이스의 이름이 employees임을 확인한다.

```
SHOW DATABASES;
```

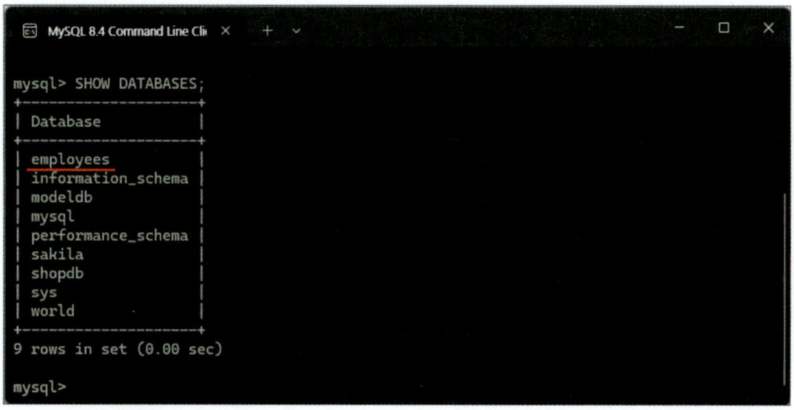

그림 5-7 데이터베이스 이름 조회

2-2 employees를 앞으로 사용할 데이터베이스로 지정한다.

```
USE employees;
```

2-3 현재 데이터베이스(employees)에 있는 테이블의 정보를 조회한다. 찾는 테이블의 이름이 employees임을 확인한다.

```
SHOW TABLES;
```

그림 5-8 테이블 이름 조회

TIP 테이블의 이름을 비롯해 상세한 설정을 보려면 SHOW TABLE STATUS; 쿼리문을 사용한다.

2-4 employees 테이블의 열에는 무엇이 있는지 확인한다. 찾는 열 이름이 first_name과 gender 임을 확인한다.

```
DESCRIBE employees;
또는
DESC employees;
```

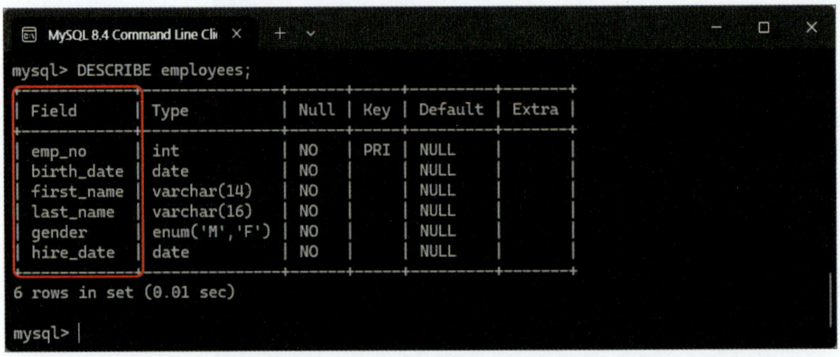

그림 5-9 열 이름 조회

2-5 최종적으로 원하는 열을 조회한다. 다음 쿼리문의 LIMIT는 행의 개수를 제한하는 구문이다.

```
SELECT first_name, gender FROM employees LIMIT 10;
```

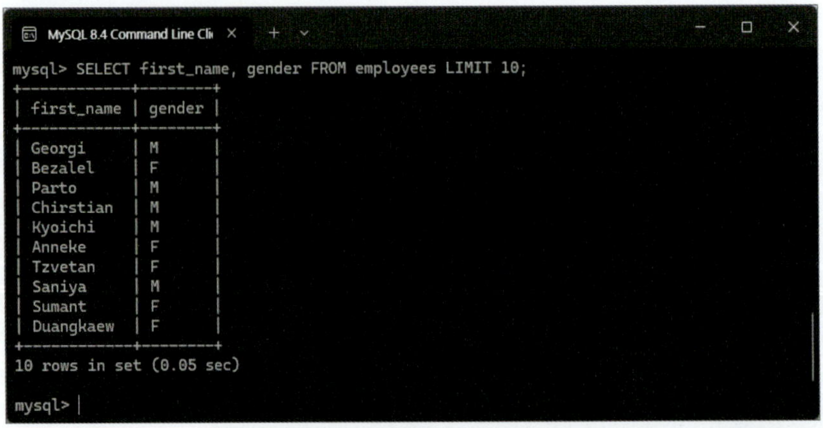

그림 5-10 데이터 조회

2-6 exit 명령으로 명령 줄 모드를 종료한다.

여기서 잠깐

열 이름의 별칭

열 이름 뒤에 'AS 별칭' 형식을 붙이면 열 이름을 별도의 별칭(alias)으로 지정할 수 있다. 이렇게 별칭을 사용하면 결과를 보기가 한결 편하기 때문에, 필드 제목이 길어서 알아보기 힘들거나 계산식에 의해 복잡할 때 별칭을 사용하면 좋다. 별칭에 공백이 있으면 반드시 작은따옴표(' ')로 별칭을 묶어야 한다. 대부분의 경우 별칭에 공백이 있든 없든 작은따옴표로 묶는 것을 권장한다.

```
SELECT first_name AS 이름, gender 성별, hire_date '회사 입사일'
FROM employees;
```

이름	성별	회사 입사일
Georgi	M	1986-06-26
Bezalel	F	1985-11-21
Parto	M	1986-08-28
Chirstian	M	1986-12-01
Kyoichi	M	1989-09-12
Anneke	F	1989-06-02
Tzvetan	F	1989-02-10
Saniya	M	1994-09-15

그림 5-11 열 이름의 별칭

02 SELECT … FROM … WHERE 문

1 cookDB 샘플 데이터베이스의 개요

SELECT … FROM 문에 WHERE 문을 추가하여 데이터를 검색하는 방법을 알아보자. 기존의 employees 데이터베이스로 실습해도 상관없지만 데이터베이스를 처음 배우는 독자 입장에서는 employees 데이터베이스의 구조가 조금 복잡하여 한눈에 보기가 쉽지 않을 수 있다. 그러므로 이 절에서는 아주 간단한 [그림 5-12]와 같은 cookDB를 만들어 사용할 것이다. 이 데이터베이스는 현실성이 떨어질지 몰라도 복잡한 SQL 구문을 이해하는 데 큰 도움이 된다. 테이블의 구조를 이해해야 하는 부담이 줄어들어 SQL 문법에 집중할 수 있기 때문이다. 필요한 경우에는 employees 데이터베이스도 사용할 것이다.

cookDB

회원 테이블(userTBL)

아이디	이름	생년	지역	국번	전화번호	키	가입일
YJS	유재석	1972	서울	010	11111111	178	2008.8.8
KHD	강호동	1970	경북	011	22222222	182	2007.7.7
KKJ	김국진	1965	서울	019	33333333	171	2009.9.9
KYM	김용만	1967	서울	010	44444444	177	2015.5.5
KJD	김제동	1974	경남			173	2013.3.3
NHS	남희석	1971	충남	016	66666666	180	2017.4.4
SDY	신동엽	1971	경기			176	2008.10.10
LHJ	이휘재	1972	경기	011	88888888	180	2006.4.4
LKK	이경규	1960	경남	018	99999999	170	2004.12.12
PSH	박수홍	1970	서울	010	00000000	183	2012.5.5

PK

구매 테이블(buyTBL)

순번	아이디	물품	분류	단가	수량
1	KHD	운동화		30	2
2	KHD	노트북	전자	1000	1
3	KYM	모니터	전자	200	1
4	PSH	모니터	전자	200	5
5	KHD	청바지	의류	50	3
6	PSH	메모리	전자	80	10
7	KJD	책	서적	15	5
8	LHJ	책	서적	15	2
9	LHJ	청바지	의류	50	1
10	PSH	운동화		30	2
11	LHJ	책	서적	15	1
12	PSH	운동화		30	2

PK FK

그림 5-12 cookDB 샘플 데이터베이스

위 그림은 인터넷 쇼핑몰 업체에서 운영하는 데이터베이스를 단순화한 것이다. 사용자가 인터넷 쇼핑몰에서 물건을 사기 위해 회원 가입을 하면 기입한 회원 정보가 회원 테이블(userTBL)에 입력된다. 입력되는 회원 정보는 아이디, 이름, 생년, 지역, 국번, 전화번호, 키, 가입일이다. 회원 가입을 한 후 인터넷 쇼핑몰에서 물건을 구매하면 이 정보가 구매 테이블(buyTBL)에 기록된다. 쇼핑몰의 배송 담당자는 구매 테이블을 이용하여 회원이 주문한 물건을 준비하고, 구매 테이블의 아이디와 일치하는 회원 테이블의 아이디를 찾아서 그 주소로 물건을 발송한다.

예를 들어 구매 테이블(buyTBL)의 아이디가 KHD인 사람이 구매한 물건을 배송 담당자가 발송하는 경우를 생각해보자. 배송 담당자는 아이디 KHD가 주문한 운동화 2개, 노트북 1개, 청바지 3개를 포장하고 회원 테이블(userTBL)에서 KHD라는 아이디를 찾을 것이다. 그 결과 KHD라는 아이디를 가진 사람의 이름은 강호동이며, 지역은 경북, 연락처는 011-2222-2222임을 확인하고 이 정보를 포장 상자에 붙여 발송한다. 이와 같은 과정을 SQL 문에서도 거의 비슷하게 수행한다.

실습 5-2 cookDB 생성하고 저장하기

실습에서 사용할 [그림 5-12]의 cookDB 데이터베이스를 생성해보자. 데이터베이스 내에 테이블을 생성하는 방법은 9장에서 자세히 살펴보겠지만 2장에서 이미 맛보기로 해보았으니 그리 어렵지 않을 것이다. 9장에서 상세히 설명할 테니 모르는 내용이 나오더라도 실습을 따라 하기 바란다.

1 cookDB 생성하기

1-1 새 쿼리 창을 열고 cookDB를 생성하는 쿼리문을 입력한다.

```
DROP DATABASE IF EXISTS cookDB; -- 만약 cookDB가 존재하면 우선 삭제한다.
CREATE DATABASE cookDB;
```

TIP 지금부터 입력하는 SQL 문은 나중에 다시 사용할 수도 있으니 지우지 않는다. 필요할 때마다 SQL 문을 마우스로 드래그하여 실행할 것이다.

1-2 회원 테이블과 구매 테이블을 생성하는 쿼리문을 입력한다.

```
USE cookDB;
CREATE TABLE userTBL -- 회원 테이블
(   userID CHAR(8) NOT NULL PRIMARY KEY, -- 사용자 아이디(PK)
    userName VARCHAR(10) NOT NULL, -- 이름
    birthYear INT NOT NULL, -- 출생 연도
    addr CHAR(2) NOT NULL, -- 지역(경기, 서울, 경남 식으로 2자만 입력)
    mobile1 CHAR(3), -- 휴대폰의 국번(011, 016, 017, 018, 019, 010 등)
    mobile2 CHAR(8), -- 휴대폰의 나머지 번호(하이픈 제외)
    height SMALLINT, -- 키
    mDate DATE -- 회원 가입일
);
```

```
CREATE TABLE buyTBL -- 구매 테이블
( num INT AUTO_INCREMENT NOT NULL PRIMARY KEY, -- 순번(PK)
  userID CHAR(8) NOT NULL, -- 아이디(FK)
  prodName CHAR(6) NOT NULL, -- 물품
  groupName CHAR(4), -- 분류
  price INT NOT NULL, -- 단가
  amount SMALLINT NOT NULL, -- 수량
  FOREIGN KEY (userID) REFERENCES userTBL (userID)
);
```

여기서 잠깐

한글 입력

일부 DBMS에서는 CHAR와 VARCHAR는 영문자를 기준으로 1바이트를 할당하고, NCHAR와 NVARCHAR는 유니코드를 기준으로 2바이트를 할당한다. 따라서 대부분 영문자를 입력할 것이라면 CHAR나 VARCHAR를 사용하고, 한글을 입력할 것이라면 NCHAR나 NVARCHAR를 사용한다. 그러나 MySQL은 CHAR와 VARCHAR 모두 UTF-8 코드를 사용한다. UTF-8 코드는 영문자, 숫자, 기호를 입력하면 내부적으로 1바이트를 할당하고 한글, 중국어, 일본어 등을 입력하면 내부적으로 3바이트를 할당하므로 특별히 NCHAR와 NVARCHAR를 사용할 필요가 없다. CHAR(10)으로 설정하면 영문자든 한글이든 10자까지 입력할 수 있으며 내부적으로는 MySQL이 공간을 할당하므로 사용자는 특별히 신경 쓰지 않아도 된다.

여기서 잠깐

데이터베이스 개체 이름 규칙

데이터베이스, 테이블, 인덱스, 뷰, 트리거, 스토어드 프로시저 등을 데이터베이스 개체라고 한다. MySQL에서는 이러한 개체의 이름을 정의할 때 다음 규칙을 따라야 한다.

- 개체 이름에 a~z, A~Z, 0~9, $, _을 사용할 수 있다.
- 개체 이름은 최대 64자로 제한된다.
- 개체 이름에 예약어를 사용하면 안 된다. 예를 들어 CREATE TABLE select (…)는 사용할 수 없다. select가 예약어이기 때문이다.
- 개체 이름은 원칙적으로 중간에 공백이 있으면 안 되지만 부득이하게 공백을 사용해야 한다면 백틱(` `)으로 묶는다. 예를 들어 CREATE TABLE `My Table`(…)과 같이 사용하면 된다.
- 개체 이름은 짧고 알기 쉽게, 이름만으로도 무엇인지 파악할 수 있도록 짓는다. 예를 들어 CREATE TABLE abc는 abc가 어떤 테이블인지 알 수 없기 때문에 바람직하지 않다. 또한 CREATE TABLE sales(`Price of Production` int, …)는 열 이름의 의미가 쉽게 파악되지만 너무 길어서 적절하지 않다.

1-3 INSERT 문으로 회원 테이블과 구매 테이블에 [그림 5-12]와 같은 데이터를 삽입한다.

```
INSERT INTO userTBL VALUES ('YJS', '유재석', 1972, '서울', '010', '11111111', 178, '2008-8-8');
INSERT INTO userTBL VALUES ('KHD', '강호동', 1970, '경북', '011', '22222222', 182, '2007-7-7');
INSERT INTO userTBL VALUES ('KKJ', '김국진', 1965, '서울', '019', '33333333', 171, '2009-9-9');
INSERT INTO userTBL VALUES ('KYM', '김용만', 1967, '서울', '010', '44444444', 177, '2015-5-5');
INSERT INTO userTBL VALUES ('KJD', '김제동', 1974, '경남', NULL , NULL, 173, '2013-3-3');
INSERT INTO userTBL VALUES ('NHS', '남희석', 1971, '충남', '016', '66666666', 180, '2017-4-4');
INSERT INTO userTBL VALUES ('SDY', '신동엽', 1971, '경기', NULL, NULL, 176, '2008-10-10');
INSERT INTO userTBL VALUES ('LHJ', '이휘재', 1972, '경기', '011', '88888888', 180, '2006-4-4');
INSERT INTO userTBL VALUES ('LKK', '이경규', 1960, '경남', '018', '99999999', 170, '2004-12-12');
INSERT INTO userTBL VALUES ('PSH', '박수홍', 1970, '서울', '010', '00000000', 183, '2012-5-5');

INSERT INTO buyTBL VALUES (NULL, 'KHD', '운동화', NULL, 30, 2);
INSERT INTO buyTBL VALUES (NULL, 'KHD', '노트북', '전자', 1000, 1);
INSERT INTO buyTBL VALUES (NULL, 'KYM', '모니터', '전자', 200, 1);
INSERT INTO buyTBL VALUES (NULL, 'PSH', '모니터', '전자', 200, 5);
INSERT INTO buyTBL VALUES (NULL, 'KHD', '청바지', '의류', 50, 3);
INSERT INTO buyTBL VALUES (NULL, 'PSH', '메모리', '전자', 80, 10);
INSERT INTO buyTBL VALUES (NULL, 'KJD', '책', '서적', 15, 5);
INSERT INTO buyTBL VALUES (NULL, 'LHJ', '책', '서적', 15, 2);
INSERT INTO buyTBL VALUES (NULL, 'LHJ', '청바지', '의류', 50, 1);
INSERT INTO buyTBL VALUES (NULL, 'PSH', '운동화', NULL, 30, 2);
INSERT INTO buyTBL VALUES (NULL, 'LHJ', '책', '서적', 15, 1);
INSERT INTO buyTBL VALUES (NULL, 'PSH', '운동화', NULL, 30, 2);
```

TIP 문자형(CHAR, VARCHAR)으로 정의된 열에 데이터를 입력하려면 작은따옴표(' ')로 묶어야 한다. 또한 한글 데이터를 입력할 때는 맨 앞에 N을 붙여도 된다. 예를 들어 '유재석' 또는 N'유재석'이라고 해도 된다.

1-4 두 테이블에 삽입된 데이터를 확인해보자. 다음 두 문장을 따로 실행하면 된다.

```
SELECT * FROM userTBL;
SELECT * FROM buyTBL;
```

	userID	userName	birthYear	addr	mobile1	mobile2	height	mDate
▶	KHD	강호동	1970	경북	011	22222222	182	2007-07-07
	KJD	김제동	1974	경남	NULL	NULL	173	2013-03-03
	KKJ	김국진	1965	서울	019	33333333	171	2009-09-09
	KYM	김용만	1967	서울	010	44444444	177	2015-05-05
	LHJ	이휘재	1972	경기	011	88888888	180	2006-04-04
	LKK	이경규	1960	경남	018	99999999	170	2004-12-12
	NHS	남희석	1971	충남	016	66666666	180	2017-04-04
	PSH	박수홍	1970	서울	010	00000000	183	2012-05-05
	SDY	신동엽	1971	경기	NULL	NULL	176	2008-10-10
	YJS	유재석	1972	서울	010	11111111	178	2008-08-08
*	NULL	NULL	NULL	NULL	NULL	NULL	NULL	NULL

그림 5-13 회원 테이블(userTBL) 조회 결과

	num	userID	prodName	groupName	price	amount
▶	1	KHD	운동화	NULL	30	2
	2	KHD	노트북	전자	1000	1
	3	KYM	모니터	전자	200	1
	4	PSH	모니터	전자	200	5
	5	KHD	청바지	의류	50	3
	6	PSH	메모리	전자	80	10
	7	KJD	책	서적	15	5
	8	LHJ	책	서적	15	2
	9	LHJ	청바지	의류	50	1
	10	PSH	운동화	NULL	30	2
	11	LHJ	책	서적	15	1
	12	PSH	운동화	NULL	30	2
*	NULL	NULL	NULL	NULL	NULL	NULL

그림 5-14 구매 테이블(buyTBL) 조회 결과

TIP 회원 테이블의 결과 순서가 입력한 순서와 다른 이유는 userID를 기본키(PK)로 지정하여 자동으로 클러스터형 인덱스가 생성되어 입력 시에 userID 열로 정렬되었기 때문이다. 인덱스는 10장에서 자세히 살펴볼 것이다.

2 cookDB 저장하기

2-1 앞으로 cookDB 데이터베이스를 사용하여 실습할 것이다. 실습 도중에 실수로 데이터를 변경해도 원본을 불러올 수 있도록 저장해둔다. 메뉴의 [File]–[Save Script]를 선택한 후 저장할 폴더를 지정하고 'cookDB.sql'이라는 이름으로 저장한다.

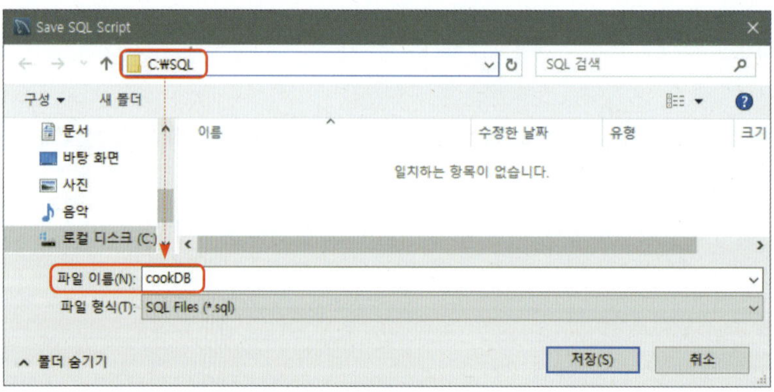

그림 5-15 C:\SQL\cookDB.sql로 스크립트 저장

3 cookDB 초기화하기

3-1 cookDB 데이터베이스에 문제가 생겼을 때 초기화하는 방법을 알아보자. 앞으로 자주 사용할 테니 잘 기억해두기 바란다. 열려 있는 쿼리 창을 모두 닫는다.

3-2 메뉴의 [File]–[Open SQL Script]를 선택한 후 C:\SQL\cookDB.sql 파일을 선택하고 〈열기〉를 클릭한다.

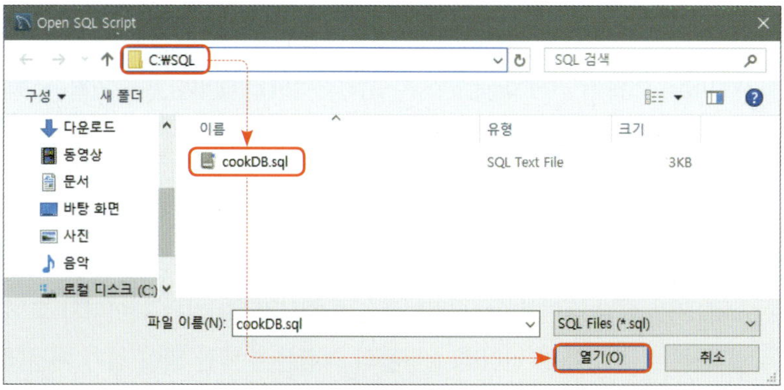

그림 5-16 C:\SQL\cookDB.sql로 스크립트 열기

3-3 쿼리 창이 열리면 툴바의 [Execute the selected portion …] 아이콘을 클릭하거나 Ctrl + Shift + Enter 를 눌러 SQL 문을 실행하면 cookDB가 초기화된다.

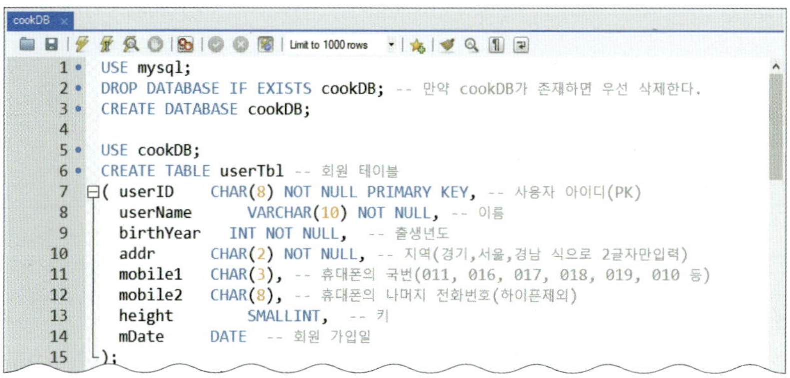

그림 5-17 쿼리 실행

3-4 왼쪽 내비게이터에 cookDB가 보이지 않으면 빈 곳에서 마우스 오른쪽 버튼을 클릭하여 [Refresh All]을 선택한다.

여기서 잠깐

명령 줄 모드에서 cookDB 초기화하기

윈도우의 명령 줄 모드에서 cookDB를 초기화하려면 윈도우의 [시작]–[모든 앱]–[MySQL]–[MySQL 8.4 Command Line Client – Unicode]를 실행하여 root의 비밀번호인 '1234'를 입력하고 접속한 후 다음 SQL 문을 입력한다.

```
source C:\SQL\cookDB.sql
exit
```

2 WHERE 절

SELECT … FROM 문에 WHERE 절을 추가하면 특정한 조건을 만족하는 데이터만 조회할 수 있다. 작성 형식은 다음과 같다.

```
SELECT 열이름 FROM 테이블이름 WHERE 조건식;
```

우선 WHERE 절 없이 cookDB의 회원 테이블(userTBL)을 조회해보자. 10건의 데이터가 조회되어 스크롤을 내릴 일이 없지만, 실제로 대형 인터넷 쇼핑몰의 회원은 수백만 명이 넘기 때문에 SELECT … FROM 문으로 조회하면 전체 데이터를 보는 데 많은 시간이 걸린다.

```
USE cookDB;
SELECT * FROM userTBL;
```

회원 테이블(userTBL)에서 강호동의 정보만 조회해보자. 원하는 정보만 조회되므로 스크롤을 내리며 볼 필요가 없다.

```
SELECT * FROM userTBL WHERE userName = '강호동';
```

	userID	userName	birthYear	addr	mobile1	mobile2	height	mDate
▶	KHD	강호동	1970	경북	011	22222222	182	2007-07-07

그림 5-18 쿼리 실행 결과 4

3 조건 연산자와 관계 연산자

WHERE 절에 조건 연산자(=, 〈, 〉, 〈=, 〉=, 〈 〉, !=)와 관계 연산자(NOT, AND, OR)를 잘 조합해서 사용하면 다양한 조건의 쿼리문을 작성할 수 있다. 참고로 조건에 '…했거나', '… 또는' 등이 붙으면 OR 연산자를 사용하고 '…하고', '…면서', '… 그리고' 등이 붙으면 AND 연산자를 사용한다.

회원 테이블에서 1970년 이후에 출생했고 키가 182cm 이상인 사람의 아이디와 이름을 조회해보자. 강호동과 박수홍만 조회될 것이다.

```
SELECT userID, userName FROM userTBL WHERE birthYear >= 1970 AND height >= 182;
```

이번에는 1970년 이후에 출생했거나 키가 182cm 이상인 사람의 아이디와 이름을 조회해보자. 7명이 조회될 것이다.

```
SELECT userID, userName FROM userTBL WHERE birthYear >= 1970 OR height >= 182;
```

4 BETWEEN … AND, IN(), LIKE 연산자

회원 테이블에서 키가 180~182cm인 사람을 조회해보자. 강호동, 이휘재, 남희석이 조회될 것이다.

```
SELECT userName, height FROM userTBL WHERE height >= 180 AND height <= 182;
```

위의 쿼리문은 BETWEEN … AND 연산자를 사용하여 다음과 같이 작성할 수도 있다.

```
SELECT userName, height FROM userTBL WHERE height BETWEEN 180 AND 182;
```

사람의 키는 숫자이므로 BETWEEN … AND 연산자를 사용할 수 있다. 가령 165 이상 170 이하는 BETWEEN 165 AND 170으로 표현하면 된다. 하지만 지역이 경남 또는 충남 또는 경북인 사람을 찾는 경우에는 BETWEEN … AND 연산자를 사용할 수 없다. 지역이 경남 또는 충남 또는 경북인 사람은 다음과 같이 OR 연산자를 사용하여 조회한다.

```
SELECT userName, addr FROM userTBL WHERE addr='경남' OR addr='충남' OR addr='경북';
```

위와 같이 연속적인(continuous) 값이 아닌 이산적인(discrete) 값을 조회할 때는 IN() 연산자를 사용할 수도 있다.

```
SELECT userName, addr FROM userTBL WHERE addr IN ('경남', '충남', '경북');
```

문자열의 내용을 검색하려면 LIKE 연산자를 사용한다. 다음은 성이 김씨인 회원의 이름과 키를 조회하는 쿼리문이다.

```
SELECT userName, height FROM userTBL WHERE userName LIKE '김%';
```

위의 쿼리문은 성이 '김'이고 그 뒤는 무엇이든(%) 허용한다는 의미이다. 즉 맨 앞의 글자가 '김'인 정보만 추출한다. 만약 한 글자만 매치하려면 '_'을 사용한다. 다음은 맨 앞의 한 글자가 무엇이든 상관없고 그다음이 '경규'인 사람을 조회하는 쿼리문이다.

```
SELECT userName, height FROM userTBL WHERE userName LIKE '_경규';
```

또한 %와 _을 조합해서 사용할 수도 있다. 조건에 '_경%'를 넣으면 첫 번째 글자는 어떤 글자든 상관없고 두 번째 글자는 '경', 세 번째 글자 이후는 몇 글자든 상관없는 값을 추출한다. '이경규', '구경하는 사람', '존경하는 시민 여러분' 등의 문자열을 예로 들 수 있다.

여기서 잠깐

% 및 _과 MySQL의 성능

%나 _이 검색할 문자열의 맨 앞에 있는 것은 MySQL의 성능에 나쁜 영향을 끼칠 수 있다. 예를 들어 userName 열을 '%용'이나 '_용만' 등으로 검색하면 userName 열에 인덱스가 있더라도 인덱스를 사용하지 않고 전체 데이터를 검색한다. 데이터의 양이 얼마 되지 않을 때는 그 차이를 느낄 수 없지만 대용량 데이터를 사용할 때는 매우 비효율적인 결과를 낳는다.

5 서브쿼리와 ANY, ALL, SOME 연산자

쿼리문 안에 또 쿼리문이 들어 있는 것을 서브쿼리라고 한다. 예를 들어 김용만보다 키가 크거나 같은 사람의 이름과 키를 출력하려면 WHERE 조건에 김용만의 키를 직접 넣어야 한다.

```
SELECT userName, height FROM userTBL WHERE height > 177;
```

그런데 키 177을 직접 쓰지 않고 다음과 같이 서브쿼리를 작성하면 원하는 결과를 얻을 수 있다. 쿼리문에서 **(SELECT height FROM userTBL WHERE userName = '김용만')**은 177이라는 값을 돌려주므로 결국 위의 쿼리문과 같은 결과가 출력된다.

```
SELECT userName, height FROM userTBL
  WHERE height > (SELECT height FROM userTBL WHERE userName = '김용만');
```

이번에는 지역이 경기인 사람보다 키가 크거나 같은 사람을 추출해보자. [그림 5-12]를 보고 결과를 예측하면, 지역이 경기인 사람은 신동엽(176cm)과 이휘재(180cm)이므로 176cm 또는 180cm 보다 작은 김국진, 김제동, 이경규를 제외한 7명이 출력될 것이다. 다음과 같이 쿼리문을 작성할 수 있다.

```
SELECT userName, height FROM userTBL
  WHERE height >= (SELECT height FROM userTBL WHERE addr = '경기');
```

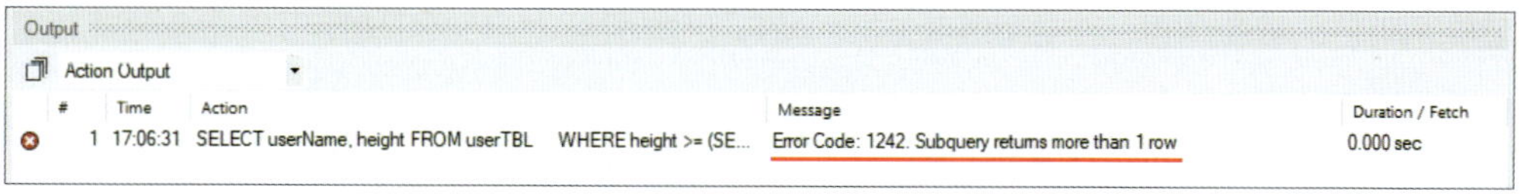

그림 5-19 쿼리 실행 결과 5

논리적으로 틀린 것은 없는 듯한데 실행 결과는 오류 메시지이다. 서브쿼리가 둘 이상의 값을 반환하기 때문이라는 내용이다. 즉 **(SELECT height FROM userTBL WHERE addr = '경기')** 문이 180과 176이라는 2개의 값을 반환하기 때문에 오류가 발생한 것이다. 이럴 때 필요한 구문이 ANY 구문이다. 다음과 같이 고친 후 다시 실행해보자.

```
SELECT userName, height FROM userTBL
  WHERE height >= ANY (SELECT height FROM userTBL WHERE addr = '경기');
```

예상대로 키가 176cm보다 크거나 같은 사람 또는 키가 180cm보다 크거나 같은 사람 7명이 출력된다. 결국 키가 176cm보다 크거나 같은 사람을 출력한 셈이다.

userName	height
강호동	182
김용만	177
이휘재	180
남희석	180
박수홍	183
신동엽	176
유재석	178

그림 5-20 쿼리 실행 결과 6

이번에는 ANY를 ALL로 바꾸어 실행해보자. 실행 결과에 4명만 출력되는데, 이는 키가 176cm보다 크거나 같아야 할 뿐 아니라 180cm보다 크거나 같아야 하기 때문이다. 결국 키가 180cm보다 크거나 같은 사람이 출력된 것이다.

userName	height
강호동	182
이휘재	180
남희석	180
박수홍	183

그림 5-21 쿼리 실행 결과 7

결론적으로 ANY는 서브쿼리의 여러 결과 중 한 가지만 충족되어도 출력하고, ALL은 서브쿼리의 여러 결과가 모두 충족되어야 출력한다. 참고로 SOME은 ANY와 동일한 의미로 사용된다.

다음으로 >= ANY 대신 = ANY를 사용해보자. 정확히 ANY 다음의 서브쿼리 결과와 동일한 값인 176cm, 180cm에 해당하는 사람만 출력된다.

```
SELECT userName, height FROM userTBL
  WHERE height = ANY (SELECT height FROM userTBL WHERE addr = '경기');
```

userName	height
이휘재	180
남희석	180
신동엽	176

그림 5-22 쿼리 실행 결과 8

앞의 쿼리문은 다음 쿼리문과 동일하다. 즉 '= ANY (서브쿼리)'는 'IN (서브쿼리)'와 동일하다.

```
SELECT userName, height FROM userTBL
  WHERE height IN (SELECT height FROM userTBL WHERE addr = '경기');
```

6 ORDER BY 절

ORDER BY 절은 결과에 영향을 미치지는 않지만 결과가 출력되는 순서를 조절한다. 가입한 순서대로 회원을 출력하면 기본적으로 오름차순(ascending)으로 정렬된다.

```
SELECT userName, mDate FROM userTBL ORDER BY mDate;
```

userName	mDate
이경규	2004-12-12
이휘재	2006-04-04
강호동	2007-07-07
유재석	2008-08-08
신동엽	2008-10-10
김국진	2009-09-09
박수홍	2012-05-05
김제동	2013-03-03
김용만	2015-05-05
남희석	2017-04-04

그림 5-23 쿼리 실행 결과 9

내림차순(descending)으로 정렬하려면 열 이름 뒤에 DESC를 넣는다.

```
SELECT userName, mDate FROM userTBL ORDER BY mDate DESC;
```

정렬 기준을 2개로 설정하고 정렬해보자. 회원을 키가 큰 순으로 정렬하되 키가 같을 경우 이름순으로 정렬하려면 다음과 같이 작성한다. ASC(오름차순)는 디폴트 값이므로 생략해도 된다.

```
SELECT userName, height FROM userTBL ORDER BY height DESC, userName ASC;
```

ORDER BY 절에 나온 열이 SELECT 다음에 꼭 있을 필요는 없다. 즉 **SELECT userName FROM userTBL ORDER BY height** 문과 같은 구문을 사용해도 된다. 또한 ORDER BY 절은 WHERE 절과 같이 사용해도 된다. 한 가지 기억해야 할 점은 ORDER BY 절이 항상 SELECT, FROM, WHERE, GROUP BY, HAVING 절의 맨 뒤에 있어야 한다는 것이다.

여기서 잠깐

ORDER BY 절과 MySQL의 성능

ORDER BY 절을 사용하면 MySQL은 정렬을 위해 별도의 메모리 공간을 사용하고 추가로 많은 작업을 하므로 성능이 상당히 떨어질 수 있다. 한 반의 학생들에게 "모두 나오세요"라고 하면 앞에 있는 학생부터 나오면 되지만, "이름 순서대로 모두 나오세요"라고 하면 서로 이름을 물어보고 이름 순서대로 줄을 선 다음 나오는 경우와 마찬가지이다. 이름 순서대로 줄을 서는 데 많은 시간이 걸리기 때문에 ORDER BY 절은 꼭 필요할 때만 사용하는 것이 바람직하다.

7 DISTINCT 키워드

회원 테이블에서 회원들의 거주 지역이 몇 곳인지 출력해보자.

```
SELECT addr FROM userTBL;
```

addr
경북
경남
서울
서울
경기
경남
충남
서울
경기
서울

그림 5-24 **쿼리 실행 결과 10**

결과가 10행뿐이지만 중복 지역을 세기가 어렵다. 앞에서 배운 ORDER BY 절을 사용해보자.

```
SELECT addr FROM userTBL ORDER BY addr;
```

addr
경기
경기
경남
경남
경북
서울
서울
서울
서울
충남

그림 5-25 **쿼리 실행 결과 11**

처음보다는 중복 지역을 세기가 쉬워졌지만 그래도 골라가며 세어야 한다. 만약 결과가 몇만 건이라면 정렬되어 있더라도 중복 지역 세는 일을 포기할 수밖에 없을 것이다. 이럴 때는 DISTINCT 구문은 사용한다. 다음 쿼리문은 중복 지역이 하나만 출력된다.

```
SELECT DISTINCT addr FROM userTBL;
```

addr
경북
경남
서울
경기
충남

그림 5-26 쿼리 실행 결과 12

8 LIMIT 절

여기서는 employees 데이터베이스를 사용해보자. hire_date(회사 입사일) 열이 있는데, 입사일이 오래된 직원 5명의 emp_no(사원 번호)를 알고 싶다면 어떻게 해야 할까? 앞에서 배운 ORDER BY 절을 사용하면 된다. 쿼리 창 상단에서 'Don't Limit'를 선택하고 다음 쿼리문을 실행해보자.

```
USE employees;
SELECT emp_no, hire_date FROM employees
  ORDER BY hire_date ASC;
```

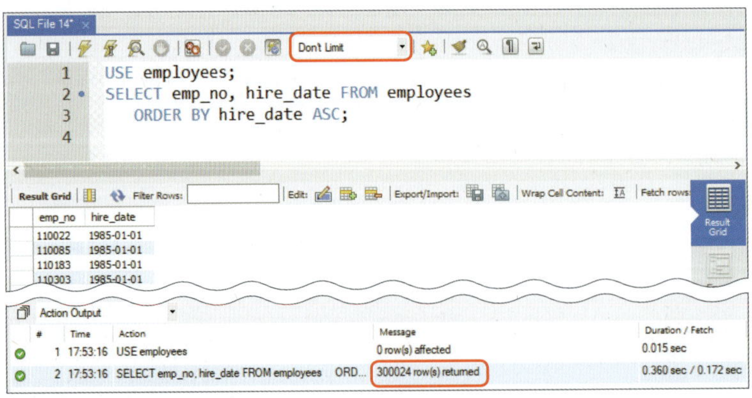

그림 5-27 쿼리 실행 결과 13

실행 결과에서 앞의 5건이 얻고자 하는 결과이다. 그런데 이 5건을 찾기 위해 필요하지도 않은 30만 건 이상을 출력했다. 별것 아니라고 생각할 수도 있지만 이러한 조회가 자주 일어난다면

MySQL에 많은 부담을 주게 된다. 이럴 때는 상위의 N개만 출력하는 LIMIT 절을 사용한다. 다음 쿼리문은 원하는 개수만 출력하므로 MySQL의 부담이 많이 줄어든다.

```
SELECT emp_no, hire_date FROM employees
  ORDER BY hire_date ASC
  LIMIT 5;
```

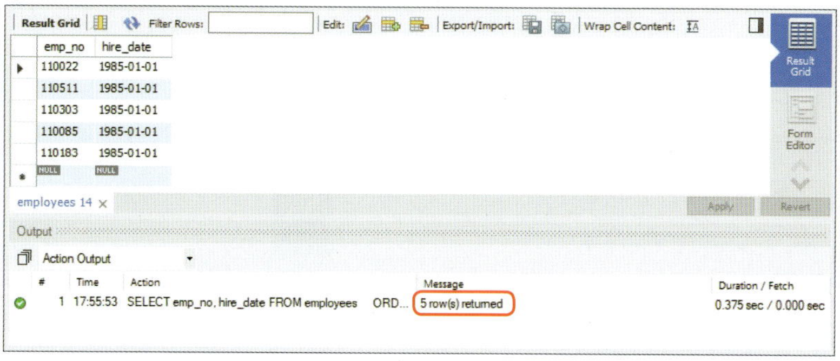

그림 5-28 쿼리 실행 결과 14

LIMIT 절은 'LIMIT 시작, 개수' 또는 'LIMIT 개수 OFFSET 시작' 형식으로도 사용할 수 있다. 시작은 0부터이다.

```
SELECT emp_no, hire_date FROM employees
  ORDER BY hire_date ASC
  LIMIT 0, 5;  -- LIMIT 5 OFFSET 0과 동일
```

여기서 잠깐

악성 쿼리문

서버의 처리량을 늘려 서버 전반의 성능을 떨어뜨리는 쿼리문을 악성 쿼리문이라고 한다. 이는 많은 사람(쿼리문)이 표를 끊기 위해(처리되기 위해) 줄을 서 있는데 어떤 사람(악성 쿼리문)이 판매원에게 계속 쓸데없는 질문을 던져서 뒤에 있는 사람들이 오랫동안 기다리는 것에 비유할 수 있다. 당장은 SQL 문의 결과만 잘 나오면 된다고 생각하는 독자도 있겠지만, 실무에서는 얼마나 효과적으로 결과를 얻느냐가 매우 중요하며 잘못된 악성 쿼리문을 만들지 않도록 신경 써서 SQL 문을 작성해야 한다. 더 자세한 내용은 10장에서 인덱스를 다루면서 설명하겠다.

9 CREATE TABLE … SELECT 문

CREATE TABLE … SELECT 문은 테이블을 복사하여 사용할 때 많이 쓰며 형식은 다음과 같다.

```
CREATE TABLE 새로운테이블 (SELECT 복사할열 FROM 기존테이블)
```

다음은 buyTBL 테이블을 buyTBL2 테이블로 복사하는 구문이다.

```
USE cookDB;
CREATE TABLE buyTBL2 (SELECT * FROM buyTBL);
SELECT * FROM buyTBL2;
```

필요하다면 지정한 일부 열만 복사할 수도 있다.

```
CREATE TABLE buyTBL3 (SELECT userID, prodName FROM buyTBL);
SELECT * FROM buyTBL3;
```

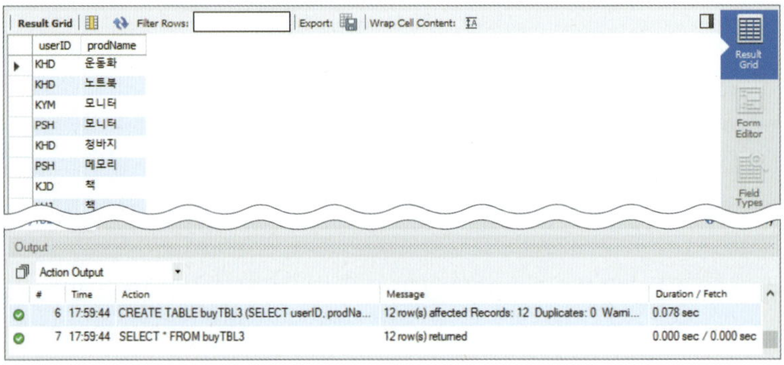

그림 5-29 쿼리 실행 결과 15

그런데 buyTBL 테이블에는 기본키(PK)와 외래키(FK)가 지정되어 있다. 이러한 키도 복사가 될까? Workbench의 내비게이터에서 확인해보면 기본키와 외래키 등의 제약 조건이 복사되지 않는다는 것을 알 수 있다.

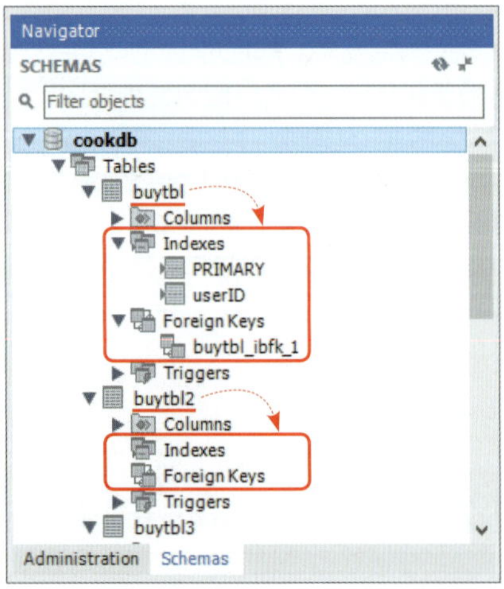

그림 5-30 Workbench의 [Navigator] 확인

TIP 내비게이터의 데이터베이스에서 테이블이 보이지 않으면 [Tables]를 선택한 상태에서 마우스 오른쪽 버튼을 클릭하여 [Refresh All]을 선택한다.

03 GROUP BY … HAVING 문

1 GROUP BY 절

SELECT 문의 형식 중에서 GROUP BY … HAVING 절의 위치는 다음과 같다.

```
SELECT select_expr
    [FROM table_references]
    [WHERE where_condition]
    [GROUP BY {col_name | expr | position}]
    [HAVING where_condition]
    [ORDER BY {col_name | expr | position}]
```

GROUP BY 절은 말 그대로 그룹으로 묶는(grouping) 역할을 한다. cookDB의 구매 테이블(buyTBL)에서 아이디(userID)마다 구매한 물건의 개수(amount)를 조회하는 쿼리문은 다음과 같다.

```
USE cookDB;
SELECT userID, amount FROM buyTBL ORDER BY userID;
```

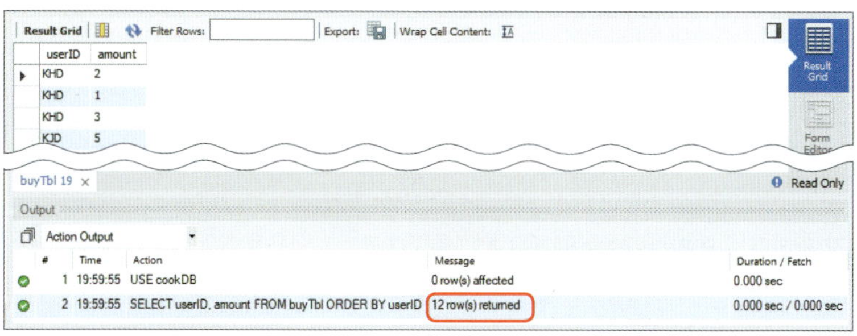

그림 5-31 쿼리 실행 결과 16

위의 결과를 보면 사용자별로 여러 번 구매하여 각각의 행이 별도로 출력되었다. 아이디가 PSH인 사람의 경우 5+10+2+2=19개를 구매했는데, 그때마다 일일이 계산기를 두들겨 계산한다면 MySQL을 사용할 이유가 없을 것이다. 이럴 때 사용하는 집계 함수(aggregate function)는 주로 GROUP BY 절과 함께 쓰이며, 데이터를 묶는 기능을 한다.

앞의 예에서 우리가 원하는 결과는 KHD: 6개, KJD: 5개, KYM: 1개, LHJ: 4개, PSH:19개와 같이 각 아이디별로 구매한 개수를 합쳐서 출력하는 것이다. 이러한 경우 집계 함수인 SUM()과 데이터를 그룹으로 묶는 GROUP BY 절을 사용하면 된다. 이는 같은 아이디(userID)끼리 GROUP BY 절로 묶은 후 SUM() 함수로 구매 개수(amount)를 합치는 방식이다.

```
SELECT userID, SUM(amount) FROM buyTBL GROUP BY userID;
```

userID	SUM(amount)
KHD	6
KJD	5
KYM	1
LHJ	4
PSH	19

그림 5-32 GROUP BY 절 사용 결과

그런데 SUM(amount)의 결과 열을 보니 열 제목에 함수 이름이 그대로 나왔다. 별칭을 사용하여 열 이름을 이해하기 좋게 변경해보자.

```
SELECT userID AS '사용자 아이디', SUM(amount) AS '총 구매 개수'
  FROM buyTBL GROUP BY userID;
```

사용자 아이디	총 구매 개수
KHD	6
KJD	5
KYM	1
LHJ	4
PSH	19

그림 5-33 별칭 활용

구매액의 총합을 출력해보자. 구매액은 '가격(price)×수량(amount)'이므로 SUM()을 사용한다.

```
SELECT userID AS '사용자 아이디', SUM(price*amount) AS '총구매액'
  FROM buyTBL GROUP BY userID;
```

사용자 아이디	총구매액
KHD	1210
KJD	75
KYM	200
LHJ	95
PSH	1920

그림 5-34 총구매액

2 집계 함수

SUM() 외에 GROUP BY 절과 함께 자주 사용되는 집계 함수(또는 집합 함수)는 [표 5-1]과 같다.

표 5-1 집계 함수의 종류

함수	설명
AVG()	평균을 구한다.
MIN()	최솟값을 구한다.
MAX()	최댓값을 구한다.
COUNT()	행의 개수를 센다.
COUNT(DISTINCT)	행의 개수를 센다(중복은 1개만 인정).
STDEV()	표준편차를 구한다.
VAR_SAMP()	분산을 구한다.

TIP 집계 함수 외에 MySQL 내장 함수는 7장에서 살펴볼 것이다.

전체적으로 한 번 구매할 때마다 평균 몇 개를 구매했는지 구해보자.

```
USE cookDB;
SELECT AVG(amount) AS '평균 구매 개수' FROM buyTBL;
```

	평균 구매 개수
▶	2.9167

그림 5-35 쿼리 실행 결과 17

회원별로 한 번 구매할 때마다 평균적으로 몇 개를 구매했는지 구해보자. GROUP BY 절을 사용하면 된다.

```
SELECT userID, AVG(amount) AS '평균 구매 개수'
  FROM buyTBL GROUP BY userID;
```

	userID	평균 구매 개수
▶	KHD	2.0000
	KJD	5.0000
	KYM	1.0000
	LHJ	1.3333
	PSH	4.7500

그림 5-36 쿼리 실행 결과 18

키가 가장 큰 회원과 키가 가장 작은 회원의 이름과 키를 출력해보자.

```
SELECT userName, MAX(height), MIN(height) FROM userTBL;
```

Output

Action Output

#	Time	Action	Message	Duration / Fetch
1	22:02:28	SELECT userName, MAX(height), MIN(height) FROM userTBL	Error Code: 1140. In aggregated query without GROUP BY, expression #1 of S...	0.000 sec

그림 5-37 쿼리 실행 결과 19

오류가 발생한다. MIN(), MAX() 함수는 GROUP BY와 함께 사용되어야 한다. GROUP BY 절을 활용하여 다음과 같이 고쳐보자.

TIP 다른 DBMS나 이전 버전의 MySQL에서는 MIN(), MAX() 함수를 GROUP BY 없이 사용해도 오류가 발생하지 않을 수 있다.

```
SELECT userName, MAX(height), MIN(height)
  FROM userTBL GROUP BY userName;
```

userName	MAX(height)	MIN(height)
강호동	182	182
김제동	173	173
김국진	171	171
김용만	177	177
이휘재	180	180
이경규	170	170
남희석	180	180
박수홍	183	183
신동엽	176	176
유재석	178	178

그림 5-38 쿼리 실행 결과 20

역시 원하는 결과가 아니다. 그냥 모두 출력되었다. 이럴 때는 앞에서 배운 서브쿼리와 조합한다.

```
SELECT userName, height
  FROM userTBL
  WHERE height = (SELECT MAX(height) FROM userTBL)
     OR height = (SELECT MIN(height) FROM userTBL);
```

userName	height
이경규	170
박수홍	183

그림 5-39 쿼리 실행 결과 21

휴대폰이 있는 회원의 수를 세어보자.

```
SELECT COUNT(*) FROM userTBL;
```

위의 쿼리를 실행하면 전체 회원인 10명이 출력될 것이다. 휴대폰이 있는 회원만 세려면 휴대폰 열 이름(mobile1)을 지정해야 한다. 이때 NULL 값은 제외하고 센다.

```
SELECT COUNT(mobile1) AS '휴대폰이 있는 사용자' FROM userTBL;
```

휴대폰이 있는 사용자
8

그림 5-40 쿼리 실행 결과 22

3 HAVING 절

집계 함수 SUM()을 사용하여 아이디별 총구매액을 구해보자.

```
USE cookDB;
SELECT userID AS '사용자', SUM(price*amount) AS '총구매액'
  FROM buyTBL
  GROUP BY userID;
```

사용자	총구매액
KHD	1210
KJD	75
KYM	200
LHJ	95
PSH	1920

그림 5-41 쿼리 실행 결과 23

위의 결과 중 총구매액이 1000 이상인 회원에게만 사은품을 증정하고 싶다면 어떻게 해야 할까? 조건을 포함하는 WHERE 절이 떠오를 것이다.

```
SELECT userID AS '사용자', SUM(price*amount) AS '총구매액'
  FROM buyTBL
  WHERE SUM(price*amount) > 1000
  GROUP BY userID;
```

그림 5-42 오류 메시지

오류 메시지에는 집계 함수를 WHERE 절에 사용할 수 없다는 내용이 있다. 이때는 HAVING 절을 사용한다. HAVING 절은 WHERE 절과 비슷한 개념으로, 조건을 제한하는 역할을 하지만 집계 함수에 대해서만 조건을 제한한다. 따라서 HAVING 절은 반드시 GROUP BY 절 다음에 쓴다. 순서가 바뀌면 안 된다.

```
SELECT userID AS '사용자', SUM(price*amount) AS '총구매액'
  FROM buyTBL
  GROUP BY userID
  HAVING SUM(price*amount) > 1000;
```

사용자	총구매액
KHD	1210
PSH	1920

그림 5-43 쿼리 실행 결과 24

또한 총구매액이 적은 회원순으로 정렬하려면 ORDER BY 절을 사용한다.

```
SELECT userID AS '사용자', SUM(price*amount) AS '총구매액'
  FROM buyTBL
  GROUP BY userID
  HAVING SUM(price*amount) > 1000
  ORDER BY SUM(price*amount);
```

TIP ORDER BY 절에는 별칭을 사용할 수 있다. 예를 들면 위 쿼리문의 마지막 줄을 ORDER BY '총구매액'이라고 해도 된다.

4 WITH ROLLUP 절

총합 또는 중간 합계를 구해야 한다면 GROUP BY 절과 함께 WITH ROLLUP 절을 사용한다. 분류(groupName)별 합계 및 그 총합을 구하는 쿼리문은 다음과 같다. 실행 결과 중간중간의 num 열이 NULL인 추가 행이 각 그룹의 소합계이고, 마지막 행이 각 소합계의 합계인 총합이다.

```
SELECT num, groupName, SUM(price * amount) AS '비용'
   FROM buyTBL
   GROUP BY groupName, num
   WITH ROLLUP;
```

num	groupName	비용	
1	NULL	60	
10	NULL	60	
12	NULL	60	
NULL	NULL	180	소합계
7	서적	75	
8	서적	30	
11	서적	15	
NULL	서적	120	소합계
5	의류	150	
9	의류	50	
NULL	의류	200	소합계
2	전자	1000	
3	전자	200	
4	전자	1000	
6	전자	800	
NULL	전자	3000	소합계
NULL	NULL	3500	총합

그림 5-44 WITH ROLLUP()의 결과

위의 쿼리문에서 num은 기본키로, 각 항목이 보이도록 하기 위해 넣은 것이다. 만약 소합계와 총합만 필요하다면 다음과 같이 num을 빼면 된다.

```
SELECT groupName, SUM(price * amount) AS '비용'
   FROM buyTBL
   GROUP BY groupName
   WITH ROLLUP;
```

groupName	비용	
NULL	180	
서적	120	
의류	200	
전자	3000	
NULL	3500	총합

그림 5-45 쿼리 실행 결과 25

지금까지 기본적인 SELECT 문의 틀을 살펴보았다. 가장 많이 사용되는 쿼리문인 SELECT 문은 가장 쉬우면서 어려운 부분이다. 이 책에서 다룬 내용은 SELECT 문의 일부분일 뿐이며, 전문적인 고급 기술을 익히려면 다른 책이나 인터넷 등을 통해 학습하기 바란다.

```
SELECT select_expr
    [FROM table_references]
    [WHERE where_condition]
    [GROUP BY {col_name | expr | position}]
    [HAVING where_condition]
    [ORDER BY {col_name | expr | position}]
```

요약

1 대부분의 DBMS 회사는 ANSI-92 SQL과 ANSI-99 SQL을 SQL 표준으로 사용하고 있다. MySQL에서는 그냥 SQL이라고 명명한 SQL 문을 사용하고, 오라클에서는 PL/SQL이라는 SQL 문을, SQL Server에서는 Transact SQL(T-SQL)이라는 SQL 문을 사용한다.

2 많이 사용되는 SELECT 문의 형식은 다음과 같다.

```
SELECT select_expr
   [FROM table_references]
   [WHERE where_condition]
   [GROUP BY {col_name | expr | position}]
   [HAVING where_condition]
   [ORDER BY {col_name | expr | position}]
```

3 현재 사용하는 데이터베이스를 지정하거나 변경하려면 USE 문을 사용한다.

4 원래 테이블의 전체 이름은 '데이터베이스이름.테이블이름' 형식으로 표현하지만, 데이터베이스의 이름을 생략하더라도 현재 선택한 데이터베이스의 이름이 자동으로 붙는다.

5 열 이름 뒤에 'AS 별칭' 형식을 붙이면 열 이름을 별도의 별칭으로 지정할 수 있다.

6 WHERE 절은 결과 중에서 특정한 조건을 만족하는 데이터만 조회할 때 사용한다.

7 WHERE 절에 조건 연산자(=, 〈, 〉, 〈=, 〉=, 〈〉, !=)와 관계 연산자(NOT, AND, OR)를 잘 조합해서 사용하면 다양한 조건의 쿼리문을 작성할 수 있다.

8 연속적인 값을 조회할 때는 BETWEEN … AND 연산자를 사용하고, 이산적인 값을 조회할 때는 IN() 연산자를 사용한다.

9 문자열의 내용을 검색하려면 LIKE 연산자를 사용한다.

10 쿼리문 안에 또 쿼리문이 들어 있는 것을 서브쿼리라고 한다.

11 ANY 연산자는 서브쿼리의 여러 결과 중 한 가지만 충족해도 될 때 사용하고, ALL 연산자는 서브쿼리의 여러 결과를 모두 충족해야 할 때 사용한다.

12 ORDER BY 절은 결과에 영향을 미치지는 않지만 결과가 출력되는 순서를 조절한다.

13 DISTINCT 키워드는 중복된 행을 하나만 보여줄 때 사용한다.

14 LIMIT N 절은 결과 중 상위의 N개만 보여줄 때 사용한다.

15 CREATE TABLE … SELECT 문은 테이블을 복사할 때 사용한다.

16 GROUP BY 절은 결과 행을 그룹으로 묶는 역할을 한다.

17 데이터를 묶는 집계 함수는 주로 GROUP BY 절과 함께 쓰인다. 집계 함수에는 SUM(), AVG(), MIN(), MAX(), COUNT() 등이 있다.

18 HAVING 절은 WHERE 절과 비슷한 개념으로, 조건을 제한하는 역할을 하지만 집계 함수에 대해서만 조건을 제한한다.

19 총합 또는 중간 합계를 구하려면 GROUP BY 절과 함께 WITH ROLLUP 절을 사용한다.

연습문제

1 SQL 문에 대한 설명으로 거리가 먼 것을 고르시오.

① SQL은 Structured Query Language의 약자이다.

② ANSI/ISO SQL이라는 명칭의 SQL 표준을 주로 사용한다.

③ 각 DBMS의 특징에 맞게 SQL을 확장하여 사용한다.

④ MySQL에서는 SQL 문을 PL/SQL이라고 부른다.

⑤ SQL Server에서는 SQL 문을 T-SQL이라고 부른다.

2 다음 SQL 문을 순서대로 나열하시오.

㉠ SELECT	㉡ FROM	㉢ GROUP BY
㉣ WHERE	㉤ ORDER BY	㉥ HAVING

3 USE 문의 의미에 대한 설명으로 옳은 것을 고르시오.

① 테이블을 사용한다.

② 열을 사용한다.

③ 데이터베이스를 사용한다.

④ 데이터 형식을 선택한다.

⑤ 행 데이터를 사용한다.

4 MySQL Workbench의 쿼리 창에서 'Don't Limit'로 설정하는 것의 의미를 고르시오.

① 테이블 종류의 제한을 없앤다.

② 데이터베이스 선택의 제한을 없앤다.

③ 열 출력값 개수의 제한을 없앤다.

④ 테이블의 행을 끝까지 모두 출력한다.

⑤ 사용자의 제한을 없앤다.

5 다음 중 실제로 실행되는 문장의 번호를 모두 고르시오.

① --SQL1	② SQL2 --SQL3	③ /* SQL4
④ SQL5 --SQL6	⑤ */	⑥ SQL 7

6 데이터베이스 개체의 이름이 기억나지 않거나 특정 열을 찾고자 할 때 사용하는 SQL 문을 순서대로 나열하시오.

㉠ DESC 테이블이름	㉡ SHOW TABLES
㉢ SHOW DATABASES	㉣ USE 데이터베이스이름

7 열의 별칭을 나타내는 방법으로 거리가 먼 것을 고르시오.

① 열이름 AS 별칭

② 열이름 별칭

③ 열이름 AS '별칭'

④ 열이름 AS "별칭"

8 다음은 쇼핑몰 데이터베이스의 회원 테이블을 생성하는 SQL 문이다. 문제가 있는 2개의 행을 찾아 바르게 고치시오.

```
1행  CREATE TABLE userTBL
2행  ( userID CHAR(8) NULL PRIMARY KEY,
3행    userName VARCHAR(10) NOT NULL,
4행    birthYear INT NOT NULL,
5행    addr CHAR(2) NOT NULL,
6행    mobile1 CHAR(3),
7행    mobile2 CHAR(8),
8행    height SMALLINT,
9행    date DATE );
```

9 MySQL에서 CHAR(20)으로 데이터 형식을 설정한 경우에 대한 설명으로 옳지 않은 것을 고르시오.

① 영문과 한글을 입력할 수 있다.

② 영문은 최대 20자를 입력할 수 있다.

③ 한글은 UTF-8 코드이므로 최대 10자를 입력할 수 있다.

④ MySQL은 CHAR와 NCHAR 둘 다 동일한 형식으로 설정된다.

연습문제

10 데이터베이스 개체 이름 규칙에 대한 설명으로 거리가 먼 것을 모두 고르시오.

① 개체 이름에 $, _, @과 같은 특수문자를 사용할 수 있다.

② 개체 이름은 최대 128자로 제한된다.

③ 개체 이름에 예약어를 사용하면 안 된다.

④ 개체 이름에 공백을 사용하는 경우 큰따옴표(" ")로 묶어야 한다.

⑤ 개체 이름은 짧고 알기 쉬우며 이름만으로도 의미를 파악할 수 있는 것이 좋다.

11 [그림 5-12]의 cookDB 데이터를 사용하여 다음 내용의 SQL 문을 작성하시오.

① 키가 170~180인 회원의 이름과 생년

② 지역이 서울 또는 경기인 회원의 모든 정보

③ 김씨 또는 신씨인 회원의 지역

④ 신동엽과 지역이 같은 회원의 이름과 지역

⑤ 다음과 같이 지역으로 정렬(지역이 같으면 키가 큰 순으로 정렬)

	userName	addr	height
▶	이휘재	경기	180
	신동엽	경기	176
	김제동	경남	173
	이경규	경남	170
	강호동	경북	182
	박수홍	서울	183
	유재석	서울	178
	김용만	서울	177
	김국진	서울	171
	남희석	충남	180

⑥ 다음과 같이 회원 이름으로 정렬(세 번째 회원부터 4건만 출력)

	userName	addr
▶	김제동	경남
	남희석	충남
	박수홍	서울
	신동엽	경기

⑦ 다음과 같이 회원 테이블의 회원(키가 179 이상인 회원) 이름과 가입일만 추출하여 새로운 newTable 생성(하나의 문장으로 작성)

[newTable 조회 결과]

	userName	mDate
▶	강호동	2007-07-07
	이휘재	2006-04-04
	남희석	2017-04-04
	박수홍	2012-05-05

⑧ 다음과 같이 구매 테이블의 물품 총개수와 평균 가격 출력

	물품 총개수	평균 가격
▶	35	142.9167

⑨ 다음과 같이 구매 물건의 총개수가 5개 이상인 회원의 아이디와 총 구매 개수 출력

	사용자	총 구매 개수
▶	KHD	6
	KJD	5
	PSH	19

응용 예제 MariaDB에서 샘플 데이터베이스 생성하기

가수만 가입이 가능한 쇼핑몰 데이터베이스 singerDB를 생성하고 이를 운영하는 방법을 연습해보자.

singerDB

회원 테이블(member)

아이디	이름	인원	주소	국번	전화번호	평균 키	데뷔 일자
TWC	트와이스	9	서울	02	11111111	167	2015.10.19
BLK	블랙핑크	4	경남	055	22222222	163	2016.08.08
WMN	여자친구	6	경기	031	33333333	166	2015.01.15
OMY	오마이걸	7	서울			160	2015.04.21
GRL	소녀시대	8	서울	02	44444444	168	2007.08.02
ITZ	잇지	5	경남			167	2019.02.12
RED	레드벨벳	4	경북	054	55555555	161	2014.08.01
APN	에이핑크	6	경기	031	77777777	164	2011.02.10
SPC	우주소녀	13	서울	02	88888888	162	2016.02.25
MMU	마마무	4	전남	061	99999999	165	2014.06.19

PK

구매 테이블(purchase)

순번	아이디	물품	분류	단가	수량
1	BLK	지갑		30	2
2	BLK	맥북프로	디지털	1000	1
3	APN	아이폰	디지털	200	1
4	MMU	아이폰	디지털	200	5
5	BLK	청바지	패션	50	3
6	MMU	에어팟	디지털	80	10
7	GRL	쿡북 SQL	서적	15	5
8	APN	쿡북 SQL	서적	15	2
9	APN	청바지	패션	50	1
10	MMU	지갑		30	1
11	APN	쿡북 SQL	서적	15	1
12	MMU	지갑		30	4

PK FK

1 데이터베이스와 테이블을 생성한다.

```
CREATE DATABASE singerDB;
USE singerDB;
CREATE TABLE member -- 회원 테이블
( mem_id          CHAR(8) NOT NULL PRIMARY KEY, -- 사용자 아이디(PK)
  mem_name        VARCHAR(10) NOT NULL, -- 이름
  mem_number      INT NOT NULL, -- 인원수
  addr            CHAR(2) NOT NULL, -- 지역(경기, 서울, 경남과 같이 2자만 입력)
  phone1          CHAR(3), -- 전화번호의 국번(02, 031, 055 등)
  phone2          CHAR(8), -- 전화번호의 나머지 번호(하이픈 제외)
  height          SMALLINT, -- 평균 키
  debut_date      DATE -- 데뷔 일자
);
CREATE TABLE purchase -- 구매 테이블
(  num            INT AUTO_INCREMENT NOT NULL PRIMARY KEY, -- 순번(PK)
   mem_id         CHAR(8) NOT NULL, -- 아이디(FK)
   prod_name      CHAR(6) NOT NULL, --  제품 이름
```

```
    group_name      CHAR(4) , -- 분류
    price           INT  NOT NULL, -- 가격
    amount          SMALLINT  NOT NULL, -- 수량
    FOREIGN KEY (mem_id) REFERENCES member(mem_id)
);
```

2 데이터를 입력한다.

```
INSERT INTO member VALUES('TWC', '트와이스', 9, '서울', '02', '11111111', 167,
'2015.10.19'); -- 외 9건 입력
```

member (10r × 8c)

#	mem_id	mem_name	mem_number	addr	phone1	phone2	height	debut_date
1	APN	에이핑크	6	경기	031	77777777	164	2011-02-10
2	BLK	블랙핑크	4	경남	055	22222222	163	2016-08-08
3	GRL	소녀시대	8	서울	02	44444444	168	2007-08-02
4	ITZ	잇지	5	경남	(NULL)	(NULL)	167	2019-02-12
5	MMU	마마무	4	전남	061	99999999	165	2014-06-19
6	OMY	오마이걸	7	서울	(NULL)	(NULL)	160	2015-04-21
7	RED	레드벨벳	4	경북	054	55555555	161	2014-08-01
8	SPC	우주소녀	13	서울	02	88888888	162	2016-02-25
9	TWC	트와이스	9	서울	02	11111111	167	2015-10-19
10	WMN	여자친구	6	경기	031	33333333	166	2015-01-15

회원 테이블 실행 결과(SELECT * FROM member 명령으로 실행)

```
INSERT INTO purchase VALUES(NULL, 'BLK', '지갑', NULL, 30, 2); -- 외 11건 입력
```

purchase (12r × 6c)

#	num	mem_id	prod_name	group_name	price	amount
1	1	BLK	지갑	(NULL)	30	2
2	2	BLK	맥북프로	디지털	1,000	1
3	3	APN	아이폰	디지털	200	1
4	4	MMU	아이폰	디지털	200	5
5	5	BLK	청바지	패션	50	3
6	6	MMU	에어팟	디지털	80	10
7	7	GRL	혼공SQL	서적	15	5
8	8	APN	혼공SQL	서적	15	2
9	9	APN	청바지	패션	50	1
10	10	MMU	지갑	(NULL)	30	1
11	11	APN	혼공SQL	서적	15	1
12	12	MMU	지갑	(NULL)	30	4

구매 테이블 실행 결과(SELECT * FROM purchase 명령으로 실행)

3 3절의 SQL 문을 입력하여 결과를 확인해보자. 단, 테이블 이름과 열 이름이 다르지 않은지 주의한다. 예를 들어 총구매액이 1000 이상인 회원에게만 사은품을 증정하고 싶을 때는 다음과 같이 SQL 문을 작성하면 된다. 결과는 내림차순으로 정렬한다.

```
SELECT mem_id AS '사용자', SUM(price*amount) AS '총구매액'
  FROM purchase
  GROUP BY mem_id
  HAVING SUM(price*amount) > 1000
  ORDER BY SUM(price*amount) ;
```

purchase (2r × 2c)

#	사용자	총구매액
1	BLK	1,210
2	MMU	1,950

실행 결과

CHAPTER 06

데이터 삽입, 수정, 삭제와 WITH 절

학습목표

- 데이터를 삽입, 수정, 삭제하는 SQL 문 사용법을 익힌다.
- 윈도우 함수와 피벗 사용법을 익힌다.
- WITH 절과 CTE 사용법을 익힌다.

01 데이터 삽입, 수정, 삭제

1 SQL 문의 종류

SQL 문은 크게 DML, DDL, DCL로 분류한다.

- DML

DML(Data Manipulation Language, 데이터 조작어)은 데이터를 검색 및 삽입, 수정, 삭제하는 데 사용하는 언어이다. DML 구문으로 조작하는 대상은 테이블의 행이며, DML을 사용하려면 반드시 테이블이 정의되어 있어야 한다. DML에 해당하는 구문은 5장에서 배운 SELECT 문을 비롯해 INSERT, UPDATE, DELETE 문이다. 또한 트랜잭션(transaction)이 발생하는 SQL 문도 DML에 해당한다. 여기서 트랜잭션은 테이블의 데이터를 삽입, 수정, 삭제할 때 실제 테이블에 바로 적용하지 않고 임시로 적용하는 명령을 말한다. 트랜잭션을 사용하면 실수로 데이터를 잘못 변경했을 때 임시로 적용한 것을 취소할 수 있다.

TIP SELECT 문도 트랜잭션을 발생시키기는 하지만 INSERT, UPDATE, DELETE 문과 성격이 조금 다르기 때문에 별도로 생각하는 것이 좋다.

- DDL

DDL(Data Definition Language, 데이터 정의어)은 데이터베이스, 테이블, 뷰, 인덱스 등의 데이터베이스 개체를 생성, 삭제, 변경하는 데 사용하는 언어이다. 자주 사용하는 DDL은 CREATE, DROP, ALTER, TRUNCATE 문 등이다. DDL은 트랜잭션을 발생시키지 않기 때문에 한 번 실행한 내용을 롤백(rollback)으로 되돌리거나 커밋(commit)으로 완전 적용할 수 없다. 따라서 DDL 문으로 실행한 내용은 즉시 MySQL에 적용된다.

- DCL

DCL(Data Control Language, 데이터 제어어)은 사용자에게 어떤 권한을 부여하거나 빼앗을 때 사용하는 언어이다. GRANT, REVOKE, DENY 문 등이 여기에 속한다.

TIP 사용자에게 권한을 부여하는 방법은 4장에서 다루었다.

2 INSERT 문

INSERT 문은 테이블에 데이터를 삽입하는 명령이며, 형식은 다음과 같다.

```
INSERT [INTO] 테이블이름[(열1, 열2, …)] VALUES (값1, 값2, …)
```

INSERT 문에서는 테이블 이름 다음에 나오는 열을 생략할 수 있다. 그런데 생략하는 경우에는 VALUES 다음에 오는 값의 순서 및 개수가 테이블이 정의된 열의 순서 및 개수와 동일해야 한다.

```
USE cookDB;
CREATE TABLE testTBL1 (id int, userName char(3), age int);
INSERT INTO testTBL1 VALUES (1, '뽀로로', 16);
```

위의 예에서 id와 이름만 입력하고 나이는 입력하고 싶지 않다면 테이블 이름 뒤에 입력할 열의 목록을 직접 나열해야 한다. 생략한 열인 age에는 NULL 값이 들어간다.

```
INSERT INTO testTBL1 (id, userName) VALUES (2, '크롱');
```

열의 순서를 바꾸어 입력하고 싶을 때는 열 이름을 입력할 순서에 맞게 나열해야 한다.

```
INSERT INTO testTBL1 (userName, age, id) VALUES ('루피', 14, 3);
```

2.1 AUTO_INCREMENT 키워드

테이블을 생성할 때 특정 열의 속성이 AUTO_INCREMENT로 지정되어 있으면 INSERT 문에서는 해당 열이 없다고 생각하고 입력하면 된다. AUTO_INCREMENT는 자동으로 1부터 증가하는 값을 입력하는 키워드이다. 특정 열을 AUTO_INCREMENT로 지정할 때는 반드시 PRIMARY KEY(기본키) 또는 UNIQUE(유일한 값)로 설정해야 한다. 또한 데이터 형식이 숫자인 열에만 사용할 수 있다. AUTO_INCREMENT로 지정된 열은 INSERT 문에서 NULL 값으로 지정하면 자동으로 값이 입력된다.

```
USE cookDB;
CREATE TABLE testTBL2
( id int AUTO_INCREMENT PRIMARY KEY,
  userName char(3),
  age int
);
INSERT INTO testTBL2 VALUES (NULL, '에디', 15);
INSERT INTO testTBL2 VALUES (NULL, '포비', 12);
INSERT INTO testTBL2 VALUES (NULL, '통통이', 11);
SELECT * FROM testTBL2;
```

	id	userName	age
▶	1	에디	15
	2	포비	12
	3	통통이	11
*	NULL	NULL	NULL

그림 6-1 쿼리 실행 결과 1

테이블에 계속 입력하다 보면 현재 어떤 숫자까지 증가되었는지 확인해야 하는 경우도 있다. 이럴 때 **SELECT LAST_INSERT_ID()** 문을 사용하면 마지막에 입력된 값을 볼 수 있다. 앞 쿼리문의 경우 3을 보여줄 것이다.

세 번째 삽입되는 데이터 이후부터 AUTO_INCREMENT 입력값을 100부터 시작하도록 변경하고 싶다면 다음과 같이 작성한다.

```
ALTER TABLE testTBL2 AUTO_INCREMENT=100;
INSERT INTO testTBL2 VALUES (NULL, '패티', 13);
SELECT * FROM testTBL2;
```

	id	userName	age
▶	1	에디	15
	2	포비	12
	3	통통이	11
	100	패티	13
*	NULL	NULL	NULL

그림 6-2 쿼리 실행 결과 2

AUTO_INCREMENT로 증가되는 값을 지정하기 위해서는 서버 변수인 @@auto_increment_increment 변수를 변경해야 한다. 다음은 초깃값을 1000으로 하고 증갓값을 3으로 변경하는 구문이다.

```
USE cookDB;
CREATE TABLE testTBL3
( id int AUTO_INCREMENT PRIMARY KEY,
  userName char(3),
  age int
);
ALTER TABLE testTBL3 AUTO_INCREMENT=1000;
SET @@auto_increment_increment=3;
INSERT INTO testTBL3 VALUES (NULL, '우디', 20);
INSERT INTO testTBL3 VALUES (NULL, '버즈', 18);
INSERT INTO testTBL3 VALUES (NULL, '제시', 19);
SELECT * FROM testTBL3;
```

	id	userName	age
▶	1000	우디	20
	1003	버즈	18
	1006	제시	19
*	NULL	NULL	NULL

그림 6-3 **쿼리 실행 결과 3**

데이터를 삽입할 때 코드를 줄이려면 여러 행을 한꺼번에 입력해도 된다.

```
INSERT INTO testTBL3 VALUES (NULL, '토이', 17), (NULL, '스토리', 18), (NULL, '무비', 19);
SELECT * FROM testTBL3;
```

	id	userName	age
▶	1000	우디	20
	1003	버즈	18
	1006	제시	19
	1009	토이	17
	1012	스토리	18
	1015	무비	19
*	NULL	NULL	NULL

그림 6-4 **쿼리 실행 결과 4**

2.2 대량 데이터 삽입

대량 데이터를 삽입할 때 지금까지 해온 방식으로 일일이 입력하면 많은 시간이 걸린다. 이때는 INSERT INTO … SELECT 문을 사용한다. 이는 다른 테이블의 대량 데이터를 가져와 입력하는 방식이며, 형식은 다음과 같다.

```
INSERT INTO 테이블이름 (열1, 열2, …)
  SELECT 문;
```

위의 형식에서 SELECT 문의 결과로 나오는 열 개수는 데이터를 삽입할 테이블의 열 개수와 일치해야 한다. employees 테이블의 데이터를 가져와 testTBL4 테이블에 입력해보자.

```
USE cookDB;
CREATE TABLE testTBL4 (id int, Fname varchar(50), Lname varchar(50));
INSERT INTO testTBL4
  SELECT emp_no, first_name, last_name FROM employees.employees;
```

Output

Action Output

#	Time	Action	Message	Duration / Fetch
1	12:48:52	CREATE TABLE testTBL4 (id int, Fname varchar(50), Lna...	0 row(s) affected	0.094 sec
2	12:48:52	INSERT INTO testTBL4 SELECT emp_no, first_name, l...	300024 row(s) affected Records: 300024 Duplicates: 0 ...	4.187 sec

그림 6-5 쿼리 실행 결과 메시지

기존의 대량 데이터를 입력할 때 INSERT INTO … SELECT 문은 매우 유용하다. 그러나 아예 테이블 정의까지 생략하고 싶다면 앞에서 배운 CREATE TABLE … SELECT 문을 사용한다.

```
CREATE TABLE testTBL5
  (SELECT emp_no, first_name, last_name FROM employees.employees);
SELECT * FROM testTBL5 LIMIT 3;
```

emp_no	first_name	last_name
10001	Georgi	Facello
10002	Bezalel	Simmel
10003	Parto	Bamford

그림 6-6 쿼리 실행 결과 5

CREATE TABLE … SELECT 문에서 열 이름을 바꾸어 테이블을 생성하려면 'AS 별칭' 형식을 사용한다.

```
CREATE TABLE testTBL6
  (SELECT emp_no AS id, first_name AS Fname, last_name AS Lname
        FROM employees.employees);
SELECT * FROM testTBL6 LIMIT 3;
```

id	Fname	Lname
10001	Georgi	Facello
10002	Bezalel	Simmel
10003	Parto	Bamford

그림 6-7 쿼리 실행 결과 6

3 UPDATE 문

UPDATE 문은 테이블에 입력되어 있는 값을 수정하는 명령이며, 형식은 다음과 같다.

```
UPDATE 테이블이름
SET 열1=값1, 열2=값2, …
WHERE 조건;
```

UPDATE 문에서는 WHERE 절을 생략할 수 있지만, WHERE 절을 생략하면 테이블 전체의 행이 수정되기 때문에 주의해야 한다. 다음은 'Kyoichi'의 Lname을 '없음'으로 수정하는 UPDATE 문으로, 251건이 변경될 것이다.

```
USE cookDB;
UPDATE testTBL4
SET Lname = '없음'
WHERE Fname = 'Kyoichi';
```

만약 실수로 WHERE 절을 빼먹고 **UPDATE testTBL4 SET Lname = '없음';**을 실행하면 전체 행의 Lname이 모두 '없음'으로 수정된다. 실무에서도 이러한 실수가 흔히 발생하니 주의해야 한다. 원상태로 복구하려면 복잡한 절차를 밟아야 할 뿐 아니라 되돌릴 수 없는 경우도 있기 때문이다.

전체 테이블의 내용을 수정하고 싶을 때는 WHERE 절을 생략할 수도 있다. 예를 들어 구매 테이블의 제품 가격이 모두 현재 단가보다 1.5배 인상된다면 다음과 같이 작성한다.

```
UPDATE buyTBL
SET price = price * 1.5;
```

4 DELETE 문

DELETE 문은 테이블의 데이터를 행 단위로 삭제하는 명령이며, 형식은 다음과 같다.

```
DELETE FROM 테이블이름 WHERE 조건;
```

DELETE 문에서 WHERE 절을 생략하면 테이블에 저장된 전체 데이터가 삭제된다. 예를 들어 testTBL4에서 Aamer라는 사용자가 필요 없다면 다음과 같이 작성한다(Aamer라는 이름의 사용자가 200명이 넘는다).

```
USE cookDB;
DELETE FROM testTBL4 WHERE Fname = 'Aamer';
```

만약 200건의 Aamer를 모두 지우는 것이 아니라 Aamer 중에서 상위 몇 건만 삭제하고자 할 때는 추가로 LIMIT 절을 사용한다. 다음 구문을 실행하면 Aamer 중에서 상위 5건만 삭제된다.

```
DELETE FROM testTBL4 WHERE Fname = 'Aamer' LIMIT 5;
```

대용량 테이블이 더 이상 필요 없을 때는 어떻게 삭제하는 것이 좋을까? 다음 실습에서 효율적인 삭제 방법과 함께 트랜잭션의 개념을 알아보자.

실습 6-1 대용량 테이블 삭제하기

1 대용량 테이블 생성하기

1-1 대용량 테이블을 3개 생성한다. employees에서 약 30만 건이 있는 테이블을 복사하여 사용한다.

```
USE cookDB;
CREATE TABLE bigTBL1 (SELECT * FROM employees.employees);
CREATE TABLE bigTBL2 (SELECT * FROM employees.employees);
CREATE TABLE bigTBL3 (SELECT * FROM employees.employees);
```

2 데이터 삭제하기

2-1 Workbench 쿼리 창에서 DELETE, DROP, TRUNCATE 문으로 3개의 테이블을 삭제한다. 세 구문 모두 테이블의 행을 삭제하는 SQL 문이며, DROP 문은 테이블 자체를 삭제한다.

```
DELETE FROM bigTBL1;
DROP TABLE bigTBL2;
TRUNCATE TABLE bigTBL3;
```

3 결과 확인하기

3-1 [Output] 창의 결과에서 DELETE 문만 실행 시간이 오래 걸린다는 것을 확인할 수 있다.

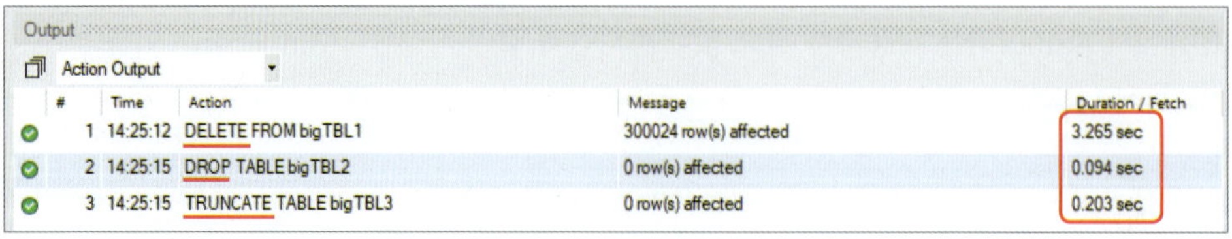

그림 6-8 삭제 수행 속도 비교

DML(데이터 조작어)인 DELETE 문은 트랜잭션 로그를 기록하는 작업을 하기 때문에 삭제하는 데 시간이 오래 걸리며, 수백만 건 또는 수천만 건의 데이터를 삭제할 때는 그만큼 작업 시간이 길어진다. 반면 DDL(데이터 정의어)인 DROP 문은 테이블 자체를 삭제하고 트랜잭션 로그를 기록하지 않는다. 역시 DDL인 TRUNCATE 문은 DELETE 문과 결과가 동일하지만 트랜잭션 로그를 기록하지 않으므로 속도가 아주 빠르다. 따라서 대용량 테이블의 전체 내용을 삭제할 때 테이블 자체가 필요 없는 경우에는 DROP 문을 사용하고, 테이블의 구조를 남겨놓고 싶은 경우에는 TRUNCATE 문으로 삭제하는 것이 효율적이다.

5 조건부 데이터 삽입과 수정

INSERT 문은 테이블에 행 단위로 데이터를 삽입하는 명령이다. 만약 기본키가 중복된 데이터를 삽입하면 어떻게 될까? 당연히 삽입되지 않을 것이다. 하지만 100건을 삽입하려 하는데 앞에서 발생한 1건의 오류 때문에 나머지 건을 삽입하지 못하는 것도 문제가 된다. 이에 MySQL은 오류가 발생해도 계속 진행하는 방법을 제공한다. 실습을 통해 알아보자.

실습 6-2 오류가 발생해도 계속 삽입되도록 설정하기

1 새 테이블 생성하기

1-1 멤버 테이블(memberTBL)을 새로 만들고 데이터를 삽입해보자. 실습의 편의를 위해 기존의 userTBL 테이블에서 아이디, 이름, 주소만 가져와 간단히 만든다. 앞에서 배운 CREATE TABLE … SELECT 문을 활용하면 된다.

```
USE cookDB;
CREATE TABLE memberTBL (SELECT userID, userName, addr FROM userTBL LIMIT 3); -- 3건만 가져옴
ALTER TABLE memberTBL
    ADD CONSTRAINT pk_memberTBL PRIMARY KEY (userID); -- 기본키 지정
SELECT * FROM memberTBL;
```

	userID	userName	addr
▶	KHD	강호동	경북
	KJD	김제동	경남
	KKJ	김국진	서울
*	NULL	NULL	NULL

그림 6-9 멤버 테이블

2 오류가 발생해도 계속 삽입되도록 설정하기

2-1 데이터 3건을 추가로 삽입한다. 그런데 첫 번째 데이터에서 기본키를 중복 입력하는 실수를 범했다.

```
INSERT INTO memberTBL VALUES ('KHD', '강후덜', '미국'); -- 기본키 중복 입력
INSERT INTO memberTBL VALUES ('LSM', '이상민', '서울');
INSERT INTO memberTBL VALUES ('KSJ', '김성주', '경기');
```

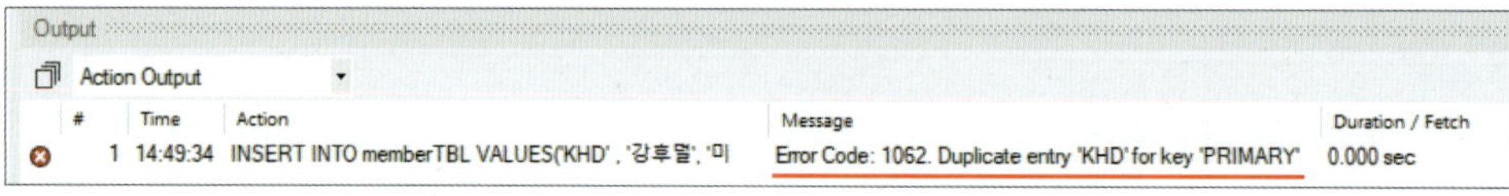

그림 6-10 기본키 중복 오류

2-2 **SELECT * FROM memberTBL** 문으로 조회해보면 데이터가 그대로 3건일 것이다. 첫 번째 데이터의 오류 때문에 나머지 2건도 삽입되지 않은 것이다.

2-3 기존의 INSERT INTO 문을 INSERT IGNORE INTO 문으로 수정한 후 다시 실행해보자. 첫 번째 데이터는 오류 때문에 삽입되지 않지만 나머지 2건은 삽입된다. INSERT IGNORE는 기본키가 중복되더라도 무시하고 넘어가며 오류 메시지만 출력한다. 기본키가 중복되었다는 경고 메시지가 [Output] 창에 나타난다.

```
INSERT IGNORE INTO memberTBL VALUES ('KHD', '강후덜', '미국');
INSERT IGNORE INTO memberTBL VALUES ('LSM', '이상민', '서울');
INSERT IGNORE INTO memberTBL VALUES ('KSJ', '김성주', '경기');
SELECT * FROM memberTBL;
```

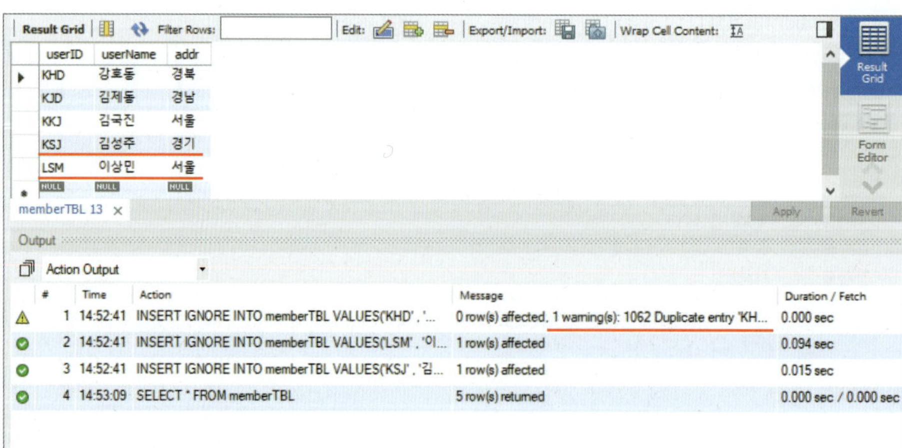

그림 6-11 2건이 삽입된 멤버 테이블과 경고 메시지

3 기본키가 중복되면 새로 삽입한 내용으로 수정하기

3-1 테이블에 데이터를 삽입할 때 기본키가 중복되면 새로 삽입한 데이터로 내용이 변경되게 해보자. 결과를 보면 첫 번째 행에서는 KHD가 중복되므로 UPDATE 문이 수행되고, 두 번째로 입력한 DJM은 중복되지 않으므로 일반적인 INSERT 문처럼 데이터가 삽입된다. 결국 ON DUPLICATE KEY UPDATE 문은 기본키가 중복되지 않으면 일반 INSERT 문처럼 동작하고, 기본키가 중복되면 그 뒤의 UPDATE 문을 수행한다.

```
INSERT INTO memberTBL VALUES ('KHD', '강후덜', '미국')
    ON DUPLICATE KEY UPDATE userName='강후덜', addr='미국';
INSERT INTO memberTBL VALUES ('DJM', '동짜몽', '일본')
    ON DUPLICATE KEY UPDATE userName='동짜몽', addr='일본';
SELECT * FROM memberTBL;
```

userID	userName	addr
DJM	동짜몽	일본
KHD	강후덜	미국
KJD	김제동	경남
KKJ	김국진	서울
KSJ	김성주	경기
LSM	이상민	서울
NULL	NULL	NULL

그림 6-12 **1건은 수정되고 1건은 삽입된 멤버 테이블**

02 윈도우 함수와 피벗

1 윈도우 함수의 개념

윈도우 함수(window function)는 테이블의 행과 행 사이 관계를 쉽게 정의하기 위해 MySQL에서 제공하는 함수로, 쉽게 말해 OVER 절이 들어간 함수이다. 윈도우 함수를 잘 활용하면 복잡한 SQL을 손쉽게 활용할 수 있다.

윈도우 함수와 함께 사용되는 집계 함수는 AVG(), COUNT(), MAX(), MIN(), STDDEV(), SUM(), VARIANCE() 등이고, 비집계 함수(nonaggregate function)는 CUME_DIST(), DENSE_RANK(), FIRST_VALUE(), LAG(), LAST_VALUE(), LEAD(), NTH_VALUE(), NTILE(), PERCENT_RANK(), RANK(), ROW_NUMBER() 등이다. 집계 함수는 5장에서 GROUP BY 절을 다룰 때 설명했으니 여기서는 비집계 함수와 함께 사용되는 윈도우 함수를 살펴보자.

TIP 윈도우 함수는 MySQL 8.0부터 지원된다.

2 순위 함수

순위 함수는 한마디로 결과에 순번 또는 순위(등수)를 매기는 함수이며, 비집계 함수 중에서 RANK(), NTILE(), DENSE_RANK(), ROW_NUMBER() 등이 이에 해당한다. 순번을 처리하는 데 필요한 복잡한 과정을 단순화하여 쿼리 작성 시간을 단축시키는 순위 함수의 형식은 다음과 같다.

```
<순위함수이름>() OVER(
  [PARTITION BY <partition_by_list>]
  ORDER BY <order_by_list>)
```

순위 함수의 가장 큰 장점은 구문이 단순하다는 것이다. 구문이 단순하면 코드가 명확하고 수정이 쉬우며 효율성(성능)도 뛰어나다. MySQL의 부하를 최소화하면서 순위를 매겨주는 순위 함수의 사용법을 살펴보자.

실습 6-3 순위 함수 사용하기

이 실습에서는 구조가 간단하여 순위 함수를 이해하는 데 적합한 cookDB를 사용한다. cookDB의 구조는 [그림 5-12]를 참고하기 바란다.

1 cookDB 초기화하기

1-1 Workbench 메뉴의 [File]-[Open SQL Script]를 선택한 후 C:\SQL\cookDB.sql 파일을 열어 실행한다.

1-2 cookDB의 초기화가 완료되면 열린 쿼리 창을 모두 닫고 새 쿼리 창을 연다.

2 키가 큰 순으로 정렬하기

2-1 회원 테이블(userTBL)에서 키가 큰 순으로 순위를 정하고 싶을 때는 ROW_NUMBER() 함수를 사용한다.

```
USE cookDB;
SELECT ROW_NUMBER() OVER(ORDER BY height DESC) "키큰순위", userName, addr, height
  FROM userTBL;
```

키큰순위	userName	addr	height
1	박수홍	서울	183
2	강호동	경북	182
3	이휘재	경기	180
4	남희석	충남	180
5	유재석	서울	178
6	김용만	서울	177
7	신동엽	경기	176
8	김제동	경남	173
9	김국진	서울	171
10	이경규	경남	170

그림 6-13 쿼리 실행 결과 7

2-2 키가 같은 경우(이휘재, 남희석)의 출력 순서를 지정하지 않았는데, 이름의 가나다순으로 정렬하도록 수정해보자.

```
SELECT ROW_NUMBER() OVER(ORDER BY height DESC, userName ASC) "키큰순위", userName, addr,
height
  FROM userTBL;
```

	키큰순위	userName	addr	height
▶	1	박수홍	서울	183
	2	강호동	경북	182
	3	남희석	충남	180
	4	이휘재	경기	180
	5	유재석	서울	178
	6	김용만	서울	177
	7	신동엽	경기	176
	8	김제동	경남	173
	9	김국진	서울	171
	10	이경규	경남	170

그림 6-14 쿼리 실행 결과 8

2-3 각 지역별로 순위를 매겨보자. 즉 경기, 경남 등 지역으로 나눈 후 키가 큰 순으로 순위를 매기는데, 이러한 경우 PARTITION BY 절을 사용한다. 데이터의 개수가 적어서 그리 효과적이지 않은 듯하지만 대량 데이터에서는 큰 효과를 볼 수 있다.

```
SELECT addr, ROW_NUMBER() OVER(PARTITION BY addr ORDER BY height DESC, userName ASC) "지역별키큰순위", userName, height
  FROM userTBL;
```

	addr	지역별키큰순위	userName	height
▶	경기	1	이휘재	180
	경기	2	신동엽	176
	경남	1	김제동	173
	경남	2	이경규	170
	경북	1	강호동	182
	서울	1	박수홍	183
	서울	2	유재석	178
	서울	3	김용만	177
	서울	4	김국진	171
	충남	1	남희석	180

그림 6-15 쿼리 실행 결과 9

2-4 전체 순위 결과를 다시 살펴보자. [그림 6-13]에서는 이휘재와 남희석의 키가 똑같이 180cm인데도 3등, 4등으로 구분되었다. 값이 같은데 낮은 순위가 된다면 불공정하므로 이럴 때는 DENSE_RANK() 함수를 사용하여 두 데이터를 동일한 등수로 처리한다.

```
SELECT DENSE_RANK() OVER(ORDER BY height DESC) "키큰순위", userName, addr, height
  FROM userTBL;
```

키큰순위	userName	addr	height
1	박수홍	서울	183
2	강호동	경북	182
3	이휘재	경기	180
3	남희석	충남	180
4	유재석	서울	178
5	김용만	서울	177
6	신동엽	경기	176
7	김제동	경남	173
8	김국진	서울	171
9	이경규	경남	170

그림 6-16 쿼리 실행 결과 10

2-5 위의 결과가 만족스러울 수도 있겠지만 2명의 3등에 이어 4등(유재석)이 나왔다. 3등 다음에 4등을 빼고 5등이 나오게 하려면 RANK() 함수를 사용한다.

```
SELECT RANK() OVER(ORDER BY height DESC) "키큰순위", userName, addr, height
  FROM userTBL;
```

키큰순위	userName	addr	height
1	박수홍	서울	183
2	강호동	경북	182
3	이휘재	경기	180
3	남희석	충남	180
5	유재석	서울	178
6	김용만	서울	177
7	신동엽	경기	176
8	김제동	경남	173
9	김국진	서울	171
10	이경규	경남	170

그림 6-17 쿼리 실행 결과 11

2-6 이번에는 전체 인원을 키가 큰 순으로 정렬한 후 몇 개의 그룹으로 분할해보자. 예를 들어 10명의 사용자를 키가 큰 순으로 정렬하고 2개 반으로 나누는 경우, NTILE(나눌 그룹의 개수) 함수를 사용하여 단순히 5명씩 나누면 된다.

```
SELECT NTILE(2) OVER(ORDER BY height DESC) "반번호", userName, addr, height
  FROM userTBL;
```

	반번호	userName	addr	height
▶	1	박수홍	서울	183
	1	강호동	경북	182
	1	이휘재	경기	180
	1	남희석	충남	180
	1	유재석	서울	178
	2	김용만	서울	177
	2	신동엽	경기	176
	2	김제동	경남	173
	2	김국진	서울	171
	2	이경규	경남	170

그림 6-18 쿼리 실행 결과 12

2-7 3개 반으로 분리하려면 어떻게 해야 할까? 우선 동일하게 나눈 뒤 나머지 인원을 처음 그룹부터 1명씩 할당한다. 회원 테이블의 경우 1반 3명, 2반 3명, 3반 3명으로 나눈 뒤 남은 1명을 1반에 할당하면 된다. 만약 4개 반으로 분리한다면 1반 2명, 2반 2명, 3반 2명, 4반 2명으로 나눈 뒤 남은 2명을 1반과 2반에 1명씩 할당한다. 결국 1반 3명, 2반 3명, 3반 2명, 4반 2명이 된다.

```
SELECT NTILE(4) OVER(ORDER BY height DESC) "반번호", userName, addr, height
  FROM userTBL;
```

	반번호	userName	addr	height
▶	1	박수홍	서울	183
	1	강호동	경북	182
	1	이휘재	경기	180
	2	남희석	충남	180
	2	유재석	서울	178
	2	김용만	서울	177
	3	신동엽	경기	176
	3	김제동	경남	173
	4	김국진	서울	171
	4	이경규	경남	170

그림 6-19 쿼리 실행 결과 13

3 분석 함수

비집계 함수 중에서 CUME_DIST(), LEAD(), FIRST_VALUE(), LAG(), LAST_VALUE(), PERCENT_RANK() 등을 분석 함수라고 한다. 분석 함수를 이용하면 이동 평균, 백분율, 누계 등의 결과를 계산할 수 있다.

실습 6-4 분석 함수 사용하기

1 특정 데이터와의 차이 구하기

1-1 회원 테이블(userTBL)에서 키가 큰 순으로 정렬한 후 다음 사람과의 키 차이를 구해보자. LEAD() 함수를 사용하면 되는데, LEAD() 함수의 인자는 '열 이름', '다음 행 위치', '다음 행이 없을 경우 출력값' 순서로 지정한다. 아래 예에서는 height 열을 사용하고 다음 첫 번째 행(바로 다음 행)을 비교 대상으로 삼았다. 그리고 다음 행이 없을 때는 0을 출력하게 했다. 결과를 보면 마지막의 이경규는 다음 행이 없으므로 키 차이로 이경규의 키(height − 0)가 출력된다. OVER 절에서는 키가 큰 순으로 정렬했다.

```
USE cookDB;
SELECT userName, addr, height AS "키",
     height - (LEAD(height, 1, 0) OVER (ORDER BY height DESC)) AS "다음 사람과 키 차이"
  FROM userTBL;
```

userName	addr	키	다음 사람과 키 차이
박수홍	서울	183	1
강호동	경북	182	2
이휘재	경기	180	0
남희석	충남	180	2
유재석	서울	178	1
김용만	서울	177	1
신동엽	경기	176	3
김제동	경남	173	2
김국진	서울	171	1
이경규	경남	170	170

그림 6-20 쿼리 실행 결과 14

TIP LEAD() 함수와 거의 같은 용도로 LAG() 함수를 사용할 수 있다. LEAD() 함수는 다음 행과의 차이를 구하고 LAG() 함수는 이전 행과의 차이를 구한다.

1-2 이번에는 지역별로 가장 키가 큰 사람과의 차이를 구해보자. 이럴 때는 FIRST_VALUE() 함수를 사용한다. 김국진의 경우 그가 속한 지역(서울)에서 가장 큰 키가 183cm(박수홍)이므로 그 차이인 −12가 출력된다. OVER 절의 PARTITION BY addr 문을 사용하여 지역별로 그룹을 만들고, ORDER BY height DESC 문을 사용하여 키를 내림차순으로 정렬한다. 그리고 FIRST_VALUE(height) 문으로 지역별로 첫 번째 값(가장 큰 키)을 추출한다. 서울의 결과를 보면 잘 이해될 것이다.

```
SELECT addr, userName, height AS "키",
      height - (FIRST_VALUE(height) OVER (PARTITION BY addr ORDER BY height DESC))
            AS "지역별 최대키와 차이"
   FROM userTBL;
```

addr	userName	키	지역별 최대키와 차이
경기	이휘재	180	0
경기	신동엽	176	-4
경남	김제동	173	0
경남	이경규	170	-3
경북	강호동	182	0
서울	박수홍	183	0
서울	유재석	178	-5
서울	김용만	177	-6
서울	김국진	171	-12
충남	남희석	180	0

그림 6-21 쿼리 실행 결과 15

2 누적 백분율 구하기

2-1 같은 지역의 회원과 비교하여 키가 크거나 같은 사람이 전체의 몇 %인지 누적 백분율을 구해보자. 이럴 때는 CUME_DIST() 함수를 사용한다. 경기의 결과를 보면 이휘재의 경우 전체 인원 2명 중에서 그보다 키가 크거나 같은 사람이 그를 포함하여 1명이므로 50%이다. 또한 신동엽은 2명 중에서 그보다 키가 크거나 같은 사람이 그를 포함하여 2명이므로 100%이다.

```
SELECT addr, userName, height AS "키",
     (CUME_DIST() OVER (PARTITION BY addr ORDER BY height DESC)) * 100 AS "누적인원 백분율%"
   FROM userTBL;
```

addr	userName	키	누적인원 백분율%
경기	이휘재	180	50
경기	신동엽	176	100
경남	김제동	173	50
경남	이경규	170	100
경북	강호동	182	100
서울	박수홍	183	25
서울	유재석	178	50
서울	김용만	177	75
서울	김국진	171	100
충남	남희석	180	100

그림 6-22 쿼리 실행 결과 16

TIP PERCENT_RANK() 함수는 CUME_DIST() 함수와 유사한 기능을 한다.

TIP 위 결과는 샘플 테이블을 사용하여 나온 것이라 조금 부자연스럽다. 그러나 실무에서 각 직원의 연봉이 소속 부서에서 몇 퍼센트 안에 드는지 확인할 때 매우 유용하다.

4 피벗

피벗(pivot)은 한 열에 포함된 여러 값을 여러 열로 변환하여 출력하고 필요하면 집계까지 수행하는 기능으로, 실행 결과 피벗 테이블이 생성된다. [그림 6-23]을 보자. 구매자, 구매 계절, 구매 수량으로 구성된 왼쪽 테이블을 각 구매자의 계절별 구매 수량 테이블로 나타내려 할 때 SUM() 함수와 CASE 문을 활용하여 피벗 테이블을 만들면 바로 확인할 수 있다.

uName	season	amount
유재석	겨울	10
강호동	여름	15
유재석	가을	25
유재석	봄	3
유재석	봄	37
강호동	겨울	40
유재석	여름	14
유재석	겨울	22
강호동	여름	64

피벗

uName	봄	여름	가을	겨울
유재석	40	14	25	32
강호동	NULL	79	NULL	40

그림 6-23 피벗 테이블의 예

실습 6-5 피벗 테이블 만들기

1 샘플 테이블 만들기

1-1 [그림 6-23]의 왼쪽 테이블과 같은 샘플 테이블을 만든다.

```
USE cookDB;
CREATE TABLE pivotTest
( uName CHAR(3),
  season CHAR(2),
  amount INT
);
```

1-2 [그림 6-23]의 왼쪽 테이블을 참고하여 데이터 9건을 삽입한다.

```
INSERT INTO pivotTest VALUES ('유재석', '겨울', 10);
INSERT INTO pivotTest VALUES ('강호동', '여름', 15);
INSERT INTO pivotTest VALUES ('유재석', '가을', 25);
INSERT INTO pivotTest VALUES ('유재석', '봄', 3);
INSERT INTO pivotTest VALUES ('유재석', '봄', 37);
INSERT INTO pivotTest VALUES ('강호동', '겨울', 40);
INSERT INTO pivotTest VALUES ('유재석', '여름', 14);
INSERT INTO pivotTest VALUES ('유재석', '겨울', 22);
```

```
INSERT INTO pivotTest VALUES ('강호동', '여름', 64);
SELECT * FROM pivotTest;
```

2 피벗 테이블 만들기

2-1 SUM() 함수, CASE 문, GROUP BY 절을 활용하여 피벗 테이블을 만들어보자. SUM() 함수 내부에 CASE 문을 사용하여 계절(season)별로 판매 수량(amount)이 합산되게 한다. 조금 까다로워 보이지만 피벗 테이블을 만드는 데 사용하는 형식이니 잘 기억해둔다. [그림 6-23]의 오른쪽 테이블과 같은 결과가 나온다.

```
SELECT uName,
   SUM(CASE WHEN season='봄' THEN amount END) AS '봄',
   SUM(CASE WHEN season='여름' THEN amount END) AS '여름',
   SUM(CASE WHEN season='가을' THEN amount END) AS '가을',
   SUM(CASE WHEN season='겨울' THEN amount END) AS '겨울'
FROM pivotTest
GROUP BY uName;
```

TIP 조건문 중 하나인 CASE … WHEN 문은 8장에서 자세히 살펴볼 것이다.

03 WITH 절과 CTE

1 WITH 절과 CTE의 개요

WITH 절은 기존의 뷰, 파생 테이블, 임시 테이블 등을 더 간결하게 표현하는 CTE(Common Table Expression)를 포함한 구문이다. CTE는 비재귀적(non-recursive) CTE와 재귀적(recursive) CTE로 구분되며, 여기서는 주로 사용되는 비재귀적 CTE를 살펴본다.

TIP CTE는 ANSI-99 SQL 표준에서 나왔으며, 기존의 SQL은 ANSI-92 SQL을 기준으로 한다. 최근의 DBMS 제품은 대부분 ANSI-99 SQL과 호환되므로 다른 DBMS에서도 CTE를 사용하는 데 무리가 없다.

2 비재귀적 CTE

비재귀적 CTE는 말 그대로 재귀적이지 않은 CTE이다. 복잡한 쿼리문을 단순하게 만들 때 사용하며, 형식은 다음과 같다.

```
WITH CTE_테이블이름(열이름)
AS
(
   <쿼리문>
)
SELECT 열이름 FROM CTE_테이블이름;
```

TIP 비재귀적 CTE에는 'SELECT 열이름리스트 FROM CTE_테이블이름' 문 외에 UPDATE 문도 사용할 수 있으나 주로 SELECT 문을 사용한다.

위의 형식에서는 **SELECT 열이름 FROM CTE_테이블이름** 문만 주의 깊게 보면 된다. 앞에서는 쿼리문을 작성할 때 실제 데이터베이스에 있는 테이블을 사용했지만, CTE는 바로 위의 WITH 절에서 정의한 CTE_테이블이름을 사용한다. 즉 **WITH CTE_테이블이름(열이름) AS …** 형식의 테이블이 하나 더 있다고 보는 것이다.

쉽게 이해하기 위해 구매 테이블(buyTBL)에서 총구매액을 구하는 쿼리문을 살펴보자.

```
USE cookDB;
SELECT userid AS '사용자', SUM(price*amount) AS '총구매액'
  FROM buyTBL GROUP BY userid;
```

	사용자	총구매액
▶	KHD	1210
	KJD	75
	KYM	200
	LHJ	95
	PSH	1920

그림 6-24 쿼리 실행 결과 17

위의 결과를 총구매액이 많은 사용자순으로 정렬하려면 어떻게 해야 할까? ORDER BY 문을 추가해도 되지만 그렇게 하면 SQL 문이 복잡해진다.

그렇다면 위 쿼리의 결과가 abc라는 이름의 테이블이라고 생각해보자. 총구매액이 많은 사용자순으로 정렬하는 쿼리를 다음과 같이 간단하게 작성할 수 있을 것이다. 이와 같은 표현법이 바로 CTE이다. CTE를 사용하면 쿼리가 단순해진다.

```
SELECT * FROM abc ORDER BY 총구매액 DESC;
```

CTE를 이용하여 총구매액이 많은 사용자순으로 정렬하는 전체 쿼리는 다음과 같다.

```
WITH abc(userid, total)
AS
(SELECT userid, SUM(price*amount)
    FROM buyTBL GROUP BY userid)
SELECT * FROM abc ORDER BY total DESC;
```

	userid	total
▶	PSH	1920
	KHD	1210
	KYM	200
	LHJ	95
	KJD	75

그림 6-25 CTE 쿼리의 결과 1

[그림 6-26]의 FROM abc 문에서 abc는 실존하는 테이블이 아니라 바로 위 박스 속 WITH 문으로 만든 SELECT 문의 결과이다. 단, 'AS (SELECT …'에서 조회하는 열과 'WITH abc (…'는 개수가 일치해야 한다. 결과적으로 박스 속 구문은 [그림 6-25]의 abc라는 테이블이다.

```
WITH abc(userid, total)
AS
(SELECT userid, SUM(price*amount)
    FROM buyTBL GROUP BY userid)
SELECT * FROM abc ORDER BY total DESC;
```

그림 6-26 CTE의 작동

또 다른 예를 살펴보자. 회원 테이블(userTBL)에서 각 지역별로 가장 키가 큰 사람을 1명씩 뽑아 키의 평균을 구해보자. 전체 키의 평균을 구할 때는 AVG(height) 문만 사용하면 되지만, 먼저 각 지역별로 가장 키가 큰 사람을 1명씩 뽑아야 하므로 쿼리가 좀 더 복잡해진다. 이럴 때 CTE를 사용한다. 한꺼번에 생각하지 말고 하나씩 나누어 생각해보자.

TIP 1~3단계는 실행하지 말고 4단계만 실행하면 된다.

- **1단계: '각 지역별로 가장 키가 큰 사람'을 뽑는 쿼리를 작성한다.**

```
SELECT addr, MAX(height) FROM userTBL GROUP BY addr
```

- **2단계: 위 쿼리를 WITH 문으로 묶는다.**

```
WITH cte_userTBL(addr, maxHeight)
AS
  (SELECT addr, MAX(height) FROM userTBL GROUP BY addr)
```

- **3단계: '키의 평균'을 구하는 쿼리를 작성한다.**

```
SELECT AVG(키) FROM CTE_테이블이름
```

- **4단계: 2단계와 3단계의 쿼리를 합친다. 키의 평균을 실수로 만들기 위해 키에 1.0을 곱하여 실수로 변환한다.**

```
WITH cte_userTBL(addr, maxHeight)
AS
  (SELECT addr, MAX(height) FROM userTBL GROUP BY addr)
SELECT AVG(maxHeight*1.0) AS '각 지역별 최고키의 평균' FROM cte_userTBL;
```

	각 지역별 최고키의 평균
▶	179.60000

그림 6-27 CTE 쿼리의 결과 2

복잡한 쿼리를 작성해야 할 때 이와 같은 단계로 분할해서 생각하면 수월하게 SQL 문을 작성할 수 있을 것이다.

CTE의 용도는 뷰와 비슷하지만 개선된 부분이 많다. 또한 뷰는 계속 존재하기 때문에 다른 구문에서도 사용할 수 있지만, CTE와 파생 테이블은 구문이 끝나면 소멸되므로 다른 구문에서 사용할 수 없다. 앞의 예에서 cte_userTBL은 다시 사용할 수 없다.

CTE는 다음 형식과 같은 중복 CTE로 사용할 수도 있다. 주의할 점은 CCC의 쿼리문에서는 AAA나 BBB를 참조할 수 있지만 AAA나 BBB의 쿼리문에서는 CCC를 참조할 수 없다는 것이다. 즉 아직 정의되지 않은 CTE를 미리 참조할 수 없다.

```
WITH
AAA (칼럼들)
AS (AAA의 쿼리문),
  BBB (칼럼들)
    AS (BBB의 쿼리문),
  CCC (칼럼들)
    AS (CCC의 쿼리문)
SELECT * FROM [AAA 또는 BBB 또는 CCC]
```

요약

1 DML(데이터 조작어)은 데이터를 검색 및 삽입, 수정, 삭제하는 데 사용하는 언어이다.

2 DDL(데이터 정의어)은 데이터베이스, 테이블, 뷰, 인덱스 등의 데이터베이스 개체를 생성, 삭제, 변경하는 데 사용하는 언어이다.

3 DCL(데이터 제어어)은 사용자에게 어떤 권한을 부여하거나 빼앗을 때 사용하는 언어이다.

4 INSERT 문은 테이블에 데이터를 삽입하는 명령이며, 형식은 다음과 같다.

```
INSERT [INTO] 테이블이름[(열1, 열2, …)] VALUES (값1, 값2, …)
```

5 테이블의 특정 열을 AUTO_INCREMENT로 지정하면 자동으로 1부터 증가하는 값이 입력된다. 특정 열을 AUTO_INCREMENT로 지정할 때는 반드시 PRIMARY KEY(기본키) 또는 UNIQUE(유일한 값)로 설정해야 한다.

6 AUTO_INCREMENT로 증가되는 값을 지정하려면 서버 변수인 @@auto_increment_increment 변수를 변경해야 한다.

7 INSERT INTO … SELECT 문은 다른 테이블의 대량 데이터를 가져와 입력할 때 사용한다.

8 UPDATE 문은 테이블에 입력되어 있는 값을 변경하는 명령이며, 형식은 다음과 같다.

```
UPDATE 테이블이름
SET 열1=값1, 열2=값2, …
WHERE 조건;
```

9 DELETE 문은 테이블의 데이터를 행 단위로 삭제하는 명령이며, 형식은 다음과 같다.

```
DELETE FROM 테이블이름 WHERE 조건;
```

요약

10 ON DUPLICATE UPDATE 문은 기본키가 중복되지 않으면 일반 INSERT 문처럼 동작하고, 기본키가 중복되면 그 뒤의 UPDATE 문을 수행한다.

11 윈도우 함수는 테이블의 행과 행 사이 관계를 쉽게 정의하기 위해 MySQL에서 제공하는 함수로, 쉽게 말해 OVER 절이 들어간 함수이다.

12 순위 함수는 결과에 순번 또는 순위(등수)를 매기는 함수이며, 비집계 함수 중에서 RANK(), NTILE(), DENSE_RANK(), ROW_NUMBER() 등이 이에 해당한다. 형식은 다음과 같다.

```
<순위함수이름>() OVER(
 [PARTITION BY <partition_by_list>]
 ORDER BY <order_by_list>)
```

13 비집계 함수 중에서 CUME_DIST(), LEAD(), FIRST_VALUE(), LAG(), LAST_VALUE(), PERCENT_RANK() 등을 분석 함수라고 한다. 분석 함수를 이용하면 이동 평균, 백분율, 누계 등의 결과를 계산할 수 있다.

14 피벗은 한 열에 포함된 여러 값을 여러 열로 변환하여 출력하고 필요하면 집계까지 수행하는 기능으로, 실행 결과 피벗 테이블이 생성된다.

15 WITH 절은 기존의 뷰, 파생 테이블, 임시 테이블 등을 더 간결하게 표현하는 CTE를 포함한 구문이다. CTE는 비재귀적 CTE와 재귀적 CTE로 구분된다.

16 비재귀적 CTE는 복잡한 쿼리문을 단순하게 만들 때 사용하며, 형식은 다음과 같다.

```
WITH CTE_테이블이름(열이름)
AS
(
   <쿼리문>
)
SELECT 열이름 FROM CTE_테이블이름;
```

연습문제

1 SQL 문의 종류를 나타내는 다음 약자의 전체 명칭을 쓰시오.

① DML

② DDL

③ DCL

2 다음 중 DML에 포함되지 않는 SQL 문을 모두 고르시오.

```
ALTER   CREATE   DELETE   DROP   INSERT   SELECT   TRUNCATE   UPDATE
```

3 INSERT 문 중에서 문법상 오류가 있는 것을 고르시오.

① INSERT INTO 테이블이름 VALUES (1);

② INSERT INTO 테이블이름 VALUES (1, "abc");

③ INSERT INTO 테이블이름 (열이름A, 열이름B) VALUES (1);

④ INSERT INTO 테이블이름 (열이름A, 열이름B) VALUES (1, "abc");

4 다음은 자동으로 값이 입력되는 SQL 문이다. 빈칸에 들어갈 내용을 쓰시오.

```
CREATE TABLE 테이블이름
( 열이름A  int ____㉠____ PRIMARY KEY,
열이름B  char(3) );
INSERT INTO 테이블이름 VALUES (____㉡____, 'ABCD');
```

5 다음은 테이블을 복사하면서 열 이름을 변경하는 SQL 문이다. 빈칸에 들어갈 내용을 쓰시오.

```
CREATE TABLE 테이블이름A
(____㉠____ 열이름A ____㉡____ 새열이름A, 열이름B ____㉡____ 새열이름B FROM 테이블이름B);
```

6 테이블에 100개 행의 데이터가 있을 때 다음 SQL 문을 실행하면 몇 개 행이 변경되는가?

```
UPDATE 테이블이름 SET 열이름 = 열이름/100;
```

연습문제

7 테이블 구조까지 완전히 없어지는 SQL 문을 고르시오.

① ERASE TABLE 테이블이름

② DELETE TABLE 테이블이름

③ TRUNCATE TABLE 테이블이름

④ MERGE TABLE 테이블이름

⑤ DROP TABLE 테이블이름

8 다음 SQL 문을 실행하면 첫 행에서 'Duplicate entry 'HKD' for key 'PRIMARY'' 오류 메시지가 발생하고 2건 모두 입력되지 않는다. 오류가 발생하지 않고 행이 입력되도록 추가해야 할 단어를 쓰시오.

```
INSERT INTO 테이블이름 VALUES('값1', '값2');
INSERT INTO 테이블이름 VALUES('값3', '값4');
```

9 다음은 기본키가 중복되면 새로 삽입한 내용으로 수정하기 위한 SQL 문이다. 빈칸에 들어갈 내용을 고르시오.

```
INSERT INTO 테이블이름 VALUES ('값1', '값2')
    ____________________ 열이름1='값3', 열이름2='값4';
```

① ON UPDATE KEY DUPLICATE

② ON KEY DUPLICATE UPDATE

③ ON DUPLICATE KEY UPDATE

④ ON UPDATE DUPLICATE KEY

10 다음은 지역별로 회원 가입 순위를 나타내는 SQL 문이다. 빈칸에 들어갈 내용을 보기에서 고르시오.

```
SELECT addr, _____㉠_____ OVER(_____㉡_____ addr ORDER BY mDate ASC)
"지역별 가입순위", userName, mDate
FROM userTBL;
```

CUME_DIST()	DENSE_RANK()	FIRST_VALUE()	LAG()
LAST_VALUE()	LEAD()	NTH_VALUE()	NTILE()
PERCENT_RANK()	RANK()	ROW_NUMBER()	PARTITION BY
GROUP BY	ORDER BY	LIMIT	SELECT
FROM	WHERE	HAVING	

	addr	지역별 가입순위	userName	mDate
▶	경기	1	이휘재	2006-04-04
	경기	2	신동엽	2008-10-10
	경남	1	이경규	2004-12-12
	경남	2	김제동	2013-03-03
	경북	1	강호동	2007-07-07
	서울	1	유재석	2008-08-08
	서울	2	김국진	2009-09-09
	서울	3	박수홍	2012-05-05
	서울	4	김용만	2015-05-05
	충남	1	남희석	2017-04-04

11 같은 지역의 회원과 비교하여 가입일이 빠르거나 같은 사람이 전체의 몇 %인지 누적 백분율을 구하는 SQL 문을 고르시오.

	addr	userName	가입일	누적인원 백분율%
▶	경기	이휘재	2006-04-04	50
	경기	신동엽	2008-10-10	100
	경남	이경규	2004-12-12	50
	경남	김제동	2013-03-03	100
	경북	강호동	2007-07-07	100
	서울	유재석	2008-08-08	25
	서울	김국진	2009-09-09	50
	서울	박수홍	2012-05-05	75
	서울	김용만	2015-05-05	100
	충남	남희석	2017-04-04	100

① SELECT addr, userName, mDate AS "가입일",

(LAST_VALUE() OVER (PARTITION BY addr ORDER BY mDate)) * 100 AS "누적인원 백분율%" FROM userTBL;

② SELECT addr, userName, mDate AS "가입일",

(FIRST_VALUE() OVER (PARTITION BY addr ORDER BY mDate)) * 100 AS "누적인원 백분율%" FROM userTBL;

③ SELECT addr, userName, mDate AS "가입일",

(CUME_DIST() OVER (PARTITION BY addr ORDER BY mDate)) * 100 AS "누적인원 백분율%" FROM userTBL;

④ SELECT addr, userName, mDate AS "가입일",

(PERCENT_RANK() OVER (PARTITION BY addr ORDER BY mDate)) * 100 AS "누적인원 백분율%" FROM userTBL;

연습문제

12 다음과 같은 피벗 테이블을 만들기 위한 SQL 문에 포함되지 않는 것을 고르시오.

uName	season	amount
유재석	겨울	10
강호동	여름	15
유재석	가을	25
유재석	봄	3
유재석	봄	37
강호동	겨울	40
유재석	여름	14
유재석	겨울	22
강호동	여름	64

피벗

uName	봄	여름	가을	겨울
유재석	40	14	25	32
강호동	NULL	79	NULL	40

① SUM() 함수

② CASE 문

③ GROUP BY 절

④ HAVING 절

⑤ SELECT 문

13 다음 SQL 문의 빈칸에 들어갈 내용을 쓰시오.

```
WITH newTable (______㉠______, ______㉡______)
AS
(SELECT userid, SUM(price*amount) FROM buyTBL GROUP BY userid)
SELECT uNumber, sumValue FROM newTable;
```

응용 예제 MariaDB에서 데이터 삽입, 수정, 삭제하기

5장에서 생성한 singerDB를 사용하여 실습을 진행해보자. 일부 실습에서는 cookDB와 singerDB의 테이블 이름, 열 이름, 데이터 값이 다르므로 그에 맞게 SQL을 변경해야 한다. 다음을 참고하여 변경한다.

cookDB → singerdb	userName → mem_name	userID → mem_id
serTBL → member	prodName → prod_name	birthYear → mem_number
mobile1 → phone1	mobile2 → phone2	mDate → debut_date

1 217쪽에 있는 **AUTO_INCREMENT**의 SQL 문을 입력하고 결과를 확인해보자.

testTBL2 (3r × 3c)

#	id	userName	age
1	1	에디	15
2	2	포비	12
3	3	통통이	11

실행 결과(그림 6-1)

2 219쪽에 있는 **대량 데이터 삽입**의 SQL 문을 입력하고 결과를 확인해보자.

testTBL4 (3r × 3c)

#	id	Fname	Lname
1	10,001	Georgi	Facello
2	10,002	Bezalel	Simmel
3	10,003	Parto	Bamford

실행 결과(그림 6-7)

3 222쪽에 있는 **[실습 6-1] 대용량 테이블 삭제하기**를 수행하고 결과를 확인해보자.

```
DELETE FROM bigTBL1;
/* 영향 받은 행: 300,024  찾은 행: 0  경고: 0  지속 시간 1 쿼리: 1.781 초 */
DROP TABLE bigTBL2;
/* 영향 받은 행: 0  찾은 행: 0  경고: 0  지속 시간 1 쿼리: 0.016 초 */
TRUNCATE TABLE bigTBL3;
/* 영향 받은 행: 0  찾은 행: 0  경고: 0  지속 시간 1 쿼리: 0.000 초 */
```

실행 결과(그림 6-8)

4 223쪽에 있는 **[실습 6-2] 오류가 발생해도 계속 삽입되도록 설정하기**를 수행하고 결과를 확인해보자. 이때 'KHD/강후덜' 대신 'APN/에핑이' 값을 사용한다는 것에 유의해야 한다.

memberTBL (6r × 3c)

#	mem_id	mem_name	addr
1	APN	에핑이	미국
2	BLK	블랙핑크	경남
3	DJM	동짜몽	일본
4	GRL	소녀시대	서울

실행 결과(그림 6-12)

5 227쪽에 있는 **[실습 6-3] 순위 함수 사용하기**를 수행하고 결과를 확인해보자.

member (10r × 4c)

#	키큰순위	mem_name	addr	height
1	1	소녀시대	서울	168
2	2	트와이스	서울	167
3	3	잇지	경남	167
4	4	여자친구	경기	166
5	5	마마무	전남	165
6	6	에이핑크	경기	164
7	7	블랙핑크	경남	163
8	8	우주소녀	서울	162
9	9	레드벨벳	경북	161
10	10	오마이걸	서울	160

member (10r × 4c)

#	반번호	mem_name	addr	height
1	1	소녀시대	서울	168
2	1	트와이스	서울	167
3	1	잇지	경남	167
4	2	여자친구	경기	166
5	2	마마무	전남	165
6	2	에이핑크	경기	164
7	3	블랙핑크	경남	163
8	3	우주소녀	서울	162
9	4	레드벨벳	경북	161
10	4	오마이걸	서울	160

실행 결과(키 큰 순위 및 4개 반으로 분리)

6 231쪽에 있는 **[실습 6-4] 분석 함수 사용하기**를 수행하고 결과를 확인해보자. 이때 MariaDB에서 LEAD() 함수에 '열 이름'과 '다음 행 위치'라는 두 인자만 사용된다는 것에 유의해야 한다.

member (10r × 4c)

#	mem_name	addr	키	다음 사람과 키 차이
1	소녀시대	서울	168	1
2	트와이스	서울	167	0
3	잇지	경남	167	1
4	여자친구	경기	166	1
5	마마무	전남	165	1
6	에이핑크	경기	164	1
7	블랙핑크	경남	163	1
8	우주소녀	서울	162	1
9	레드벨벳	경북	161	1
10	오마이걸	서울	160	(NULL)

member (10r × 4c)

#	addr	mem_name	키	누적인원 백분율%
1	경기	여자친구	166	50.0
2	경기	에이핑크	164	100.0
3	경남	잇지	167	50.0
4	경남	블랙핑크	163	100.0
5	경북	레드벨벳	161	100.0
6	서울	소녀시대	168	25.0
7	서울	트와이스	167	50.0
8	서울	우주소녀	162	75.0
9	서울	오마이걸	160	100.0
10	전남	마마무	165	100.0

실행 결과(다음 사람과의 키 차이 및 누적 백분율)

7 233쪽에 있는 **[실습 6-5] 피벗 테이블 만들기**를 수행하고 결과를 확인해보자. 단, 유재석 대신에 잇지를, 강호동 대신에 마마무를 입력한다.

pivotTest (9r × 3c)

#	uName	season	amount
1	잇지	겨울	10
2	마마무	여름	15
3	잇지	가을	25
4	잇지	봄	3
5	잇지	봄	37
6	마마무	겨울	40
7	잇지	여름	14
8	잇지	겨울	22
9	마마무	여름	64

pivotTest (2r × 5c)

#	uName	봄	여름	가을	겨울
1	마마무	(NULL)	79	(NULL)	40
2	잇지	40	14	25	32

실행 결과(그림 6-23)

CHAPTER 07

데이터 형식과 내장 함수

학습목표

- MySQL에서 지원하는 다양한 데이터 형식을 파악한다.
- MySQL에서의 변수 사용법과 변수의 데이터형을 변환하는 방법을 익힌다.
- 다양한 내장 함수를 학습한다.
- JSON 데이터의 개념을 이해하고 처리 방식을 학습한다.
- 대용량 데이터를 저장하는 방법을 실습한다.

01 데이터 형식의 종류

1 데이터 형식의 개요

5~6장에서 SELECT(검색), INSERT(삽입), UPDATE(수정), DELETE(삭제) 문을 살펴보았다. 기본적인 SQL 문은 이 정도만 숙지해도 충분히 작성할 수 있다. 이 장에서는 지금까지 은연중에 사용했지만 자세히 설명하지 않았던 MySQL의 데이터 형식(data type)을 알아보자. 순서상 SQL 문을 배우기 전에 데이터 형식을 짚고 넘어가는 것이 맞지만, 처음에 그냥 나열하는 식으로 소개하면 이해하기 어렵고 흥미도 느끼지 못하기 때문에 SQL 문이 어느 정도 익숙해진 이 장에서 다루는 것이다.

데이터 형식은 데이터형, 자료형, 데이터 타입 등으로도 불린다. 특히 SELECT 문을 더 잘 활용하고 테이블 생성을 효율적으로 하려면 MySQL에서 제공하는 데이터 형식을 이해해야 한다.

2 데이터 형식의 종류

MySQL에서 지원하는 데이터 형식의 종류는 30개 가까이 된다. 이 형식을 모두 외우는 것은 무리인 데다 거의 사용되지 않는 것도 있어 다 외울 필요가 없다. 또한 각각의 바이트 수나 숫자의 범위를 외우는 것도 당장 MySQL을 학습하는 데 큰 도움이 되지 않는다. 그러므로 여기서는 어떤 형식이 있는지 살펴보고 이후에 필요할 때마다 사용하면서 설명하겠다.

MySQL에서 지원하는 데이터 형식을 [표 7-1]에 정리했다. 파란색으로 표시한 것은 자주 사용되는 데이터 형식이다.

2.1 숫자 데이터 형식

숫자 데이터 형식은 정수, 실수 등의 숫자를 저장한다. DECIMAL 형식은 정확한 수치를 저장하고 FLOAT, REAL 형식은 근사치를 저장한다. 대신에 FLOAT, REAL 형식은 상당히 큰 숫자를 저장할 수 있다. 따라서 소수점이 있는 실수는 되도록 DECIMAL 형식을 사용하여 저장하는 것이 바람직하다. 예를 들어 −999999.99~999999.99 범위의 숫자를 저장할 때는 DECIMAL(9,2)로 설정하면 된다.

표 7-1 숫자 데이터 형식의 종류

데이터 형식	바이트 수	숫자 범위	설명
BIT(N)	N/8		• 1~64bit 표현 • b'0000' 형식으로 저장
TINYINT	1	-128~127	• 정수 저장
BOOL BOOLEAN	1	-128~127	• 정수 저장 • TINYINT(1)과 동일 • 0은 false로, 그 외는 true로 취급
SMALLINT	2	-32768~32767	• 정수 저장
MEDIUMINT	3	-8388608~8388607	• 정수 저장
INT INTEGER	4	약 -21억~21억	• 정수 저장
BIGINT	8	약 -900경~900경	• 정수 저장
FLOAT	4	-3.40E+38~-1.17E-38	• 소수점 아래 7자리까지 저장
DOUBLE REAL	8	-1.22E-308~1.79E+308	• 소수점 아래 15자리까지 저장
DECIMAL(m,[d]) DEC(m,[d]) FIXED(m,[d]) NUMERIC(m,[d])	5~17	-1038+1~1038-1	• 전체 자릿수(m)와 소수점 아래 자릿수(d)를 가진 숫자 저장 • 예: DECIMAL(5,2)는 전체 자릿수를 5자리로 하되, 그중 소수점 아래 자릿수를 2자리로 하겠다는 뜻

MySQL은 부호 없는 정수를 지원한다. 어떤 숫자를 부호 없는 정수로 지정하면 TINYINT는 0~255, SMALLINT는 0~65535, MEDIUMINT는 0~16777215, INT는 0~약 42억, BIGINT는 0~약 1800경을 표현할 수 있다. 부호 없는 정수를 지정할 때는 뒤에 UNSIGNED 예약어를 붙인다. UNSIGNED 예약어는 FLOAT, DOUBLE, DECIMAL 형식에도 사용할 수 있으나 자주 쓰이지는 않는다.

2.2 문자 데이터 형식

문자 데이터 형식은 영문이나 한글 등의 문자를 저장한다. CHAR 형식은 고정 길이 문자형을 저장하고 자릿수가 고정되어 있다. 예를 들어 CHAR(100)에 'ABC'를 저장하면 100자리를 모두 확보한 후 앞의 3자리를 사용하고 뒤의 97자리는 빈 채로 둔다. 반면에 VARCHAR 형식은 가변 길이 문자형을 저장한다. VARCHAR(100)에 'ABC'를 저장하면 내부적으로는 3자리만 사용한다. 따라서 CHAR 형식보다 저장 공간을 효율적으로 운영할 수 있다. 하지만 일반적으로 INSERT 문과 UPDATE 문을 사용할 때는 CHAR 형식으로 데이터 형식을 설정하는 것이 더 좋은 성능을 발휘한다.

표 7-2 문자 데이터 형식의 종류

데이터 형식		바이트 수	설명
CHAR(n)		1~255	• 고정 길이 문자형 저장('CHAR'은 'CHARacter'의 약자) • n을 1~255까지 지정 • CHAR만 쓰면 CHAR(1)과 동일
VARCHAR(n)		1~65535	• 가변 길이 문자형 저장('VARCHAR'은 'VARiable CHARacter'의 약자) • n을 1~65535까지 지정
BINARY(n)		1~255	• 고정 길이의 이진 데이터 값 저장
VARBINARY(n)		1~255	• 가변 길이의 이진 데이터 값 저장
TEXT 형식	TINYTEXT	1~255	• 255 크기의 TEXT 데이터 값 저장
	TEXT	1~65535	• N 크기의 TEXT 데이터 값 저장
	MEDIUMTEXT	1~16777215	• 16777215 크기의 TEXT 데이터 값 저장
	LONGTEXT	1~4294967295	• 최대 4GB 크기의 TEXT 데이터 값 저장
BLOB 형식	TINYBLOB	1~255	• 255 크기의 BLOB 데이터 값 저장
	BLOB	1~65535	• N 크기의 BLOB 데이터 값 저장
	MEDIUMBLOB	1~16777215	• 16777215 크기의 BLOB 데이터 값 저장
	LONGBLOB	1~4294967295	• 최대 4GB 크기의 BLOB 데이터 값 저장
ENUM(값들 …)		1 또는 2	• 최대 65535개의 열거형 데이터 값 저장
SET(값들 …)		1, 2, 3, 4, 8	• 최대 64개의 서로 다른 데이터 값 저장

BINARY와 VARBINARY 형식은 바이트 단위의 이진 데이터 값을 저장한다. 그리고 TEXT 형식은 대용량 문자를 저장하기 위한 형식으로, 필요한 크기에 따라서 TINYTEXT, TEXT, MEDIUMTEXT, LONGTEXT 등의 형식을 사용할 수 있다. BLOB(Binary Large OBject) 형식은 사진, 동영상, 문서 파일 등의 대용량 이진 데이터를 저장하는 데 사용한다. BLOB 형식도 필요한 크기에 따라서 TINYBLOB, BLOB, MEDIUMBLOB, LONGBLOB 등의 다양한 형식을 사용할 수 있다.

TIP 대용량 텍스트와 이진 데이터를 저장하기 위한 LONGTEXT, LONGBLOB 형식은 [실습 7-2]에서 살펴보겠다.

ENUM 형식은 열거형 데이터를 저장하는 데 사용한다. 요일(월, 화, 수, 목, 금, 토, 일)을 저장할 때 이 형식을 사용하면 좋다. SET 형식은 최대 64개의 데이터를 2개씩 세트로 묶어서 저장할 때 사용한다.

여기서 잠깐

문자형과 인코딩 방식

MySQL에서 CHAR, VARCHAR 형식은 모두 UTF-8 인코딩 방식을 따르므로 입력한 글자가 영문인지 한글인지에 따라서 내부적으로 문자에 할당하는 크기가 달라진다. 하지만 사용자는 내부적으로 문자에 얼마만큼의 저장 공간이 할당되는지 신경 쓰지 않아도 된다. 예를 들어 CHAR(100)이라고 설정하면 영문, 한글 구분 없이 100자를 입력할 수 있다고 알면 된다. 참고로 다음 쿼리문으로 시스템에 설정된 문자 세트를 확인할 수 있다. MySQL 버전에 따라서 utf8, utf8mb3, utf8mb4 등으로 나온다.

```
SHOW VARIABLES LIKE 'character_set_system';
```

	Variable_name	Value
▶	character_set_system	utf8

그림 7-1 시스템에 설정된 문자 세트 확인

2.3 날짜/시간 데이터 형식

날짜와 시간 데이터 형식은 날짜와 시간을 다양한 포맷으로 저장할 때 사용한다.

표 7-3 날짜와 시간 데이터 형식의 종류

데이터 형식	바이트 수	설명
DATE	3	• 'YYYY-MM-DD' 형식으로 날짜 저장 • 저장 범위는 1001-01-01~9999-12-31
TIME	3	• 'HH:MM:SS' 형식으로 시간 저장 • 저장 범위는 -838:59:59.000000~838:59:59.000000
DATETIME	8	• 'YYYY-MM-DD HH:MM:SS' 형식으로 날짜와 시간 저장 • 저장 범위는 1001-01-01 00:00:00~9999-12-31 23:59:59
TIMESTAMP	4	• 'YYYY-MM-DD HH:MM:SS' 형식으로 날짜와 시간 저장 • 저장 범위는 1001-01-01 00:00:00~9999-12-31 23:59:59 • time_zone 시스템 변수와 관련이 있으며 UTC 시간대로 변환하여 저장
YEAR	1	• 'YYYY' 형식으로 연도 저장 • 저장 범위는 1901~2155

날짜 데이터 형식과 시간 데이터 형식의 차이를 예를 통해 살펴보자. CAST() 함수는 지정된 데이터 형식으로 값을 변경해준다.

```
SELECT CAST('2027-10-19 12:35:29.123' AS DATE) AS 'DATE';
SELECT CAST('2027-10-19 12:35:29.123' AS TIME) AS 'TIME';
SELECT CAST('2027-10-19 12:35:29.123' AS DATETIME) AS 'DATETIME';
```

DATE	TIME	DATETIME
2027-10-19	12:35:29	2027-10-19 12:35:29

그림 7-2 날짜 데이터 형식과 시간 데이터 형식의 비교

2.4 기타 데이터 형식

MySQL에서는 숫자, 문자, 날짜와 시간 데이터 형식 외에도 [표 7-4]와 같은 데이터 형식을 지원한다.

표 7-4 기타 데이터 형식의 종류

데이터 형식	바이트 수	설명
GEOMETRY POINT LINESTRING POLYGON	N/A	• 공간 데이터를 저장하는 형식으로 선, 점, 다각형 같은 공간 데이터 개체를 저장하고 조작
JSON	8	• JSON 문서 저장

공간 데이터를 저장하기 위한 GEOMETRY 형식은 이 책에서 다루지 않는다. 최근 들어 데이터 교환 형태로 많이 사용되는 JSON 형식은 4절에서 자세히 살펴보겠다.

02 변수와 형 변환

1 변수의 선언과 활용

SQL은 다른 일반적인 프로그래밍 언어처럼 변수를 선언하고 사용할 수 있다. 변수를 선언하고 값을 대입한 후 최종적으로 출력할 때는 다음 형식을 따른다.

```
SET @변수명 = 변숫값;  -- 변수 선언 및 값 대입
SELECT @변수명;  -- 변숫값 출력
```

MySQL에서 변수는 Workbench를 닫았다가 재시작하면 소멸된다.

> **여기서 잠깐**
>
> **스토어드 프로그램의 변수**
>
> 스토어드 프로시저나 함수 안에서 변수는 DECLARE 문으로 선언한 후 사용할 수 있다. 그리고 스토어드 프로시저나 함수 안에서는 @변수명 형식이 아닌 변수명만 사용한다. 구분하자면 @변수명은 전역 변수처럼 사용되고, DECLARE 변수명은 스토어드 프로시저나 함수 안에서 지역 변수처럼 사용된다. 이는 8장에서 다시 살펴보겠다.

실습 7-1 변수 사용하기

Workbench를 종료하고 새로 실행한 후 다음 실습을 진행한다.

1 cookDB 초기화하기

1-1 메뉴의 [File]–[Open SQL Script]를 선택한 후 C:\SQL\cookDB.sql 파일을 열고 실행하여 cookDB를 초기화한다.

1-2 cookDB가 초기화되면 열린 쿼리 창을 모두 닫고 새 쿼리 창을 연다.

2 변수 사용하기

2-1 다음과 같이 변수를 선언하고 값을 대입한 후 출력해보자. 쿼리문 전체를 한 번에 선택한 후 실행하면 된다. 변수에 저장한 값은 일반적인 SELECT … FROM 문에서 사용할 수 있다.

```
USE cookDB;

SET @myVar1 = 5;
SET @myVar2 = 3;
SET @myVar3 = 4.25;
SET @myVar4 = 'MC 이름==> ';

SELECT @myVar1;
SELECT @myVar2 + @myVar3;

SELECT @myVar4 , userName FROM userTBL WHERE height > 180;
```

@myVar1
5

@myVar2 + @myVar3
7.250000000000000000000000000000

@myVar4	userName
MC 이름==>	강호동
MC 이름==>	박수홍

그림 7-3 **변수 출력 결과**

2-2 원칙적으로 LIMIT 절에는 변수를 사용할 수 없으나 PREPARE 문과 EXECUTE 문을 활용하면 가능하다.

```
SET @myVar1 = 3;
PREPARE myQuery
   FROM 'SELECT userName, height FROM userTBL ORDER BY height LIMIT ?';
EXECUTE myQuery USING @myVar1;
```

userName	height
이경규	170
김국진	171
김제동	173

그림 7-4 **TOP( )에 변수 사용**

LIMIT 절에서는 'LIMIT 3'과 같이 직접 숫자를 써야 하며 'LIMIT @변수' 형식을 사용하면 오류가 발생한다. 따라서 다른 방식을 사용해야 한다. 위 쿼리문에서 **PREPARE 쿼리이름 FROM '쿼리문'**은 쿼리이름에 쿼리문을 준비만 하고 실행하지는 않는다. 그리고 **EXECUTE 쿼리이름** 구문을 만나는 순간 실행되는데, EXECUTE 문에서 'USING @변수' 형식을 이용하여 LIMIT 절에서 ?로 처리한 부분에 대입한다. 결국 'LIMIT @변수' 형식을 사용하는 것과 동일한 결과를 출력한다.

TIP PREPARE 문은 8장에서 자세히 살펴볼 것이다.

2 데이터 형식과 형 변환

2.1 데이터 형식 변환 함수

일반적으로 사용되는 데이터 형식 변환 함수는 CAST()와 CONVERT()이다. 두 함수는 기능이 거의 비슷하다.

```
CAST(expression AS 데이터형식 [(길이)])
CONVERT(expression, 데이터형식 [(길이)])
```

데이터 형식 중에서 CAST() 함수와 CONVERT() 함수를 사용할 수 있는 형식은 BINARY, CHAR, DATE, DATETIME, DECIMAL, JSON, SIGNED INTEGER, TIME, UNSIGNED INTEGER 등이다. 사용 예를 보면 쉽게 이해될 것이다. 다음은 cookDB의 구매 테이블(buyTBL)에서 평균 구매 개수를 구하는 쿼리문이다. 실행 결과 2.9167개가 나온다.

```
USE cookDB;
SELECT AVG(amount) AS '평균 구매 개수' FROM buyTBL;
```

	평균 구매 개수
▶	2.9167

그림 7-5 **쿼리 실행 결과 1**

그런데 구매 개수는 실수가 아니라 정수여야 한다. 위의 결과를 정수로 보려면 다음과 같이 CAST() 함수나 CONVERT() 함수를 사용한다. 실행 결과 반올림한 정수가 출력된다.

```
SELECT CAST(AVG(amount) AS SIGNED INTEGER) AS '평균 구매 개수' FROM buyTBL;
또는
SELECT CONVERT(AVG(amount), SIGNED INTEGER) AS '평균 구매 개수' FROM buyTBL;
```

	평균 구매 개수
▶	3

그림 7-6 **쿼리 실행 결과 2**

CAST() 함수를 사용하면 다양한 구분자($, /, %, @)를 날짜 형식(–)으로 변경할 수도 있다.

```
SELECT CAST('2027$12$12' AS DATE);
SELECT CAST('2027/12/12' AS DATE);
SELECT CAST('2027%12%12' AS DATE);
SELECT CAST('2027@12@12' AS DATE);
```

CAST('2027@12@12' AS DATE)
2027-12-12

그림 7-7 쿼리 실행 결과 3(4개 모두 동일)

CAST() 함수와 CONVERT() 함수는 쿼리의 실행 결과를 보기 좋게 처리할 때도 사용된다. 다음은 단가(price)와 수량(amount)을 곱한 실제 입금액을 출력하는 쿼리문이다.

```
SELECT num, CONCAT(CAST(price AS CHAR(10)), 'X', CAST(amount AS CHAR(4)), '=') AS '단가X수량',
    price*amount AS '구매액'
  FROM buyTBL;
```

num	단가X수량	구매액
1	30X2=	60
2	1000X1=	1000
3	200X1=	200
4	200X5=	1000
5	50X3=	150
9	50X1=	50
10	30X2=	60
11	15X1=	15
12	30X2=	60

그림 7-8 쿼리 실행 결과 4

2.2 암시적인 형 변환

데이터 형식을 변환하는 것을 형 변환이라고 한다. 예를 들면 정수형을 실수형으로, 정수형을 문자형으로 변환하는 것을 말한다. 형 변환 방식에는 명시적인 변환(explicit conversion)과 암시적인 변환(implicit conversion)이 있다. 명시적인 변환은 앞에서 살펴본 CAST() 함수나 CONVERT() 함수를 사용하여 데이터 형식을 변환하는 것이고, 암시적인 변환은 CAST() 함수나 CONVERT() 함수를 사용하지 않고 데이터 형식을 변환하는 것이다. 다음 예를 보자.

```
SELECT '100' + '200'; -- 문자와 문자를 더함(정수로 변환한 후 처리)
SELECT CONCAT('100', '200'); -- 문자와 문자를 연결(문자열 그대로 처리)
SELECT CONCAT(100, '200'); -- 정수와 문자를 연결(정수를 문자로 변환하여 처리)
SELECT 1 > '3mega'; -- 정수인 3으로 변환한 후 비교
SELECT 4 > '3MEGA'; -- 정수인 3으로 변환한 후 비교
SELECT 0 = 'mega3'; -- 문자가 0으로 변환됨
```

'100' + '200'	CONCAT('100', '200')	CONCAT(100, '200')	1 > '3mega'	4 > '3MEGA'	0 = 'mega3'
300	100200	100200	0	1	1

그림 7-9 쿼리 실행 결과 5

- **1행** : 더하기 연산이므로 문자열을 정수로 변환한 후 처리한다.
- **2행** : CONCAT()은 문자열을 연결하는 함수이므로 문자열 그대로 처리한다.
- **3행** : CONCAT() 함수 안의 정수 100을 문자열로 변환한 후 처리한다.
- **4행** : 비교 연산으로 앞에 '3'이 들어간 문자열이 숫자 3으로 변경되어 결국 '1 > 3'으로 처리된다. 결과는 거짓(0)이다.
- **5행** : 4행과 같은 방식으로 처리된다.
- **6행** : 앞에 'm'이 들어간 문자열이 숫자로 변경되면 그냥 0이 되므로 결국 '0=0'으로 처리된다. 결과는 참(1)이다.

여기서 잠깐

다른 DBMS에서의 형 변환 다른 DBMS에서는 암시적인 형 변환을 하면 결과가 MySQL과 다를 수 있다. 예를 들어 어떤 DBMS에서는 SELECT '100' + '200'의 결과가 '100200' 문자열로 처리되기도 한다.

03 내장 함수

1 내장 함수의 개요

MySQL은 자체적으로 많은 내장 함수를 포함하고 있다. 내장 함수는 크게 제어 흐름 함수, 문자열 함수, 수학 함수, 날짜/시간 함수, 시스템 정보 함수, 전체 텍스트 검색 함수, 형 변환 함수, XML 함수, 비트 함수, 보안/압축 함수, 정보 함수, 공간 분석 함수, MySQL Enterprise 암호화 함수, JSON 함수 등으로 구분된다.

MySQL의 전체 내장 함수는 수백 개가 넘으며 그중 일부는 이미 앞에서 사용해보았다. 여기서는 앞에서 다루지 않았던 내장 함수 가운데 자주 사용되는 함수를 살펴보자. 함수의 예를 쿼리 창에서 직접 실행해보기 바란다.

2 제어 흐름 함수

제어 흐름 함수는 프로그램의 흐름을 제어한다.

- **IF(수식, 참, 거짓)**

  수식이 참이면 두 번째 파라미터를 반환하고, 거짓이면 세 번째 파라미터를 반환한다. 다음 쿼리문을 실행하면 '거짓이다'가 출력된다.

```
SELECT IF(100>200, '참이다', '거짓이다');
```

- **IFNULL(수식1, 수식2)**

  수식1이 NULL이 아니면 수식1을 반환하고, 수식1이 NULL이면 수식2를 반환한다. 다음 첫 번째 쿼리문은 '널이군요'가 출력되고, 두 번째 쿼리문은 '100'이 출력된다.

```
SELECT IFNULL(NULL, '널이군요'), IFNULL(100, '널이군요');
```

- **NULLIF(수식1, 수식2)**

  수식1과 수식2가 같으면 NULL을 반환하고, 다르면 수식1을 반환한다. 다음 첫 번째 쿼리문은 'NULL'이 출력되고, 두 번째 쿼리문은 '200'이 출력된다.

```
SELECT NULLIF(100, 100), IFNULL(200, 100);
```

■ CASE … WHEN … ELSE … END

CASE는 내장 함수가 아니라 연산자(operator)이며, 다중 분기에 사용되므로 내장 함수와 함께 알아두면 좋다. 다음 예에서는 CASE 뒤의 값이 10이므로 세 번째 WHEN이 수행되어 '십'이 출력된다. 만약 해당하는 사항이 없다면 ELSE 부분이 출력된다.

```
SELECT CASE 10
    WHEN 1 THEN '일'
    WHEN 5 THEN '오'
    WHEN 10 THEN '십'
    ELSE '모름'
END;
```

3 문자열 함수

문자열을 조작하는 데 사용되는 문자열 함수는 활용도가 높으니 잘 알아두기 바란다.

■ ASCII(아스키코드), CHAR(숫자)

문자의 아스키코드 값을 반환하거나 숫자의 아스키코드 값에 해당하는 문자를 반환한다. 다음 첫 번째 쿼리문은 '65'가 출력되고, 두 번째 쿼리문은 'A'가 출력된다.

```
SELECT ASCII('A'), CHAR(65);
```

TIP Workbench의 버그로 CHAR(65)의 결과가 'BLOB'로 보일 수도 있다. 이럴 때는 'BLOB' 글자에서 마우스 오른쪽 버튼을 클릭하여 [Open Value in Viewer]를 선택한다. 일반 명령 줄 모드에서는 정상적으로 'A'가 출력될 것이다.

■ BIT_LENGTH(문자열), CHAR_LENGTH(문자열), LENGTH(문자열)

BIT_LENGTH() 함수는 할당된 비트 크기를 반환하고 CHAR_LENGTH() 함수는 문자의 개수를 반환한다. 또한 LENGTH() 함수는 할당된 바이트 수를 반환한다. MySQL은 기본적으로 UTF-8 코드를 사용하기 때문에 영문은 문자당 1바이트가, 한글은 문자당 3바이트가 할당된다.

```
SELECT BIT_LENGTH('abc'), CHAR_LENGTH('abc'), LENGTH('abc');
SELECT BIT_LENGTH('가나다'), CHAR_LENGTH('가나다'), LENGTH('가나다');
```

■ CONCAT(문자열1, 문자열2, …), CONCAT_WS(문자열1, 문자열2, …)

CONCAT() 함수는 문자열을 이어주고 CONCAT_WS() 함수는 구분자와 함께 문자열을 이어준다.

다음 쿼리문을 실행하면 구분자 /를 추가하여 '2027/01/01'이 출력된다.

```
SELECT CONCAT_WS('/', '2027', '01', '01');
```

- **ELT(위치, 문자열1, 문자열2, …), FIELD(찾을_문자열, 문자열1, 문자열2, …), FIND_IN_SET(찾을_문자열, 문자열_리스트), INSTR(기준_문자열, 부분_문자열), LOCATE(부분_문자열, 기준_문자열)**

  ELT() 함수는 첫 번째 파라미터인 '위치'에 적힌 숫자를 보고 그 숫자 번째에 있는 문자열을 반환한다. FIELD() 함수는 찾을 문자열의 위치를 찾아 반환하는데, 매치되는 문자열이 없으면 0을 반환한다. FIND_IN_SET() 함수는 찾을 문자열을 문자열 리스트에서 찾아 위치를 반환한다. 문자열 리스트는 쉼표(,)로 구분되고 공백이 없어야 한다. INSTR() 함수는 기준 문자열에서 부분 문자열을 찾아 그 시작 위치를 반환한다. LOCATE() 함수는 INSTR() 함수와 동일하지만 파라미터의 순서가 반대이다. 다음 쿼리문을 실행하면 '둘, 2, 2, 3, 3'이 출력된다.

```
SELECT ELT(2, '하나', '둘', '셋'), FIELD('둘', '하나', '둘', '셋'), FIND_IN_SET('둘', '하
나,둘,셋'), INSTR('하나둘셋', '둘'), LOCATE('둘', '하나둘셋');
```

TIP LOCATE()와 POSITION()은 동일한 함수이다.

- **FORMAT(숫자, 소수점_자릿수)**

  숫자를 소수점 아래 자릿수까지 표현하고 1000단위마다 쉼표(,)를 넣는다. 다음 쿼리문을 실행하면 '123,456.1235'가 출력된다.

```
SELECT FORMAT(123456.123456, 4);
```

- **BIN(숫자), HEX(숫자), OCT(숫자)**

  2진수, 16진수, 8진수의 값을 반환한다. 다음 쿼리문을 실행하면 2진수 '11111', 16진수 '1F', 8진수 '37'이 출력된다.

```
SELECT BIN(31), HEX(31), OCT(31);
```

- **INSERT(기준_문자열, 위치, 길이, 삽입할_문자열)**

  기준 문자열의 위치부터 길이만큼을 지우고 삽입할 문자열을 끼워넣는다. 다음 쿼리문을 실행하면 'ab@@@@ghi'와 'ab@@@@efghi'가 출력된다.

```
SELECT INSERT('abcdefghi', 3, 4, '@@@@'), INSERT('abcdefghi', 3, 2, '@@@@');
```

- **LEFT(문자열, 길이), RIGHT(문자열, 길이)**

왼쪽 또는 오른쪽에서 문자열의 길이만큼 반환한다. 다음 쿼리문을 실행하면 'abc'와 'ghi'가 출력된다.

```
SELECT LEFT('abcdefghi', 3), RIGHT('abcdefghi', 3);
```

- **LOWER(문자열), UPPER(문자열)**

대문자를 소문자로, 소문자를 대문자로 바꾼다. 다음 쿼리문을 실행하면 'abcdefgh'와 'ABCDEFGH'가 출력된다.

```
SELECT LOWER('abcdEFGH'), UPPER('abcdEFGH');
```

TIP LOWER()와 LCASE()는 동일한 함수이고, UPPER()와 UCASE()도 동일한 함수이다.

- **LPAD(문자열, 길이, 채울_문자열), RPAD(문자열, 길이, 채울_문자열)**

문자열을 길이만큼 늘리고 빈 곳을 채울 문자열로 채운다. 다음 쿼리문을 실행하면 '###쿡북'과 '쿡북###'가 출력된다.

```
SELECT LPAD('쿡북', 5, '##'), RPAD('쿡북', 5, '##');
```

- **LTRIM(문자열), RTRIM(문자열)**

문자열의 왼쪽 또는 오른쪽 공백을 제거한다. 중간의 공백은 제거되지 않는다. 다음 쿼리문을 실행하면 둘 다 공백이 제거된 '쿡북'이 출력된다.

```
SELECT LTRIM('   쿡북'), RTRIM('쿡북   ');
```

- **TRIM(문자열), TRIM(방향 자를_문자열 FROM 문자열)**

TRIM() 함수는 문자열의 앞뒤 공백을 모두 없앤다. TRIM() 함수의 '방향' 인자는 앞을 의미하는 LEADING, 양쪽을 의미하는 BOTH, 뒤를 의미하는 TRAILING이다. 다음 쿼리문을 실행하면 '쿡북'과 '재미있어요.'가 출력된다.

```
SELECT TRIM('   쿡북   '), TRIM(BOTH 'ㅋ' FROM 'ㅋㅋㅋ재미있어요.ㅋㅋㅋ');
```

- **REPEAT(문자열, 횟수)**

문자열을 횟수만큼 반복한다. 다음 쿼리문을 실행하면 '쿡북쿡북쿡북'이 출력된다.

```
SELECT REPEAT('국북', 3);
```

- **REPLACE(문자열, 원래_문자열, 바꿀_문자열)**

  문자열에서 원래 문자열을 찾아 바꿀 문자열로 치환한다. 다음 쿼리문을 실행하면 'IT CookBook MySQL'이 출력된다.

```
SELECT REPLACE('IT 국북 MySQL', '국북' , 'CookBook');
```

- **REVERSE(문자열)**

  문자열의 순서를 거꾸로 반환한다. 다음 쿼리문을 실행하면 'LQSyM'이 출력된다.

```
SELECT REVERSE('MySQL');
```

- **SPACE(길이)**

  길이만큼의 공백을 반환한다. 다음 쿼리문을 실행하면 'IT   CookBook MySQL'이 출력된다.

```
SELECT CONCAT('IT', SPACE(10), 'CookBook MySQL');
```

- **SUBSTRING(문자열, 시작위치, 길이) 또는 SUBSTRING(문자열 FROM 시작위치 FOR 길이)**

  시작 위치부터 길이만큼 문자를 반환한다. 길이를 생략하면 문자열의 끝까지 반환한다. 다음 쿼리문을 실행하면 '민국'이 출력된다.

```
SELECT SUBSTRING('대한민국만세', 3, 2);
```

- **SUBSTRING_INDEX(문자열, 구분자, 횟수)**

  문자열에서 구분자가 왼쪽부터 '횟수' 인자에 적힌 숫자 번째 나오면 그 이후의 문자열을 버리고 앞에 있는 문자열만 출력한다. 횟수가 음수이면 오른쪽부터 세어 왼쪽의 남은 문자열을 버리고 출력한다. 다음 쿼리문을 실행하면 'www.mysql'과 'mysql.com'이 출력된다.

```
SELECT SUBSTRING_INDEX('www.mysql.com', '.', 2), SUBSTRING_INDEX('www.mysql.com', '.', -2);
```

4 수학 함수

MySQL은 다양한 수학 함수를 제공한다.

- **ABS(숫자)**

  숫자의 절댓값을 계산한다. 다음 쿼리문을 실행하면 절댓값인 '100'이 출력된다.

```
SELECT ABS(-100);
```

- **CEILING(숫자), FLOOR(숫자), ROUND(숫자)**

  올림, 내림, 반올림을 계산한다. 다음 쿼리문을 실행하면 '5, 4, 5'가 출력된다.

```
SELECT CEILING(4.7), FLOOR(4.7), ROUND(4.7);
```

TIP CEILING()과 CEIL()은 동일한 함수이다.

- **CONV(숫자, 원래_진수, 변환할_진수)**

  숫자를 원래 진수에서 변환할 진수로 바꾼다. 다음 쿼리문을 실행하면 16진수 AA를 2진수로 변환한 '10101010'과 10진수 100을 8진수로 변환한 '144'가 출력된다.

```
SELECT CONV('AA', 16, 2), CONV(100, 10, 8);
```

- **DEGREES(숫자), RADIANS(숫자), PI()**

  DEGREES() 함수는 라디안 값을 각도 값으로 변환하고, RADIANS() 함수는 각도 값을 라디안 값으로 변환하며, PI() 함수는 파이 값인 3.141592를 반환한다. 다음 쿼리문을 실행하면 파이의 각도 값인 '180'과 180의 라디안 값인 3.141592…가 출력된다.

```
SELECT DEGREES(PI()), RADIANS(180);
```

- **MOD(숫자1, 숫자2) 또는 숫자1 % 숫자2 또는 숫자1 MOD 숫자2**

  숫자1을 숫자2로 나눈 나머지 값을 반환한다. 다음 쿼리문을 실행하면 모두 157을 10으로 나눈 나머지 값 '7'이 출력된다.

```
SELECT MOD(157, 10), 157 % 10, 157 MOD 10;
```

- **POW(숫자1, 숫자2), SQRT(숫자)**

  POW() 함수는 숫자1을 숫자2만큼 거듭제곱한 값을 반환하고, SQRT() 함수는 숫자의 제곱근을 반환한다. 다음 쿼리문을 실행하면 2의 3제곱인 8과 루트 9의 값인 3이 출력된다.

```
SELECT POW(2,3), SQRT(9);
```

TIP POW()와 POWER()는 동일한 함수이다.

- **RAND()**

  0 이상 1 미만의 실수를 구한다. 예를 들어 m보다 크거나 같고 n보다 작은 임의의 정수(m 〈= 임의의 정수 〈 n)를 구하고 싶다면 FLOOR(m + (RAND() * (n−m))으로 작성하면 된다. 다음 쿼리문을 실행하면 0 이상 1 미만의 실수와 주사위 숫자가 출력된다.

```
SELECT RAND(), FLOOR(1 + (RAND() * (6-1)));
```

- **SIGN(숫자)**

  숫자가 양수, 0, 음수인지 구하여 1, 0, −1 중 하나를 반환한다. 다음 쿼리문을 실행하면 '1, 0, −1'이 출력된다.

```
SELECT SIGN(100), SIGN(0), SIGN(-100.123);
```

- **TRUNCATE(숫자, 정수)**

  소수점을 기준으로 정수 위치까지 구하고 나머지를 버린다. 다음 쿼리문을 실행하면 '12345.12'와 '12300'이 출력된다.

```
SELECT TRUNCATE(12345.12345, 2), TRUNCATE(12345.12345, -2);
```

- **ACOS(숫자), ASIN(숫자), ATAN(숫자), ATAN2(숫자1, 숫자2), SIN(숫자), COS(숫자), TAN(숫자)**

  삼각 함수와 관련된 함수를 제공한다.

- **EXP(X), LN(숫자), LOG(숫자), LOG(밑수, 숫자), LOG2(숫자), LOG10(숫자)**

  지수, 로그와 관련된 함수를 제공한다.

5 날짜/시간 함수

MySQL에서는 날짜와 시간을 조작하는 다양한 함수를 제공한다.

- **ADDDATE(날짜, 차이), SUBDATE(날짜, 차이)**

  날짜를 기준으로 차이를 더하거나 뺀 날짜를 반환한다. 다음 쿼리문을 실행하면 31일 후 또는 한 달 후인 '2027−02−01'과 31일 전 또는 한 달 전인 '2026−12−01'이 출력된다.

```
SELECT ADDDATE('2027-01-01', INTERVAL 31 DAY), ADDDATE('2027-01-01', INTERVAL 1 MONTH);
SELECT SUBDATE('2027-01-01', INTERVAL 31 DAY), SUBDATE('2027-01-01', INTERVAL 1 MONTH);
```

TIP ADDDATE()와 DATE_ADD()는 동일한 함수이고, SUBDATE()와 DATE_SUB()도 동일한 함수이다.

- **ADDTIME(날짜/시간, 시간), SUBTIME(날짜/시간, 시간)**

  날짜/시간을 기준으로 시간을 더하거나 뺀 결과를 반환한다. 다음 첫 번째 쿼리문은 1시간 1분 1초 후인 '2027-01-02 01:01:00'과 2시간 10분 10초 후인 '17:10:10'이 출력되고, 두 번째 쿼리문은 1시간 1분 1초 전인 '2027-01-01 22:58:58'과 2시간 10분 10초 전인 '12:49:50'이 출력된다.

```
SELECT ADDTIME('2027-01-01 23:59:59', '1:1:1'), ADDTIME('15:00:00', '2:10:10');
SELECT SUBTIME('2027-01-01 23:59:59', '1:1:1'), SUBTIME('15:00:00', '2:10:10');
```

- **YEAR(날짜), MONTH(날짜), DAY(날짜), HOUR(시간), MINUTE(시간), SECOND(시간), MICROSECOND(시간)**

  날짜 또는 시간에서 연, 월, 일, 시, 분, 초, 밀리초를 구한다. 다음 쿼리문을 실행하면 현재 연, 월, 일, 시, 분, 초, 밀리초가 출력된다.

```
SELECT YEAR(CURDATE()), MONTH(CURRENT_DATE()), DAYOFMONTH(CURRENT_DATE);
SELECT HOUR(CURTIME()), MINUTE(CURRENT_TIME()), SECOND(CURRENT_TIME),
MICROSECOND(CURRENT_TIME);
```

TIP DAYOFMONTH()와 DAY()는 동일한 함수이다.

- **DATE(), TIME()**

  DATETIME 형식에서 연-월-일과 시:분:초만 추출한다. 다음 쿼리문을 실행하면 현재 연-월-일과 시:분:초가 출력된다.

```
SELECT DATE(NOW()), TIME(NOW());
```

- **DATEDIFF(날짜1, 날짜2), TIMEDIFF(날짜1 또는 시간1, 날짜1 또는 시간2)**

  DATEDIFF() 함수는 날짜1-날짜2의 결과를 반환한다. 즉 날짜2부터 날짜1까지 며칠이 남았는지 구한다. TIMEDIFF() 함수는 시간1-시간2의 결과를 반환한다. 다음 쿼리문을 실행하면 2030년 1월 1일에서 오늘 날짜를 뺀 일자와 '11:12:49'가 출력된다.

```
SELECT DATEDIFF('2030-01-01', NOW()), TIMEDIFF('23:23:59', '12:11:10');
```

- **DAYOFWEEK(날짜), MONTHNAME(), DAYOFYEAR(날짜)**

  DAYOFWEEK() 함수는 요일(1: 일~7: 토)을, MONTHNAME() 함수는 월의 영문(January ~December)을, DAYOFYEAR() 함수는 1년 중 몇 번째 날(1~366)인지를 반환한다. 다음 쿼리문을 실행하면 현재 요일이 숫자로, 현재 월이 영문으로, 1년 중 며칠이 지났는지가 숫자로 출력된다.

```
SELECT DAYOFWEEK(CURDATE()), MONTHNAME(CURDATE()), DAYOFYEAR(CURDATE());
```

- LAST_DAY(날짜)

  입력한 월의 마지막 날짜를 반환한다. 그 달이 며칠까지 있는지 확인할 때 주로 사용한다. 다음 쿼리문을 실행하면 '2027-02-29'가 출력된다.

```
SELECT LAST_DAY('2027-02-01');
```

- MAKEDATE(연도, 정수)

  연도의 첫날부터 정수만큼 지난 날짜를 반환한다. 다음 쿼리문을 실행하면 2027년 1월 1일부터 32일이 지난 날짜인 '2027-02-01'이 출력된다.

```
SELECT MAKEDATE(2027, 32);
```

- MAKETIME(시, 분, 초)

  시, 분, 초를 이용하여 '시:분:초'의 TIME 형식을 만든다. 다음 쿼리문을 실행하면 '12:11:10'의 TIME 형식이 출력된다.

```
SELECT MAKETIME(12, 11, 10);
```

- PERIOD_ADD(연월, 개월수), PERIOD_DIFF(연월1, 연월2)

  PERIOD_ADD() 함수는 연월부터 개월 수만큼 지난 연월을 반환한다. 연월에는 YYYY 또는 YYYYMM 형식을 사용한다. PERIOD_DIFF()는 연월1–연월2의 개월 수를 반환한다. 다음 쿼리문을 실행하면 '2027년 12월'과 '13개월'이 출력된다.

```
SELECT PERIOD_ADD(202701, 11), PERIOD_DIFF(202701, 202512);
```

- QUARTER(날짜)

  날짜가 4분기 중에서 몇 분기인지를 반환한다. 다음 쿼리문을 실행하면 7월 7일에 해당하는 '3분기'가 출력된다.

```
SELECT QUARTER('2027-07-07');
```

- TIME_TO_SEC(시간)

  시간을 초 단위로 반환한다. 다음 쿼리문을 실행하면 '43870초'가 출력된다.

```
SELECT TIME_TO_SEC('12:11:10');
```

- **CURDATE(), CURTIME(), NOW(), SYSDATE()**

CURDATE()는 현재 '연-월-일'을, CURTIME()은 현재 '시:분:초'를 반환한다. NOW()와 SYSDATE()는 현재 '연-월-일 시:분:초'를 반환한다.

TIP CURDATE(), CURRENT_DATE(), CURRENT_DATE는 모두 동일한 함수이고, CURTIME(), CURRENT_TIME(), CURRENT_TIME도 모두 동일한 함수이다. 또한 NOW(), LOCALTIME, LOCALTIME(), LOCALTIMESTAMP, LOCALTIMESTAMP()도 모두 동일한 함수이다.

6 시스템 정보 함수

MySQL은 시스템의 정보를 출력하는 함수를 제공한다.

- **USER(), DATABASE()**

현재 사용자와 현재 선택된 데이터베이스를 반환한다. 다음 쿼리문을 실행하면 현재 사용자와 현재 선택된 데이터베이스가 출력된다.

```
SELECT USER(), DATABASE();
```

TIP USER(), SESSION_USER(), CURRENT_USER()는 모두 동일한 함수이다. DATABASE()와 SCHEMA()도 동일한 함수이다.

- **FOUND_ROWS()**

바로 앞의 SELECT 문에서 조회된 행의 개수를 반환한다. 다음 쿼리문에서는 고객 테이블의 10개 행을 조회했으므로 '10'이 출력된다.

```
USE cookDB;
SELECT * FROM userTBL;
SELECT FOUND_ROWS();
```

- **ROW_COUNT()**

바로 앞의 INSERT, UPDATE, DELETE 문에서 삽입, 수정, 삭제된 행의 개수를 반환한다. 바로 앞의 구문이 CREATE, DROP 문이면 0을 반환하고, SELECT 문이면 -1을 반환한다. 다음 쿼리문은 UPDATE 문에서 구매 테이블의 12개 행을 변경했으므로 '12'가 출력된다.

```
USE cookDB;
UPDATE buyTBL SET price=price*2;
SELECT ROW_COUNT();
```

- SLEEP(초)

  쿼리의 실행을 잠깐 멈춘다. 다음 쿼리문을 실행하면 5초 동안 멈춘 후 결과가 출력된다.

```
SELECT SLEEP(5);
SELECT '5초 후에 이게 보여요';
```

- VERSION()

  현재 MySQL의 버전을 출력한다.

04 JSON 데이터와 대용량 데이터 저장

1 JSON 데이터

JSON(JavaScript Object Notation)은 웹 환경이나 모바일 응용 프로그램 등에서 데이터를 교환하기 위해 만든 개방형 표준 포맷이다. JSON으로 작성한 데이터는 속성(key)과 값(value)의 쌍으로 구성된다. JSON은 자바스크립트 언어에서 파생되었지만 특정한 프로그래밍 언어에 종속되지 않은 독립적인 데이터 포맷이다. 그 포맷이 단순하고 공개되어 있기 때문에 거의 대부분의 프로그래밍 언어에서 쉽게 읽고 쓰도록 코딩할 수 있다.

다음은 한 명의 사용자를 JSON 데이터로 표현한 예이다. 데이터가 속성과 값의 쌍으로 이루어진 것을 확인할 수 있다.

```
{
  "아이디" : "KHD",
  "이름" : "강호동",
  "생년" : 1970,
  "지역" : "경북",
  "국번" : "011",
  "전화번호" : "22222222",
  "키" : 182,
  "가입일" : "2017.7.7"
}
```

MySQL은 JSON과 관련된 다양한 내장 함수를 제공한다. [그림 7-10]은 테이블에 저장된 데이터를 JSON 데이터로 표현한 것이다.

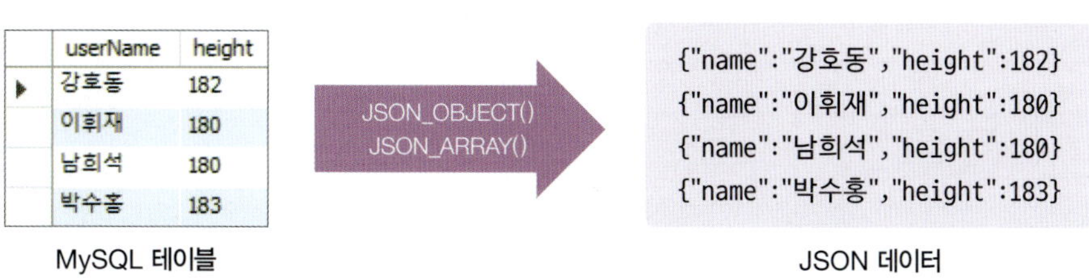

그림 7-10 테이블의 데이터를 JSON 데이터로 변환

[그림 7-10]의 왼쪽은 회원 테이블(userTBL)에서 키가 180cm 이상인 사람의 이름과 키를 출력한 것이다. 이를 JSON 데이터로 변환하려면 다음과 같이 JSON_OBJECT() 또는 JSON_ARRAY() 함수를 이용한다.

```
USE cookDB;
SELECT JSON_OBJECT('name', userName, 'height', height) AS 'JSON 값'
   FROM userTBL
   WHERE height >= 180;
```

JSON 값
{"name": "강호동", "height": 182}
{"name": "이휘재", "height": 180}
{"name": "남희석", "height": 180}
{"name": "박수홍", "height": 183}

그림 7-11 쿼리 실행 결과 6

쿼리 실행 결과 테이블에 저장된 데이터가 JSON 형식으로 변환되었다. 이렇게 구성된 JSON 데이터를 MySQL의 다양한 내장 함수를 통해 활용하는 방법을 알아보자. 다음 예에서는 @json 변수에 JSON 데이터를 대입하면서 테이블의 이름을 userTBL로 지정했다.

```
SET @json='{ "userTBL" :
  [
     {"name":"강호동", "height":182},
     {"name":"이휘재", "height":180},
     {"name":"남희석", "height":180},
     {"name":"박수홍", "height":183}
  ]
}';
SELECT JSON_VALID(@json) AS JSON_VALID;
SELECT JSON_SEARCH(@json, 'one', '남희석') AS JSON_SEARCH;
SELECT JSON_EXTRACT(@json, '$.userTBL[2].name') AS JSON_EXTRACT;
SELECT JSON_INSERT(@json, '$.userTBL[0].mDate', '2019-09-09') AS JSON_INSERT;
SELECT JSON_REPLACE(@json, '$.userTBL[0].name', '토마스') AS JSON_REPLACE;
SELECT JSON_REMOVE(@json, '$.userTBL[0]') AS JSON_REMOVE;
```

JSON_VALID
1

JSON_SEARCH
"$.userTBL[2].name"

JSON_EXTRACT
"남희석"

JSON_INSERT
{"userTBL": [{"name": "강호동", "mDate": "2019-09-09", "height": 182}, {"name": "이휘재", "height": 1...

JSON_REPLACE
{"userTBL": [{"name": "토마스", "height": 182}, {"name": "이휘재", "height": 180}, {"n...

그림 7-12 쿼리 실행 결과 7

- **9행:** JSON_VALID() 함수는 문자열이 JSON 형식을 만족하면 1을 반환하고, 그렇지 않으면 0을 반환한다.
- **10행:** JSON_SEARCH() 함수는 세 번째 파라미터에 주어진 문자열의 위치를 반환한다. 두 번째 파라미터에는 one과 all 중 하나가 올 수 있다. one은 처음으로 매치되는 하나만 반환하고 all은 매치되는 모든 것을 반환한다. 결과를 보면 '남희석'은 userTBL[2]의 name에 해당하는 부분에 위치한다.
- **11행:** JSON_EXTRACT() 함수는 JSON_SEARCH()와 반대로 지정된 위치의 값을 반환한다.
- **12행:** JSON_INSERT() 함수는 새로운 값을 추가한다. 결과를 보면 userTBL[0]에 mDate가 추가되었다.
- **13행:** JSON_REPLACE() 함수는 값을 변경한다. 결과를 보면 userTBL[0]의 name 부분이 '토마스'로 변경되었다.
- **14행:** JSON_REMOVE() 함수는 지정된 항목을 삭제한다. 결과를 보면 userTBL[0]의 항목이 통째로 삭제되었다.

간단한 예를 통해 MySQL에서 지원하는 JSON 데이터를 살펴보았다. JSON과 관련된 내용은 앞으로 활용도가 높아질 것이니 잘 알아두기 바란다.

2 대용량 데이터 저장

MySQL은 대용량 데이터(Large OBject, LOB)를 저장하기 위해 LONGTEXT, LONGBLOB 데이터 형식을 지원한다. 이 데이터 형식을 이용하면 약 4GB의 파일을 하나의 데이터로 저장할 수 있다. [그림 7-13]을 보자. 영화 한 편의 대본(대용량 텍스트 파일)이 LONGTEXT 형식으로 지정된 하나의 열에 저장되어 있고, 동영상 파일(대용량 바이너리 파일)이 LONGBLOB 형식으로 지정된 하나의 열에 저장되어 있다. 이러한 방식은 실무에서 종종 사용되므로 잘 알아두면 도움이 된다.

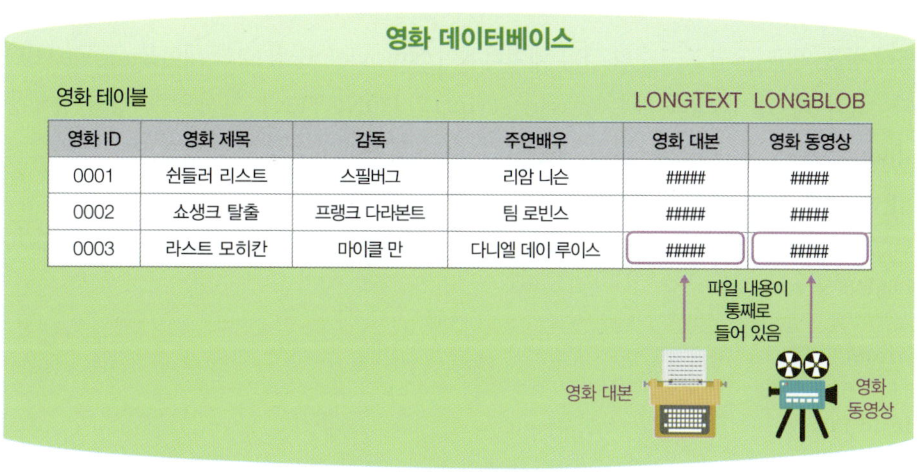

영화 ID	영화 제목	감독	주연배우	영화 대본	영화 동영상
0001	쉰들러 리스트	스필버그	리암 니슨	#####	#####
0002	쇼생크 탈출	프랭크 다라본트	팀 로빈스	#####	#####
0003	라스트 모히칸	마이클 만	다니엘 데이 루이스	#####	#####

그림 7-13 LONGTEXT, LONGBLOB 데이터 형식의 활용 예

실습 7-2 LONGTEXT, LONGBLOB 형식에 데이터 저장하기

[그림 7-13]의 영화 데이터베이스를 구현해보자.

1 대용량 텍스트 파일과 동영상 파일 준비하기

1-1 실습을 진행하는 데 [그림 7-13]의 영화 대본 파일 3개와 영화 동영상 파일 3개가 필요하다. 영화 대본 파일은 아무 글자나 적힌 TXT 파일이면 되고, 영화 동영상 파일은 MP4 등의 영상 파일이면 된다. 적당한 파일이 없으면 예제 소스의 Movies.zip 파일을 이용한다. 여기서는 압축을 해제하고 파일 경로를 C:\SQL\Movies\로 설정한 후 실습을 진행한다.

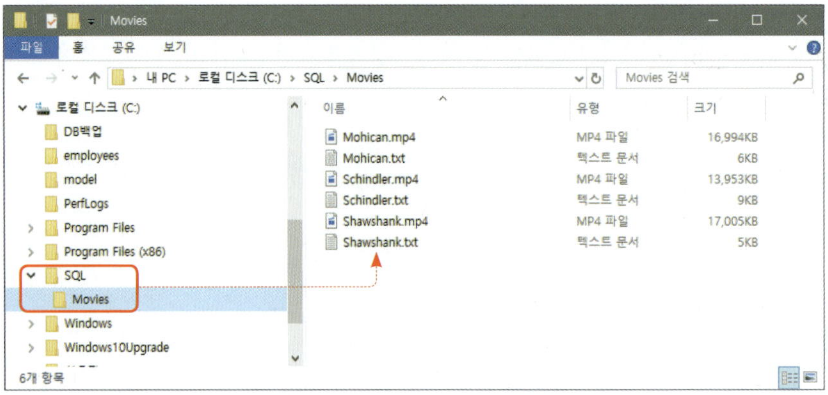

그림 7-14 영화 대본 파일 3개와 영화 동영상 파일 3개

TIP 예제 소스는 http://www.hanbit.co.kr/src/41009에서 내려받는다.

TIP 영화 대본으로 사용할 텍스트 파일은 UTF-8 인코딩으로 저장해야 하므로 메모장에서 해당 파일을 열고 [파일]–[다른 이름으로 저장]을 선택하여 '인코딩'을 UTF-8로 변경한 후 저장한다. 또한 파일명이 영문으로 되어 있어야 한다.

2 영화 데이터베이스 생성하기

2-1 새 쿼리 창을 열고 [그림 7-13]의 영화 데이터베이스(movieDB)와 영화 테이블(movieTBL)을 만든다. 영화 테이블에 영화 대본(movie_script)은 LONGTEXT 형식으로, 영화 동영상(movie_film)은 LONGBLOB 형식으로 선언한다. 한글을 처리하는 데 문제가 없도록 기본 문자 세트를 utf8mb4로 지정한다.

```
CREATE DATABASE movieDB;

USE movieDB;
CREATE TABLE movieTBL
( movie_id INT,
```

```
    movie_title VARCHAR(30),
    movie_director VARCHAR(20),
    movie_star VARCHAR(20),
    movie_script LONGTEXT,
    movie_film LONGBLOB
) DEFAULT CHARSET=utf8mb4;
```

3 대용량 데이터 입력하기

3-1 파일을 데이터로 입력할 때는 LOAD_FILE() 함수를 사용한다. LOAD_FILE('전체파일경로') 형식으로 입력하며 폴더 구분에는 슬래시(/)를 이용한다.

```
INSERT INTO movieTBL VALUES (1, '쉰들러 리스트', '스필버그', '리암 니슨',
    LOAD_FILE('C:/SQL/Movies/Schindler.txt'), LOAD_FILE('C:/SQL/Movies/Schindler.mp4'));
```

TIP LONGTEXT, LONGBLOB 형식은 최대 4GB까지 저장할 수 있다.

3-2 오류 없이 입력되었으면 조회해보자. 그런데 결과를 보면 영화 대본과 영화 동영상이 NULL 값으로 표시된다. 아무것도 입력되지 않았기 때문이다.

```
SELECT * FROM movieTBL;
```

	movie_id	movie_title	movie_director	movie_star	movie_script	movie_film
▶	1	쉰들러 리스트	스필버그	리암 니슨	NULL	NULL

그림 7-15 입력 데이터 조회

3-3 영화 대본과 영화 동영상이 입력되지 않은 이유는 두 가지이다. 첫 번째로, 최대 패킷 크기(최대 파일 크기)가 설정된 시스템 변수인 max_allowed_packet 값을 조회해보자. 결과를 보면 67108864B(64MB)로 설정되어 있는데, 동영상 파일은 이보다 큰 경우가 많기 때문에 이 값을 수정하는 것이 좋다.

```
SHOW variables LIKE 'max_allowed_packet';
```

	Variable_name	Value
▶	max_allowed_packet	67108864

그림 7-16 최대 입력 크기 확인

3-4 두 번째로, 파일을 업로드하거나 다운로드할 폴더 경로를 별도로 허용해야 한다. 시스템 변수

인 secure_file_priv 값을 조회해보자. 결과에 나타난 경로를 수정해야 한다.

```
SHOW variables LIKE 'secure_file_priv';
```

	Variable_name	Value
▶	secure_file_priv	C:\ProgramData\MySQL\MySQL Server 8.4\Uploads\

그림 7-17 허용된 폴더 확인

4 최대 파일 크기와 허용된 파일의 경로 추가하기

4-1 Workbench를 종료하고 명령 프롬프트를 관리자 모드로 연다.

> **여기서 잠깐**
>
> **명령 프롬프트를 관리자 모드로 열기** 윈도우의 [시작]에서 마우스 오른쪽 버튼을 클릭하여 [터미널(관리자)] 또는 [Windows PowerShell(관리자)]를 선택하고 파워셸을 실행한 후 cmd 명령을 입력한다.

4-2 다음 명령어를 입력하여 my.ini 파일을 확인한다.

```
CD %PROGRAMDATA%
CD MySQL
CD "MySQL Server 8.4"
DIR
```

```
Administrator: 관리자: Windov
Windows PowerShell
Copyright (C) Microsoft Corporation. All rights reserved.

Install the latest PowerShell for new features and improvements! https://aka.ms/PSWindows

PS C:\Users\WinUser> CMD
Microsoft Windows [Version 10.0.22631.3737]
(c) Microsoft Corporation. All rights reserved.

C:\Users\WinUser> CD  %PROGRAMDATA%

C:\ProgramData> CD  MySQL

C:\ProgramData\MySQL> CD  "MySQL Server 8.4"

C:\ProgramData\MySQL\MySQL Server 8.4> DIR
 Volume in drive C has no label.
 Volume Serial Number is 8AEA-BB47

 Directory of C:\ProgramData\MySQL\MySQL Server 8.4

    06-04  오전 11:35    <DIR>          .
    06-02  오후 12:14    <DIR>          ..
    06-16  오후 02:15    <DIR>          Data
    06-02  오후 12:14            15,245 my.ini
    06-04  오전 11:35            15,245 my.ini.wba.bak
    06-02  오후 12:14    <DIR>          Uploads
               2 File(s)         30,490 bytes
               4 Dir(s)  79,406,366,720 bytes free

C:\ProgramData\MySQL\MySQL Server 8.4>
```

그림 7-18 my.ini 파일 확인

4-3 **NOTEPAD my.ini** 명령으로 파일을 열고 Ctrl+F를 누른 후 max_all로 검색하여 max_allowed_packet 값을 1024M(1GB)으로 변경하고 저장한다. 작업을 완료하면 메모장을 닫는다.

```
max_allowed_packet=1024M
```

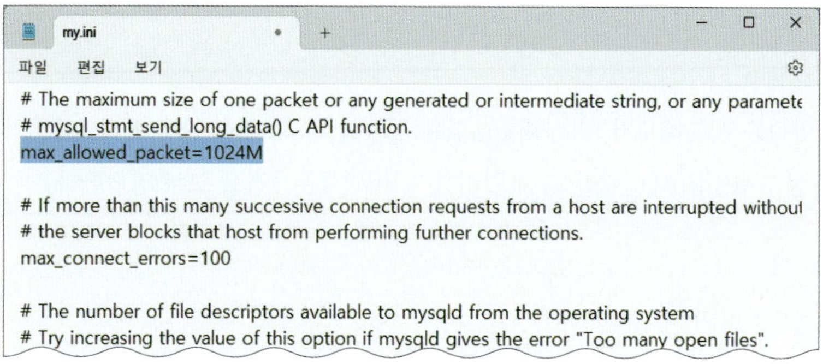

그림 7-19 max_allowed_packet 값 수정

4-4 다시 **NOTEPAD my.ini** 명령으로 파일을 열고 Ctrl+F를 눌러 secure-file-priv 옵션을 찾은 후 그 아래에 한 줄을 추가하고 저장한다. 작업을 완료하면 메모장을 닫는다.

```
secure-file-priv="C:/ProgramData/MySQL/MySQL Server 8.4/Uploads"
secure-file-priv="C:/SQL/Movies"
```

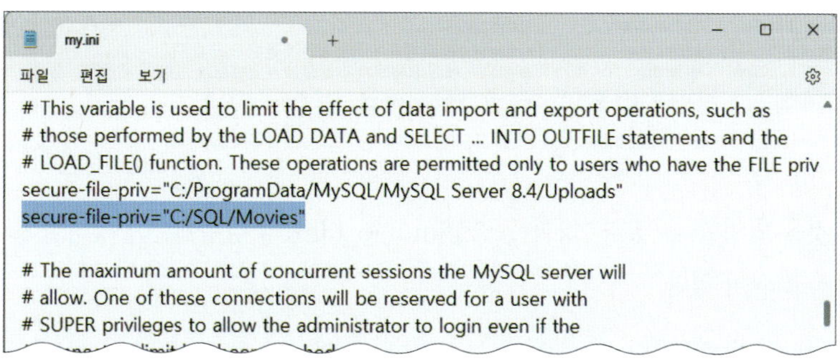

그림 7-20 secure-file-priv 값 추가

TIP MySQL 안에서 시스템 변수는 secure_file_priv이지만 win.ini 파일에서는 secure-file-priv로 조금 차이가 있다. secure_file_priv 옵션은 보안을 강화하기 위해 지정된 폴더 외에는 파일 읽기/쓰기를 금지하는 옵션이다. 이 옵션은 여러 번 써도 상관없지만 맨 마지막 것만 적용된다.

4-5 my.ini 설정 파일을 변경하면 MySQL 서버를 재시작해야 하므로 명령 프롬프트에 다음과 같이 입력한다.

```
NET STOP MySQL
NET START MySQL
```

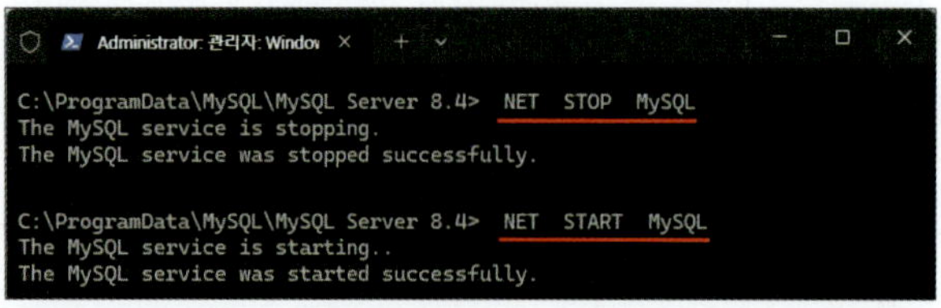

그림 7-21 MySQL 서버 재시작

TIP MySQL 서버를 재시작하는 데 실패했다면 입력한 글자에 오타가 있거나 추가한 폴더가 없기 때문이다.

5 다시 대용량 데이터 입력하기

5-1 다시 대용량 데이터 입력을 시도해보자. Workbench를 실행한 후 새 쿼리 창을 연다. 기존의 데이터를 모두 지우고 [그림 7-13]의 데이터를 다시 입력한다. 이번에는 3건을 모두 입력한다.

```
USE movieDB;
TRUNCATE movieTBL;

INSERT INTO movieTBL VALUES ( 1, '쉰들러 리스트', '스필버그', '리암 니슨',
    LOAD_FILE('C:/SQL/Movies/Schindler.txt'), LOAD_FILE('C:/SQL/Movies/Schindler.mp4') );
INSERT INTO movieTBL VALUES ( 2, '쇼생크 탈출', '프랭크 다라본트', '팀 로빈스',
    LOAD_FILE('C:/SQL/Movies/Shawshank.txt'), LOAD_FILE('C:/SQL/Movies/Shawshank.mp4') );
INSERT INTO movieTBL VALUES ( 3, '라스트 모히칸', '마이클 만', '다니엘 데이 루이스',
    LOAD_FILE('C:/SQL/Movies/Mohican.txt'), LOAD_FILE('C:/SQL/Movies/Mohican.mp4') );

SELECT * FROM movieTBL;
```

movie_id	movie_title	movie_director	movie_star	movie_script	movie_film
1	쉰들러 리스트	스필버그	리암 니슨	{1939년 9월 독일은 침공 2주만에 폴란드 군을 대...	BLOB
2	쇼생크 탈출	프랭크 다라본트	팀 로빈스	은행원인 앤디 듀플레인은 아내와 프로골퍼인 그의...	BLOB
3	라스트 모히칸	마이클 만	다니엘 데이 루이스	마이클 만Michael Mann이 영화화하려 했던 토머스 ...	BLOB

그림 7-22 입력된 데이터 조회

데이터가 제대로 입력된 것을 확인할 수 있다. 영화 동영상(movie_film)의 경우에는 동영상을 출력할 수 없으므로 BLOB라고 되어 있다.

5-2 대본 전체를 확인해보자. 영화 대본(movie_script) 조회 결과 중 하나를 골라 마우스 오른쪽 버튼을 클릭하여 [Open Value in Viewer]를 선택하고 [Text] 탭을 클릭한다. 대본 전체가 나타난다.

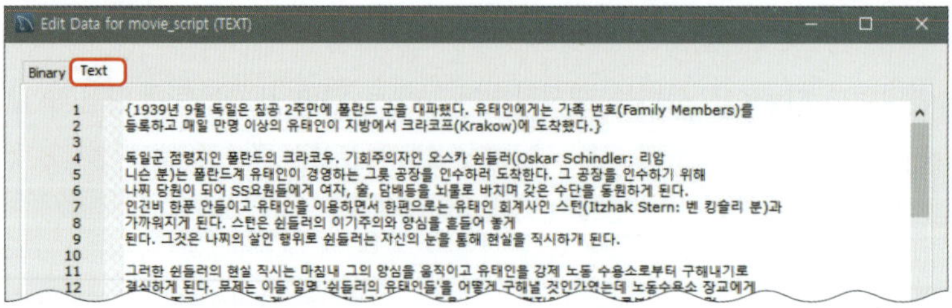

그림 7-23 LONGTEXT 내용 보기

6 입력된 데이터를 파일로 내려받기

6-1 LONGTEXT 형식인 영화 대본(movie_script)은 INTO OUTFILE 문을 사용하면 텍스트 파일로 내려받을 수 있다. 영화 아이디가 1인 쉰들러 리스트의 영화 대본(movie_script)을 Schindler_out.txt 파일로 내려받자. 마지막 행의 LINES TERMINATED BY '\\n'은 줄 바꿈 문자도 그대로 저장하기 위한 옵션이다.

```
SELECT movie_script FROM movieTBL WHERE movie_id=1
    INTO OUTFILE 'C:/SQL/Movies/Schindler_out.txt'
    LINES TERMINATED BY '\\n';
```

6-2 내려받은 파일을 메모장에서 열면 기존과 동일하게 보일 것이다.

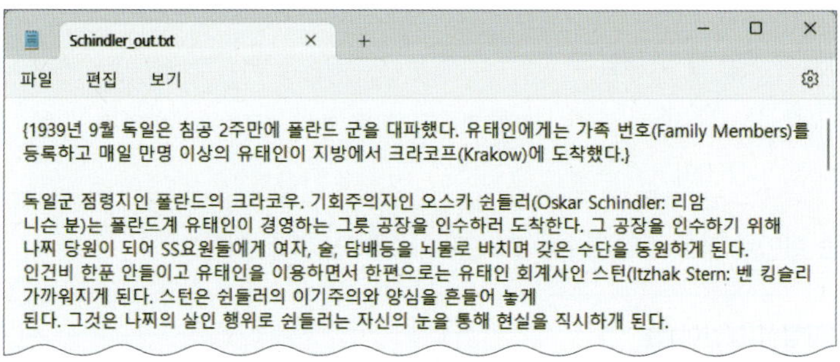

그림 7-24 파일로 내려받은 LONGTEXT 데이터

6-3 LONGBLOB 형식인 영화 동영상(movie_film)은 INTO DUMPFILE 문을 사용하면 바이너리 파일로 내려받을 수 있다.

```
SELECT movie_film FROM movieTBL WHERE movie_id=3
    INTO DUMPFILE 'C:/SQL/Movies/Mohican_out.mp4';
```

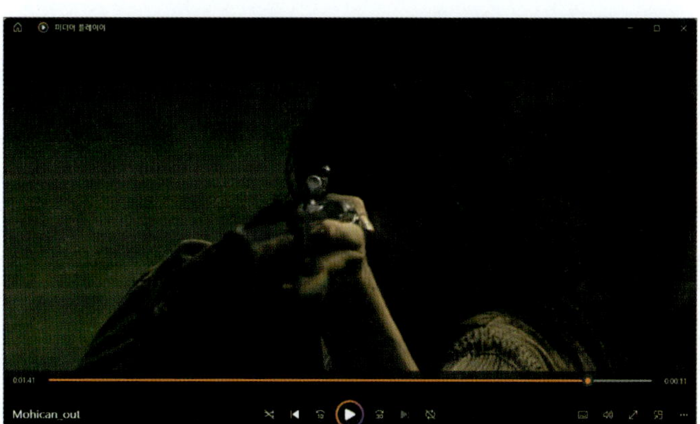

그림 7-25 파일로 내려받은 LONGBLOB 데이터를 재생한 모습

요약

1 MySQL에서 자주 사용되는 데이터 형식은 다음과 같다.

- 숫자 데이터 형식: SMALLINT, INT, BIGINT, FLOAT, DOUBLE, DECIMAL
- 문자 데이터 형식: CHAR, VARCHAR, LONGTEXT, LONGBLOB
- 날짜와 시간 데이터 형식: DATE, DATETIME
- 기타 데이터 형식: JSON

2 SQL은 다른 일반적인 프로그래밍 언어처럼 변수를 선언하고 사용할 수 있다. 변수를 선언하고 값을 대입한 후 최종적으로 출력할 때는 다음 형식을 따른다.

```
SET @변수명 = 변숫값;  -- 변수 선언 및 값 대입
SELECT @변수명;  -- 변숫값 출력
```

3 명시적인 형 변환에 사용되는 데이터 형식 변환 함수는 CAST()와 CONVERT()이다.

```
CAST(expression AS 데이터형식 [(길이)])
CONVERT(expression, 데이터형식 [(길이)])
```

4 암시적인 형 변환은 CAST() 함수나 CONVERT() 함수를 사용하지 않고 데이터 형식을 변환하는 것이다.

5 MySQL은 제어 흐름 함수, 문자열 함수, 수학 함수, 날짜/시간 함수, 시스템 정보 함수, 전체 텍스트 검색 함수 등 수백 개가 넘는 내장 함수를 제공한다.

6 제어 흐름 함수에는 IF(수식, 참, 거짓), IFNULL(수식1, 수식2), NULLIF(수식1, 수식2), CASE … WHEN … ELSE … END 등이 있다.

7 문자열 함수에는 ASCII(아스키코드), CHAR(숫자), BIT_LENGTH(문자열), CHAR_LENGTH(문자열), LENGTH(문자열), CONCAT(문자열1, 문자열2, …) 등이 있다.

8 수학 함수에는 ABS(숫자), CEILING(숫자), FLOOR(숫자), ROUND(숫자), MOD(숫자1, 숫자2), RAND() 등이 있다.

9 날짜/시간 함수에는 ADDDATE(날짜, 차이), SUBDATE(날짜, 차이), CURDATE(), CURTIME(), YEAR(날짜), MONTH(날짜), DAY(날짜) 등이 있다.

10 시스템 정보 함수에는 USER(), DATABASE(), FOUND_ROWS(), ROW_COUNT() 등이 있다.

11 JSON은 웹 환경이나 모바일 응용 프로그램 등에서 데이터를 교환하기 위해 만든 개방형 표준 포맷이다. JSON으로 작성한 데이터는 속성과 값의 쌍으로 구성된다.

12 JSON 관련 함수는 JSON_OBJECT(), JSON_ARRAY(), JSON_VALID(), JSON_SEARCH(), JSON_EXTRACT() 등이다.

13 LONGTEXT, LONGBLOB 데이터 형식은 약 4GB의 파일을 하나의 데이터로 저장할 수 있다.

14 최대 파일 크기와 허용된 파일의 경로를 추가하려면 my.ini 파일의 설정을 바꾸어야 한다.

15 파일을 데이터로 입력할 때는 LOAD_FILE() 함수를 사용한다.

16 입력된 데이터를 파일로 내려받을 때는 INTO OUTFILE 문을 사용한다.

연습문제

1 다음 숫자 데이터 형식을 숫자 범위가 작은 것부터 순서대로 나열하시오.

MEDIUMINT　　INT　　TINYINT　　BIT　　SMALLINT　　BIGINT

2 다음 문자 데이터 형식 중 가장 긴 글을 표현할 수 있는 것을 고르시오.

① VARCHAR　② CHAR　③ TEXT
④ LONGTEXT　⑤ BIGTEXT

3 다음 빈칸에 들어갈 데이터 형식을 영문으로 쓰시오.

___㉠___ 형식은 열거형 데이터를 저장하는 데 사용한다. 요일(월, 화, 수, 목, 금, 토, 일)을 저장할 때 이 형식을 사용하면 좋다. ___㉡___ 형식은 최대 64개의 데이터를 2개씩 세트로 묶어서 저장할 때 사용한다.

4 시스템에 설정된 문자를 확인할 수 있는 시스템 변수를 고르시오.

① character_set_system
② text_set_system
③ char_set_system
④ varchar_set_system

5 다음 각각의 범위에 해당하는 날짜 데이터 형식을 보기에서 고르시오.

DATE　　TIME　　DATETIME　　YEAR

① −838:59:59.000000~838:59:59.000000
② 1001−01−01 00:00:00~9999−12−31 23:59:59
③ 1001−01−01~9999−12−31
④ 1901~2155

6 공간 데이터 형식으로 옳지 않은 것을 고르시오.

① GEOMETRY　② POINT　③ JSON
④ LINESTRING　⑤ POLYGON

7 변수에 값을 대입하는 SQL 문을 고르시오.

① SETTING @변수이름 = 변숫값;

② @변수이름 = 변숫값;

③ INSERT @변수이름 = 변숫값;

④ SET @변수이름 = 변숫값;

8 데이터 형식을 변경하는 함수 2개를 쓰시오.

9 다음 각각의 SQL 문을 실행했을 때 출력되는 결과를 쓰시오.

① SELECT '10' + '20'

② SELECT CONCAT('10', '20');

③ SELECT CONCAT(10, '20');

④ SELECT 1 > '5egine';

⑤ SELECT 7 > '5ENGINE;

⑥ SELECT 0 = 'engine5';

10 다음 각각의 SQL 문을 실행했을 때 출력되는 결과를 쓰시오.

① SELECT NULLIF('ABCD', 'ABCD'), IFNULL('ABCD', 'DCBA');

② SELECT BIT_LENGTH('한AB'), CHAR_LENGTH('한AB'), LENGTH('한AB');

③ SELECT CONCAT_WS('–', '010', '1111', '2222')

④ SELECT BIN(8), HEX(8), OCT(8);

⑤ SELECT LPAD('한글', 4, '$$'), RPAD('한글', 4, '$$');

⑥ SELECT REVERSE(–100);

⑦ SELECT SUBSTRING_INDEX('01–1111–2222', '–', –2);

⑧ SELECT CEILING(8.5), FLOOR(8.5), ROUND(8.5);

⑨ SELECT TRUNCATE(98765.4321, –3);

⑩ SELECT LAST_DAY('2026–12–25');

⑪ SELECT TIME_TO_SEC('00:1:15');

연습문제

11 다음 코드를 실행했을 때 출력되는 결과를 고르시오.

```
SET @json='{ "myTBL" :
  [
    {"name":"손흥민", "age":25},
    {"name":"박지성", "age":33}
  ]
}';
SELECT JSON_VALID(@json);
SELECT JSON_SEARCH(@json, 'all', '박지성');
SELECT JSON_EXTRACT(@json, '$.myTBL[0].age');
```

① 0, $.myTBL[1].name, 25

② 1, $.myTBL[0].name, 33

③ 0, $.myTBL[1].name, 33

④ 1, $.myTBL[1].name, 25

12 최대 패킷 크기가 설정된 시스템 변수, 파일 업로드/다운로드 폴더 경로를 지정하는 시스템 변수를 각각 쓰시오.

13 다음은 영화 동영상 데이터를 바이너리 파일로 내려받는 SQL 문이다. 빈칸에 들어갈 내용을 쓰시오.

```
SELECT movie_film FROM movieTBL WHERE movie_id=1
________________________ 'C:/SQL/Movies/movie.mp4';
```

응용 예제 MariaDB에서 변수, 내장 함수, 대용량 데이터 처리하기

5장에서 생성한 singerDB를 사용하여 실습을 진행해보자. 일부 실습에서는 cookDB와 singerDB의 테이블 이름, 열 이름, 데이터 값이 다르므로 그에 맞게 SQL을 변경해야 한다. 다음을 참고하여 변경한다.

cookDB → singerdb	userName → mem_name	userID → mem_id
serTBL → member	prodName → prod_name	birthYear → mem_number
mobile1 → phone1	mobile2 → phone2	mDate → debut_date

1 253쪽에 있는 **[실습 7-1] 변수 사용하기**를 수행하고 결과를 확인해보자.

member (3r × 2c)

#	mem_name	height
1	오마이걸	160
2	레드벨벳	161
3	우주소녀	162

실행 결과(그림 7-4)

2 259쪽에 있는 **제어 함수**의 CASE … WHEN … ELSE … END 문을 입력하고 결과를 확인해보자.

결과 #1 (1r × 1c)

#	CASE문
1	십

실행 결과

3 262쪽에 있는 **문자열 함수**의 SUBSTRING_INDEX(문자열, 구분자, 횟수) 문을 입력하고 결과를 확인해보자.

결과 #1 (1r × 2c)

#	SUBSTRING_INDEX('www.mysql.com', '.', 2)	SUBSTRING_INDEX('www.mysql.com', '.', -2)
1	www.mysql	mysql.com

실행 결과

4 264쪽에 있는 **수학 함수**의 RAND() 문을 입력하고 결과를 확인해보자.

결과 #1 (1r × 2c)

#	RAND()	FLOOR(1 + (RAND() * (6-1)))
1	0.6815725655123336	2

실행 결과

5 267쪽에 있는 **날짜/시간 함수**의 TIME_TO_SEC(시간) 문을 입력하고 결과를 확인해보자.

결과 #1 (1r × 1c)

#	TIME_TO_SEC('12:11:10')
1	43,870

실행 결과

6 267쪽에 있는 **시스템 정보 함수**의 FOUND_ROWS() 문을 입력하고 결과를 확인해보자.

member (10r × 8c) / 결과 #2 (1r × 1c)

#	FOUND_ROWS()
1	10

실행 결과

7 269쪽에 있는 **JSON 데이터**의 SQL 문을 입력하고 결과를 확인해보자.

결과 #1 (1r × 1c) / 결과 #2 (1r × 1c) / 결과 #3 (1r × 1c) / 결과 #4 (1r × 1c) / 결과 #5 (1r × 1c) / 결과 #6 (1r × 1c)

#	JSON_REPLACE
1	{"userTBL": [{"name": "토마스", "height": 182}, {"name": "이휘재", "height": 180}, {"name": "남희석", "height": 180}, {"name": "박수홍", "height": 18...

실행 결과

8 272쪽에 있는 **[실습 7-2] LONGTEXT, LONGBLOB 형식에 데이터 저장하기**를 수행하고 결과를 확인해보자.

HINT ① MariaDB의 최대 패킷 설정은 C:\Program Files\MariaDB 버전\data\my.ini의 [mysqld] 아래에 다음과 같이 추가한다.

```
max_allowed_packet=1024M
```

② secure-file-priv는 별도로 설정하지 않아도 된다.

③ SELECT 문에서 movie_film 열을 조회하면 시스템이 느려지므로 해당 열 조회를 생략한다.

④ MariaDB 서비스를 재시작한다.

실행 결과(그림 7-25)

CHAPTER 08

조인과 SQL 프로그래밍

학습목표

- 조인의 개념과 필요성을 이해한다.
- 내부 조인, 외부 조인, 상호 조인, 자체 조인의 방법을 익힌다.
- UNION, UNION ALL, NOT IN, IN 연산자의 용도를 학습한다.
- MySQL에서 SQL 프로그래밍을 실습한다.

01 조인

1 조인의 개요

7장까지는 하나의 테이블을 다루는 작업을 위주로 했으나 이 장에서는 관계를 맺고 있는 2개 이상의 테이블을 이용하여 작업하는 방법을 알아본다. 조인(join)은 2개 이상의 테이블을 묶어서 하나의 결과 테이블을 만드는 것을 말한다. 여기서 설명하는 내용은 1장과 3장에서 이미 언급된 것도 있지만 조인을 이해하는 데 꼭 필요한 개념이니 복습할 겸 다시 살펴본다.

먼저 5장에서 생성한 cookDB의 구조를 다시 살펴보자. cookDB는 인터넷 쇼핑몰에서 운영하는 데이터베이스를 가상으로 만든 것으로, 여러 정보 중 회원의 기본 정보(userTBL)와 회원의 구매 정보(buyTBL)가 저장되어 있다.

cookDB

회원 테이블(userTBL)

아이디	이름	생년	지역	국번	전화번호	키	가입일
YJS	유재석	1972	서울	010	11111111	178	2008.8.8
KHD	강호동	1970	경북	011	22222222	182	2007.7.7
KKJ	김국진	1965	서울	019	33333333	171	2009.9.9
KYM	김용만	1967	서울	010	44444444	177	2015.5.5
KJD	김제동	1974	경남			173	2013.3.3
NHS	남희석	1971	충남	016	66666666	180	2017.4.4
SDY	신동엽	1971	경기			176	2008.10.10
LHJ	이휘재	1972	경기	011	88888888	180	2006.4.4
LKK	이경규	1960	경남	018	99999999	170	2004.12.12
PSH	박수홍	1970	서울	010	00000000	183	2012.5.5
PK							

구매 테이블(buyTBL)

순번	아이디	물품	분류	단가	수량
1	KHD	운동화		30	2
2	KHD	노트북	전자	1000	1
3	KYM	모니터	전자	200	1
4	PSH	모니터	전자	200	5
5	KHD	청바지	의류	50	3
6	PSH	메모리	전자	80	10
7	KJD	책	서적	15	5
8	LHJ	책	서적	15	2
9	LHJ	청바지	의류	50	1
10	PSH	운동화		30	2
11	LHJ	책	서적	15	1
12	PSH	운동화		30	2
PK	FK				

그림 8-1 cookDB 데이터베이스

데이터베이스는 데이터의 중복 저장, 저장 공간의 낭비 등을 피하고 데이터의 무결성을 보장하기 위해 데이터를 여러 개의 테이블에 나누어 저장한다. 이러한 테이블은 서로 관계를 맺고 있는데, 가장 많이 사용되는 관계는 cookDB의 회원 테이블(userTBL)과 구매 테이블(buyTBL)이 맺고 있는 '일대다' 관계이다. 일대다 관계란 한쪽 테이블에는 하나의 값만 존재하고 그 값과 대응되는 다른 쪽 테이블의 값은 여러 개인 관계를 말한다.

[그림 8-1]의 회원 테이블(userTBL)을 보자. 강호동은 회원 가입 시 아이디를 KHD로 생성했다. 강호동이 생성한 아이디 KHD는 다른 사람이 사용할 수 없다. 아이디 열이 기본키(PK)로 지정되어 있어 절대 다른 사람이 같은 아이디를 사용할 수 없기 때문이다. 따라서 KHD는 하나만 존재하는데, 이것이 일대다 관계에서 '일'에 해당한다.

다음으로 구매 테이블(buyTBL)을 보자. 구매 테이블의 아이디 열을 회원 테이블과 동일하게 기본키로 지정하면 어떻게 될까? 기본키의 값은 하나여야 하므로 KHD라는 아이디를 가진 사람이 물건을 한 번 구매한 후 두 번 다시 이 쇼핑몰에서 물건을 구매할 수 없다. 2개 이상의 값을 쓸 수 없기 때문이다. 따라서 구매 테이블의 아이디 열은 한 회원이 여러 개의 물건을 살 수 있도록 설정해야 한다. 즉 '일'에 해당하는 회원 테이블의 아이디는 기본키로 지정하고, '다'에 해당하는 구매 테이블의 아이디는 기본키와 관련이 있는 외래키(FK)로 지정한다.

일대다 관계는 실생활에서 많이 쓰인다. 기업의 직원 테이블과 급여 테이블을 생각해보자. 한 명이 여러 번 급여를 받아야 하므로 직원 테이블과 급여 테이블은 일대다 관계이다. 학교의 학생 테이블과 학점 테이블도 마찬가지로 한 명이 여러 과목의 학점을 받아야 하므로 일대다 관계이다.

[그림 8-1]의 일대다 관계를 기준으로 두 테이블을 조인하여 결과를 추출하는 방법을 살펴보자.

2 내부 조인

내부 조인(inner join)은 조인 중에서 가장 많이 사용되는 것이다. 대부분의 업무에서 내부 조인을 사용하며, 일반적으로 조인이라고 하면 내부 조인을 가리킨다.

2.1 두 테이블의 내부 조인

[그림 8-1]의 구매 테이블에는 물건을 구매한 회원의 아이디와 물건 등의 정보만 있다. 그런데 회원이 구매한 물건을 배송하려면 회원의 주소를 알아야 한다. 이때 내부 조인은 회원의 주소 정보를 알기 위해 주소 정보가 있는 회원 테이블과 구매 테이블을 결합하는 것이다. 내부 조인의 형식은 다음과 같다. INNER JOIN은 단순히 JOIN이라고 해도 INNER JOIN으로 인식된다.

```
SELECT <열 목록>
  FROM <첫 번째 테이블>
    INNER JOIN <두 번째 테이블>
      ON <조인될 조건>
  [WHERE 검색조건];
```

구매 테이블에서 KYM이라는 아이디를 가진 회원이 구매한 물건을 발송하려면 회원 테이블과 조인한 후 아이디가 KYM인 사람을 검색하면 된다. cookDB를 불러와 초기화한 후 다음 쿼리문을 실행해보자.

```
USE cookDB;
SELECT *
   FROM buyTBL
     INNER JOIN userTBL
       ON buyTBL.userID = userTBL.userID
   WHERE buyTBL.userID = 'KYM';
```

	num	userID	prodName	groupName	price	amount	userID	userName	birthYear	addr	mobile1	mobile2	height	mDate
	3	KYM	모니터	전자	200	1	KYM	김용만	1967	서울	010	44444444	177	2015-05-05

그림 8-2 내부 조인 결과 1

TIP ON 구문과 WHERE 구문을 보면 '테이블이름.열이름' 형식으로 되어 있다. 열 이름 앞에 테이블 이름을 쓰는 이유는 2개의 테이블(buyTBL, userTBL)에 동일한 열 이름이 존재하기 때문에 구분하기 위해서이다. 2개의 테이블을 조인할 때 동일한 열 이름이 있으면 반드시 '테이블이름.열이름' 형식으로 표기해야 한다.

위 결과가 나오기까지 내부적으로는 [그림 8-3]과 같은 과정을 거친다. ❶ 구매 테이블의 회원 아이디(buyTBL.userID)인 KYM을 추출한다. ❷ KYM과 동일한 값을 회원 테이블의 아이디(userTBL.userID) 열에서 검색하여 ❸ 아이디 KYM을 찾으면 구매 테이블과 회원 테이블의 두 행을 결합(조인)한다.

❷ KYM과 동일한 아이디 검색

❶ KYM 추출

❸ 두 행 결합

회원 테이블(userTBL)

아이디	이름	생년	지역	국번	전화번호	키	가입일
YJS	유재석	1972	서울	010	11111111	178	2008.8.8
KHD	강호동	1970	경북	011	22222222	182	2007.7.7
KKJ	김국진	1965	서울	019	33333333	171	2009.9.9
KYM	김용만	1967	서울	010	44444444	177	2015.5.5
KJD	김제동	1974	경남			173	2013.3.3
NHS	남희석	1971	충남	016	66666666	180	2017.4.4
SDY	신동엽	1971	경기			176	2008.10.10
LHJ	이휘재	1972	경기	011	88888888	180	2006.4.4
LKK	이경규	1960	경남	018	99999999	170	2004.12.12
PSH	박수홍	1970	서울	010	00000000	183	2012.5.5
PK							

구매 테이블(buyTBL)

순번	아이디	물품	분류	단가	수량
1	KHD	운동화		30	2
2	KHD	노트북	전자	1000	1
3	KYM	모니터	전자	200	1
4	PSH	모니터	전자	200	5
5	KHD	청바지	의류	50	3
6	PSH	메모리	전자	80	10
7	KJD	책	서적	15	5
8	LHJ	책	서적	15	2
9	LHJ	청바지	의류	50	1
10	PSH	운동화		30	2
11	LHJ	책	서적	15	1
12	PSH	운동화		30	2
PK	FK				

그림 8-3 내부 조인의 작동 과정

만약 **WHERE buyTBL.userID = 'KYM'**을 생략하면 구매 테이블(buyTBL)의 모든 행에 대해 [그림 8-3]과 동일한 방식으로 회원 테이블과 결합된다. WHERE 절을 삭제하고 실행한 결과는 다음과 같다.

num	userID	prodName	groupName	price	amount	userID	userName	birthYear	addr	mobile1	mobile2	height	mDate
1	KHD	운동화	NULL	30	2	KHD	강호동	1970	경북	011	22222222	182	2007-07-07
2	KHD	노트북	전자	1000	1	KHD	강호동	1970	경북	011	22222222	182	2007-07-07
5	KHD	청바지	의류	50	3	KHD	강호동	1970	경북	011	22222222	182	2007-07-07
7	KJD	책	서적	15	5	KJD	김제동	1974	경남	NULL	NULL	173	2013-03-03
3	KYM	모니터	전자	200	1	KYM	김용만	1967	서울	010	44444444	177	2015-05-05
8	LHJ	책	서적	15	2	LHJ	이휘재	1972	경기	011	88888888	180	2006-04-04
9	LHJ	청바지	의류	50	1	LHJ	이휘재	1972	경기	011	88888888	180	2006-04-04
11	LHJ	책	서적	15	1	LHJ	이휘재	1972	경기	011	88888888	180	2006-04-04
4	PSH	모니터	전자	200	5	PSH	박수홍	1970	서울	010	00000000	183	2012-05-05
6	PSH	메모리	전자	80	10	PSH	박수홍	1970	서울	010	00000000	183	2012-05-05
10	PSH	운동화	NULL	30	2	PSH	박수홍	1970	서울	010	00000000	183	2012-05-05
12	PSH	운동화	NULL	30	2	PSH	박수홍	1970	서울	010	00000000	183	2012-05-05

그림 8-4 내부 조인 결과 2

열의 항목이 너무 많아서 복잡해 보이니 필요한 열만 추출해보자. 아이디, 이름, 구매 물품, 주소, 연락처만 추출하겠다.

```
SELECT userID, userName, prodName, addr, CONCAT(mobile1, mobile2) AS '연락처'
  FROM buyTBL
    INNER JOIN userTBL
      ON buyTBL.userID = userTBL.userID;
```

실행 결과

```
Error Code: 1052. Column 'userid' in field list is ambiguous
```

열 이름 userID가 불확실하다는 오류 메시지가 나온다. userID는 두 테이블에 모두 들어 있는데 어느 테이블의 userID를 추출할지 명시하지 않아 오류가 발생한 것이다. 이럴 때는 어느 테이블의 userID를 추출할지 선택해야 한다. 위의 예에서는 구매 테이블(buyTBL)을 기준으로 회원 테이블(userTBL)을 조인하는 것이므로 구매 테이블의 userID라고 명시한다.

```
SELECT buyTBL.userID, userName, prodName, addr, CONCAT(mobile1, mobile2) AS '연락처'
  FROM buyTBL
    INNER JOIN userTBL
      ON buyTBL.userID = userTBL.userID;
```

	userID	userName	prodName	addr	연락처
▶	KHD	강호동	운동화	경북	01122222222
	KHD	강호동	노트북	경북	01122222222
	KHD	강호동	청바지	경북	01122222222
	KJD	김제동	책	경남	NULL
	KYM	김용만	모니터	서울	01044444444
	LHJ	이휘재	책	경기	01188888888
	LHJ	이휘재	청바지	경기	01188888888
	LHJ	이휘재	책	경기	01188888888
	PSH	박수홍	모니터	서울	01000000000
	PSH	박수홍	메모리	서울	01000000000
	PSH	박수홍	운동화	서울	01000000000
	PSH	박수홍	운동화	서울	01000000000

그림 8-5 내부 조인 결과 3

예상대로 구매 테이블의 12건에 대해 각각의 구매자 이름, 주소, 연락처 등이 출력되었다.

여기서 잠깐

내부 조인의 다른 방법

다음과 같은 WHERE 구문으로도 내부 조인을 표현할 수 있다. 하지만 호환성 등의 문제로 권장하지는 않는다. 개발자에 따라서 이러한 방식으로 조인하는 경우도 있으니 알아두기 바란다.

```
SELECT buyTBL.userID, name, prodName, addr, CONCAT(mobile1, mobile2)
  FROM buyTBL, userTBL
  WHERE buyTBL.userID = userTBL.userID;
```

다음은 코드를 좀 더 명확하게 하기 위해 SELECT 다음의 열 이름도 모두 '테이블이름.열이름' 형식으로 작성한 것이다.

```
SELECT buyTBL.userID, userTBL.userName, buyTBL.prodName, userTBL.addr,
       CONCAT(userTBL.mobile1, userTBL.mobile2) AS '연락처'
  FROM buyTBL
    INNER JOIN userTBL
      ON buyTBL.userID = userTBL.userID;
```

각 열이 어느 테이블에 속한 것인지는 명확해졌지만 코드가 길어져서 오히려 복잡해 보인다. 이럴 때는 간단해 보이도록 다음과 같이 각 테이블에 별칭을 부여하면 된다. 아래 코드는 위 코드와 동일하지만 훨씬 간결하다.

```
SELECT B.userID, U.userName, B.prodName, U.addr, CONCAT(U.mobile1, U.mobile2) AS '연락처'
  FROM buyTBL B
```

```
    INNER JOIN userTBL U
      ON B.userID = U.userID;
```

테이블에 별칭을 붙일 때는 간단히 FROM 절에 나오는 테이블의 이름 뒤에 별칭을 붙이면 된다. 여러 개의 테이블이 관련되는 조인에서는 이러한 방식을 사용할 것을 적극 권장한다.

[그림 8-2]에서 KYM이라는 아이디를 가진 회원이 구매한 물건과 회원 정보를 조인한 바 있다. 그 결과와 동일한 정보를 출력하되 아이디, 이름, 구매 물품, 주소, 연락처만 출력되게 하고 코드도 간결하게 수정하면 다음과 같다.

```
SELECT B.userID, U.userName, B.prodName, U.addr, CONCAT(U.mobile1, U.mobile2) AS '연락처'
  FROM buyTBL B
    INNER JOIN userTBL U
      ON B.userID = U.userID
  WHERE B.userID = 'KYM';
```

	userID	userName	prodName	addr	연락처
	KYM	김용만	모니터	서울	01044444444

그림 8-6 구매 테이블 기준의 조회 결과

구매 테이블의 KYM이라는 아이디가 구매한 물건을 배송하기 위해 회원 테이블에서 KYM에 해당하는 이름, 주소, 연락처를 가져온 것이다. 이번에는 회원 테이블(userTBL)을 기준으로 KYM이 구매한 물건의 목록을 조회해보자.

```
SELECT U.userID, U.userName, B.prodName, U.addr, CONCAT(U.mobile1, U.mobile2) AS '연락처'
  FROM userTBL U
    INNER JOIN buyTBL B
      ON U.userID = B.userID
  WHERE B.userID = 'KYM';
```

구매 테이블을 기준으로 한 것의 순서만 바꾸었을 뿐 큰 차이가 없다. 결과도 [그림 8-6]과 동일하다.

다음으로 전체 회원이 구매한 물건의 목록을 모두 출력해보자('전체 회원'이라는 데 주목하기 바란다). 위의 쿼리문에서 WHERE 조건만 빼면 된다. 그리고 결과를 보기 쉽게 회원 아이디순으로 정렬하면 다음과 같다.

```
SELECT U.userID, U.userName, B.prodName, U.addr, CONCAT(U.mobile1, U.mobile2) AS '연락처'
  FROM userTBL U
    INNER JOIN buyTBL B
```

```
    ON U.userID = B.userID
ORDER BY U.userID;
```

userID	userName	prodName	addr	연락처
KHD	강호동	운동화	경북	01122222222
KHD	강호동	노트북	경북	01122222222
KHD	강호동	청바지	경북	01122222222
KJD	김제동	책	경남	NULL
KYM	김용만	모니터	서울	01044444444
LHJ	이휘재	책	경기	01188888888
LHJ	이휘재	청바지	경기	01188888888
LHJ	이휘재	책	경기	01188888888
PSH	박수홍	모니터	서울	01000000000
PSH	박수홍	메모리	서울	01000000000
PSH	박수홍	운동화	서울	01000000000
PSH	박수홍	운동화	서울	01000000000

그림 8-7 **전체 회원의 구매 목록 조회**

위의 결과는 이상이 없어 보이지만 원래 의도한 '전체 회원'이 아니라 '구매한 기록이 있는 회원'을 출력했다. 한 번도 구매하지 않은 회원인 유재석, 김국진, 남희석, 신동엽, 이경규가 보이지 않는다. 이처럼 구매한 회원의 기록뿐만 아니라 구매하지 않은 회원의 이름, 주소 등도 출력하고자 할 때 사용하는 조인 방식이 외부 조인이다. 내부 조인은 양쪽 테이블에 내용이 모두 있는 것만 조인하지만, 외부 조인은 양쪽 테이블에 내용이 있는 것은 물론이고 한쪽 테이블에만 내용이 있어도 조인하는 방식이다. 외부 조인은 잠시 후에 자세히 살펴보겠다.

내부 조인이 유용하게 사용되는 예를 살펴보자. 쇼핑몰에서 한 번이라도 구매한 기록이 있는 우수 회원에게 감사 안내문을 발송하려 할 때는 다음과 같이 DISTINCT 키워드를 활용하여 회원의 주소록을 뽑을 수 있다.

```
SELECT DISTINCT U.userID, U.userName, U.addr
  FROM userTBL U
    INNER JOIN buyTBL B
      ON U.userID = B.userID
  ORDER BY U.userID;
```

userID	userName	addr
KHD	강호동	경북
KJD	김제동	경남
KYM	김용만	서울
LHJ	이휘재	경기
PSH	박수홍	서울

그림 8-8 **구매한 적이 있는 회원 조회**

한편 EXISTS 구문을 사용하면 앞과 동일한 결과를 얻을 수 있다.

```
SELECT U.userID, U.userName, U.addr
  FROM userTBL U
  WHERE EXISTS (
    SELECT *
    FROM buyTBL B
    WHERE U.userID = B.userID );
```

2.2 세 테이블의 내부 조인

학생과 동아리의 관계를 통해 3개 테이블의 내부 조인을 살펴보자. 한 학생은 여러 개의 동아리에 가입해서 활동할 수 있고, 하나의 동아리에는 여러 학생이 가입할 수 있다. 따라서 학생 테이블과 동아리 테이블은 '다대다(many-to-many)' 관계이다. 그런데 다대다 관계는 논리적으로는 구성이 가능하지만 물리적으로 구성하려면 두 테이블 사이에 연결 테이블을 두어야 한다. 즉 연결 테이블과 두 테이블이 일대다 관계를 맺도록 구성해야 한다.

[그림 8-9]는 3개 테이블 샘플이다. 테이블의 복잡성을 없애기 위해 학생의 이름과 동아리명을 기본키(PK)로 설정했다. 구조를 보면 학생 테이블과 동아리 테이블은 서로 직접적인 관련이 없는데 중간에 학생_동아리 테이블을 두어 두 테이블의 관계를 맺어주었다.

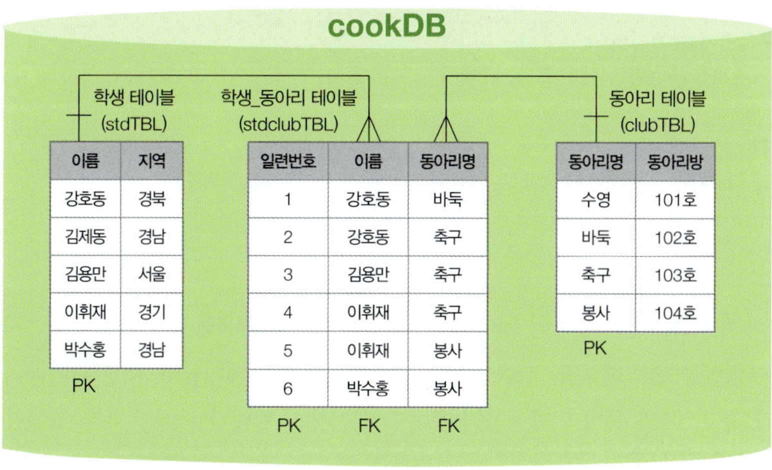

그림 8-9 3개 테이블 샘플

TIP 위 그림에서는 학생 이름을 기본키로 설정했지만 실제로는 학생 이름을 기본키로 설정하지 않는다. 동명이인이 있을 수도 있어 학생 이름으로는 개개인을 구분할 수 없기 때문이다.

실습 8-1 3개 테이블 내부 조인하기

[그림 8-9]와 같은 테이블 3개를 만들고 데이터를 입력한 후 조인해보자.

1 테이블 만들기

1-1 학생 테이블, 동아리 테이블, 학생_동아리 테이블을 생성하고 각 테이블에 데이터를 입력한다.

```
USE cookDB;
CREATE TABLE stdTBL
( stdName VARCHAR(10) NOT NULL PRIMARY KEY,
  addr CHAR(4) NOT NULL
);
CREATE TABLE clubTBL
( clubName VARCHAR(10) NOT NULL PRIMARY KEY,
  roomNo CHAR(4) NOT NULL
);
CREATE TABLE stdclubTBL
( num int AUTO_INCREMENT NOT NULL PRIMARY KEY,
  stdName VARCHAR(10) NOT NULL,
  clubName VARCHAR(10) NOT NULL,
  FOREIGN KEY(stdName) REFERENCES stdTBL(stdName),
  FOREIGN KEY(clubName) REFERENCES clubTBL(clubName)
);
INSERT INTO stdTBL VALUES ('강호동', '경북'), ('김제동', '경남'), ('김용만', '서울'), ('이휘
재', '경기'), ('박수홍', '서울');
INSERT INTO clubTBL VALUES ('수영', '101호'), ('바둑', '102호'), ('축구', '103호'), ('봉사',
'104호');
INSERT INTO stdclubTBL VALUES (NULL, '강호동', '바둑'), (NULL, '강호동', '축구'), (NULL, '김
용만', '축구'), (NULL, '이휘재', '축구'), (NULL, '이휘재', '봉사'), (NULL, '박수홍', '봉사');
```

2 조인하기

2-1 학생 테이블, 동아리 테이블, 학생_동아리 테이블을 내부 조인한 후 학생을 기준으로 이름, 지역, 가입한 동아리, 동아리방을 출력해보자. 다음 쿼리문은 학생_동아리 테이블과 학생 테이블의 일대다 관계를 내부 조인하고, 학생_동아리 테이블과 동아리 테이블의 일대다 관계를 내부 조인한 것이다.

```
SELECT S.stdName, S.addr, C.clubName, C.roomNo
  FROM stdTBL S
    INNER JOIN stdclubTBL SC
```

```
        ON S.stdName = SC.stdName
    INNER JOIN clubTBL C
        ON SC.clubName = C.clubName
ORDER BY S.stdName;
```

	stdName	addr	clubName	roomNo
▶	강호동	경북	바둑	102호
	강호동	경북	축구	103호
	김용만	서울	축구	103호
	박수홍	서울	봉사	104호
	이휘재	경기	봉사	104호
	이휘재	경기	축구	103호

그림 8-10 학생을 기준으로 조인한 결과

[그림 8-11]은 3개 테이블을 조인할 때의 쿼리문 작성 순서를 나타낸 것이다. 먼저 실선 상자로 표시된 학생 테이블(stdTBL)과 학생_동아리 테이블(stdclubTBL)을 조인한 후, 점선 상자로 표시된 학생_동아리 테이블(stdclubTBL)과 동아리 테이블(clubTBL)을 조인하는 순서로 쿼리문을 작성한다.

```
SELECT S.stdName, S.addr, C.clubName, C.roomNo
  FROM stdTBL S
     INNER JOIN stdclubTBL SC
        ON S.stdName = SC.stdName
     INNER JOIN clubTBL C
        ON SC.clubName = C.clubName
  ORDER BY S.stdName;
```

그림 8-11 조인의 묶음

2-2 동아리를 기준으로 가입 학생의 목록을 출력해보자. 앞의 쿼리문과 크게 다르지 않다. 출력 순서를 바꾸고 정렬 기준을 동아리로 설정하면 된다.

```
SELECT C.clubName, C.roomNo, S.stdName, S.addr
  FROM  stdTBL S
    INNER JOIN stdclubTBL SC
        ON SC.stdName = S.stdName
    INNER JOIN clubTBL C
        ON SC.clubName = C.clubName
  ORDER BY C.clubName;
```

	clubName	roomNo	stdName	addr
▶	바둑	102호	강호동	경북
	봉사	104호	이휘재	경기
	봉사	104호	박수홍	서울
	축구	103호	강호동	경북
	축구	103호	김용만	서울
	축구	103호	이휘재	경기

그림 8-12 동아리를 기준으로 조인한 결과

3 외부 조인

외부 조인(outer join)은 조인 조건을 충족하지 않는 행까지 포함하여 출력하는 조인이다. 자주 사용되지는 않지만 가끔 유용하므로 알아둘 필요가 있다. 외부 조인의 형식은 다음과 같다.

```
SELECT <열 목록>
  FROM <첫 번째 테이블(LEFT 테이블)>
    <LEFT | RIGHT> OUTER JOIN <두 번째 테이블(RIGHT 테이블)>
      ON <조인될 조건>
  [WHERE 검색조건];
```

TIP MySQL은 왼쪽 외부 조인(left outer join)과 오른쪽 외부 조인(right outer join)은 지원하지만 완전 외부 조인(full outer join)은 지원하지 않는다. 그러나 UNION 연산자를 이용하면 완전 외부 조인한 결과와 같은 효과를 낼 수 있다. 자세한 내용은 [실습 8-2]를 참고한다.

조금 복잡한 것 같지만 하나씩 살펴보면 이해될 것이다. 전체 회원의 구매 기록을 출력하되 구매 기록이 없는 회원도 출력해보자.

```
USE cookDB;
SELECT U.userID, U.userName, B.prodName, U.addr, CONCAT(U.mobile1, U.mobile2) AS '연락처'
  FROM userTBL U
    LEFT OUTER JOIN buyTBL B
      ON U.userID = B.userID
  ORDER BY U.userID;
```

LEFT OUTER JOIN은 결과가 조인 조건에 해당하지 않더라도 왼쪽 테이블(userTBL)의 모든 행을 출력한다. 줄여서 LEFT JOIN이라고 해도 된다.

다음 결과를 보면 물건을 구매한 적이 없는 김국진 등 5명도 출력되었다. 이와 동일한 결과를 출력하되 쿼리문에 RIGHT OUTER JOIN을 사용하려면 왼쪽 테이블과 오른쪽 테이블의 위치만 바꾸면 된다.

userID	userName	prodName	addr	연락처
KHD	강호동	운동화	경북	01122222222
KHD	강호동	노트북	경북	01122222222
KHD	강호동	청바지	경북	01122222222
KJD	김제동	책	경남	NULL
KKJ	김국진	NULL	서울	01933333333
KYM	김용만	모니터	서울	01044444444
...	...	...	...	...
PSH	박수홍	운동화	서울	01000000000
PSH	박수홍	운동화	서울	01000000000
SDY	신동엽	NULL	경기	NULL
YJS	유재석	NULL	서울	01011111111

그림 8-13 왼쪽 외부 조인 결과

```
SELECT U.userID, U.userName, B.prodName, U.addr, CONCAT(U.mobile1, U.mobile2) AS '연락처'
  FROM buyTBL B
    RIGHT OUTER JOIN userTBL U
      ON U.userID = B.userID
  ORDER BY U.userID;
```

앞에서 INNER JOIN 문을 실습하면서 물건을 구매한 적이 있는 회원의 목록을 출력했다. 이번에는 물건을 한 번도 구매한 적이 없는 회원의 목록을 출력해보자.

```
SELECT U.userID, U.userName, B.prodName, U.addr, CONCAT(U.mobile1, U.mobile2) AS '연락처'
  FROM userTBL U
    LEFT OUTER JOIN buyTBL B
      ON U.userID = B.userID
  WHERE B.prodName IS NULL
  ORDER BY U.userID;
```

userID	userName	prodName	addr	연락처
KKJ	김국진	NULL	서울	01933333333
LKK	이경규	NULL	경남	01899999999
NHS	남희석	NULL	충남	01666666666
SDY	신동엽	NULL	경기	NULL
YJS	유재석	NULL	서울	01011111111

그림 8-14 구매한 적이 없는 회원 조회

실습 8-2 왼쪽/오른쪽 외부 조인하기

[그림 8-9]의 테이블을 이용하여 왼쪽 외부 조인과 오른쪽 외부 조인을 해보자. 그리고 두 외부 조인을 함께 사용하여 완전 외부 조인과 동일한 결과를 출력해보자.

1 왼쪽/오른쪽 외부 조인하기

1-1 [그림 8-10]을 보면 학생을 기준으로 조인한 결과, 동아리에 가입하지 않은 김제동이 출력되지 않았다. 여기서는 외부 조인을 수행하여 동아리에 가입하지 않은 학생도 출력되도록 쿼리문을 수정해보자. 간단히 INNER JOIN을 LEFT OUTER JOIN으로 변경하면 된다.

```
USE cookDB;
SELECT S.stdName, S.addr, C.clubName, C.roomNo
  FROM stdTBL S
    LEFT OUTER JOIN stdclubTBL SC
      ON S.stdName = SC.stdName
    LEFT OUTER JOIN clubTBL C
      ON SC.clubName = C.clubName
  ORDER BY S.stdName;
```

stdName	addr	clubName	roomNo
강호동	경북	바둑	102호
강호동	경북	축구	103호
김용만	서울	축구	103호
김제동	경남	NULL	NULL
박수홍	서울	봉사	104호
이휘재	경기	축구	103호
이휘재	경기	봉사	104호

그림 8-15 **쿼리 실행 결과 1**

1-2 이번에는 동아리를 기준으로 가입 학생을 출력하되, 가입 학생이 한 명도 없는 동아리도 출력해보자.

```
SELECT C.clubName, C.roomNo, S.stdName, S.addr
  FROM stdTBL S
    LEFT OUTER JOIN stdclubTBL SC
      ON SC.stdName = S.stdName
    RIGHT OUTER JOIN clubTBL C
      ON SC.clubName = C.clubName
  ORDER BY C.clubName;
```

동아리를 기준으로 조인해야 하므로 두 번째 조인은 RIGHT OUTER JOIN으로 처리하여 동아리 테이블(clubTBL)이 조인의 기준이 되게 한다.

clubName	roomNo	stdName	addr
바둑	102호	강호동	경북
봉사	104호	이휘재	경기
봉사	104호	박수홍	서울
수영	101호	NULL	NULL
축구	103호	강호동	경북
축구	103호	김용만	서울
축구	103호	이휘재	경기

그림 8-16 쿼리 실행 결과 2

2 완전 외부 조인과 같은 결과 얻기

2-1 위의 두 결과를 하나로 합쳐보자. 즉 동아리에 가입하지 않은 학생도 출력하고 학생이 한 명도 없는 동아리도 출력하는 것이다. 앞의 두 쿼리문을 UNION으로 합치면 동아리에 가입하지 않은 김제동과 가입 학생이 한 명도 없는 수영 동아리가 모두 출력된다.

```
SELECT S.stdName, S.addr, C.clubName, C.roomNo
  FROM stdTBL S
    LEFT OUTER JOIN stdclubTBL SC
      ON S.stdName = SC.stdName
    LEFT OUTER JOIN clubTBL C
      ON SC.clubName = C.clubName
UNION
SELECT S.stdName, S.addr, C.clubName, C.roomNo
  FROM stdTBL S
    LEFT OUTER JOIN stdclubTBL SC
      ON SC.stdName = S.stdName
    RIGHT OUTER JOIN clubTBL C
      ON SC.clubName = C.clubName;
```

stdName	addr	clubName	roomNo
강호동	경북	바둑	102호
강호동	경북	축구	103호
김용만	서울	축구	103호
김제동	경남	NULL	NULL
박수홍	서울	봉사	104호
이휘재	경기	축구	103호
이휘재	경기	봉사	104호
NULL	NULL	수영	101호

그림 8-17 쿼리 실행 결과 3

TIP UNION은 두 쿼리문의 결과를 합침으로써 MySQL에서 지원하지 않는 완전 외부 조인과 같은 효과를 발휘한다.

4 상호 조인

상호 조인(cross join)은 한쪽 테이블의 모든 행과 다른 쪽 테이블의 모든 행을 조인하는 것을 말한다. 상호 조인 결과 테이블의 행수는 두 테이블의 행수를 곱한 값이다.

쉽게 이해할 수 있도록 [그림 8-18]에 상호 조인을 나타냈다. 왼쪽 회원 테이블의 첫 행이 구매 테이블의 모든 행과 조인되고, 같은 방식으로 나머지 행도 구매 테이블의 모든 행과 조인된다. 따라서 결과 테이블의 행수는 회원 테이블의 개수(10)×구매 테이블의 개수(12)=120행이다. 상호 조인은 카티션곱(Cartesian product)이라고도 한다.

회원 테이블(userTBL)

아이디	이름	생년	지역	국번	전화번호	키	가입일
YJS	유재석	1972	서울	010	11111111	178	2008.8.8
KHD	강호동	1970	경북	011	22222222	182	2007.7.7
KKJ	김국진	1965	서울	019	33333333	171	2009.9.9
KYM	김용만	1967	서울	010	44444444	177	2015.5.5
KJD	김제동	1974	경남			173	2013.3.3
NHS	남희석	1971	충남	016	66666666	180	2017.4.4
SDY	신동엽	1971	경기			176	2008.10.10
LHJ	이휘재	1972	경기	011	88888888	180	2006.4.4
LKK	이경규	1960	경남	018	99999999	170	2004.12.12
PSH	박수홍	1970	서울	010	00000000	183	2012.5.5

PK

구매 테이블(buyTBL)

순번	아이디	물품	분류	단가	수량
1	KHD	운동화		30	2
2	KHD	노트북	전자	1000	1
3	KYM	모니터	전자	200	1
4	PSH	모니터	전자	200	5
5	KHD	청바지	의류	50	3
6	PSH	메모리	전자	80	10
7	KJD	책	서적	15	5
8	LHJ	책	서적	15	2
9	LHJ	청바지	의류	50	1
10	PSH	운동화		30	2
11	LHJ	책	서적	15	1
12	PSH	운동화		30	2

PK FK

그림 8-18 상호 조인의 방식

회원 테이블과 구매 테이블을 상호 조인하는 구문은 다음과 같다. 내부 조인 또는 외부 조인처럼 ON을 사용하지 않는 것을 주의하기 바란다.

```
USE cookDB;
SELECT *
  FROM buyTBL
    CROSS JOIN userTBL;
```

상호 조인은 테스트로 사용할 많은 용량의 데이터를 생성할 때 유용하다. 예를 들어 employees 데이터베이스에서 약 30만 건이 있는 employees 테이블과 약 44만 건이 있는 titles 테이블을 상호 조인하면 30만×44만=약 1300억 건의 데이터를 생성할 수 있다.

실제로 많은 용량의 데이터를 생성하면 시스템이 다운되거나 디스크의 용량이 꽉 찰 수도 있으므로 COUNT(*) 함수로 상호 조인한 결과의 개수만 알아보자.

```
USE employees;
SELECT COUNT(*) AS '데이터개수'
  FROM employees
    CROSS JOIN titles;
```

	데이터개수
▶	133003039392

그림 8-19 쿼리 실행 결과 4

TIP 위 쿼리문의 실행 결과를 테이블로 생성하려면 CREATE TABLE … SELECT 문을 사용한다.

여기서 잠깐

상호 조인의 또 다른 방법

CROSS JOIN 문을 사용하지 않고 상호 조인을 하려면 WHERE 절 없이 FROM 절에 테이블 이름을 나열해도 된다. 그러나 이는 권장하는 방법이 아니다.

```
SELECT *
  FROM buyTBL, userTBL;
```

5 자체 조인

자체 조인(self join)은 자기 자신과 자기 자신을 조인하는 것으로, 별도의 구문이 있는 것은 아니다. 자체 조인을 활용하는 대표적인 예는 조직도와 관련된 테이블이다.

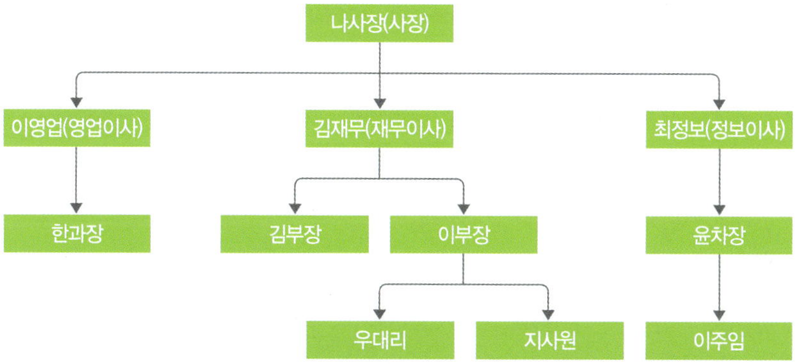

그림 8-20 간단한 조직도의 예

[그림 8-20]의 간단한 조직도를 테이블로 나타내면 [표 8-1]과 같다. 표에서 이부장은 직원이므로 직원 이름 열에 존재하고, 동시에 우대리와 지사원의 상관이므로 상관 이름 열에도 존재한다. 만약 우대리 상관의 구내 번호를 알고 싶다면 직원 이름 열과 상관 이름 열을 조인하면 된다.

표 8-1 조직도 테이블

직원 이름(emp): 기본키	상관 이름(manager)	구내 번호(empTel)
나사장	없음(NULL)	0000
김재무	나사장	2222
김부장	김재무	2222-1
이부장	김재무	2222-2
우대리	이부장	2222-2-1
지사원	이부장	2222-2-2
이영업	나사장	1111
한과장	이영업	1111-1
최정보	나사장	3333
윤차장	최정보	3333-1
이주임	윤차장	3333-1-1

TIP 실제 회사에서는 사번을 기본키로 설정하지만, 여기서는 테이블을 단순하게 작성하여 이해도를 높이기 위해 직원 이름을 기본키로 설정했다.

실습 8-3 자체 조인하기

1 테이블 만들기

1-1 [표 8-1]의 조직도 테이블을 만든다.

```
USE cookDB;
CREATE TABLE empTBL(emp CHAR(3), manager CHAR(3), empTel VARCHAR(8));
```

1-2 조직도 테이블에 데이터를 입력한다.

```
INSERT INTO empTBL VALUES ('나사장', NULL, '0000');
INSERT INTO empTBL VALUES ('김재무', '나사장', '2222');
INSERT INTO empTBL VALUES ('김부장', '김재무', '2222-1');
INSERT INTO empTBL VALUES ('이부장', '김재무', '2222-2');
INSERT INTO empTBL VALUES ('우대리', '이부장', '2222-2-1');
INSERT INTO empTBL VALUES ('지사원', '이부장', '2222-2-2');
INSERT INTO empTBL VALUES ('이영업', '나사장', '1111');
INSERT INTO empTBL VALUES ('한과장', '이영업', '1111-1');
INSERT INTO empTBL VALUES ('최정보', '나사장', '3333');
INSERT INTO empTBL VALUES ('윤차장', '최정보', '3333-1');
INSERT INTO empTBL VALUES ('이주임', '윤차장', '3333-1-1');
```

2 자제 조인하기

2-1 우대리 상관의 구내 번호를 확인해보자. 우대리의 상관인 이부장은 직원 이름 열에도 존재하고 상관 이름 열에도 존재하지만 각각의 의미가 다르다. 이럴 때 같은 테이블에 서로 다른 이름을 붙인 후 조인하면 원하는 정보를 얻을 수 있다.

```
SELECT A.emp AS '부하직원', B.emp AS '직속상관', B.empTel AS '직속상관연락처'
  FROM empTBL A
    INNER JOIN empTBL B
      ON A.manager = B.emp
  WHERE A.emp = '우대리';
```

	부하직원	직속상관	직속상관연락처
▶	우대리	이부장	2222-2

그림 8-21 쿼리 실행 결과 5

6 UNION/UNION ALL

[실습 8-2]에서 이미 보았듯이 UNION은 두 쿼리의 결과를 행으로 합치는 연산자이다. UNION의 결합 과정을 나타낸 [그림 8-22]를 살펴보면 쉽게 이해될 것이다.

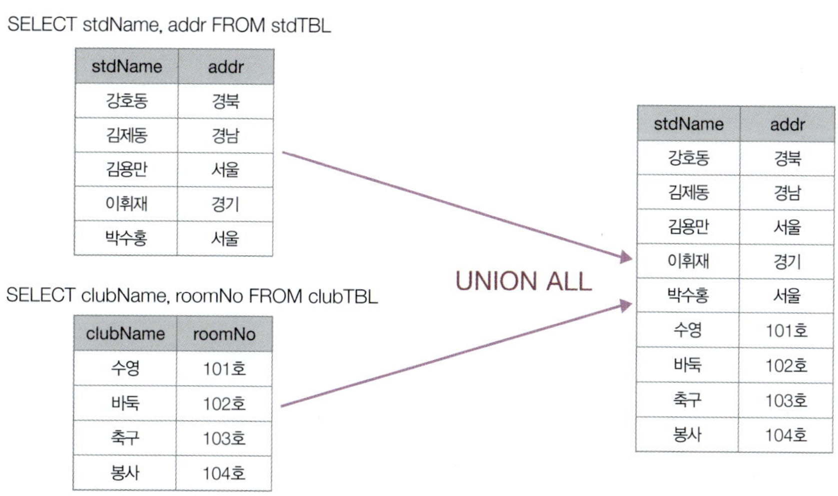

그림 8-22 UNION의 결합 과정

UNION 연산자를 사용하는 형식은 다음과 같다.

```
SELECT 문장1
  UNION [ALL]
SELECT 문장2
```

위 구문에서 'SELECT 문장1'과 'SELECT 문장2'를 수행했을 때 열의 개수가 같아야 하고, 데이터 형식도 각 열 단위로 같거나 서로 호환되는 형식이어야 한다. 만약 문장1의 결과가 정수형(INT)인데 문장2의 결과가 문자형(CHAR)이라면 오류가 발생한다. UNION 연산을 수행한 결과 열 이름은 [그림 8-22]에서 보듯이 문장1의 열 이름을 따른다. 또한 중복된 열은 제거하고 데이터를 정렬하여 출력한다. 중복된 열까지 모두 출력하려면 UNION ALL을 사용해야 한다.

다음은 [그림 8-22]를 쿼리문으로 작성하여 실행한 것이다.

```
USE cookDB;
SELECT stdName, addr FROM stdTBL
  UNION ALL
SELECT clubName, roomNo FROM clubTBL;
```

stdName	addr
강호동	경북
김용만	서울
김제동	경남
박수홍	서울
이휘재	경기
바둑	102호
봉사	104호
수영	101호
축구	103호

그림 8-23 쿼리 실행 결과 6

7 NOT IN/IN

NOT IN은 첫 번째 쿼리의 결과 중에서 두 번째 쿼리에 해당하는 것을 제외하고 출력하는 연산자이다. 예를 들어 cookDB의 사용자를 모두 출력하되 전화번호가 없는 사람을 제외하려면 다음과 같이 작성한다.

```
SELECT userName, CONCAT(mobile1, '-', mobile2) AS '전화번호' FROM userTBL
  WHERE userName NOT IN (SELECT userName FROM userTBL WHERE mobile1 IS NULL);
```

	userName	전화번호
▶	강호동	011-22222222
	김국진	019-33333333
	김용만	010-44444444
	이휘재	011-88888888
	이경규	018-99999999
	남희석	016-66666666
	박수홍	010-00000000
	유재석	010-11111111

그림 8-24 쿼리 실행 결과 7

NOT IN과 반대로 첫 번째 쿼리의 결과 중에서 두 번째 쿼리에 해당되는 것만 조회하는 연산자는 IN이다. 전화번호가 없는 사람만 조회하는 쿼리문은 다음과 같다.

```
SELECT userName, CONCAT(mobile1, mobile2) AS '전화번호' FROM userTBL
  WHERE userName IN (SELECT userName FROM userTBL WHERE mobile1 IS NULL);
```

	userName	전화번호
	김제동	NULL
	신동엽	NULL

그림 8-25 쿼리 실행 결과 8

02 SQL 프로그래밍

1 SQL 프로그래밍의 개요

C, C++, C#, 자바 등의 프로그래밍 언어를 공부한 적이 있는 독자라면 이 절의 내용이 반가울 것이다. SQL 프로그래밍은 11장에서 배울 스토어드 프로시저, 스토어드 함수, 커서, 트리거의 기본이 되는 내용이므로 잘 알아두어야 한다.

SQL에도 다른 프로그래밍 언어와 비슷한 분기, 흐름 제어, 반복 등의 기능이 있다. 이러한 기능을 앞에서 소개한 변수와 함께 잘 활용한다면 강력한 SQL 프로그래밍을 할 수 있다. 본격적으로 SQL 프로그래밍을 학습하기 전에 먼저 스토어드 프로시저를 만들고 사용하는 방법을 간단히 알아보자. 스토어드 프로시저는 11장에서 자세히 다룰 테니 여기서는 간단히 짚고 넘어간다.

스토어드 프로시저의 작성 형식은 다음과 같다.

```
DELIMITER $$
CREATE PROCEDURE 스토어드프로시저이름()
BEGIN

   이곳에 SQL 프로그램 코딩

END $$
DELIMITER ;
CALL 스토어드프로시저이름();
```

DELIMITER $$ … END $$는 스토어드 프로시저의 코딩 부분을 묶는 역할을 한다. MySQL의 종료 문자는 세미콜론(;)인데 CREATE PROCEDURE 안에서도 세미콜론이 종료 문자이므로 어디까지가 스토어드 프로시저인지 구별하기 어렵다. 그래서 END $$가 나올 때까지를 스토어드 프로시저로 인식하게 하는 것이다. 그리고 **DELIMITER ;**로 종료 문자를 세미콜론으로 변경한다. 마지막 행의 **CALL 스토어드프로시저이름();**은 CREATE PROCEDURE로 생성한 스토어드 프로시저를 호출(실행)한다.

앞으로는 **스토어드프로시저이름()**과 **이곳에 SQL 프로그램 코딩** 부분만 수정하여 사용할 것이다.

TIP $$ 구분자는 //, &&, @@ 등의 기호와 같이 사용해도 된다. 또한 $ 하나만 사용해도 되지만 가능하면 다른 기호와 중복되지 않도록 2개를 연속해서 사용하는 것이 좋다.

2 IF … ELSE … END IF 문

IF … ELSE … END IF 문은 조건에 따라 분기하는 명령이다. 명령을 실행한 결과 한 문장 이상을 처리해야 할 때는 BEGIN … END 문으로 묶어야 하는데, 실행할 문장이 한 문장뿐이더라도 습관적으로 BEGIN … END 문으로 묶는 것이 좋다. 사용 형식은 다음과 같다.

```
IF <불 표현식> THEN
      SQL문장들1 …
ELSE
      SQL문장들2 …
END IF;
```

위 형식에서 〈불 표현식〉이 참(true)이면 SQL문장들1을 수행하고, 거짓(false)이면 SQL문장들2를 수행한다. 물론 SQL문장들1 또는 SQL문장들2가 한 문장이라면 BEGIN … END를 생략할 수 있다. 〈불 표현식〉이 거짓이면서 이후에 어떤 처리도 하지 않는다면 ELSE 이하 구문을 생략할 수 있다. 다음의 간단한 사용 예를 보면 쉽게 이해될 것이다.

```
DROP PROCEDURE IF EXISTS ifProc; -- 기존에 스토어드 프로시저를 만든 적이 있다면 삭제
DELIMITER $$
CREATE PROCEDURE ifProc()
BEGIN
  DECLARE var1 INT; -- var1 변수 선언
  SET var1 = 100; -- 변수에 값 대입

  IF var1 = 100 THEN -- 만약 @var1이 100이라면
     SELECT '100입니다.';
  ELSE
     SELECT '100이 아닙니다.';
  END IF;
END $$
DELIMITER ;
CALL ifProc();
```

여기서 잠깐

MySQL 변수와 스토어드 프로시저 변수

MySQL은 사용자 정의 변수를 만들 때 앞에 @을 붙인다. 하지만 스토어드 프로시저나 스토어드 함수 안에서는 @을 붙이지 않고 DECLARE 문을 사용하여 지역 변수를 선언한다.

employees 데이터베이스의 employees 테이블에서 입사일(hire_date) 열을 이용하여 프로그래밍을 해보자. 직원 번호가 10001번인 직원의 입사일이 5년이 넘었는지 확인해본다.

```
DROP PROCEDURE IF EXISTS ifProc2;
USE employees;

DELIMITER $$
CREATE PROCEDURE ifProc2()
BEGIN
  DECLARE hireDATE DATE; -- 입사일
  DECLARE curDATE DATE; -- 오늘
  DECLARE days INT; -- 근무한 일수

  SELECT hire_date INTO hireDate -- hire_date 열의 결과를 hireDATE에 대입
     FROM employees.employees
     WHERE emp_no = 10001;

  SET curDATE = CURRENT_DATE(); -- 현재 날짜
  SET days = DATEDIFF(curDATE, hireDATE); -- 날짜의 차이, 일 단위

  IF (days/365) >= 5 THEN -- 5년이 지났다면
        SELECT CONCAT('입사한 지 ', days, '일이나 지났습니다. 축하합니다!') AS '메시지';
  ELSE
        SELECT '입사한 지 ' + days + '일밖에 안 되었네요. 열심히 일하세요.' AS '메시지';
  END IF;
END $$
DELIMITER ;
CALL ifProc2();
```

실행 결과

```
'입사한 지 000000일이나 지났습니다. 축하합니다!'
```

TIP 'SELECT 열이름 INTO 변수이름 FROM 테이블이름' 구문은 조회된 열의 결괏값을 변수에 대입한다.

3 CASE 문

IF 문은 명령을 실행한 결과가 참 아니면 거짓이기 때문에 '이중 분기'라고도 표현한다. 한편 90점 이상은 A, 80점 이상은 B, 70점 이상은 C, 60점 이상은 D, 60점 미만은 F로 나누는 경우는 '다중 분기'라고 한다. 다음은 이러한 다중 분기를 IF 문으로 작성한 것이다.

```
DROP PROCEDURE IF EXISTS ifProc3;
DELIMITER $$
CREATE PROCEDURE ifProc3()
BEGIN
  DECLARE point INT;
  DECLARE credit CHAR(1);
  SET point = 77;

  IF point >= 90 THEN
       SET credit = 'A';
  ELSEIF point >= 80 THEN
       SET credit = 'B';
  ELSEIF point >= 70 THEN
       SET credit = 'C';
  ELSEIF point >= 60 THEN
       SET credit = 'D';
  ELSE
       SET credit = 'F';
  END IF;
  SELECT CONCAT('취득점수==>', point), CONCAT('학점==>', credit);
END $$
DELIMITER ;
CALL ifProc3();
```

실행 결과

```
취득점수==>77 학점==>C
```

IF 문을 사용하여 학점 계산 프로그램을 만들었다. 위의 IF 문을 CASE 문으로 바꿀 수도 있다.

```
DROP PROCEDURE IF EXISTS caseProc;
DELIMITER $$
CREATE PROCEDURE caseProc()
BEGIN
  DECLARE point INT;
  DECLARE credit CHAR(1);
  SET point = 77;

  CASE
       WHEN point >= 90 THEN
            SET credit = 'A';
       WHEN point >= 80 THEN
            SET credit = 'B';
```

```
        WHEN point >= 70 THEN
            SET credit = 'C';
        WHEN point >= 60 THEN
            SET credit = 'D';
        ELSE
            SET credit = 'F';
    END CASE;
    SELECT CONCAT('취득점수==>', point), CONCAT('학점==>', credit);
END $$
DELIMITER ;
CALL caseProc();
```

CASE 문은 조건에 맞는 WHEN이 여러 개이더라도 맨 처음 조건을 충족하는 WHEN을 처리한 후 CASE 문을 종료한다. CASE 문은 SELECT 문에서 많이 사용된다.

실습 8-4 CASE 문을 활용하여 SQL 프로그래밍하기

cookDB의 구매 테이블(buyTBL)에 구매액(price*amount)이 1500원 이상인 고객은 '최우수고객', 1000원 이상인 고객은 '우수고객', 1원 이상인 고객은 '일반고객', 구매 실적이 없는 고객은 '유령고객'으로 출력해보자. 최종 결과는 다음과 같다.

userID	userName	총구매액	고객등급
PSH	박수홍	1920	최우수고객
KHD	강호동	1210	우수고객
KYM	김용만	200	일반고객
LHJ	이휘재	95	일반고객
KJD	김제동	75	일반고객
SDY	신동엽	NULL	유령고객
YJS	유재석	NULL	유령고객
KKJ	김국진	NULL	유령고객
LKK	이경규	NULL	유령고객
NHS	남희석	NULL	유령고객

그림 8-26 고객 등급 분류 결과

TIP cookDB의 내용이 기억나지 않는다면 [그림 8-1]을 참고한다.

1 cookDB 초기화하기

1-1 Workbench를 종료하고 새로 실행한다. 메뉴의 [File]-[Open SQL Script]를 선택한 후 C:\SQL\cookDB.sql 파일을 열고 실행한다.

1-2 cookDB의 초기화가 완료되면 열린 쿼리 창을 모두 닫고 새 쿼리 창을 연다.

2 고객 등급 분류하기

2-1 구매 테이블(buyTBL)에서 구매액(price*amount)을 회원 아이디(userID)별로 묶고 구매액이 높은 순으로 정렬한다.

```
USE cookDB;
SELECT userID, SUM(price*amount) AS '총구매액'
  FROM buyTBL
  GROUP BY userID
  ORDER BY SUM(price*amount) DESC;
```

userID	총구매액
PSH	1920
KHD	1210
KYM	200
LHJ	95
KJD	75

그림 8-27 **쿼리 실행 결과 9**

2-2 회원 이름이 빠졌으므로 회원 테이블(userTBL)과 조인하여 회원 이름을 넣어 출력한다.

```
SELECT B.userID, U.userName, SUM(price*amount) AS '총구매액'
  FROM buyTBL B
    INNER JOIN userTBL U
      ON B.userID = U.userID
  GROUP BY B.userID, U.userName
  ORDER BY SUM(price*amount) DESC;
```

userID	userName	총구매액
PSH	박수홍	1920
KHD	강호동	1210
KYM	김용만	200
LHJ	이휘재	95
KJD	김제동	75

그림 8-28 **쿼리 실행 결과 10**

2-3 그런데 구매 테이블(buyTBL)에서 구매한 적이 있는 회원의 명단만 출력되고 구매한 적이 없는 회원의 명단은 출력되지 않았다. 오른쪽 테이블(userTBL)에서 조건을 충족하지 않는 행도 모두 출력하기 위해 쿼리문을 오른쪽 외부 조인으로 수정한다.

```
SELECT B.userID, U.userName, SUM(price*amount) AS '총구매액'
  FROM buyTBL B
    RIGHT OUTER JOIN userTBL U
      ON B.userID = U.userID
  GROUP BY B.userID, U.userName
  ORDER BY SUM(price*amount) DESC;
```

	userID	userName	총구매액
▶	PSH	박수홍	1920
	KHD	강호동	1210
	KYM	김용만	200
	LHJ	이휘재	95
	KJD	김제동	75
	NULL	유재석	NULL
	NULL	김국진	NULL
	NULL	이경규	NULL
	NULL	남희석	NULL
	NULL	신동엽	NULL

그림 8-29 쿼리 실행 결과 11

2-4 결과를 보니 userName은 제대로 나왔으나 구매한 기록이 없는 고객은 userID가 NULL로 나온다. SELECT 절에서 B.userID를 출력했기 때문이다. 유재석, 김국진 등 5명은 구매한 적이 없으므로 구매 테이블(buyTBL)에 해당 아이디가 없다. 따라서 userID의 기준을 구매 테이블(buyTBL)에서 회원 테이블(userTBL)로 변경한다.

```
SELECT U.userID, U.userName, SUM(price*amount) AS '총구매액'
  FROM buyTBL B
    RIGHT OUTER JOIN userTBL U
      ON B.userID = U.userID
  GROUP BY U.userID, U.userName
  ORDER BY SUM(price*amount) DESC;
```

	userID	userName	총구매액
▶	PSH	박수홍	1920
	KHD	강호동	1210
	KYM	김용만	200
	LHJ	이휘재	95
	KJD	김제동	75
	YJS	유재석	NULL
	KKJ	김국진	NULL
	LKK	이경규	NULL
	NHS	남희석	NULL
	SDY	신동엽	NULL

그림 8-30 쿼리 실행 결과 12

2-5 총구매액에 따라 고객을 분류해보자. CASE 구문만 따로 떼어보면 다음과 같다. 전체 쿼리의 일부분이니 실행하지 말고 참고만 하기 바란다.

```
CASE
    WHEN (총구매액 >= 1500) THEN '최우수고객'
    WHEN (총구매액 >= 1000) THEN '우수고객'
    WHEN (총구매액 >= 1 ) THEN '일반고객'
    ELSE '유령고객'
END
```

2-6 위에서 작성한 CASE 구문을 SELECT 절에 추가하여 최종 쿼리문을 작성한다.

```
SELECT U.userID, U.userName, SUM(price*amount) AS '총구매액',
      CASE
         WHEN (SUM(price*amount) >= 1500) THEN '최우수고객'
         WHEN (SUM(price*amount) >= 1000) THEN '우수고객'
         WHEN (SUM(price*amount) >= 1 ) THEN '일반고객'
         ELSE '유령고객'
      END AS '고객등급'
  FROM buyTBL B
     RIGHT OUTER JOIN userTBL U
        ON B.userID = U.userID
  GROUP BY U.userID, U.userName
  ORDER BY sum(price*amount) DESC;
```

이로써 [그림 8-26]과 같은 결과가 출력되는 쿼리문을 완성했다. 한꺼번에 쿼리문을 작성하려고 하면 조금 어려울 수 있으나 하나씩 해결하면서 작성하면 그리 어렵지 않다.

4 WHILE 문, ITERATE/LEAVE 문

WHILE 문은 다른 프로그래밍 언어의 WHILE 문과 동일한 개념이다. 〈불식〉이 참인 동안 WHILE 문 내의 명령을 계속 반복한다.

```
WHILE <불식> DO
    SQL 명령문들 …
END WHILE;
```

1부터 100까지의 정수를 모두 더하는 코드를 작성해보자.

```
DROP PROCEDURE IF EXISTS whileProc;
DELIMITER $$
CREATE PROCEDURE whileProc()
BEGIN
  DECLARE i INT; -- 1부터 100까지 증가할 변수
  DECLARE hap INT; -- 더한 값을 누적할 변수
  SET i = 1;
  SET hap = 0;

  WHILE (i <= 100) DO
    SET hap = hap + i; -- hap의 원래 값에 i를 더하여 hap에 넣으라는 의미
    SET i = i + 1; -- i의 원래 값에 1을 더하여 i에 넣으라는 의미
  END WHILE;

  SELECT hap;
END $$
DELIMITER ;
CALL whileProc();
```

실행 결과

```
5050
```

만약 1~100 중 7의 배수를 합계에서 제외하려면 어떻게 해야 할까? 또한 더하는 도중에 합계가 1000을 넘으면 합산을 멈추고 출력하고 싶다면? 그럴 때는 ITERATE 문과 LEAVE 문을 사용한다. 다음 코드를 보자.

```
DROP PROCEDURE IF EXISTS whileProc2;
DELIMITER $$
CREATE PROCEDURE whileProc2()
BEGIN
  DECLARE i INT; -- 1부터 100까지 증가할 변수
  DECLARE hap INT; -- 더한 값을 누적할 변수
  SET i = 1;
  SET hap = 0;

  myWhile: WHILE (i <= 100) DO -- While 문에 label을 지정
    IF (i%7 = 0) THEN
        SET i = i + 1;
        ITERATE myWhile; -- 지정한 label 문으로 가서 계속 진행
    END IF;

    SET hap = hap + i;
```

```
    IF (hap > 1000) THEN
      LEAVE myWhile;  -- 지정한 label 문을 떠남(While 종료)
    END IF;
    SET i = i + 1;
  END WHILE;

  SELECT hap;
END $$
DELIMITER ;
CALL whileProc2();
```

실행 결과

```
1029
```

ITERATE 문을 만나면 바로 WHILE 문으로 이동하여 다시 비교하고(i <= 100), LEAVE 문을 만나면 WHILE 문을 빠져나온다(여기서는 WHILE 문을 myWhile이라는 label로 명명했다).

TIP ITERATE 문은 다른 프로그래밍 언어의 CONTINUE 문과 비슷한 역할을 하고, LEAVE 문은 BREAK 문과 비슷한 역할을 한다.

5 오류 처리

MySQL은 오류가 발생했을 때 직접 오류를 처리하는 방법을 제공하며, 형식은 다음과 같다.

```
DECLARE 액션 HANDLER FOR 오류조건 처리할_문장;
```

- **액션**: 오류가 발생했을 때의 행동을 정의한다. CONTINUE와 EXIT 중 하나를 사용한다. CONTINUE가 나오면 맨 뒤의 '처리할_문장' 부분이 처리되고, EXIT가 나오면 종료된다.
- **오류조건**: 어떤 오류를 처리할 것인지 지정한다. MySQL의 오류 코드 숫자를 넣거나, SQLSTATE '상태코드', SQLEXCEPTION, SQLWARNING, NOT FOUND 등을 넣을 수 있다. SQLSTATE에서 상태코드는 5자리 문자열로 구성되며, SQLEXCEPTION은 대부분의 오류를, SQLWARNING은 경고 메시지를, NOT FOUND는 커서나 SELECT … INTO 문에서 발생하는 오류를 의미한다.

여기서 잠깐

MySQL 오류 코드

MySQL의 오류 코드(error code)는 서버 오류가 1000~1906번, 3000~3186번으로 정의되어 있고, 클라이언트 오류가 2000~2062번으로 정의되어 있다. 예를 들어 SELECT * FROM noTable 문을 실행할 때 noTable이 없으면 오류 코드는 1146번, 상태 코드는 '42S02'가 발생한다. 각 오류 코드와 상태 코드의 자세한 내용은 https://dev.mysql.com/doc/mysql-errors/8.4/en/error-reference-introduction.html을 참고하기 바란다.

- **처리할_문장**: 처리할 문장이 하나라면 한 문장이 오고, 처리할 문장이 여러 개라면 BEGIN … END 문으로 묶는다.

다음은 조회하는 테이블이 없을 때 오류를 처리하는 코드이다. DECLARE 행이 없다면 MySQL이 직접 오류 메시지를 출력하지만 아래 코드에는 DECLARE 행이 있으므로 사용자가 지정한 메시지가 출력된다. 1146 대신 SQLSTATE '42S02'를 써도 되는데, 둘 다 테이블이 없는 경우를 의미한다.

```
DROP PROCEDURE IF EXISTS errorProc;
DELIMITER $$
CREATE PROCEDURE errorProc()
BEGIN
  DECLARE CONTINUE HANDLER FOR 1146 SELECT '테이블이 없어요ㅠㅠ' AS '메시지';
  SELECT * FROM noTable;  -- noTable은 없음
END $$
DELIMITER ;
CALL errorProc();
```

실행 결과

```
테이블이 없어요ㅠㅠ
```

cookDB의 회원 테이블(userTBL)에 이미 존재하는 아이디인 YJS를 생성해보자. userID 열이 기본키로 지정되어 있어 같은 아이디를 입력할 수 없으므로 오류가 발생한다.

```
DROP PROCEDURE IF EXISTS errorProc2;
DELIMITER $$
CREATE PROCEDURE errorProc2()
BEGIN
  DECLARE CONTINUE HANDLER FOR SQLEXCEPTION
  BEGIN
    SHOW ERRORS; -- 오류 메시지를 보여줌
    SELECT '오류가 발생했네요. 작업은 취소시켰습니다.' AS '메시지';
    ROLLBACK; -- 오류 발생 시 작업을 롤백
  END;
  INSERT INTO userTBL VALUES('YJS', '윤정수', 1988, '서울', NULL,
        NULL, 170, CURRENT_DATE()); -- 중복되는 아이디이므로 오류 발생
END $$
DELIMITER ;
CALL errorProc2();
```

Level	Code	Message
Error	1062	Duplicate entry 'YJS' for key 'PRIMARY'

메시지
오류가 발생했네요. 작업은 취소시켰습니다.

그림 8-31 쿼리 실행 결과 13

구문과 결과만 보아도 이해될 것이다. SHOW ERRORS 문은 오류에 대한 코드와 메시지를 출력하고, ROLLBACK 문은 진행 중인 작업을 취소시키며, COMMIT 문은 작업을 완전히 확정시킨다.

TIP SHOW COUNT(*) ERRORS 문은 발생한 오류의 개수를 출력하고, SHOW WARNINGS 문은 경고에 대한 코드와 메시지를 출력한다.

6 동적 SQL

PREPARE 문은 SQL 문을 실행하지는 않고 따로 준비만 해놓으며, EXECUTE 문은 PREPARE 문으로 준비한 쿼리문을 실행한다. 이렇게 미리 쿼리문을 준비한 후 나중에 실행하는 것을 '동적 SQL'이라고 한다. 동적 SQL로 쿼리문을 실행한 후에는 DEALLOCATE PREPARE 문으로 쿼리문을 해제하는 것이 바람직하다.

```
use cookDB;
PREPARE myQuery FROM 'SELECT * FROM userTBL WHERE userID = "NHS"';
EXECUTE myQuery;
DEALLOCATE PREPARE myQuery;
```

위의 쿼리문을 실행하면 **SELECT * FROM userTBL WHERE userID = "NHS"** 문을 바로 실행하지 않고 myQuery에 입력해놓으며, EXECUTE 문으로 myQuery를 실행한다.

PREPARE 문에서 ? 기호로 추후에 입력될 값을 비워놓고 EXECUTE 문에서 USING으로 값을 전달하여 사용할 수도 있다. 다음은 쿼리문을 실행하는 순간의 날짜와 시간이 입력되는 코드이다.

```
USE cookDB;
DROP TABLE IF EXISTS myTable;
CREATE TABLE myTable (id INT AUTO_INCREMENT PRIMARY KEY, mDate DATETIME);

SET @curDATE = CURRENT_TIMESTAMP();  -- 현재 날짜와 시간

PREPARE myQuery FROM 'INSERT INTO myTable VALUES(NULL, ?)';
EXECUTE myQuery USING @curDATE;
DEALLOCATE PREPARE myQuery;

SELECT * FROM myTable;
```

지금까지 MySQL의 프로그래밍 기능을 살펴보았다. 여기서 학습한 내용은 11장의 스토어드 프로시저, 스토어드 함수, 커서, 트리거에서 적극적으로 활용할 것이니 잘 기억해두기 바란다.

요약

1 조인은 2개 이상의 테이블을 묶어서 하나의 결과 테이블을 만드는 것을 말한다.

2 내부 조인은 가장 많이 사용되는 조인으로, 간단히 조인이라고도 한다. 조인에 참여하는 테이블에서 조인 조건을 충족하는 행만 출력하는 내부 조인의 형식은 다음과 같다.

```
SELECT <열 목록>
  FROM <첫 번째 테이블>
    INNER JOIN <두 번째 테이블>
      ON <조인될 조건>
  [WHERE 검색조건];
```

3 다대다 관계를 물리적으로 구성할 때는 두 테이블 사이에 연결 테이블을 두어 이 연결 테이블이 두 테이블과 일대다 관계를 맺도록 한다.

4 조인 조건을 충족하지 않는 행까지 포함하여 출력하는 외부 조인의 형식은 다음과 같다.

```
SELECT <열 목록>
  FROM <첫 번째 테이블(LEFT 테이블)>
    <LEFT | RIGHT> OUTER JOIN <두 번째 테이블(RIGHT 테이블)>
      ON <조인될 조건>
  [WHERE 검색조건];
```

5 상호 조인은 한쪽 테이블의 모든 행과 다른 쪽 테이블의 모든 행을 조인하는 것을 말한다.

6 자체 조인은 자기 자신과 자기 자신을 조인하는 것으로, 별도의 구문이 없다.

7 UNION은 두 쿼리의 결과를 행으로 합치는 연산자이다. UNION은 중복된 열을 제거하고 데이터를 정렬하여 출력하며, UNION ALL은 중복된 열까지 모두 출력한다.

8 NOT IN은 첫 번째 쿼리의 결과 중에서 두 번째 쿼리에 해당하는 것을 제외하고 출력하는 연산자이다. 이와 반대로 첫 번째 쿼리의 결과 중에서 두 번째 쿼리에 해당되는 것만 조회하는 연산자는 IN이다.

9 SQL 프로그래밍에서는 IF … ELSE … END IF 문, CASE 문, WHILE 문, ITERATE 문, LEAVE 문을 많이 사용한다.

10 MySQL은 오류가 발생했을 때 직접 오류를 처리하는 방법을 제공하며, 형식은 다음과 같다.

```
DECLARE 액션 HANDLER FOR 오류조건 처리할_문장;
```

11 PREPARE 문은 SQL 문을 실행하지는 않고 따로 준비만 해놓으며, EXECUTE 문은 PREPARE 문으로 준비한 쿼리문을 실행한다. 이렇게 미리 쿼리문을 준비한 후 나중에 실행하는 것을 동적 SQL이라고 한다.

연습문제

1 조인에 대한 설명으로 거리가 먼 것을 모두 고르시오.

① 2개의 테이블은 내부 조인 관계이고 3개부터는 상호 조인 관계이다.

② 일대일 관계를 맺는다.

③ 기본키, 외래키와 관련이 있다.

④ 기업의 직원 테이블과 급여 테이블의 관계를 예로 들 수 있다.

⑤ 가장 많이 사용되는 조인은 내부 조인이다.

2 다음은 A테이블과 B테이블을 내부 조인으로 묶는 SQL 문이다. 빈칸에 들어갈 내용을 쓰시오.

```
SELECT *
  FROM A테이블
    ____㉠____ B테이블
      ____㉡____ A테이블.id = B테이블.id;
```

3 다음 SQL 문을 실행하면 'Error Code: 1054. Unknown column …' 오류가 발생한다. 오류가 발생하지 않도록 1행과 4행을 바르게 고치시오.

```
1행: SELECT buyTBL.userID, userTBL.userName, buyTBL.prodName
2행:   FROM buyTBL BB
3행:     INNER JOIN userTBL UU
4행:       ON buyTBL.userID = userTBL.userID;
```

4 다음은 물건을 한 번이라도 구매한 기록이 있는 회원의 이름을 출력하는 SQL 문이다. 빈칸에 들어갈 내용을 쓰시오.

```
SELECT ____________ userTBL.userName
  FROM userTBL
    INNER JOIN buyTBL
      ON userTBL.userID = buyTBL.userID;
```

5 다음은 물건을 한 번도 구매한 기록이 없는 회원의 이름을 출력하는 SQL 문이다. 빈칸에 들어갈 내용을 쓰시오.

```
SELECT userTBL.userName
  FROM userTBL
    ____㉠____ buyTBL
       ON userTBL.userID = buyTBL.userID
  WHERE buyTBL.prodName ____㉡____ ;
```

6 다음 설명의 조인과 관련된 것을 모두 고르시오.

> 한쪽 테이블의 모든 행과 다른 쪽 테이블의 모든 행을 조인하는 것을 말한다. 결과 테이블의 행수는 두 테이블의 행수를 곱한 값이다.

① inner join

② Cartesian product

③ Cartesian sum

④ outer join

⑤ cross join

7 자체 조인에 대한 설명으로 거리가 먼 것을 고르시오.

① 1개의 테이블에서 조인할 수 있다.

② 대표적인 예는 조직도와 관련된 테이블이다.

③ self join이라고도 부른다.

④ 각기 다른 2개의 테이블을 자체 조인할 수도 있다.

8 UNION과 UNION ALL에 대한 설명으로 거리가 먼 것을 고르시오.

① 두 쿼리의 결과를 열로 합치는 연산자이다.

② 두 쿼리의 열 개수가 같아야 한다.

③ 두 쿼리의 데이터 형식이 동일하거나 호환되어야 한다.

④ UNION ALL은 중복된 행까지 출력한다.

연습문제

9 다음은 저장 프로시저를 만들고 호출하는 형식이다. 빈칸에 들어갈 내용을 쓰시오.

```
_____㉠_____ $$
CREATE PROCEDURE 스토어드프로시저이름()
BEGIN
  이곳에 SQL 프로그램 코딩
END $$
_____㉠_____ ;

_____㉡_____ 스토어드프로시저이름();
```

10 다음 각 SQL 프로그래밍 코드에는 문법상 오류가 있다. 오류가 있는 부분을 찾아 바르게 고치시오.

①

```
IF var1 = 100 THEN
  SELECT '출력A' ;
ELSE
  SELECT '출력B' ;
END ;
```

②

```
CASE
  WHEN point >= 90 THEN
    SET credit = '우수생';
  WHEN point >= 60 THEN
    SET credit = '합격';
  WHEN
    SET credit = '불합격';
END CASE;
```

③

```
WHILE (i <= 10) REPEAT
  SET hap = hap + i;
  SET i = i + 1;
END WHILE;
```

11 테이블이 없을 때 오류를 처리하기 위한 코드를 고르시오.

① DECLARE ERROR HANDLER FOR 1146 SELECT '메시지 내용';

② DEFINE CONTINUE HANDLER FOR 1146 SELECT '메시지 내용';

③ DECLARE CONTINUE HANDLER FOR 1146 SELECT '메시지 내용';

④ DEFINE ERROR HANDLER FOR 1146 SELECT '메시지 내용';

12 다음 동적 SQL 문의 빈칸에 들어갈 내용을 쓰시오.

```
____㉠____ mysql FROM 'SELECT * FROM userTBL';
____㉡____ mysql;
____㉢____ PREPARE mysql;
```

응용 예제 MariaDB에서 조인, SQL 프로그래밍하기

5장에서 생성한 singerDB를 사용하여 실습을 진행해보자. 일부 실습에서는 cookDB와 singerDB의 테이블 이름, 열 이름, 데이터 값이 다르므로 그에 맞게 SQL을 변경해야 한다. 다음을 참고하여 변경한다.

cookDB → singerdb	userName → mem_name	userID → mem_id
serTBL → member	prodName → prod_name	birthYear → mem_number
mobile1 → phone1	mobile2 → phone2	mDate → debut_date

1 287쪽에 있는 **두 테이블의 내부 조인**의 SQL 문을 입력하고 결과를 확인해보자.

member (12r × 5c)

#	mem_id	mem_name	prod_name	addr	연락처
1	APN	에이핑크	청바지	경기	03177777777
2	APN	에이핑크	쿡북SQL	경기	03177777777
3	APN	에이핑크	쿡북SQL	경기	03177777777
4	APN	에이핑크	아이폰	경기	03177777777
5	BLK	블랙핑크	지갑	경남	05522222222
6	BLK	블랙핑크	청바지	경남	05522222222
7	BLK	블랙핑크	맥북프로	경남	05522222222
8	GRL	소녀시대	쿡북SQL	서울	0244444444
9	MMU	마마무	아이폰	전남	06199999999
10	MMU	마마무	에어팟	전남	06199999999
11	MMU	마마무	지갑	전남	06199999999
12	MMU	마마무	지갑	전남	06199999999

실행 결과(그림 8-7)

2 294쪽에 있는 **[실습 8-1] 3개 테이블 내부 조인하기**를 수행하고 결과를 확인해보자.

stdTBL (6r × 4c)

#	stdName	addr	clubName	roomNo
1	강호동	경북	축구	103호
2	강호동	경북	바둑	102호
3	김용만	서울	축구	103호
4	박수홍	서울	봉사	104호
5	이휘재	경기	축구	103호
6	이휘재	경기	봉사	104호

실행 결과(그림 8-10)

3 296쪽에 있는 **외부 조인**의 SQL 문을 입력하고 결과를 확인해보자.

member (6r × 5c)

#	mem_id	mem_name	prod_name	addr	연락처
1	ITZ	잇지	(NULL)	경남	(NULL)
2	OMY	오마이걸	(NULL)	서울	(NULL)
3	RED	레드벨벳	(NULL)	경북	05455555555
4	SPC	우주소녀	(NULL)	서울	0288888888
5	TWC	트와이스	(NULL)	서울	0211111111
6	WMN	여자친구	(NULL)	경기	03133333333

실행 결과(그림 8-14)

4 297쪽에 있는 **[실습 8-2] 왼쪽/오른쪽 외부 조인하기**를 수행하고 결과를 확인해보자.

stdTBL (8r × 4c)

#	stdName	addr	clubName	roomNo
1	강호동	경북	바둑	102호
2	강호동	경북	축구	103호
3	김용만	서울	축구	103호
4	김제동	경남	(NULL)	(NULL)
5	박수홍	서울	봉사	104호
6	이휘재	경기	축구	103호
7	이휘재	경기	봉사	104호
8	(NULL)	(NULL)	수영	101호

실행 결과(그림 8-17)

5 302쪽에 있는 **[실습 8-3] 자체 조인하기**를 수행하고 결과를 확인해보자.

empTBL (1r × 3c)

#	부하직원	직속상관	직속상관연락처
1	우대리	이부장	2222-2

실행 결과(그림 8-21)

6 304쪽에 있는 **UNION/UNION ALL**의 SQL 문을 입력하고 결과를 확인해보자.

stdTBL (9r × 2c)

#	stdName	addr
1	강호동	경북
2	김용만	서울
3	김제동	경남
4	박수홍	서울
5	이휘재	경기
6	바둑	102호
7	봉사	104호
8	수영	101호
9	축구	103호

실행 결과(그림 8-23)

7 308쪽에 있는 **IF … ELSE … END IF 문**의 SQL 문을 입력하고 결과를 확인해보자.

결과 #1 (1r × 1c)

#	메시지
1	입사한 지 13969일이나 지났습니다. 축하합니다!

실행 결과

8 310쪽에 있는 **[실습 8-4] CASE 문을 활용하여 SQL 프로그래밍하기**를 수행하고 결과를 확인해보자.

purchase (10r × 4c)

#	mem_id	mem_name	총구매액	고객등급
1	MMU	마마무	1,950	최우수고객
2	BLK	블랙핑크	1,210	우수고객
3	APN	에이핑크	295	일반고객
4	GRL	소녀시대	75	일반고객
5	TWC	트와이스	(NULL)	유령고객
6	OMY	오마이걸	(NULL)	유령고객
7	SPC	우주소녀	(NULL)	유령고객
8	WMN	여자친구	(NULL)	유령고객
9	RED	레드벨벳	(NULL)	유령고객
10	ITZ	잇지	(NULL)	유령고객

실행 결과(그림 8-26)

9 314쪽에 있는 **WHILE 문, ITERATE/LEAVE 문**의 SQL 문을 입력하고 결과를 확인해보자.

결과 #1 (1r × 1c)

#	hap
1	1,029

실행 결과(1~100 중 7의 배수를 합계에서 제외)

10 317쪽에 있는 **동적 SQL**의 SQL 문을 입력하고 결과를 확인해보자.

myTable (1r × 2c)

#	id	mDate
1	1	2024-09-23 18:10:20

실행 결과

CHAPTER 09

테이블과 뷰

학습목표

- 테이블을 생성, 삭제, 수정하는 방법을 익힌다.
- 제약 조건의 개념을 이해하고 종류를 파악한다.
- 테이블을 압축하는 방법과 임시 테이블을 만들어 사용하는 방법을 익힌다.
- 뷰의 개념과 용도를 이해한다.

01 테이블 생성

1 테이블의 개요

2장의 [그림 2-1]에는 DBMS, 데이터베이스, 테이블의 개념이 잘 표현되어 있다. DBMS를 사용한다는 것은 결국 어떤 정보를 데이터베이스에 저장해놓고 필요할 때마다 꺼내 쓴다는 의미이다. 테이블은 이러한 정보를 저장하는 데이터베이스의 개체로, 데이터베이스를 구성하는 가장 기본적이고 핵심적인 요소이다.

테이블은 행과 열로 구성되며 행은 로(row) 또는 레코드(record), 열은 칼럼(column) 또는 필드(field)라고 한다. 마이크로소프트의 엑셀을 사용해보았다면 테이블이 엑셀의 시트(sheet)와 비슷한 구조임을 눈치챘을 것이다.

8장까지 테이블을 생성하고 사용하는 실습을 반복했다. 특별히 테이블 생성에 관한 설명은 없었지만 실습하는 데 어려움을 느끼지 못했을 것이다. 이 장에서는 다시 한번 확인하는 차원에서 간단히 테이블을 생성해보고 제약 조건과 테이블 수정에 대해 자세히 알아본다.

2 테이블 생성

2장에서 Workbench를 이용하여 테이블을 만들었다. Workbench에서 테이블을 만드는 방법은 그다지 어렵지 않다. 여기서는 순수하게 SQL 문만 사용하여 테이블을 만들고 관리해보자.

TIP 테이블은 만드는 방법이 중요한 것이 아니라 테이블을 어떻게 모델링(설계)하느냐가 훨씬 중요하다. 테이블은 설계에 따라서 SQL 문법이나 Workbench의 사용법에만 맞게 생성하면 된다. 데이터베이스 모델링은 3장에서 살펴보았으니 이 장에서는 테이블 생성과 관리에 초점을 두어 학습한다.

6장에서 실습했던 cookDB와 동일한 형식의 tableDB를 만들 것이다. 구조도는 [그림 9-1]과 같다.

이미 5장에서 cookDB를 SQL 문으로 생성해보았으나 정확히 문법을 알고 만든 것은 아니었다. 이제 SQL 문법을 이해하면재료서 테이블을 생성해보자. MySQL의 도움말에 나오는, 테이블을 생성하는 기본적인 형식은 다음과 같다.

tableDB

회원 테이블(userTBL)

아이디	이름	생년	지역	국번	전화번호	키	가입일
YJS	유재석	1972	서울	010	11111111	178	2008.8.8
KHD	강호동	1970	경북	011	22222222	182	2007.7.7
KKJ	김국진	1965	서울	019	33333333	171	2009.9.9
KYM	김용만	1967	서울	010	44444444	177	2015.5.5
KJD	김제동	1974	경남			173	2013.3.3
NHS	남희석	1971	충남	016	66666666	180	2017.4.4
SDY	신동엽	1971	경기			176	2008.10.10
LHJ	이휘재	1972	경기	011	88888888	180	2006.4.4
LKK	이경규	1960	경남	018	99999999	170	2004.12.12
PSH	박수홍	1970	서울	010	00000000	183	2012.5.5

PK

구매 테이블(buyTBL)

순번	아이디	물품	분류	단가	수량
1	KHD	운동화		30	2
2	KHD	노트북	전자	1000	1
3	KYM	모니터	전자	200	1
4	PSH	모니터	전자	200	5
5	KHD	청바지	의류	50	3
6	PSH	메모리	전자	80	10
7	KJD	책	서적	15	5
8	LHJ	책	서적	15	2
9	LHJ	청바지	의류	50	1
10	PSH	운동화		30	2
11	LHJ	책	서적	15	1
12	PSH	운동화		30	2

PK FK

그림 9-1 샘플로 사용할 tableDB

```
CREATE [TEMPORARY] TABLE [IF NOT EXISTS] tbl_name
    col_name column_definition
  | [CONSTRAINT [symbol]] PRIMARY KEY [index_type] (index_col_name, …)
      [index_option]
  | {INDEX | KEY} [index_name] [index_type] (index_col_name, …)
      [index_option]
  | [CONSTRAINT [symbol]] UNIQUE [INDEX | KEY]
      [index_name] [index_type] (index_col_name, …)
      [index_option]
  | {FULLTEXT | SPATIAL} [INDEX | KEY] [index_name] (index_col_name, …)
      [index_option]
  | [CONSTRAINT [symbol]] FOREIGN KEY
      [index_name] (index_col_name, …) reference_definition
  | CHECK (expr);

column_definition:
    data_type [NOT NULL | NULL] [DEFAULT default_value]
      [AUTO_INCREMENT] [UNIQUE [KEY] | [PRIMARY] KEY]
      [COMMENT 'string']
      [COLUMN_FORMAT {FIXED | DYNAMIC | DEFAULT}]
      [STORAGE {DISK | MEMORY | DEFAULT}]
      [reference_definition]
  | data_type [GENERATED ALWAYS] AS (expression)
      [VIRTUAL | STORED] [UNIQUE [KEY]] [COMMENT comment]
      [NOT NULL | NULL] [[PRIMARY] KEY]
```

앞의 형식은 다양한 옵션이 모두 표현되어 있어 복잡해 보이지만, 실제로 많이 사용되는 옵션만 고려하면 그다지 복잡하지 않다. 지금까지의 실습에서는 아주 간단한 테이블을 만들 때 다음과 같은 형식을 사용했다.

```
CREATE TABLE test (num INT);
```

이 간단한 형식에 추가적인 구문을 잘 붙이기만 하면 테이블을 생성하는 훌륭한 SQL 문이 된다. 실습을 통해 테이블을 생성하는 SQL 문을 하나씩 익히자.

여기서 잠깐

테이블 압축

MySQL은 테이블 압축 기능을 제공한다. 테이블을 압축하면 대용량 테이블의 저장 공간을 대폭 절약할 수 있다. 테이블을 압축할 때는 'CREATE TABLE 테이블이름 (열 정의 …) ROW_FORMAT=COMPRESSED' 형식을 사용한다. 테이블을 압축한다고 해서 사용법이 특별히 달라지는 것은 아니다. 기존과 동일하게 사용하면 내부적으로 알아서 압축된다. 자세한 내용은 3절에서 설명하겠다.

실습 9-1 SQL 문으로 테이블 생성하기

SQL 문으로 [그림 9-1]의 tableDB를 생성해보자.

1 데이터베이스 생성하기

1-1 새 쿼리 창을 연다. 앞 장의 실습에서 사용했던 데이터베이스가 있다면 다음과 같이 작성하여 제거한다.

```
USE mysql;
DROP DATABASE IF EXISTS ShopDB;
DROP DATABASE IF EXISTS ModelDB;
DROP DATABASE IF EXISTS cookDB;
DROP DATABASE IF EXISTS movieDB;
```

1-2 다음과 같이 tableDB를 생성한다.

```
CREATE DATABASE tableDB;
```

2 테이블 생성하기

2-1 [그림 9-1]을 보면서 회원 테이블과 구매 테이블을 생성한다. 일단 기본키, 외래키, NULL 값

등은 고려하지 말고 테이블의 기본적인 틀만 구성해보자. 열 이름은 영문으로 적절히 지으면 된다.

```
USE tableDB;
DROP TABLE IF EXISTS buyTBL, userTBL;
CREATE TABLE userTBL  -- 회원 테이블
( userID CHAR(8), -- 사용자 아이디
  userName VARCHAR(10), -- 이름
  birthYear INT, -- 출생 연도
  addr CHAR(2), -- 지역(경기, 서울, 경남 등으로 2자만 입력)
  mobile1 CHAR(3), -- 휴대폰의 국번(011, 016, 017, 018, 019, 010 등)
  mobile2 CHAR(8), -- 휴대폰의 나머지 전화번호(하이픈 제외)
  height SMALLINT, -- 키
  mDate DATE  -- 회원 가입일
);
CREATE TABLE buyTBL  -- 구매 테이블
( num INT, -- 순번(PK)
  userID CHAR(8), -- 아이디(FK)
  prodName CHAR(6), -- 물품
  groupName CHAR(4), -- 분류
  price INT, -- 단가
  amount SMALLINT  -- 수량
);
```

간단하다. 열이 1개인 테이블을 만들건 100개인 테이블을 만들건 열 이름과 데이터 형식만 지정하고 쉼표로 분리하여 계속 나열하면 된다. 데이터베이스 설계서만 있으면 테이블 생성은 아주 쉽다.

2-2 위의 SQL 문에 몇 가지 옵션을 추가해보자. 우선 다음과 같이 NULL과 NOT NULL을 지정한다. NULL은 빈 값을 허용한다는 의미이고, NOT NULL은 값을 반드시 넣어야 한다는 의미이다. 아무것도 쓰지 않으면 디폴트로 NULL이 적용된다. 혼란스러울 수도 있으니 NULL로 지정하는 곳에서도 직접 입력한다.

```
USE tableDB;
DROP TABLE IF EXISTS buyTBL, userTBL;
CREATE TABLE userTBL
( userID CHAR(8) NOT NULL,
  userName VARCHAR(10) NOT NULL,
  birthYear INT NOT NULL,
  addr CHAR(2) NOT NULL,
  mobile1 CHAR(3) NULL,
  mobile2 CHAR(8) NULL,
  height SMALLINT NULL,
```

```
  mDate DATE NULL
);
CREATE TABLE buyTBL
( num INT NOT NULL,
  userID CHAR(8) NOT NULL,
  prodName CHAR(6) NOT NULL,
  groupName CHAR(4) NULL,
  price INT NOT NULL,
  amount SMALLINT NOT NULL
);
```

2-3 각 테이블에 기본키를 설정해보자. 기본키로 설정하려면 'PRIMARY KEY'를 붙이면 된다. 기본키로 설정된 열은 당연히 NULL 값이 허용되지 않는다. 그러므로 NOT NULL을 빼도 상관없다.

```
DROP TABLE IF EXISTS buyTBL, userTBL;
CREATE TABLE userTBL
( userID CHAR(8) NOT NULL PRIMARY KEY,
  userName VARCHAR(10) NOT NULL,
  birthYear INT NOT NULL,
  addr CHAR(2) NOT NULL,
  mobile1 CHAR(3) NULL,
  mobile2 CHAR(8) NULL,
  height SMALLINT NULL,
  mDate DATE NULL
);
CREATE TABLE buyTBL
( num INT NOT NULL PRIMARY KEY,
  userID CHAR(8) NOT NULL,
  prodName CHAR(6) NOT NULL,
  groupName CHAR(4) NULL,
  price INT NOT NULL,
  amount SMALLINT NOT NULL
);
```

2-4 구매 테이블(buyTBL)의 순번(num) 열에 AUTO_INCREMENT를 설정해보자(6장에서 배웠다). 주의할 점은 AUTO_INCREMENT로 지정한 열은 반드시 기본키(PRIMARY KEY) 또는 유일한 값(UNIQUE)으로 지정해야 한다는 것이다.

```
DROP TABLE IF EXISTS buyTBL;
CREATE TABLE buyTBL
( num INT AUTO_INCREMENT NOT NULL PRIMARY KEY,
```

```
  userID CHAR(8) NOT NULL,
  prodName CHAR(6) NOT NULL,
  groupName CHAR(4) NULL,
  price INT NOT NULL,
  amount SMALLINT NOT NULL
);
```

TIP PRIMARY KEY, UNIQUE, FOREIGN KEY 등에 대한 자세한 내용은 2절에서 다루겠다.

2-5 [그림 9-1]과 같이 구매 테이블(buyTBL) 아이디(userID) 열을 회원 테이블(userTBL) 아이디(userID) 열의 외래키로 설정해보자. 마지막 열 뒤에 쉼표를 넣은 후 관련 구문을 입력하면 된다.

```
DROP TABLE IF EXISTS buyTBL;
CREATE TABLE buyTBL
(  num INT AUTO_INCREMENT NOT NULL PRIMARY KEY,
   userID CHAR(8) NOT NULL,
   prodName CHAR(6) NOT NULL,
   groupName CHAR(4) NULL,
   price INT NOT NULL,
   amount SMALLINT NOT NULL,
   FOREIGN KEY(userID) REFERENCES userTBL(userID)
);
```

FOREIGN KEY(userID) REFERENCES userTBL(userID) 문은 'userTBL 테이블의 userID 열과 외래키 관계를 맺으라'는 의미이다. 이렇게 해서 [그림 9-1]의 테이블 구조가 완성되었다.

3 테이블에 데이터 입력하기

3-1 회원 테이블에 데이터 3건을 입력한다.

```
INSERT INTO userTBL VALUES ('YJS', '유재석', 1972, '서울', '010', '11111111', 178, '2008-8-8');
INSERT INTO userTBL VALUES ('KHD', '강호동', 1970, '경북', '011', '22222222', 182, '2007-7-7');
INSERT INTO userTBL VALUES ('KKJ', '김국진', 1965, '서울', '019', '33333333', 171, '2009-9-9');
```

3-2 구매 테이블에도 데이터 3건을 입력한다.

```
INSERT INTO buyTBL VALUES (NULL, 'KHD', '운동화', NULL, 30, 2);
INSERT INTO buyTBL VALUES (NULL, 'KHD', '노트북', '전자', 1000, 1);
INSERT INTO buyTBL VALUES (NULL, 'KYM', '모니터', '전자', 200, 1);
```

실행 결과

```
Error Code: 1452. Cannot add or update a child row: a foreign key constraint fails …
```

[그림 9-1]에서 보듯이 회원 테이블과 구매 테이블은 외래키로 연결되어 있다. 위의 오류는 외래키로 연결된 구매 테이블의 userID 값이 반드시 회원 테이블의 userID에 존재해야 한다는 의미이다. 이는 회원 테이블에 아직 KYM(김용만)이라는 회원을 입력하지 않았기 때문에 발생한 오류로, 회원 가입을 하지 않으면 물건을 구매하지 못하도록 업무 프로세스를 설정한 것과 마찬가지이다.

3-3 회원 테이블(userTBL)에 나머지 데이터를 입력한 후 구매 테이블(buyTBL)의 세 번째 데이터부터 다시 입력한다.

```
INSERT INTO userTBL VALUES ('KYM', '김용만', 1967, '서울', '010', '44444444', 177, '2015-5-5');
INSERT INTO userTBL VALUES ('KJD', '김제동', 1974, '경남', NULL , NULL, 173, '2013-3-3');
INSERT INTO userTBL VALUES ('NHS', '남희석', 1971, '충남', '016', '66666666', 180, '2017-4-4');
INSERT INTO userTBL VALUES ('SDY', '신동엽', 1971, '경기', NULL, NULL, 176, '2008-10-10');
INSERT INTO userTBL VALUES ('LHJ', '이휘재', 1972, '경기', '011', '88888888', 180, '2006-4-4');
INSERT INTO userTBL VALUES ('LKK', '이경규', 1960, '경남', '018', '99999999', 170, '2004-12-12');
INSERT INTO userTBL VALUES ('PSH', '박수홍', 1970, '서울', '010', '00000000', 183, '2012-5-5');

INSERT INTO buyTBL VALUES (NULL, 'KYM', '모니터', '전자', 200, 1);
INSERT INTO buyTBL VALUES (NULL, 'PSH', '모니터', '전자', 200, 5);
INSERT INTO buyTBL VALUES (NULL, 'KHD', '청바지', '의류', 50, 3);
INSERT INTO buyTBL VALUES (NULL, 'PSH', '메모리', '전자', 80, 10);
INSERT INTO buyTBL VALUES (NULL, 'KJD', '책', '서적', 15, 5);
INSERT INTO buyTBL VALUES (NULL, 'LHJ', '책', '서적', 15, 2);
INSERT INTO buyTBL VALUES (NULL, 'LHJ', '청바지', '의류', 50, 1);
INSERT INTO buyTBL VALUES (NULL, 'PSH', '운동화', NULL, 30, 2);
INSERT INTO buyTBL VALUES (NULL, 'LHJ', '책', '서적', 15, 1);
INSERT INTO buyTBL VALUES (NULL, 'PSH', '운동화', NULL, 30, 2);
```

Workbench를 사용하든 SQL 문을 사용하든 결과는 같지만, 기본적으로는 SQL 문으로 테이블을 생성하는 방법을 알고 부가적으로 Workbench에서 테이블을 만드는 방법을 익히는 것이 바람직하다.

02 제약 조건

1 제약 조건의 개요

제약 조건(constraint)은 데이터의 무결성을 지키기 위해 제한하는 조건을 말한다. 특정 데이터를 입력할 때 무조건 입력되는 것이 아니라 제약 조건을 충족했을 때만 입력되도록 설정하는 것이다. 간단한 예를 살펴보자.

대부분은 인터넷 쇼핑몰에 회원 가입을 해본 경험이 있을 것이다. 그런데 이미 가입한 쇼핑몰에 동일한 아이디로 다시 가입하려고 하면 회원 가입이 되지 않는다. 쇼핑몰 관리자가 쇼핑몰 데이터베이스의 아이디 열에 동일한 내용이 들어갈 수 없도록 제약 조건을 설정했기 때문이다. 제약 조건의 종류는 이 외에도 다양하며, 특별히 언급하지는 않았지만 앞에서 실습을 할 때도 등장했다. 이 절에서는 제약 조건의 종류와 제약 조건을 설정하는 방법을 체계적으로 설명할 것이다.

대부분의 DBMS에서는 데이터의 무결성을 보장하기 위해 다음과 같은 제약 조건을 제공한다.

- 기본키 제약 조건
- 외래키 제약 조건
- UNIQUE 제약 조건
- DEFAULT 제약 조건
- NULL 값 허용
- CHECK 제약 조건

2 기본키 제약 조건

테이블에 있는 많은 행을 구분하는 식별자를 기본키라고 부른다. 회원 테이블의 회원 아이디, 학생 테이블의 학번 등이 기본키에 해당한다. 기본키에 입력되는 값은 중복될 수 없고 NULL 값이 들어갈 수도 없다. 인터넷 쇼핑몰을 생각해보자. 중복되는 아이디로 회원 가입이 되는 것을 본 적이 있는가? 아이디 없이 회원 가입을 해본 적이 있는가? 대부분의 인터넷 쇼핑몰에서는 회원 아이디를 회원 테이블의 기본키로 설정하기 때문에 중복 값도, NULL 값도 허용되지 않는다.

기본키는 테이블에서 중요한 역할을 한다. 대표적인 예로, 기본키로 생성한 열에는 자동으로 클러스터형 인덱스가 생성되는 것을 들 수 있다. 인덱스에 대한 자세한 내용은 10장에서 살펴보겠다.

기본키를 생성하기 위해서는 [실습 9-1]에서와 같이 CREATE TABLE 문에 PRIMARY KEY라는 예약어를 넣으면 된다. 다음 쿼리를 보자. 회원 아이디(userID)를 회원 테이블(userTBL)의 기본키로 설정했다. 앞으로 이 테이블에 입력되는 회원 아이디는 당연히 중복될 수도 없고 비어 있을 수도 없다.

TIP 이후에는 회원 테이블(userTBL)과 구매 테이블(buyTBL)을 단순하게 표현하기 위해 [그림 9-1]의 일부 열을 생략하고 설명한다.

```
DROP TABLE IF EXISTS buyTBL, userTBL;
CREATE TABLE userTBL
( userID CHAR(8) NOT NULL PRIMARY KEY,
  userName VARCHAR(10) NOT NULL,
  birthYear INT NOT NULL
);
```

모든 제약 조건에는 이름이 있다. 위와 같이 CREATE TABLE 문 안에서 기본키를 지정하면 그 제약 조건(기본키 제약 조건)의 이름은 MySQL이 알아서 정한다. 기본키에 설정된 제약 조건의 이름을 DESCRIBE 문으로 확인해보자.

```
DESCRIBE userTBL;
```

	Field	Type	Null	Key	Default	Extra
▶	userID	char(8)	NO	PRI	NULL	
	userName	varchar(10)	NO		NULL	
	birthYear	int(11)	NO		NULL	

그림 9-2 테이블 정보 확인

사용자가 기본키를 설정하면서 제약 조건의 이름을 직접 지정할 수도 있다. 예를 들어 PK_userTBL_userID와 같은 이름을 붙이면 이름만 보고도 기본키(PK)가 회원 테이블(userTBL)의 userID 열에 설정되었음을 알 수 있다. 그 형식은 다음과 같다.

```
DROP TABLE IF EXISTS userTBL;
CREATE TABLE userTBL
( userID CHAR(8) NOT NULL,
  userName VARCHAR(10) NOT NULL,
  birthYear INT NOT NULL,
  CONSTRAINT PRIMARY KEY PK_userTBL_userID (userID)
);
```

앞의 구문에서 CONSTRAINT는 생략해도 된다. 만약 기본키 제약 조건의 이름을 지정할 필요가 없다면 맨 마지막 행에 간단히 'PRIMARY KEY (userID)'만 작성해도 된다.

여기서 잠깐

MySQL의 제약 조건 이름

테이블마다 기본키는 하나이고, MySQL에서는 기본키 제약 조건의 이름을 항상 PRIMARY로 지정한다. 따라서 사용자가 기본키 제약 조건의 이름을 직접 지정하는 것은 별 의미가 없다. 하지만 외래키는 하나의 테이블에 여러 개가 생성될 수 있으므로 외래키 제약 조건마다 이름을 지정해서 관리하면 편리하다. 참고로 테이블에 지정된 제약 조건의 이름을 보려면 'SHOW KEYS FROM 테이블이름;'을 사용한다.

제약 조건을 설정하는 또 다른 방법은 이미 만들어진 테이블을 수정하는 ALTER TABLE 문을 사용하는 것이다. 형식은 다음과 같다.

```
DROP TABLE IF EXISTS userTBL;
CREATE TABLE userTBL
( userID CHAR(8) NOT NULL,
  userName VARCHAR(10) NOT NULL,
  birthYear INT NOT NULL
);
ALTER TABLE userTBL
    ADD CONSTRAINT PK_userTBL_userID
    PRIMARY KEY (userID);
```

위 구문에서 블록으로 표시된 부분의 의미는 다음과 같다.

- **ALTER TABLE userTBL**: 회원 테이블(userTBL)을 수정한다.
- **ADD CONSTRAINT PK_userTBL_userID**: 제약 조건을 추가하고 제약 조건 이름을 'PK_userTBL_userID'로 명명한다.
- **PRIMARY KEY (userID)**: 추가할 제약 조건은 기본키 제약 조건이고 제약 조건을 설정할 열은 userID이다.

기본키는 테이블마다 하나만 존재하지만, 기본키를 반드시 하나의 열로만 구성해야 하는 것은 아니다. 필요에 따라서 2개 이상의 열을 합쳐서 하나의 기본키로 설정하는 경우도 종종 있다. [표 9-1]과 같은 간단한 '제품 테이블'을 예로 살펴보자.

표 9-1 제품 테이블

제품 코드	제품 일련번호	제조 일자	현 상태
AAA	0001	2019. 10. 10.	판매 완료
AAA	0002	2019. 10. 11.	매장 진열
BBB	0001	2019. 10. 12.	재고 창고
CCC	0001	2019. 10. 13.	판매 완료
CCC	0002	2019. 10. 14.	매장 진열

제품 코드 AAA는 냉장고, BBB는 세탁기, CCC는 TV라고 가정하자. 이 상태에서 제품 코드만으로 모든 행을 유일하게 구별할 수는 없다. AAA와 CCC가 중복되기 때문이다. 따라서 제품 코드를 기본키로 설정할 수 없다. 제품 일련번호도 마찬가지로 제품별로 0001번부터 부여되는 방식이라 기본키로 설정할 수 없다. 이러한 경우 제품 코드와 제품 일련번호를 합치면 모든 행을 유일하게 구분할 수 있는 값이 되므로 (제품 코드, 제품 일련번호)의 쌍을 기본키로 사용한다.

```
DROP TABLE IF EXISTS prodTBL;
CREATE TABLE prodTBL
( prodCode CHAR(3) NOT NULL,
  prodID CHAR(4) NOT NULL,
  prodDate DATETIME NOT NULL,
  prodState CHAR(10) NULL
);
ALTER TABLE prodTBL
     ADD CONSTRAINT PK_prodTbl_proCode_prodID
     PRIMARY KEY (prodCode, prodID);
```

기본키는 CREATE TABLE 문 안에서 설정할 수도 있다. 마지막 행에서 쉼표로 분리하고 제약 조건을 직접 지정하면 된다.

```
DROP TABLE IF EXISTS prodTBL;
CREATE TABLE prodTBL
( prodCode CHAR(3) NOT NULL,
  prodID CHAR(4) NOT NULL,
  prodDate DATETIME NOT NULL,
  prodState CHAR(10) NULL,
  CONSTRAINT PK_prodTbl_proCode_prodID
    PRIMARY KEY (prodCode, prodID)
);
```

SHOW INDEX FROM prodTbl 문으로 테이블의 정보를 확인하면 두 열을 합쳐서 하나의 기본키 제약 조건을 설정했음을 알 수 있다.

Table	Non_unique	Key_name	Seq_in_index	Column_name	Collation	Cardinality	Sub_part	Packed	Null	Index_type	Comment	Index_comment	Visible
prodtbl	0	PRIMARY	1	prodCode	A	0	NULL	NULL		BTREE			YES
prodtbl	0	PRIMARY	2	prodID	A	0	NULL	NULL		BTREE			YES

그림 9-3 두 열을 하나의 기본키로 설정한 상태

3 외래키 제약 조건

외래키 제약 조건은 두 테이블 사이의 관계를 선언함으로써 데이터의 무결성을 보장하는 역할을 한다. 테이블 사이에 외래키 관계를 설정하면 하나의 테이블이 다른 테이블에 의존하게 된다.

데이터베이스를 처음 배울 때 외래키를 정의하는 테이블과 외래키가 참조하는 테이블을 혼동하는 경우가 있다. [그림 9-1]의 경우, 쉽게 외래키를 정의하는 테이블인 구매 테이블(buyTBL)을 '외래키 테이블', 외래키에 의해 참조가 되는 테이블인 회원 테이블(userTBL)을 '기준 테이블'이라고 하면 더 잘 이해될 것이다.

외래키 테이블에 데이터를 입력할 때는 기준 테이블을 참조한다. 따라서 기준 테이블에 데이터가 존재해야 한다. [실습 9-1]에서는 구매 테이블(buyTBL)에 KYM(김용만)이 입력되지 않고 오류가 발생했다. 외래키 제약 조건을 위반했기 때문이다. 또한 외래키 테이블이 참조하는 기준 테이블의 열은 반드시 기본키(PK)이거나 UNIQUE 제약 조건으로 설정되어 있어야 한다.

다음과 같이 외래키는 CREATE TABLE 문 안에서 FOREIGN KEY 키워드를 이용하여 설정한다.

```
DROP TABLE IF EXISTS buyTBL, userTBL;
CREATE TABLE userTBL
( userID CHAR(8) NOT NULL PRIMARY KEY,
  userName VARCHAR(10) NOT NULL,
  birthYear INT NOT NULL
);
CREATE TABLE buyTBL
( num INT AUTO_INCREMENT NOT NULL PRIMARY KEY,
  userID CHAR(8) NOT NULL,
  prodName CHAR(6) NOT NULL,
  FOREIGN KEY (userID) REFERENCES userTBL (userID)
);
```

위의 예에서는 외래키 테이블(buyTBL)의 열(userID)이 참조하는(references) 기준 테이블(userTBL)의 열(userID)이 기본키로 설정되어 있다. 만약 기준 테이블의 열이 기본키 또는 UNIQUE로 설정되지 않았다면 외래키 관계가 성립되지 않는다.

외래키 제약 조건의 이름을 직접 지정하려 할 때는 기본키 제약 조건의 이름을 지정할 때와 마찬가지로 마지막 행에서 쉼표로 분리하고 다음과 같이 작성하면 된다.

```
DROP TABLE IF EXISTS buyTBL;
CREATE TABLE buyTBL
(  num INT AUTO_INCREMENT NOT NULL PRIMARY KEY,
   userID CHAR(8) NOT NULL,
   prodName CHAR(6) NOT NULL,
   CONSTRAINT FK_userTBL_buyTBL FOREIGN KEY (userID) REFERENCES userTBL (userID)
);
```

위의 예에서는 기준 테이블의 열 이름(userID)과 외래키 테이블의 열 이름(userID)이 동일하지만 반드시 그래야 하는 것은 아니다. 다시 말해 구매 테이블(buyTBL)의 아이디 열 이름이 userID가 아니라 myID여도 외래키로 설정하는 데 문제가 없다.

TIP 열 이름은 대·소문자를 구분하지 않는다. 즉 userID와 USERid는 같다.

외래키 제약 조건을 지정하는 또 다른 방법은 ALTER TABLE 문을 이용하는 것이다.

```
DROP TABLE IF EXISTS buyTBL;
CREATE TABLE buyTBL
(  num INT AUTO_INCREMENT NOT NULL PRIMARY KEY,
   userID CHAR(8) NOT NULL,
   prodName CHAR(6) NOT NULL
);
ALTER TABLE buyTBL
    ADD CONSTRAINT FK_userTBL_buyTBL
    FOREIGN KEY (userID)
    REFERENCES userTBL (userID);
```

위 구문에서 블록으로 표시된 부분의 의미는 다음과 같다.

- **ALTER TABLE buyTBL**: 구매 테이블(buyTBL)을 수정한다.
- **ADD CONSTRAINT FK_userTBL_buyTBL**: 제약 조건을 추가하고 제약 조건 이름을 'FK_userTBL_buyTBL'로 명명한다.
- **FOREIGN KEY (userID)**: 외래키 제약 조건을 구매 테이블(buyTBL)의 아이디(userID) 열에 설정한다.
- **REFERENCES userTBL (userID)**: 참조할 기준 테이블은 회원 테이블(userTBL)의 아이디(userID) 열이다.

설정된 외래키 제약 조건은 **SHOW INDEX FROM buyTBL** 문으로 확인할 수 있다.

Table	Non_unique	Key_name	Seq_in_index	Column_name	Collation	Cardinality	Sub_part	Packed	Null	Index_type	Comment	Index_comment	Visible
buytbl	0	PRIMARY	1	num	A	0	NULL	NULL		BTREE			YES
buytbl	1	FK_userTbl_buyTbl	1	userID	A	0	NULL	NULL		BTREE			YES

그림 9-4 외래키 제약 조건 확인

외래키를 설정할 때 ON DELETE CASCADE 또는 ON UPDATE CASCADE 옵션을 사용할 수 있다. 이는 기준 테이블의 데이터가 변경되었을 때 외래키 테이블에도 변경된 데이터가 자동으로 적용되도록 설정하는 옵션이다. 예를 들어 ON UPDATE CASCADE로 설정하면, [그림 9-1]의 회원 테이블에서 강호동의 아이디인 KHD가 Kang으로 변경되는 경우 구매 테이블의 KHD도 자동으로 Kang으로 변경된다.

```
ALTER TABLE buyTBL
    DROP FOREIGN KEY FK_userTBL_buyTBL; -- 외래키 제거
ALTER TABLE buyTBL
    ADD CONSTRAINT FK_userTBL_buyTBL
    FOREIGN KEY (userID)
    REFERENCES userTBL (userID)
    ON UPDATE CASCADE;
```

이러한 옵션을 별도로 지정하지 않으면 ON UPDATE NO ACTION, ON DELETE NO ACTION을 지정한 것과 동일하다. 즉 회원 테이블의 회원 아이디가 변경되어도 아무런 일이 일어나지 않는다. 세부적인 사용법은 [실습 9-2]에서 설명하겠다.

4 UNIQUE 제약 조건

UNIQUE 제약 조건은 중복되지 않는 유일한 값을 입력해야 하는 조건을 말한다. 이 조건은 기본키 제약 조건과 거의 비슷하지만 NULL 값을 허용한다는 것이 차이점이다. 즉 NULL 값이 여러 개 입력되어도 상관없다. 예를 들어 회원 테이블의 이메일 주소를 UNIQUE로 설정하는 경우가 많다. 다음은 기존 회원 테이블에 email 열을 추가한 것으로, 두 CREATE TABLE 문은 동일한 결과를 출력한다.

```
USE tableDB;
DROP TABLE IF EXISTS buyTBL, userTBL;

CREATE TABLE userTBL
( userID CHAR(8) NOT NULL PRIMARY KEY,
  userName VARCHAR(10) NOT NULL,
  birthYear INT NOT NULL,
```

```
  email CHAR(30) NULL UNIQUE
);

DROP TABLE IF EXISTS userTBL;

CREATE TABLE userTBL
( userID CHAR(8) NOT NULL PRIMARY KEY,
  userName VARCHAR(10) NOT NULL,
  birthYear INT NOT NULL,
  email CHAR(30) NULL,
  CONSTRAINT AK_email UNIQUE (email)
);
```

두 번째 CREATE TABLE 문에서는 모든 열의 정의가 끝난 상태에서 별도로 UNIQUE 제약 조건을 추가했다. 그래서 email 열의 정의가 끝난 후에 쉼표로 구분되어 있다.

> **여기서 잠깐**
>
> **제약 조건 이름의 규칙**
>
> 제약 조건의 이름을 지정할 때 일반적으로 기본키는 PK, 외래키는 FK, UNIQUE는 AK라고 한다. 참고로 UNIQUE는 대체키(alternate key)라고도 부른다.

5 DEFAULT 제약 조건

DEFAULT 제약 조건은 값을 입력하지 않았을 때 자동으로 입력되는 기본값을 정의하는 조건이다. 예를 들어 출생 연도를 입력하지 않았다면 '−1', 주소를 입력하지 않았다면 '서울', 키를 입력하지 않았다면 '170'을 자동으로 입력하는 구문은 다음과 같다.

```
DROP TABLE IF EXISTS userTBL;
CREATE TABLE userTBL
( userID CHAR(8) NOT NULL PRIMARY KEY,
  userName VARCHAR(10) NOT NULL,
  birthYear int NOT NULL DEFAULT -1,
  addr CHAR(2) NOT NULL DEFAULT '서울',
  mobile1 CHAR(3) NULL,
  mobile2 CHAR(8) NULL,
  heightsmallint NULL DEFAULT 170,
  mDate date NULL
);
```

ALTER TABLE 문에서 DEFAULT 제약 조건을 지정할 때는 ALTER COLUMN 구문을 사용한다.

```
DROP TABLE IF EXISTS userTBL;
CREATE TABLE userTBL
( userID CHAR(8) NOT NULL PRIMARY KEY,
  userName VARCHAR(10) NOT NULL,
  birthYear int NOT NULL ,
  addr CHAR(2) NOT NULL,
  mobile1 CHAR(3) NULL,
  mobile2 CHAR(8) NULL,
  height smallint NULL,
  mDate date NULL
);
ALTER TABLE userTBL
    ALTER COLUMN birthYear SET DEFAULT -1;
ALTER TABLE userTBL
    ALTER COLUMN addr SET DEFAULT '서울';
ALTER TABLE userTBL
    ALTER COLUMN height SET DEFAULT 170;
```

DEFAULT 제약 조건이 설정된 열에는 다음과 같은 방법으로 데이터를 입력한다.

```
-- 입력 데이터가 default이면 DEFAULT 문으로 설정된 값을 자동 입력한다.
INSERT INTO userTBL VALUES ('YBJ', '유병재', default, default, '010', '12345678', default,
'2019.12.12');
-- 열 이름이 명시되지 않았으면 DEFAULT 문으로 설정된 값을 자동 입력한다.
INSERT INTO userTBL (userID, userName) VALUES ('PNR', '박나래');
-- 값이 직접 명시되어 있으면 DEFAULT 문으로 설정된 값을 무시한다.
INSERT INTO userTBL VALUES ('WB', '원빈', 1982, '대전', '010', '98765432', 176, '2020.5.5');

SELECT * FROM userTBL;
```

userID	userName	birthYear	addr	mobile1	mobile2	height	mDate
PNR	박나래	-1	서울	NULL	NULL	170	NULL
WB	원빈	1982	대전	010	98765432	176	2020-05-05
YBJ	유병재	-1	서울	010	12345678	170	2019-12-12
NULL	NULL	NULL	NULL	NULL	NULL	NULL	NULL

그림 9-5 DEFAULT 확인

6 NULL 값 허용

테이블을 정의할 때 특정 열에 NULL 값이 입력되는 것을 허용하려면 NULL로 설정하고, 허용하지 않으려면 NOT NULL로 설정하는 조건이다. 기본키로 설정된 열에는 NULL 값이 올 수 없으므로 특별히 설정하지 않아도 자동으로 NOT NULL로 인식한다. '아무것도 없다'는 의미인 NULL 값은 0, 빈 문자, 공백과 다르므로 주의해야 한다.

여기서 잠깐

NULL 값이 많을 때의 데이터 형식 지정

NULL 값을 저장할 때 고정 길이 문자형(CHAR)은 공간을 모두 차지하지만 가변 길이 문자형(VARCHAR)은 공간을 차지하지 않는다. 그러므로 어떤 열에 NULL 값이 많이 입력되는 경우 가변 길이 문자형을 사용하는 것이 좋다. 예를 들어 어떤 사이트에 회원 가입을 할 때 '출신 초등학교' 열이 선택 사항이라면 대부분 입력하지 않고 회원 가입을 할 것이다. 이러한 열은 가변 길이 문자형으로 지정해야 공간을 효율적으로 운영할 수 있다.

7 CHECK 제약 조건

CHECK 제약 조건은 입력되는 데이터를 점검하는 기능을 한다. 예컨대 키(height)에 마이너스 값이 들어갈 수 없다거나 출생 연도가 1900년 이후, 2030년 이전이어야 한다는 등의 조건을 지정한다. 테이블을 정의하면서 CHECK 제약 조건을 설정하는 방법을 먼저 살펴보자.

```
-- 출생 연도가 1900년 이후 그리고 2030년 이전, 이름은 반드시 넣어야 함
DROP TABLE IF EXISTS userTBL;
CREATE TABLE userTBL
( userID CHAR(8) PRIMARY KEY,
  userName VARCHAR(10) ,
  birthYear INT CHECK (birthYear >= 1900 AND birthYear <= 2030),
  mobile1 char(3) NULL,
  CONSTRAINT CK_userName CHECK (userName IS NOT NULL)
);
```

첫 번째 CHECK 제약 조건은 출생 연도의 제한이다. 열을 정의한 다음 바로 CHECK 예약어로 조건을 지정했다. 두 번째 CHECK 제약 조건은 열을 모두 정의한 후 마지막에 추가하는 방식으로, 이 경우 CHECK 제약 조건의 이름을 직접 지정할 수 있다. 필요하다면 열을 정의한 후 ALTER TABLE 문으로 제약 조건을 추가해도 된다.

```
-- 휴대폰 국번 확인
ALTER TABLE userTbl
    ADD CONSTRAINT CK_mobile1
      CHECK (mobile1 IN ('010','011','016','017','018','019')) ;
```

CHECK 제약 조건을 설정하면 이 조건에 위배되는 값이 입력되지 않는다. CHECK에서 사용할 수 있는 조건은 SELECT 문의 WHERE 구문에 들어가는 조건과 거의 비슷하다. 또한 CHECK 제약 조건을 만들되 작동하지 않게 하려면 제약 조건의 맨 뒤에 NOT ENFORCED 구문을 추가하면 되는데, 이는 사용할 일이 별로 없다. 자세한 사용법은 [실습 9-4]에서 살펴보자.

03 테이블 압축과 임시 테이블

1 테이블 압축

MySQL은 자체적으로 테이블 압축 기능을 제공한다. 이 압축 기능을 이용하면 대용량 테이블을 저장할 때 저장 공간을 절약할 수 있다.

실습 9-2 테이블 압축하기

1 압축 효과를 비교할 두 테이블 만들기

1-1 테스트용 데이터베이스를 생성한 후 열이 동일한 2개의 테이블을 만든다. 단, 한 테이블의 정의문 뒤에 **ROW_FORMAT=COMPRESSED** 문을 붙여서 압축되도록 설정한다.

```
CREATE DATABASE IF NOT EXISTS compressDB;
USE compressDB;
CREATE TABLE normalTBL (emp_no INT, first_name VARCHAR(14));
CREATE TABLE compressTBL (emp_no INT, first_name VARCHAR(14))
    ROW_FORMAT=COMPRESSED;
```

1-2 두 테이블에 데이터를 30만 건 정도 입력한다. 일일이 입력할 수 없으니 employees 데이터베이스에서 employees 테이블의 데이터를 가져온다. 다음 쿼리문을 입력하고 하나씩 실행하면 된다.

```
INSERT INTO normalTbl
    SELECT emp_no, first_name FROM employees.employees;
INSERT INTO compressTBL
    SELECT emp_no, first_name FROM employees.employees;
```

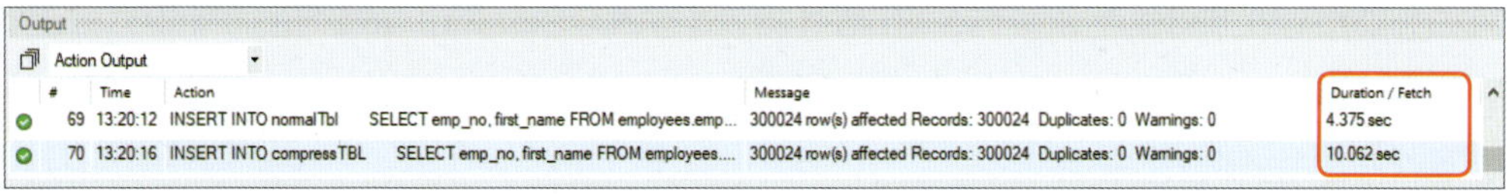

그림 9-6 쿼리 실행 결과 1

첫 번째 쿼리와 두 번째 쿼리를 실행하는 데 걸린 시간을 확인해보면 두 번째 압축된 테이블에 데이터를 입력할 때 시간이 더 오래 걸렸다. 압축하면서 데이터를 입력하기 때문에 시간이 더 걸린 것이다.

2 압축 효과 보기

2-1 입력된 두 테이블의 상태를 확인해보면 압축된 테이블의 평균 행 길이(Avg_row_length)와 데이터 길이(Data_length)가 훨씬 작다. 물론 데이터 값의 분포에 따라서 압축률이 달라질 수 있으나 원래 데이터보다 작아진 것은 확실하다.

```
SHOW TABLE STATUS FROM compressDB;
```

Name	Engine	Version	Row_format	Rows	Avg_row_length	Data_length	Max_data_length	Index_length	Data_free	Auto_increment
compresstbl	InnoDB	10	Compressed	299560	25	7626752	0	0	2097152	NULL
normaltbl	InnoDB	10	Dynamic	299533	40	12075008	0	0	4194304	NULL

그림 9-7 **쿼리 실행 결과 2**

2-2 실습한 데이터베이스를 삭제한다.

```
DROP DATABASE IF EXISTS compressDB;
```

디스크 공간에 여유가 없거나 대용량 데이터를 저장하는 테이블이라면 테이블을 압축하는 것도 좋은 방법이다.

2 임시 테이블

임시 테이블은 말 그대로 임시로 잠깐 사용하는 테이블이다. 임시 테이블을 생성하는 형식은 다음과 같다.

```
CREATE TEMPORARY TABLE [IF NOT EXISTS] 테이블이름
(열정의 …)
```

위 구문은 테이블을 정의하는 CREATE TABLE 문에서 TABLE의 위치에 TEMPORARY TABLE이 들어간 것만 다르고 나머지는 동일하다. 결국 임시 테이블은 정의하는 구문만 약간 다를 뿐 그 외 사용법은 일반 테이블과 동일하다. 단, 임시 테이블은 세션(session) 내에서만 존재하며 세션이 닫히면 자동으로 삭제된다. 또한 임시 테이블은 테이블을 생성한 클라이언트만 접근할 수 있고 다른 클라이언트는 접근할 수 없다.

TIP 쉽게 말해 세션은 접속한 Workbench라고 생각하면 된다.

임시 테이블의 이름은 데이터베이스 내 다른 테이블의 이름과 동일하게 지을 수 있다. 이름을 동일하게 하는 경우, 임시 테이블이 있는 동안에는 기존 테이블에 접근할 수 없고 무조건 임시 테이블에만 접근할 수 있다. 예를 들어 employees 데이터베이스 안에 employees라는 테이블이 있는 상태에서 임시 테이블로 employees 테이블을 생성할 수 있으나, 이후 employees라는 이름으로 접근하면 무조건 임시 테이블인 employees에 접근하게 된다. 임시 테이블 employees가 삭제되기 전까지는 기존의 employees 테이블에 접근할 수 없다.

임시 테이블이 제거되는 시점은 다음과 같다.

- 사용자가 DROP TABLE로 직접 삭제하는 경우
- Workbench를 종료하거나 MySQL 클라이언트를 종료하는 경우
- MySQL 서비스를 재시작하는 경우

TIP 기존 테이블의 이름으로 임시 테이블을 생성할 수 있더라도 두 테이블의 이름이 같으면 혼란스러우니 되도록 기존 테이블의 이름을 사용하지 않는 것이 좋다.

실습 9-3 임시 테이블 만들고 사용하기

1 2개의 세션 만들기

1-1 모든 쿼리 창을 닫고 Workbench를 종료한다.

1-2 Workbench를 실행한 후 'Local instance MySQL'에 접속하여 쿼리 창을 연다. 이를 'Workbench 1'이라고 부르자.

1-3 왼쪽 상단의 [Home] 탭을 클릭하고 다시 'Local instance MySQL'에 접속하여 쿼리 창을 연다. 이를 'Workbench 2'라고 부르자.

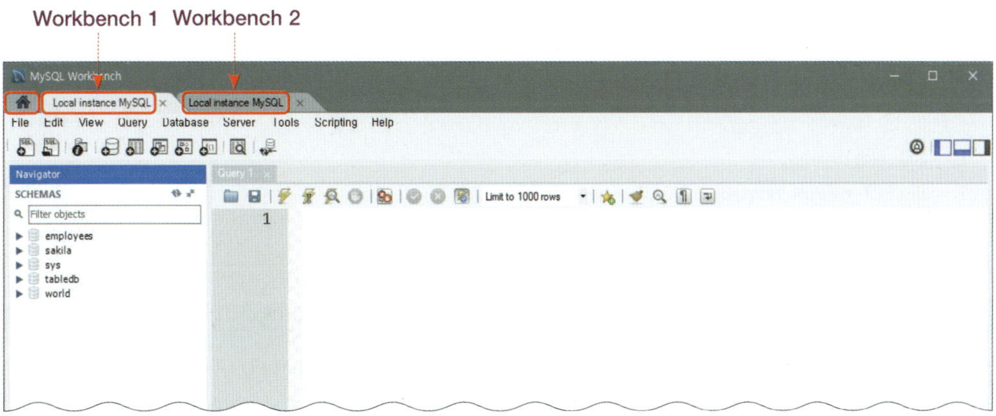

그림 9-8 2개의 Workbench

2 [Workbench 1] 임시 테이블 생성하기

2-1 임시 테이블 2개를 생성한다. 이때 두 번째 테이블은 기존의 employees 테이블과 동일한 이름으로 생성한다. 실행 결과를 보면 두 테이블이 성공적으로 생성된 것을 확인할 수 있다. 새 이름으로 생성한 tempTBL은 물론이고 기존 테이블과 이름이 같은 employees도 문제 없이 생성된다.

```
USE employees;
CREATE TEMPORARY TABLE IF NOT EXISTS tempTBL (id INT, userName CHAR(5));
CREATE TEMPORARY TABLE IF NOT EXISTS employees (id INT, userName CHAR(5));
DESCRIBE tempTBL;
DESCRIBE employees;
```

Field	Type	Null	Key	Default	Extra
id	int(11)	YES		NULL	NULL
userName	char(5)	YES		NULL	NULL

그림 9-9 동일한 두 테이블

2-2 임시 테이블에 데이터를 입력하고 확인해본다.

```
INSERT INTO tempTBL VALUES (1, 'Cook');
INSERT INTO employees VALUES (2, 'MySQL');
SELECT * FROM tempTBL;
SELECT * FROM employees;
```

id	userName
1	Cook

id	userName
2	MySQL

그림 9-10 쿼리 실행 결과 3

3 [Workbench 2] Workbench 1에서 생성한 테이블에 접근하기

3-1 Workbench 2로 이동하여 Workbench 1에서 생성한 테이블에 접근해보자. 다음 쿼리를 하나씩 실행하면 된다.

```
1   USE employees;
2   SELECT * FROM tempTBL;
3   SELECT * FROM employees;
```

2행과 같이 tempTBL 테이블을 조회하면 그런 테이블이 없다는 오류 메시지가 나올 것이다. 세션이 다르면 임시 테이블에 접근할 수 없기 때문이다. 3행과 같이 employees 테이블을 조회하면 기존의 employees 테이블에 접근하여 결과를 출력할 것이다. 세션이 다르기 때문에 임시 테이블 employees에도 접근할 수 없다.

4 [Workbench 1] 임시 테이블 삭제하기

4-1 Workbench 1로 돌아와 **DROP TABLE tempTBL** 문으로 임시 테이블을 삭제한다. 문제 없이 삭제될 것이다.

4-2 Workbench 1을 종료한 후 다시 접속하여 다음 쿼리를 실행해보자. 임시 테이블이 아닌 기존의 employees 테이블이 조회될 것이다.

```
USE employees;
SELECT * FROM employees;
```

04 테이블 삭제와 수정

1 테이블 삭제

테이블을 삭제하는 형식은 다음과 같다.

```
DROP TABLE 테이블이름;
```

테이블을 삭제할 때 외래키 제약 조건에 걸려 있는 기준 테이블은 삭제할 수 없으므로 주의해야 한다. 외래키 제약 조건이 있을 때는 외래키가 생성된 외래키 테이블을 삭제한 후 기준 테이블을 삭제해야 한다. [그림 9-1]의 경우 구매 테이블(buyTBL)이 존재하는데 회원 테이블(userTBL)을 삭제할 수는 없다. 먼저 구매 테이블을 삭제한 후 회원 테이블을 삭제해야 한다. 또한 여러 개의 테이블을 동시에 삭제할 때는 **DROP TABLE 테이블1, 테이블2, 테이블3**과 같이 나열하면 된다.

2 테이블 수정

앞에서 제약 조건을 추가할 때 ALTER TABLE 문을 사용했다. ALTER TABLE 문은 이미 생성된 테이블의 구조에 무언가를 추가하거나 삭제하거나 변경할 때 사용한다. MySQL의 도움말에 나오는 ALTER TABLE 문의 형식은 다음과 같다. 전체 옵션 중 자주 사용되는 것만 골라서 정리했다.

```
ALTER [IGNORE] TABLE tbl_name
    [alter_specification [, alter_specification] …]
    [partition_options]

alter_specification:
    table_options
  | ADD [COLUMN] col_name column_definition
        [FIRST | AFTER col_name]
  | ADD [COLUMN] (col_name column_definition, …)
  | ADD {INDEX | KEY} [index_name]
        [index_type] (index_col_name, …) [index_option] …
  | ADD [CONSTRAINT [symbol]] PRIMARY KEY
        [index_type] (index_col_name, …) [index_option] …
```

```
| ADD [CONSTRAINT [symbol]]
    UNIQUE [INDEX | KEY] [index_name]
    [index_type] (index_col_name, …) [index_option] …
| ADD FULLTEXT [INDEX | KEY] [index_name]
    (index_col_name, …) [index_option]
| ADD [CONSTRAINT [symbol]]
    FOREIGN KEY [index_name] (index_col_name, …)
    reference_definition
| ALTER [COLUMN] col_name {SET DEFAULT literal | DROP DEFAULT}
| CHANGE [COLUMN] old_col_name new_col_name column_definition
    [FIRST | AFTER col_name]
| MODIFY [COLUMN] col_name column_definition
    [FIRST | AFTER col_name]
| DROP [COLUMN] col_name
| DROP PRIMARY KEY
| DROP {INDEX | KEY} index_name
| DROP FOREIGN KEY fk_symbol
| DISABLE KEYS
| ENABLE KEYS
| RENAME [TO | AS] new_tbl_name
| RENAME {INDEX | KEY} old_index_name TO new_index_name
| ORDER BY col_name [, col_name] …
```

많은 부분을 생략했음에도 구문이 상당히 길고 복잡하다. 하지만 실제로 자주 사용되는 것은 그리 복잡하지 않다.

■ **열 추가**

[그림 9-1]의 회원 테이블(userTBL)에 회원의 홈페이지 주소를 추가하려면 다음과 같이 작성한다.

```
USE tableDB;
ALTER TABLE userTBL
    ADD homepage VARCHAR(30) -- 열 추가
        DEFAULT 'http://www.hanbit.co.kr' -- 디폴트 값
        NULL; -- NULL 허용
```

열을 추가하면 기본적으로 테이블의 맨 뒤에 추가되는데, 열을 추가하면서 순서를 지정하려면 맨 뒤에 'FIRST' 또는 'AFTER 열이름'을 지정한다. 'FIRST'로 지정하면 테이블의 맨 앞에 열이 추가되고, 'AFTER 열이름'으로 지정하면 지정한 열 다음에 추가된다.

■ **열 삭제**

[그림 9-1]의 회원 테이블(userTBL)에서 전화번호 열을 삭제하려면 다음과 같이 작성한다.

```
ALTER TABLE userTBL
    DROP COLUMN mobile1;
```

mobile1 열은 특별한 제약 조건이 없기 때문에 삭제하는 데 별 문제가 없지만, 제약 조건이 걸려 있는 열을 삭제할 때는 제약 조건을 삭제한 후 열을 삭제해야 한다. 이는 [실습 9-4]에서 살펴보겠다.

■ **열 이름 및 데이터 형식 변경**

[그림 9-1]의 회원 테이블(userTBL)에서 회원 이름(name) 열의 이름을 uName으로, 데이터 형식을 VARCHAR(20)으로 변경하고 NULL 값도 허용하려면 다음과 같이 작성한다.

```
ALTER TABLE userTBL
    CHANGE COLUMN userName uName VARCHAR(20) NULL;
```

위 구문에서 userName은 기존의 열 이름이고 uName은 새로운 열 이름이다. 이처럼 제약 조건이 걸려 있는 열을 변경할 때는 문제가 있는데, 이 또한 [실습 9-4]에서 알아보자.

■ **열의 제약 조건 추가 및 삭제**

열의 제약 조건을 추가하는 것은 앞에서 여러 번 살펴보았다. 제약 조건을 삭제하는 것도 간단하다. 회원 테이블(userTBL)의 기본키를 삭제하려면 다음과 같이 한다.

```
ALTER TABLE userTBL
    DROP PRIMARY KEY;
```

위 구문을 실행하면 오류가 발생한다. 현재 회원 테이블(userTBL)의 기본키인 userID 열이 구매 테이블(buyTBL)에 외래키로 연결되어 있기 때문이다. 따라서 다음과 같이 외래키를 삭제한 후 기본키를 삭제한다.

```
ALTER TABLE buyTBL
    DROP FOREIGN KEY 외래키이름;
```

외래키의 이름은 [Navigator]에서 테이블 아래의 'Foreign Keys'를 확장하면 확인할 수 있다.

실습 9-4 테이블 종합 실습하기

지금까지 배운 테이블 생성, 삭제, 수정 방법과 제약 조건 설정 방법을 종합하여 실습해보자.

1 테이블 새로 만들기

1-1 제약 조건을 설정하지 말고 [그림 9-1]의 테이블을 다시 만든다. 단, 구매 테이블(buyTBL)의 num 열에만 자동 증가(AUTO_INCREMENT)와 기본키(PRIMARY KEY)를 설정한다.

```
USE tableDB;
DROP TABLE IF EXISTS buyTBL, userTBL;

CREATE TABLE userTBL
( userID CHAR(8),
  userName VARCHAR(10),
  birthYear INT,
  addr CHAR(2),
  mobile1 CHAR(3),
  mobile2 CHAR(8),
  height SMALLINT,
  mDate DATE
);

CREATE TABLE buyTBL
( num INT AUTO_INCREMENT PRIMARY KEY,
  userID CHAR(8),
  prodName CHAR(6),
  groupName CHAR(4),
  price INT,
  amount SMALLINT
);
```

TIP AUTO_INCREMENT로 설정한 열은 PRIMARY KEY 또는 UNIQUE 제약 조건을 설정해야 한다.

1-2 각 테이블에 데이터를 4건씩 입력한다. 강호동의 출생 연도는 모른다고 가정하여 NULL 값을 넣고, 김국진의 출생 연도는 1865년으로 잘못 입력한다.

```
INSERT INTO userTBL VALUES ('YJS', '유재석', 1972, '서울', '010', '11111111', 178, '2008-8-8');
INSERT INTO userTBL VALUES ('KHD', '강호동', NULL, '경북', '011', '22222222', 182, '2007-7-7');
INSERT INTO userTBL VALUES ('KKJ', '김국진', 1865, '서울', '019', '33333333', 171, '2009-9-9');
INSERT INTO userTBL VALUES ('KYM', '김용만', 1967, '서울', '010', '44444444', 177, '2015-5-5');

INSERT INTO buyTBL VALUES (NULL, 'KHD', '운동화', NULL, 30, 2);
INSERT INTO buyTBL VALUES (NULL, 'KHD', '노트북', '전자', 1000, 1);
INSERT INTO buyTBL VALUES (NULL, 'KYM', '모니터', '전자', 200, 1);
INSERT INTO buyTBL VALUES (NULL, 'PSH', '모니터', '전자', 200, 5);
```

아직 외래키 제약 조건을 설정하지 않았으므로 회원 테이블(userTBL)에 PSH(박수홍) 회원이 없지만 구매 테이블(buyTBL)에 입력하는 데 지장이 없다. 또한 기본적으로 모든 열에 NULL 값이 허용되어 NULL 값을 입력하는 데에도 문제가 없다.

2 기본키 제약 조건 설정하기

2-1 [그림 9-1]의 회원 테이블(userTBL)에 기본키 제약 조건을 설정한다.

```
ALTER TABLE userTBL
    ADD CONSTRAINT PK_userTBL_userID
    PRIMARY KEY (userID);
```

2-2 그런데 특정 열을 기본키로 설정하려면 당연히 그 열은 NOT NULL이어야 한다. 여기서는 userID 열이 처음에 NULL로 정의되었으므로 기본키로 설정함과 동시에 자동으로 NULL이 NOT NULL로 바뀐다. **DESC userTBL** 문으로 테이블 정보를 확인해보면 기본키로 설정된 userID 열이 NOT NULL로 바뀐 것을 알 수 있다.

	Field	Type	Null	Key	Default	Extra
▶	userID	char(8)	NO	PRI	NULL	
	userName	varchar(10)	YES		NULL	
	birthYear	int(11)	YES		NULL	
	addr	char(2)	YES		NULL	
	mobile1	char(3)	YES		NULL	
	mobile2	char(8)	YES		NULL	
	height	smallint(6)	YES		NULL	
	mDate	date	YES		NULL	

그림 9-11 쿼리 실행 결과 4

3 외래키 제약 조건 설정하기

3-1 [그림 9-1]의 외래키 테이블인 구매 테이블(buyTBL)의 userID 열에 외래키를 설정한다. 외래키는 기준 테이블인 회원 테이블(userTBL)의 userID 열을 참조한다.

```
ALTER TABLE buyTBL
    ADD CONSTRAINT FK_userTBL_buyTBL
    FOREIGN KEY (userID)
    REFERENCES userTBL (userID);
```

실행 결과

```
Error Code: 1452. Cannot add or update a child row: a foreign key constraint fails
(`tabledb`.`#sql-4f4_15`, CONSTRAINT `FK_userTBL_buyTBL` FOREIGN KEY (`userID`)
REFERENCES `usertbl` (`userid`))
```

그러나 실행하면 오류가 발생한다. 구매 테이블에는 PSH(박수홍)의 구매 기록이 있는데 회원 테이블에는 PSH(박수홍)라는 아이디가 존재하지 않기 때문이다.

3-2 일단 구매 테이블의 PSH 행을 삭제하고 다시 외래키를 설정한다. 이번에는 잘 실행될 것이다.

```
DELETE FROM buyTBL WHERE userID = 'PSH';
ALTER TABLE buyTBL
    ADD CONSTRAINT FK_userTBL_buyTBL
    FOREIGN KEY (userID)
    REFERENCES userTBL (userID);
```

3-3 구매 테이블의 네 번째 데이터를 다시 입력한다.

```
INSERT INTO buyTBL VALUES (NULL, 'PSH', '모니터', '전자', 200, 5);
```

실행 결과

```
Error Code: 1452. Cannot add or update a child row: a foreign key constraint fails
(`tabledb`.`buytbl`, CONSTRAINT `FK_userTBL_buyTBL` FOREIGN KEY (`userID`) REFERENCES
`usertbl` (`userID`))
```

구매 테이블은 외래키로 회원 테이블과 연결되어 활성화된 상태이므로 새로 입력하는 데이터는 모두 외래키 제약 조건을 충족해야 한다. 그러나 위 구문에서는 PSH(박수홍)가 아직 회원 테이블에 없기 때문에 오류가 발생한다. 이 경우 회원 테이블에 PSH(박수홍)를 입력한 후 다시 구매 테이블에 입력해도 되지만, 구매 테이블에 먼저 데이터를 입력해야 하는 경우도 있을 것이다. 이럴 때는 구매 테이블에 데이터를 입력하는 동안 잠시 외래키 제약 조건을 비활성화하고, 데이터를 입력한 후 다시 외래키 제약 조건을 활성화하면 된다. 다음은 외래키 제약 조건을 비활성화한 후 9건의 데이터를 입력하고 다시 외래키 제약 조건을 활성화하는 코드이다.

```
SET foreign_key_checks = 0;
INSERT INTO buyTBL VALUES (NULL, 'PSH', '모니터', '전자', 200, 5);
INSERT INTO buyTBL VALUES (NULL, 'KHD', '청바지', '의류', 50, 3);
INSERT INTO buyTBL VALUES (NULL, 'PSH', '메모리', '전자', 80, 10);
INSERT INTO buyTBL VALUES (NULL, 'KJD', '책', '서적', 15, 5);
INSERT INTO buyTBL VALUES (NULL, 'LHJ', '책', '서적', 15, 2);
INSERT INTO buyTBL VALUES (NULL, 'LHJ', '청바지', '의류', 50, 1);
INSERT INTO buyTBL VALUES (NULL, 'PSH', '운동화', NULL, 30, 2);
INSERT INTO buyTBL VALUES (NULL, 'LHJ', '책', '서적', 15, 1);
INSERT INTO buyTBL VALUES (NULL, 'PSH', '운동화', NULL, 30, 2);
SET foreign_key_checks = 1;
```

잘 입력될 것이다. 시스템 변수인 foreign_key_checks는 외래키 확인 여부를 설정하며 기본값은 1(ON)이다. 앞의 예에서는 이를 0(OFF)으로 잠시 변경한 후 입력했는데, 이는 자주 사용되는 유용한 방법이니 잘 기억해두기 바란다. 이로써 구매 테이블의 구성을 완료했다.

4 CHECK 제약 조건 설정하기

4-1 회원 테이블(userTBL)의 출생 연도를 1900년부터 2030년까지만 설정 가능하도록 CHECK 제약 조건을 설정해보자.

```
ALTER TABLE userTBL
    ADD CONSTRAINT CK_birthYear
    CHECK (birthYear >= 1900 AND birthYear <= 2030)
```

실행 결과

```
Error Code: 3819. Check constraint 'CK_birthYear' is violated.
```

오류가 발생한다. **1-2**에서 강호동(KHD)의 출생 연도는 모른다고 가정하여 NULL 값을 넣고, 김국진(KKJ)의 출생 연도는 1865년으로 잘못 입력했기 때문이다.

4-2 출생 연도를 강호동(KHD)은 1970년으로, 김국진(KKJ)은 1965년으로 수정한다.

```
UPDATE usertbl SET birthYear=1970 WHERE userID='KHD';
UPDATE usertbl SET birthYear=1965 WHERE userID='KKJ';
```

4-3 CHECK 제약 조건을 다시 설정해보면 이제 잘 설정될 것이다.

4-4 잘못된 출생 연도를 입력하면 오류가 발생하고 입력되지 않을 것이다. 앞으로는 출생 연도에 오류가 있는 데이터가 입력되지 않는다.

```
INSERT INTO usertbl VALUES('PNR', '박나래', 2999, '주점', NULL , NULL , 157, '2028-12-12');
```

4-5 회원 테이블의 나머지 데이터도 입력한다.

```
INSERT INTO userTBL VALUES ('KJD', '김제동', 1974, '경남', NULL, NULL, 173, '2013-3-3');
INSERT INTO userTBL VALUES ('NHS', '남희석', 1971, '충남', '016', '66666666', 180, '2017-4-4');
INSERT INTO userTBL VALUES ('SDY', '신동엽', 1971, '경기', NULL, NULL, 176, '2008-10-10');
INSERT INTO userTBL VALUES ('LHJ', '이휘재', 1972, '경기', '011', '88888888', 180, '2006-4-4');
INSERT INTO userTBL VALUES ('LKK', '이경규', 1960, '경남', '018', '99999999', 170, '2004-12-12');
INSERT INTO userTBL VALUES ('PSH', '박수홍', 1970, '서울', '010', '00000000', 183, '2012-5-5');
```

5 제약 조건 활용하기

5-1 박수홍 회원이 자신의 아이디를 PSH에서 PARK로 변경해줄 것을 요청했다고 가정하자. UPDATE 문으로 다음과 같이 변경한다.

```
UPDATE userTBL SET userID = 'PARK' WHERE userID='PSH';
```

실행 결과

```
Error Code: 1451. Cannot delete or update a parent row: a foreign key constraint fails
(`tabledb`.`buytbl`, CONSTRAINT `FK_userTBL_buyTBL` FOREIGN KEY (`userID`) REFERENCES
`usertbl` (`userID`))
```

외래키와 관련된 오류가 발생한다. PSH(박수홍)는 이미 구매 테이블(buyTBL)에 구매 기록이 있어 회원 테이블(userTBL)의 아이디가 수정되지 않기 때문이다. 그렇다면 어떻게 해야 할까? 앞에서 설명했듯이 잠깐 외래키 제약 조건을 비활성화한 후 데이터를 변경하고 다시 활성화한다.

5-2 앞에서 배운 시스템 변수 foreign_key_checks를 활용하여 외래키 제약 조건을 비활성화하면 정상적으로 실행될 것이다.

```
SET foreign_key_checks = 0;
UPDATE userTBL SET userID = 'PARK' WHERE userID='PSH';
SET foreign_key_checks = 1;
```

5-3 구매 테이블의 회원에게 물건을 배송하기 위해 회원 테이블과 조인한다. 구매한 회원의 아이디, 이름, 구매 물품, 주소, 연락처가 출력되게 한다.

```
SELECT B.userID, U.userName, B.prodName, U.addr, CONCAT(U.mobile1, U.mobile2) AS '연락처'
  FROM buyTBL B
    INNER JOIN userTBL U
      ON B.userID = U.userID;
```

userID	userName	prodName	addr	연락처
KHD	강호동	운동화	경북	22222233
KHD	강호동	노트북	경북	22222233
KHD	강호동	청바지	경북	22222233
KJD	김제동	책	경남	NULL
KYM	김용만	모니터	서울	44444454
LHJ	이휘재	책	경기	88888899
LHJ	이휘재	청바지	경기	88888899
LHJ	이휘재	책	경기	88888899

그림 9-12 결괏값 1

실행 결과가 잘 나온 것 같지만 이상한 점이 있다. [그림 9-1]에는 구매 물품이 12건이고 테이블을 만들 때도 12건을 입력했는데 실행 결과에는 8건뿐이다. 4건이 부족하다.

5-4 구매 테이블에 8건만 입력한 것은 아닌지 확인해본다.

```
SELECT COUNT(*) FROM buyTBL;
```

결과를 보면 데이터의 건수가 12건이다.

5-5 그렇다면 외부 조인으로 구매 테이블의 내용을 모두 출력해본다. 이때 아이디로 정렬한다.

```
SELECT B.userID, U.userName, B.prodName, U.addr, CONCAT(U.mobile1, U.mobile2) AS '연락처'
  FROM buyTBL B
    LEFT OUTER JOIN userTBL U
      ON B.userID = U.userID
  ORDER BY B.userID;
```

userID	userName	prodName	addr	연락처
KHD	강호동	운동화	경북	22222233
KHD	강호동	노트북	경북	22222233
KHD	강호동	청바지	경북	22222233
KJD	김제동	책	경남	NULL
LHJ	이휘재	책	경기	88888899
PSH	NULL	모니터	NULL	NULL
PSH	NULL	메모리	NULL	NULL
PSH	NULL	운동화	NULL	NULL
PSH	NULL	운동화	NULL	NULL

그림 9-13 결괏값 2

결괏값을 확인해보니 PSH라는 아이디의 이름, 주소, 연락처가 없다. 즉 회원 테이블(userTBL)에 존재하지 않는다. 왜 그럴까? 앞에서 박수홍의 아이디 PSH를 PARK로 변경했기 때문이다. 그래서 외래키 제약 조건을 끊고 데이터를 수정할 때는 주의가 필요하다.

5-6 박수홍의 아이디를 원래대로 돌려놓는다.

```
SET foreign_key_checks = 0;
UPDATE userTBL SET userID = 'PSH' WHERE userID='PARK';
SET foreign_key_checks = 1;
```

일단은 정상적으로 돌아왔다. **5-3** 또는 **5-5**의 쿼리를 다시 수행하면 박수홍의 이름과 주소가 출력될 것이다.

5-7 앞에서 발생한 문제를 미연에 방지하려면 어떻게 해야 할까? 회원 테이블(userTBL)의 기본키(userID) 값이 변경될 때 이와 관련된 구매 테이블(buyTBL)의 외래키(userID) 값도 자동으로 변경되도록 설정하면 된다. 외래키 제약 조건을 삭제한 후 다시 ON UPDATE CASCADE 옵션과 함께 설정한다.

```
ALTER TABLE buyTBL
    DROP FOREIGN KEY FK_userTBL_buyTBL;
ALTER TABLE buyTBL
    ADD CONSTRAINT FK_userTBL_buyTBL
        FOREIGN KEY (userID)
        REFERENCES userTBL (userID)
        ON UPDATE CASCADE;
```

5-8 회원 테이블에서 박수홍의 아이디를 PSH에서 PARK로 변경한 후 구매 테이블도 바뀌었는지 확인해보자.

```
UPDATE userTBL SET userID = 'PARK' WHERE userID='PSH';
SELECT B.userID, U.userName, B.prodName, U.addr, CONCAT(U.mobile1, U.mobile2) AS '연락처'
  FROM buyTBL B
    INNER JOIN userTBL U
      ON B.userID = U.userID
  ORDER BY B.userID;
```

userID	userName	prodName	addr	연락처
KHD	강호동	운동화	경북	01122222222
KHD	강호동	노트북	경북	01122222222
KHD	강호동	청바지	경북	01122222222
KJD	김제동	책	경남	NULL
LHJ	이휘재	책	경기	01188888888
PARK	박수홍	모니터	서울	01000000000
PARK	박수홍	메모리	서울	01000000000
PARK	박수홍	운동화	서울	01000000000
PARK	박수홍	운동화	서울	01000000000

그림 9-14 결괏값 3

5-9 박수홍(PARK)이 회원 탈퇴를 하면(회원 테이블에서 삭제되면) 구매 기록도 삭제되는지 알아보자. 외래키 제약 조건 때문에 삭제되지 않을 것이다.

```
DELETE FROM userTBL WHERE userID = 'PARK';
```

5-10 이러한 경우 ON DELETE CASCADE 문을 추가하여, 기준 테이블의 행 데이터를 삭제할

때 외래키 테이블의 연관된 행 데이터도 함께 삭제되도록 설정하면 된다.

```
ALTER TABLE buyTBL
    DROP FOREIGN KEY FK_userTBL_buyTBL;
ALTER TABLE buyTBL
    ADD CONSTRAINT FK_userTBL_buyTBL
        FOREIGN KEY (userID)
        REFERENCES userTBL (userID)
        ON UPDATE CASCADE
        ON DELETE CASCADE;
```

5-11 다시 회원 테이블에서 박수홍(PARK)을 삭제한 후 구매 테이블의 관련 행도 삭제되었는지 확인해보자. 박수홍이 구매한 기록 4건이 삭제되고 전체 8건만 남아 있다.

```
DELETE FROM userTBL WHERE userID = 'PARK';
SELECT * FROM buyTBL;
```

num	userID	prodName	groupName	price	amount
1	KHD	운동화	NULL	30	2
2	KHD	노트북	전자	1000	1
3	KYM	모니터	전자	200	1
7	KHD	청바지	의류	50	3
9	KJD	책	서적	15	5
10	LHJ	책	서적	15	2
11	LHJ	청바지	의류	50	1
13	LHJ	책	서적	15	1

그림 9-15 결괏값 4

5-12 회원 테이블에서 CHECK 제약 조건이 걸려 있는 출생 연도(birthYear) 열을 ALTER TABLE 문으로 삭제해보자.

```
ALTER TABLE userTBL
    DROP COLUMN birthYear;
```

CHECK 제약 조건이 설정된 열은 원칙적으로 삭제되지 않아야 하는데 실행 결과를 보면 삭제되었다. 그러나 어떤 DBMS에서는 CHECK 제약 조건이 설정된 열이 삭제되지 않는다.

이상으로 테이블의 제약 조건을 다루는 실습을 마친다. 이번 실습을 통해 제약 조건의 개념과 사용법을 충분히 익혔을 것이다.

05 뷰

1 뷰의 개요

테이블과 모양이 똑같은 뷰(view)는 한마디로 '가상의 테이블'이라고 정의할 수 있다. 그래서 뷰를 '뷰 테이블'이라고 부르기도 하지만 이는 정확한 표현이 아니다. 뷰는 실체가 없지만 마치 실체가 있는 것처럼 보인다.

데이터베이스를 단순 목적으로 이용하는 사용자나 응용 프로그램 입장에서 뷰는 테이블과 똑같아 보인다. 일반 사용자는 조회하려는 것이 뷰이든 테이블이든 중요하지 않으며 원하는 결과만 나오면 된다. 그러나 데이터베이스 개발자나 관리자는 테이블과 뷰를 명확히 구분하여 사용해야 한다.

뷰는 한 번 생성해놓으면 테이블로 생각하고 사용해도 될 만큼 사용자가 볼 때 테이블과 거의 동일하게 여겨진다. 쿼리 창에서 SELECT 문을 실행하여 나온 결과를 예로 살펴보자.

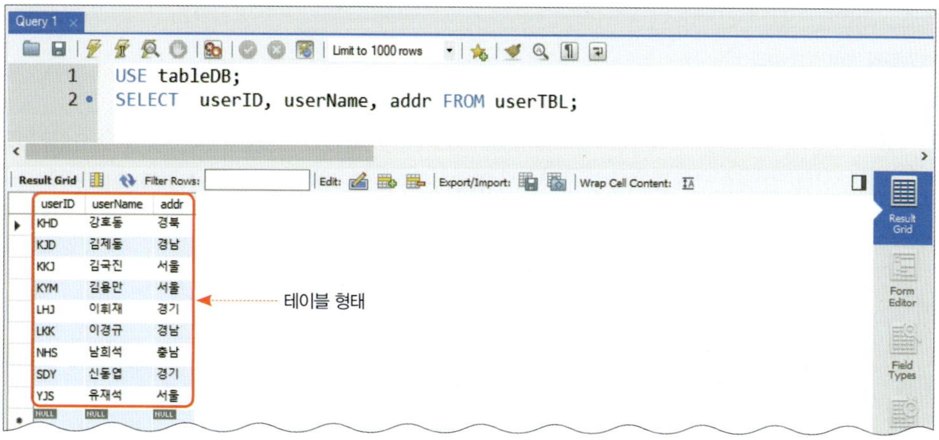

그림 9-16 SELECT 문 실행 결과

위 그림은 SELECT 문으로 회원의 아이디, 이름, 주소를 가져와서 출력한 결과이다. 그런데 결과를 보면 SELECT 문으로 조회한 내용도 결국 테이블 모양이다. 그렇다면 위의 출력 결과를 userID, userName, addr이라는 열을 가진 테이블로 보아도 무방하지 않을까? 이러한 개념이 바로 뷰이다. 그래서 뷰의 실체는 SELECT 문이다. 앞의 예에서 **SELECT userID, userName, addr FROM userTBL** 문의 결과를 v_userTBL이라고 부른다면 앞으로는 v_userTBL을 그냥 테이블로 생각하고 접근하면 된다.

2 뷰 생성

뷰를 생성하는 구문은 다음과 같다.

```
USE tableDB;
CREATE VIEW v_userTBL
AS
    SELECT userID, userName, addr FROM userTBL;
```

뷰를 생성한 후에는 새로운 테이블이라고 생각하면 된다.

```
SELECT * FROM v_userTBL; -- 뷰를 테이블이라고 생각해도 무방
```

userID	userName	addr
KHD	강호동	경북
KJD	김제동	경남
KKJ	김국진	서울
KYM	김용만	서울
LHJ	이휘재	경기
LKK	이경규	경남
NHS	남희석	충남
SDY	신동엽	경기
YJS	유재석	서울

그림 9-17 뷰의 쿼리 실행 결과 1

뷰를 테이블로 여기고 접근해도 원래 테이블을 이용하여 접근한 것과 동일한 결과를 얻을 수 있다. [그림 9-18]은 이를 그림으로 나타낸 것이다. 사용자가 뷰를 통해 접근하면 MySQL이 나머지는 알아서 처리해준다.

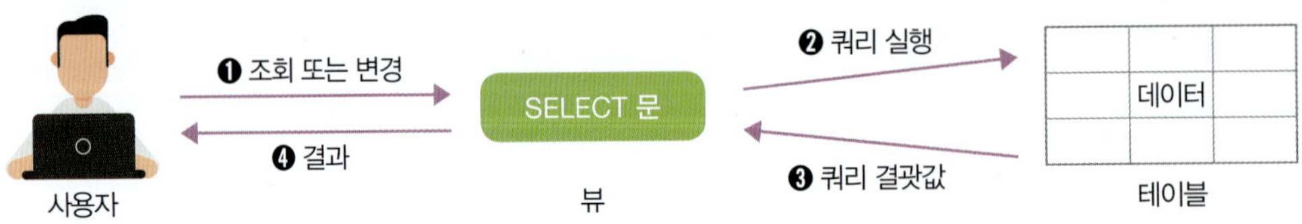

그림 9-18 뷰의 작동 방식

그렇다면 뷰의 데이터는 수정 가능할까? 뷰는 기본적으로 '읽기 전용'으로 사용되지만 뷰를 통해 원래 테이블의 데이터를 수정할 수도 있다. 그러나 이는 그다지 바람직하지 않다. 꼭 수정해야 하는 경우에는 어떤 제한점이 있는지 알고 수정해야 한다. 자세한 내용은 [실습 9-5]에서 살펴보겠다.

3 뷰의 장점

뷰의 장점은 두 가지로 요약할 수 있다. 첫째, 뷰는 보안에 도움이 된다. [그림 9-17]에서 v_userTBL 뷰에는 회원의 아이디, 이름, 주소만 있고 그 외 출생 연도, 연락처, 키, 가입일 등의 민감한 개인 정보는 들어 있지 않다. 예를 들어 쇼핑몰 사장이 아르바이트생에게 회원의 이름과 주소를 확인하는 작업을 시킨다고 가정해보자. 그런데 아르바이트생에게 회원 테이블에 접근하는 권한을 준다면 아르바이트생은 회원의 개인 정보를 자유롭게 볼 수 있을 것이다.

이를 막기 위해 테이블의 데이터를 열로 분할할 수도 있지만, 그러면 데이터의 일관성을 유지하기 어렵고 관리하기도 복잡하여 배보다 배꼽이 커지는 결과를 낳을 수 있다. 이때 [그림 9-17]과 같이 회원의 아이디, 이름, 주소만 보이는 뷰를 생성하고, 아르바이트생이 회원 테이블에 접근하지 못하도록 권한을 제한하고 뷰에만 접근할 수 있는 권한을 주면 된다.

둘째, 뷰는 복잡한 쿼리를 단순하게 만들어준다. 다음은 물건을 구매한 회원에 대한 쿼리이다.

```
SELECT U.userID, U.userName, B.prodName, U.addr, CONCAT(U.mobile1, U.mobile2) AS '연락처'
  FROM userTBL U
    INNER JOIN buyTBL B
      ON U.userID = B.userID;
```

조금 복잡한데 이 쿼리를 자주 사용해야 한다면 매번 입력하기가 번거로울 것이다. 이럴 때 뷰가 유용하다. 다음과 같이 복잡한 쿼리를 뷰로 생성해놓고 필요할 때마다 뷰에 접근하면 된다.

```
CREATE VIEW v_userbuyTBL
AS
SELECT U.userID, U.userName, B.prodName, U.addr, CONCAT(U.mobile1, U.mobile2) AS '연락처'
  FROM userTBL U
    INNER JOIN buyTBL B
      ON U.userID = B.userID;
```

다음은 앞에서 생성한 v_userbuyTBL 뷰를 이용하여 강호동의 구매 기록을 조회하는 쿼리이다.

```
SELECT * FROM v_userbuyTBL WHERE userName = '강호동';
```

	userID	userName	prodName	addr	연락처
▶	KHD	강호동	운동화	경북	01122222222
	KHD	강호동	노트북	경북	01122222222
	KHD	강호동	청바지	경북	01122222222

그림 9-19 뷰의 쿼리 실행 결과 2

실습 9-5 뷰 활용하기

cookDB 데이터베이스를 사용하여 뷰를 생성하고 활용해보자.

1 cookDB 초기화하기

1-1 Workbench를 실행하여 메뉴의 [File]–[Open SQL Script]를 선택한 후 C:\SQL\cookDB.sql 파일을 열어 실행한다.

1-2 cookDB의 초기화가 완료되면 열린 쿼리 창을 모두 닫고 새 쿼리 창을 연다.

2 뷰 생성하기

2-1 기본적인 뷰를 생성한다. 뷰를 생성할 때 뷰에서 사용할 열의 이름을 변경할 수도 있다.

```
USE cookDB;
CREATE VIEW v_userbuyTBL
AS
  SELECT U.userID AS 'USER ID', U.userName AS 'USER NAME', B.prodName AS 'PRODUCT NAME',
        U.addr, CONCAT(U.mobile1, U.mobile2) AS 'MOBILE PHONE'
    FROM userTBL U
      INNER JOIN buyTBL B
        ON U.userID = B.userID;

SELECT `USER ID`, `USER NAME` FROM v_userbuyTBL; -- 주의! 백틱(키보드에서 1 왼쪽에 있는 키) 사용
```

USER ID	USER NAME
KHD	강호동
KHD	강호동
KHD	강호동
PSH	박수홍
PSH	박수홍
PSH	박수홍

그림 9-20 쿼리 실행 결과 5

3 뷰 수정, 삭제하기

3-1 뷰를 수정할 때는 ALTER VIEW 문을 사용한다. 뷰의 열 이름은 한글로 지정할 수도 있다(그러나 호환성 문제로 권장하지는 않는다).

```
ALTER VIEW v_userbuyTBL
AS
  SELECT U.userID AS '사용자 아이디', U.userName AS '이름', B.prodName AS '제품 이름',
```

```
        U.addr, CONCAT(U.mobile1, U.mobile2) AS '전화 번호'
    FROM userTBL U
      INNER JOIN buyTBL B
        ON U.userID = B.userID;

SELECT `이름`, `전화 번호` FROM v_userbuyTBL; -- 주의! 백틱 사용
```

3-2 뷰를 삭제할 때는 DROP VIEW 문을 사용한다.

```
DROP VIEW v_userbuyTBL;
```

4 뷰의 정보 확인하기

4-1 간단한 뷰를 다시 생성한다. 이미 뷰가 있는데 CREATE VIEW 문을 사용하면 오류가 발생하지만, CREATE OR REPLACE VIEW 문을 사용하면 기존의 뷰를 덮어써 새 뷰를 만들기 때문에 오류가 발생하지 않는다. 이는 DROP VIEW와 CREATE VIEW를 연속으로 쓴 것과 마찬가지이다.

```
USE cookDB;
CREATE OR REPLACE VIEW v_userTBL
AS
    SELECT userID, userName, addr FROM userTBL;
```

4-2 카탈로그 뷰인 sys.sql_modules에 들어 있는 뷰의 정보를 확인해보자. 테이블의 정보를 조회할 때와 동일한 화면을 볼 수 있다. 다만 PRIMARY KEY 등의 정보가 확인되지 않는다.

```
DESCRIBE v_userTBL;
```

	Field	Type	Null	Key	Default	Extra
▶	userID	char(8)	NO		NULL	
	userName	varchar(10)	NO		NULL	
	addr	char(2)	NO		NULL	

그림 9-21 뷰의 정보 확인

4-3 뷰의 소스코드를 확인해보자. 결과 전체가 보이지 않으면 [Form Editor]를 클릭한다.

```
SHOW CREATE VIEW v_userTBL;
```

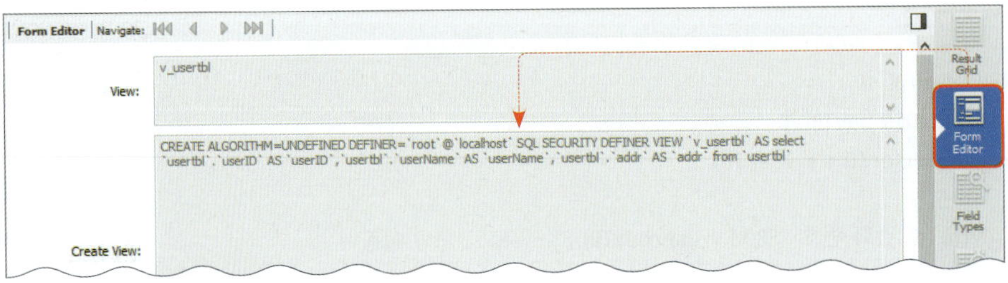

그림 9-22 뷰의 소스코드 확인

5 뷰의 데이터 수정하기

5-1 v_userTBL 뷰를 통해 아이디가 LKK인 회원의 주소를 부산으로 변경해보자. 수정이 성공적으로 수행될 것이다.

```
UPDATE v_userTBL SET addr = '부산' WHERE userID='LKK';
```

5-2 뷰에 새로운 데이터를 입력해보자. 오류가 발생할 것이다.

```
INSERT INTO v_userTBL (userID, userName, addr) VALUES ('KBM', '김병만', '충북');
```

실행 결과

```
Error Code: 1423. Field of view 'cookdb.v_usertbl' underlying table doesn't have a default value
```

v_userTBL 뷰가 참조하는 회원 테이블(userTBL)의 출생 연도(birthYear) 열은 NOT NULL로 설정되어 있어 반드시 값을 입력해야 한다. 하지만 현재 v_userTBL 뷰에는 출생 연도 열이 없으므로 값을 입력할 수 없다. v_userTBL 뷰를 통해 출생 연도를 입력하고 싶다면 v_userTBL 뷰에 출생 연도 열을 재정의하거나, 회원 테이블의 출생 연도 열에 NULL 또는 DEFAULT 값이 입력되도록 설정해야 한다.

6 그룹 함수가 포함된 뷰의 데이터 수정하기

6-1 SUM() 함수를 사용하는 뷰를 간단히 정의한다.

```
CREATE OR REPLACE VIEW v_sum
AS
    SELECT userID AS 'userID', SUM(price*amount) AS 'total'
      FROM buyTBL GROUP BY userID;

SELECT * FROM v_sum;
```

userID	total
KHD	1210
KJD	75
KYM	200
LHJ	95
PSH	1920

그림 9-23 그룹 함수를 뷰에 포함한 결과

6-2 앞에서 만든 v_sum 뷰를 통해 원래 테이블의 데이터를 수정할 수 있을까? 당연히 수정할 수 없다. 시스템 데이터베이스 중 하나인 INFORMATION_SCHEMA의 VIEWS 테이블에서 전체 시스템에 저장된 뷰의 정보를 확인해보자.

```
SELECT * FROM INFORMATION_SCHEMA.VIEWS
    WHERE TABLE_SCHEMA = 'cookDB' AND TABLE_NAME = 'v_sum';
```

TABLE_CATALOG	TABLE_SCHEMA	TABLE_NAME	VIEW_DEFINITION	CHECK_OPTION	IS_UPDATABLE	DEFINER
def	cookdb	v sum	select `cookdb`.`buvtbl`.`userID` AS `userID...	NONE	NO	root@localhost

그림 9-24 뷰의 정보 확인

IS_UPDATABLE 열이 NO로 되어 있으므로 이 뷰를 통해서는 데이터를 삽입(INSERT), 수정(UPDATE), 삭제(DELETE)할 수 없다. 이 외에도 뷰를 통해 데이터를 삽입, 수정, 삭제할 수 없는 경우는 다음과 같다.

- SUM() 등의 집계 함수를 사용한 뷰
- UNION ALL, JOIN 등을 사용한 뷰
- DISTINCT, GROUP BY 등을 사용한 뷰

7 지정 범위로 뷰 생성하고 데이터 입력하기

7-1 키가 180cm 이상인 사람만 보여주는 뷰를 생성한다.

```
CREATE OR REPLACE VIEW v_height180
AS
    SELECT * FROM userTBL WHERE height >= 180;

SELECT * FROM v_height180;
```

userID	userName	birthYear	addr	mobile1	mobile2	height	mDate
KHD	강호동	1970	경북	011	22222222	182	2007-07-07
LHJ	이휘재	1972	경기	011	88888888	180	2006-04-04
NHS	남희석	1971	충남	016	66666666	180	2017-04-04
PSH	박수홍	1970	서울	010	00000000	183	2012-05-05

그림 9-25 범위를 지정한 뷰

7-2 v_height180 뷰에서 키가 180cm 미만인 사람의 데이터를 삭제해보자. v_height180 뷰에는 키가 180cm 미만인 사람이 없으므로 삭제할 것이 없다는 메시지가 나온다.

```
DELETE FROM v_height180 WHERE height < 180;
```

실행 결과

```
0 row(s) affected
```

7-3 v_height180 뷰에서 키가 180cm 미만인 사람의 데이터를 입력해보자. 일단 입력은 된다.

```
INSERT INTO v_height180 VALUES ('SJH', '서장훈', 1974, '경기', '010', '5555555', 158,
'2019-01-01');
```

실행 결과

```
1 row(s) affected
```

7-4 **SELECT * FROM v_height180** 문으로 뷰를 확인하면 입력된 값이 보이지 않을 것이다. 키가 180 cm 미만인 사람의 데이터는 입력은 되더라도 키가 180cm 미만이므로 v_height180 뷰에는 보이지 않는다. **SELECT * FROM userTBL** 문으로 직접 회원 테이블(userTBL)을 조회하면 서장훈이 보일 것이다.

7-5 그런데 키가 180cm 이상인 사람만 보여주는 뷰를 통해 키가 158cm인 사람의 데이터를 입력하는 것은 바람직하지 않다. 입력되지 말아야 할 데이터가 예상치 못한 경로를 통해 입력될 가능성을 미연에 방지해야 한다. 키가 180cm 이상인 사람만 보여주는 뷰에 키가 180cm 이상인 사람만 입력되게 하려면 WITH CHECK OPTION 문을 사용한다.

```
ALTER VIEW v_height180
AS
    SELECT * FROM userTBL WHERE height >= 180
       WITH CHECK OPTION;

INSERT INTO v_height180 VALUES('KBM', '김병만', 1977, '서울', '010', '3333333', 155, '2019-
3-3');
```

실행 결과

```
Error Code: 1369. CHECK OPTION failed 'cookdb.v_height180'
```

위와 같이 v_height180 뷰를 수정하면 키가 180cm 미만인 사람이 입력되지 않고 180cm 이상인 사람만 입력될 것이다.

8 복합 뷰 생성하고 데이터 입력하기

8-1 2개 이상의 테이블이 관련된 복합 뷰를 생성하고 데이터를 입력해보자. 결과를 보면 2개 이상의 테이블이 관련된 뷰에는 업데이트(입력)를 할 수 없다.

```
CREATE OR REPLACE VIEW v_userbuyTBL
AS
  SELECT U.userID, U.userName, B.prodName, U.addr, CONCAT(U.mobile1, U.mobile2) AS mobile
    FROM userTBL U
      INNER JOIN buyTBL B
        ON U.userID = B.userID;

INSERT INTO v_userbuyTBL VALUES ('PKL', '박경리', '운동화', '경기', '00000000000', '2020-2-2');
```

실행 결과

```
Error Code: 1394. Can not insert INTo join view 'cookdb.v_userbuytbl' without fields list
```

9 뷰가 참조하는 테이블 삭제하기

9-1 두 테이블을 삭제한다.

```
DROP TABLE IF EXISTS buyTBL, userTBL;
```

9-2 뷰를 다시 조회해보자. 참조하는 테이블이 없기 때문에 조회할 수 없다는 메시지가 나온다.

```
SELECT * FROM v_userbuyTBL;
```

실행 결과

```
Error Code: 1356. View 'cookdb.v_userbuytbl' references invalid table(s) or column(s) or
function(s) or definer/invoker of view lack rights to use them
```

9-3 뷰의 상태를 확인해보면 뷰가 참조하는 테이블이 없다는 것을 알 수 있다.

```
CHECK TABLE v_userbuyTBL;
```

	Table	Op	Msg_type	Msg_text
▶	cookdb.v_userbuytbl	check	Error	View 'cookdb.v_userbuytbl' references invalid table(s) or column(s) or function(s) or definer/invoker of view lack rights to use them
	cookdb.v_userbuytbl	check	error	Corrupt

그림 9-26 뷰의 상태 확인

요약

1 테이블은 행과 열로 구성되며 행은 로 또는 레코드, 열은 칼럼 또는 필드라고 한다.

2 테이블을 생성하는 구문(쇼핑몰의 회원 테이블을 생성하는 예)은 다음과 같다.

```
CREATE TABLE userTBL  -- 회원 테이블
( userID CHAR(8), -- 사용자 아이디
  userName VARCHAR(10), -- 이름
  birthYear INT, -- 출생 연도
  addr CHAR(2), -- 지역(경기, 서울, 경남 등으로 2자만 입력)
  mobile1 CHAR(3), -- 휴대폰의 국번(011, 016, 017, 018, 019, 010 등)
  mobile2 CHAR(8), -- 휴대폰의 나머지 전화번호(하이픈 제외)
  height SMALLINT, -- 키
  mDate DATE  -- 회원 가입일
);
```

3 제약 조건은 데이터의 무결성을 지키기 위해 제한하는 조건을 말한다. 대부분의 DBMS에서는 데이터의 무결성을 보장하기 위해 다음과 같은 제약 조건을 제공한다.

- 기본키 제약 조건
- 외래키 제약 조건
- UNIQUE 제약 조건
- DEFAULT 제약 조건
- NULL 값 허용
- CHECK 제약 조건

4 테이블에 있는 많은 행을 구분하는 식별자를 기본키라고 부른다. 기본키에 입력되는 값은 중복될 수 없고 NULL 값이 들어갈 수도 없다.

5 기본키를 생성하는 방법은 다음과 같다.

- CREATE TABLE 문에 PRIMARY KEY라는 예약어를 넣는다.
- CONSTRAINT PRIMARY KEY 문을 사용한다.
- ALTER TABLE 테이블이름 ADD CONSTRAINT 문을 사용한다.

6 기본키는 테이블마다 하나만 존재하지만, 기본키를 반드시 하나의 열로만 구성해야 하는 것은 아니다. 필요에 따라서 2개 이상의 열을 합쳐서 하나의 기본키로 설정하는 경우도 종종 있다.

7 외래키 제약 조건은 두 테이블 사이의 관계를 선언함으로써 데이터의 무결성을 보장하는 역할을 한다. 테이블 사이에 외래키 관계를 설정하면 하나의 테이블이 다른 테이블에 의존하게 된다.

8 외래키 테이블이 참조하는 기준 테이블의 열은 반드시 기본키이거나 UNIQUE 제약 조건으로 설정되어 있어야 한다.

9 외래키를 생성하는 방법은 다음과 같다.

- CREATE TABLE 문 안에서 FOREIGN KEY 키워드를 이용하여 설정한다.
- CONSTRAINT 외래키이름 FOREIGN KEY (열이름) REFERENCES 테이블이름 (열이름) 형식으로 생성한다.
- ALTER TABLE 테이블이름 ADD CONSTRAINT 문을 사용한다.

10 외래키의 ON DELETE CASCADE, ON UPDATE CASCADE 옵션은 기준 테이블의 데이터가 변경되었을 때 외래키 테이블에도 변경된 데이터가 자동으로 적용되게 한다.

11 UNIQUE 제약 조건은 중복되지 않는 유일한 값을 입력해야 하는 조건을 말한다. 이 조건은 기본키 제약 조건과 거의 비슷하지만 NULL 값을 허용한다는 것이 차이점이다.

12 DEFAULT 제약 조건은 값을 입력하지 않았을 때 자동으로 입력되는 기본값을 정의하는 조건이며, CHECK 제약 조건은 입력되는 데이터를 점검하는 기능을 한다.

13 테이블을 정의할 때 특정 열에 NULL 값이 입력되는 것을 허용하려면 NULL로 설정하고, 허용하지 않으려면 NOT NULL로 설정한다.

14 MySQL은 자체적으로 테이블 압축 기능을 제공한다. 테이블을 압축하려면 테이블의 정의문 뒤에 ROW_FORMAT=COMPRESSED 문을 붙인다.

요약

15 임시 테이블은 임시로 잠깐 사용하는 테이블을 말한다. 임시 테이블을 생성하는 형식은 다음과 같다.

```
CREATE TEMPORARY TABLE [IF NOT EXISTS] 테이블이름
(열정의 …)
```

16 테이블을 삭제할 때는 DROP TABLE 문을 사용하고, 테이블을 수정할 때는 ALTER TABLE 문을 사용한다.

17 테이블과 모양이 똑같은 뷰는 가상의 테이블이라고 정의할 수 있다. 뷰를 생성하는 구문은 다음과 같다.

```
CREATE VIEW 뷰이름
AS
    SELECT 문
```

18 뷰를 생성하면 원본 테이블의 내용을 숨길 수 있어 보안에 도움이 된다. 또한 복잡한 쿼리를 단순화하여 편리하게 사용할 수 있다.

연습문제

1 다음은 회원 테이블을 생성하는 SQL 문으로, 문법적 오류나 논리적 오류가 세 부분에 있다. 오류가 있는 부분을 찾아 바르게 고치시오.

```
CREATE TABLE userTBL
( userID CHAR(8) NOT NULL PRIMARY KEY,
  userName VARCHAR(10) NOT NULL,  -- 사용자 이름('홍길동' 등)
  birthYear TINYINT NOT NULL, -- 출생 연도(2002 등)
  addr CHAR(2) NOT NULL, -- 주소(서울 등)
  mobile1 CHAR(3) NULL, -- 국번(010 등)
  mobile2 CHAR(8) NULL, -- 전화번호(12341234 등)
  height SMALLINT NULL, -- 키(168 등)
  date DATE NULL -- 가입일('2026-1-1' 등)
);
```

2 다음은 구매 테이블을 생성하고 데이터를 입력하는 SQL 문이다. 빈칸에 들어갈 내용을 쓰시오.

```
CREATE TABLE buyTBL
( num INT _____㉠_____ NOT NULL PRIMARY KEY,  -- 자동 입력
    userID CHAR(8) NOT NULL,
    prodName CHAR(6) NOT NULL,
    groupName CHAR(4) NULL,
    price INT NOT NULL,
    amount SMALLINT NOT NULL,
    FOREIGN KEY(userID) _____㉡_____ userTBL(userID)
);

INSERT INTO buyTBL VALUES (_____㉢_____ , 'KYM', '모니터', '전자', 200, 1);
```

3 제약 조건의 종류에 해당하지 않는 것을 모두 고르시오.

㉠ 기본키 제약 조건	㉡ 외래키 제약 조건
㉢ UNION 제약 조건	㉣ DEFAULT 제약 조건
㉤ NULL 허용	㉥ CHECK 제약 조건
㉦ SQL 제약 조건	

연습문제

4 다음은 기본키 제약 조건에 대한 SQL 문이다. 빈칸에 들어갈 내용을 쓰시오.

```
CREATE TABLE userTBL
( userID CHAR(8) NOT NULL,
  userName VARCHAR(10) NOT NULL,
  birthYear INT NOT NULL,
  _______________ PK_userTBL_userID (userID)
);
```

5 다음은 외래키 제약 조건에 대한 SQL 문이다. 빈칸에 들어갈 내용을 쓰시오.

```
CREATE TABLE buyTBL
( num INT AUTO_INCREMENT NOT NULL PRIMARY KEY,
  userID CHAR(8) NOT NULL,
  prodName CHAR(6) NOT NULL );
ALTER TABLE buyTBL
     _______㉠_______ FK_userTBL_buyTBL FOREIGN KEY (userID)
     _______㉡_______ userTBL (userID);
```

6 외래키를 설정할 때 기준 테이블의 데이터가 변경되면 외래키 테이블에도 변경된 데이터가 자동으로 적용되도록 설정하는 옵션을 고르시오.

① ON UPDATE CASCADE
② ON UPDATE KEY
③ SET UPDATE CASCADE
④ SET UPDATE KEY

7 기본값 제약 조건이 설정된 열에 값을 입력할 때 사용하는 키워드를 고르시오.

① KEY
② NULL
③ CONSTRAINT
④ DEFAULT

8 NULL 값 허용에 대한 내용으로 거리가 먼 것을 고르시오.

① NULL로 설정하면 NULL 값을 허용한다.
② NOT NULL로 설정하면 반드시 값을 입력해야 한다.
③ 기본키로 설정하면 자동으로 NOT NULL로 인식한다.
④ NULL은 문자형은 공백, 숫자형은 0을 의미한다.

9 다음은 테이블을 압축하기 위한 SQL 문이다. 빈칸에 들어갈 내용을 쓰시오.

```
CREATE TABLE 테이블이름 (열이름 데이터형식, …) ______________ ;
```

10 임시 테이블이 제거되는 시점으로 옳지 않은 것을 고르시오.

① DROP TABLE로 삭제할 때

② Workbench를 종료할 때

③ 새 탭 창을 열 때

④ MySQL 서비스를 종료할 때

⑤ 컴퓨터를 종료할 때

11 테이블의 열을 변경하는 각 형식의 빈칸에 들어갈 내용을 보기에서 고르시오.

ADD	ADD COLUMN	ALTERA	LTER COLUMN
CHANGE COLUMN	DELETE	DELETE COLUMN	DROP
DROP COLUMN	MODIFY	MODIFY COLUMN	

① 열 추가

```
ALTER TABLE 테이블이름
    ______________ 열이름 데이터형식;
```

② 열 삭제

```
ALTER TABLE 테이블이름
    ______________ 열이름;
```

③ 열 이름과 데이터 형식 변경

```
ALTER TABLE 테이블이름
    ______________ 기존_열이름 새_열이름 새_데이터형식;
```

연습문제

④ 외래키 제거

```
ALTER TABLE 테이블이름
    ________________ FOREIGN KEY 외래키이름;
```

12 뷰에 대한 설명으로 거리가 먼 것을 모두 고르시오.

① 뷰는 가상의 테이블이라고 할 수 있다.

② 뷰에는 실제 데이터가 존재하지 않는다.

③ 뷰는 MySQL 서비스가 재시작되면 자동으로 제거된다.

④ 뷰를 통해 원본 테이블을 수정할 수 없다.

⑤ 뷰의 실체는 SELECT 문이다.

13 다음 코드는 INSERT 문에서 오류가 발생한다. 그 이유를 간단히 설명하시오.

```
CREATE OR REPLACE VIEW v_birth1970
AS
    SELECT * FROM userTBL WHERE birthYear >= 1970
    WITH CHECK OPTION;

INSERT INTO v_birth1970 VALUES('KBM', '김병만', 1960, '서울', '010', '3333333', 155,
'2029-3-3');
```

응용 예제 MariaDB에서 제약 조건 설정하기

5장에서 생성한 singerDB를 사용하여 실습을 진행해보자. 일부 실습에서는 cookDB와 singerDB의 테이블 이름, 열 이름, 데이터 값이 다르므로 그에 맞게 SQL을 변경해야 한다. 다음을 참고하여 변경한다.

cookDB → singerdb	userName → mem_name	userID → mem_id
serTBL → member	prodName → prod_name	birthYear → mem_number
mobile1 → phone1	mobile2 → phone2	mDate → debut_date

tableDB

회원 테이블(member)

아이디	이름	인원	주소	국번	전화번호	평균 키	데뷔 일자
TWC	트와이스	9	서울	02	11111111	167	2015.10.19
BLK	블랙핑크	4	경남	055	22222222	163	2016.08.08
WMN	여자친구	6	경기	031	33333333	166	2015.01.15
OMY	오마이걸	7	서울			160	2015.04.21
GRL	소녀시대	8	서울	02	44444444	168	2007.08.02
ITZ	잇지	5	경남			167	2019.02.12
RED	레드벨벳	4	경북	054	55555555	161	2014.08.01
APN	에이핑크	6	경기	031	77777777	164	2011.02.10
SPC	우주소녀	13	서울	02	88888888	162	2016.02.25
MMU	마마무	4	전남	061	99999999	165	2014.06.19

PK

구매 테이블(purchase)

순번	아이디	물품	분류	단가	수량
1	BLK	지갑		30	2
2	BLK	맥북프로	디지털	1000	1
3	APN	아이폰	디지털	200	1
4	MMU	아이폰	디지털	200	5
5	BLK	청바지	패션	50	3
6	MMU	에어팟	디지털	80	10
7	GRL	쿡북 SQL	서적	15	5
8	APN	쿡북 SQL	서적	15	2
9	APN	청바지	패션	50	1
10	MMU	지갑		30	1
11	APN	쿡북 SQL	서적	15	1
12	MMU	지갑		30	4

PK FK

1 336쪽에 있는 **기본키 제약 조건**의 SQL 문을 입력하고 결과를 확인해보자.

STATISTICS (2r × 14c)

#	Table	Non_unique	Key_name	Seq_in_index	Column_name	Collation	Cardinality	Sub_part	Packed	Null	Index_type	Comment
1	prodtbl	0	PRIMARY	1	prodCode	A	0	(NULL)	(NULL)		BTREE	
2	prodtbl	0	PRIMARY	2	prodID	A	0	(NULL)	(NULL)		BTREE	

실행 결과(그림 9-3)

2 339쪽에 있는 **외래키 제약 조건**의 SQL 문을 입력하고 결과를 확인해보자.

STATISTICS (2r × 14c)

#	Table	Non_unique	Key_name	Seq_in_index	Column_name	Collation	Cardinality	Sub_part	Packed	Null	Index_type
1	purchase	0	PRIMARY	1	num	A	0	(NULL)	(NULL)		BTREE
2	purchase	1	FK_member_purchase	1	mem_id	A	0	(NULL)	(NULL)		BTREE

실행 결과(그림 9-4)

3 342쪽에 있는 **DEFAULT 제약 조건**의 SQL 문을 입력하고 결과를 확인해보자.

member (3r × 8c)

#	mem_id	mem_name	mem_number	addr	phone1	phone2	height	debut_date
1	BTS	방탄듬	0	서울	(NULL)	(NULL)	170	(NULL)
2	LIES	라이즈	7	대전	031	98765432	176	2030-05-05
3	SVN	세븐틴	0	서울	02	12345678	170	2029-12-12

실행 결과(그림 9-5)

4 345쪽에 있는 **[실습 9-2] 테이블 압축하기**를 수행하고 결과를 확인해보자.

TABLES (2r × 20c)

#	Name	Engine	Version	Row_format	Rows	Avg_row_length	Data_length	Max_data_length	Index_length	Data_free
1	compresstbl	InnoDB	10	Compressed	300,024	0	8,192	0	0	2,097,152
2	normaltbl	InnoDB	10	Dynamic	300,023	0	180,224	0	0	4,194,304

실행 결과

5 347쪽에 있는 **[실습 9-3] 임시 테이블 만들고 사용하기**를 수행하고 결과를 확인해보자.

HINT 별도의 HeidiSQL을 실행하여 작업을 진행한다.

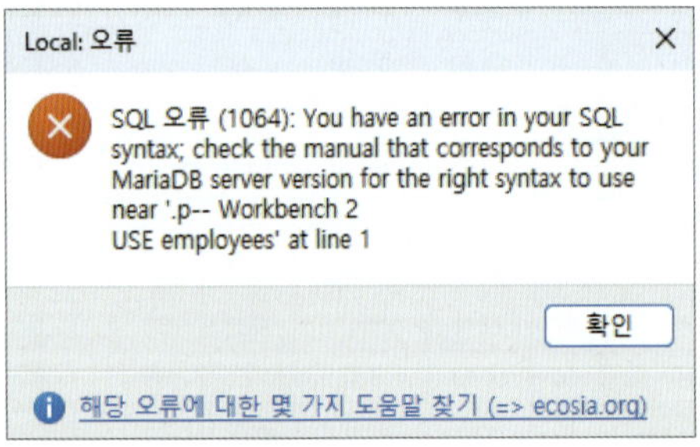

실행 결과(두 번째 쿼리 창)

6 364쪽에 있는 **[실습 9-5] 뷰 활용하기**를 수행하고 결과를 확인해보자.

v_sum (4r × 2c)

#	mem_id	total
1	APN	295
2	BLK	1,210
3	GRL	75
4	MMU	1,950

실행 결과(그림 9-23)

CHAPTER 10

인덱스

학습목표

- 인덱스의 개념을 이해하고 종류를 알아본다.
- 인덱스의 내부 작동 방식을 이해한다.
- 인덱스를 생성, 변경, 삭제하는 방법을 익힌다.
- 인덱스가 필요한 경우와 그렇지 않은 경우를 판단한다.

01 인덱스의 개요

1 인덱스의 개념

지금까지 테이블과 뷰 자체에 대해서만 알아보았다. 이 장에서 배울 인덱스는 어찌 보면 데이터베이스에 존재하지 않더라도 데이터를 조회하고 변경하는 데 아무 문제가 없다. 그럼에도 불구하고 인덱스는 데이터베이스의 성능에 매우 중요한 영향을 미치기 때문에 없어서는 안 될 개체이다.

인덱스는 데이터를 검색할 때, 특히 SELECT 문을 사용할 때 데이터에 빠르게 접근할 수 있도록 도와준다. 인덱스를 잘 활용하면 데이터에 접근하는 시간이 놀랄 만큼 빨라진다. 데이터베이스 튜닝 시 가장 큰 효과를 볼 수 있는 부분도 바로 인덱스이다. 한편 인덱스를 적절히 사용하면 시스템의 성능이 향상되지만 그렇지 않으면 오히려 성능이 떨어지기도 한다. 실제로 인덱스의 좋은 점만 보고 무리하게 인덱스를 생성했다가 전체 데이터베이스의 성능을 떨어뜨리는 경우가 종종 있다.

인덱스의 개념을 설명할 때 책을 예로 들곤 한다. 데이터베이스 이론서를 보고 있다고 가정해보자. 만약 책에서 PREPARE라는 단어가 나온 부분을 찾아야 한다면 어떻게 하겠는가? 찾아보기가 없는 책의 경우 첫 페이지부터 일일이 넘겨가면서 확인해보는 수밖에 없다. 운이 좋아 앞부분에서 PREPARE를 찾았더라도 이 단어가 한 번만 나온다는 보장이 없으니 마지막 페이지까지 계속 넘겨봐야 한다. 반면에 찾아보기가 있는 책은 찾아보기에 주요 용어가 가나다순, 알파벳순으로 정렬되어 있고 용어 옆에 쪽수가 적혀 있어 해당 페이지를 펼치면 원하는 내용을 바로 찾을 수 있다. MySQL의 인덱스는 바로 이와 같은 찾아보기와 상당히 비슷한 개념이다.

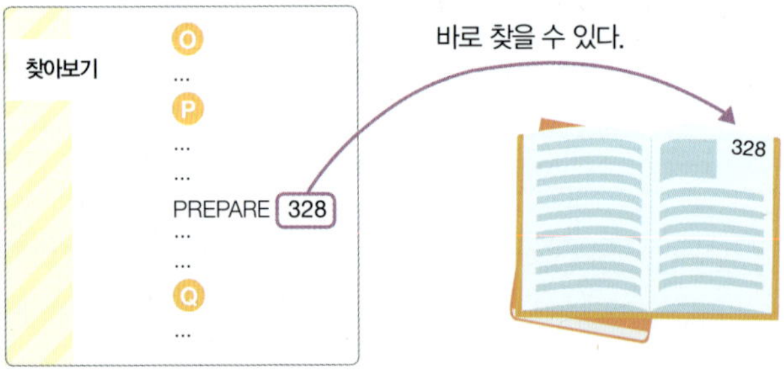

그림 10-1 책의 찾아보기

지금까지 살펴본 테이블에서는 인덱스를 고려하지 않았다. 즉 찾아보기가 없는 책과 마찬가지 방식으로 테이블을 사용했다. 그런데도 별 문제가 없었던 것은 데이터의 양이 적어서 인덱스를 만들지 않아도 성능에 큰 영향을 미치지 않았기 때문이다. 책에 비유하자면 전체 분량이 2~3쪽이라 찾아보기가 없어도 불편하지 않았던 셈이다. 하지만 수천 쪽에 달하는 두꺼운 책의 경우 찾아보기가 없다면 어떨까? 책에서 단어 하나를 찾을 때마다 몇 시간씩 걸릴 수도 있다. 반대로 찾아보기가 있다면 몇십 초 또는 몇 초 만에 원하는 단어를 찾을 수 있어 엄청난 시간이 절약된다.

테이블에서도 이 정도의 성능 차이가 발생할 수 있다. 대용량 테이블의 경우에는 더욱 그렇다. 이것이 바로 인덱스를 사용하는 이유이다. '데이터를 좀 더 빨리 찾을 수 있도록 도와주는 도구'인 인덱스를 생성하여 사용하면 빠른 응답 속도를 얻을 수 있다. 또한 서버 입장에서는 적은 처리량으로 결과를 얻음으로써 다른 요청을 더 많이 처리할 수 있어 전체 시스템의 성능이 향상된다.

2 인덱스의 문제점

인덱스는 단점도 있기 때문에 효율적으로 사용하는 것이 간단하지만은 않다. 인덱스의 문제점을 책의 찾아보기에 빗대어 살펴보자.

MySQL 관련 책의 경우 찾아보기에 MySQL이라는 단어가 등록되어 있을 것이다. 그런데 MySQL이라는 단어가 책의 거의 모든 페이지에 나오므로 찾아보기에 모두 표시한다면 쪽수가 수백 개일 것이다. 만약 찾아보기에 실린 단어가 모두 이런 식이라면 찾아보기의 분량이 엄청나게 많아져서 본문보다 더 두꺼워지는 난감한 상황이 될 수도 있다.

그럼에도 불구하고 일단 찾아보기를 통해 MySQL이라는 단어가 있는 페이지를 펼쳐 본다고 하자. 찾아보기를 보고 해당 페이지를 펼치고, 찾아보기를 보고 해당 페이지를 펼치고… 찾아보기에 적혀 있는 모든 페이지를 이런 식으로 왔다 갔다 하며 반복할 것이다. 이 경우에는 차라리 책을 첫 페이지부터 넘기면서 MySQL이라는 단어를 찾는 편이 훨씬 빠르고 효율적일 것이다. 찾아보기에 포함하지 말았어야 할 MySQL이라는 단어 때문에 쓸데없이 분량만 많아지고, 게다가 찾아보기를 사용하지 않을 때보다 단어를 찾는 시간이 더 걸린다.

TIP 이렇게 찾아보기를 사용하지 않고 책의 처음부터 끝까지 차례로 넘겨가며 찾는 것을 MySQL에서는 전체 테이블 검색이라고 한다.

실제 데이터베이스에서도 이와 비슷한 일이 일어난다. 필요 없는 인덱스를 만드는 바람에 데이터베이스가 차지하는 공간만 늘어나고, 인덱스를 이용하여 데이터를 찾는 것이 전체 테이블을 찾아보는 것보다 훨씬 느린 경우가 있다.

여기서 잠깐

인덱스 사용 여부 판단 데이터베이스에 인덱스를 생성해놓더라도, 인덱스를 사용하는 것이 빠르지 아니면 전체 테이블을 검색하는 것이 빠르지는 MySQL이 알아서 판단한다. 그렇다 해도 쓸데없는 인덱스를 만듦으로써 발생하는 문제점은 여전히 존재한다.

3 인덱스의 장단점

인덱스를 만들었을 때의 장점은 다음과 같다.

- 검색 속도가 매우 빨라진다(항상 그런 것은 아니다).
- 그 결과 해당 쿼리의 부하가 줄어들어 결국 전체 시스템의 성능이 향상된다.

인덱스를 만들었을 때의 단점은 다음과 같다.

- 인덱스를 저장할 공간이 필요하다. 대략 데이터베이스 크기의 10% 정도 추가 공간이 필요하다.
- 처음 인덱스를 생성하는 데 많은 시간이 소요된다.
- 데이터 변경(삽입, 수정, 삭제) 작업이 자주 일어날 경우 오히려 성능이 나빠질 수 있다.

위의 장단점은 보편적인 경우에 해당하며 예외적인 상황도 얼마든지 있다. 결국 인덱스는 잘 사용하면 검색, 특히 SELECT 문의 속도가 월등히 향상되고 시스템의 성능이 좋아지지만 잘못 사용하면 더 나빠지는 결과를 초래할 수도 있다.

02 인덱스의 종류와 자동 생성

1 인덱스의 종류

MySQL에서 사용하는 인덱스에는 클러스터형 인덱스(clustered index)와 보조 인덱스(secondary index)가 있다. 두 인덱스를 책에 비유하면 클러스터형 인덱스는 '영어 사전'과 같고 보조 인덱스는 '찾아보기가 있는 책'과 같다.

클러스터형 인덱스는 영어 사전처럼 책의 내용 자체가 순서대로 정렬되어 있어 인덱스가 책의 내용과 같다. 그리고 보조 인덱스는 앞에서 예로 들었던 데이터베이스 이론서처럼 찾아보기가 별도로 있고, 찾아보기에서 먼저 단어를 찾은 후 그 옆에 표시된 페이지로 이동하여 원하는 내용을 찾는 것과 마찬가지이다.

클러스터형 인덱스와 보조 인덱스는 뒤에서 자세히 살펴보고 여기서는 아래 내용만 기억하자. 당장 이해되지 않더라도 이 장을 배우고 나면 당연하게 여겨지는 말이 될 것이다.

> "클러스터형 인덱스는 테이블당 하나만 생성할 수 있고 보조 인덱스는 테이블당 여러 개를 생성할 수 있다. 또한 클러스터형 인덱스는 자신의 열을 기준으로 행 데이터를 자동으로 정렬한다."

여기서 잠깐

인덱스의 종류

인덱스의 종류는 클러스터형 인덱스와 보조 인덱스로 구분할 수도 있고 고유 인덱스(unique index)와 비고유 인덱스(nonunique index)로 구분할 수도 있다. 고유 인덱스는 인덱스 값이 중복되지 않는 인덱스를 말한다. 기본키나 UNIQUE 제약 조건을 설정하면 당연히 중복되는 데이터가 없기 때문에 고유 인덱스가 생성된다. 만약 비고유 인덱스, 즉 인덱스 값이 중복되는 인덱스를 생성하고 싶다면 기본키나 UNIQUE 제약 조건을 설정하지 않은 열에 인덱스를 생성하면 된다. 이는 뒤에서 배울 'ALTER TABLE … ADD INDEX …' 또는 'CREATE INDEX …' 구문으로 생성할 수 있다. 이 책에서는 클러스터형 인덱스와 보조 인덱스를 주로 다룰 것이며, 고유 인덱스와 비고유 인덱스는 여기서 설명한 정도만 알아두면 된다.

2 자동으로 생성되는 인덱스

앞 절에서 인덱스의 개념과 장단점을 이해했을 테니 이제 본격적으로 테이블에 생성되는 인덱스를 살펴보자. 인덱스는 테이블의 열(칼럼) 단위로 생성하는데, 하나의 열에 생성할 수도 있고 여러 열에 생성할 수도 있다. 쉽게 이해할 수 있도록 cookDB의 회원 테이블(userTBL)에서 하나의 열에 하나의 인덱스를 생성하는 경우를 살펴보자.

회원 테이블(userTBL)

아이디	이름	생년	지역	국번	전화번호	키	가입일
YJS	유재석	1972	서울	010	11111111	178	2008.8.8
KHD	강호동	1970	경북	011	22222222	182	2007.7.7
KKJ	김국진	1965	서울	019	33333333	171	2009.9.9
KYM	김용만	1967	서울	010	44444444	177	2015.5.5
KJD	김제동	1974	경남			173	2013.3.3
NHS	남희석	1971	충남	016	66666666	180	2017.4.4
SDY	신동엽	1971	경기			176	2008.10.10
LHJ	이휘재	1972	경기	011	88888888	180	2006.4.4
LKK	이경규	1960	경남	018	99999999	170	2004.12.12
PSH	박수홍	1970	서울	010	00000000	183	2012.5.5

그림 10-2 cookDB의 회원 테이블

회원 테이블의 열마다 인덱스 하나를 생성하면 8개의 인덱스를 생성할 수 있다. 회원 테이블을 생성할 때 작성한 SQL 문을 다시 살펴보자. 아이디(userID) 열을 기본키로 설정했는데, 이렇게 기본키를 설정하면 자동으로 아이디 열에 클러스터형 인덱스가 생성된다.

```
CREATE TABLE userTBL
( userID char(8) NOT NULL PRIMARY KEY,
  userName varchar(10) NOT NULL,
  birthYear int NOT NULL,
  …
```

TIP 클러스터형 인덱스와 기본키 인덱스는 같은 말이다.

앞에서 '클러스터형 인덱스는 테이블당 하나만 생성된다'고 했다. 또한 기본키는 당연히 테이블당 하나만 생성할 수 있다. 따라서 기본키(1개만 가능)가 설정된 열에 클러스터형 인덱스(1개만 가능)가 생성되는 것은 자연스러운 일이다.

테이블을 만들 때 자동으로 생성되는 인덱스의 특징을 짚고 넘어가자. 다음 특징은 [실습 10-1]에서 살펴볼 것이다.

> "테이블을 생성할 때 특정 열을 기본키로 설정하거나 UNIQUE 제약 조건을 설정하면 그 열에 자동으로 인덱스가 생성된다."

실습 10-1 제약 조건으로 자동 생성되는 인덱스 확인하기

1 테이블 만들고 자동으로 생성된 인덱스 확인하기

테이블을 만들 때 설정한 제약 조건에 따라 인덱스가 어떻게 생성되는지 확인해보자.

1-1 cookDB에 TBL1 테이블을 만들고 a 열을 기본키로 설정한다.

```
USE cookDB;
CREATE TABLE TBL1
( a INT PRIMARY KEY,
  b INT,
  c INT
);
```

1-2 TBL1 테이블에 구성된 인덱스의 상태를 확인한다. 예상대로 a 열에 고유 인덱스가 생성되어 있다. Key_name의 PRIMARY는 클러스터형 인덱스를 의미한다.

```
SHOW INDEX FROM TBL1;
```

Table	Non_unique	Key_name	Seq_in_index	Column_name	Collation	Cardinality	Sub_part	Packed	Null	Index_type	Comment
tbl1	0	PRIMARY	1	a	A	0	NULL	NULL		BTREE	

그림 10-3 인덱스 확인 1

1-3 TBL2 테이블을 만들고 기본키와 UNIQUE 제약 조건을 설정한다. UNIQUE 제약 조건은 한 테이블에 여러 개를 설정할 수 있다.

```
CREATE TABLE TBL2
( a INT PRIMARY KEY,
  b INT UNIQUE,
  c INT UNIQUE,
  d INT
);
SHOW INDEX FROM TBL2;
```

여기서 잠깐

SHOW INDEX FROM 테이블이름 문의 결과

- **Non_unique:** 0이면 고유 인덱스를, 1이면 비고유 인덱스를 의미한다.
- **Key_name:** Index_name과 같은 의미로, 인덱스 이름을 나타낸다. PRIMARY라고 표기되어 있으면 클러스터형 인덱스라고 보면 된다(예외도 있다). 보조 인덱스는 Key_name 부분에 열 이름 또는 키 이름이 표기된다.
- **Seq_in_index:** 해당 열에 여러 개의 인덱스가 설정되었을 때 순서를 나타낸다. 대부분 1로 되어 있다.
- **Cardinality:** 중복되지 않은 데이터의 개수가 들어 있다. 이 값은 데이터를 입력하거나 ANALIZE TABLE 문을 수행할 때 변경된다.
- **Null:** NULL 값 허용 여부를 나타내는데, 비어 있으면 NO를 의미한다.
- **Index_type:** 인덱스가 어떤 형태로 구성되었는지를 나타내는데, MySQL은 기본적으로 B-Tree의 구조이다.

	Table	Non_unique	Key_name	Seq_in_index	Column_name	Collation	Cardinality	Sub_part	Packed	Null	Index_type
▶	tbl2	0	PRIMARY	1	a	A	0	NULL	NULL		BTREE
	tbl2	0	b	1	b	A	0	NULL	NULL	YES	BTREE
	tbl2	0	c	1	c	A	0	NULL	NULL	YES	BTREE

그림 10-4 인덱스 확인 2

TBL2 테이블에 UNIQUE 제약 조건을 설정하면 보조 인덱스가 자동으로 생성되는 것을 확인할 수 있다. 보조 인덱스는 테이블당 여러 개를 만들 수 있으므로 여러 개의 보조 인덱스가 생성되는 것은 문제가 되지 않는다.

1-4 TBL3 테이블을 만들고 기본키 없이 UNIQUE 제약 조건만 설정한다. 모두 보조 인덱스로 생성된다. 클러스터형 인덱스가 비었다고 해서 UNIQUE 제약 조건을 설정한 열에 클러스터형 인덱스가 생성되는 것은 아니다.

```
CREATE TABLE TBL3
( a INT UNIQUE,
  b INT UNIQUE,
  c INT UNIQUE,
  d INT
);
SHOW INDEX FROM TBL3;
```

	Table	Non_unique	Key_name	Seq_in_index	Column_name	Collation	Cardinality	Sub_part	Packed	Null	Index_type
▶	tbl3	0	a	1	a	A	0	NULL	NULL	YES	BTREE
	tbl3	0	b	1	b	A	0	NULL	NULL	YES	BTREE
	tbl3	0	c	1	c	A	0	NULL	NULL	YES	BTREE

그림 10-5 인덱스 확인 3

1-5 TBL4 테이블을 만들고 UNIQUE 제약 조건을 설정한 열 중 하나에 클러스터형 인덱스를 생성한다. 다음과 같이 UNQUE 제약 조건에 NOT NULL을 설정하면 클러스터형 인덱스가 생성된다.

```
CREATE TABLE TBL4
( a INT UNIQUE NOT NULL,
  b INT UNIQUE,
  c INT UNIQUE,
  d INT
);
SHOW INDEX FROM TBL4;
```

	Table	Non_unique	Key_name	Seq_in_index	Column_name	Collation	Cardinality	Sub_part	Packed	Null	Index_type
▶	tbl4	0	a	1	a	A	0	NULL	NULL		BTREE
	tbl4	0	b	1	b	A	0	NULL	NULL	YES	BTREE
	tbl4	0	c	1	c	A	0	NULL	NULL	YES	BTREE

그림 10-6 인덱스 확인 4

결과를 보면 a 열의 Non_unique 값이 0이므로 고유 인덱스이고, Null 값이 비어 있으므로 NOT NULL이 된다. 그러므로 a 열에 클러스터형 인덱스가 생성된 것이다.

1-6 TBL5 테이블을 만들고 a 열에는 UNIQUE 제약 조건에 NOT NULL을 설정하고 d 열에는 기본키를 설정한다.

```
CREATE TABLE  TBL5
( a INT UNIQUE NOT NULL,
  b INT UNIQUE,
  c INT UNIQUE,
  d INT PRIMARY KEY
);
SHOW INDEX FROM TBL5;
```

	Table	Non_unique	Key_name	Seq_in_index	Column_name	Collation	Cardinality	Sub_part	Packed	Null	Index_type
▶	tbl5	0	PRIMARY	1	d	A	0	NULL	NULL		BTREE
	tbl5	0	a	1	a	A	0	NULL	NULL		BTREE
	tbl5	0	b	1	b	A	0	NULL	NULL	YES	BTREE
	tbl5	0	c	1	c	A	0	NULL	NULL	YES	BTREE

그림 10-7 인덱스 확인 5

결과를 보면 d 열이 PRIMARY로 설정되었다. 이러한 경우에는 d 열에 클러스터형 인덱스가 생성되고 a 열에는 보조 인덱스가 생성된다. 클러스터형 인덱스는 테이블당 하나밖에 생성되지 않으므로 기본키로 설정한 열에 우선 클러스터형 인덱스가 생성된다.

2 클러스터형 인덱스의 정렬 확인하기

앞에서 '클러스터형 인덱스는 행 데이터를 자신의 열을 기준으로 정렬한다'고 했는데, 사실 이 내용은 5장에서 cookDB의 회원 테이블을 만들 때 살펴보았다. 그때는 인덱스를 공부하기 전이니 예리한 독자만 이상하다고 생각했을 것이다.

2-1 간단한 실습을 위해 회원 테이블의 열만 정의한다.

```
CREATE DATABASE IF NOT EXISTS testDB;
USE testDB;
DROP TABLE IF EXISTS userTBL;
CREATE TABLE userTBL
( userID char(8) NOT NULL PRIMARY KEY,
  userName varchar(10) NOT NULL,
  birthYear int NOT NULL,
  addr char(2) NOT NULL
);
```

2-2 데이터를 입력하고 확인해보자.

```
INSERT INTO userTBL VALUES ('YJS', '유재석', 1972, '서울');
INSERT INTO userTBL VALUES ('KHD', '강호동', 1970, '경북');
INSERT INTO userTBL VALUES ('KKJ', '김국진', 1965, '서울');
INSERT INTO userTBL VALUES ('KYM', '김용만', 1967, '서울');
INSERT INTO userTBL VALUES ('KJD', '김제동', 1974, '경남');
SELECT * FROM userTBL;
```

	userID	userName	birthYear	addr
▶	KHD	강호동	1970	경북
	KJD	김제동	1974	경남
	KKJ	김국진	1965	서울
	KYM	김용만	1967	서울
	YJS	유재석	1972	서울
*	NULL	NULL	NULL	NULL

그림 10-8 쿼리 실행 결과 1

데이터를 입력할 때는 유재석, 강호동, 김국진, 김용만, 김제동 순이었으나 조회 결과는 강호동, 김제동, 김국진, 김용만, 유재석 순이다. 이는 아이디(userID) 열에 클러스터형 인덱스가 생성되어 데이터를 입력하는 동시에 아이디순으로 정렬하기 때문이다.

2-3 아이디 열의 기본키를 제거하고 이름(userName) 열을 기본키로 설정한다.

```
ALTER TABLE userTBL DROP PRIMARY KEY;
ALTER TABLE userTBL
    ADD CONSTRAINT pk_userName PRIMARY KEY (userName);
SELECT * FROM userTBL;
```

	userID	userName	birthYear	addr
▶	KHD	강호동	1970	경북
	KKJ	김국진	1965	서울
	KYM	김용만	1967	서울
	KJD	김제동	1974	경남
	YJS	유재석	1972	서울
*	NULL	NULL	NULL	NULL

그림 10-9 쿼리 실행 결과 2

결과를 보면 데이터의 내용은 변화가 없으나 이름 열을 기준으로 정렬되었다. 이름 열에 클러스터형 인덱스가 생성되었기 때문이다. 이것의 내부적인 작동은 3절에서 설명하겠다.

TIP 위의 예는 데이터가 몇 건뿐이지만 수백만 건 이상의 데이터가 있는 상태에서 기본키를 변경했다면 MySQL이 아주 많은 작업을 했을 것이다.

위 실습을 통해 몇 가지 결론을 내릴 수 있다.

- PRIMARY KEY로 지정한 열에 클러스터형 인덱스가 생성된다.
- UNIQUE NOT NULL로 지정한 열에 클러스터형 인덱스가 생성된다.
- UNIQUE 또는 UNIQUE NULL로 지정한 열에 보조 인덱스가 생성된다.
- PRIMARY KEY와 UNIQUE NOT NULL이 같이 있으면 PRIMARY KEY로 지정한 열에 우선 클러스터형 인덱스가 생성된다.
- PRIMARY KEY로 지정한 열을 기준으로 데이터가 오름차순 정렬된다.

여기서 잠깐

인덱스 설정

인덱스는 보통 테이블을 만들 때 기본키 또는 UNIQUE 제약 조건이 설정된 열에 생성된다. 따라서 인덱스 자체를 구성하는 데 많은 시간이 걸리지 않는다. 하지만 많은 데이터가 입력된 후에 ALTER 문으로 기본키 또는 UNIQUE 제약 조건을 설정하면 인덱스를 구성하는 데 많은 시간이 걸린다. 예를 들어 운영되고 있는 기존의 대량 테이블에 인덱스를 생성한다면 시스템이 엄청나게 느려져서 심각한 상황이 발생할 것이다(최신 MySQL 버전은 인덱스 생성 속도가 향상되기는 했지만, 그래도 데이터의 양에 따라서 몇 시간이나 그 이상이 걸릴 수도 있다). 따라서 운영 중인 데이터베이스에 인덱스를 생성할 때는 주의해야 한다.

03 인덱스의 내부 작동

1 B-Tree의 개요

B-Tree(Balanced Tree, 균형 트리)는 '자료 구조'에 나오는, 범용적으로 사용되는 데이터 구조이다. 인덱스를 표현할 때 많이 사용하는 B-Tree는 말 그대로 균형이 잡힌 트리이다. [그림 10-10]을 보자.

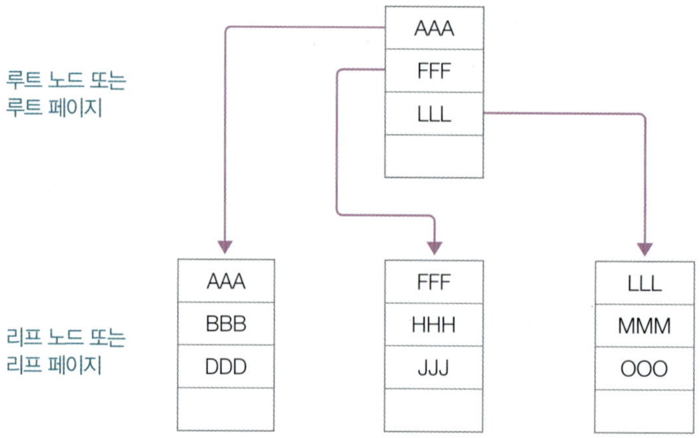

그림 10-10 B-Tree의 기본 구조

노드(node)는 트리 구조에서 데이터가 존재하는 공간을 말하며, 위 그림에서는 노드가 4개이다. 루트 노드(root node)는 가장 상위에 있는 노드로, 모든 출발은 이 루트 노드에서 시작한다. 그리고 리프 노드(leaf node)는 가장 말단에 있는 노드이다. [그림 10-10]에서는 트리가 두 단계로 표현되었지만 데이터가 많으면 세 단계 또는 그 이상으로 늘어난다. 루트 노드와 리프 노드의 중간에 끼인 노드는 중간 노드라고 한다.

노드는 개념을 설명하기 위해 사용하는 용어이다. MySQL에서는 이 노드를 페이지라고 한다. 페이지는 최소한의 저장 단위로 크기가 16KB이며, 아무리 작은 데이터를 저장하더라도 1개의 페이지(16KB)를 사용한다.

TIP [그림 10-10]에서는 페이지당 데이터가 4개만 들어간다고 가정했다. 참고로 MySQL은 한 페이지가 16KB이지만 다른 DBMS에서는 8KB 등의 크기도 많이 사용한다.

MySQL에서는 인덱스를 구현할 때 페이지로 구성된 B-Tree 구조를 사용한다. B-Tree 구조는 데이터를 검색할 때(SELECT 문을 사용할 때) 매우 뛰어난 성능을 발휘한다. [그림 10-10]에서 MMM이라는 데이터를 검색한다고 가정해보자. 만약 B-Tree 구조가 아니라면 루트 페이지와 그 아래 연결이 존재하지 않고 리프 페이지만 있을 것이다. 이러한 상황에서는 처음부터 검색하는 수밖에 없으므로 AAA부터 MMM까지 8건의 데이터(3개 페이지)를 검색하고 나서야 결과를 얻을 수 있다.

TIP 이처럼 데이터를 처음부터 끝까지 검색하는 것을 전체 테이블 검색이라고 한다.

이번에는 B-Tree 구조에서 MMM이라는 데이터를 검색하는 경우를 생각해보자. 먼저 루트 페이지를 검색한다. 페이지 내의 모든 데이터가 정렬되어 있으므로 AAA, FFF, LLL이라는 데이터를 읽은 후 MMM이 LLL 다음에 나오므로 세 번째 리프 페이지로 직접 이동한다. 그리고 세 번째 리프 페이지에서 LLL, MMM이라는 데이터를 읽어 MMM을 찾는다. 결국 루트 페이지에서 3건(AAA, FFF, LLL), 리프 페이지에서 2건(LLL, MMM), 총 5건의 데이터를 검색하면 원하는 결과를 얻을 수 있으며, 이 과정에서 2개의 페이지를 읽는다.

TIP 위의 내용은 개념적으로 설명한 것이며 실제 작동은 차이가 있다.

[그림 10-10]은 2단계뿐이라 B-Tree 구조에서의 검색 효용성을 크게 느끼지 못할 것이다. 하지만 데이터의 양이 클 때(깊은 단계)는 그 차이를 실감할 수 있다.

2 페이지 분할

앞에서 데이터를 검색하는 데 B-Tree가 효율적인 구조라는 것을 확인했는데, 이는 인덱스를 구성하면 SELECT 문의 속도가 급격히 향상될 수 있음을 뜻한다.

TIP '향상된다'가 아니라 '향상될 수 있다'라고 표현한 이유는, 이 장의 앞에서 설명했듯이 인덱스가 항상 좋은 것만은 아니기 때문이다.

그런데 인덱스를 구성하면 데이터 삽입(INSERT), 수정(UPDATE), 삭제(DELETE)와 같은 변경 작업을 할 때 성능이 나빠진다. 특히 데이터를 삽입할 때 급격히 느려지는데, 이는 '페이지 분할'이라는 작업이 발생하기 때문이다. 이러한 작업이 자주 발생하면 MySQL의 성능이 매우 나빠진다.

[그림 10-10]에 III라는 새로운 데이터를 삽입하는 경우를 살펴보자. [그림 10-11]을 보면 B-Tree의 두 번째 리프 페이지에 다행히(?) 빈 공간이 있어서 JJJ가 아래로 한 칸 이동하고 III가 그 자리에 삽입된다. 페이지 내 데이터가 정렬되어야 하기 때문에 JJJ가 한 칸 이동했을 뿐 큰 작업이 일어나지 않았다.

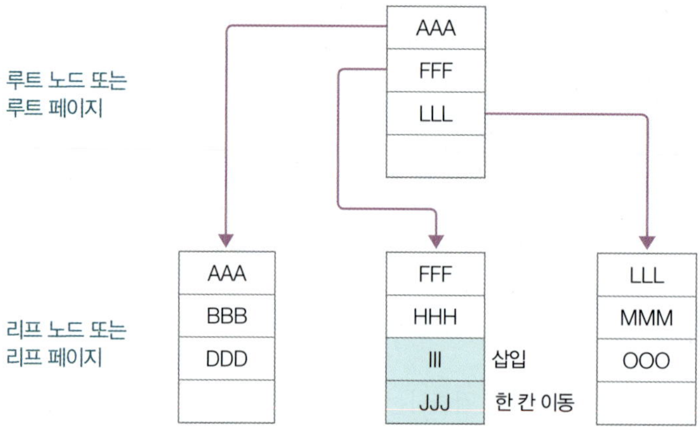

그림 10-11 III를 삽입하는 경우

다시 GGG라는 새로운 데이터를 삽입해보자. 이제는 두 번째 리프 페이지에 빈 공간이 없기 때문에 페이지 분할 작업이 일어난다. MySQL은 우선 비어 있는 페이지를 하나 확보한 후 두 번째 리프 페이지의 데이터를 공평하게 나눈다.

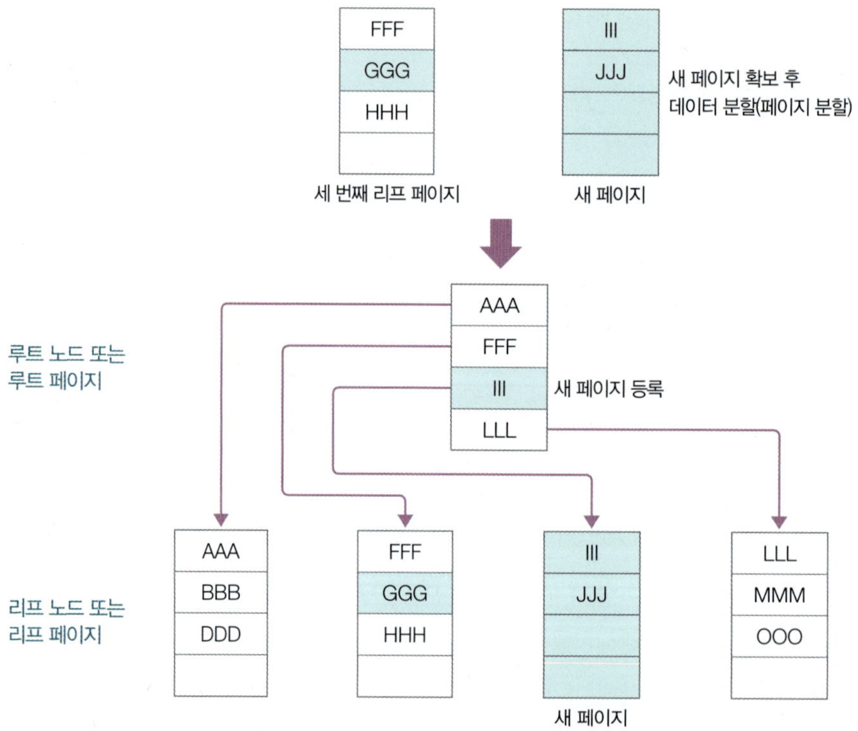

그림 10-12 GGG를 삽입하는 경우

위 그림을 보면 데이터를 1개만 추가했는데 많은 작업이 일어났다. 페이지를 확보한 후 페이지 분할 작업을 하고, 루트 페이지에도 새로 등록된 페이지의 맨 위에 있는 데이터 III가 등록되었다.

이번에는 PPP와 QQQ라는 데이터를 동시에 삽입해보자.

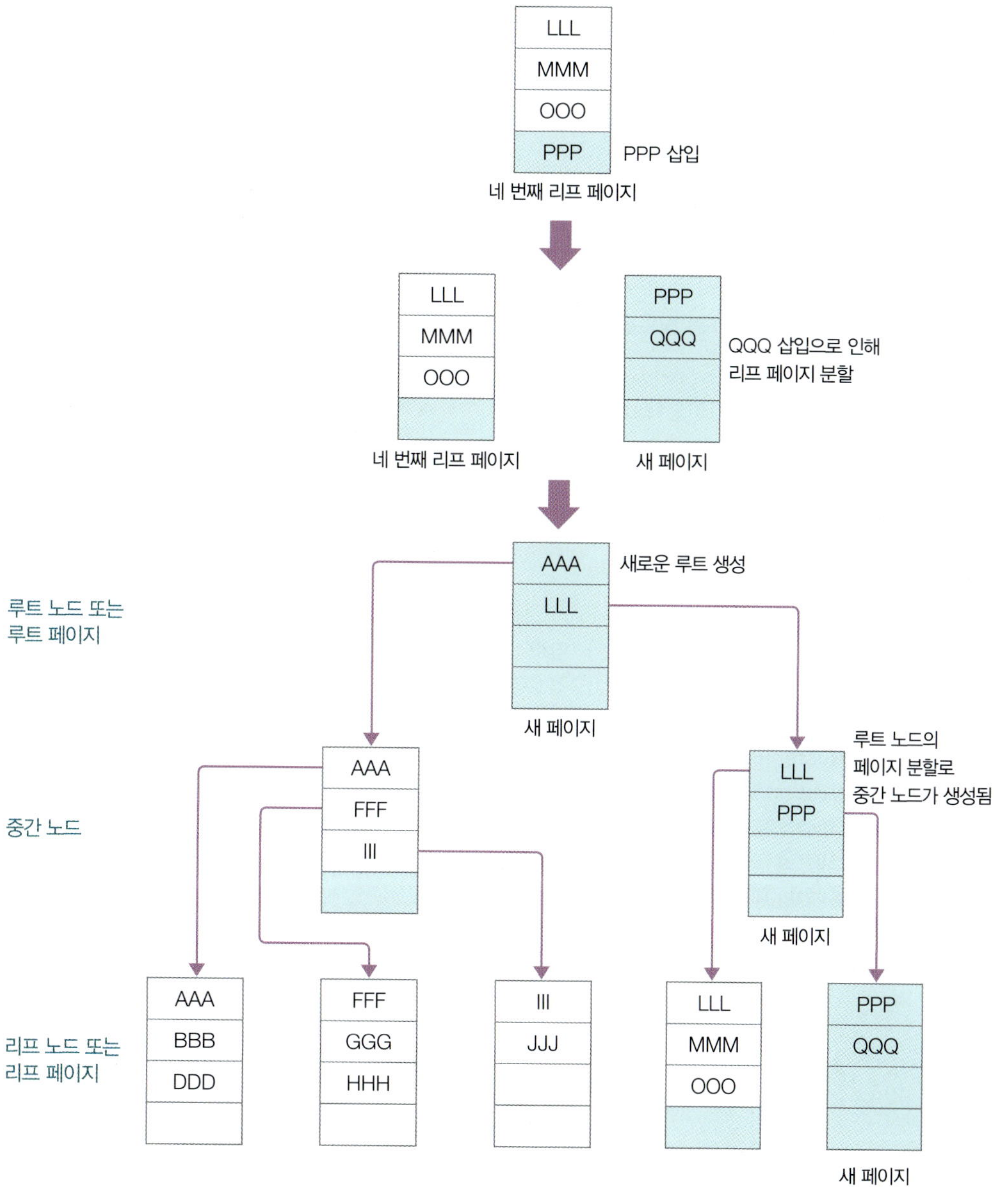

그림 10-13 PPP와 QQQ를 삽입하는 경우

먼저 PPP는 네 번째 리프 페이지에 빈칸이 있으므로 맨 마지막에 추가된다. 다음으로 QQQ를 삽입하려니 네 번째 리프 페이지에 빈칸이 없어서 페이지 분할 작업이 일어난다. 그런데 페이지를 분할한 후 추가된 다섯 번째 리프 페이지를 루트 페이지에 등록하려고 보니 루트 페이지도 이미 꽉 차서 등록할 곳이 없다. 이럴 때는 루트 페이지도 분할해야 한다. 루트 페이지를 분할하면 루트 페이지가 있던 곳은 더 이상 루트 페이지가 아니라 중간 페이지가 된다. 따라서 새로운 루트 페이지를 할당한 후 중간 노드를 가리키는 페이지로 구성하면 삽입이 끝난다. 결국 QQQ를 삽입하기 위해 새로운 페이지 3개가 생성되고 2회의 페이지 분할이 발생한다. 인덱스를 구성하면 데이터 변경(INSERT, UPDATE, DELETE) 시 왜 성능이 느려지는지 이제 이해가 될 것이다.

3 클러스터형 인덱스와 보조 인덱스

3.1 클러스터형 인덱스와 보조 인덱스의 구조

클러스터형 인덱스와 보조 인덱스의 구조는 어떻게 다를까? 우선 인덱스 없이 테이블을 생성하고 다음과 같이 데이터를 입력하는 경우를 살펴보자.

```
CREATE DATABASE IF NOT EXISTS testDB;
USE testDB;
DROP TABLE IF EXISTS clusterTBL;
CREATE TABLE clusterTBL
( userID char(8),
  userName varchar(10)
);
INSERT INTO clusterTBL VALUES ('YJS', '유재석');
INSERT INTO clusterTBL VALUES ('KHD', '강호동');
INSERT INTO clusterTBL VALUES ('KKJ', '김국진');
INSERT INTO clusterTBL VALUES ('KYM', '김용만');
INSERT INTO clusterTBL VALUES ('KJD', '김제동');
INSERT INTO clusterTBL VALUES ('NHS', '남희석');
INSERT INTO clusterTBL VALUES ('SDY', '신동엽');
INSERT INTO clusterTBL VALUES ('LHJ', '이휘재');
INSERT INTO clusterTBL VALUES ('LKK', '이경규');
INSERT INTO clusterTBL VALUES ('PSH', '박수홍');
```

만약 페이지당 4개의 행이 입력된다면 위의 데이터는 [그림 10-14]와 같이 구성된다. 그림에서 데이터가 정렬된 순서는 입력된 내용과 동일하다.

그림 10-14 인덱스가 없는 테이블의 내부 구성

데이터를 확인해보자.

```
SELECT * FROM clusterTBL;
```

userID	userName
YJS	유재석
KHD	강호동
KKJ	김국진
KYM	김용만
KJD	김제동
NHS	남희석
SDY	신동엽
LHJ	이휘재
LKK	이경규
PSH	박수홍

그림 10-15 쿼리 실행 결과 3

여기서 잠깐

MySQL의 페이지 크기

이 책에서 그림으로 표현한 페이지의 크기는 이해를 돕기 위해 가정한 것이다. MySQL의 기본 페이지 크기는 16KB이므로 훨씬 많은 행 데이터가 들어간다. 참고로 MySQL의 페이지 크기는 SHOW VARIABLES LIKE 'innodb_page_size' 문으로 확인할 수 있다. 또한 필요시 4KB, 8KB, 16KB, 32KB, 64KB로 변경할 수도 있다.

위 테이블의 userID에 클러스터형 인덱스를 구성해보자. userID를 기본키로 지정하면 클러스터형 인덱스가 자동으로 생성된다.

```
ALTER TABLE clusterTBL
    ADD CONSTRAINT PK_clusterTBL_userID
        PRIMARY KEY (userID);
```

다시 데이터를 확인해보자.

```
SELECT * FROM clusterTBL;
```

결과를 보면 userID를 기준으로 오름차순 정렬되었다. userID를 기준으로 클러스터형 인덱스가 생성되었기 때문이다. 실제 데이터는 [그림 10-17]과 같이 리프 페이지 내에 데이터가 정렬되고 B-Tree 형태의 인덱스가 형성된다.

userID	userName
KHD	강호동
KJD	김제동
KKJ	김국진
KYM	김용만
LHJ	이휘재
LKK	이경규
NHS	남희석
PSH	박수홍
SDY	신동엽
YJS	유재석

그림 10-16 쿼리 실행 결과 4

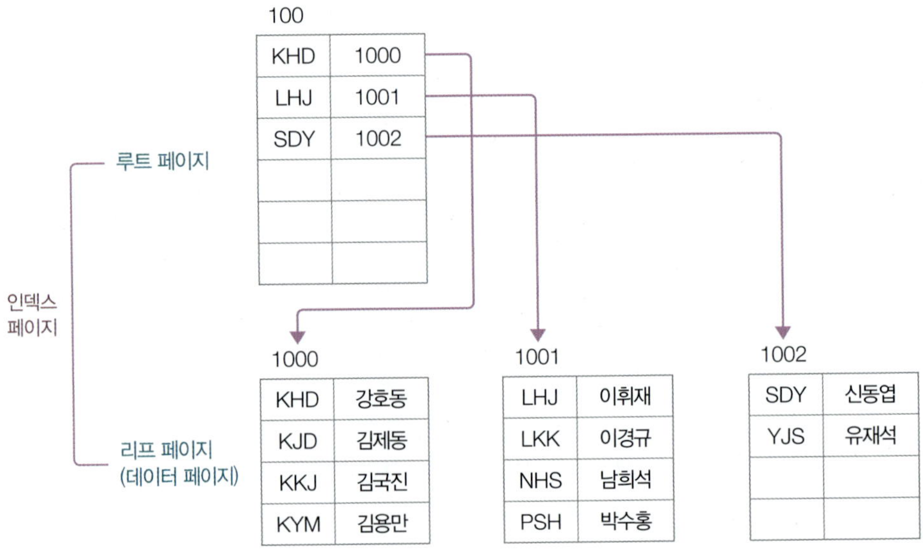

그림 10-17 클러스터형 인덱스를 구성하는 경우

클러스터형 인덱스는 행 데이터를 해당 열(기본키)로 정렬한 후 루트 페이지를 만드는 식으로 구성한다. 클러스터형 인덱스는 영어 사전과 같다고 했는데, 영어 사전은 내용 자체가 알파벳순의 찾아보기(인덱스)로 구성되어 있기 때문에 찾아보기를 따라가면 결국 찾는 영어 단어(리프 페이지)를 만나게 된다.

[그림 10-17]에서 보듯이 클러스터형 인덱스는 루트 페이지와 리프 페이지(중간 페이지가 있다면 중간 페이지도 포함)로 구성되며, 동시에 인덱스 페이지의 리프 페이지가 데이터 그 자체이다. 따라서 리프 페이지가 곧 데이터 페이지이다.

이번에는 보조 인덱스를 만들어보자. 다음 쿼리를 작성하면 [그림 10-14]와 동일한 구조가 형성된다.

```
CREATE DATABASE IF NOT EXISTS testDB;
USE testDB;
DROP TABLE IF EXISTS secondaryTBL;
CREATE TABLE secondaryTBL
( userID char(8),
  userName varchar(10)
);
INSERT INTO secondaryTBL VALUES ('YJS', '유재석');
INSERT INTO secondaryTBL VALUES ('KHD', '강호동');
INSERT INTO secondaryTBL VALUES ('KKJ', '김국진');
INSERT INTO secondaryTBL VALUES ('KYM', '김용만');
INSERT INTO secondaryTBL VALUES ('KJD', '김제동');
INSERT INTO secondaryTBL VALUES ('NHS', '남희석');
INSERT INTO secondaryTBL VALUES ('SDY', '신동엽');
INSERT INTO secondaryTBL VALUES ('LHJ', '이휘재');
INSERT INTO secondaryTBL VALUES ('LKK', '이경규');
INSERT INTO secondaryTBL VALUES ('PSH', '박수홍');
```

테이블의 특정 열에 UNIQUE 제약 조건을 설정하면 보조 인덱스가 생성된다. userID 열에 UNIQUE 제약 조건을 설정한다.

```
ALTER TABLE secondaryTBL
    ADD CONSTRAINT UK_secondaryTBL_userID
        UNIQUE (userID);
```

데이터의 순서를 확인해보자.

```
SELECT * FROM secondaryTBL;
```

userID	userName
YJS	유재석
KHD	강호동
KKJ	김국진
KYM	김용만
KJD	김제동
NHS	남희석
SDY	신동엽
LHJ	이휘재
LKK	이경규
PSH	박수홍

그림 10-18 쿼리 실행 결과 5

입력한 순서와 다르지 않다. 보조 인덱스는 내부적으로 [그림 10-19]와 같이 구성된다.

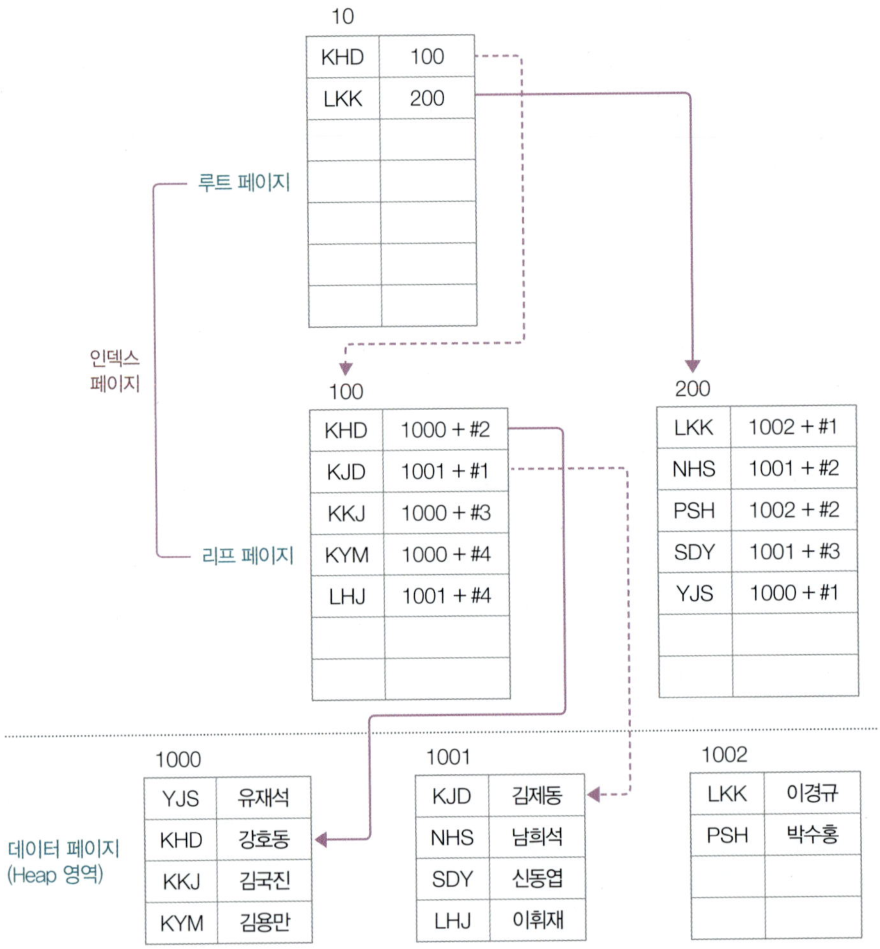

그림 10-19 보조 인덱스를 구성하는 경우

위 그림을 보면 보조 인덱스는 데이터 페이지를 건드리지 않고 별도의 장소에 인덱스 페이지를 생성한다. 그리고 인덱스 페이지의 리프 페이지에 인덱스로 구성한 열(여기서는 userID)을 정렬한 후 데이터 위치 포인터를 생성한다. 데이터 위치 포인터는 클러스터형 인덱스와 달리 주솟값(페이지 번호 + #오프셋)을 기록하여 바로 데이터의 위치를 가리킨다. 한 예로 KHD는 1000번 페이지의 두 번째(#2)에 데이터가 있다고 기록되어 있다. 데이터 위치 포인터는 데이터가 위치한 고유한 값을 나타낸다.

3.2 클러스터형 인덱스와 보조 인덱스의 활용

클러스터형 인덱스는 데이터 검색 속도가 보조 인덱스보다 빠르다. 일부 예외 상황도 있으나 일반적으로 클러스터형 인덱스가 더 빠르다고 보아도 무리가 없다. 이를 확인하기 위해 클러스터형 인덱스와 보조 인덱스에서 데이터를 검색해보자.

[그림 10-17]의 클러스터형 인덱스에서 NHS(남희석)를 검색하는 경우 루트 페이지(100번)와 리프 페이지(1001번), 총 2개 페이지만 읽어야 한다. 반면에 [그림 10-19]의 보조 인덱스에서 NHS(남희석)를 검색할 때는 인덱스 페이지의 루트 페이지(10번), 리프 페이지(200번)와 데이터 페이지(1001번), 총 3개 페이지를 읽어야 한다.

위의 예에서는 클러스터형 인덱스에서 검색할 때와 보조 인덱스에서 검색할 때 한 페이지밖에 차이가 나지 않지만 범위로 검색하면 그 차이가 훨씬 크다. userID가 A~K인 사용자를 모두 검색해 보자. [그림 10-17]의 클러스터형 인덱스에서는 루트 페이지(100번)와 리프 페이지(1000번), 총 2개 페이지만 읽으면 원하는 데이터를 찾을 수 있다. 어차피 리프 페이지는 정렬되어 있고 이 리프 페이지가 곧 데이터 페이지이므로 클러스터형 인덱스는 범위로 검색할 때 성능이 우수하다.

한편 [그림 10-19]의 보조 인덱스에서는 루트 페이지와 리프 페이지 중 100번 페이지를 읽으면 된다. 그런데 데이터를 검색하려고 보니 범위에 KHD, KJD, KKJ, KYM 중에서 KHD, KKJ, KYM과 KJD가 다른 페이지에 존재한다. 그러므로 KHD, KKJ, KYM을 검색하기 위해 1000번 페이지를, KJD를 검색하기 위해 1001번 페이지를 읽어야 한다. 결과적으로 A~K인 사용자를 모두 검색하기 위해 보조 인덱스는 10번, 100번, 1000번, 1001번, 총 4개 페이지를 읽어야 한다. 따라서 4개 페이지를 읽은 보조 인덱스보다 2개 페이지만 읽은 클러스터형 인덱스의 검색이 더 빠르다.

이번에는 클러스터형 인덱스와 보조 인덱스에서 데이터를 삽입해보자. 먼저 [그림 10-17]의 클러스터형 인덱스에 새로운 데이터를 삽입한다.

```
INSERT INTO clusterTBL VALUES ('KKK', '크크크');
INSERT INTO clusterTBL VALUES ('MMM', '마마무');
```

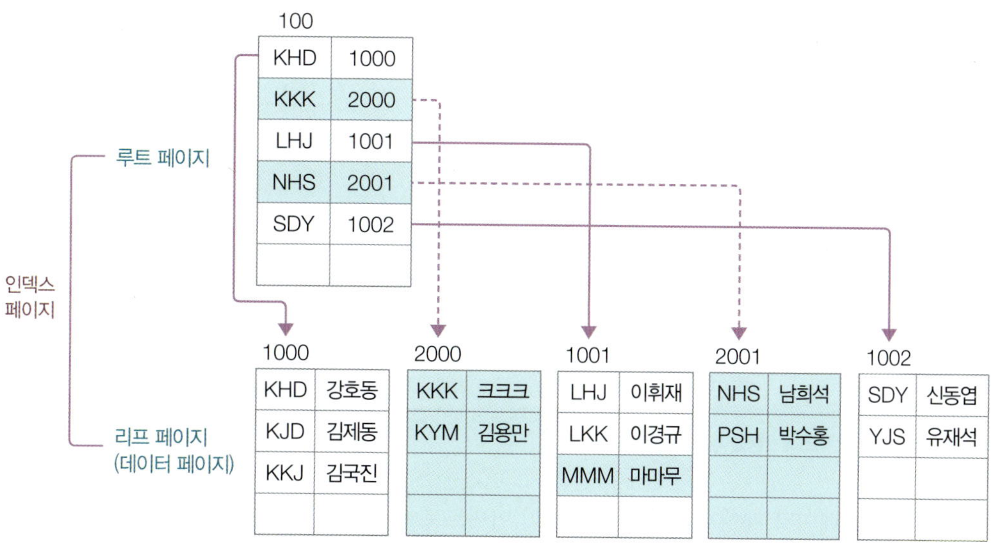

그림 10-20 클러스터형 인덱스에 2행을 추가하는 경우

첫 번째 리프 페이지(데이터 페이지)와 두 번째 리프 페이지에서 페이지 분할이 일어난다. 무려 2개 페이지가 추가로 생성되는데, 이 순간 MySQL에 상당히 많은 부하를 주어 속도가 느려진다. 이렇게 데이터를 공평하게 분배하고 나면 새로 생긴 리프 페이지가 루트 페이지에 등록된다. 이때 루트 페이지의 순서가 약간 바뀌기는 하지만 같은 페이지 내에서의 순서 변경이므로 페이지 분할에 비하면 시스템에 끼치는 영향이 미미하다.

다음으로 [그림 10-19]의 보조 인덱스에 동일한 데이터를 삽입해보자.

```
INSERT INTO secondaryTBL VALUES ('KKK', '크크크');
INSERT INTO secondaryTBL VALUES ('MMM', '마마무');
```

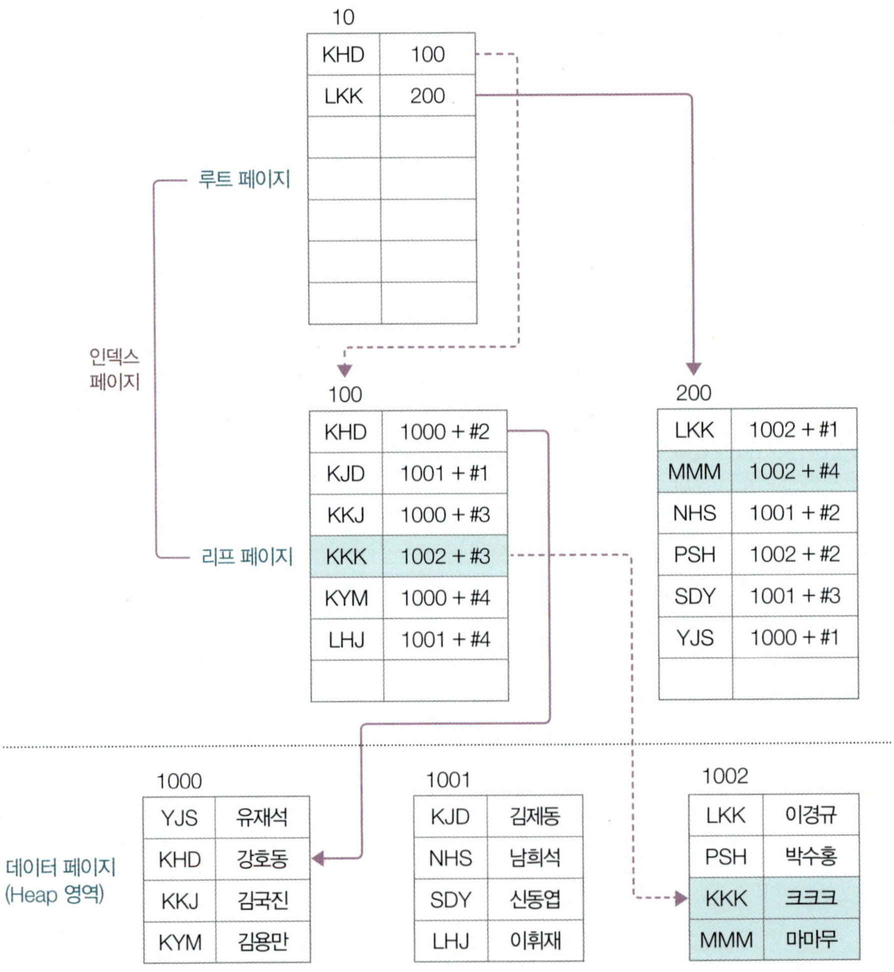

그림 10-21 보조 인덱스에 2행을 추가하는 경우

보조 인덱스는 데이터 페이지를 정렬하는 것이 아니므로 데이터 페이지의 뒤쪽 빈 부분에 데이터가 삽입된다. 이때 인덱스의 리프 페이지에 약간의 순서 변경만 있을 뿐 페이지 분할이 일어나지 않는다. 즉 데이터를 삽입하는 작업의 경우 보조 인덱스의 성능 부하가 클러스터형 인덱스보다 더 적다.

TIP 앞의 예에서는 독자가 쉽게 이해할 수 있도록 데이터의 양을 억지로 맞추어 설명했다. 실제로 대용량 테이블에 삽입 작업을 할 때는 보조 인덱스보다 클러스터형 인덱스가 시스템에 훨씬 큰 부하를 준다.

3.3 정리

앞에서 살펴본 내용을 바탕으로 클러스터형 인덱스의 특징을 정리하면 다음과 같다.

- 인덱스를 생성할 때 데이터 페이지 전체가 다시 정렬된다. 이미 대용량 데이터가 입력된 상태에서 중간에 클러스터형 인덱스를 생성하면 시스템에 심각한 부하를 줄 수 있다.
- 리프 페이지가 곧 데이터 페이지이다. 인덱스 자체에 데이터가 포함되어 있다.
- 보조 인덱스보다 검색 속도가 빠르고 데이터 변경(삽입, 수정, 삭제) 속도는 느리다.
- 클러스터형 인덱스는 테이블에 하나만 생성할 수 있다. 따라서 어느 열에 클러스터형 인덱스를 생성하는지에 따라 시스템의 성능이 달라진다.

보조 인덱스의 특징은 다음과 같다.

- 인덱스를 생성할 때 데이터 페이지는 그대로 둔 상태에서 별도의 페이지에 인덱스를 구성한다.
- 리프 페이지에 데이터가 아니라 데이터가 위치하는 주솟값(RID)이 들어 있다.
- 데이터 변경(삽입, 수정, 삭제) 시 클러스터형 인덱스보다 성능 부하가 적다.
- 보조 인덱스는 한 테이블에 여러 개를 생성할 수 있다. 하지만 함부로 남용하면 시스템의 성능을 떨어뜨리는 결과를 초래할 수 있으므로 필요한 열에만 생성해야 한다.

어떤 열에 클러스터형 인덱스를 생성하고 어떤 열에 보조 인덱스를 생성하는 것이 좋은지는 5절에서 살펴보겠다.

04 인덱스 생성과 삭제

1 인덱스 생성

인덱스를 생성하는 방법은 두 가지이다. 테이블에 제약 조건을 설정하여 자동으로 생성하는 방법과, 인덱스를 생성하는 구문을 입력하여 생성하는 방법이 그것이다. MySQL의 도움말에 나오는 인덱스 생성 형식은 다음과 같다.

```
CREATE [UNIQUE | FULLTEXT | SPATIAL] INDEX index_name
    [index_type]
    ON tbl_name (key_part, …)
    [index_option]
    [algorithm_option | lock_option] …

key_part: {col_name [(length)] | (expr)} [ASC | DESC]

index_option: {
    KEY_BLOCK_SIZE [=] value
  | index_type
  | WITH PARSER parser_name
  | COMMENT 'string'
  | {VISIBLE | INVISIBLE}
  | ENGINE_ATTRIBUTE [=] 'string'
  | SECONDARY_ENGINE_ATTRIBUTE [=] 'string'
}

index_type:
    USING {BTREE | HASH}

algorithm_option:
    ALGORITHM [=] {DEFAULT | INPLACE | COPY}

lock_option:
    LOCK [=] {DEFAULT | NONE | SHARED | EXCLUSIVE}
```

TIP 전체 텍스트 인덱스를 만드는 데 사용하는 CREATE FULLTEXT INDEX 문은 12장에서 자세히 다룰 것이다.

CREATE INDEX 문으로 인덱스를 만들면 보조 인덱스가 생성된다. CREATE INDEX 문으로는 클러스터형 인덱스를 만들 수 없으며, 클러스터형 인덱스를 만들려면 앞에서 배운 ALTER TABLE 문을 사용해야 한다.

CREATE INDEX 문의 UNIQUE 옵션은 고유한 인덱스를 만들 때 사용한다. UNIQUE로 설정된 인덱스에는 동일한 데이터 값이 입력될 수 없다. 그리고 ASC, DESC는 정렬 방식을 지정하는데, ASC가 기본값이고 오름차순으로 정렬된 인덱스가 생성된다. 또한 index_type은 생략 가능하며, 생략할 경우 기본값인 B-Tree 형식을 사용한다. 그 외의 옵션은 자주 사용되지 않으니 필요시 설명하겠다.

2 인덱스 삭제

인덱스를 삭제하는 형식은 다음과 같다.

```
DROP INDEX index_name ON tbl_name
   [algorithm_option | lock_option]

algorithm_option:
   ALGORITHM [=] {DEFAULT | INPLACE | COPY}

lock_option:
   LOCK [=] {DEFAULT | NONE | SHARED | EXCLUSIVE}
```

위의 형식은 간단하게 다음과 같이 사용한다.

```
DROP INDEX 인덱스이름 ON 테이블이름;
```

클러스터형 인덱스를 삭제하려면 위 구문의 인덱스 이름 부분에 PRIMARY를 넣는다. 기본키로 설정된 클러스터형 인덱스의 이름은 항상 PRIMARY로 설정되기 때문이다. 또한 ALTER TABLE 문으로 기본키를 삭제하면 클러스터형 인덱스도 같이 삭제되므로 그 방법을 이용해도 된다.

인덱스를 모두 삭제할 때는 보조 인덱스부터 삭제한다. 클러스터형 인덱스부터 삭제하는 것보다 더 빨리 삭제되기 때문이다. 인덱스를 많이 생성해놓은 테이블의 경우 각 인덱스의 용도를 확인한 후 활용도가 떨어지는 인덱스를 삭제한다. 그렇지 않으면 전반적으로 MySQL의 성능이 저하되는 문제를 피할 수 없다. 한 달에 한 번 또는 1년에 한 번 사용하는 인덱스는 유지할 필요가 없다.

실습 10-2 인덱스 생성하고 활용하기

cookDB 데이터베이스를 사용하여 인덱스의 생성과 활용을 실습해보자.

1 cookDB 초기화하기

1-1 Workbench를 실행하여 메뉴의 [File]-[Open SQL Script]를 선택한 후 C:\SQL\cookDB.sql 파일을 열어 실행한다.

1-2 cookDB의 초기화가 완료되면 열린 쿼리 창을 모두 닫고 새 쿼리 창을 연다.

2 인덱스 생성하고 활용하기

2-1 회원 테이블(userTBL)을 주로 사용하겠다. 테이블에 저장된 내용을 확인해보자.

```
USE cookDB;
SELECT * FROM userTBL;
```

	userID	userName	birthYear	addr	mobile1	mobile2	height	mDate
▶	KHD	강호동	1970	경북	011	22222222	182	2007-07-07
	KJD	김제동	1974	경남	NULL	NULL	173	2013-03-03
	KKJ	김국진	1965	서울	019	33333333	171	2009-09-09
	KYM	김용만	1967	서울	010	44444444	177	2015-05-05
	LHJ	이휘재	1972	경기	011	88888888	180	2006-04-04
	LKK	이경규	1960	경남	018	99999999	170	2004-12-12
	NHS	남희석	1971	충남	016	66666666	180	2017-04-04
	PSH	박수홍	1970	서울	010	00000000	183	2012-05-05
	SDY	신동엽	1971	경기	NULL	NULL	176	2008-10-10
	YJS	유재석	1972	서울	010	11111111	178	2008-08-08

그림 10-22 쿼리 실행 결과 6

2-2 회원 테이블에 어떤 인덱스가 설정되어 있는지 확인해보자. Key_name의 PRIMARY는 클러스터형 인덱스를 의미한다. 현재 회원 테이블에는 userID 열에 클러스터형 인덱스 하나만 설정되어 있다. 따라서 이 테이블에는 더 이상 클러스터형 인덱스를 생성할 수 없다.

```
SHOW INDEX FROM userTBL;
```

	Table	Non_unique	Key_name	Seq_in_index	Column_name	Collation	Cardinality	Sub_part	Packed	Null	Index_type
	usertbl	0	PRIMARY	1	userID	A	2	NULL	NULL		BTREE

그림 10-23 쿼리 실행 결과 7

2-3 주소(addr) 열에 단순 보조 인덱스를 생성한다. 여기서 '단순'이란 중복을 허용한다는 의미로, '고유(UNIQUE)'와 반대되는 개념이다.

```
CREATE INDEX idx_userTBL_addr
  ON userTBL (addr);
```

2-4 생성된 보조 인덱스의 이름을 확인하고 결과에서 Non_unique 부분을 살펴보자. Non_unique가 1로 설정되어 있는데, 이는 UNIQUE 옵션이 설정된 인덱스가 아니라는 의미이다.

```
SHOW INDEX FROM userTBL;
```

	Table	Non_unique	Key_name	Seq_in_index	Column_name	Collation	Cardinality	Sub_part	Packed	Null	Index_type
▶	usertbl	0	PRIMARY	1	userID	A	2	NULL	NULL		BTREE
	usertbl	1	idx_userTBL_addr	1	addr	A	5	NULL	NULL		BTREE

그림 10-24 쿼리 실행 결과 8

2-5 출생 연도(birthYear) 열에 고유 보조 인덱스를 생성해보자. 남희석과 신동엽이 1971년생이므로 값이 중복되어 출생 연도 열에 고유 보조 인덱스를 생성할 수 없다는 오류 메시지가 나온다.

```
CREATE UNIQUE INDEX idx_userTBL_birtyYear
    ON userTBL (birthYear);
```

실행 결과

```
Error Code: 1062. Duplicate entry '1971' for key 'idx_userTBL_birthYear'
```

2-6 이름(userName) 열에 고유 보조 인덱스를 생성하면 문제없이 생성된다. 이어서 인덱스의 이름을 확인해보자.

```
CREATE UNIQUE INDEX idx_userTBL_userName
    ON userTBL (userName);
SHOW INDEX FROM userTBL;
```

	Table	Non_unique	Key_name	Seq_in_index	Column_name	Collation	Cardinality	Sub_part	Packed	Null	Index_type
▶	usertbl	0	PRIMARY	1	userID	A	2	NULL	NULL		BTREE
	usertbl	0	idx_userTBL_userName	1	userName	A	10	NULL	NULL		BTREE
	usertbl	1	idx_userTBL_addr	1	addr	A	5	NULL	NULL		BTREE

그림 10-25 고유 보조 인덱스 생성

2-7 강호동과 이름이 같되 아이디가 GHD인 회원을 삽입해보자. 앞에서 생성한 고유 인덱스로 인해 중복되는 값을 입력할 수 없다. 이렇게 이름이 중복되는 경우를 허용하지 않는다면 문제가 될 수 있기 때문에 고유 인덱스는 현재 중복되는 값이 없다고 무조건 설정하면 안 된다. 절대로 중복을 허용하지 않는 경우(주민등록번호, 학번, 이메일 주소 등)에만 UNIQUE 옵션을 사용해야 한다.

```
INSERT INTO userTBL VALUES ('GHD', '강호동', 1988, '미국', NULL, NULL, 172, NULL);
```

실행 결과

```
Error Code: 1062. Duplicate entry '강호동' for key 'idx_userTBL_userName'
```

2-8 이름(userName) 열과 출생 연도(birthYear) 열을 조합하여 인덱스를 생성해보자. 그리고 이름 열에 설정했던 idx_userTBL_userName 인덱스를 삭제하고 인덱스 정보를 확인해보면 Seq_in_index 열이 1과 2로 설정되어 있다. 즉 두 열이 하나의 인덱스로 설정된 상태이다.

```
CREATE INDEX idx_userTBL_userName_birthYear
    ON userTBL (userName, birthYear);
DROP INDEX idx_userTBL_userName ON userTBL;
SHOW INDEX FROM userTBL;
```

Table	Non_unique	Key_name	Seq_in_index	Column_name	Collation	Cardinality	Sub_part	Packed	Null	Index_type
usertbl	0	PRIMARY	1	userID	A	2	NULL	NULL		BTREE
usertbl	1	idx_userTBL_addr	1	addr	A	5	NULL	NULL		BTREE
usertbl	1	idx_userTBL_userName_birthYear	1	userName	A	10	NULL	NULL		BTREE
usertbl	1	idx_userTBL_userName_birthYear	2	birthYear	A	10	NULL	NULL		BTREE

그림 10-26 두 열에 인덱스 생성

2-9 두 열이 조합된 조건문의 쿼리에도 해당 인덱스가 사용된다. 결과는 당연히 잘 나올 것이다. 결과 창 오른쪽의 [Execution Plan]을 클릭하면 생성한 인덱스인 idx_userTBL_userName_birthYear를 사용하고 있음을 확인할 수 있다. 참고로 type 부분이 ref 또는 eq_ref로 되어 있으면 인덱스를 사용했다는 의미이다. 또한 ALL은 'full table scan(전체 테이블 스캔)'을 의미한다.

```
SELECT * FROM userTBL WHERE userName = '신동엽' and birthYear = '1971';
```

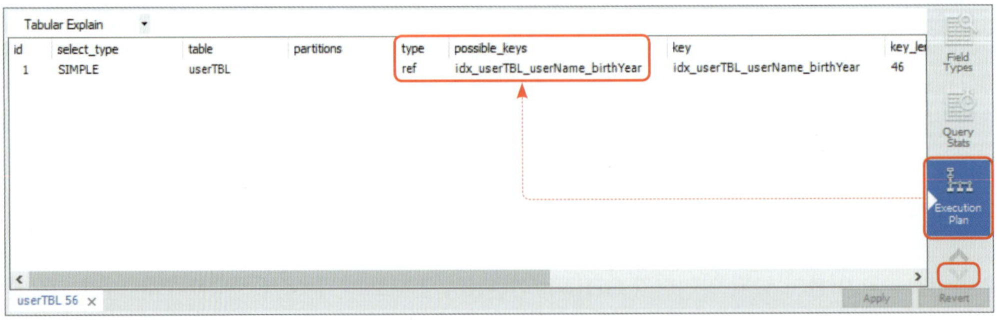

그림 10-27 실행 계획 확인

이처럼 이름 열과 출생 연도 열이 조합된 쿼리에서는 인덱스가 매우 유용하지만, 이러한 쿼리를 거의 사용하지 않는다면 오히려 MySQL의 성능에 나쁜 영향을 줄 수 있다.

> **여기서 잠깐**
>
> **인덱스가 여러 개일 때 MySQL의 선택**
>
> 이름(userName) 열 인덱스, 이름(userName) 열과 출생 연도(birthYear) 열이 조합된 인덱스가 있을 때 다음 쿼리를 실행하면 이름 열 인덱스가 아닌 이름 열과 출생 연도 열이 조합된 인덱스가 사용될 수도 있다. MySQL이 알아서 더 효율적인 인덱스를 선택하기 때문이다.
>
> ```
> SELECT * FROM userTBL WHERE userName = '신동엽';
> ```

2-10 휴대폰의 국번(mobile1) 열에 인덱스를 생성해보자.

```
CREATE INDEX idx_userTBL_mobile1
    ON userTBL (mobile1);
```

당연히 잘 생성될 것이다. 이어서 다음 쿼리를 실행해본다.

```
SELECT * FROM userTBL WHERE mobile1 = '011';
```

결과도 잘 나올 것이다. 그런데 이 인덱스는 없는 편이 훨씬 낫다. 국번에 사용되는 데이터의 종류가 얼마 되지 않기 때문이다. 데이터가 1000만 건이라도 국번에는 010, 011, 016, 017, 018, 019만 사용되는데, 이처럼 데이터의 종류가 적은 열에는 인덱스를 생성하지 않는 것이 좋다. 이를 '선택도(selectivity)가 나쁜 데이터'라고 하며 뒤에서 다시 살펴보겠다.

3 인덱스 삭제하기

3-1 회원 테이블(userTBL)에 생성된 인덱스의 이름을 확인해보자.

```
SHOW INDEX FROM userTBL;
```

3-2 인덱스를 삭제할 때는 보조 인덱스를 먼저 삭제하는 것이 바람직하므로 회원 테이블의 보조 인덱스를 삭제한다.

```
DROP INDEX idx_userTBL_addr ON userTBL;
DROP INDEX idx_userTBL_userName_birthYear ON userTBL;
DROP INDEX idx_userTBL_mobile1 ON userTBL;
```

여기서 잠깐

ALTER TABLE 문으로 인덱스 삭제하는 방법

다음과 같이 ALTER TABLE 문으로 보조 인덱스를 삭제해도 된다.

```
ALTER TABLE userTBL DROP INDEX idx_userTBL_addr;
ALTER TABLE userTBL DROP INDEX idx_userTBL_userName_birthYear;
ALTER TABLE userTBL DROP INDEX idx_userTBL_mobile1;
```

3-3 기본키를 설정하여 자동으로 생성된 클러스터형 인덱스를 삭제해보자. 기본키에 설정된 인덱스는 DROP INDEX 문으로는 삭제되지 않으며 ALTER TABLE 문으로만 삭제할 수 있다.

```
ALTER TABLE userTBL DROP PRIMARY KEY;
```

여기서 잠깐

외래키가 설정된 상태에서의 기본키 삭제

외래키가 설정된 상태에서 기본키를 삭제하면 MySQL의 버전에 따라 1025번 오류가 발생하기도 한다. 앞의 실습에서는 회원 테이블(userTBL)의 이름(userID) 열을 구매 테이블(buyTBL)이 참조하고 있어 오류가 발생할 가능성이 있다. 이러한 경우에는 참조하고 있는 외래키 관계를 끊은 다음 기본키를 삭제한다. 다음과 같이 외래키 제약 조건을 알아낸 후 삭제하면 된다.

```
SELECT table_name, constraint_name
   FROM information_schema.referential_constraints
   WHERE constraint_schema = 'cookDB';
ALTER TABLE buyTbl DROP FOREIGN KEY 제약조건이름;
```

05 인덱스 생성 기준

인덱스는 잘 사용하면 쿼리의 성능이 급격히 향상되지만 그렇지 않으면 쿼리의 성능과 함께 전반적인 MySQL의 성능도 떨어질 수 있어 유의해야 한다. 인덱스를 반드시 만들어야 한다는 절대 기준이 있는 것은 아니다. 테이블의 데이터 구성이 어떠한지, 테이블에서 어떤 작업을 많이 하는지 등을 고려하여 인덱스를 생성할 것인지 말 것인지를 판단해야 한다. 인덱스 생성의 판단 기준은 다음과 같다.

- **인덱스는 열 단위에 생성한다**

  앞의 실습에서도 확인했듯이 당연한 말이다. 인덱스는 하나의 열에만 생성할 수 있는 것이 아니라 2개 이상의 열을 조합해서 생성할 수도 있다.

- **인덱스는 WHERE 절에서 사용되는 열에 생성한다**

  cookDB의 회원 테이블(userTBL)을 생각해보자. 다음 쿼리에서 이름(userName), 출생 연도(birthYear), 주소(addr) 열에 인덱스를 생성하면 사용할 일이 전혀 없다. WHERE 절에 있는 아이디(userID) 열에만 인덱스를 생성할 필요가 있다.

```
SELECT userName, birthYear, addr FROM userTBL WHERE userID = 'KHD';
```

- **WHERE 절에 사용되는 열이라도 자주 사용해야 가치가 있다**

  위의 쿼리에서 아이디(userID) 열에 인덱스를 생성하여 효율이 좋아진다고 하더라도 위의 SELECT 문을 아주 가끔 사용하고 삽입 작업이 많이 일어난다면 어떨까? 게다가 아이디 열에 생성된 인덱스가 클러스터형 인덱스라면? 오히려 인덱스 때문에 데이터 삽입 시 성능이 더 나빠질 것이다. [그림 10-20]에서 클러스터형 인덱스에 데이터를 삽입하는 과정을 보면 매번 페이지 분할 작업이 일어나 성능이 저하된다. [그림 10-21]의 보조 인덱스도 클러스터형 인덱스에 비해 덜하기는 해도 여전히 페이지 분할이 발생한다. WHERE 절에 사용되는 열이라도 인덱스를 생성하는 것이 무조건 좋은 것만은 아니다. 자주 사용되는 열에 인덱스를 생성해야 효율을 높일 수 있다.

- **데이터 중복도가 높은 열에는 인덱스를 만들어도 효과가 없다**

  employees 테이블에 gender라는 열이 있고, 이 열에는 입력할 수 있는 데이터가 남성을 의미하는 M과 여성을 의미하는 F뿐이라고 가정해보자. 이처럼 거의 같은 데이터가 있는 열은 보조 인덱스를 만들어도 MySQL이 사용하지 않거나, 사용하더라도 성능 향상 효과를 보지 못할 가능성이 크다. 오히려 인덱스를 관리하는 데 비용이 들어가 인덱스가 없는 편이 나을지도 모른다. 따라서 데이터 중복도가 높은 열에 인덱스를 만들 때는 신중하게 판단해야 한다.

- **외래키를 설정한 열에는 자동으로 외래키 인덱스가 생성된다**
  외래키 제약 조건을 설정한 열에는 자동으로 인덱스가 생성된다. 그리고 쿼리문에서 외래키 인덱스가 필요한 경우 MySQL이 알아서 외래키 인덱스를 사용한다.

- **조인에 자주 사용되는 열에는 인덱스를 생성하는 것이 좋다**
  조인과 관련된 열에 인덱스를 생성하면 성능 향상에 도움이 된다.

- **데이터 변경(삽입, 수정, 삭제) 작업이 얼마나 자주 일어나는지를 고려한다**
  인덱스는 검색할 때만 시스템의 성능을 향상하고 데이터 변경(삽입, 수정, 삭제) 작업을 할 때는 성능을 떨어뜨린다. 인덱스를 많이 만들어도 성능에 문제가 되지 않는 테이블은 삽입 작업이 거의 일어나지 않는 테이블이다. 예를 들어 고전 소설에 대한 테이블을 만드는 경우 테이블이 열을 일련번호, 제목, 지은이, 작성 연도, 주인공 이름, 발견한 사람, 보관된 장소, 기타로 설계했을 때, 이 모든 열에 인덱스를 생성해도 디스크의 공간을 추가로 차지하는 것 외에는 MySQL의 성능에 나쁜 영향을 미치지 않는다. 고전 소설은 데이터 구축이 완료되었기 때문에 변경될 일이 거의 없으므로(삽입, 수정, 삭제가 거의 일어나지 않으므로) 데이터 검색에 사용되지 않는 열에 인덱스를 만들어도 큰 문제가 되지 않는다. 온라인 분석 처리(On-Line Analytical Processing, OLAP) 데이터베이스도 이와 마찬가지이다.

  그러나 이러한 특별한 경우를 제외하고 대부분의 온라인 트랜잭션 처리(On-Line Transaction Processing, OLTP) 데이터베이스에서는 데이터 변경 작업이 자주 일어난다. 따라서 필요 없는 열에 인덱스를 생성하면 성능에 나쁜 영향을 미칠 수밖에 없다. 인덱스를 만들어 데이터 검색 시 성능을 높일 것인지, 인덱스를 만들지 않아 데이터 변경 시의 영향을 최소화할 것인지 잘 결정해야 한다.

  TIP 이 책에서 사용하는 데이터베이스는 대부분 OLTP 데이터베이스이다.

- **클러스터형 인덱스는 테이블당 하나만 생성할 수 있다**
  클러스터형 인덱스를 생성하는 열에 범위(BETWEEN, 〉, 〈 등) 조건이나 집계 함수가 설정되어 있으면 좋다. 앞에서 설명했듯이 클러스터형 인덱스는 데이터 페이지를 읽는 수를 최소화하여 성능을 향상하므로 검색 조건으로 가장 많이 사용되는 열에 생성하는 것이 바람직하다. 또한 ORDER BY 절에 자주 나오는 열에 클러스터형 인덱스를 설정해도 좋다. 클러스터형 인덱스의 데이터 페이지(리프 페이지)가 이미 정렬되어 있기 때문이다.

- **테이블에 클러스터형 인덱스가 아예 없는 것이 좋은 경우도 있다**
  클러스터형 인덱스가 꼭 있어야 한다고 오해하기도 하는데, 클러스터형 인덱스가 없는 편이 더 나은 경우도 종종 있다. [그림 10-2]에 제시한 회원 테이블(userTBL)의 정의는 다음과 같다.

```
CREATE TABLE userTBL
( userID char(8) NOT NULL PRIMARY KEY,
  userName varchar(10) NOT NULL,
  birthYear int NOT NULL,
  …
```

이 경우 데이터 페이지가 [그림 10-17]과 같이 정렬된다. 이러한 상태에서 대용량 데이터가 PBB, BJJ, KMM과 같이 무작위로 아이디(userID)의 순서와 관계없이 삽입된다고 가정해보자. 회원 테이블은 클러스터형 인덱스로 구성되어 있으므로 데이터가 삽입됨과 동시에 정렬이 계속 수행되고 페이지 분할이 끊임없이 일어나 시스템의 성능에 문제가 발생할 것이다. 이럴 때는 차라리 클러스터형 인덱스가 없는 편이 낫다. 즉 아이디 열을 기본키로 설정하는 대신 UNIQUE로 설정하는 것이 좋다.

```
CREATE TABLE userTBL
( userID char(8) NULL UNIQUE,
  userName varchar(10) NOT NULL,
  birthYear int NOT NULL,
  …
```

주의할 점은 UNIQUE에 NOT NULL을 함께 설정하면 클러스터형 인덱스가 생성되므로 NULL로 설정해야 한다는 것이다. UNIQUE로 설정한 아이디 열에 반드시 값을 입력해야 한다면 회원 가입 화면에서 아이디를 필수로 입력하도록 프로그래밍하는 것이 좋다.

- **사용하지 않는 인덱스는 제거한다**

  운영 중인 응용 프로그램의 쿼리를 분석하여 WHERE 조건에 사용되지 않는 열에 인덱스가 설정되어 있다면 제거한다. 인덱스를 제거하면 추가 공간을 확보할 수 있을뿐더러 데이터를 삽입할 때 발생하는 부하도 줄일 수 있다.

지금까지 인덱스에 대해 살펴보았다. 다시 한번 강조하지만 인덱스는 MySQL의 성능에 아주 큰 영향을 미치므로 잘 작성하고 활용해야 한다. 특히 데이터베이스 모델링 관점에서 인덱스에 대한 결정을 잘 내려야만 MySQL이 원활하게 운영될 수 있다. 또한 생성한 인덱스를 내버려둘 것이 아니라 잘 활용되는지 늘 살펴보고, 사용되지 않는 인덱스는 과감히 삭제하고 주기적으로 OPTIMIZE TABLE 문이나 ANALYZE TABLE 문으로 인덱스를 재구성하여 조각화를 최소화해야 시스템의 성능을 최상으로 유지할 수 있다.

요약

1 인덱스는 데이터를 검색할 때, 특히 SELECT 문을 사용할 때 데이터에 빠르게 접근할 수 있도록 도와준다. 그러나 데이터베이스에 인덱스를 생성해놓더라도, 인덱스를 사용하는 것이 빠를지 아니면 전체 테이블을 검색하는 것이 빠를지는 MySQL이 알아서 판단한다.

2 인덱스를 사용하면 SQL 문 실행 시 빠른 응답 속도를 얻을 수 있어 결과적으로 전체 시스템의 성능이 향상된다.

3 인덱스를 만들었을 때의 장점은 다음과 같다.

- 검색 속도가 매우 빨라진다(항상 그런 것은 아니다).
- 그 결과 해당 쿼리의 부하가 줄어들어 결국 전체 시스템의 성능이 향상된다.

4 인덱스를 만들었을 때의 단점은 다음과 같다.

- 인덱스를 저장할 공간이 필요하다. 대략 데이터베이스 크기의 10% 정도 추가 공간이 필요하다.
- 처음 인덱스를 생성하는 데 많은 시간이 소요된다.
- 데이터 변경(삽입, 수정, 삭제) 작업이 자주 일어날 경우 오히려 성능이 나빠질 수 있다.

5 MySQL에서 사용하는 인덱스에는 클러스터형 인덱스와 보조 인덱스가 있다. 두 인덱스를 책에 비유하면 클러스터형 인덱스는 영어 사전과 같고 보조 인덱스는 찾아보기가 있는 책과 같다.

6 클러스터형 인덱스는 테이블당 하나만 생성할 수 있고 보조 인덱스는 테이블당 여러 개를 생성할 수 있다. 또한 클러스터형 인덱스는 자신의 열을 기준으로 행 데이터를 자동으로 정렬한다.

7 테이블을 생성할 때 특정 열을 기본키로 설정하거나 UNIQUE 제약 조건을 설정하면 그 열에 자동으로 인덱스가 생성된다. 기본키를 설정한 열에는 클러스터형 인덱스가 생성되고, UNIQUE 제약 조건을 설정한 열에는 보조 인덱스가 생성된다.

8 인덱스는 내부적으로 B-Tree 구조로 구성된다. B-Tree 구조는 데이터를 검색할 때(SELECT 문을 사용할 때) 매우 뛰어난 성능을 발휘한다.

9 인덱스를 구성하면 데이터 삽입, 수정, 삭제와 같은 변경 작업을 할 때 성능이 나빠진다. 특히 데이터를 삽입할 때 급격히 느려지는데, 이는 페이지 분할이라는 작업이 발생하기 때문이다.

10 클러스터형 인덱스의 특징은 다음과 같다.

- 인덱스를 생성할 때 데이터 페이지 전체가 다시 정렬된다. 이미 대용량 데이터가 입력된 상태에서 중간에 클러스터형 인덱스를 생성하면 시스템에 심각한 부하를 줄 수 있다.
- 리프 페이지가 곧 데이터 페이지이다. 인덱스 자체에 데이터가 포함되어 있다.
- 보조 인덱스보다 검색 속도가 빠르고 데이터 변경(삽입, 수정, 삭제) 속도는 느리다.
- 클러스터형 인덱스는 테이블에 하나만 생성할 수 있다. 따라서 어느 열에 클러스터형 인덱스를 생성하는지에 따라 시스템의 성능이 달라진다.

11 보조 인덱스의 특징은 다음과 같다.

- 인덱스를 생성할 때 데이터 페이지는 그대로 둔 상태에서 별도의 페이지에 인덱스를 구성한다.
- 리프 페이지에 데이터가 아니라 데이터가 위치하는 주솟값이 들어 있다.
- 데이터 변경(삽입, 수정, 삭제) 시 클러스터형 인덱스보다 성능 부하가 적다.
- 보조 인덱스는 한 테이블에 여러 개를 생성할 수 있다. 하지만 함부로 남용하면 시스템의 성능을 떨어뜨리는 결과를 초래할 수 있으므로 필요한 열에만 생성해야 한다.

12 CREATE INDEX 문으로 인덱스를 만들면 보조 인덱스가 생성된다.

13 인덱스를 삭제할 때는 DROP INDEX 문을 사용한다.

14 인덱스 생성의 판단 기준은 다음과 같다.

- 인덱스는 열 단위에 생성한다.
- 인덱스는 WHERE 절에서 사용되는 열에 생성한다.
- WHERE 절에 사용되는 열이라도 자주 사용해야 가치가 있다.
- 데이터 중복도가 높은 열에는 인덱스를 만들어도 효과가 없다.
- 외래키를 설정한 열에는 자동으로 외래키 인덱스가 생성된다.
- 조인에 자주 사용되는 열에는 인덱스를 생성하는 것이 좋다.
- 데이터 변경(삽입, 수정, 삭제) 작업이 얼마나 자주 일어나는지를 고려한다.
- 클러스터형 인덱스는 테이블당 하나만 생성할 수 있다.
- 테이블에 클러스터형 인덱스가 아예 없는 것이 좋은 경우도 있다.
- 사용하지 않는 인덱스는 제거한다.

연습문제

1 인덱스에 대한 설명으로 옳지 않은 것을 모두 고르시오.

① 책 뒷부분에 수록하는 찾아보기와 비슷한 개념이다.

② 대량의 데이터일수록 인덱스가 효과적이다.

③ 인덱스를 만든다고 무조건 효율적인 것은 아니다.

④ 인덱스를 만들면 예외 없이 검색 속도가 빨라진다.

⑤ 인덱스는 해당 쿼리에만 효과적이며 전체 시스템의 성능과는 무관하다.

⑥ 인덱스를 생성하면 저장 공간이 효율적으로 축소된다.

⑦ 인덱스는 데이터 삽입, 수정, 삭제의 성능 향상에는 도움이 되지 않는다.

2 자동으로 인덱스가 생성되는 제약 조건을 모두 고르시오.

① Primary Key ② Foreign Key ③ Unique Key

④ Check ⑤ Default ⑥ NOT NULL

3 클러스터형 인덱스와 보조 인덱스에 대한 설명으로 옳지 않은 것을 고르시오.

① Primary Key로 지정하면 기본적으로 클러스터형 인덱스가 생성된다.

② UNIQUE NOT NULL로 지정한 열에 클러스터형 인덱스가 생성된다.

③ UNIQUE NULL로 지정한 열에 보조 인덱스가 생성된다.

④ PRIMARY KEY와 UNIQUE NOT NULL이 같이 있으면 UNIQUE NOT NULL로 지정한 열에 우선 클러스터형 인덱스가 생성된다.

⑤ 클러스터형 인덱스로 지정한 열을 기준으로 데이터가 정렬된다.

4 인덱스와 관련된 트리를 고르시오.

① Binary Tree ② Balanced Tree

③ Quad Tree ④ Binary Search Tree

5 다음 빈칸에 공통으로 들어갈 내용을 쓰시오.

> 인덱스를 구성하면 데이터 삽입, 수정, 삭제와 같은 변경 작업을 할 때 성능이 나빠진다. 특히 데이터를 삽입할 때 급격히 느려지는데, 이는 ______________ 작업이 발생하기 때문이다. ______________ 작업이 자주 발생하면 MySQL의 성능이 매우 나빠진다.

6 MySQL의 시스템 변수 중 페이지 크기를 설정하는 것을 고르시오.

① mysql_page_size ② page_size

③ innodb_page_size ④ database_page_size

7 클러스터형 인덱스의 특징으로 옳지 않은 것을 모두 고르시오.

① 대용량 데이터가 입력된 상태에서 인덱스를 생성하면 시스템에 많은 부하를 줄 수 있다.

② 리프 페이지가 곧 데이터 페이지이다.

③ 보조 인덱스보다 데이터 변경 속도가 빠르다.

④ 테이블에 하나만 생성할 수 있다.

⑤ 인덱스와 데이터의 저장 공간이 분리되어 있다.

8 다음과 같이 인덱스를 생성하면 1062번 오류가 발생한다. 그 이유를 설명하시오.

```
CREATE UNIQUE INDEX idx_addr ON userTBL (addr);
```

9 인덱스 삭제에 대한 설명으로 옳지 않은 것을 모두 고르시오.

① 'DROP INDEX 인덱스이름' 문으로 삭제한다.

② 인덱스 이름은 'SHOW INDEX FROM 테이블이름' 문으로 확인할 수 있다.

③ 인덱스를 삭제할 때는 클러스터형 인덱스부터 삭제하는 것이 좋다.

④ 'ALTER TABLE' 문으로 보조 인덱스를 삭제할 수 있다.

⑤ 기본키로 설정된 인덱스도 'DROP INDEX' 문으로 삭제할 수 있다.

10 인덱스 생성의 판단 기준으로 옳은 것을 모두 고르시오.

① 인덱스는 행 단위에 생성한다.

② 인덱스는 FROM 절에서 사용되는 열에 생성한다.

③ 데이터 중복도가 높은 열에는 인덱스를 만들어도 효과가 없다.

④ 조인에 자주 사용되는 열에는 인덱스를 생성하는 것이 바람직하지 않다.

⑤ 클러스터형 인덱스는 테이블에 반드시 1개가 있어야 한다.

⑥ 사용하지 않는 인덱스도 성능에 도움이 될 수 있으므로 그대로 둔다.

⑦ 보조 인덱스는 테이블에 없을 수도 있고, 여러 개 존재할 수도 있다.

응용 예제 MariaDB에서 인덱스 사용하기

5장에서 생성한 singerDB를 사용하여 실습을 진행해보자. 일부 실습에서는 cookDB와 singerDB의 테이블 이름, 열 이름, 데이터 값이 다르므로 그에 맞게 SQL을 변경해야 한다. 다음을 참고하여 변경한다.

cookDB → singerdb	userName → mem_name	userID → mem_id
serTBL → member	prodName → prod_name	birthYear → mem_number
mobile1 → phone1	mobile2 → phone2	mDate → debut_date

1 385쪽에 있는 **[실습 10-1] 제약 조건으로 자동 생성되는 인덱스 확인하기**를 수행하고 결과를 확인해보자.

member (5r × 4c)

#	mem_id	mem_name	mem_number	addr
1	BLK	블랙핑크	4	경남
2	GRL	소녀시대	8	서울
3	WMN	여자친구	6	경기
4	OMY	오마이걸	7	서울
5	TWC	트와이스	9	서울

실행 결과(그림 10-9)

2 394쪽에 있는 **클러스터형 인덱스와 보조 인덱스의 구조**의 SQL 문을 입력하고 결과를 확인해보자.

clusterTBL (10r × 2c)

#	userID	userName
1	TWC	트와이스
2	BLK	블랙핑크
3	WMN	여자친구
4	OMY	오마이걸
5	GRL	소녀시대
6	ITZ	잇지
7	RED	레드벨벳
8	APN	에이핑크
9	SPC	우주소녀
10	MMU	마마무

clusterTBL (10r × 2c)

#	mem_id	mem_name
1	APN	에이핑크
2	BLK	블랙핑크
3	GRL	소녀시대
4	ITZ	잇지
5	MMU	마마무
6	OMY	오마이걸
7	RED	레드벨벳
8	SPC	우주소녀
9	TWC	트와이스
10	WMN	여자친구

secondaryTBL (10r × 2c)

#	mem_id	mem_name
1	TWC	트와이스
2	BLK	블랙핑크
3	WMN	여자친구
4	OMY	오마이걸
5	GRL	소녀시대
6	ITZ	잇지
7	RED	레드벨벳
8	APN	에이핑크
9	SPC	우주소녀
10	MMU	마마무

실행 결과(그림 10-15, 10-16, 10-18)

3 404쪽에 있는 **[실습 10-2] 인덱스 생성하고 활용하기**를 수행하고 결과를 확인해보자.

STATISTICS (3r × 14c)

#	Table	Non_unique	Key_name	Seq_in_index	Column_name	Collation	Cardinality	Sub_part	Packed	Null	Index_typ
1	member	0	PRIMARY	1	mem_id	A	10	(NULL)	(NULL)		BTREE
2	member	0	idx_member_name	1	mem_name	A	10	(NULL)	(NULL)		BTREE
3	member	1	idx_member_addr	1	addr	A	5	(NULL)	(NULL)		BTREE

STATISTICS (4r × 14c)

#	Table	Non_unique	Key_name	Seq_in_index	Column_name	Collation	Cardinality	Sub_part	Packed	Null
1	member	0	PRIMARY	1	mem_id	A	9	(NULL)	(NULL)	
2	member	1	idx_member_addr	1	addr	A	9	(NULL)	(NULL)	
3	member	1	idx_member_name_number	1	mem_name	A	9	(NULL)	(NULL)	
4	member	1	idx_member_name_number	2	mem_number	A	9	(NULL)	(NULL)	

실행 결과(그림 10-25, 10-26)

CHAPTER 11

스토어드 프로그램

학습목표

- 스토어드 프로시저의 개념을 이해하고 실습한다.
- 스토어드 함수 사용법을 익힌다.
- 커서의 개념을 이해하고 실습한다.
- 트리거의 개념을 이해하고 실습한다.

01 스토어드 프로시저

1 스토어드 프로그램의 개요

스토어드 프로그램(stored program)은 MySQL에서 제공하는 프로그래밍 언어 기능을 통틀어서 일컫는 말이다. 스토어드 프로그램의 종류에는 스토어드 프로시저, 스토어드 함수, 트리거, 커서 등이 있다. 이미 2장에서 스토어드 프로시저와 트리거를 살펴보았고 8장에서도 스토어드 프로시저를 사용한 바 있다.

자주 사용하는 복잡한 쿼리를 하나로 묶어 이름을 붙이고 필요할 때마다 그 이름을 호출하면 편할 것이다. 스토어드 프로그램은 바로 이러한 원리로 동작한다. 스토어드 프로그램은 일반 쿼리를 묶는 역할을 할 뿐만 아니라 프로그래밍 기능도 제공함으로써 시스템의 성능이 향상된다. 스토어드 프로그램은 실제 업무에서도 많이 사용된다. 일반 쿼리를 하나씩 실행하는 것보다 훨씬 효율적이기 때문이다. 데이터베이스 개발자들은 대부분의 시간을 스토어드 프로그램을 작성하는 데 보내고 있다고 해도 과언이 아니다. 스토어드 프로그램은 그만큼 편리하고 많은 장점이 있으므로 잘 알아 두어야 한다.

2 스토어드 프로시저의 개요

스토어드 프로시저(stored procedure, 저장 프로시저)는 MySQL에서 제공하는 프로그래밍 기능을 말한다. 일반적인 프로그래밍과 조금 차이가 있지만 MySQL 내부에서 사용하기에 아주 적절한 방식으로 구성되어 있다. 스토어드 프로시저는 쿼리의 집합으로서 어떠한 동작을 일괄 처리하는 데 사용된다. 자주 사용되는 일반 쿼리를 하나하나 실행하는 것이 아니라 모듈화하여 필요할 때마다 호출하기 때문에 MySQL을 한층 더 편리하게 운영할 수 있다.

TIP 스토어드 프로시저는 데이터베이스 개체 중 하나이며 테이블처럼 각 데이터베이스 내부에 저장된다.

MySQL의 도움말에 나오는 스토어드 프로시저의 정의 형식은 다음과 같다.

```
CREATE
    [DEFINER = { user | CURRENT_USER }]
    PROCEDURE sp_name ([proc_parameter[, …]])
```

```
    [characteristic …] routine_body

proc_parameter:
    [ IN | OUT | INOUT ] param_name type

type:
    Any valid MySQL data type

characteristic:
    COMMENT 'string'
  | LANGUAGE SQL
  | [NOT] DETERMINISTIC
  | { CONTAINS SQL | NO SQL | READS SQL DATA | MODIFIES SQL DATA }
  | SQL SECURITY { DEFINER | INVOKER }

routine_body:
    Valid SQL routine statement
```

형식이 조금 복잡해 보이지만 실제로 사용할 때는 그리 복잡하지 않다. 실제 작동되는 routine_body 부분이 필요에 따라서 수십, 수백 줄이 될 뿐이다. 다음은 위의 형식을 좀 더 간단하게 정리한 것이다.

```
DELIMITER $$
CREATE PROCEDURE 스토어드프로시저이름(IN 또는 OUT 매개변수)
BEGIN

    이 부분에 SQL 프로그램 코딩

END $$
DELIMITER ;
CALL 스토어드프로시저이름();
```

다음은 스토어드 프로시저의 생성 예로, **SELECT * FROM userTBL** 문을 매번 사용할 필요 없이 **CALL userProc()** 문을 호출하도록 작성한 것이다.

```
USE cookDB;
DROP PROCEDURE IF EXISTS userProc;
DELIMITER $$
CREATE PROCEDURE userProc()
BEGIN
    SELECT * FROM userTBL; -- 스토어드 프로시저 내용
END $$
```

```
8   DELIMITER ;
9
10  CALL userProc();
```

- **2행**: 만들어진 프로시저가 있다면 삭제한다.
- **3~7행**: DELIMITER $$ … END $$ 문으로 스토어드 프로시저를 묶는다. MySQL의 종료 문자는 세미콜론(;)인데, CREATE PROCEDURE 문 안에서도 세미콜론이 종료 문자이므로 어디까지 스토어드 프로시저인지 구별하기 어렵다. 그래서 7행의 END $$ 문이 나올 때까지를 스토어드 프로시저로 인식하게 하는 것이다.
- **8행**: DELIMITER 문으로 종료 문자를 세미콜론으로 변경한다.
- **10행**: 생성된 스토어드 프로시저를 호출한다.

위의 예에서는 한 줄짜리 쿼리를 스토어드 프로시저에 포함했지만 실무에서는 수백, 수천 줄을 스토어드 프로시저에 포함한다. 내용이 아무리 길어도 호출할 때는 **CALL 프로시저이름()**으로 호출하면 된다. 참고로 스토어드 프로시저를 수정할 때는 ALTER PROCEDURE 문을, 삭제할 때는 DROP PROCEDURE 문을 사용한다.

3 매개변수와 오류 처리

스토어드 프로시저는 실행 시 입력 매개변수를 지정할 수 있고, 프로시저에서 처리한 결과를 출력 매개변수를 통해 얻을 수도 있다. 입력 매개변수는 프로시저 내부에서 다양한 용도로 사용된다. 입력 매개변수를 지정하는 형식은 다음과 같다.

```
IN 입력매개변수이름 데이터형식
```

다음은 입력 매개변수가 있는 스토어드 프로시저를 실행하는 형식이다.

```
CALL 프로시저이름(전달값);
```

다음은 출력 매개변수를 지정하는 형식이다.

```
OUT 출력매개변수이름 데이터형식
```

출력 매개변수에 값을 대입하기 위해서는 주로 SELECT … INTO 문을 사용한다. 출력 매개변수가 있는 스토어드 프로시저를 실행하는 형식은 다음과 같다.

```
CALL 프로시저이름(@변수명);
SELECT @변수명;
```

스토어드 프로시저 내부에서 오류가 발생하면 **DECLARE 액션 HANDLER FOR 오류조건 처리할_문장** 문으로 처리한다는 것은 이미 8장에서 살펴보았다.

실습 11-1 스토어드 프로시저 생성하고 활용하기

스토어드 프로시저에 입력 매개변수와 출력 매개변수를 정의하고 사용하는 방법을 알아보자. 또한 8장에서 소개한 SQL 프로그래밍을 스토어드 프로시저에 적용해보자.

1 cookDB 초기화하기

1-1 Workbench를 실행하여 메뉴의 [File]–[Open SQL Script]를 선택한 후 C:\SQL\cookDB.sql 파일을 열어 실행한다.

1-2 cookDB의 초기화가 완료되면 열린 쿼리 창을 모두 닫고 새 쿼리 창을 연다.

2 입력 매개변수가 있는 스토어드 프로시저 실행하기

2-1 1개의 입력 매개변수가 있는 스토어드 프로시저를 생성한다. 10행에서 이경규를 입력 매개변수로 넘기면 4행에서 uName 매개변수에 대입되고 6행에서 이경규에 대한 조회가 수행된다.

```
1   USE cookDB;
2   DROP PROCEDURE IF EXISTS userProc1;
3   DELIMITER $$
4   CREATE PROCEDURE userProc1(IN uName VARCHAR(10))
5   BEGIN
6     SELECT * FROM userTBL WHERE userName = uName;
7   END $$
8   DELIMITER ;
9
10  CALL userProc1('이경규');
```

userID	userName	birthYear	addr	mobile1	mobile2	height	mDate
LKK	이경규	1960	경남	018	99999999	170	2004-12-12

그림 11-1 쿼리 실행 결과 1

2-2 2개의 입력 매개변수가 있는 스토어드 프로시저를 생성한다. 4행과 5행은 보기 좋도록 입력 매개변수를 별도의 행에 작성한 것이다. 한 줄로 작성해도 상관없다.

```
DROP PROCEDURE IF EXISTS userProc2;
DELIMITER $$
CREATE PROCEDURE userProc2(
    IN userBirth INT,
    IN userHeight INT
)
BEGIN
  SELECT * FROM userTBL
    WHERE birthYear > userBirth AND height > userHeight;
END $$
DELIMITER;

CALL userProc2(1970, 178);
```

	userID	userName	birthYear	addr	mobile1	mobile2	height	mDate
▶	LHJ	이휘재	1972	경기	011	88888888	180	2006-04-04
	NHS	남희석	1971	충남	016	66666666	180	2017-04-04

그림 11-2 쿼리 실행 결과 2

3 출력 매개변수가 있는 스토어드 프로시저 실행하기

3-1 출력 매개변수가 있는 스토어드 프로시저를 생성한 후 테스트로 사용할 테이블을 만든다.

```
1   DROP PROCEDURE IF EXISTS userProc3;
2   DELIMITER $$
3   CREATE PROCEDURE userProc3(
4       IN txtValue CHAR(10),
5       OUT outValue INT
6   )
7   BEGIN
8     INSERT INTO testTBL VALUES(NULL, txtValue);
9     SELECT MAX(id) INTO outValue FROM testTBL;
10  END $$
11  DELIMITER ;
12
13  CREATE TABLE IF NOT EXISTS testTBL(
14      id INT AUTO_INCREMENT PRIMARY KEY,
15      txt CHAR(10)
16  );
```

userProc3 프로시저를 생성할 당시에는 8행과 9행에서 사용한 testTBL이라는 테이블이 존재하지 않는데도 오류 없이 스토어드 프로시저가 생성된다. 스토어드 프로시저는 실제 테이블이 없어도 만들어진다. 단, 스토어드 프로시저를 호출하는 시점에는 당연히 testTBL이 존재해야 한다. 그렇지 않으면 오류가 발생한다.

3-2 출력 매개변수가 있는 스토어드 프로시저를 다음과 같이 호출한다. 결과를 보면 호출할 때 결괏값을 @myValue 변수에 돌려받고 출력한 것을 알 수 있다. 반복해서 1행과 2행을 실행하면 결괏값이 2, 3, 4, …로 증가할 것이다.

```
CALL userProc3 ('테스트값', @myValue);
SELECT CONCAT('현재 입력된 ID 값 ==>', @myValue);
```

실행 결과

```
현재 입력된 ID 값 ==> 1
```

4 스토어드 프로시저 안에 SQL 프로그래밍하기

4-1 스토어드 프로시저 안에 IF … ELSE 문을 작성해보자. 다음 코드는 그다지 어렵지 않을 것이다. 여기서는 간단히 작성하기 위해 11행과 13행에 SELECT 문을 사용했지만 실제로는 이 부분에 필요한 SQL 문을 쓰면 된다.

```
1   DROP PROCEDURE IF EXISTS ifelseProc;
2   DELIMITER $$
3   CREATE PROCEDURE ifelseProc(
4       IN uName VARCHAR(10)
5   )
6   BEGIN
7       DECLARE bYear INT; -- 변수 선언
8       SELECT birthYear into bYear FROM userTBL
9           WHERE userName = uName;
10      IF (bYear >= 1970) THEN
11              SELECT '아직 젊군요..';
12      ELSE
13              SELECT '나이가 지긋하네요..';
14      END IF;
15  END $$
16  DELIMITER ;
17
18  CALL ifelseProc ('김국진');
```

4-2 호출한 사람의 띠를 알려주는 스토어드 프로시저를 CASE 문을 활용하여 만들어보자.

```
DROP PROCEDURE IF EXISTS caseProc;
DELIMITER $$
CREATE PROCEDURE caseProc(
   IN uName VARCHAR(10)
)
BEGIN
   DECLARE bYear INT;
   DECLARE tti CHAR(3); -- 띠를 저장할 변수
   SELECT birthYear INTO bYear FROM userTBL
     WHERE userName = uName;
   CASE
      WHEN (bYear%12 = 0) THEN SET tti = '원숭이';
      WHEN (bYear%12 = 1) THEN SET tti = '닭';
      WHEN (bYear%12 = 2) THEN SET tti = '개';
      WHEN (bYear%12 = 3) THEN SET tti = '돼지';
      WHEN (bYear%12 = 4) THEN SET tti = '쥐';
      WHEN (bYear%12 = 5) THEN SET tti = '소';
      WHEN (bYear%12 = 6) THEN SET tti = '호랑이';
      WHEN (bYear%12 = 7) THEN SET tti = '토끼';
      WHEN (bYear%12 = 8) THEN SET tti = '용';
      WHEN (bYear%12 = 9) THEN SET tti = '뱀';
      WHEN (bYear%12 = 10) THEN SET tti = '말';
      ELSE SET tti = '양';
   END CASE;
   SELECT CONCAT(uName, '의 띠 ==>', tti);
END $$
DELIMITER ;

CALL caseProc ('박수홍');
```

4-3 구구단을 문자열로 생성하고 테이블에 입력하는 스토어드 프로시저를 WHILE 문을 활용하여 만들어보자. 다음 코드는 이중 반복문을 사용하고 각 행에 주석을 달아놓아 쉽게 이해될 것이다.

```
DROP TABLE IF EXISTS guguTBL;
CREATE TABLE guguTBL (txt VARCHAR(100)); -- 구구단 저장용 테이블

DROP PROCEDURE IF EXISTS whileProc;
DELIMITER $$
CREATE PROCEDURE whileProc()
BEGIN
   DECLARE str VARCHAR(100); -- 각 단을 문자열로 저장
   DECLARE i INT; -- 구구단 앞자리
   DECLARE k INT; -- 구구단 뒷자리
   SET i = 2; -- 2단부터 계산
```

```

    WHILE (i < 10) DO  -- 바깥 반복문(2~9단 반복)
       SET str = '';  -- 각 단의 결과를 저장할 문자열 초기화
       SET k = 1;  -- 구구단 뒷자리는 항상 1부터 9까지
       WHILE (k < 10) DO
          SET str = CONCAT(str, '  ', i, 'x', k, '=', i*k);  -- 문자열 만들기
          SET k = k + 1;  -- 뒷자리 증가
       END WHILE;
       SET i = i + 1;  -- 앞자리 증가
       INSERT INTO guguTBL VALUES(str);  -- 각 단의 결과를 테이블에 입력
    END WHILE;
END $$
DELIMITER ;

CALL whileProc();
SELECT * FROM guguTBL;
```

txt
2x1=2 2x2=4 2x3=6 2x4=8 2x5=10 2x6=12 2x7=14 2x8=16 2x9=18
3x1=3 3x2=6 3x3=9 3x4=12 3x5=15 3x6=18 3x7=21 3x8=24 3x9=27
4x1=4 4x2=8 4x3=12 4x4=16 4x5=20 4x6=24 4x7=28 4x8=32 4x9=36
5x1=5 5x2=10 5x3=15 5x4=20 5x5=25 5x6=30 5x7=35 5x8=40 5x9=45
6x1=6 6x2=12 6x3=18 6x4=24 6x5=30 6x6=36 6x7=42 6x8=48 6x9=54
7x1=7 7x2=14 7x3=21 7x4=28 7x5=35 7x6=42 7x7=49 7x8=56 7x9=63
8x1=8 8x2=16 8x3=24 8x4=32 8x5=40 8x6=48 8x7=56 8x8=64 8x9=72
9x1=9 9x2=18 9x3=27 9x4=36 9x5=45 9x6=54 9x7=63 9x8=72 9x9=81

그림 11-3 쿼리 실행 결과 3

5 스토어드 프로시저 오류 처리하기

5-1 DECLARE … HANDLER 문을 이용하여 스토어드 프로시저에 발생한 오류를 처리해보자. 무한 루프를 돌면서 1+2+3+4+…와 같이 숫자를 계속 더하다가, 합계를 저장하는 변수(정수형)에 오버플로(overflow)가 발생하면 멈춘다. 또한 오버플로 직전의 합계와, 어떤 숫자까지 더했을 때 오버플로가 발생하는지를 확인한다.

```
DROP PROCEDURE IF EXISTS errorProc;
DELIMITER $$
CREATE PROCEDURE errorProc()
BEGIN
   DECLARE i INT;  -- 1씩 증가하는 값
   DECLARE hap INT;  -- 합계(정수형), 오버플로를 발생시킬 예정
   DECLARE saveHap INT;  -- 합계(정수형), 오버플로가 발생하기 직전의 값 저장

   DECLARE EXIT HANDLER FOR 1264  -- 정수형 오버플로가 발생하면 이 부분 수행
```

```
10      BEGIN
11         SELECT CONCAT('INT 오버플로 직전의 합계 --> ', saveHap);
12         SELECT CONCAT('1+2+3+4+…+', i, '=오버플로');
13      END;
14
15      SET i = 1;  -- 1부터 증가
16      SET hap = 0;  -- 합계 누적
17
18      WHILE (TRUE) DO  -- 무한 루프
19         SET saveHap = hap;  -- 오버플로 직전의 합계 저장
20         SET hap = hap + i;  -- 오버플로가 발생하면 11행과 12행 수행
21         SET i = i + 1;
22      END WHILE;
23   END $$
24   DELIMITER ;
25
26   CALL errorProc();
```

9~13행은 정수형(INT) 오버플로가 발생하면 실행되는 부분이다. 18~22행은 무한 루프를 돌면서 hap 변수에 1, 2, 3, 4, …를 계속 누적하여 더하는 부분이다. 언젠가는 hap 변수에 오버플로가 발생할 것이고, 19행에서 오버플로가 발생하기 직전 hap 변수의 값을 saveHap 변수에 저장할 것이다. 오버플로가 발생하면 11행과 12행을 실행하여 saveHap 변수의 값과, 어떤 값까지 더했을 때 오버플로가 발생했는지를 출력한다.

6 현재 저장된 프로시저의 이름과 내용 확인하기

6-1 INFORMATION_SCHEMA 데이터베이스의 ROUTINES 테이블을 조회하면 현재 저장된 프로시저의 이름과 내용을 확인할 수 있다.

```
SELECT ROUTINE_NAME, ROUTINE_DEFINITION FROM INFORMATION_SCHEMA.ROUTINES
  WHERE routine_schema = 'cookDB' AND routine_type = 'PROCEDURE';
```

ROUTINE_NAME	ROUTINE_DEFINITION
caseProc	BEGIN DECLARE bYear INT: DECLARE tti CHAR(3):-- 띠 SELECT birthYear INTO bYear FROM userT...
errorProc	BEGIN DECLARE i INT: -- 1씩 증가하는 값 DECLARE hap INT: -- 합계 (정수형). 오버플로 발생시킬 예...
ifelseProc	BEGIN DECLARE bYear INT: -- 변수 선언 SELECT birthYear into bYear FROM userTBL WHERE use...
userProc1	BEGIN SELECT * FROM userTBL WHERE userName= uName: END
userProc2	BEGIN SELECT * FROM userTBL WHERE birthYear > userBirth AND height > userHeight: END
userProc3	BEGIN INSERT INTO testTBL VALUES(NULL.txtValue): SELECT MAX(id) INTO outValue FROM testTBL: END
whileProc	BEGIN DECLARE str VARCHAR(100): -- 각 단을 문자열로 저장 DECLARE i INT: -- 구구단 앞자리 DE...

그림 11-4 스토어드 프로시저 확인 1

6-2 위의 결과를 보면 스토어드 프로시저의 내용은 확인되지만 매개변수는 보이지 않는다. 스토어드 프로시저의 매개변수는 INFORMATION_SCHEMA 데이터베이스의 PARAMETERS 테이블

을 조회하면 확인할 수 있다.

```
SELECT ORDINAL_POSITION, PARAMETER_MODE, PARAMETER_NAME, DTD_IDENTIFIER
  FROM INFORMATION_SCHEMA.PARAMETERS
  WHERE SPECIFIC_SCHEMA = 'cookDB' AND SPECIFIC_NAME='userProc3';
```

ORDINAL_POSITION	PARAMETER_MODE	PARAMETER_NAME	DTD_IDENTIFIER
1	IN	txtValue	char(10)
2	OUT	outValue	int(11)

그림 11-5 **스토어드 프로시저 확인 2**

6-3 SHOW CREATE PROCEDURE 문으로도 스토어드 프로시저의 내용을 확인할 수 있다.

```
SHOW CREATE PROCEDURE cookDB.whileProc;
```

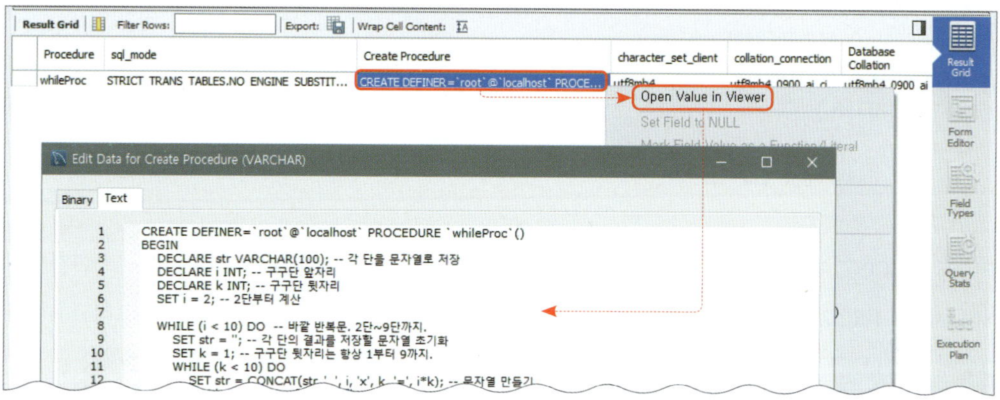

그림 11-6 **스토어드 프로시저 확인 3**

7 테이블 이름을 입력 매개변수로 전달하기

7-1 테이블 이름을 입력 매개변수로 전달하는 코드를 작성해보자. cookDB.tableName이라는 테이블을 알 수 없다는 오류가 발생할 것이다. MySQL에서는 테이블 이름을 직접 입력 매개변수로 전달할 수 없다.

```
DROP PROCEDURE IF EXISTS nameProc;
DELIMITER $$
CREATE PROCEDURE nameProc(
   IN tableName VARCHAR(20)
)
BEGIN
   SELECT * FROM tableName;
```

```
END $$
DELIMITER ;

CALL nameProc('userTBL');
```

7-2 8장에서 배운 동적 SQL을 활용하여 테이블 이름을 입력 매개변수로 전달해보자.

```
1   DROP PROCEDURE IF EXISTS nameProc;
2   DELIMITER $$
3   CREATE PROCEDURE nameProc(
4       IN tableName VARCHAR(20)
5   )
6   BEGIN
7     SET @sqlQuery = CONCAT('SELECT * FROM ', tableName);
8     PREPARE myQuery FROM @sqlQuery;
9     EXECUTE myQuery;
10    DEALLOCATE PREPARE myQuery;
11  END $$
12  DELIMITER ;
13
14  CALL nameProc('userTBL');
```

7행에서 CONCAT() 함수는 문자열을 연결하므로 SELECT * FROM과 tableName을 연결하여 SELECT * FROM tableName 문자열을 만들고 이를 @sqlQuery 변수에 저장한다. 그리고 8행과 9행에서 SELECT * FROM tableName 문자열을 준비하고 실행한다. 결과가 잘 나올 것이다.

TIP ALTER PROCEDURE 문이나 ALTER FUNCTION 문으로 스토어드 프로시저 또는 스토어드 함수의 내용을 바꿀 수는 없다. 내용을 바꾸려면 삭제한 후 다시 생성해야 한다.

4 스토어드 프로시저의 장점

스토어드 프로시저를 사용하면 다음과 같은 장점을 얻을 수 있다.

- **MySQL의 성능을 향상할 수 있다**

  긴 코드로 구현된 쿼리를 실행하려면 클라이언트에서 서버로 쿼리의 모든 텍스트를 전송해야 한다. 하지만 긴 코드의 쿼리를 서버에 스토어드 프로시저로 생성해놓으면 스토어드 프로시저 이름과 매개변수 등 몇 글자만 전송하면 된다. 스토어드 프로시저를 사용하면 네트워크의 부하를 크게 줄여 결과적으로 MySQL의 성능을 향상할 수 있다.

- **유지·보수가 간편하다**

  C#이나 자바 등의 클라이언트 응용 프로그램에서 직접 SQL 문을 작성하지 않고 스토어드 프로시저

이름만 호출하도록 설정하면 데이터베이스에서 관련 스토어드 프로시저의 내용을 일관되게 수정하거나 유지·보수할 수 있다.

- **모듈식 프로그래밍이 가능하다**

  한 번 스토어드 프로시저를 생성해놓으면 언제든지 실행할 수 있고, 스토어드 프로시저로 저장한 쿼리의 수정, 삭제와 같은 관리도 수월하다. 즉 다른 모듈식 프로그래밍 언어와 동일한 장점이 있다.

- **보안을 강화할 수 있다**

  사용자별로 테이블 접근 권한을 주지 않고 스토어드 프로시저에만 접근 권한을 주면 보안을 강화할 수 있다. 예를 들어 cookDB의 회원 테이블(userTBL)에는 회원의 이름, 전화번호, 주소, 출생 연도, 키 등의 개인 정보가 들어 있다. 배송 담당자는 회원 테이블에 접근해야만 물품 배송에 필요한 정보인 주소와 전화번호를 알 수 있다. 그런데 회원 테이블에는 주소와 전화번호 외의 개인 정보도 포함되어 있어 보안상 문제가 발생할 소지가 있다. 이럴 때 다음과 같은 프로시저를 생성한 후 배송 담당자에게 회원 테이블 대신 스토어드 프로시저의 접근 권한을 주면 보안 문제가 해결된다.

```
DELIMITER $$
CREATE PROCEDURE delivProc(
  IN id VARCHAR(10)
)
BEGIN
  SELECT userID, userName, addr, mobile1, mobile2
    FROM userTBL
    WHERE userID = id;
END $$
DELIMITER ;
```

  배송 담당자는 다음과 같이 스토어드 프로시저를 사용하면 된다.

```
CALL delivProc ('LHJ');
```

TIP 뷰도 스토어드 프로시저처럼 보안을 강화할 수 있다는 것이 장점이다.

여기서 잠깐

스토어드 프로시저의 컴파일

다른 DBMS에서는 스토어드 프로시저가 처음 호출될 때 한 번만 컴파일된 후 메모리에 올라간다. 그 이후로는 다시 컴파일하지 않고 메모리에 저장된 내용이 매번 호출되어 성능 향상에 도움을 준다. 반면에 MySQL의 스토어드 프로시저는 호출할 때마다 컴파일되기 때문에 다른 DBMS처럼 성능 향상 효과가 아주 크지는 않지만, 네트워크의 부하를 줄이는 등의 장점이 있어 어느 정도 성능 향상 효과가 있다고 본다.

02 스토어드 함수

7장에서 살펴보았듯이 MySQL은 다양한 내장 함수를 제공하지만 사용자가 원하는 모든 함수를 제공하는 것은 아니다. 사용자가 직접 함수를 만들어 사용해야 할 때도 있는데, 이렇게 사용자가 직접 만들어 사용하는 함수를 스토어드 함수(stored function)라고 한다. 스토어드 함수는 스토어드 프로시저와 상당히 유사하지만 형태와 용도가 약간 다르다.

TIP 다른 DBMS에서는 스토어드 프로시저를 '저장 프로시저', 스토어드 함수를 '사용자 정의 함수'라고도 부른다.

다음은 MySQL의 도움말에 나오는 스토어드 함수의 정의 형식이다.

```
CREATE
   [DEFINER = user]
   FUNCTION [IF NOT EXISTS] sp_name ([func_parameter[,…]])
   RETURNS type
   [characteristic ] routine_body

func_parameter:
   param_name type

type:
   Any valid MySQL data type

characteristic:
   COMMENT 'string'
 | LANGUAGE SQL
 | [NOT] DETERMINISTIC
 | { CONTAINS SQL | NO SQL | READS SQL DATA | MODIFIES SQL DATA }
 | SQL SECURITY { DEFINER | INVOKER }

routine_body:
   Valid SQL routine statement
```

위의 형식은 다음과 같이 간단하게 정리할 수 있다.

```
DELIMITER $$
CREATE FUNCITON 스토어드함수이름(매개변수)
    RETURNS 반환형식
BEGIN

    이 부분에 프로그램 코딩
    RETURN 반환값;

END $$
DELIMITER ;
SELECT 스토어드함수이름();
```

스토어드 함수의 정의는 스토어드 프로시저와 매우 유사하지만 다음과 같은 차이점이 있다.

- 스토어드 프로시저는 입력 매개변수와 출력 매개변수를 모두 사용한다. 반면에 스토어드 함수의 매개변수는 모두 입력 매개변수로만 사용된다.
- 스토어드 프로시저는 반환하는 별도의 구문이 없고, 꼭 필요하면 여러 개의 OUT 매개변수를 사용하여 값을 반환한다. 반면에 스토어드 함수는 RETURNS 문으로 반환할 값의 데이터 형식을 지정하고, 본문 안에서는 RETURN 문으로 하나의 값을 반환한다.
- 스토어드 프로시저는 CALL로 호출한다. 반면에 스토어드 함수는 SELECT 문 안에서 호출한다.
- 스토어드 프로시저 안에는 SELECT 문을 사용할 수 있다. 반면에 스토어드 함수 안에는 집합 결과를 반환하는 SELECT 문을 사용할 수 없다.
- 스토어드 프로시저는 여러 쿼리문 또는 숫자 계산 등을 하나로 묶어 일괄 처리한다. 반면에 스토어드 함수는 어떤 계산을 통해 하나의 값을 반환하는 데 주로 사용된다.

TIP SELECT … INTO 문은 집합 결과를 반환하는 것이 아니므로 예외적으로 스토어드 함수에 사용할 수 있다.

스토어드 함수를 생성하려면 시스템 변수인 log_bin_trust_function_creators를 ON으로 변경해야 한다. 다음 구문을 먼저 실행하고 스토어드 함수를 작성한다.

```
SET GLOBAL log_bin_trust_function_creators = 1;
```

두 수의 합계를 계산하는 스토어드 함수를 작성한다.

```
USE cookDB;
DROP FUNCTION IF EXISTS userFunc;
DELIMITER $$
CREATE FUNCTION userFunc(value1 INT, value2 INT)
    RETURNS INT
```

```
6   BEGIN
7      RETURN value1 + value2;
8   END $$
9   DELIMITER ;
10
11  SELECT userFunc(100, 200);
```

- **4행:** 정수형 매개변수 2개를 전달받는다.
- **5행:** 이 함수가 반환하는 데이터 형식을 지정한다.
- **7행:** RETURN 문으로 정수형을 반환한다.
- **11행:** SELECT 문에서 함수를 호출하면서 2개의 매개변수를 전달한다.

실습 11-2 스토어드 함수 사용하기

1 cookDB 초기화하기

1-1 Workbench를 실행하여 메뉴의 [File]-[Open SQL Script]를 선택한 후 C:\SQL\cookDB.sql 파일을 열어 실행한다.

1-2 cookDB의 초기화가 완료되면 열린 쿼리 창을 모두 닫고 새 쿼리 창을 연다.

2 스토어드 함수 생성하고 활용하기

2-1 출생 연도를 입력하면 나이가 출력되는 함수를 생성해보자. 다음 코드는 그다지 어렵지 않을 것이다. 단순히 현재 연도[YEAR(CURDATE())]에서 입력된 출생 연도를 뺀 값(즉 나이)을 돌려주는 함수이다.

```
USE cookDB;
DROP FUNCTION IF EXISTS getAgeFunc;
DELIMITER $$
CREATE FUNCTION getAgeFunc(bYear INT)
   RETURNS INT
BEGIN
   DECLARE age INT;
   SET age = YEAR(CURDATE()) - bYear;
   RETURN age;
END $$
DELIMITER ;
```

2-2 앞에서 작성한 함수를 SELECT 문에서 호출해보자. 1979년생의 현재 나이가 출력될 것이다.

```
SELECT getAgeFunc(1979);
```

2-3 필요하다면 함수의 반환값을 SELECT … INTO 문으로 저장했다가 사용할 수도 있다. 다음 쿼리를 실행하면 두 출생 연도의 나이 차가 출력될 것이다.

```
SELECT getAgeFunc(1979) INTO @age1979;
SELECT getAgeFunc(1997) INTO @age1997;
SELECT CONCAT('1997년과 1979년의 나이 차 ==> ', (@age1979-@age1997));
```

2-4 작성한 함수를 테이블을 검색하는 쿼리에 활용해보자.

```
SELECT userID, userName, getAgeFunc(birthYear) AS '만 나이' FROM userTBL;
```

userID	userName	만 나이
KHD	강호동	48
KJD	김제동	44
KKJ	김국진	53
KYM	김용만	51
LHJ	이휘재	46
LKK	이경규	58
NHS	남희석	47
PSH	박수홍	48
SDY	신동엽	47
YJS	유재석	46

그림 11-7 쿼리 실행 결과 4

2-5 현재 저장된 스토어드 함수의 이름과 내용을 확인해보자. SHOW CREATE FUNCTION 문으로 스토어드 함수의 내용을 확인할 수 있다.

```
SHOW CREATE FUNCTION getAgeFunc;
```

2-6 스토어드 함수를 삭제할 때는 다른 데이터베이스 개체를 삭제할 때와 마찬가지로 DROP 문을 사용한다.

```
DROP FUNCTION getAgeFunc;
```

03 커서

MySQL의 스토어드 프로시저 내부에는 커서(cursor)를 사용할 수 있다. 커서를 이용하면 일반 프로그래밍 언어로 파일 처리를 하는 것과 비슷한 방식으로 테이블의 행 집합을 다룰 수 있다. 파일 처리 프로그래밍을 해본 독자라면 파일을 읽고 쓰기 위해 파일을 연 다음 한 행씩 읽거나 썼던 경험이 있을 것이다. 파일 처리에서는 파일을 한 행씩 읽을 때마다 파일 포인터가 자동으로 다음 행을 가리킨다. 커서도 이와 비슷하게 쿼리의 결과 행 집합에서 한 행씩 옮겨가며 명령을 처리한다.

파일 포인터 →

파일의 시작(BOF)			
YJS	유재석	1972	서울
KHD	강호동	1970	경북
KKJ	김국진	1965	서울
KYM	김용만	1967	서울
KJD	김제동	1974	경남
NHS	남희석	1971	충남
SDY	신동엽	1971	경기
LHJ	이휘재	1972	경기
LKK	이경규	1960	경남
PSH	박수홍	1970	서울
파일의 끝(EOF)			

그림 11-8 파일 처리의 동작

[그림 11-8]과 같은 텍스트 파일이 저장되어 있다면 이 파일을 처리하기 위해 다음과 같은 과정을 거칠 것이다.

❶ 파일을 연다(Open). 파일 포인터는 파일의 시작(BOF, Begin Of File)을 가리킨다.

❷ 파일의 맨 앞에 저장된 '유재석' 데이터를 읽는다. 파일 포인터는 자동으로 다음 데이터인 '강호동'으로 이동한다.

❸ 파일의 끝(EOF, End Of File)까지 아래 과정을 반복한다.

❸-1 읽은 데이터를 처리한다.

❸-2 현재 파일 포인터가 가리키는 데이터를 읽는다. 파일 포인터는 자동으로 다음으로 이동한다.

❹ 파일을 닫는다(Close).

[그림 11-8]의 텍스트 파일을 테이블의 행 집합이라고 생각해보자. 커서를 활용하면 ❶~❹와 거의 비슷한 방식으로 데이터를 처리할 수 있다. 일반적으로 커서는 다음과 같은 순서로 처리된다.

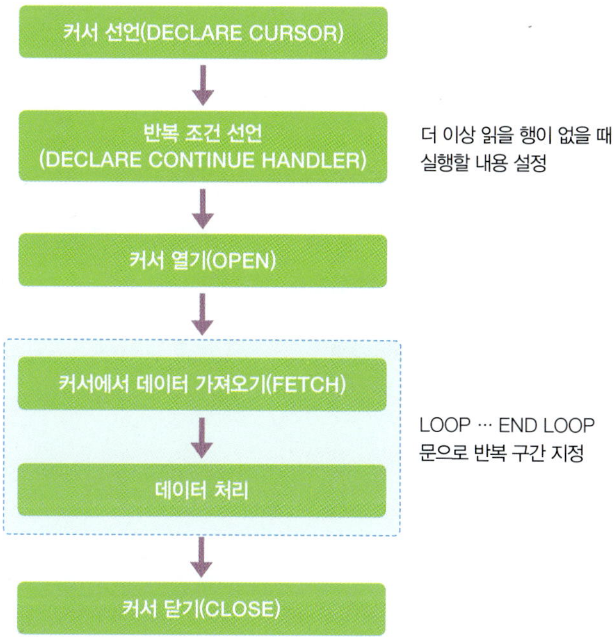

그림 11-9 커서의 작동 순서

커서를 활용하는 간단한 실습을 해보자. 세부 문법을 배우지 않았기 때문에 구문이 이해되지 않더라도 일단 따라 해보기 바란다. [그림 11-9]와 같이 커서를 사용하는 전반적인 흐름에 초점을 맞추어 실습을 진행한다.

실습 11-3 커서 활용하기

1 고객의 평균 키를 구하는 스토어드 프로시저 작성하기

1-1 커서를 활용하여 고객의 평균 키를 구하는 스토어드 프로시저를 작성한다.

```
DROP PROCEDURE IF EXISTS cursorProc;
DELIMITER $$
CREATE PROCEDURE cursorProc()
BEGIN
    DECLARE userHeight INT; -- 고객의 키
```

```
6       DECLARE cnt INT DEFAULT 0;  -- 고객의 인원수(읽은 행의 수)
7       DECLARE totalHeight INT DEFAULT 0;  -- 키의 합계
8
9       DECLARE endOfRow BOOLEAN DEFAULT FALSE;  -- 행의 끝 여부(기본은 FALSE)
10
11      DECLARE userCuror CURSOR FOR  -- 커서 선언
12          SELECT height FROM userTBL;
13
14      DECLARE CONTINUE HANDLER  -- 행의 끝이면 endOfRow 변수에 TRUE 대입
15          FOR NOT FOUND SET endOfRow = TRUE;
16
17      OPEN userCuror;  -- 커서 열기
18
19      cursor_loop: LOOP
20          FETCH userCuror INTO userHeight;  -- 고객의 키 1개 대입
21
22          IF endOfRow THEN  -- 더 이상 읽을 행이 없으면 LOOP 종료
23              LEAVE cursor_loop;
24          END IF;
25
26          SET cnt = cnt + 1;
27          SET totalHeight = totalHeight + userHeight;
28      END LOOP cursor_loop;
29
30      -- 고객의 평균 키 출력
31      SELECT CONCAT('고객의 평균 키 ==> ', (totalHeight/cnt));
32
33      CLOSE userCuror;  -- 커서 닫기
34  END $$
35  DELIMITER ;
```

- **5~7행**: 고객의 평균 키를 계산하기 위해 변수를 선언한다.
- **9행, 14~15행**: LOOP 부분을 종료하기 위한 조건을 지정한다. 만약 행의 끝이라면 endOfRow 변수에 TRUE가 대입되어 22~24행이 수행되고 LOOP가 종료된다.
- **17행**: 준비한 커서를 연다.
- **19~28행**: 행의 끝까지 반복하면서 고객의 키를 하나씩 totalHeight 변수에 누적한다. 또한 26행에서 고객의 수를 센다.
- **31행**: LOOP를 빠져나와 평균 키(키의 합계/고객의 수)를 출력한다.
- **33행**: 커서를 닫는다.

1-2 스토어드 프로시저를 호출하여 결과를 확인한다.

```
CALL cursorProc();
```

실행 결과

```
고객 키의 평균==> 177.0000
```

TIP 실제 인터넷 쇼핑몰에서 고객의 평균 키를 구하는 상황이라면 스토어드 프로시저를 작성하는 것보다 내장 함수인 AVG()를 사용하는 것이 훨씬 효율적이다. 그러나 '홀수의 평균값'이나 '5의 배수에 해당하는 값의 평균'과 같이 특별한 조건이 붙은 평균은 AVG() 함수로 구할 수 없기 때문에 커서를 활용해야 한다.

2 고객 등급을 분류하는 스토어드 프로시저 작성하기

2-1 회원 테이블(userTBL)에 고객 등급(grade) 열을 추가한다.

```
USE cookDB;
ALTER TABLE userTBL ADD grade VARCHAR(5);  -- 고객 등급 열 추가
```

2-2 구매 테이블(buyTBL)에서 고객이 구매한 총액에 따라 회원 테이블의 고객 등급 열에 최우수 고객, 우수고객, 일반고객, 유령고객 등의 값을 입력하는 스토어드 프로시저를 작성한다. 이때도 커서를 활용한다.

```
DROP PROCEDURE IF EXISTS gradeProc;
DELIMITER $$
CREATE PROCEDURE gradeProc()
BEGIN
   DECLARE id VARCHAR(10);  -- 사용자 아이디를 저장할 변수
   DECLARE hap BIGINT;  -- 총구매액을 저장할 변수
   DECLARE userGrade CHAR(5);  -- 고객 등급 변수

   DECLARE endOfRow BOOLEAN DEFAULT FALSE;

   DECLARE userCuror CURSOR FOR  -- 커서 선언
      SELECT U.userid, sum(price*amount)
         FROM buyTBL B
            RIGHT OUTER JOIN userTBL U
            ON B.userid = U.userid
         GROUP BY U.userid, U.userName;

   DECLARE CONTINUE HANDLER
      FOR NOT FOUND SET endOfRow = TRUE;

   OPEN userCuror;  -- 커서 열기
   grade_loop: LOOP
```

```
23        FETCH userCuror INTO id, hap; -- 첫 행 값 대입
24        IF endOfRow THEN
25           LEAVE grade_loop;
26        END IF;
27
28        CASE
29           WHEN (hap >= 1500) THEN SET userGrade = '최우수고객';
30           WHEN (hap >= 1000) THEN SET userGrade ='우수고객';
31           WHEN (hap >= 1) THEN SET userGrade ='일반고객';
32           ELSE SET userGrade ='유령고객';
33         END CASE;
34
35         UPDATE userTBL SET grade = userGrade WHERE userID = id;
36     END LOOP grade_loop;
37
38     CLOSE userCuror; -- 커서 닫기
39  END $$
40  DELIMITER ;
```

- **5~7행**: 사용할 변수를 정의한다.
- **11~16행**: 커서를 정의하는데, 결과로 사용자 아이디와 사용자별 총구매액이 나온다.
- **22~36행**: LOOP를 반복하면서 한 행씩 처리한다.
- **28~33행**: 총구매액(hap)에 따라 고객의 등급을 분류한다.
- **35행**: 분류한 고객의 등급(grade)을 업데이트한다.

2-3 스토어드 프로시저를 호출하고 고객 등급이 완성되었는지 확인한다.

```
CALL gradeProc();
SELECT * FROM userTBL;
```

userID	userName	birthYear	addr	mobile1	mobile2	height	mDate	grade
KHD	강호동	1970	경북	011	22222222	182	2007-07-07	우수고객
KJD	김제동	1974	경남	NULL	NULL	173	2013-03-03	일반고객
KKJ	김국진	1965	서울	019	33333333	171	2009-09-09	유령고객
KYM	김용만	1967	서울	010	44444444	177	2015-05-05	일반고객
LHJ	이휘재	1972	경기	011	88888888	180	2006-04-04	일반고객
LKK	이경규	1960	경남	018	99999999	170	2004-12-12	유령고객
NHS	남희석	1971	충남	016	66666666	180	2017-04-04	유령고객
PSH	박수홍	1970	서울	010	00000000	183	2012-05-05	최우수고객
SDY	신동엽	1971	경기	NULL	NULL	176	2008-10-10	유령고객
YJS	유재석	1972	서울	010	11111111	178	2008-08-08	유령고객

그림 11-10 쿼리 실행 결과 5

04 트리거

1 트리거의 개요

트리거(trigger)의 사전적 의미는 '방아쇠'이다. 방아쇠를 당기면 자동으로 총알이 나가듯이 트리거는 테이블에 무슨 일이 일어나면 자동으로 실행된다.

누군가가 A라는 테이블의 어떤 행을 고의 또는 실수로 삭제했다고 가정해보자. 삭제된 행의 내용을 복구하기도 어렵고 누가 지웠는지 추적하기도 어렵다. 이러한 경우 A 테이블에서 행이 삭제되는 순간 삭제된 행의 내용, 시간, 삭제한 사용자 등을 B 테이블에 기록해둔다면 문제를 해결할 수 있을 것이다. 추후에 문제가 발생했을 때 B 테이블의 내용을 확인하면 되는데, 트리거는 바로 이러한 기능을 수행한다.

트리거는 테이블에 부착되는(attach) 프로그램 코드로, 해당 테이블에 데이터 삽입, 수정, 삭제 작업이 발생하면 자동으로 실행된다. 9장에서 데이터의 무결성을 보장하기 위한 여러 가지 제약 조건을 살펴보았는데, 트리거는 제약 조건과 더불어 데이터의 무결성을 보장하는 장치의 역할을 한다.

트리거는 스토어드 프로시저와 비슷한 문법으로 작성하며 작동 방식도 비슷하다. 그러나 직접 실행할 수 없고 오직 해당 테이블에 변경 작업이 발생한 경우에만 자동으로 실행된다. 또한 스토어드 프로시저와 달리 입력(IN), 출력(OUT) 매개변수를 사용할 수 없다.

실습을 통해 트리거의 작동을 알아보자. 세부 문법이 이해되지 않더라도 작동 결과만 확인한다.

실습 11-4 트리거 생성하고 작동 확인하기

1 cookDB 초기화하기

1-1 Workbench를 실행하여 메뉴의 [File]-[Open SQL Script]를 선택한 후 C:\SQL\cookDB.sql 파일을 열어 실행한다.

1-2 cookDB의 초기화가 완료되면 열린 쿼리 창을 모두 닫고 새 쿼리 창을 연다.

2 트리거 생성하고 작동 확인하기

2-1 cookDB에 간단한 테이블을 생성한다.

```
USE cookDB;
CREATE TABLE IF NOT EXISTS testTBL (id INT, txt VARCHAR(10));
INSERT INTO testTBL VALUES (1, '이엑스아이디');
INSERT INTO testTBL VALUES (2, '블랙핑크');
INSERT INTO testTBL VALUES (3, '에이핑크');
```

2-2 새로 만든 테이블(testTBL)에 트리거를 부착한다.

```
DROP TRIGGER IF EXISTS testTrg;
DELIMITER //
CREATE TRIGGER testTrg  -- 트리거 이름
    AFTER DELETE  -- 삭제 후에 작동하도록 지정
    ON testTBL  -- 트리거를 부착할 테이블
    FOR EACH ROW  -- 각 행마다 적용
BEGIN
    SET @msg = '가수 그룹이 삭제됨';  -- 트리거 실행 시 작동하는 코드
END //
DELIMITER ;
```

2-3 데이터 변경(삽입, 수정, 삭제) 작업을 한다. 트리거가 부착된 테이블에 삽입(INSERT), 수정(UPDATE) 작업을 하면 @msg 변수에 아무것도 저장되지 않지만, 삭제(DELETE) 작업을 하면 트리거에서 지정한 '가수 그룹이 삭제됨' 문자열이 자동으로 @msg 변수에 저장되어 출력된다.

```
SET @msg = '';
INSERT INTO testTBL VALUES (4, '여자친구');
SELECT @msg;
UPDATE testTBL SET txt = '레드벨벳' WHERE id = 3;
SELECT @msg;
DELETE FROM testTBL WHERE id = 4;
SELECT @msg;
```

	@msg

	@msg

	@msg
	가수 그룹이 삭제됨

그림 11-11 쿼리 실행 결과 6

이렇듯 트리거는 테이블에 부착해서 사용할 수 있다. 앞의 실습에서는 간단히 @msg 변수에 값을 대입하는 코드(SET @msg = '가수 그룹이 삭제됨')를 작성했지만, 이 부분을 실제 필요한 복잡한 SQL 문으로 바꾸면 트리거를 유용하게 활용할 수 있다.

2 트리거의 종류

트리거는 AFTER 트리거와 BEFORE 트리거로 구분할 수 있다.

- **AFTER 트리거**
  테이블에 변경(삽입, 수정, 삭제) 작업이 일어났을 때 작동하는 트리거를 말한다. 말 그대로 변경 작업이 일어난 후(after) 실행된다.

- **BEFORE 트리거**
  AFTER 트리거와 반대로 테이블에 변경(삽입, 수정, 삭제) 작업이 일어나기 전(before)에 실행된다.

트리거를 생성하는 형식은 다음과 같다.

```
CREATE
   [DEFINER = { user | CURRENT_USER }]
   TRIGGER trigger_name
   trigger_time trigger_event
   ON TBL_name FOR EACH ROW
   [trigger_order]
   trigger_body

trigger_time: { BEFORE | AFTER }

trigger_event: { INSERT | UPDATE | DELETE }

trigger_order: { FOLLOWS | PRECEDES } other_trigger_name
```

trigger_time에서는 BEFORE와 AFTER를 지정할 수 있고, trigger_event에서는 INSERT, UPDATE, DELETE 중 하나를 지정할 수 있다. 또한 trigger_order에서는 테이블에 여러 개의 트리거가 부착되어 있을 때 다른 트리거보다 먼저 또는 나중에 수행되도록 지정할 수 있다.

트리거를 삭제할 때는 DROP TRIGGER 문을 사용한다. 참고로 트리거에는 ALTER TRIGGER 문을 사용할 수 없다.

2.1 AFTER 트리거

cookDB의 회원 테이블(userTBL)에 입력된 회원의 정보는 종종 변경된다. 하지만 누가 언제 정보를 변경했고, 또 변경 전의 내용이 무엇인지 알 필요가 있다면 트리거를 생성하여 테이블에 부착해놓아야 한다. 실습을 통해 이를 알아보자.

실습 11-5 AFTER 트리거 생성하고 작동 확인하기

회원 테이블에 데이터 변경(삽입, 수정, 삭제) 작업을 시도하면 변경된 데이터를 별도의 테이블에 보관하고 변경된 일자와 변경한 사람을 기록하는 트리거를 만들어 활용해보자.

1 백업 테이블 생성하기

1-1 회원 테이블(userTBL)의 데이터를 수정(UPDATE)하거나 삭제(DELETE)할 경우 변경되기 전 데이터를 저장할 백업 테이블을 생성한다.

```
USE cookDB;
DROP TABLE buyTBL; -- 구매 테이블은 실습에 필요 없으므로 삭제
CREATE TABLE backup_userTBL
( userID char(8) NOT NULL,
  userName varchar(10) NOT NULL,
  birthYear int NOT NULL,
  addr char(2) NOT NULL,
  mobile1 char(3),
  mobile2 char(8),
  height smallint,
  mDate date,
  modType char(2), -- 변경된 유형('수정' 또는 '삭제')
  modDate date, -- 변경된 날짜
  modUser varchar(256) -- 변경한 사용자
);
```

2 트리거 생성하고 작동 확인하기

2-1 데이터를 수정했을 때 작동하는 트리거를 생성한다.

```
DROP TRIGGER IF EXISTS backUserTBL_UpdateTrg;
DELIMITER //
CREATE TRIGGER backUserTBL_UpdateTrg -- 트리거 이름
   AFTER UPDATE -- 수정 후 작동하도록 지정
   ON userTBL -- 트리거를 부착할 테이블
   FOR EACH ROW
BEGIN
   INSERT INTO backup_userTBL VALUES (OLD.userID, OLD.userName, OLD.birthYear,
      OLD.addr, OLD.mobile1, OLD.mobile2, OLD.height, OLD.mDate,
```

```
10          '수정', CURDATE(), CURRENT_USER());
11    END //
12    DELIMITER ;
```

8~9행의 OLD 테이블은 뒤에서 자세히 살펴보겠다. 여기서는 수정 또는 삭제 작업이 수행되기 전에 데이터가 잠깐 저장되어 있는 임시 테이블이라고 생각하면 된다.

2-2 데이터를 삭제했을 때 작동하는 트리거를 생성한다. 데이터 수정 시 작동하는 트리거와 코드가 비슷하다.

```
DROP TRIGGER IF EXISTS backUserTBL_DeleteTrg;
DELIMITER //
CREATE TRIGGER backUserTBL_DeleteTrg  -- 트리거 이름
    AFTER DELETE  -- 삭제 후 작동하도록 지정
    ON userTBL  -- 트리거를 부착할 테이블
    FOR EACH ROW
BEGIN
    INSERT INTO backup_userTBL VALUES(OLD.userID, OLD.userName, OLD.birthYear,
        OLD.addr, OLD.mobile1, OLD.mobile2, OLD.height, OLD.mDate,
        '삭제', CURDATE(), CURRENT_USER());
END //
DELIMITER ;
```

2-3 데이터를 수정하고 삭제해보자. 당연히 회원 테이블의 수정 및 삭제 작업이 잘 수행될 것이다.

```
UPDATE userTBL SET addr = '제주' WHERE userID = 'KJD';
DELETE FROM userTBL WHERE height >= 180;
```

2-4 방금 수정하고 삭제한 내용이 백업 테이블에 잘 보관되었는지 확인해보자. 결과를 보면 수정 또는 삭제된 내용이 잘 저장되어 있을 것이다.

```
SELECT * FROM backup_userTBL;
```

userID	userName	birthYear	addr	mobile1	mobile2	height	mDate	modType	modDate	modUser
KJD	김제동	1974	경남	NULL	NULL	173	2013-03-03	수정	2024-09-08	root@localhost
KHD	강호동	1970	경북	011	22222222	182	2007-07-07	삭제	2024-09-08	root@localhost
LHJ	이휘재	1972	경기	011	88888888	180	2006-04-04	삭제	2024-09-08	root@localhost
NHS	남희석	1971	충남	016	66666666	180	2017-04-04	삭제	2024-09-08	root@localhost
PSH	박수홍	1970	서울	010	00000000	183	2012-05-05	삭제	2024-09-08	root@localhost

그림 11-12 백업 테이블에 저장된 내용

3 테이블의 모든 행 삭제하기

3-1 DELETE 문 대신 TRUNCATE TABLE 문을 사용해보자. **TRUNCATE TABLE 테이블이름** 문은 **DELETE FROM** 테이블이름 문과 동일한 효과를 발휘한다. 즉 모든 행 데이터가 삭제된다.

```
TRUNCATE TABLE userTBL;
```

3-2 백업 테이블을 확인해보자. 삭제된 내용이 백업 테이블에는 저장되지 않았을 것이다. TRUNCATE TABLE 문으로 삭제하면 트리거가 작동하지 않기 때문이다. DELETE 트리거는 DELETE 문에서만 작동한다.

```
SELECT * FROM backup_userTBL;
```

	userID	userName	birthYear	addr	mobile1	mobile2	height	mDate	modType	modDate	modUser
▶	KJD	김제동	1974	경남	NULL	NULL	173	2013-03-03	수정	2018-09-08	root@localhost
	KHD	강호동	1970	경북	011	22222222	182	2007-07-07	삭제	2018-09-08	root@localhost
	LHJ	이휘재	1972	경기	011	88888888	180	2006-04-04	삭제	2018-09-08	root@localhost
	NHS	남희석	1971	충남	016	66666666	180	2017-04-04	삭제	2018-09-08	root@localhost
	PSH	박수홍	1970	서울	010	00000000	183	2012-05-05	삭제	2018-09-08	root@localhost

그림 11-13 변경되지 않은 백업 테이블

4 경고 메시지 보내기

4-1 회원 테이블(userTBL)에 새로운 데이터가 삽입되지 못하게 설정하고, 만약 누군가가 삽입을 시도하면 그 사람에게 경고 메시지를 보내게 해보자. 다음과 같이 INSERT 트리거를 생성하면 된다.

```
1   DROP TRIGGER IF EXISTS userTBL_InsertTrg;
2   DELIMITER //
3   CREATE TRIGGER userTBL_InsertTrg  -- 트리거 이름
4       AFTER INSERT  -- 데이터 삽입 후 작동하도록 설정
5       ON userTBL  -- 트리거를 부착할 테이블
6       FOR EACH ROW
7   BEGIN
8       SIGNAL SQLSTATE '45000'
9           SET MESSAGE_TEXT = '데이터의 입력을 시도했습니다. 귀하의 정보가 서버에 기록되었습니다.';
10  END //
11  DELIMITER ;
```

8행의 SIGNAL SQLSTATE 문은 강제로 오류를 발생시키는 함수이다. 이 함수가 실행되면 사용자가 정의한 오류 메시지가 출력되고, 누군가가 시도한 삽입(INSERT) 작업이 롤백되어 테이블에 적용되지 않는다.

4-2 새로운 데이터를 삽입해보자. 경고 메시지가 출력된 후 회원 테이블에 데이터가 입력되지 않는다.

```
INSERT INTO userTBL VALUES ('ABC', '에비씨', 1977, '서울', '011', '1111111', 181, '2019-12-25');
```

그림 11-14 사용자가 정의한 오류 메시지 출력

2.2 NEW 테이블과 OLD 테이블

트리거에서 삽입(INSERT), 수정(UPDATE), 삭제(DELETE) 작업이 수행되면 임시로 사용되는 시스템 테이블이 2개 있다. 두 테이블의 이름은 'NEW'와 'OLD'이며 [그림 11-15]와 같이 작동한다.

그림 11-15 NEW와 OLD 테이블의 작동

NEW 테이블의 경우 대상 테이블에 삽입 또는 수정 작업이 발생했을 때 변경될 새 데이터가 잠깐 저장된다. 즉 INSERT 트리거 또는 UPDATE 트리거가 부착된 테이블에 삽입 또는 수정 명령이 수행되면 삽입되거나 수정될 새 값이 NEW 테이블에 저장되고, 최종적으로 이 값이 대상 테이블에 반영된다. 그러므로 NEW 테이블을 조작하면 입력되는 새 값을 다른 값으로 대체할 수 있다. 한편 OLD 테이블의 경우 삭제 또는 수정 명령이 수행될 때 삭제 또는 수정되기 전의 예전 값이 저장된다. 결론적으로 트리거가 작동할 때 삽입되거나 수정되는 새 데이터를 참조하려면 NEW 테이블을 확인하고, 변경되기 전의 예전 데이터를 참조하려면 OLD 테이블을 확인하면 된다.

2.3 BEFORE 트리거

BEFORE 트리거는 테이블에 변경이 가해지기 전에 작동하는 트리거이다. 예를 들어 대상 테이블에 BEFORE INSERT 트리거를 부착해놓으면, 입력될 데이터 값을 미리 확인하여 문제가 있을 때 다른 값으로 바꿀 수 있다.

실습 11-6 BEFORE 트리거 생성하고 작동 확인하기

회원 테이블에 데이터를 입력할 때 출생 연도가 1900년 미만이면 잘못 입력한 것으로 간주하여 0을 입력하고, 출생 연도가 올해를 초과하면 올해 연도로 변경하여 입력하는 트리거를 생성해보자. 이렇게 하면 나중에 테이블을 조회했을 때 잘못 입력된 데이터인지 한 번에 알 수 있다.

1 BEFORE INSERT 트리거 생성하기

1-1 회원 테이블(userTBL)에 데이터를 삽입할 때 데이터에 문제가 있으면 값을 변경하여 입력하는 BEFORE INSERT 트리거를 작성한다.

```
1   USE cookDB;
2   DROP TRIGGER IF EXISTS userTBL_InsertTrg;  -- 앞에서 실습한 트리거 제거
3   DROP TRIGGER IF EXISTS userTBL_BeforeInsertTrg;
4   DELIMITER //
5   CREATE TRIGGER userTBL_BeforeInsertTrg  -- 트리거 이름
6       BEFORE INSERT  -- 데이터를 삽입하기 전에 작동하도록 지정
7       ON userTBL  -- 트리거를 부착할 테이블
8       FOR EACH ROW
9   BEGIN
10      IF NEW.birthYear < 1900 THEN
11          SET NEW.birthYear = 0;
12      ELSEIF NEW.birthYear > YEAR(CURDATE()) THEN
13          SET NEW.birthYear = YEAR(CURDATE());
14      END IF;
15  END //
16  DELIMITER ;
```

- **6행:** 데이터를 삽입하기 전에 처리되는 트리거를 생성한다.
- **10~14행:** 새로 삽입되는 값이 들어 있는 NEW 테이블을 검사하여 1900 미만이면 0으로, 올해 연도를 초과하면 올해 연도로 변경한다.

1-2 출생 연도에 문제가 있는 데이터 2개를 회원 테이블에 삽입해보자.

```
INSERT INTO userTBL VALUES
  ('AAA', '에이', 1877, '서울', '011', '11112222', 181, '2019-12-25');
INSERT INTO userTBL VALUES
  ('BBB', '비이', 2977, '경기', '011', '11113333', 171, '2011-3-25');
```

1-3 **SELECT * FROM userTBL** 문으로 확인해보면 트리거가 작동하여 출생 연도가 변경되어 있다.

userID	userName	birthYear	addr	mobile1	mobile2	height	mDate
AAA	에이	0	서울	011	11112222	181	2019-12-25
BBB	비이	2019	경기	011	11113333	171	2011-03-25
NULL	NULL	NULL	NULL	NULL	NULL	NULL	NULL

그림 11-16 트리거에 의해 처리된 데이터 확인

2 생성된 트리거 확인하기

2-1 cookDB에 생성된 트리거를 확인해보자.

```
SHOW TRIGGERS FROM cookDB;
```

Trigger	Event	Table	Statement	Timing	Created	sql_mode
testTrg	DELETE	testtbl	-- 각 행마다 적용시킴 BEGIN SET @msg = '가수...	AFTER	2024-06-23 23:13:53.17	ONLY_FULL_GROUP_BY,STRICT_TRANS_TABLE...
userTBL_BeforeInsertTrg	INSERT	usertbl	BEGIN IF NEW.birthYear < 1900 THEN S...	BEFORE	2024-06-23 23:18:23.78	ONLY_FULL_GROUP_BY,STRICT_TRANS_TABLE...
backUserTBL_UpdateTrg	UPDATE	usertbl	BEGIN INSERT INTO backup_userTBL VALUES...	AFTER	2024-06-23 23:16:32.13	ONLY_FULL_GROUP_BY,STRICT_TRANS_TABLE...
backUserTBL_DeleteTrg	DELETE	usertbl	BEGIN INSERT INTO backup_userTBL VALUES...	AFTER	2024-06-23 23:16:37.09	ONLY_FULL_GROUP_BY,STRICT_TRANS_TABLE...

그림 11-17 생성된 트리거 확인

2-2 트리거를 삭제할 때는 **DROP TRIGGER 트리거이름** 문을 사용한다.

3 다중 트리거와 중첩 트리거

다중 트리거(multiple trigger)는 하나의 테이블에 동일한 트리거가 여러 개 부착되어 있는 것을 말한다. AFTER INSERT 트리거가 한 테이블에 2개 이상 부착되었다면 이를 다중 트리거라고 한다.

중첩 트리거(nested trigger)는 트리거가 또 다른 트리거를 작동시키는 것을 말한다. [그림 11-18]을 보자.

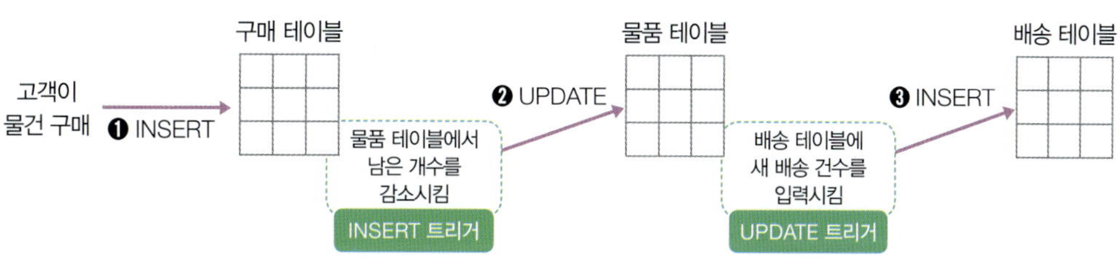

그림 11-18 중첩 트리거의 예

① 고객이 물건을 구매하면 그 구매 기록이 구매 테이블에 ❶ 삽입(INSERT)된다.

② 구매 테이블에 부착된 INSERT 트리거가 작동하면서 물품 테이블의 남은 개수에서 구매한 개수

를 빼도록 ❷ 수정(UPDATE)한다(인터넷 쇼핑몰에서 물건을 구매하면 그 즉시 남은 수량이 줄어드는 것을 보았을 것이다).

③ 물품 테이블에 장착된 UPDATE 트리거가 작동하면서 배송할 내용을 배송 테이블에 ❸ 삽입(INSERT)한다.

중첩 트리거는 때로 시스템의 성능에 좋지 않은 영향을 미친다. 위의 예에서는 고객이 물건을 구매하는 삽입 작업이 일어나면 트랜잭션이 시작된다. 이 트랜잭션은 배송 테이블에 배송 내용을 삽입하는 것으로 종료되는데, 만약 배송 테이블에의 삽입 작업이 실패하면 앞에서 수행되었던 모든 작업이 자동으로 롤백된다. 롤백은 시스템의 성능에 나쁜 영향을 미치는 요소인데 이는 [실습 11-7]에서 살펴보겠다.

하나의 테이블에 여러 개의 트리거가 부착되어 있는 경우 트리거의 작동 순서를 지정할 수 있다. 트리거의 본체 바로 위에 다음과 같은 옵션을 지정하면 된다.

```
{ FOLLOWS | PRECEDES } other_trigger_name
```

'FOLLOWS 트리거이름'으로 지정하면 지정한 트리거 다음에 현재 트리거가 작동하고, 'PRECEDES 트리거이름'으로 지정하면 지정한 트리거가 작동하기 전에 현재 트리거가 작동한다. 하나의 테이블에 여러 개의 트리거가 부착되어 있을 때 트리거의 작동 순서는 큰 의미가 없지만, 특별히 순서를 지정해야 할 때 이 옵션을 사용한다.

실습 11-7 중첩 트리거 생성하고 작동 확인하기

1 새 데이터베이스 생성하기

1-1 열린 쿼리 창을 모두 닫고 새 쿼리 창을 연다.

1-2 연습용 데이터베이스를 생성한다.

```
USE mysql;
DROP DATABASE IF EXISTS triggerDB;
CREATE DATABASE IF NOT EXISTS triggerDB;
```

1-3 [그림 11-18]의 중첩 트리거를 실습할 테이블을 만든다. 실제로 물건을 구매하고 배송하는 데에는 더 많은 열이 필요하지만, 여기서는 중첩 트리거를 실습하는 데 필요한 최소한의 테이블만 생성한다.

```
USE triggerDB;
CREATE TABLE orderTBL  -- 구매 테이블
( orderNo INT AUTO_INCREMENT PRIMARY KEY, -- 구매 일련번호
  userID VARCHAR(5), -- 구매한 회원의 아이디
  prodName VARCHAR(5), -- 구매한 물건
  orderamount INT  -- 구매한 개수
);
CREATE TABLE prodTBL  -- 물품 테이블
( prodName VARCHAR(5), -- 물건 이름
  account INT  -- 남은 물건 수량
);
CREATE TABLE deliverTBL  -- 배송 테이블
( deliverNo INT AUTO_INCREMENT PRIMARY KEY, -- 배송 일련번호
  prodName VARCHAR(5), -- 배송할 물건
  account INT UNIQUE  -- 배송할 물건 개수
);
```

1-4 물품 테이블에 데이터 3건을 삽입한다.

```
INSERT INTO prodTBL VALUES ('사과', 100);
INSERT INTO prodTBL VALUES ('배', 100);
INSERT INTO prodTBL VALUES ('귤', 100);
```

2 중첩 트리거의 작동 확인하기

2-1 [그림 11-18]의 트리거를 구매 테이블(orderTBL)과 물품 테이블(prodTBL)에 부착한다.

```
-- 물품 테이블에서 개수를 감소시키는 트리거
DROP TRIGGER IF EXISTS orderTrg;
DELIMITER //
CREATE TRIGGER orderTrg  -- 트리거 이름
    AFTER INSERT
    ON orderTBL  -- 트리거를 부착할 테이블
    FOR EACH ROW
BEGIN
    UPDATE prodTBL SET account = account - NEW.orderamount
        WHERE prodName = NEW.prodName;
END //
DELIMITER ;

-- 배송 테이블에 새 배송 건을 삽입하는 트리거
DROP TRIGGER IF EXISTS prodTrg;
DELIMITER //
```

```
17  CREATE TRIGGER prodTrg  -- 트리거 이름
18      AFTER UPDATE
19      ON prodTBL  -- 트리거를 부착할 테이블
20      FOR EACH ROW
21  BEGIN
22      DECLARE orderAmount INT;
23      -- 주문 개수 = (변경 전 개수 - 변경 후 개수)
24      SET orderAmount = OLD.account - NEW.account;
25      INSERT INTO deliverTBL(prodName, account)
26          VALUES(NEW.prodName, orderAmount);
27  END //
28  DELIMITER ;
```

orderTrg 트리거는 구매 테이블에 삽입(INSERT) 작업이 발생하면 9~10행을 통해 물품 테이블의 남은 물건 수량에서 주문한 개수만큼 빼는 수정(UPDATE) 작업을 한다. 그런데 물품 테이블에는 UPDATE 트리거가 부착되어 있으므로 24~26행에서 주문 개수를 구하여 배송할 물건과 개수를 배송 테이블(deliverTBL)에 입력한다. 즉 [그림 11-18]의 차례대로 트리거가 작동한다.

2-2 고객이 물건을 구매했다고 가정하고 [그림 11-18]의 ❶ 삽입 작업을 수행한다.

```
INSERT INTO orderTBL VALUES (NULL, 'JOHN', '배', 5);
```

2-3 중첩 트리거가 잘 작동했는지 세 테이블을 조회해보자. [그림 11-18]의 중첩 트리거가 작동하여 ❶ 삽입, ❷ 수정, ❸ 삽입이 모두 성공한 것을 확인할 수 있다.

```
SELECT * FROM orderTBL;
SELECT * FROM prodTBL;
SELECT * FROM deliverTBL;
```

orderNo	userID	prodName	orderamount
1	JOHN	배	5

prodName	account
사과	100
배	95
귤	100

deliverNo	prodName	account
1	배	5

그림 11-19 결과 확인 1

2-4 배송 테이블의 열 이름을 변경하여 [그림 11-18]의 ❸ 삽입이 실패하게 해보자.

```
ALTER TABLE deliverTBL CHANGE prodName productName VARCHAR(5);
```

2-5 다시 [그림 11-18]의 ❶ 삽입 작업을 수행한다. INSERT 트리거는 작동하지만 배송 테이블의 열 이름이 prodName에서 productName으로 바뀌어 마지막의 UPDATE 트리거가 작동하지 않아 ❸ 삽입 작업이 실패한다.

```
INSERT INTO orderTBL VALUES (NULL, 'DANG', '사과', 9);
```

실행 결과

```
Error Code: 1054. Unknown column 'prodName' in 'field list'
```

2-6 세 테이블을 확인해보면 데이터가 변경되지 않았다. 중첩 트리거에서 [그림 11-18]의 ❸ 삽입이 실패하여 그 앞에 수행했던 ❶ 삽입, ❷ 수정 작업이 모두 롤백된 것이다.

```
SELECT * FROM orderTBL;
SELECT * FROM prodTBL;
SELECT * FROM deliverTBL;
```

	orderNo	userID	prodName	orderamount
▶	1	JOHN	배	5

	prodName	account
▶	사과	100
	배	95
	귤	100

	deliverNo	prodName	account
▶	1	배	5

그림 11-20 결과 확인 2

요약

1 스토어드 프로그램은 MySQL에서 제공하는 프로그래밍 언어 기능을 통틀어서 일컫는 말이다. 스토어드 프로그램의 종류에는 스토어드 프로시저, 스토어드 함수, 트리거, 커서 등이 있다.

2 스토어드 프로시저는 MySQL에서 제공하는 프로그래밍 기능을 말하며, 정의 형식은 다음과 같다.

```
DELIMITER $$
CREATE PROCEDURE 스토어드프로시저이름(IN 또는 OUT 매개변수)
BEGIN

   이 부분에 SQL 프로그램 코딩

END $$
DELIMITER ;
CALL 스토어드프로시저이름();
```

3 스토어드 프로시저는 실행 시 입력 매개변수를 지정할 수 있고, 프로시저에서 처리한 결과를 출력 매개변수를 통해 얻을 수도 있다. 스토어드 프로시저 내부에서 오류가 발생하면 'DECLARE 액션 HANDLER FOR 오류조건 처리할_문장' 문으로 처리한다.

4 스토어드 프로시저의 장점은 다음과 같다.

- MySQL의 성능을 향상할 수 있다.
- 유지·보수가 간편하다.
- 모듈식 프로그래밍이 가능하다.
- 보안을 강화할 수 있다.

5 스토어드 함수는 사용자가 직접 만들어 사용하는 함수이며, 정의 형식은 다음과 같다.

```
DELIMITER $$
CREATE FUNCITON 스토어드함수이름(매개변수)
   RETURNS 반환형식
BEGIN

   이 부분에 프로그램 코딩
   RETURN 반환값;

END $$
DELIMITER ;
SELECT 스토어드함수이름();
```

6 스토어드 함수와 스토어드 프로시저의 차이점은 다음과 같다.

- 스토어드 프로시저는 입력 매개변수와 출력 매개변수를 모두 사용한다. 반면에 스토어드 함수의 매개변수는 모두 입력 매개변수로만 사용된다.
- 스토어드 프로시저는 반환하는 별도의 구문이 없고, 꼭 필요하면 여러 개의 OUT 매개변수를 사용하여 값을 반환한다. 반면에 스토어드 함수는 RETURNS 문으로 반환할 값의 데이터 형식을 지정하고, 본문 안에서는 RETURN 문으로 하나의 값을 반환한다.
- 스토어드 프로시저는 CALL로 호출한다. 반면에 스토어드 함수는 SELECT 문 안에서 호출한다.
- 스토어드 프로시저 안에는 SELECT 문을 사용할 수 있다. 반면에 스토어드 함수 안에는 집합 결과를 반환하는 SELECT 문을 사용할 수 없다.
- 스토어드 프로시저는 여러 쿼리문 또는 숫자 계산 등을 하나로 묶어 일괄 처리한다. 반면에 스토어드 함수는 어떤 계산을 통해 하나의 값을 반환하는 데 주로 사용된다.

7 MySQL의 스토어드 프로시저 내부에는 커서를 사용할 수 있다. 커서를 이용하면 일반 프로그래밍 언어로 파일 처리를 하는 것과 비슷한 방식으로 테이블의 행 집합을 다룰 수 있다.

8 일반적으로 커서는 다음과 같은 순서로 처리된다.

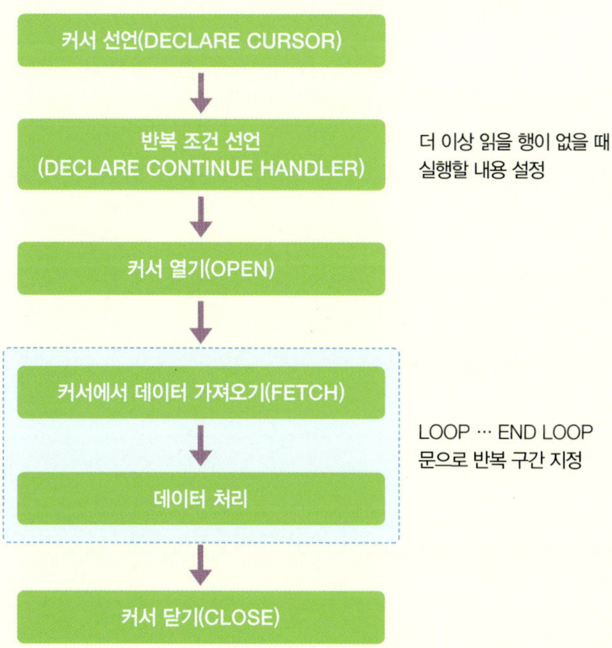

요약

9 트리거는 테이블에 부착되는 프로그램 코드로, 해당 테이블에 데이터 삽입, 수정, 삭제 작업이 발생하면 자동으로 실행된다. 트리거는 제약 조건과 더불어 데이터의 무결성을 보장하는 장치의 역할을 한다.

10 트리거는 AFTER 트리거와 BEFORE 트리거로 구분할 수 있으며, 트리거를 생성하는 형식은 다음과 같다.

```
CREATE
   [DEFINER = { user ¦ CURRENT_USER }]
   TRIGGER trigger_name
   trigger_time trigger_event
   ON TBL_name FOR EACH ROW
   [trigger_order]
   trigger_body

trigger_time: { BEFORE ¦ AFTER }

trigger_event: { INSERT ¦ UPDATE ¦ DELETE }

trigger_order: { FOLLOWS ¦ PRECEDES } other_trigger_name
```

11 다중 트리거는 하나의 테이블에 동일한 트리거가 여러 개 부착되어 있는 것이고, 중첩 트리거는 트리거가 또 다른 트리거를 작동시키는 것을 말한다.

연습문제

1 스토어드 프로그램에 대한 설명으로 옳지 않은 것을 고르시오.

① MySQL에서 제공하는 프로그래밍 언어 기능을 통틀어서 일컫는 말이다.

② 스토어드 프로시저, 트리거, 스토어드 함수 등이 해당된다.

③ 일반적인 프로그래밍과는 조금 차이가 있다.

④ 데이터베이스 개체가 아니므로 데이터베이스가 아닌 MySQL 서버에 저장된다.

2 다음은 스토어드 프로시저를 생성하고 호출하는 형식이다. 빈칸에 들어갈 내용을 쓰시오.

```
DELIMITER $$
_____㉠_____ 스토어드프로시저이름(IN 또는 OUT 매개변수)
BEGIN

   이 부분에 SQL 프로그램 코딩

_____㉡_____ $$
DELIMITER ;

_____㉢_____ 스토어드프로시저이름();
```

3 스토어드 프로시저의 매개변수와 관련된 내용으로 옳지 않은 것을 모두 고르시오.

① 입력 매개변수를 지정하는 형식은 'IN 매개변수이름 데이터형식'이다.

② 입력 매개변수를 사용하여 호출하는 형식은 'CALL 프로시저이름(전달값)'이다.

③ 입력 매개변수는 1개만 사용할 수 있다.

④ 출력 매개변수를 지정하는 형식은 'OUT 매개변수이름 데이터형식'이다.

⑤ 출력 매개변수를 사용하여 호출하는 형식은 'CALL 프로시저이름(@변수이름)'이다.

⑥ 하나의 스토어드 프로시저에서 입력 매개변수와 출력 매개변수를 동시에 사용할 수 없다.

4 스토어드 프로시저 안에 정수형 변수를 선언하는 방법을 고르시오.

① INT 변수이름

② DECLARE 변수이름 INT

③ INT DECLARE 변수이름

④ DECLARE 변수이름

⑤ DECLARE INT 변수이름

연습문제

5 다음은 스토어드 프로시저 안에 정수형 오버플로 오류가 발생할 때 사용하는 코드이다. 빈칸에 들어갈 내용을 쓰시오.

```
DECLARE EXIT ____________ 1264
BEGIN
    오류 발생 시 수행할 부분
END;
```

6 스토어드 프로시저의 이름과 내용이 저장된 테이블을 고르시오.

① INFORMATION_SCHEMA.PROCECURES

② INFORMATION_SCHEMA.STOREDS

③ INFORMATION_SCHEMA.ROUTINES

④ INFORMATION_SCHEMA.PARAMETERS

⑤ INFORMATION_SCHEMA.DEFINITIONS

7 스토어드 프로시저의 장점과 거리가 먼 것을 모두 고르시오.

① MySQL의 성능이 향상된다.

② 네트워크의 부하를 줄일 수 있다.

③ 유지·보수가 간편하다.

④ 절차식 프로그래밍이 가능하다.

⑤ 보안이 약간 취약하다.

8 다음은 스토어드 함수의 형식이다. 빈칸에 들어갈 내용을 쓰시오.

```
CREATE ____㉠____ 스토어드함수이름(매개변수)
    ____㉡____ 반환형식
BEGIN

    이 부분에 프로그램 코딩

    ____㉢____ 반환값;
END $$
```

9 스토어드 함수를 생성하기 전에 값을 ON으로 변경해야 하는 시스템 변수를 고르시오.

① log_bin_save_function_creators　　② log_bin_trust_function_creators

③ log_bin_save_function_deletors　　④ log_bin_trust_function_deletors

10 커서의 작동을 순서대로 나열하시오.

㉠ 커서 열기	㉡ 데이터 처리	㉢ 커서에서 데이터 가져오기
㉣ 반복 조건 선언	㉤ 커서 닫기	㉥ 커서 선언

11 다음은 myTBL 테이블에 커서를 부착하는 SQL 문이다. 문제가 있는 세 부분을 찾아 바르게 고치시오.

```
DELIMITER //
CREATE TRIGGER 트리거 이름
   RUN DELETE
   USING myTBL
   FOR EACH COLUMN
BEGIN
   -- 트리거 실행 시 작동하는 코드
END //
DELIMITER ;
```

12 트리거에서 사용되는 시스템 테이블에 대한 설명으로 옳지 않은 것을 모두 고르시오.

① NEW와 OLD라는 이름의 테이블이 있다.

② NEW 테이블은 삽입 또는 수정할 때 사용된다.

③ OLD 테이블은 삭제 또는 수정할 때 사용된다.

④ NEW 테이블과 OLD 테이블은 하나의 SQL 문에서 둘 중 하나만 사용된다.

⑤ NEW 테이블과 OLD 테이블의 값은 영구적으로 보관된다.

13 다음 빈칸에 들어갈 용어를 쓰시오.

_____㉠_____ 는 하나의 테이블에 동일한 트리거가 여러 개 부착되어 있는 것이고, _____㉡_____ 는 트리거가 또 다른 트리거를 작동시키는 것이다.

응용 예제 MariaDB에서 스토어드 프로그램 사용하기

5장에서 생성한 singerDB를 사용하여 실습을 진행해보자. 일부 실습에서는 cookDB와 singerDB의 테이블 이름, 열 이름, 데이터 값이 다르므로 그에 맞게 SQL을 변경해야 한다. 다음을 참고하여 변경한다.

cookDB → singerdb	userName → mem_name	userID → mem_id
serTBL → member	prodName → prod_name	birthYear → mem_number
mobile1 → phone1	mobile2 → phone2	mDate → debut_date

1 421쪽에 있는 **[실습 11-1] 스토어드 프로시저 생성하고 활용하기**를 수행하고 결과를 확인해보자.

guguTBL (8r × 1c)

#	txt
1	2x1=2 2x2=4 2x3=6 2x4=8 2x5=10 2x6=12 2x7=14 2x8=16 2x9=18
2	3x1=3 3x2=6 3x3=9 3x4=12 3x5=15 3x6=18 3x7=21 3x8=24 3x9=27
3	4x1=4 4x2=8 4x3=12 4x4=16 4x5=20 4x6=24 4x7=28 4x8=32 4x9=36
4	5x1=5 5x2=10 5x3=15 5x4=20 5x5=25 5x6=30 5x7=35 5x8=40 5x9=45
5	6x1=6 6x2=12 6x3=18 6x4=24 6x5=30 6x6=36 6x7=42 6x8=48 6x9=54
6	7x1=7 7x2=14 7x3=21 7x4=28 7x5=35 7x6=42 7x7=49 7x8=56 7x9=63
7	8x1=8 8x2=16 8x3=24 8x4=32 8x5=40 8x6=48 8x7=56 8x8=64 8x9=72
8	9x1=9 9x2=18 9x3=27 9x4=36 9x5=45 9x6=54 9x7=63 9x8=72 9x9=81

실행 결과(그림 11-3)

2 432쪽에 있는 **[실습 11-2] 스토어드 함수 사용하기**를 수행하고 결과를 확인해보자.

member (10r × 3c)

#	mem_id	mem_name	활동기간(년)
1	APN	에이핑크	13
2	BLK	블랙핑크	8
3	GRL	소녀시대	17
4	ITZ	잇지	5
5	MMU	마마무	10
6	OMY	오마이걸	9
7	RED	레드벨벳	10
8	SPC	우주소녀	8
9	TWC	트와이스	9
10	WMN	여자친구	9

실행 결과(그림 11-7)

3 435쪽에 있는 **[실습 11-3] 커서 활용하기**를 수행하고 결과를 확인해보자.

member (10r × 9c)

#	mem_id	mem_name	mem_number	addr	phone1	phone2	height	debut_date	grade
1	APN	에이핑크	6	경기	031	77777777	164	2011-02-10	일반고객
2	BLK	블랙핑크	4	경남	055	22222222	163	2016-08-08	우수고객
3	GRL	소녀시대	8	서울	02	44444444	168	2007-08-02	일반고객
4	ITZ	잇지	5	경남	(NULL)	(NULL)	167	2019-02-12	유령고객
5	MMU	마마무	4	전남	061	99999999	165	2014-06-19	최우수고객
6	OMY	오마이걸	7	서울	(NULL)	(NULL)	160	2015-04-21	유령고객
7	RED	레드벨벳	4	경북	054	55555555	161	2014-08-01	유령고객
8	SPC	우주소녀	13	서울	02	88888888	162	2016-02-25	유령고객
9	TWC	트와이스	9	서울	02	11111111	167	2015-10-19	유령고객
10	WMN	여자친구	6	경기	031	33333333	166	2015-01-15	유령고객

실행 결과(그림 11-10)

4 439쪽에 있는 **[실습 11-4] 트리거 생성하고 작동 확인하기**를 수행하고 결과를 확인해보자.

결과 #1 (1r × 1c) / 결과 #2 (1r × 1c) / 결과 #3 (1r × 1c)

#	@msg
1	

결과 #1 (1r × 1c) / 결과 #2 (1r × 1c) / 결과 #3 (1r × 1c)

#	@msg
1	

결과 #1 (1r × 1c) / 결과 #2 (1r × 1c) / 결과 #3 (1r × 1c)

#	@msg
1	가수 그룹이 삭제됨

실행 결과(그림 11-11)

5 442쪽에 있는 **[실습 11-5] AFTER 트리거 생성하고 작동 확인하기**를 수행하고 결과를 확인해보자.

backup_member (5r × 11c)

#	mem_id	mem_name	mem_number	addr	phone1	phone2	height	debut_date	modType	modDate	modUser
1	GRL	소녀시대	8	서울	02	44444444	168	2007-08-02	삭제	2024-09-30	root@localhost
2	ITZ	잇지	5	경남	(NULL)	(NULL)	167	2019-02-12	삭제	2024-09-30	root@localhost
3	RED	레드벨벳	4	경북	054	55555555	161	2014-08-01	수정	2024-09-30	root@localhost
4	TWC	트와이스	9	서울	02	11111111	167	2015-10-19	삭제	2024-09-30	root@localhost
5	WMN	여자친구	6	경기	031	33333333	166	2015-01-15	삭제	2024-09-30	root@localhost

실행 결과(그림 11-12)

6 446쪽에 있는 **[실습 11-6] BEFORE 트리거 생성하고 작동 확인하기**를 수행하고 결과를 확인해보자.

member (2r × 8c)

#	mem_id	mem_name	mem_number	addr	phone1	phone2	height	debut_date
1	AAA	에이그룹	5	서울	02	11112222	171	0000-00-00
2	BBB	비이그룹	3	경기	031	11113333	161	2024-09-30

실행 결과(그림 11-16)

7 448쪽에 있는 **[실습 11-7] 중첩 트리거 생성하고 작동 확인하기**를 수행하고 결과를 확인해보자.

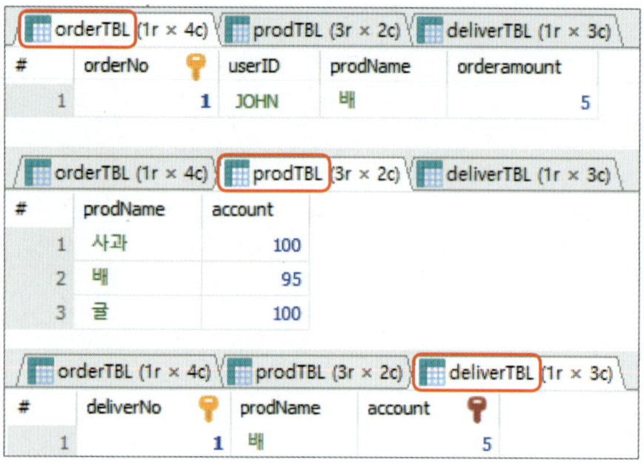
orderTBL (1r × 4c) | prodTBL (3r × 2c) | deliverTBL (1r × 3c)

#	orderNo	userID	prodName	orderamount
1	1	JOHN	배	5

#	prodName	account
1	사과	100
2	배	95
3	귤	100

#	deliverNo	prodName	account
1	1	배	5

실행 결과(그림 11-20)

CHAPTER 12

전체 텍스트 검색과 파티션

학습목표

- 전체 텍스트 검색의 개념을 이해한다.
- 전체 텍스트 인덱스를 생성하고 인덱스를 이용하여 검색하는 방법을 익힌다.
- 전체 텍스트 검색에 사용되는 SQL 문을 학습한다.
- 물리적으로 공간을 분리하는 파티션을 학습한다.

01 전체 텍스트 검색

1 전체 텍스트 검색의 개요

이 장에서는 MySQL의 성능을 향상하는 몇 가지 고급 기능을 살펴본다. 먼저 살펴볼 전체 텍스트 검색(full-text search)은 간단하게 말해 긴 문장으로 구성된 열의 내용을 검색할 때 인덱스를 사용하여 검색 시간을 줄이는 개념이다.

인터넷의 뉴스 사이트를 생각해보자. 뉴스 사이트에는 매일 많은 기사가 등록된다. 또한 각각의 기사(대개는 몇 쪽 분량)는 신문기사 테이블에 저장된다. 만약 신문기사 중에서 선거와 관련된 내용을 찾으려면 어떻게 해야 할까? **SELECT 신문기사내용 FROM 신문기사테이블 WHERE 신문기사내용 LIKE '%선거%'**와 같이 쿼리문을 작성하면 된다. 이렇게 작성한 쿼리문을 실행하면 테이블 스캔이 진행되고 한참 후 결과가 출력된다. 테이블에 저장된 내용이 워낙 방대하기 때문에 검색하는 데 시간이 오래 걸린다.

다음 그림을 보면서 전체 텍스트 검색을 이해해보자.

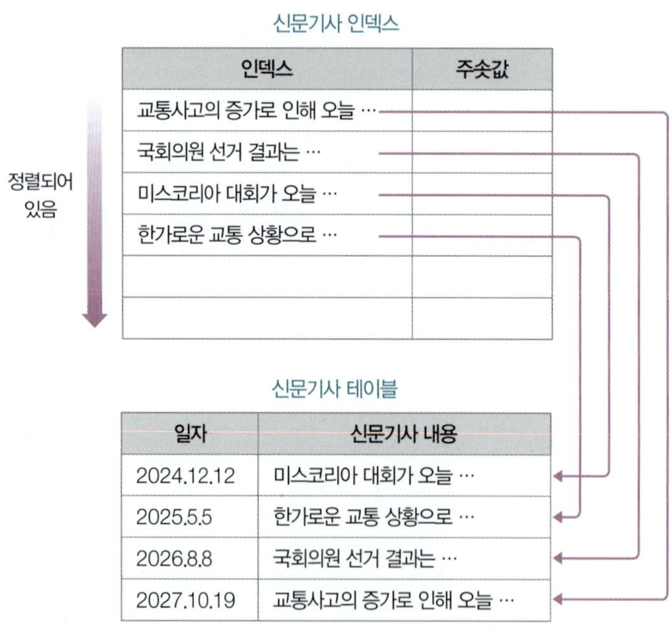

그림 12-1 신문기사 테이블과 신문기사 인덱스의 개념

TIP 신문기사의 내용 중 줄임표(…) 부분은 생략을 나타낸다. 실제로는 텍스트가 모두 들어 있다고 생각하기 바란다.

[그림 12-1]의 테이블 구조는 다음과 같다. 개념을 설명하기 위해 간단히 만든 것이다.

```
CREATE TABLE 신문기사테이블
( 일자 DATE,
  신문기사내용 VARCHAR(4000)
)
GO
CREATE INDEX 신문기사인덱스 ON 신문기사테이블(신문기사내용);
GO
```

다음과 같이 신문기사 테이블에서 교통사고와 관련된 신문기사를 검색하면 어떻게 될까? 예상대로 2027년 10월 19일 자 기사가 검색될 것이다.

```
SELECT * FROM 신문기사테이블 WHERE 신문기사내용 = '교통사고의 증가로 인해 오늘 …';
```

그런데 신문기사의 내용을 모두 안다면 위와 같이 검색할 필요가 없다. LIKE 연산자를 사용하여 다음과 같이 '교통'과 관련된 신문기사를 검색하면 된다.

```
SELECT * FROM 신문기사테이블 WHERE 신문기사내용 LIKE '교통%'
```

위의 쿼리문을 실행하면 2027년 10월 19일 자 기사가 검색된다. 신문기사 내용 열에 설정된 인덱스가 정렬되어 있으므로 해당 내용이 인덱스를 통해 빠르게 검색되는 것이다. 그런데 문제는 2025년 5월 5일 자 기사도 '교통'과 관련된 기사라는 것이다. '교통'이라는 키워드가 텍스트의 앞에 있든 중간에 있든 상관없이 검색하려면 다음과 같이 쿼리문을 변경해야 한다.

```
SELECT * FROM 신문기사테이블 WHERE 신문기사내용 LIKE '%교통%'
```

위의 쿼리문을 실행하면 '교통'이라는 키워드가 들어 있는 기사 2건(2027년 10월 19일, 2025년 5월 5일)이 검색된다. 그런데 이렇게 되면 인덱스를 사용할 수 없다. 2025년 5월 5일 자의 '교통'은 키워드가 텍스트 중간에 들어 있으므로 인덱스를 사용할 방법이 없다. 이럴 때 MySQL은 테이블 검색(전체 테이블을 읽는 것)을 한다. 만약 10년 치 기사를 대상으로 검색한다면 MySQL은 엄청난 부하를 떠안게 되어 결과가 나오기까지 몇 시간이 걸릴지도 모른다.

전체 텍스트 검색은 이러한 문제를 해결한다. 즉 첫 글자뿐만 아니라 중간의 단어나 문장으로도 인덱스를 생성하고, 위와 같은 상황에서 그 인덱스(정확히는 전체 텍스트 인덱스)를 사용하여 순식간에 검색 결과를 출력한다. 전체 텍스트 검색은 긴 문자로 구성된 구조화되지 않은 텍스트 데이터(예를 들면 신문기사)를 빠르게 검색한다.

2 전체 텍스트 인덱스 생성과 삭제

전체 텍스트 인덱스는 신문기사와 같이 텍스트로 이루어진 문자열 데이터의 내용을 가지고 생성한 인덱스이다. MySQL에서 생성하는 일반적인 인덱스와의 차이점은 다음과 같다.

- 전체 텍스트 인덱스는 CHAR, VARCHAR, TEXT 열에만 생성할 수 있다.
- 인덱스 힌트의 사용이 일부 제한된다.
- 여러 개의 열에 FULLTEXT 인덱스를 지정할 수 있다.

전체 텍스트 인덱스를 생성하는 방법은 세 가지이며 형식은 다음과 같다.

■ 형식 1

```
CREATE TABLE 테이블이름
(
  …
  열이름 데이터형식,
  …
FULLTEXT 인덱스이름(열이름)
);
```

■ 형식 2

```
CREATE TABLE 테이블이름
(
  …
  열이름 데이터형식,
  …
);
ALTER TABLE 테이블이름
   ADD FULLTEXT(열이름);
```

■ 형식 3

```
CREATE TABLE 테이블이름
(
  …
  열이름 데이터형식,
  …
);
CREATE FULLTEXT INDEX 인덱스이름
  ON 테이블이름(열이름);
```

전체 텍스트 인덱스를 삭제할 때는 ALTER TABLE … DROP INDEX 문을 사용한다.

```
ALTER TABLE 테이블이름
  DROP INDEX FULLTEXT(열이름);
```

3 중지 단어

전체 텍스트 인덱스는 긴 문장에 대해 인덱스를 생성하기 때문에 양이 많아질 수밖에 없다. 따라서 실제로 검색할 때 무시해도 되는 단어에는 아예 전체 텍스트 인덱스를 생성하지 않는 것이 좋다. 다음 문장을 보자.

이번	선거는	아주	중요한	행사이므로	모두	꼭	참여	바랍니다

위 문장에 대해 전체 텍스트 인덱스를 만든다면 '이번', '아주', '모두', '꼭'과 같은 단어는 검색할 일이 없을 테니 제외하는 것이 좋다. 이렇게 제외하는 단어를 중지 단어(stopword)라고 한다. MySQL은 INFORMATION_SCHEMA.INNODB_FT_DEFAULT_STOPWORD 테이블에 약 36개의 중지 단어가 있다.

	value
▶	a
	about
	an
	are
	as
	at
	be
	by
	com
	de
	en

그림 12-2 MySQL의 중지 단어

필요하다면 사용자가 별도의 테이블에 중지 단어를 추가하여 적용할 수도 있다. MySQL은 전체 텍스트 인덱스를 생성할 때 이러한 중지 단어를 제외하고 나머지 단어로 전체 텍스트 인덱스를 만들기 때문에 결국 전체 텍스트 인덱스의 크기가 최소화된다. 실제로 어떻게 적용되는지는 [실습 12-1]에서 살펴보자.

4 전체 텍스트 검색을 위한 쿼리

전체 텍스트 인덱스를 생성한 후 이를 이용하려면 일반 SELECT 문의 WHERE 절에 MATCH() AGAINST()를 사용한다. MySQL의 도움말에 나오는 형식은 다음과 같다.

```
MATCH(col1, col2, …) AGAINST(expr [search_modifier])

search_modifier:
  {
      IN NATURAL LANGUAGE MODE
     | IN NATURAL LANGUAGE MODE WITH QUERY EXPANSION
     | IN BOOLEAN MODE
     | WITH QUERY EXPANSION
  }
```

조금 복잡해 보이지만 실제 사용은 그다지 어렵지 않다. 기본적으로 MATCH() 함수는 WHERE 절에서 사용한다는 것만 기억해두기 바란다.

- **자연어 검색**

  전체 텍스트 검색을 할 때 특별히 옵션을 지정하지 않거나 IN NATURAL LANGUAGE MODE를 붙이면 자연어 검색을 한다. 자연어 검색은 단어가 정확한 것을 검색한다. 예를 들어 신문(newspaper)이라는 테이블의 기사(article)라는 열에 전체 텍스트 인덱스가 생성되어 있다고 가정해보자. '영화'라는 단어가 들어 있는 기사를 찾으려면 다음과 같이 쿼리문을 작성한다.

```
SELECT * FROM newspaper
  WHERE MATCH(article) AGAINST('영화');
```

  '영화'라는 단어만 검색되고 '영화는', '영화가', '한국영화' 등이 들어 있는 열은 검색되지 않는다.

  '영화' 또는 '배우'와 같이 두 단어 중 하나가 포함된 기사를 찾으려면 다음과 같이 쿼리문을 작성한다.

```
SELECT * FROM newspaper
  WHERE MATCH(article) AGAINST('영화 배우');
```

- **불린 모드 검색**

  불린 모드 검색은 단어나 문장이 정확히 일치하지 않는 것도 검색한다. IN BOOLEAN MODE 옵션을 붙이는 불린 모드 검색은 필수를 뜻하는 +, 제외를 뜻하는 −, 부분 검색을 위한 * 등의 다양한 연산자를 지원한다.

  '영화를', '영화가', '영화는'과 같이 '영화'가 앞에 들어간 모든 결과를 검색하고 싶다면 다음과 같이 쿼리문을 작성한다.

```
SELECT * FROM newspaper
  WHERE MATCH(article) AGAINST('영화*' IN BOOLEAN MODE);
```

'영화 배우'라는 단어가 들어 있는 기사를 검색하고 싶다면 다음과 같이 쿼리문을 작성한다.

```
SELECT * FROM newspaper
  WHERE MATCH(article) AGAINST('영화 배우' IN BOOLEAN MODE);
```

'영화 배우'라는 단어가 들어 있는 기사 중에서 '공포'라는 단어가 포함된 것만 검색하고 싶다면 다음과 같이 쿼리문을 작성한다.

```
SELECT * FROM newspaper
  WHERE MATCH(article) AGAINST('영화 배우 +공포' IN BOOLEAN MODE);
```

'영화 배우'라는 단어가 들어 있는 기사 중에서 '남자'라는 단어가 포함된 기사를 검색 결과에서 제외하고 싶다면 다음과 같이 쿼리문을 작성한다.

```
SELECT * FROM newspaper
  WHERE MATCH(article) AGAINST('영화 배우 -남자' IN BOOLEAN MODE);
```

실습 12-1 전체 텍스트 검색하기

1 시스템 변숫값 변경하기

MySQL은 기본적으로 3자 이상만 전체 텍스트 인덱스로 생성하는데, 2자까지 전체 텍스트 인덱스가 생성되도록 시스템 변숫값을 변경해보자.

1-1 innodb_ft_min_token_size 시스템 변수의 값을 확인한다. 이 값은 전체 텍스트 인덱스를 생성할 때 단어의 최소 길이를 뜻한다. 결과로 3이 나올 것이다.

```
SHOW VARIABLES LIKE 'innodb_ft_min_token_size';
```

1-2 '남자'와 같이 2자로 된 단어를 검색할 것이므로 이 값을 2로 변경해야 한다. 윈도우의 [시작]에서 마우스 오른쪽 버튼을 클릭하고 [터미널(관리자)] 또는 [Windows PowerShell(관리자)]를 선택하여 파워셸을 관리자 모드로 연다. 그리고 다음 명령어를 입력하여 메모장에서 my.ini 파일을 연다.

```
cmd
CD %PROGRAMDATA%
CD MySQL
CD "MySQL Server 8.4"
NOTEPAD my.ini
```

1-3 메모장에서 Ctrl+F를 눌러 [mysqld]라는 글자를 찾는다. 그 아래에 다음 내용을 추가하고 저장한 후 메모장을 닫는다.

```
innodb_ft_min_token_size=2
```

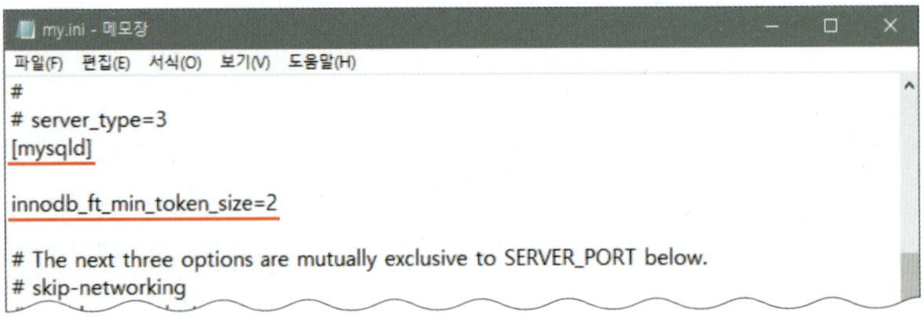

그림 12-3 my.ini 설정 변경

1-4 명령 프롬프트에 다음과 같이 입력하여 MySQL을 재시작한다.

```
NET STOP MySQL
NET START MySQL
```

1-5 다시 Workbench를 실행하여 접속한다.

2 데이터베이스 생성하기

이번 실습에서는 조금 긴 내용의 텍스트가 필요하다. 영화를 주제로 선택한다.

2-1 데이터베이스와 테이블을 생성한다.

```
CREATE DATABASE IF NOT EXISTS FulltextDB;
USE FulltextDB;
DROP TABLE IF EXISTS FulltextTbl;
CREATE TABLE FulltextTbl
(  id int AUTO_INCREMENT PRIMARY KEY,  -- 고유 번호
   title VARCHAR(15) NOT NULL,  -- 영화 제목
   description VARCHAR(1000)  -- 영화 내용 요약
);
```

2-2 샘플 데이터를 몇 건 입력한다(입력 내용이 너무 많으면 예제 소스에서 쿼리문을 복사하여 사용한다).

```
INSERT INTO FulltextTbl VALUES
(NULL, '광해, 왕이 된 남자', '왕위를 둘러싼 권력 다툼과 당쟁으로 혼란이 극에 달한 광해군 8년'),
(NULL, '간첩', '남한 내에 고장간첩 5만 명이 암약하고 있으며 특히 권력 핵심부에도 침투해 있다.'),
(NULL, '남자가 사랑할 때', '대책 없는 한 남자이야기. 형 집에 얹혀 살며 조카한테 무시당하는 남자'),
(NULL, '레지던트 이블 5', '인류 구원의 마지막 퍼즐, 이 여자가 모든 것을 끝낸다.'),
(NULL, '파괴자들', '사랑은 모든 것을 파괴한다! 한 여자를 구하기 위한, 두 남자의 잔인한 액션 본능!'),
(NULL, '킹콩을 들다', '역도에 목숨을 건 시골소녀들이 만드는 기적 같은 신화.'),
(NULL, '테드', '지상 최대 황금찾기 프로젝트! 500년 전 사라진 황금도시를 찾아라!'),
(NULL, '타이타닉', '비극 속에 침몰한 세기의 사랑, 스크린에 되살아날 영원한 감동'),
(NULL, '8월의 크리스마스', '시한부 인생 사진사와 여자 주차 단속원과의 미묘한 사랑'),
(NULL, '늑대와 춤을', '늑대와 친해져 모닥불 아래서 함께 춤을 추는 전쟁 영웅 이야기'),
(NULL, '국가대표', '동계올림픽 유치를 위해 정식 종목인 스키점프 국가대표팀이 급조된다.'),
(NULL, '쇼생크 탈출', '그는 누명을 쓰고 쇼생크 감옥에 감금된다. 그리고 역사적인 탈출.'),
(NULL, '인생은 아름다워', '귀도는 삼촌의 호텔에서 웨이터로 일하면서 또다시 도라를 만난다.'),
(NULL, '사운드 오브 뮤직', '수녀 지망생 마리아는 명문 트랩가의 가정교사로 들어간다'),
(NULL, '매트릭스', '2199년. 인공 두뇌를 가진 컴퓨터가 지배하는 세계.');
```

2-3 아직 전체 텍스트 인덱스를 만들지 않았는데 이 상태에서 '남자'라는 단어를 검색해보자. 결과가 잘 나온다.

```
SELECT * FROM FulltextTbl WHERE description LIKE '%남자%';
```

	id	title	description
▶	3	남자가 사랑할 때	대책 없는 한 남자이야기. 형 집에 얹혀 살며 조카한테 무시당하는 남자
	5	파괴자들	사랑은 모든 것을 파괴한다! 한 여자를 구하기 위한, 두 남자의 잔인한 액션 본능!

그림 12-4 쿼리 실행 결과 1

2-4 위 쿼리문의 실행 계획을 확인해보면 type이 'ALL'인데, 이는 전체 테이블 검색을 했음을 의미한다. 지금은 데이터가 몇 건 되지 않기 때문에 문제가 없지만 대용량 데이터를 이런 식으로 검색하면 MySQL에 상당한 부하가 될 것이다.

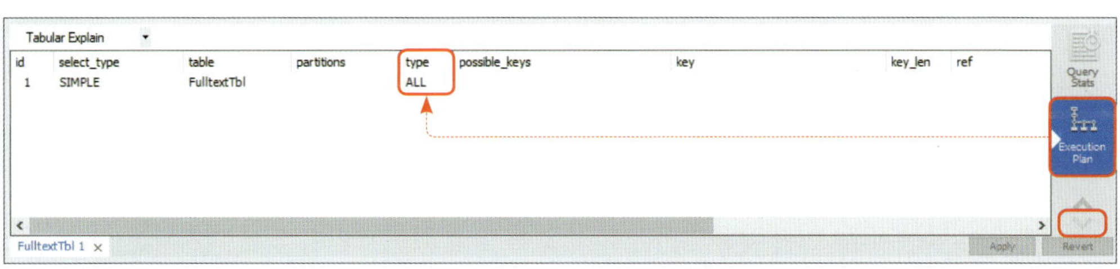

그림 12-5 전체 테이블 검색

3 전체 텍스트 인덱스 생성하기

3-1 전체 텍스트 인덱스를 생성한다.

```
CREATE FULLTEXT INDEX idx_description ON FulltextTbl(description);
```

3-2 생성한 인덱스의 정보를 확인해보면 description 열에 생성된 인덱스의 Index_type이 FULLTEXT이다.

```
SHOW INDEX FROM FulltextTbl;
```

	Table	Non_unique	Key_name	Seq_in_index	Column_name	Collation	Cardinality	Sub_part	Packed	Null	Index_type	Comment
▶	fulltexttbl	0	PRIMARY	1	id	A	15	NULL	NULL		BTREE	
	fulltexttbl	1	idx_description	1	description	NULL	15	NULL	NULL	YES	FULLTEXT	

그림 12-6 **전체 텍스트 인덱스 정보 확인**

4 전체 텍스트 인덱스를 활용하여 검색하기

4-1 '남자'라는 단어가 들어 있는 행을 검색해보자. [그림 12-4]와 동일하게 나올 것이다.

```
SELECT * FROM FulltextTbl WHERE MATCH(description) AGAINST('남자*' IN BOOLEAN MODE);
```

	id	title	description
▶	3	남자가 사랑할 때	대책 없는 한 남자이야기. 형 집에 얹혀 살며 조카한테 무시당하는 남자
	5	파괴자들	사랑은 모든 것을 파괴한다! 한 여자를 구하기 위한, 두 남자의 잔인한 액션 본능!

그림 12-7 **쿼리 실행 결과 2**

4-2 위 쿼리문의 실행 계획을 확인해보면 type이 'fulltext'이므로 전체 텍스트 인덱스 검색을 했음을 알 수 있다. 인덱스를 사용했기 때문에 앞에서 전체 테이블 검색을 한 것과는 비교되지 않을 정도로 빠른 시간에 결과가 출력된다(데이터가 몇 건 없어서 체감하지는 못할 것이다).

Tabular Explain

id	select_type	table	partitions	type	possible_keys	key	key_len	ref
1	SIMPLE	FulltextTbl		fulltext	idx_description	idx_description	0	const

FulltextTbl 3 ×

그림 12-8 **전체 텍스트 인덱스 검색**

4-3 이번에는 '남자' 또는 '여자'라는 단어가 들어 있는 행을 검색해보자. 또한 매치되는 점수도 출력한다.

```
SELECT *, MATCH(description) AGAINST('남자* 여자*' IN BOOLEAN MODE) AS 점수
    FROM FulltextTbl WHERE MATCH(description) AGAINST('남자* 여자*' IN BOOLEAN MODE);
```

id	title	description	점수
5	파괴자들	사랑은 모든 것을 파괴한다! 한 여자를 구하기 위한, 두 남자의 잔인한 액션 본능!	0.9771181344985962
3	남자가 사랑할 때	대책 없는 한 남자이야기. 형 집에 얹혀 살며 조카한테 무시당하는 남자	0.4885590672492981
4	레지던트 이블 5	인류 구원의 마지막 퍼즐, 이 여자가 모든 것을 끝낸다.	0.4885590672492981
9	8월의 크리스마스	시한부 인생 사진사와 여자 주차 단속원과의 미묘한 사랑	0.4885590672492981

그림 12-9 쿼리 실행 결과 3

id와 점수를 보면 점수가 높은 순서로 정렬되어 출력되었음을 확인할 수 있다. id가 5인 행은 '남자'와 '여자'가 모두 포함되어 있어 점수가 높고, 나머지는 '남자' 또는 '여자'만 포함되어 있어 점수가 같다. 주의할 점은, 동일한 단어가 여러 번 나와도 하나로 간주된다는 것이다. 예를 들어 id가 3인 행은 '남자'가 두 번 나오지만 하나로 처리되었다.

4-4 '남자'와 '여자'라는 단어가 둘 다 포함된 영화를 출력해보자. + 연산자를 사용하면 해당 단어가 필수로 들어 있는 검색 결과를 얻을 수 있다. 결과로 〈파괴자들〉이 나올 것이다.

```
SELECT * FROM FulltextTbl
    WHERE MATCH(description) AGAINST('+남자* +여자*' IN BOOLEAN MODE);
```

4-5 '남자'라는 단어가 들어 있는 영화 중에서 '여자'가 포함된 영화를 제외해보자. − 연산자를 사용하면 해당 단어를 제외한 검색 결과를 얻을 수 있다. 결과로 〈남자가 사랑할 때〉가 나올 것이다.

```
SELECT * FROM FulltextTbl
    WHERE MATCH(description) AGAINST('남자* -여자*' IN BOOLEAN MODE);
```

5 전체 텍스트 인덱스가 생성된 단어 확인하기

전체 텍스트 인덱스가 생성된 단어나 문구는 어떤 것들인지 확인하고 중지 단어도 실습해보자.

5-1 다음 쿼리문을 작성하여 전체 텍스트 인덱스로 만들어진 단어를 확인한다.

```
SET GLOBAL innodb_ft_aux_table = 'fulltextdb/fulltexttbl'; -- 모두 소문자
SELECT word, doc_count, doc_id, position
    FROM INFORMATION_SCHEMA.INNODB_FT_INDEX_TABLE;
```

word	doc_count	doc_id	position
구하기	1	7	52
국가대표팀이	1	13	63
권력	2	3	20
권력	2	4	69
귀도는	1	15	0
그는	1	14	0
그리고	1	14	58
극에	1	3	60
급조된다	1	13	82

그림 12-10 전체 텍스트 인덱스의 내용 확인

스크롤을 아래로 내리면 [그림 12-10]과 같이 보일 것이다. word 열에는 인덱스가 생성된 단어나 문구가 보이고, doc_count 열에는 단어나 문구가 몇 번 나왔는지가 나타나 있다. 예를 들어 '권력'이라는 단어는 〈광해〉와 〈간첩〉에서 나오므로 2라고 되어 있다. 그런데 자세히 살펴보면 '그', '그리고', '극에' 등도 인덱스로 생성되어 있는데, 이와 같은 단어는 실제 검색 시 사용하지 않을 확률이 높기 때문에 전체 텍스트 인덱스로 생성할 필요가 없다. 이러한 단어가 많으면 전체 텍스트 인덱스가 쓸데없이 커질 뿐이다. 일단은 [Output] 창에서 전체 텍스트 인덱스가 몇 개 단어로 생성되었는지 기억해둔다. 필자의 경우 129개가 생성되었는데 개수가 달라도 상관없다.

5-2 전체 텍스트 인덱스의 크기를 줄이기 위해 중지 단어를 추가해보자. 먼저 앞에서 생성한 전체 텍스트 인덱스를 삭제한다.

```
DROP INDEX idx_description ON FulltextTbl;
```

5-3 사용자가 추가할 중지 단어를 저장할 테이블을 만든다. 주의할 점은, 테이블 이름은 어떻게 지어도 상관없지만 열 이름은 value와 VARCHAR 형태로 지정해야 한다는 것이다.

```
CREATE TABLE user_stopword (value VARCHAR (30));
```

5-4 중지 단어를 테이블에 삽입한다. 여기서는 3개만 추가했다.

```
INSERT INTO user_stopword VALUES ('그는'), ('그리고'), ('극에');
```

5-5 중지 단어용 테이블을 시스템 변수 innodb_ft_server_stopword_table에 설정한다.

```
SET GLOBAL innodb_ft_server_stopword_table = 'fulltextdb/user_stopword'; -- 모두 소문자
SHOW GLOBAL VARIABLES LIKE 'innodb_ft_server_stopword_table';
```

	Variable_name	Value
▶	innodb_ft_server_stopword_table	fulltextdb/user_stopword

그림 12-11 중지 단어 테이블 확인

5-6 다시 전체 텍스트 인덱스를 만든다.

```
CREATE FULLTEXT INDEX idx_description ON FulltextTbl(description);
```

5-7 전체 텍스트 인덱스에 생성된 단어를 확인해보자. 필자의 경우 3개를 제외한 126개가 생성되었으며, 제외한 단어가 보이지 않는다. 즉 중지 단어를 제외하고 전체 텍스트 인덱스가 생성된 것이다.

```
SELECT word, doc_count, doc_id, position
    FROM INFORMATION_SCHEMA.INNODB_FT_INDEX_TABLE;
```

	word	doc_count	doc_id	position
	국가대표팀이	1	13	63
	권력	2	3	20
	권력	2	4	69
	귀도는	1	15	0
	급조된다	1	13	82
	기적	1	8	54
	끝낸다	1	6	63
	남자	1	5	89
	남자의	1	7	74
	남자이야기	1	5	18
	남한	1	4	0
	내에	1	4	7
	누명을	1	14	7

그림 12-12 3개 단어가 제외된 전체 텍스트 인덱스

지금까지 전체 텍스트 검색을 실습해보았다. 전체 텍스트 검색은 긴 텍스트에서 특정 단어를 검색할 때 뛰어난 성능을 발휘하므로 잘 활용하면 MySQL의 성능 향상에 큰 도움이 된다.

02 파티션

1 파티션의 개요

파티션(partition)은 대량의 데이터를 한 테이블에 저장할 때 그 내용을 물리적으로 별도의 테이블에 분리해서 저장하는 기법이다. 몇 개의 파티션으로 분리되었든 사용자 입장에서는 하나의 테이블로 보이기 때문에 테이블을 사용하는 방법은 같다. 그러나 MySQL 내부적으로는 데이터가 분리되어 처리되기 때문에 시스템의 성능 향상에 큰 도움이 된다. 파티션은 레인지(range), 리스트(list), 칼럼(column), 해시(hash), 키(key) 파티션 등으로 분류할 수 있다. 이 책에서는 이해하기 쉽고 활용도도 높은 레인지 파티션을 주로 살펴볼 것이다.

파티션은 대량의 테이블을 물리적으로 여러 개의 테이블로 쪼갠다. 예를 들어 수십억 건의 테이블에 쿼리를 수행할 때 인덱스를 사용하더라도 테이블이 대용량이면 MySQL에 상당한 부담이 된다. 이럴 때 하나의 테이블을 10개의 파티션으로 나누어 저장하면 경우에 따라서는 부담이 1/10로 줄어들 수도 있다. 테이블의 행 데이터가 아주 많은 대용량 데이터베이스의 경우 삽입, 수정 등의 작업이 많을수록 느려질 수밖에 없는데, 이때 파티션으로 나누면 시스템의 성능이 향상된다.

TIP 파티션으로 나눈다고 무조건 시스템의 성능이 향상되는 것은 아니다. 데이터가 어떻게 분포되어 있는지, 자주 사용되는 쿼리문이 무엇인지에 따라서 효율에 큰 차이가 있다.

테이블을 분리할 때는 테이블의 범위에 따라서 서로 다른 파티션에 저장하는 것이 가장 보편적이다. 예를 들어 10년 치 데이터가 저장된 테이블이라면 아마도 과거의 데이터는 주로 조회만 하고 거의 변경하지 않을 것이다. 따라서 작년 이전의 데이터와 올해의 데이터를 서로 다른 파티션에 저장하면 효율적이다. 또 다른 예로 월별로 업데이트가 잦은 대용량 데이터라면 월별로 분할 테이블을 구성할 수도 있다.

여기서 잠깐

파티션의 최대 개수

MySQL 8.4는 최대 8192개의 파티션을 지원하는데, 파티션을 나누면 물리적인 파일로 분리되므로 파티션 테이블을 열면 동시에 여러 개의 파일이 열린다. MySQL은 동시에 열 수 있는 파일의 개수가 시스템 변수 open_file_limit에 지정되어 있으며, 기본값은 5000이다. 따라서 파티션을 5000개 이상으로 나눌 경우 시스템 변수 open_file_limit의 값을 변경해야 한다.

2 파티션 구현

[그림 12-13]은 cookDB의 회원 테이블(partTBL)을 출생 연도별로 3개의 파티션으로 구분한 것을 보여준다. 그림에서 보듯이 테이블을 생성하면서 파티션 키를 함께 지정하면 데이터를 입력할 때 지정된 파티션 키에 의해 데이터가 각각의 파티션에 입력된다. 물론 사용자는 파티션이 몇 개라도 테이블 하나에만 접근한다고 생각하면 된다. 즉 파티션을 나누었든 그렇지 않든 MySQL의 내부적인 문제일 뿐 사용자는 신경 쓰지 않아도 된다.

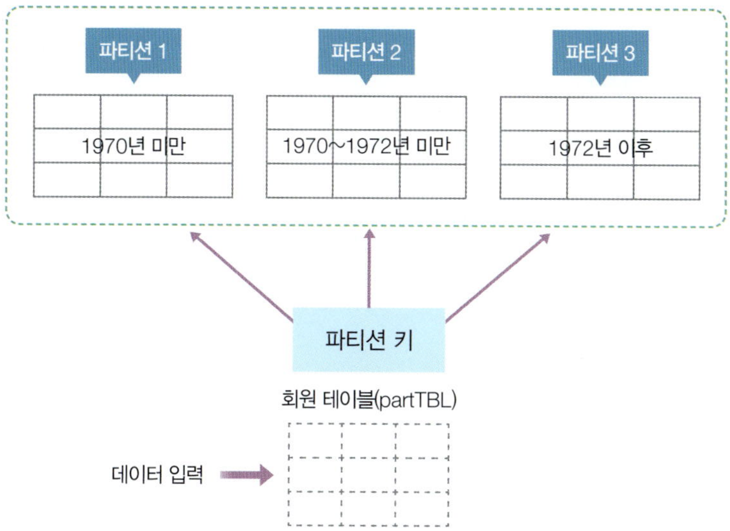

그림 12-13 파티션의 개념

실습 12-2 파티션 구현하기

cookDB의 회원 테이블과 동일한 데이터를 사용하여 실습을 진행한다.

1 cookDB 초기화하기

1-1 Workbench를 실행하여 메뉴의 [File]-[Open SQL Script]를 선택한 후 C:\SQL\cookDB.sql 파일을 열어 실행한다.

1-2 cookDB의 초기화가 완료되면 열린 쿼리 창을 모두 닫고 새 쿼리 창을 연다.

2 파티션으로 분리되는 테이블 생성하기

2-1 [그림 12-13]과 같은 파티션으로 분리되는 테이블을 정의한다. 파티션은 [표 12-1]과 같이 구성된다.

표 12-1 회원 테이블의 파티션 구성

파티션 이름	part1	part2	part3
파티션 일련번호	1	2	3
값	값 < 1970	1970 ≦ 값 < 1972	1972 ≦ 값 < 최대

```
CREATE DATABASE IF NOT EXISTS partDB;
USE partDB;
DROP TABLE IF EXISTS partTBL;
CREATE TABLE partTBL
( userID CHAR(8) NOT NULL, -- 기본키로 설정하면 안 됨
  userName VARCHAR(10) NOT NULL,
  birthYear INT NOT NULL,
  addr CHAR(2) NOT NULL
)
PARTITION BY RANGE(birthYear)
(
  PARTITION part1 VALUES LESS THAN (1970),
  PARTITION part2 VALUES LESS THAN (1972),
  PARTITION part3 VALUES LESS THAN MAXVALUE
);
```

파티션 테이블에는 기본키를 설정하면 안 된다. 파티션 테이블은 본 테이블의 정의가 끝나는 부분에서 PARTITION BY RANGE(열이름)으로 지정한다. 그러면 열 이름의 값에 의해 지정된 파티션으로 데이터가 저장된다. 첫 번째 파티션에는 1970년 전에 출생한 회원이 저장되고, 두 번째 파티션에는 1970년부터 1971년에 출생한 회원이 저장되며, 세 번째 파티션에는 1972년 이후에 출생한 회원이 저장된다. MAXVALUE는 1972 이상의 모든 값을 의미한다.

여기서 잠깐

파티션에서 주의할 점

파티션 테이블에 기본키를 설정하면 그 열로 정렬이 되기 때문에 기본키를 설정하면 안 된다. 꼭 기본키를 설정해야 한다면 파티션에서 사용되는 열도 함께 기본키로 설정해야 하는데, 회원 테이블(partTBL)의 경우 userID와 birthYear를 함께 기본키로 설정하면 된다. 또한 RANGE(열이름) 옵션은 범위를 지정하는 레인지 파티션을 만든다. 주의할 점은, 열 이름은 반드시 문자형이 아닌 숫자형의 데이터로 설정해야 한다는 것이다.

2-2 위에서 정의한 회원 테이블(partTBL)에 데이터를 삽입해보자. cookDB에 동일한 데이터가 있으니 그 데이터를 한꺼번에 가져와서 삽입한다. 데이터가 삽입되는 동시에 [그림 12-13]의 파티션 키에 의해 데이터가 각 파티션으로 나뉜다.

```
INSERT INTO partTBL
    SELECT userID, userName, birthYear, addr FROM cookDB.userTBL;
```

2-3 삽입한 데이터를 확인해보면 part1, part2, part3 파티션 순서로 조회된다.

```
SELECT * FROM partTBL;
```

userID	userName	birthYear	addr	
KKJ	김국진	1965	서울	파티션 1(1970년 미만)
KYM	김용만	1967	서울	
LKK	이경규	1960	경남	
KHD	강호동	1970	경북	파티션 2(1970~1972년 미만)
NHS	남희석	1971	충남	
PSH	박수홍	1970	서울	
SDY	신동엽	1971	경기	
KJD	김제동	1974	경남	파티션 3(1972년 이후)
LHJ	이휘재	1972	경기	
YJS	유재석	1972	서울	

그림 12-14 데이터 확인 1

3 파티션 확인하기

3-1 INFORMATION_SCHEMA 데이터베이스의 PARTITIONS 테이블에 관련 정보가 들어 있다. 다음 쿼리문을 작성하여 파티션의 정보를 확인해보면 파티션의 이름과 일련번호, 파티션에 저장된 행수 등을 알 수 있다. 2-3에서 예상한 결과와 행수가 같다.

```
SELECT TABLE_SCHEMA, TABLE_NAME, PARTITION_NAME, PARTITION_ORDINAL_POSITION, TABLE_ROWS
   FROM INFORMATION_SCHEMA.PARTITIONS
   WHERE TABLE_NAME = 'parttbl';
```

TABLE_SCHEMA	TABLE_NAME	PARTITION_NAME	PARTITION_ORDINAL_POSITION	TABLE_ROWS
partdb	parttbl	part1	1	3
partdb	parttbl	part2	2	4
partdb	parttbl	part3	3	3

그림 12-15 파티션 정보 확인

3-2 1970년 전에 출생한 회원을 조회하면 3명이 나올 것이다. 2-3에서 예상했듯이 파티션 1만 조회하여 결과를 출력한 것이다. 실제 대용량 데이터라면 파티션 2와 파티션 3에 접근조차 하지 않았을 테니 상당히 효율적이다.

```
SELECT * FROM partTBL WHERE birthYear < 1970;
```

3-3 어떤 파티션을 사용했는지 확인하려면 쿼리문 앞에 EXPLAIN 문을 붙인다. 예상대로 파티션 1에만 접근하여 결과를 보여준다.

```
EXPLAIN
   SELECT * FROM partTBL WHERE birthYear < 1970;
```

	id	select_type	table	partitions	type	possible_keys	key	key_len	ref	rows	filtered	Extra
▶	1	SIMPLE	partTBL	part1	ALL	NULL	NULL	NULL	NULL	3	33.33	Using where

그림 12-16 **사용한 파티션 확인 1**

3-4 작다(<)를 작거나 같다(<=)로 수정해서 실행해보자. 2개의 파티션에 접근한 것을 확인할 수 있다.

```
EXPLAIN
   SELECT * FROM partTBL WHERE birthYear <= 1970;
```

	id	select_type	table	partitions	type	possible_keys	key	key_len	ref	rows	filtered	Extra
▶	1	SIMPLE	partTBL	part1,part2	ALL	NULL	NULL	NULL	NULL	7	33.33	Using where

그림 12-17 **사용한 파티션 확인 2**

4 파티션 관리하기

4-1 만약 파티션 3을 1972~1974년 미만(파티션 3)과 1974년 이후(파티션 4)로 분리하려면 ALTER TABLE … REORGANIZE PARTITION 문을 사용한다. 또한 파티션을 재구성하기 위해 OPTIMIZE TABLE 문을 수행해야 한다.

```
ALTER TABLE partTBL
    REORGANIZE PARTITION part3 INTO (
        PARTITION part3 VALUES LESS THAN (1974),
        PARTITION part4 VALUES LESS THAN MAXVALUE
    );
OPTIMIZE TABLE partTBL;
```

4-2 3-1에서 수행한 INFORMATION_SCHEMA 데이터베이스의 PARTITIONS 테이블을 다시 조회해보자. 파티션 3에 있었던 데이터 3개가 파티션 3에 2개, 파티션 4에 1개로 자동 분리되었다.

여기서 잠깐

파티션 추가 파티션을 추가하려면 ALTER TABLE … ADD PARTITION 문을 사용해야 한다. 그런데 MAXVALUE로 설정되어 있는 파티션 테이블에는 파티션을 추가할 수 없다. 이럴 때는 ALTER TABLE … REORGANIZE PARTITION 문으로 파티션을 분리하는 방식으로 추가해야 한다.

```
SELECT TABLE_SCHEMA, TABLE_NAME, PARTITION_NAME, PARTITION_ORDINAL_POSITION, TABLE_ROWS
   FROM INFORMATION_SCHEMA.PARTITIONS
   WHERE TABLE_NAME = 'parttbl';
```

	TABLE_SCHEMA	TABLE_NAME	PARTITION_NAME	PARTITION_ORDINAL_POSITION	TABLE_ROWS
▶	partdb	parttbl	part1	1	3
	partdb	parttbl	part2	2	4
	partdb	parttbl	part3	3	2
	partdb	parttbl	part4	4	1

그림 12-18 사용한 파티션 확인 3

4-3 파티션을 합쳐보자. 1970년 미만인 파티션 1과 1970~1972년 미만인 파티션 2를 합쳐 1972년 미만(파티션 12)으로 만든다.

```
ALTER TABLE partTBL
    REORGANIZE PARTITION part1, part2 INTO (
        PARTITION part12 VALUES LESS THAN (1972)
    );
OPTIMIZE TABLE partTBL;
```

4-4 INFORMATION_SCHEMA 데이터베이스의 PARTITIONS 테이블을 다시 조회해보자. 파티션 12에 파티션 1의 데이터 3개와 파티션 2의 데이터 4개가 합쳐진 데이터 7개가 있다.

```
SELECT TABLE_SCHEMA, TABLE_NAME, PARTITION_NAME, PARTITION_ORDINAL_POSITION, TABLE_ROWS
   FROM INFORMATION_SCHEMA.PARTITIONS
   WHERE TABLE_NAME = 'parttbl';
```

	TABLE_SCHEMA	TABLE_NAME	PARTITION_NAME	PARTITION_ORDINAL_POSITION	TABLE_ROWS
▶	partdb	parttbl	part12	1	7
	partdb	parttbl	part3	2	2
	partdb	parttbl	part4	3	1

그림 12-19 사용한 파티션 확인 4

4-5 파티션 12를 삭제해보자.

```
ALTER TABLE partTBL DROP PARTITION part12;
OPTIMIZE TABLE partTBL;
```

4-6 회원 테이블을 조회해보면 파티션 12에 있던 데이터 7개가 파티션과 함께 삭제되었다. 파티션을 삭제하면 그 파티션의 데이터도 함께 삭제되므로 주의해야 한다.

```
SELECT * FROM partTBL;
```

	userID	userName	birthYear	addr
▶	LHJ	이휘재	1972	경기
	YJS	유재석	1972	서울
	KJD	김제동	1974	경남

그림 12-20 데이터 확인 2

TIP 대량의 데이터를 삭제할 때 파티션을 삭제하면 상당히 빨리 삭제된다. 파티션의 데이터를 모두 삭제할 때는 DELETE 문보다 파티션 자체를 삭제하는 것이 더 효율적이다.

3 파티션의 제한 사항

파티션은 대량의 테이블을 물리적으로 분리하기 때문에 상당히 효율적이지만 몇 가지 제한 사항을 고려해야 한다. 파티션에서 부가적으로 기억해야 할 사항은 다음과 같다.

- 파티션 테이블에 외래키를 설정할 수 없다. 파티션은 단독으로 사용되는 테이블에만 설정할 수 있다.
- 스토어드 프로시저, 스토어드 함수, 사용자 변수 등을 파티션 함수나 식에 사용할 수 없다.
- 임시 테이블에는 파티션 기능을 사용할 수 없다.
- 파티션 키에는 일부 함수만 사용할 수 있다.
- 파티션은 최대 8192개까지 지원된다.
- 레인지 파티션에는 숫자형의 연속된 범위를 지정하여 사용하고, 리스트 파티션에는 숫자형 또는 문자형의 연속되지 않은 파티션 키 값을 하나하나 지정하여 사용한다.
- 리스트 파티션에는 MAXVALUE를 사용할 수 없다. 모든 경우의 파티션 키 값을 지정해야 한다.

요약

1 전체 텍스트 검색은 긴 문장으로 구성된 열의 내용을 검색할 때 인덱스를 사용하여 검색 시간을 줄이는 개념이다.

2 전체 텍스트 인덱스는 신문기사와 같이 텍스트로 이루어진 문자열 데이터의 내용을 가지고 생성한 인덱스이다.

3 전체 텍스트 인덱스를 만들 때 불필요한 단어는 제외하는 것이 좋은데, 이러한 단어를 중지 단어라고 한다. 필요하다면 사용자가 별도의 테이블에 중지 단어를 추가하여 적용할 수도 있다.

4 전체 텍스트 인덱스를 생성한 후 이를 이용하려면 일반 SELECT 문의 WHERE 절에 MATCH() AGAINST()를 사용한다. 형식은 다음과 같다.

```
MATCH(col1, col2, …) AGAINST(expr [search_modifier])

search_modifier:
  {
     IN NATURAL LANGUAGE MODE
    | IN NATURAL LANGUAGE MODE WITH QUERY EXPANSION
    | IN BOOLEAN MODE
    | WITH QUERY EXPANSION
  }
```

5 전체 텍스트 검색을 할 때 특별히 옵션을 지정하지 않거나 IN NATURAL LANGUAGE MODE를 붙이면 자연어 검색을 한다.

6 불린 모드 검색은 단어나 문장이 정확히 일치하지 않는 것도 검색하며, IN BOOLEAN MODE 옵션을 붙여야 한다.

7 파티션은 대량의 데이터를 한 테이블에 저장할 때 그 내용을 물리적으로 별도의 테이블에 분리해서 저장하는 기법이다.

8 파티션은 레인지, 리스트, 칼럼, 해시, 키 파티션 등으로 분류할 수 있다.

9 파티션 테이블에 기본키를 설정하면 그 열로 정렬이 되기 때문에 기본키를 설정하면 안 된다. 꼭 기본키를 설정해야 한다면 파티션에서 사용되는 열도 함께 기본키로 설정해야 한다.

연습문제

1 전체 텍스트 검색에 대한 설명으로 옳지 않은 것을 고르시오.

① full-text search라고도 부른다.

② 'LIKE %검색어%'와 같은 쿼리문을 사용하면 작동된다.

③ 첫 글자뿐 아니라 중간의 단어로도 인덱스를 생성할 수 있다.

④ 일반 인덱스와는 사용법이 다르다.

⑤ 짧은 데이터 값보다는 긴 문자로 구성된 텍스트에 적합하다.

2 전체 텍스트 인덱스를 만드는 방법으로 옳지 않은 것을 고르시오.

① CREATE TABLE 테이블이름 (열이름 데이터형식, FULLTEXT 인덱스이름(열이름));

② CREATE TABLE 테이블이름 (열이름 데이터형식);
ALTER TABLE 테이블이름 ADD FULLTEXT(열이름);

③ CREATE TABLE 테이블이름 (열이름 데이터형식, ADD FULLTEXT(열이름));

④ CREATE TABLE 테이블이름(열이름 데이터형식);
CREATE FULLTEXT INDEX 인덱스이름 ON 테이블이름(열이름);

3 myTBL 테이블의 myCol 열에 전체 텍스트 인덱스가 생성되어 있을 때 전체 텍스트 인덱스를 삭제하는 SQL 문을 쓰시오.

4 다음 설명에 해당하는 용어를 쓰시오.

> 전체 텍스트 인덱스는 긴 문장에 대해 인덱스를 생성하기 때문에 양이 많아질 수밖에 없다. 따라서 실제로 검색할 때 무시해도 되는 단어에는 아예 전체 텍스트 인덱스를 생성하지 않는 것이 좋은데, 이럴 때 제외되는 단어를 뜻한다.

5 전체 텍스트 인덱스를 생성하고 이를 활용하여 검색을 수행할 때 일반 SELECT 문의 WHERE 절에서 사용되는 함수를 모두 고르시오.

① MATCH() ② FULLTEXT() ③ FULLINDEX()

④ AGAINST() ⑤ BOOLEAN()

6 전체 텍스트 인덱스를 생성할 때 최소 단어 길이를 설정하는 시스템 변수를 고르시오.

① innodb_ft_min_text_size

② innodb_ft_min_token_size

③ innodb_ft_min_text_length

④ innodb_ft_min_token_length

7 전체 텍스트 인덱스로 생성된 단어를 확인하는 데 사용하는 테이블 이름을 고르시오.

① INFORMATION_SCHEMA.INNODB_FULLINDEX_TABLE

② INFORMATION_SCHEMA.INNODB_FULLTEXT_TABLE

③ INFORMATION_SCHEMA.INNODB_FT_INDEX_TABLE

④ INFORMATION_SCHEMA.INNODB_TEXT_INDEX_TABLE

8 파티션에 대한 설명으로 옳지 않은 것을 모두 고르시오.

① 대량의 데이터를 한 테이블에 저장할 때 별도의 테이블에 분리한다.

② 파티션을 분리해도 사용자 입장에서는 하나의 테이블로 보인다.

③ 시스템의 성능보다는 사용자의 편의성에 중점을 둔다.

④ 레인지, 리스트, 칼럼 파티션 등으로 구분된다.

⑤ 작은 용량의 테이블일수록 효과적이다.

9 다음은 테이블을 3개의 파티션으로 분리하는 SQL 문이다. 빈칸에 들어갈 내용을 쓰시오.

```
PARTITION BY ______㉠______ (열이름)
(
  PARTITION 파티션1 VALUES LESS THAN (값1),
  PARTITION 파티션2 VALUES LESS THAN (값2),
  PARTITION 파티션3 VALUES LESS THAN ______㉡______
);
```

연습문제

10 파티션을 다시 분리하는 SQL 문을 고르시오.

① ALTER TABLE … REORGANIZE PARTITION

② ALTER TABLE … RESEPARATE PARTITION

③ ALTER TABLE … REDIVIDE PARTITION

④ ALTER TABLE … REBUILD PARTITION

11 파티션의 제한 사항에 해당하지 않는 것을 모두 고르시오.

① 파티션 테이블에는 외래키를 설정할 수 없다.

② 스토어드 프로시저, 스토어드 함수 등을 파티션 함수나 식에 사용할 수 없다.

③ 필요시 임시 테이블에도 파티션 기능을 사용할 수 있다.

④ 파티션 키에는 일부 함수만 사용할 수 있다.

⑤ 파티션은 최대 8192개까지 지원된다.

⑥ 레인지 파티션에는 숫자형의 연속된 범위를 지정하여 사용한다.

⑦ 리스트 파티션에는 MAXVALUE를 사용할 수 있다.

응용 예제 MariaDB에서 전체 텍스트 검색하기

5장에서 생성한 singerDB를 사용하여 실습을 진행해보자. 일부 실습에서는 cookDB와 singerDB의 테이블 이름, 열 이름, 데이터 값이 다르므로 그에 맞게 SQL을 변경해야 한다. 다음을 참고하여 변경한다.

cookDB → singerdb	userName → mem_name	userID → mem_id
serTBL → member	prodName → prod_name	birthYear → mem_number
mobile1 → phone1	mobile2 → phone2	mDate → debut_date

1 467쪽에 있는 **[실습 12-1] 전체 텍스트 검색하기**를 수행하고 결과를 확인해보자.

HINT ① MariaDB의 단어 최소 길이는 C:\Program Files\MariaDB 버전\data\my.ini 파일에서 설정한다.
② MariaDB의 서비스 이름은 MariaDB이다.

STATISTICS (2r × 14c)

#	Table	Non_unique	Key_name	Seq_in_index	Column_name	Collation	Cardinality	Sub_part	Packed	Null	Index_type
1	fulltexttbl	0	PRIMARY	1	id	A	15	(NULL)	(NULL)		BTREE
2	fulltexttbl	1	idx_description	1	description	(NULL)	(NULL)	(NULL)	(NULL)	YES	FULLTEXT

INNODB_FT_INDEX_TABLE (126r × 4c)

#	word	doc_count	doc_id	position
13	고장간첩	1	3	14
14	광해군	1	2	74
15	구원의	1	5	7
16	구하기	1	6	52
17	국가대표팀이	1	12	63
18	권력	2	2	20
19	권력	2	3	69
20	귀도는	1	14	0
21	급조된다	1	12	82
22	기적	1	7	54
23	끝낸다	1	5	63
24	남자	1	4	89

실행 결과(그림 12-6, 12-12)

2 475쪽에 있는 **[실습 12-2] 파티션 구현하기**를 수행하고 결과를 확인해보자.

HINT ① birthYear 대신에 YEAR(debut_date)를 사용한다.
② 파티션 범위는 2014 미만, 2014~2016 미만, 2016 이후로 구분한다.

partTBL (10r × 4c)

#	mem_id	mem_name	debut_year	addr
1	APN	에이핑크	2,011	경기
2	GRL	소녀시대	2,007	서울
3	MMU	마마무	2,014	전남
4	OMY	오마이걸	2,015	서울
5	RED	레드벨벳	2,014	경북
6	TWC	트와이스	2,015	서울
7	WMN	여자친구	2,015	경기
8	BLK	블랙핑크	2,016	경남
9	ITZ	잇지	2,019	경남
10	SPC	우주소녀	2,016	서울

PARTITIONS (4r × 5c)

#	TABLE_SCHEMA	TABLE_NAME	PARTITION_NAME	PARTITION_ORDINAL_POSITION	TABLE_ROWS
1	partdb	parttbl	part1	1	2
2	partdb	parttbl	part2	2	5
3	partdb	parttbl	part3	3	2
4	partdb	parttbl	part4	4	1

실행 결과(그림 12-14, 12-18)

CHAPTER 13

데이터베이스 연동을 위한 파이썬 프로그래밍

학습목표

- 파이썬 개발 환경을 이해한다.
- 파이썬을 설치하고 개발 환경을 구축한다.
- 파이썬 기본 프로그래밍을 익힌다.

01 파이썬 개발 환경 구축

1 파이썬 프로그래밍의 개요

파이썬(Python)은 네덜란드의 소프트웨어 엔지니어인 귀도 반 로섬(Guido van Rossum)이 개발한 프로그래밍 언어로, 1991년에 공식적으로 발표되었다. 'python'의 사전상 의미는 '비단뱀'이며, 파이썬 로고는 파란색과 노란색 뱀 두 마리가 얽혀 있는 형태이다.

그림 13-1 파이썬 로고와 귀도 반 로섬

파이썬은 배우기 쉬울 뿐만 아니라 웹 개발, 빅데이터, 인공지능, 과학, 교육 등 다양한 분야에서 널리 활용되고 있다. 파이썬의 주요 장점은 다음과 같다.

- 완전 무료로 강력한 기능을 사용할 수 있다.
- 읽고 사용하기가 쉽다.
- 사물 인터넷과 잘 연동된다.
- 다양하고 강력한 외부 라이브러리가 많다.
- 강력한 웹 프레임워크를 사용할 수 있다.

여기서는 파이썬을 이용하여 MySQL과 연결할 수 있는 대표적인 외부 라이브러리인 PyMySQL을 사용할 것이다. 이 책을 집필하는 시점의 파이썬 버전은 [표 13-1]과 같다.

파이썬은 출시 후 5년간 업데이트를 지원하나 이 기간이 지나더라도 업데이트가 중단될 뿐 큰 문제없이 사용할 수 있다. 이 책에서는 현재 안정화된 최신 버전인 3.12.4를 사용하지만, 학습하는 시점의 최신 버전이나 3.12 이하 버전을 사용해도 무방할 것이다.

표 13-1 파이썬 버전(2024년 상반기 기준)

파이썬 버전	정식 버전 발표일	현재 최신 버전	업데이트 지원 종료일
3.13	2024년 10월	3.13.0(Alpha)	2029년 10월
3.12	2023년 10월	3.12.4	2028년 10월
3.11	2022년 10월	3.11.9	2027년 10월
3.10	2021년 10월	3.10.14	2026년 10월

2 파이썬 다운로드 및 설치

파이썬을 다운로드하여 개발 환경을 구축해보자.

1 파이썬 설치 파일을 다운로드한다.

1-1 웹 브라우저에서 https://www.python.org/downloads/에 접속하여 최신 버전의 파이썬을 다운로드한다. 이 책과 동일한 버전은 https://www.python.org/ftp/python/3.12.4/python-3.12.4-amd64.exe에서 직접 다운로드할 수 있다.

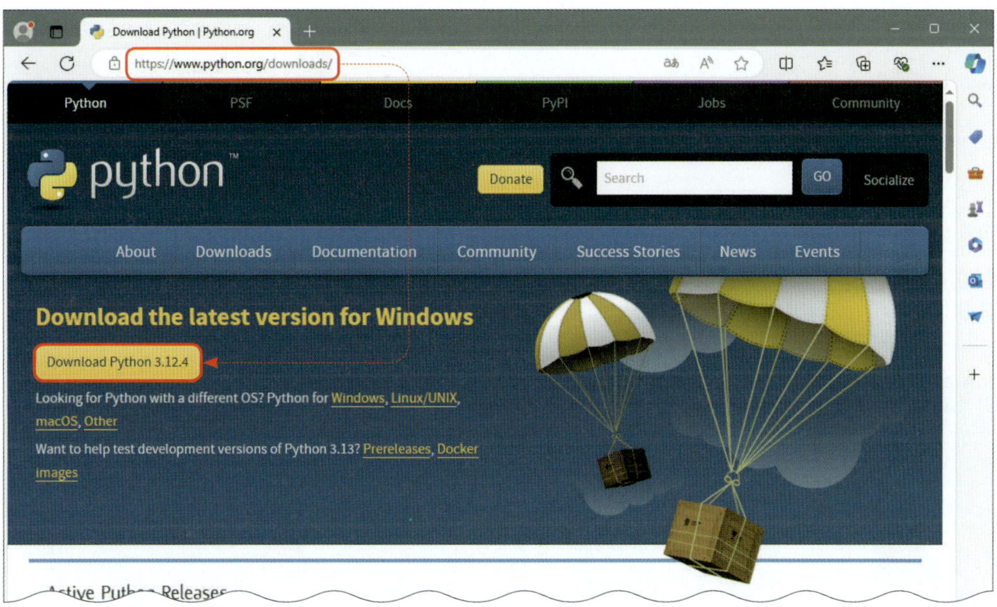

그림 13-2 파이썬 설치 파일 다운로드

2 다운로드한 파이썬을 설치한다.

2-1 다운로드한 python-3.xx.xx-amd64.exe 파일을 더블클릭하여 설치를 진행한다. 설치 초기 화면에서 아래쪽의 'Add python.exe to PATH'에 체크하고 [Install Now]를 클릭한다.

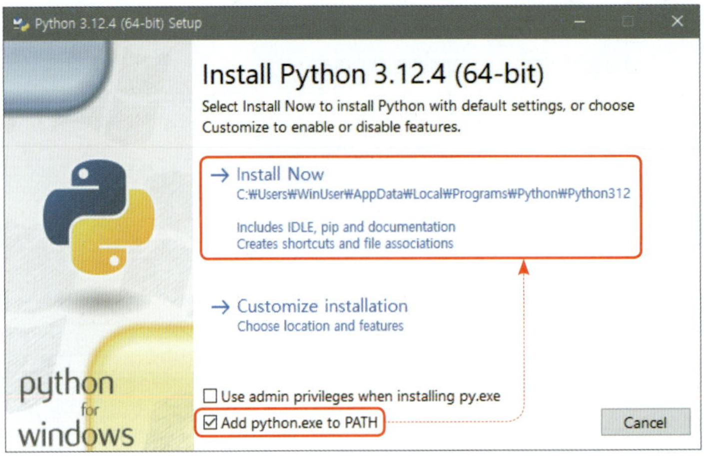

그림 13-3 파이썬 설치 1

2-2 설치가 진행된다.

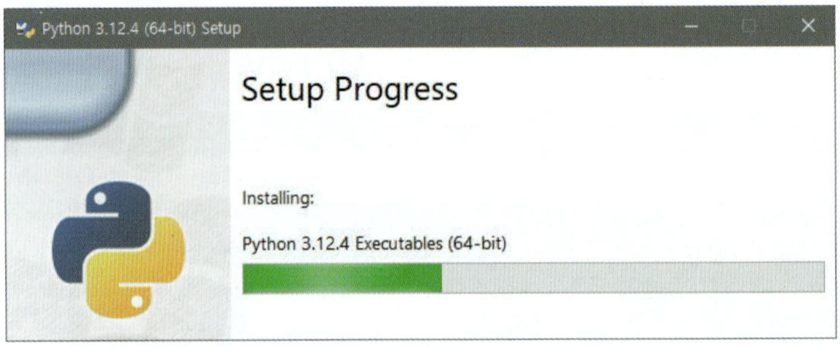

그림 13-4 파이썬 설치 2

2-3 설치가 완료되면 〈Close〉를 클릭한다.

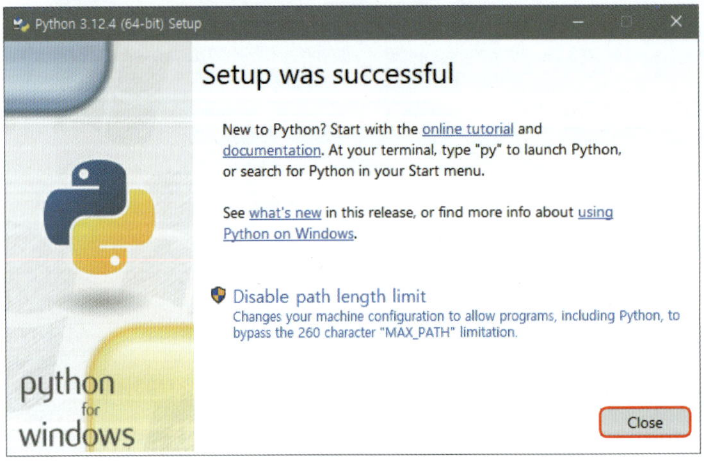

그림 13-5 파이썬 설치 완료

3 파이썬의 기본적인 사용법을 알아본다.

3-1 윈도우의 [시작]–[모든 앱]–[P]–[Python 3.xx]–[IDLE (Python 3.xx 64-bit)]를 선택하여 파이썬 개발 환경을 실행한다.

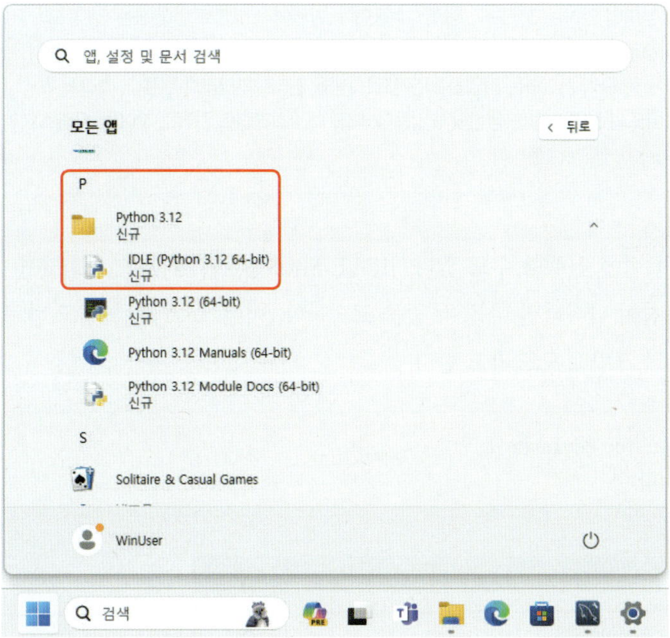

그림 13-6 파이썬 개발 환경 실행

3-2 [IDLE Shell 3.xx.xx] 창이 열리면 >>> 프롬프트가 나타나며, 여기에 파이썬 명령을 입력하면 즉시 실행된다. 간단한 Hello World 프로그램을 작성해보자. 파이썬은 인터프리터 언어이므로 한 줄씩 입력하면 바로 실행되는데, 이러한 환경을 '대화형 모드'라고 한다.

```
print("Hello. World!")
```

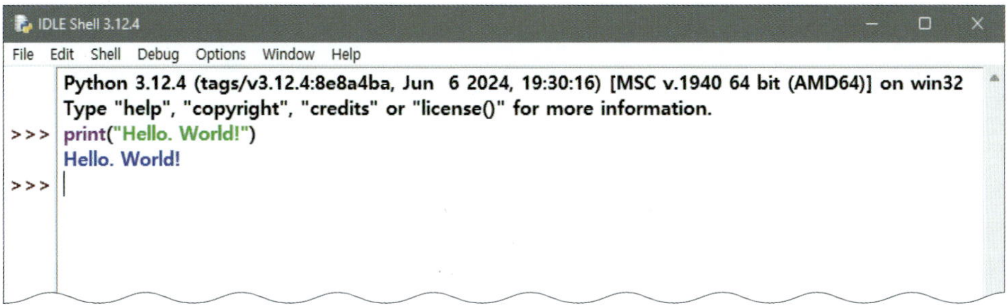

그림 13-7 한 줄씩 파이썬 코딩 및 실행

여기서 잠깐

컴파일 언어와 스크립트 언어

컴파일 언어(compiled language)는 소스코드가 실행 가능한 기계어로 일괄 번역된 후, 번역이 완료된 파일(예: *.exe, *.class 등)이 실행되는 언어를 말한다. 이때 소스코드를 기계어로 번역하는 과정을 컴파일(compile)이라고 하며, 이러한 작업을 하는 프로그램을 컴파일러라고 부른다. 대표적인 컴파일 언어는 C, C++, 자바, C# 등이다. 반면에 스크립트 언어[또는 인터프리터 언어(interpreted language)]는 소스코드를 한 줄씩 읽어가며 실행하는 방식을 사용하는 언어이며, 이렇게 한 줄씩 처리하는 작업을 하는 프로그램을 인터프리터라고 부른다. 따라서 스크립트 언어는 별도의 실행 파일이 생성되지 않는다. 대표적인 스크립트 언어는 파이썬, 자바스크립트(JavaScript), 펄(Perl) 등이다.

3-3 코드를 여러 줄 작성한 후 한 번에 실행할 수도 있다. [IDLE Shell 3.xx.xx] 창에서 [File]–[New File]을 선택하고, 새로운 창이 나타나면 다음 두 줄을 코딩한다. 이때 Enter를 눌러도 바로 실행되지 않는데, 이러한 환경을 '스크립트 모드'라고 한다.

```
print("IT CookBook, 데이터베이스 for Beginner")
print("파이썬 연동을 학습 중입니다.")
```

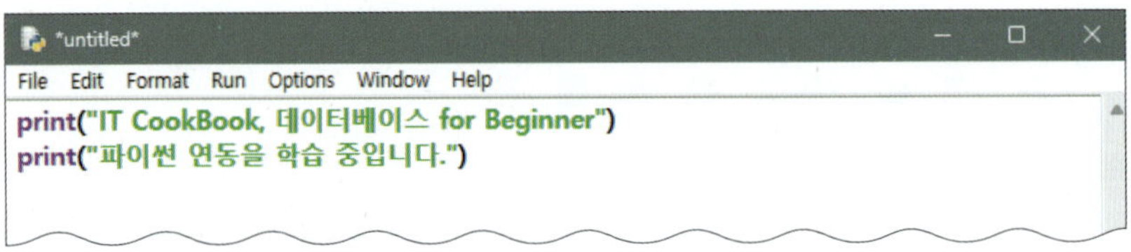

그림 13-8 여러 줄 파이썬 코딩 및 실행

3-4 [File]–[Save]를 선택하여 파일을 저장한다. 적당한 폴더를 선택하거나 새로 생성한 후 저장하면 파일 확장자가 자동으로 *.py로 설정된다.

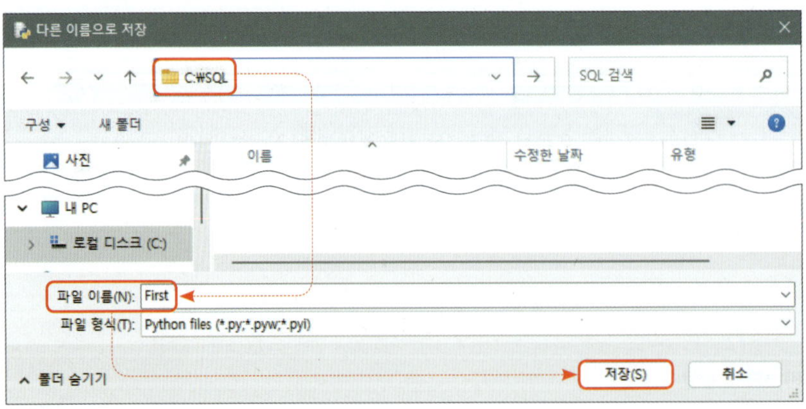

그림 13-9 파이썬 소스코드 저장

3-5 [First.py] 창에서 [Run]–[Run Module]을 선택하거나 F5 키를 눌러 실행한다. 실행 결과는 [IDLE Shell 3.xx.xx] 창에 표시된다.

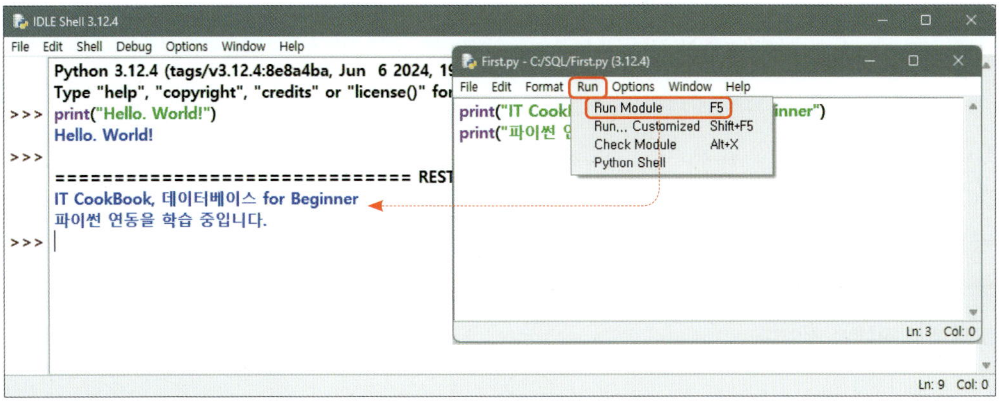

그림 13-10 파이썬 소스코드 실행

앞으로 간단히 한 줄씩 실행할 때는 대화형 모드를 사용하고, 여러 줄을 작성하여 실행할 때는 스크립트 모드를 사용하겠다.

3-6 [IDLE Shell 3.xx.xx] 창에서 [File]–[Exit]를 선택하면 파이썬 개발 환경이 종료된다.

여기서 잠깐

실무 파이썬 개발 환경

실무에서는 파이썬 자체에서 제공하는 IDLE보다 더 강력하고 편리한 개발 환경을 사용한다. 대표적으로 Jupyter Notebook, Pycharm, Spider, Visual Studio Code, Eclipse 등을 꼽을 수 있다.

02 파이썬 문법 요약

사실 파이썬 자체를 제대로 배우려면 별도의 학습서가 필요하다. 이 책은 파이썬 책이 아니니 모든 내용을 다루지는 않지만, 이 장의 학습 목표인 MySQL과 파이썬의 연동에 필요한 파이썬 문법을 몇 가지 살펴본다. 실습 시 간단한 한두 줄의 코드는 대화형 모드에서, 여러 줄의 코드는 스크립트 모드에서 진행할 것이다.

1 변수와 print( ) 함수

1.1 변수 선언

파이썬에서는 별도로 변수를 선언하지 않는다. 변수를 사용할 때 값을 대입하는 순간 자동으로 변수가 선언된다.

```
boolVar, intVar, floatVar, strVar = True, 0, 0.0, ""
```

위 코드를 다음과 같이 4줄로 작성해도 된다.

```
boolVar=True
intVar=0
floatVar=0.0
strVar = ""
```

이 코드에서는 4개의 변수를 준비했다. 변수 이름에서 알 수 있듯이 boolVar에는 불(bool) 값인 True를, intVar에는 정수인 0을, floatVar에는 실수인 0.0을, strVar에는 문자열 " "를 대입했다. 이 코드를 실행하면 파이썬 내부에 4개의 변수가 생성된다. 변수의 데이터 형식을 확인하려면 type() 함수를 사용한다.

```
type(boolVar), type(intVar), type(floatVar), type(strVar)
```

실행 결과

```
(<class 'bool'>, <class 'int'>, <class 'float'>, <class 'str'>)
```

1.2 print() 함수

서식을 지원하는 print() 문을 살펴보자. 다음 구문은 모니터상에 큰따옴표(" ") 또는 작은따옴표(' ') 안의 내용을 출력한다는 의미로, 실행하면 '한빛아카데미'가 출력될 것이다.

```
print("한빛아카데미")
```

이번에는 다음 두 코드의 실행 결과를 예상해보자.

```
print("10")
print("%d" % 10)
```

둘 다 10이 출력된다. 이 두 가지 결과 10은 같아 보이지만 실은 완전히 다르다. print("10")의 결과로 출력된 10은 숫자 10(십)이 아닌 문자 10(일영)이다. 즉 따옴표 안에 들어 있는 것은 숫자의 형태일지라도 문자로 취급된다. 그러나 print("%d" % 10)의 결과로 출력된 10은 숫자 10(십)이다. 서식(%d)이 지정된 숫자는 그대로 숫자를 뜻한다. 다음 코드의 실행 결과를 예측해보자.

```
print("10+10")
print("%d" % (10+10) )
```

첫 번째 코드의 실행 결과는 문자 그대로 '10+10'이고, 두 번째 코드의 실행 결과는 숫자 10과 숫자 10을 더한 결과인 숫자 '20'이다.

print() 함수에서 사용되는 서식을 좀 더 자세히 살펴보자. 서식은 '%'로 시작한다. '%d'는 정수(decimal)를 의미하며, 서식의 개수와 따옴표 뒤 숫자(또는 문자)의 개수가 같아야 한다. 다음 코드는 모두 오류가 발생한다. 무엇이 잘못되었을까?

```
print("%d"  %  (10, 20) )
print("%d  %d"  %  (10) )
```

첫 번째 코드에는 %d가 하나뿐인데 숫자가 2개(10, 20)라 오류가 발생한다. 또한 두 번째 코드에는 %d가 2개인데 숫자가 하나(10)라 짝이 맞지 않아 오류가 발생한다.

첫 번째 코드의 경우 숫자 2개를 출력하려면 %d가 2개 있어야 하고 숫자도 2개가 필요하다. 올바른 코드는 다음과 같다.

```
print("%d %d"  %  (10, 20) )
```

중간의 %는 왼쪽의 서식과 오른쪽의 값을 구분하는 역할을 하므로 반드시 넣어야 한다. 왼쪽에 %d가 2개이면 오른쪽도 괄호로 묶인 숫자가 2개여야 한다. 숫자가 여러 개일 때는 쉼표로 구분한다.

또한 두 번째 코드의 경우 다음과 같이 %d를 하나 삭제해야 한다.

```
print("%d" % (10) )
```

참고로 print()에서 사용할 수 있는 대표적인 서식은 [표 13-2]와 같다.

표 13-2 print()에서 사용되는 서식

서식	값의 예	설명
%d, %x, %o	10, 100, 1234	정수(10진수, 16진수, 8진수)
%f	0.5, 1.0, 3.14, 3.14e3	실수(소수점이 있는 숫자)
%c	"b", "한", '파'	문자 한 글자
%s	"안녕", 'abcdefg', "a"	한 글자 이상의 문자열

2 연산자

2.1 산술 연산자

파이썬에서 사용되는 기본적인 산술 연산자는 [표 13-3]과 같다.

표 13-3 파이썬의 기본 산술 연산자

산술 연산자		사용 예	설명
=	대입 연산자	a = 3	정수 3을 a에 대입한다.
+	더하기	a = 5+3	5와 3을 더한 값을 a에 대입한다.
-	빼기	a = 5-3	5에서 3을 뺀 값을 a에 대입한다.
*	곱하기	a = 5*3	5와 3을 곱한 값을 a에 대입한다.
/	나누기	a = 5/3	5를 3으로 나눈 값을 a에 대입한다.
//	나누기(몫)	a = 5//3	5를 3으로 나눈 뒤 소수점을 버리고 a에 대입한다.
%	나머지 값	a = 5%3	5를 3으로 나눈 뒤 나머지 값을 a에 대입한다.
**	제곱	a = 5**3	5를 세제곱한 값을 a에 대입한다.

그다지 어려운 내용은 아니지만 나눈 몫(//)과 나머지 값(%)의 예를 좀 더 살펴보자.

```
a=5; b=3
print(a+b, a-b, a*b, a/b, a//b, a%b, a**b)
```

실행 결과

```
8 2 15 1.6666666666666667 1 2 125
```

2.2 대입 연산자

파이썬에서는 = 외에도 [표 13-4]와 같은 대입 연산자를 사용할 수 있다. 첫 번째의 'a += 3'은 'a에 3을 더하여 a에 넣으라'는 의미로, 이는 'a = a+3'과 같은 표현이다. 나머지 대입 연산자도 동일하게 이해하면 된다.

표 13-4 대입 연산자

대입 연산자	사용 예	설명
+=	a += 3	a = a+3과 같다.
−=	a −= 3	a = a−3과 같다.
*=	a *= 3	a = a*3과 같다.
/=	a /= 3	a = a/3과 같다.
//=	a //= 3	a = a//3과 같다.
%=	a %= 3	a = a%3과 같다.
**=	a **= 3	a = a**3과 같다.

TIP 파이썬에는 C/C++, 자바에서 쓰이는 증가 연산자(++)나 감소 연산자(− −)가 없다.

2.3 관계 연산자

관계 연산자(또는 비교 연산자)는 두 값을 비교하여 어떤 값이 더 크거나 작은지 혹은 같은지를 판단하고 그 결과를 참(True) 또는 거짓(False)으로 반환한다. 관계 연산자는 주로 조건문(if)이나 반복문(while)에서 사용되며, 단독으로 사용되는 경우가 드물다. 일반적으로 참은 True, 거짓은 False로 표시한다. 예를 들어 [그림 13-11]에서는 변수 a에 들어 있는 값이 변수 b에 들어 있는 값보다 작으면 참이고, 그렇지 않으면 거짓이다.

a < b { 참: True / 거짓: False

그림 13-11 관계 연산자의 기본 개념

파이썬에서 사용할 수 있는 관계 연산자의 종류는 [표 13-5]와 같다.

표 13-5 관계 연산자

관계 연산자		설명
==	같다	왼쪽 값과 오른쪽 값이 같으면 참이다.
!=	같지 않다	왼쪽 값과 오른쪽 값이 다르면 참이다.
〉	크다	왼쪽 값이 오른쪽 값보다 크면 참이다.
〈	작다	왼쪽 값이 오른쪽 값보다 작으면 참이다.
〉=	크거나 같다	왼쪽 값이 오른쪽 값보다 크거나 같으면 참이다.
〈=	작거나 같다	왼쪽 값이 오른쪽 값보다 작거나 같으면 참이다.

간단한 예를 살펴보자.

```
a, b = 10, 20
print(a == b , a != b, a > b , a < b , a >= b , a <= b)
```

실행 결과

```
False True False True False True
```

2.4 문자열과 숫자의 상호 변환

문자열이 숫자로 구성되어 있을 때 int() 또는 float() 함수를 사용하여 정수나 실수로 변환할 수 있다.

```
s1, s2, s3 = "10", "10.123", "9999999999999999999999999999"
print( int(s1)+1 , float(s2)+1, int(s3)+1 )
```

실행 결과

```
11 11.123 10000000000000000000000000000
```

문자열이 int() 함수에 의해 정수로 변환되고, float() 함수에 의해 실수로 변환되었다. 파이썬의 정수는 크기에 제한이 없으며, 매우 큰 숫자도 int() 함수로 변환할 수 있다.

반대로 숫자를 문자열로 변환하려면 str() 함수를 사용한다.

```
a=10; b=10.123
str(a)+'1'; str(b)+'1'
```

실행 결과

```
'101'
'10.1231'
```

숫자 a와 b가 각각 문자열로 변경되어 '100+1'이 아니라 문자열의 연결인 '101'과 '10.1231'이 출력되었다.

3 if 조건문

3.1 기본 if 문

다음 그림은 조건이 참일 때만 특정 문장을 실행하고 거짓일 때는 아무것도 하지 않는 가장 단순한 형태의 if 문을 보여준다. if 문을 그림으로 나타낼 때는 보통 마름모꼴을 사용한다.

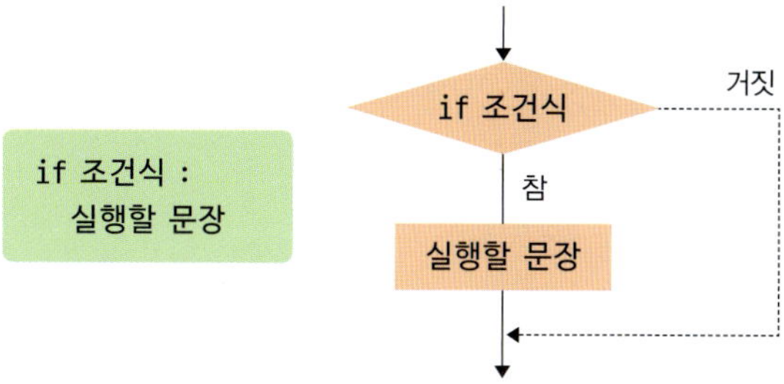

그림 13-12 if 문의 형식과 순서도

[그림 13-12]에서는 if 조건식이 참이면 해당 문장이 실행되고, 거짓이면 아무것도 실행되지 않는다.

```
a=9
if a < 10 :
    print("10보다 작군요.")
```

실행 결과

```
10보다 작군요.
```

여기서 잠깐

파이썬의 블록 C, 자바 등에서는 중괄호({ })를 사용하여 프로그램의 블록을 지정하지만, 파이썬에는 블록을 지정하기 위한 별도의 기호가 없다. 대신 콜론(:)과 들여쓰기로 블록을 지정한다. 뒤에 동일한 들여쓰기 수준으로 작성된 코드가 하나의 블록으로 묶이며, 이는 if, for, while, def 등의 구문에서 사용된다.

3.2 if~else 문

참일 때와 거짓일 때 각각 다른 문장이 실행되게 하려면 if~else 문을 사용한다. 다음 그림에서는 if 조건식이 참이면 '실행할 문장 1'을 실행하고, 거짓이면 '실행할 문장 2'를 실행한다.

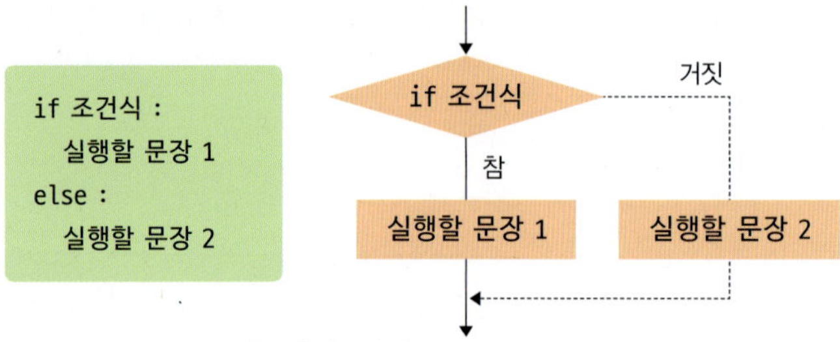

그림 13-13 if~else 문의 형식과 순서도

즉 조건이 참일 때와 거짓일 때 실행되는 문장이 다르다.

```
a=20

if a < 10 :
    print("10보다 작군요.")
else :
    print("10보다 크군요.")
```

실행 결과

```
10보다 크군요.
```

a에 20이 들어 있어 3행의 조건식이 거짓이 되므로 5행의 else 아래에 있는 6행이 실행된다.

3.3 삼항 연산자를 사용한 if 문

점수가 60점 이상이면 합격, 60점 미만이면 불합격을 출력하려면 다음과 같이 if 문을 작성한다.

```
jumsu = 50
res = ''
if jumsu >= 60 :
    res = '합격'
else :
    res = '불합격'
print(res)
```

3~6행의 if~else 문을 다음과 같이 삼항 연산자를 사용하여 한 줄로 줄일 수도 있다.

```
res = '합격' if jumsu >= 60 else '불합격'
```

4 반복문

4.1 for 문

for 문의 형식은 다음과 같다

```
for 변수 in range( 시작값, 끝값+1 , 증갓값 ) :
    이 부분을 반복
```

range() 함수는 지정된 범위의 값을 반환한다. 예를 들어 range(0, 3, 1)은 0에서 시작하여 2까지 1씩 증가하는 값을 반환한다. 주의할 점은, 끝값이 3이라 하더라도 실제로는 그보다 하나 작은 2까지 반환된다는 것이다. 즉 range(0, 3, 1)은 0, 1, 2를 반환하며, 반복문에서 '변수'에 하나씩 값을 대입하면서 반복문을 수행한다.

세 번째 인자인 증갓값을 생략하면 기본값인 1로 인식하므로 range(0, 3, 1)은 range(0, 3)과 동일한 의미이다. 또한 필요하다면 시작값도 생략할 수 있다. 시작값을 생략하면 0으로 인식하므로 range(3)만 써도 range(0, 3, 1)과 동일하게 작동한다.

range() 함수를 사용한 코드를 좀 더 살펴보자.

```
for i in range(0, 3, 1) :
    print("IT CookBook for Beginner")
```

위 코드는 내부적으로 range(0, 3, 1)이 [0, 1, 2]로 변환되어 다음과 같이 실행된다.

```
for i in [0, 1, 2] :
    print("IT CookBook for Beginner")
```

이 구문은 i에 0, 1, 2를 차례로 대입하면서 세 번 반복 실행된다.

1회: i에 0을 대입한 후 print() 실행
2회: i에 1을 대입한 후 print() 실행
3회: i에 2를 대입한 후 print() 실행

결과적으로 'IT CookBook for Beginner'가 세 번 출력된다. 만약 실행할 문장이 여러 개라면 print() 문 아래에 줄을 맞춰서 추가로 작성하면 된다.

4.2 무한 루프를 위한 while 문

while 문을 사용하면 무한 루프(무한 반복)를 만들 수 있다. while 문의 조건식을 True로 지정하면 무한 루프가 된다.

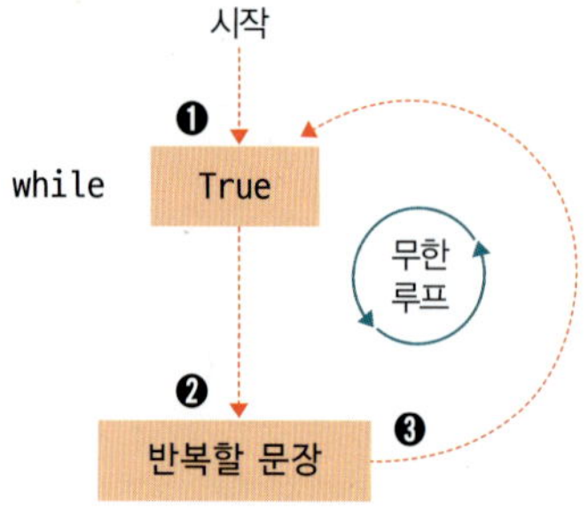

그림 13-14 while 문을 이용한 무한 루프

다음은 무한 루프를 반복하는 간단한 while 문이다.

```
while True :
    print("ㅎ ", end=" ")
```

실행 결과

ㅎ ㅎ ㅎ ㅎ ㅎ ㅎ ㅎ ~~~ 무한 반복

무한 루프를 중지하려면 Ctrl+C를 누른다.

4.3 반복문을 탈출하는 break 문

앞에서 배운 for 문은 range() 함수에 지정된 범위를 벗어나면 자동으로 종료된다. 또한 while 문은 조건식이 False가 되거나, 무한 반복의 경우 Ctrl+C를 눌러야 종료된다. 한편 계속되는 반복을 논리적으로 빠져나가는 방법도 있다. 바로 break 문을 사용하는 것이다. 다음 그림과 같이 반복문 내에서 break 문을 만나면 무조건 반복문을 빠져나간다.

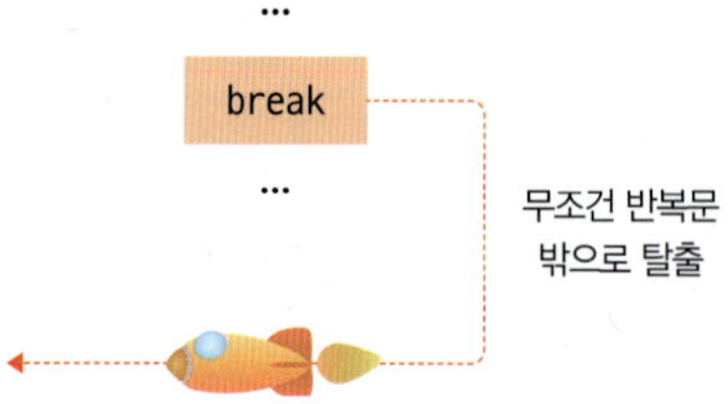

그림 13-15 break 문의 작동

다음 코드는 for 문이 100번 실행되도록 계획되었으나 break 문을 만남으로써 단 한 번만 실행되고 종료된다.

```
for i in range(1, 100) :
    print("반복문을 %d번 실행했습니다" % i)
    break
```

실행 결과

```
반복문을 1번 실행했습니다
```

이 코드에서는 무조건 break 문을 만나게 되지만, 실제로 프로그래밍을 할 때는 break 문이 무한 루프 내에서 if 문과 함께 사용되는 경우가 일반적이다. 즉 무한 루프를 반복하다가 특정 조건이 충족되면 break 문으로 반복문을 빠져나갈 수 있다.

5 리스트

5.1 리스트의 개념

리스트(list)는 하나씩 사용하던 변수를 한 줄로 붙여놓은 것으로, 다른 프로그래밍 언어의 배열(array)과 비슷한 개념이다.

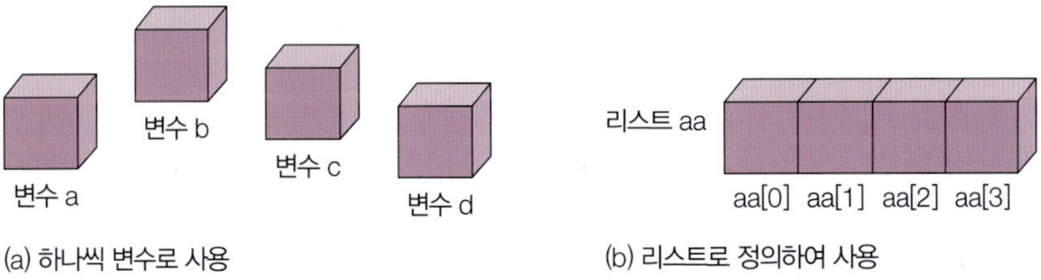

그림 13-16 리스트의 개념

지금까지는 변수의 이름을 a, b, c, d와 같이 지정하여 사용해왔다. 그러나 리스트는 변수를 한 줄로 붙인 후 상자 전체의 이름(aa)을 지정하고, 각각을 aa[0], aa[1], aa[2], aa[3]과 같이 번호(첨자라고 함)를 붙여 사용한다.

5.2 리스트의 생성과 사용법

리스트는 다음과 같이 생성한다.

```
리스트이름 = [값1, 값2, 값3, …]
```

리스트는 대괄호([]) 안에 값을 넣어서 선언한다. 예를 들어 4개의 값을 담은 정수형 리스트를 생성해보자.

```
aa = [ 10, 20, 30, 40 ]
```

리스트에 접근하려면 aa[0]과 같은 형식의 첨자로 접근하면 된다.

```
print(aa[0])
aa[1] = 200
```

리스트의 기본 생성을 이해했으니 한 걸음 더 나아가보자. 앞에서는 첨자의 특성을 제대로 응용하지 못했으나, 첨자를 반복문(for, while)과 결합하면 프로그래머의 일을 크게 줄일 수 있다. 첨자와 반복문의 관계, 리스트에 값을 입력하는 방법, 리스트의 크기를 확인하는 방법 등을 알아보자.

5.3 빈 리스트와 리스트의 추가

빈 리스트 4개를 생성하려면 앞에서 배운 대로 다음과 같이 작성한다.

```
aa = [0, 0, 0, 0]
```

또는 먼저 빈 리스트를 생성한 후 append() 함수를 사용하여 값을 하나씩 추가할 수도 있다.

```
aa = []
aa.append(0)
aa.append(0)
aa.append(0)
aa.append(0)
print(aa)
```

실행 결과

```
[0, 0, 0, 0]
```

1행의 aa=[]는 아무것도 없는 빈 리스트를 생성하고, append() 함수로 0 값을 네 번 추가하여 aa = [0, 0, 0, 0]과 동일한 결과를 얻었다. 하지만 이러한 방식의 경우 4개의 리스트를 만들 때는 괜찮지만 100개의 리스트를 만들어야 한다면 난감할 것이다.

이럴 때는 다음과 같이 [ ] 안에 for 문을 활용하여 간단히 해결할 수 있다. 즉 for 문을 100번 반복하여 0 값을 넣은 100개의 리스트를 만드는 것이다.

```
aa = [0 for _ in range(100)]
len(aa)
```

실행 결과

```
100
```

리스트의 크기를 확인할 때는 len(리스트) 함수를 사용한다. 이는 매우 자주 사용되는 함수이니 잘 기억해두기 바란다.

간단한 응용 프로그램을 통해 리스트 사용법을 완전히 익혀보자. 사용자로부터 4개의 숫자를 입력받고 그 합계를 출력하는 프로그램으로, 입력 부분에 for 문을 활용한다.

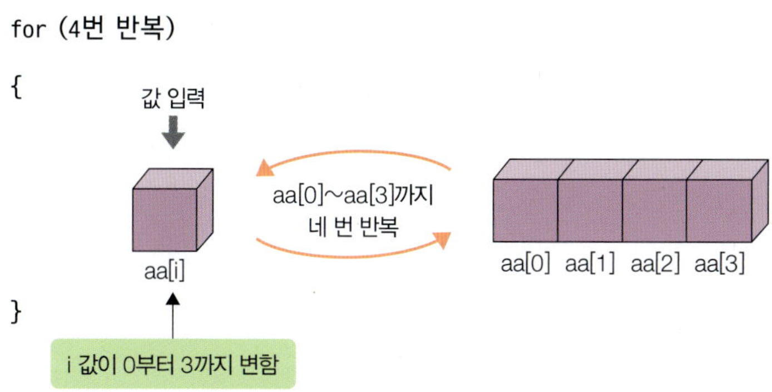

그림 13-17 for 문을 활용한 리스트 값 입력

for 문을 네 번 반복하여 aa[i]의 첨자를 aa[0]부터 aa[3]까지 순차적으로 변경하면서 4개의 숫자를 입력받는다.

[Code 13-01.py] **리스트 활용**

```
aa = [0 for _ in range(4)]

for i in range(0, 4) :
    aa[i] = int(input( str(i+1) + "번째 숫자 : " ))

hap = 0
for i in range(0, 4) :
    hap = hap + aa[i]

print(" 합계 ==> %d " % hap)
```

실행 결과

```
1번째 숫자 : 10 -- 사용자가 입력한 값
2번째 숫자 : 20 -- 사용자가 입력한 값
3번째 숫자 : 30 -- 사용자가 입력한 값
4번째 숫자 : 40 -- 사용자가 입력한 값
합계 ==> 100
```

1행에서 빈 리스트를 생성했는데, 이는 aa = [0, 0, 0, 0]과 동일하다. 3~4행에서는 i가 0부터 3까지 네 번 반복된다. input() 함수에서 출력되는 내용은 i가 0부터 시작하므로 i+1로 출력했다. 그리고 str() 함수는 숫자를 문자열로 변환하고 "번째 숫자 :"와 연결하여 출력 메시지를 만들며, 결과적으로 "1번째 숫자 :", "2번째 숫자 :", …이 출력되었다. 첨자 i가 0부터 3까지 네 번 바뀌므로 4개의 변수 aa[0], aa[1], aa[2], aa[3]에 값이 차례대로 입력된다. 6~8행에서도 반복문을 사용하여 4개의 리스트 값을 더했다.

5.4 여러 리스트 값 사용

리스트를 생성하고 나면 첨자를 사용하여 접근할 수 있다. 앞에서 이미 사용했던 '리스트이름[첨자]' 형식으로 리스트에 접근하는데, 이번에는 음숫값으로 접근해보자. 인덱스로 −1을 사용하면 맨 마지막을 의미하며, 그 앞은 −2, 그 앞은 −3 등으로 1씩 감소하면서 사용된다. 여기서는 aa[−4]까지 접근할 수 있으며, aa[−5]는 범위를 벗어나 오류가 발생한다.

```
aa = [10, 20, 30, 40]
print("aa[-1]은 %d, aa[-2]는 %d" % (aa[-1], aa[-2]))
```

실행 결과

```
aa[-1]은 40, aa[-2]는 30
```

리스트에 접근할 때 콜론(:)을 사용하여 범위를 지정할 수도 있다. 리스트이름[시작:끝+1]로 지정하면 리스트의 시작부터 끝까지의 값을 반환한다. 예를 들어 aa[0:3]은 0부터 2까지, 즉 aa[0], aa[1], aa[2]를 의미한다. aa[3]이 포함되지 않는 것을 주의해야 한다.

```
aa = [10, 20, 30, 40]
aa[0:3]
aa[2:4]
```

실행 결과

```
[10, 20, 30]
[30, 40]
```

콜론 앞뒤의 숫자를 생략할 수도 있다.

```
aa = [10, 20, 30, 40]
aa[2:]
aa[:2]
```

실행 결과

```
[30, 40]
[10, 20]
```

aa[2:]는 aa[2]부터 끝까지의 값을 의미하고, aa[:2]는 0부터 aa[1]까지를 의미한다. 역시나 aa[2]가 포함되지 않는 것을 주의한다.

5.5 리스트 조작 함수

앞에서 살펴본 것들을 포함하여 리스트를 조작하는 함수가 다양한데, 자주 사용되는 함수를 [표 13-6]에 정리했다.

표 13-6 리스트 조작 함수

함수	설명	사용법
append()	리스트 맨 뒤에 항목을 추가한다.	리스트이름.append(값)
pop()	리스트 맨 뒤의 항목을 빼내고, 빼낸 항목을 삭제한다.	리스트이름.pop()
sort()	리스트의 항목을 정렬한다.	리스트이름.sort()
reverse()	리스트의 항목 순서를 역순으로 만든다.	리스트이름.reverse()
index()	지정한 값을 찾아서 그 위치를 반환한다.	리스트이름.index(찾을_값)
insert()	지정된 위치에 값을 삽입한다.	리스트이름.insert(위치, 값)
remove()	지정한 값을 리스트에서 제거한다. 단, 지정한 값이 여러 개이면 첫 번째 값만 제거한다.	리스트이름.remove(지울_값)
extend()	리스트의 뒤에 리스트를 추가한다. 리스트의 더하기(+) 연산과 동일하다.	리스트이름.extend(추가할_리스트)
count()	리스트에서 해당 값의 개수를 센다.	리스트이름.count(찾을_값)
clear()	리스트의 내용을 모두 제거한다.	리스트이름.clear()
del()	리스트에서 해당 위치의 항목을 삭제한다.	del(리스트이름[위치])
len()	리스트에 포함된 전체 항목의 개수를 센다.	len(리스트이름)
copy()	리스트의 내용을 새로운 리스트에 복사한다.	새리스트=리스트이름.copy()
sorted()	리스트의 항목을 정렬하여 새로운 리스트에 대입한다.	새리스트=sorted(리스트)

이러한 함수는 달달 외우기보다는 실제로 사용해보면서 익숙해지는 것이 좋다. 다음 예제를 통해

리스트 조작 함수를 쉽게 이해할 수 있을 것이다.

[Code13-02.py] 리스트 조작 함수 활용

```
cookList = [30, 10, 20]
print("현재 리스트 : %s" % cookList)

cookList.append(40)
print("append(40) 후의 리스트 : %s" % cookList)

print("pop()으로 추출한 값 : %s" % cookList.pop())
print("pop() 후의 리스트 : %s" % cookList)

cookList.sort()
print("sort() 후의 리스트 : %s" % cookList)

cookList.reverse()
print("reverse() 후의 리스트 : %s" % cookList)

print("20 값의 위치 : %d" % cookList.index(20))

cookList.insert(2, 222)
print("insert(2, 222) 후의 리스트 : %s" % cookList)

cookList.remove(222)
print("remove(222) 후의 리스트 : %s" % cookList)

cookList.extend( [77 , 88, 77] )
print("extend([77, 88, 77]) 후의 리스트 : %s" % cookList)

print("77 값의 개수 : %d" % cookList.count(77))
```

실행 결과

```
현재 리스트 : [30, 10, 20]
append(40) 후의 리스트 : [30, 10, 20, 40]
pop()으로 추출한 값 : 40
pop() 후의 리스트 : [30, 10, 20]
sort() 후의 리스트 : [10, 20, 30]
reverse() 후의 리스트 : [30, 20, 10]
20 값의 위치 : 1
insert(2, 222) 후의 리스트 : [30, 20, 222, 10]
remove(222) 후의 리스트 : [30, 20, 10]
extend([77, 88, 77]) 후의 리스트 : [30, 20, 10, 77, 88, 77]
77 값의 개수 : 2
```

5.6 2차원 리스트의 기본 개념

2차원 리스트는 1차원 리스트를 여러 개 연결한 형태로, 2개의 첨자가 사용된다. 1차원 리스트가 변수를 나란히 세워놓은 것이라면, 2차원 리스트는 가로와 세로로 이루어진 구조이다.

예를 들어 다음과 같이 리스트를 생성하면 aa[0], aa[1], aa[2]라는 세 요소가 생성된다.

```
aa = [10, 20, 30]
```

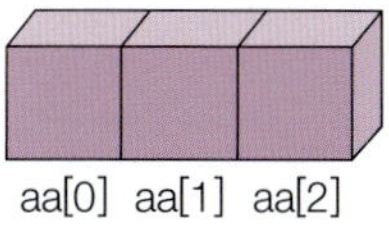

그림 13-18 1차원 리스트의 개념

이를 확장하여 다음과 같이 2차원 리스트를 정의해보자.

```
aa = [ [ 1, 2, 3, 4] ,
    [5, 6, 7, 8] ,
    [9, 10, 11, 12] ]
```

3행 4열 리스트가 만들어지고 총 3×4=12개의 요소가 있다.

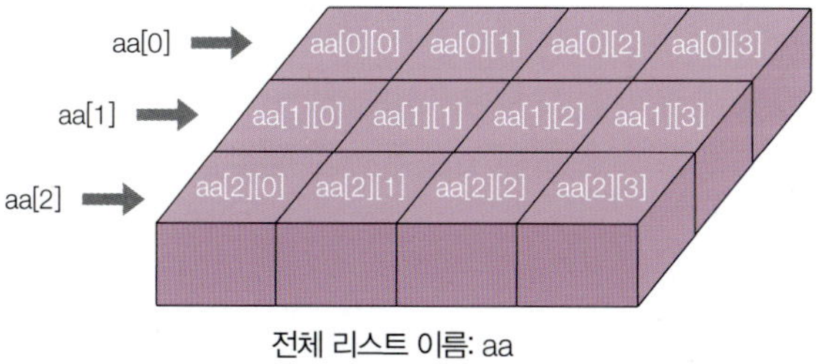

그림 13-19 2차원 리스트의 개념

2차원 리스트의 각 요소에 접근하려면 aa[0][0]과 같이 첨자를 2개 사용해야 한다. 이때 주의할 점은 가로의 경우 첨자가 0부터 2까지, 세로의 경우 첨자가 0부터 3까지 변한다는 것이다. 즉 aa[3][4]라는 요소가 존재하지 않는다.

2차원 리스트를 생성할 때도 1차원 리스트와 마찬가지로 for 문을 사용할 수 있다. 다음은 첨자가 2개이므로 중첩 for 문을 활용하여 3행 4열 리스트를 생성하고 여기에 1~12를 입력한 후 출력하는 예제이다.

[Code13-03.py] **2차원 리스트 활용**

```
1   cookList = [ [ 0 for _ in range(4)] for _ in range(3) ]
2
3   value=1
4   for i in range(0, 3) :
5       for k in range(0, 4) :
6           cookList[i][k] = value
7           value += 1
8
9   for i in range(0, 3) :
10      for k in range(0, 4) :
11          print("%3d" % cookList[i][k], end=" ")
12      print("")
```

실행 결과

```
  1  2  3  4
  5  6  7  8
  9 10 11 12
```

1행에서는 0으로 채워진 3행 4열의 2차원 리스트를 생성했다. 3행의 value는 리스트에 입력할 1~12를 저장할 변수이다. 4~7행에서는 3×4=12회 반복을 통해 리스트에 값을 넣는다. 6행에서는 리스트이름[행][열] 형식을 사용하여 [0][0], [0][1], [0][2], [0][3]을 채우고 이후 [1][0], [1][1], …과 같은 방식으로 값을 차례로 입력한다. 9~12행에서는 2차원 리스트를 출력하는데, end=" "로 인해 print() 함수가 줄 바꿈을 하지 않고 값을 출력한다. 11행의 %3d는 세 칸을 차지하는 정수를 출력하기 위한 서식이다. 12행에서는 한 행을 출력한 후 줄을 띄우고 다음 행을 출력하기 위해 print() 문을 사용했다.

6 문자열

6.1 문자열의 기본 사용법

문자열을 다루는 방법을 살펴보자.

```
ss = "쿡북비기너"
ss[0]
ss[1:3]
ss[3:]
```

실행 결과

```
'쿡'
'북비'
'기너'
```

리스트와 문자열은 값을 다루는 방식이 유사하다. 리스트는 대괄호([ ])로 묶여 출력되고 문자열은 작은따옴표(' ')로 묶여 출력된다는 것만 다르다. 문자열도 리스트처럼 더하기(+)로 연결할 수 있으며, 곱하기(*)는 문자열을 반복한다.

```
ss = '쿡북' + '비기너'
ss
ss = '쿡북' * 3
ss
```

실행 결과

```
'쿡북비기너'
'쿡북쿡북쿡북'
```

문자열의 길이를 확인할 때도 리스트처럼 len() 함수를 사용한다. 따라서 리스트처럼 for 문을 사용한 처리가 가능하다.

```
ss = '파이썬abcd'
len(ss)
```

실행 결과

```
7
```

6.2 문자열 찾기 함수

문자열 찾기 함수는 count(), find(), rfind(), index(), rindex()이며, 예를 통해 각 함수의 용도를 살펴보자.

```
ss = '파이썬 공부는 즐겁습니다. 물론 모든 공부가 다 재미있지는 않죠. ^^'
ss.count('공부')
print( ss.find('공부'), ss.rfind('공부'), ss.find('공부', 5), ss.find('없다'))
print( ss.index('공부'), ss.rindex('공부'), ss.index('공부', 5))
print(ss.startswith('파이썬'), ss.startswith('파이썬', 10), ss.endswith('^^'))
```

실행 결과

```
2
4 21 21 -1
4 21 21
True False True
```

- count('찾을 문자열') 함수는 문자열에서 해당 문자(또는 문자열)가 몇 번 나오는지 센다.
- find('찾을 문자열') 함수는 찾을 문자열이 몇 번째에 위치하는지 찾는다. 문자열은 0번째부터 시작된다.
- rfind('찾을 문자열') 함수는 찾을 문자열이 몇 번째에 위치하는지 오른쪽부터 센다. '공부'는 네 번째와 스물한 번째 위치에 있다.
- find('찾을 문자열', 시작위치) 함수는 지정된 시작 위치부터 문자열을 찾는다. 찾을 문자열이 없으면 −1을 반환한다.
- index() 함수는 find() 함수와 비슷하지만 index('없다')와 같이 찾을 문자열이 없는 경우 오류가 발생한다.

6.3 문자열 연결

문자열은 누적하여 연결할 수도 있다. 특히 SQL 문을 만들기 위해서는 다음과 같이 문자열 자체에 큰따옴표(" ")를 사용하고, SQL 문 안에서 문자열을 묶으려면 작은따옴표(' ')를 사용해야 한다.

```
userID = "BTS"
sql = "SELECT * FROM userTBL WHERE userID='"
sql += userID + "'"
print(sql)
```

실행 결과

```
SELECT * FROM userTBL WHERE userID='BTS'
```

1행에서는 userID 변수에 "BTS"라는 값을 저장한다. 2행에서는 SQL 문 전체를 큰따옴표로 묶었다. 이때 나중에 BTS라는 값을 감싸기 위해 작은따옴표를 미리 추가했다. 3행에서는 BTS 값을 SQL 문에 추가하고 작은따옴표로 닫아 SQL 문을 완성했다. 실행 결과를 보면 BTS가 작은따옴표로 감싸여 있다.

6.4 여러 줄의 문자열을 변수에 넣기

큰따옴표 또는 작은따옴표를 연속적으로 3개씩 사용하면 여러 줄의 문자열을 한 번에 묶을 수 있다. 이 방법을 활용하면 여러 줄에 걸친 문자열을 한 번에 변수에 저장할 수 있고, 출력할 때도 각 줄이 그대로 유지된다.

```
ss = """
    여러 줄의
    문자열을
    저장합니다.
"""
print(ss)
```

실행 결과

```
    여러 줄의
    문자열을
    저장합니다.
```

7 함수

7.1 함수의 개념

함수는 '무엇을 넣으면 어떤 것을 돌려주는 블랙박스'와 같다. 파이썬에서 기본적으로 제공되는 함수가 있으나 사용자가 직접 만들어서 사용할 수도 있다. 파이썬에서 제공하는 함수를 사용하려면 다음과 같이 작성한다.

```
함수이름( )
```

지금까지 가장 많이 사용한 print() 함수를 예로 살펴보자.

```
print("데이터베이스 for Beginner")
```

print() 함수는 괄호 안에 들어 있는 내용을 화면에 출력한다. 단순히 print() 함수에 '무엇("데이터베이스 for Beginner")'을 넣었을 뿐인데 어딘가에서 여러 과정을 거친 뒤 '어떤 일(화면에 글자 출력)'이 일어난다. 우리는 print() 함수 내부에서 어떤 일이 일어났는지 알지 못하고, 알 필요도 없다. 단지 입력값을 넣으면 그 결과로 화면에 출력되는 기능을 수행한다는 것만 알면 된다.

7.2 함수의 형태와 활용

함수를 사용하면 반복적으로 코딩해야 할 내용을 한 번만 코딩해놓고 필요할 때마다 가져다 쓸 수 있다. 또한 일단 함수로 작성해놓으면 동일한 동작을 재사용할 수 있으므로 내부 내용을 변경할 필요가 없다. 이러한 함수의 기본 형태를 살펴보자. 다음 그림과 같이 함수는 매개변수를 입력받아 그 값을 처리한 후 결과를 반환한다.

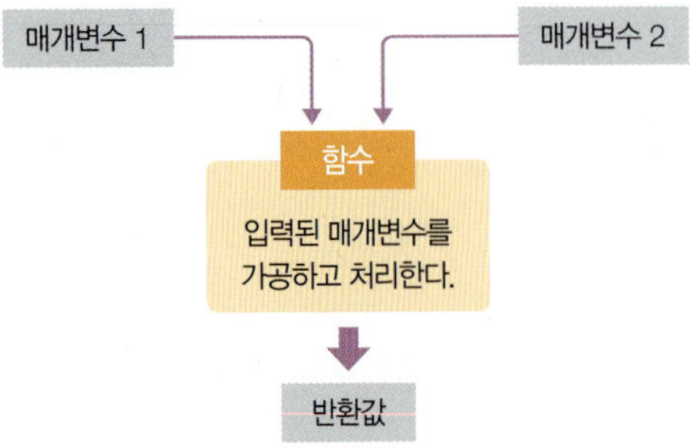

그림 13-20 함수의 형태

2개의 정수를 입력받아 합계를 반환하는 plus() 함수를 만들어보자.

[Code13-04.py] **함수의 기본**

```
1   ## 함수 선언부
2   def plus( v1, v2) :
3       result = 0
4       result = v1 + v2
5       return result
6
7   ## 전역 변수부
8   hap = 0
9
10  ## 메인 코드
11  hap = plus(100, 200)
12  print("100과 200의 plus() 함수 결과는 %d" % hap)
```

실행 결과

```
100과 200의 plus() 함수 결과는 300
```

2~5행에서 plus() 함수를 정의했는데, 여기서 주의할 점은 def로 함수를 정의해도 바로 실행되지 않는다는 것이다. 즉 plus() 함수를 만들어서 가지고만 있는 것이다. 실제로 코드는 7행부터 시작되며, 11행에서 plus() 함수를 호출하면 그때야 2~5행이 실행된다. 4행에서는 매개변수로 받은 두 값을 더하고 5행에서 그 결과를 반환한다. 11행에서는 두 값(100, 200)을 전달하면서 plus() 함수를 호출하여 호출 결과를 hap에 대입한다. 그리고 12행에서는 plus() 함수에서 반환된 값을 출력한다.

> **여기서 잠깐**
>
> **코드의 가독성을 위한 구성**
>
> 파이썬은 다른 프로그래밍 언어처럼 별도의 변수 선언이나 메인 함수가 필요하지 않기 때문에 코드가 길어지면 가독성이 떨어질 수 있다. 그래서 필자는 함수가 등장하는 긴 코드의 경우 함수 선언부, 전역 변수부, 메인 코드로 분할하여 작성한다. 이렇게 하는 것은 필수 사항이 아니지만 코드의 구조가 명확해짐으로써 코드를 읽기가 좀 더 수월하다.

7.3 지역 변수와 전역 변수

지역 변수는 말 그대로 한정된 지역(local)에서만 사용되는 변수이고, 전역 변수는 프로그램 전체(global)에서 사용되는 변수이다. [그림 13-21]의 (a)에서 변수 a는 함수 1 안에 선언되었기 때문에 함수 1 안에서만 사용될 수 있고, 함수 2에서는 a의 존재 자체를 모른다. 반면에 (b)에서는 변수 b가 함수 밖에서 선언되었기 때문에 함수 1과 2 모두에서 b의 존재를 안다. 이때 b가 선언된 위치는 맨 아래든 맨 위든 상관없고 함수 밖이면 된다.

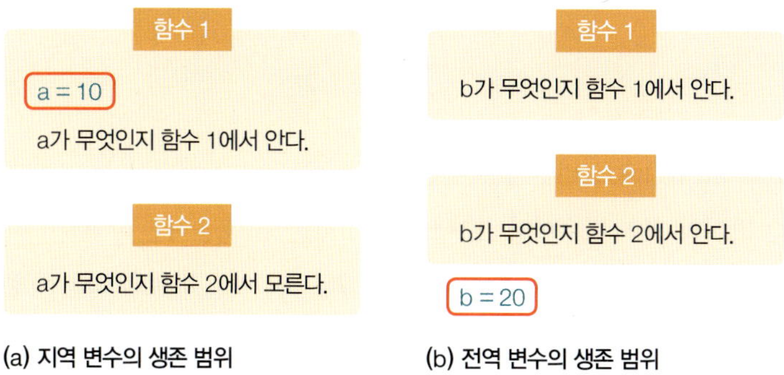

그림 13-21 지역 변수와 전역 변수의 생존 범위

간혹 지역 변수와 전역 변수의 이름이 같을 수도 있는데, 이럴 때는 함수 안에 지역 변수가 정의되어 있는지를 확인하여 간단히 구분할 수 있다. 다음 그림에서 보듯이 같은 a라도 함수 1의 a는 함수 안에서 따로 정의되었으므로 지역 변수이고, 함수 2의 a는 함수 안에 정의된 것이 없으므로 전역 변수이다. 결론적으로 변수의 이름이 같다면 지역 변수가 우선시된다.

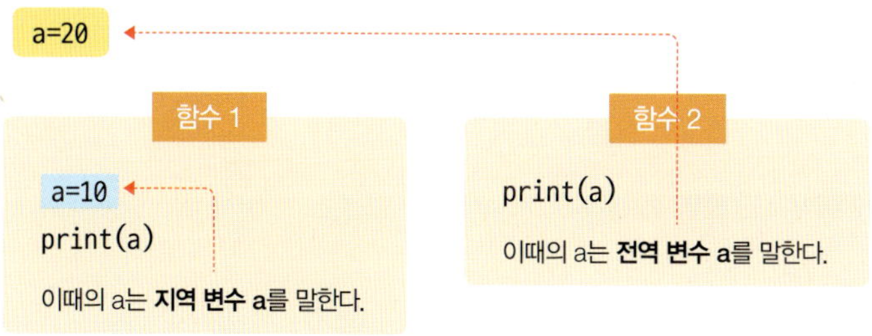

그림 13-22 지역 변수와 전역 변수의 공존

[Code13-05.py] **전역 변수와 지역 변수**

```
1   ## 함수 선언부
2   def func1() :
3       a = 10    # 지역 변수
4       print("func1()에서 a의 값 %d" % a)
5
6   def func2() :
7       print("func2()에서 a의 값 %d" % a)
8
9   ## 전역 변수 선언부
10  a = 20        # 전역 변수
11
12  ## 메인 코드
13  func1()
14  func2()
```

실행 결과

```
func1()에서 a의 값 10
func2()에서 a의 값 20
```

2~4행에서 정의된 func1() 함수 안(3행)에서 변수 a를 선언했으니 이는 지역 변수이다. 그리고 10행에서 선언한 변수 a는 함수 밖이라 전역 변수이다. 13행에서 func1()을 호출하면 4행에서 지역 변수 a의 값 10이 출력된다. 14행에서 func2()를 호출하면 func2() 내부에 a가 없으므로 10행에서 선언된 전역 변수 a의 값 20이 출력된다.

7.4 global 예약어

함수 안에서 변수를 지역 변수 대신 전역 변수로 사용하고 싶을 때는 global 예약어를 활용하면 된다. [Code 13-05.py]에서 func2() 함수는 전역 변수 a를 변경하지 않고 단순히 참조만 했기 때문에 별 문제가 없었다. 하지만 3행의 변수 a가 지역 변수가 아니라 전역 변수일 때 이 값을 변경하려면 함수 안에서 global 예약어를 사용하여 a가 전역 변수임을 명시해야 한다.

[Code13-06.py] **global 예약어**

```
## 함수 선언부
def func1() :
    global a     # 이 함수 안에서 a는 전역 변수
    a = 10
    print("func1()에서 a의 값 %d" % a)

def func2() :
```

```
8        print("func2()에서 a의 값 %d" % a)
9
10   ## 전역 변수 선언부
11   a = 20    # 전역 변수
12
13   ## 메인 코드
14   func1()
15   func2()
```

실행 결과

```
func1()에서 a의 값 10
func2()에서 a의 값 10
```

3행에서 global a 문으로 변수 a를 전역 변수로 지정했다. 이제 지역 변수 a가 존재하지 않으며, 4행에서 전역 변수 a의 값이 10으로 변경된다. 따라서 func1()과 func2()에서 모두 전역 변수 a의 값 10이 출력되었다. global 예약어는 다른 프로그래밍 언어와 다소 차이가 있으니 잘 기억해두기 바란다.

7.5 반환값이 여러 개인 경우

다른 프로그래밍 언어에서 함수는 문법상 하나의 반환값만 돌려줄 수 있다. 하지만 파이썬에서는 2개 이상을 반환할 수 있다. 프로그램을 작성하다 보면 종종 2개 이상의 반환값을 돌려주어야 하는 경우가 있는데, 이럴 때 return 문 뒤에 변수를 쉼표로 구분하여 나열하면 된다. 반환값이 여러 개이므로 호출한 곳에서도 반환값의 개수에 맞춰 변수를 나열하거나 리스트 또는 튜플 형태를 사용해야 한다.

[Code13-07.py] **반환값이 여러 개인 경우**

```
## 함수 선언부
def multi(v1, v2) :
    res1 = v1 + v2
    res2 = v1 - v2
    return res1, res2

## 전역 변수 선언부
hap, sub = 0, 0
cookList = []

## 메인 코드
hap, sub = multi(100, 200)
```

```
13 print("multi()에서 돌려준 값 ==> %d, %d" % (hap, sub) )
14
15 cookList = multi(100, 200)
16 print("multi()에서 돌려준 값 ==> %d, %d" % (cookList[0], cookList[1]) )
```

실행 결과

```
multi()에서 돌려준 값 ==> 300, -100
multi()에서 돌려준 값 ==> 300, -100
```

3~4행에서 2개의 계산 결과를 저장하고 5행에서 두 값을 한꺼번에 반환했다. 12~13행에서는 반환된 두 값을 각각 hap, sub 변수에 저장한 후 출력하고, 15~16행에서는 반환값을 리스트 변수에 저장한 후 출력했다.

8 예외 처리

8.1 try, except 문

예외 처리(exception handling)는 프로그램 실행 중 오류가 발생할 때 파이썬이 기본 오류 메시지를 출력하는 것이 아니라 프로그래머가 작성한 코드를 실행하는 방식이다. 예를 들어 다음 코드는 파일을 삭제하려고 하지만 해당 파일이 존재하지 않아 오류가 발생한다.

```
import os
os.remove('C:/Temp/noFile.exe')    # 이 파일이 없음
```

실행 결과

```
FileNotFoundError: [WinError 3] 지정된 경로를 찾을 수 없습니다: 'C:/Temp/noFile.exe'
```

이때 try 문과 except 문을 활용하면 파이썬이 기본적으로 출력하는 오류 메시지 대신 직접 작성한 오류 처리 코드를 실행할 수 있다.

```
try :
    os.remove('C:/Temp/noFile.exe')
except :
    print('파일이 없네요. 확인 바랍니다.')
```

실행 결과

```
파일이 없네요. 확인 바랍니다.
```

파일이 있다면 정상적으로 삭제되었을 것이고, 파일이 없다면 프로그래머가 except 문에 작성한 오류 메시지가 출력된다.

8.2 try, except, else, finally 문

try 문에서 오류가 발생하면 except 문이 실행되고, 오류가 발생하지 않으면 else 문이 실행된다. 그리고 finally 문은 오류가 발생하든 발생하지 않든 무조건 실행된다.

```
try :
    os.remove('C:/Temp/noFile.exe')
except :
    print('파일이 없네요. 확인 바랍니다.')
else :
    print('파일이 잘 있습니다.')
finally :
    print('이 부분은 오류 여부와 상관없이 무조건 나옵니다.')
```

실행 결과

```
파일이 없네요. 확인 바랍니다.
이 부분은 오류 여부와 상관없이 무조건 나옵니다.
```

지금까지 파이썬의 기본적인 문법을 살펴보았다. 파이썬의 모든 문법이 포함된 것은 아니나 파이썬과 MySQL 연동 프로그램에 필요한 핵심 문법은 대부분 다루었다.

요약

1 파이썬은 네덜란드의 소프트웨어 엔지니어인 귀도 반 로섬이 개발한 프로그래밍 언어로, 1991년에 공식적으로 발표되었다.

2 파이썬의 주요 장점은 다음과 같다.

- 완전 무료로 강력한 기능을 사용할 수 있다.
- 읽고 사용하기가 쉽다.
- 사물 인터넷과 잘 연동된다.
- 다양하고 강력한 외부 라이브러리가 많다.
- 강력한 웹 프레임워크를 사용할 수 있다.

3 파이썬에서는 별도로 변수를 선언하지 않는다. 변수를 사용할 때 값을 대입하는 순간 자동으로 변수가 선언된다.

4 print() 함수의 따옴표 안에 들어 있는 값은 문자든 숫자 형태의 문자든 무조건 문자로 취급된다.

5 파이썬에서 사용되는 산술 연산자는 =, +, −, *, /, //, %, ** 등, 대입 연산자는 =, +=, −=, *=, /=, %=, //=, **= 등, 관계 연산자는 ==, !=, 〉, 〈, 〉=, 〈= 등이다.

6 문자열과 숫자의 상호 변환은 int(), float(), str() 함수 등을 사용하여 수행할 수 있다.

7 참일 때와 거짓일 때 각각 다른 문장이 실행되게 하려면 if~else 문을 사용한다.

8 for 문의 형식은 다음과 같다.

```
for 변수 in range( 시작값, 끝값+1 , 증갓값 ) :
   이 부분을 반복
```

9 무한 루프는 다음과 같이 사용한다.

```
while True :
  반복할 내용
```

10 반복문을 탈출하려면 break 문을 사용한다.

11 리스트는 하나씩 사용하던 변수를 한 줄로 붙여놓은 것으로, 다른 프로그래밍 언어의 배열과 비슷한 개념이다.

12 문자열 찾기 함수는 count(), find(), rfind(), index(), rindex()이며, 문자열을 연결할 때는 + 연산자를 사용한다.

13 파이썬에서 제공하는 함수는 다음과 같이 작성한다. 함수는 매개변수를 입력받아 그 값을 처리한 후 결과를 반환한다.

```
함수이름( )
```

14 지역 변수는 한정된 지역에서만 사용되는 변수이고, 전역 변수는 프로그램 전체에서 사용되는 변수이다. 함수 안에서 변수를 지역 변수 대신 전역 변수로 사용하고 싶을 때는 global 예약어를 활용한다.

15 try 문과 except 문을 활용하면 파이썬이 기본적으로 출력하는 오류 메시지 대신 직접 작성한 오류 처리 코드를 실행할 수 있다.

연습문제

1 파이썬에 대한 설명으로 옳지 않은 것을 모두 고르시오.

① 초보자가 배우기 쉬운 언어이다.

② 빌 게이츠가 C 언어로 제작했다.

③ 무료로 사용할 수 있으나 소스코드가 공개되지 않았다.

④ 라즈베리파이도 잘 지원한다.

⑤ 외부 라이브러리가 조금 부족한 것이 유일한 단점이다.

⑥ 인스타그램은 파이썬 웹 프레임워크로 제작되었다.

2 실행했을 때 출력되는 값이 다른 것을 고르시오.

① print("100")　　② print(100)

③ print(50+50)　　④ print("50+50")

3 파이썬에서 제공하는 데이터 형식으로 옳지 않은 것을 고르시오.

① 불: bool　　② 정수: int　　③ 실수: float

④ 문자: character　　⑤ 문자열: str

4 다음 각각의 산술 연산자를 보기에서 고르시오.

```
=  +  -  *  ^  ~  /  //  %  **  ***  &  #  $  @  ?  ==
```

① 대입 연산자　　② 나누기(몫)

③ 나머지 값　　④ 제곱

5 다음 코드를 실행했을 때 for 문이 반복되는 횟수를 고르시오.

```
for i in range(0, 101, 1) :
    print("여기를 반복")
```

① 0번　　② 1번

③ 100번　　④ 101번

6 다음 코드를 실행했을 때 출력되는 결과를 고르시오.

```
num = 0
if num > 0 :
    print("출력1", end = ' ')
else :
    print("출력2", end = ' ')
print("출력3", end = ' ')
```

① 출력2 ② 출력3 ③ 출력1 출력2

④ 출력1 출력3 ⑤ 출력2 출력3

7 다음 코드의 2~5행을 삼항 연산자로 바르게 변경한 것을 고르시오.

```
num = 5
if num % 2 == 0 :
    res = '짝수'
else :
    res = '홀수'
print(res)
```

① res = '홀수' if num % 2 == 0 else '짝수'

② res = if num % 2 == 0 '짝수' else '홀수'

③ res = '짝수' if num % 2 == 0 else '홀수'

④ res = if num % 2 == 0 '홀수' else '짝수'

8 다음은 100부터 1000까지의 정수 중에서 5의 배수 합계를 출력하는 코드이다. 빈칸에 들어갈 내용을 고르시오.

```
hap = 0
for i in range(____________) :
    hap += i
print(hap)
```

① 100, 1000, 5 ② 100, 1001, 5

③ 101, 1000, 5 ④ 101, 1001, 5

연습문제

9 다음 세 변수를 리스트로 바르게 변경한 것을 고르시오.

```
n1, n2, n3 = 100, 200, 300
```

① nn = [100 200 300]　　② nn = [100, 200, 300]

③ nn = [100 & 200 & 300]　　④ nn = [100 # 200 # 300]

10 다음 각각의 설명에 해당하는 리스트 함수를 보기에서 고르시오.

append()	pop()	sort()	reverse()	index()	insert()
remove()	extend()	count()	del()	len()	copy()

① 리스트의 전체 개수를 센다.

② 두 리스트를 연결한다.

③ 리스트 맨 뒤의 항목을 추출한다.

④ 지정한 값을 찾아서 위치를 알아낸다.

⑤ 리스트에서 특정 값의 개수를 센다.

11 함수에 대한 설명으로 옳지 않은 것을 모두 고르시오.

① 함수명( )과 같이 뒤에 괄호를 붙이거나 함수명[ ]과 같이 뒤에 대괄호를 붙인다.

② print("값")으로 괄호 안의 데이터를 전달할 수 있다.

③ 파이썬은 자체 함수를 제공하지 않으며, 필요시 사용자가 직접 만들어서 사용할 수 있다.

④ 함수를 사용하기 위해 내부 작동을 꼭 알아야 할 필요는 없다. 함수에 전달하는 값과 어떤 동작이 일어나는 정도만 알면 된다.

12 다음은 3개의 수를 합하여 출력하는 코드이다. 빈칸에 들어갈 내용을 쓰시오.

```
def plus( _____㉠_____ ) :
result = 0
result = v1 + v2 + v3
_____㉡_____

hap = plus(100, 200, 300)
print(hap)
```

CHAPTER 14

미니 프로젝트

학습목표

- 파이썬과 MySQL을 연동하여 데이터베이스를 구축한다.
- 회원 관리 시스템을 구현하는 미니 프로젝트를 수행한다.

01 파이썬과 MySQL 연동

1 파이썬에서의 MySQL 활용

1.1 pymysql 라이브러리 설치

파이썬 코드에서 MySQL을 직접 사용하는 방법을 알아보자. 파이썬 자체에는 MySQL을 인식하는 기능이 없기 때문에 외부 라이브러리인 pymysql을 먼저 설치해야 한다. 윈도우의 [시작]에서 마우스 오른쪽 버튼을 클릭하고 [터미널(관리자)] 또는 [Windows PowerShell(관리자)]를 선택한 후 다음 명령어를 실행하여 pymysql을 설치한다.

```
pip install pymysql
```

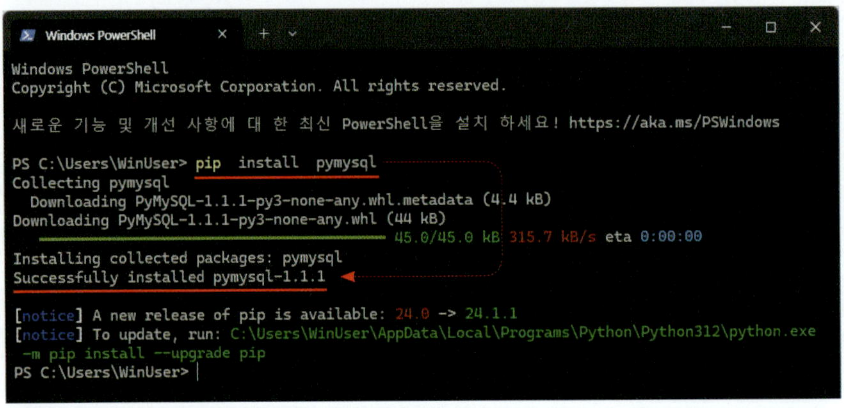

그림 14-1 pymysql 설치

이제 import pymysql 문을 통해 MySQL 관련 함수를 사용할 수 있다.

1.2 데이터베이스 접속

13장에서 배운 파이썬 프로그래밍을 활용하여 MySQL과 연동하는 방법을 알아보자. 이 책 전체에서 사용한 cookDB 데이터베이스를 생성하고 데이터를 조회, 삽입, 수정, 삭제하는 작업을 파이썬 코드로 프로그래밍할 것이다. 먼저 기본적인 데이터베이스 접속을 확인해본다.

[Code14-01.py] **기본적인 데이터베이스 접속**

```
1   import pymysql
2
3   ## 변수 선언부
4   db_host="127.0.0.1"      # MySQL 서버가 설치된 컴퓨터의 IP 주소
5   db_user="root"           # MySQL 사용자 이름
6   db_password="1234"       # MySQL 사용자 암호
7   db_name="sys"            # MySQL에 기본적으로 생성되어 있는 DB
8
9   ## 메인 코드
10  try :
11      conn = pymysql.connect(host=db_host, user=db_user, password=db_password, db=db_
            name, charset="utf8")
12      cur = conn.cursor()
13  except :
14      print("MySQL 접속 실패 ㅠㅠ")
15      exit()
16  finally :
17      print("MySQL 접속 성공 ^^")
18      conn.close()
```

실행 결과

```
MySQL 접속 성공 ^^
```

4~7행에서 서버 주소, DB 사용자 이름, 비밀번호, 접속할 DB를 변수로 지정하고, 11행에서 각 변수를 pymysql.connect() 함수에 전달하여 MySQL 서버에의 접속을 시도했다. 접속에 성공하면 결과가 변수 conn에 저장된다. pymysql.connect() 함수는 매개변수로 서버 주소, DB 사용자 이름, 비밀번호, 접속할 DB를 사용한다. 127.0.0.1은 자신의 컴퓨터를 의미하고, root는 지금까지 사용한 데이터베이스 관리자 계정이다. 사용할 DB가 아직 정해지지 않았기 때문에 MySQL 서버에 기본적으로 존재하는 sys 데이터베이스를 사용한다. 마지막의 charset="utf8"은 한글이 깨지지 않도록 넣어준 것이다.

12행의 커서(cursor)는 이후에 SQL 문을 실행하거나, 실행된 결과를 돌려받는 용도로 사용된다. 이 커서는 변수 cur에 저장했다. 13~15행은 MySQL 서버 접속에 실패했을 때 실행된다. 접속에 실패하면 오류 메시지를 출력하고 프로그램을 종료한다. 반대로 접속에 성공하면 16~17행이 실행되어 성공 메시지가 출력되고, 18행에서 conn.close()를 사용하여 MySQL 서버와의 접속을 종료한다.

이 장의 모든 소스에는 [Code 14-01.py]가 필요하므로 이를 간단하게 줄여서 사용할 것이다. "DB이름" 부분만 사용할 데이터베이스 이름으로 변경하면 된다.

```
import pymysql
conn = pymysql.connect(host="127.0.0.1", user="root", password="1234", db="DB이름",
        charset="utf8")
cur = conn.cursor()
## 필요한 내용을 여기에 코딩
conn.close()
```

2 SQL 문을 실행하는 방법

2.1 Workbench에서 데이터베이스 구축 방법 리뷰

Workbench에서 184쪽에 있는 [그림 5-12]의 cookDB 데이터베이스를 생성하고 운영하기 위해 다음과 같은 순서를 따랐다.

① 데이터베이스 생성: CREATE DATABASE …

② 테이블 생성: CREATE TABLE …

③ 데이터 입력/수정/삭제: INSERT INTO …, UPDATE …, DELETE FROM …

④ 데이터 조회: SELECT …

파이썬에서도 동일한 방식으로 SQL 문을 실행할 수 있다. 파이썬에서는 커서.execute(SQL 문) 함수를 사용하여 SQL 문을 실행한다.

먼저 Workbench에 root로 접속하고 다음 SQL 문을 실행하여 cookDB를 제거한다.

```
USE mysql;
DROP DATABASE IF EXISTS cookDB;
```

2.2 데이터베이스 생성

cookDB 데이터베이스를 생성하는 파이썬 코드를 작성해보자.

[Code14-02.py] **데이터베이스 생성**

```
import pymysql

## 메인 코드
conn = pymysql.connect(host="127.0.0.1", user="root", password="1234", db="sys",
        charset="utf8")
cur = conn.cursor()

```

```
7   sql = "CREATE DATABASE IF NOT EXISTS cookDB"
8   cur.execute(sql)
9   print("cookDB가 성공적으로 생성됨.")
10
11  conn.close()
```

실행 결과

```
cookDB가 성공적으로 생성됨.
```

7행에서 sql 변수에 데이터베이스를 생성하는 SQL 문을 그대로 넣어두었다. 8행에서는 cur.execute(SQL 문)을 실행하여 데이터베이스를 생성했다.

2.3 테이블 생성

이제 테이블을 생성할 차례이다. 테이블은 반드시 데이터베이스 안에 생성해야 하므로 이제부터는 pymysql.connect() 함수에서 cookDB 데이터베이스를 지정해야 한다. 테이블을 생성하는 SQL 문도 기존에 사용하던 SQL 문과 다르지 않다.

[Code14-03.py] **테이블 생성**

```
import pymysql

## 메인 코드
conn = pymysql.connect(host="127.0.0.1", user="root", password="1234", db="cookDB",
        charset="utf8")
cur = conn.cursor()

sql = """
        CREATE TABLE IF NOT EXISTS userTBL (
         userID     CHAR(8) NOT NULL PRIMARY KEY,
         userName      VARCHAR(10) NOT NULL,
         birthYear   INT NOT NULL,
         addr       CHAR(2) NOT NULL,
         mobile1   CHAR(3),
         mobile2   CHAR(8),
         height      SMALLINT,
         mDate      DATE      )
        """
cur.execute(sql)
print("userTBL이 성공적으로 생성됨.")

conn.close()
```

실행 결과

```
userTBL이 성공적으로 생성됨.
```

8~16행에서 기존에 사용하던 CREATE TABLE 문으로 테이블을 생성하는 SQL 문을 작성했다. 나머지는 [Code 14-02.py]와 거의 동일하고 메시지 부분만 다르다.

2.4 데이터 입력

데이터를 데이터베이스에 입력할 때는 INSERT 문을 사용한다. cur.execute(SQL 문) 함수는 한 번에 하나의 SQL 문만 실행하므로 여러 개의 데이터를 입력하려면 쉼표로 분리해야 한다.

[Code14-04.py] 데이터 입력

```python
import pymysql

## 메인 코드
conn = pymysql.connect(host="127.0.0.1", user="root", password="1234", db="cookDB",
        charset="utf8")
cur = conn.cursor()

sql = """
      INSERT INTO userTBL VALUES
      ('YJS', '유재석', 1972, '서울', '010', '11111111', 178, '2008-8-8'),
      ('KHD', '강호동', 1970, '경북', '011', '22222222', 182, '2007-7-7'),
      ('KKJ', '김국진', 1965, '서울', '019', '33333333', 171, '2009-9-9'),
      ('KYM', '김용만', 1967, '서울', '010', '44444444', 177, '2015-5-5'),
      ('KJD', '김제동', 1974, '경남', NULL , NULL     , 173, '2013-3-3'),
      ('NHS', '남희석', 1971, '충남', '016', '66666666', 180, '2017-4-4'),
      ('SDY', '신동엽', 1971, '경기', NULL , NULL     , 176, '2008-10-10'),
      ('LHJ', '이휘재', 1972, '경기', '011', '88888888', 180, '2006-4-4'),
      ('LKK', '이경규', 1960, '경남', '018', '99999999', 170, '2004-12-12'),
      ('PSH', '박수홍', 1970, '서울', '010', '00000000', 183, '2012-5-5')
      """
cur.execute(sql)
conn.commit()
print("userTBL에 데이터가 성공적으로 입력됨.")

conn.close()
```

실행 결과

```
userTBL에 데이터가 성공적으로 입력됨.
```

8~18행에서 10건의 데이터를 한꺼번에 입력하는 SQL 문을 작성했다. 주의할 점은 INSERT, UPDATE, DELETE 문을 사용할 때는 반드시 21행처럼 conn.commit()을 실행하여 변경 사항을 데이터베이스에 적용해야 한다는 것이다. 또한 [Code 14-04.py]를 두 번 실행하면 기본키가 중복되기 때문에 오류가 발행할 것이다.

2.5 데이터 조회

데이터베이스 생성, 테이블 생성, 데이터 입력은 SQL 문을 정확히 실행하기만 하면 된다. 그러나 데이터 조회(SELECT)는 단순히 SQL 문을 실행할 뿐만 아니라 조회된 결과를 화면에 출력해야 의미가 있다. 이번 예제에서는 10건의 데이터를 하나씩 화면에 출력해보자.

cur.execute("SELECT 문")을 사용하면 SELECT의 결과가 모두 cur 변수에 저장되며, for 문을 이용하여 cur 변수에서 한 행씩 리스트 형태로 추출할 수 있다. 예로 [Code14-05.py]의 14행의 row 리스트에는 ['YJS', '유재석', 1972, '서울' …] 등의 8개 값이 저장되며, row[0], row[1] 등으로 각 열의 값을 사용할 수 있다.

TIP cur 변수에 저장된 것은 정확히는 튜플 형태이다. 하지만 리스트 형태라고 생각하고 처리해도 큰 문제가 없다.

[Code14-05.py] 데이터 조회

```
1   import pymysql
2
3   ## 메인 코드
4   conn = pymysql.connect(host="127.0.0.1", user="root", password="1234", db="cookDB",
           charset="utf8")
5   cur = conn.cursor()
6
7   sql = """
8         SELECT * FROM userTBL
9         """
10  cur.execute(sql)
11
12  print("사용자ID    사용자이름    출생연도   주소")
13  print("--------------------------------------------")
14  for row in cur :
15      print("%5s   %10s   %10s   %s" % (row[0], row[1], row[2], row[3]))
16
17  conn.close()
```

실행 결과

```
사용자ID   사용자이름   출생연도  주소
-------------------------------------------
  KHD        강호동      1970     경북
  KJD        김제동      1974     경남
  KKJ        김국진      1965     서울
  KYM        김용만      1967     서울
  LHJ        이휘재      1972     경기
  LKK        이경규      1960     경남
  NHS        남희석      1971     충남
  PSH        박수홍      1970     서울
  SDY        신동엽      1971     경기
  YJS        유재석      1972     서울
```

8행에서 userTBL을 모두 조회하는 SQL 문을 작성했다. 14~15행에서는 조회된 데이터를 행별로 반복했다. 15행에서 row[첨자]로 접근하면 현재 행의 해당 열에 저장된 데이터가 조회되어 결국 전체 데이터인 10건의 행이 화면에 출력되었다.

02 회원 관리 시스템 구현

1 회원 관리 시스템의 구성도

앞에서는 파이썬을 사용하여 데이터베이스와 테이블을 생성하고 데이터를 입력 및 조회하는 방법을 살펴보았다. 이제 그동안 배운 내용을 종합하여 '한빛 쇼핑몰'의 회원 관리 시스템을 만들어보자. 이 시스템은 회원 조회, 입력, 수정, 삭제를 처리하는 응용 프로그램으로, 한빛 쇼핑몰의 시스템 관리자가 주로 사용하게 될 것이다.

TIP 미니 프로젝트에서는 화면의 디자인적인 측면을 고려하지 않았다. 화면이 너무 단순해서 마음에 들지 않는다면 스스로 화면을 보기 좋게 구성하기 바란다.

회원 관리 시스템은 다음과 같이 구성된다.

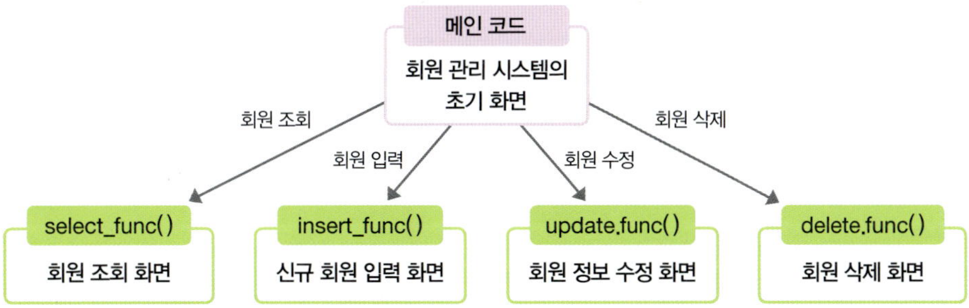

그림 14-2 한빛 쇼핑몰 회원 관리 시스템의 구성도

이렇게 구성된 시스템의 각 화면이 다음과 같이 작동하도록 파이썬으로 작성할 것이다.

- **회원 관리 시스템의 초기 화면**: 시스템이 시작되면 초기 화면에서 [회원 조회], [신규 회원 입력], [회원 정보 수정], [회원 삭제], [프로그램 종료]라는 메뉴를 사용자에게 제공한다.
- **회원 조회 화면**: 사용자가 [회원 조회]를 선택하면 전체 회원 목록을 화면에 출력한다.
- **신규 회원 입력 화면**: 사용자가 [신규 회원 입력]을 선택하면 신규 회원의 정보를 입력할 수 있다. 입력한 정보에 이상이 없으면 해당 회원은 데이터베이스에 저장된다.
- **회원 정보 수정 화면**: 사용자가 [회원 정보 수정]을 선택하면 수정할 회원의 아이디를 입력받아 해당 회원의 정보를 화면에 출력하고, 사용자는 회원 정보를 수정할 수 있다. 수정하지 않는 정보의 경우 Enter 를 누르면 넘어가게 한다. 수정한 정보에 이상이 없으면 해당 회원의 정보가 업데이트된다.

- **회원 삭제 화면**: 사용자가 [회원 삭제]를 선택하면 삭제할 회원의 아이디를 입력받고, 정말로 삭제할 것인지 확인하기 위해 한 번 더 Yes 또는 No를 입력받는다. 사용자가 Yes를 선택하면 해당 회원이 삭제된다.
- **기능 실행 후 초기 화면으로 복귀**: 각 기능을 수행한 후에는 초기 화면으로 돌아가서 메뉴를 다시 출력한다.

2 회원 관리 시스템의 초기 화면

회원 관리 시스템의 초기 화면을 작성해보자.

[Code14-06.py] **메인 화면 출력 및 함수 준비**

```
import pymysql

## 함수 선언부
def select_func() :
    pass

def insert_func() :
    pass

def update_func() :
    pass

def delete_func() :
    pass

def print_func() :
    print("\n## 한빛 쇼핑몰 [회원 관리 시스템] ##")
    print("(1) 회원 조회")
    print("(2) 신규 회원 입력")
    print("(3) 회원 정보 수정")
    print("(4) 회원 삭제")
    print("(5) 프로그램 종료 \n")

## 변수 선언부
conn = pymysql.connect(host="127.0.0.1", user="root", password="1234", db="cookDB",
        charset="utf8")
menu = -1

## 메인 코드
while (menu != 5) :
    print_func()
```

```
31     menu = int(input("선택하세요 ==> "))
32     if menu == 1 :
33         select_func()
34     elif menu == 2 :
35         insert_func()
36     elif menu == 3 :
37         update_func()
38     elif menu == 4 :
39         delete_func()
40
41 conn.close()
42 print("프로그램 종료~")
```

실행 결과

```
## 한빛 쇼핑몰 [회원 관리 시스템] ##
(1) 회원 조회
(2) 신규 회원 입력
(3) 회원 정보 수정
(4) 회원 삭제
(5) 프로그램 종료

선택하세요 ==> 5
프로그램 종료~
```

4~13행에서 조회, 입력, 수정, 삭제를 위한 함수의 이름을 미리 준비했다. 16~22행의 print_func() 함수는 초기 화면의 메뉴를 출력한다. 25행에서는 데이터베이스에 연결하고, 프로그램이 종료되면 41행에서 데이터베이스 연결을 해제한다. 26행에서는 menu 변수를 준비했는데, 이 변수는 31행에서 값을 입력받아 사용된다. 초깃값은 18~22행의 메뉴 값 1~5를 제외한 아무 값으로 설정한다. 29~39행에서는 사용자가 5를 선택하기 전까지 조회, 입력, 수정, 삭제를 계속해서 수행한다.

3 회원 조회 화면

초기 화면에서 사용자가 '(1) 회원 조회'를 선택하면 전체 회원이 나타나도록 select_func() 함수를 다음과 같이 수정한다.

[Code14-07.py] 회원 조회 함수

```
def select_func() :
    cur = conn.cursor()
```

```
3        sql = "SELECT * FROM userTBL"
4        cur.execute(sql)
5        print("아이디  이름  출생연도 주소 국번 전화번호 키 가입일")
6        print("-------------------------------------------------------------------------")
7        for row in cur :
8            for column in row :
9                print("%s" % column, end=" ")
10           print()
```

실행 결과

```
## 한빛 쇼핑몰 [회원 관리 시스템] ##
(1) 회원 조회
(2) 신규 회원 입력
(3) 회원 정보 수정
(4) 회원 삭제
(5) 프로그램 종료

선택하세요 ==> 1
아이디 이름 출생연도 주소 국번 전화번호 키 가입일
-------------------------------------------------------------------------
KHD 강호동 1970 경북 011 22222222 182 2007-07-07
KJD 김제동 1974 경남 None None 173 2013-03-03
KKJ 김국진 1965 서울 019 33333333 171 2009-09-09
KYM 김용만 1967 서울 010 44444444 177 2015-05-05
LHJ 이휘재 1972 경기 011 88888888 180 2006-04-04
LKK 이경규 1960 경남 018 99999999 170 2004-12-12
NHS 남희석 1971 충남 016 66666666 180 2017-04-04
PSH 박수홍 1970 서울 010 00000000 183 2012-05-05
SDY 신동엽 1971 경기 None None 176 2008-10-10
YJS 유재석 1972 서울 010 11111111 178 2008-08-08
```

2행에서 커서를 준비하고 3행에서 SELECT 문을 만든 다음 4행에서 실행했다. 7행에서는 조회된 10건의 회원 정보 중 한 명씩의 정보를 row에 대입하고, 8행에서는 한 명의 정보 중 열 정보를 하나씩 column에 대입했다. 그리고 9행에서 각 열의 내용을 출력했다.

4 신규 회원 입력 화면

초기 화면에서 사용자가 '(2) 신규 회원 입력'을 선택하면 신규 회원의 정보를 입력받아 데이터베이스에 저장하도록 insert_func() 함수를 다음과 같이 수정한다.

[Code14-08.py] 신규 회원 입력 함수

```
1   def insert_func() :
2       cur = conn.cursor()
3       print(">> 신규 회원 입력 <<")
4       userID = input("아이디 : ")
5       userName = input("이름 : ")
6       birthYear = input("출생연도 : ")
7       addr = input("지역 : ")
8       mobile1 = input("국번 : ")
9       mobile2 = input("전화번호 : ")
10      height = input("키 : ")
11
12      sql = "INSERT INTO userTBL VALUES ('"
13      sql += userID + "', '" + userName + "', " + birthYear +", '"
14      sql += addr +"', '" + mobile1 +"', '" + mobile2 + "', "
15      sql += height + ", CURDATE() )"
16
17      try :
18          cur.execute(sql)
19          conn.commit()
20      except :
21          print("입력값 오류!")
```

실행 결과

```
## 한빛 쇼핑몰 [회원 관리 시스템] ##
(1) 회원 조회
(2) 신규 회원 입력
(3) 회원 정보 수정
(4) 회원 삭제
(5) 프로그램 종료

선택하세요 ==> 2
>> 신규 회원 입력 <<
아이디 : NEW
이름 : 뉴진스
출생연도 : 2007
지역 : 서울
국번 : 010
전화번호 : 12341234
키 : 170
```

4~10행에서 신규 회원의 모든 정보를 문자열로 입력받고, 12~15행에서 이 데이터를 사용하여 INSERT 문을 완성했다. 이때 아이디, 이름, 지역과 같은 문자열 데이터는 작은따옴표로 감싸서 SQL 문으로 만들고 출생연도, 키와 같은 숫자 데이터는 작은따옴표 없이 SQL 문으로 만들어야 한

다. 15행의 CURDATE() 함수는 현재 날짜(가입일)를 자동으로 생성한다. 17~21행에서는 SQL 문을 실행하는데, 만약 입력값에 오류가 있으면 오류 메시지를 출력한다.

5 회원 정보 수정 화면

초기 화면에서 사용자가 '(3) 회원 정보 수정'을 선택하면 특정 회원의 정보를 수정하도록 update_func() 함수를 다음과 같이 수정한다. 사용자가 특정 정보를 수정하지 않는 경우 Enter 를 눌러 넘어가게 설정한다. 실행 결과는 앞에서 생성한 NEW 회원의 정보 중 일부를 수정한 것이다.

[Code14-09.py] **회원 정보 수정 함수**

```
def update_func() :
    cur = conn.cursor()
    print(">> 회원 정보 수정 <<")
    userID = input("수정할 아이디 : ")
    sql = "SELECT * FROM userTBL WHERE userID ='" + userID + "'"
    cur.execute(sql)
    row = cur.fetchone()
    if row == None :
        print('해당 아이디의 회원은 없습니다')
        return

    userName = input("이름("+row[1] + ") : ")
    userName = row[1] if len(userName)==0 else userName
    birthYear = input("출생연도("+str(row[2] )+ ") : ")
    birthYear = str(row[2]) if len(birthYear)==0 else birthYear
    addr = input("지역("+row[3] + ") : ")
    addr = row[3] if len(addr)==0 else addr
    mobile1 = input("국번("+row[4] + ") : ")
    mobile1 = row[4] if len(mobile1)==0 else mobile1
    mobile2 = input("전화번호("+row[5] + ") : ")
    mobile2 = row[5] if len(mobile2)==0 else mobile2
    height = input("키("+str(row[6]) + ") : ")
    height = str(row[6]) if len(height)==0 else height

    sql = "UPDATE userTBL SET userName='" + userName + "', birthYear="
    sql += birthYear + ", addr='" + addr + "', mobile1='" + mobile1 + "', mobile2='"
    sql += mobile2 + "', height=" + height + " WHERE userID='" + userID + "'"

    try :
        cur.execute(sql)
        conn.commit()
    except :
        wprint("수정값 오류!")
```

실행 결과

```
## 한빛 쇼핑몰 [회원 관리 시스템] ##
(1) 회원 조회
(2) 신규 회원 입력
(3) 회원 정보 수정
(4) 회원 삭제
(5) 프로그램 종료

선택하세요 ==> 3
>> 회원 정보 수정 <<
수정할 아이디 : NEW
이름(뉴진스) : Enter
출생연도(2007) : 2005
지역(서울) : 제주
국번(010) : Enter
전화번호(12341234) : 99999999
키(170) : 171
```

4행에서 수정할 회원의 아이디를 입력받고 5~7행에서 해당 회원의 정보를 조회하는데, 7행의 cur.fetchone() 함수는 조회된 결과 중 한 행을 가져온다. 8~10행에서는 입력된 아이디로 조회한 결과가 없으면 회원이 존재하지 않는 것이므로 오류 메시지를 출력하고 함수를 종료한다. 12~23행에서는 각 회원 정보의 항목을 차례로 수정한다. 기존 정보를 함께 출력하며, 사용자가 그대로 유지하려면 Enter를 눌러 기존 값을 사용할 수 있게 한다. 15행과 23행에서는 숫자를 문자열로 변경하기 위해 str() 함수를 사용했다. 25~27행에서는 입력받은 값으로 UPDATE 문을 생성하고, 29~33행에서는 UPDATE 문을 수행한다.

6 회원 정보 삭제 화면

초기 화면에서 사용자가 '(4) 회원 삭제'를 선택하면 특정 회원의 정보를 삭제하도록 delete_func() 함수를 다음과 같이 수정한다. 실행 결과는 앞에서 생성한 NEW 회원을 삭제한 것이다. 삭제하는 경우에는 전체 정보가 필요 없고 아이디와 이름만 보여주면 된다.

[Code14-10.py] **회원 삭제 함수**

```
def delete_func() :
    cur = conn.cursor()
    print(">> 회원 삭제 <<")
    userID = input("삭제할 아이디 : ")
    sql = "SELECT * FROM userTBL WHERE userID ='" + userID + "'"
    cur.execute(sql)
    row = cur.fetchone()
```

```
8       if row == None :
9           print('해당 아이디의 회원은 없습니다')
10          return
11
12      print("삭제할 회원은 %s(%s)입니다. " % (row[0], row[1]))
13      yesNo = input("삭제하겠습니까 (Y/N) ")
14
15      if yesNo in "Yy" :
16          sql = "DELETE FROM userTBL WHERE userID='" + row[0] + "'"
17          try :
18              cur.execute(sql)
19              conn.commit()
20          except :
21              print("삭제값 오류!")
```

실행 결과

```
## 한빛 쇼핑몰 [회원 관리 시스템] ##
(1) 회원 조회
(2) 신규 회원 입력
(3) 회원 정보 수정
(4) 회원 삭제
(5) 프로그램 종료

선택하세요 ==> 4
>> 회원 삭제 <<
삭제할 아이디 : NEW
삭제할 회원은 NEW(뉴진스)입니다.
삭제하겠습니까 (Y/N) Y
```

4행에서 삭제할 회원의 아이디를 입력받고, 5~7행에서 해당 회원의 정보를 조회한다. 12행에서 삭제할 회원의 정보를 다시 출력하고, 13행에서 Y 또는 N을 입력받는다. Y 또는 y가 입력되면 15~16행에서 DELETE 문을 생성하고, 17~21행에서 삭제 SQL 문을 실행한다.

7 통합 코드

지금까지 작성한 코드를 하나로 통합한 코드는 다음과 같다.

[Code14-11.py] 회원 관리 시스템 통합 코드

```
import pymysql

## 함수 선언부
```

```python
def select_func() :
    cur = conn.cursor()
    sql = "SELECT * FROM userTBL"
    cur.execute(sql)
    print("아이디  이름  출생연도 주소 국번 전화번호 키 가입일")
    print("--------------------------------------------------------------------------")
    for row in cur :
        for column in row :
            print("%s" % column, end=" ")
        print()

def insert_func() :
    cur = conn.cursor()
    print(">> 신규 회원 입력 <<")
    userID = input("아이디 : ")
    userName = input("이름 : ")
    birthYear = input("출생연도 : ")
    addr = input("지역 : ")
    mobile1 = input("국번 : ")
    mobile2 = input("전화번호 : ")
    height = input("키 : ")

    sql = "INSERT INTO userTBL VALUES ('"
    sql += userID + "', '" + userName + "', " + birthYear +", '"
    sql += addr +"', '" + mobile1 +"', '" + mobile2 + "', "
    sql += height + ", CURDATE() )"

    try :
        cur.execute(sql)
        conn.commit()
    except :
        print("입력값 오류!")

def update_func() :
    cur = conn.cursor()
    print(">> 회원 정보 수정 <<")
    userID = input("수정할 아이디 : ")
    sql = "SELECT * FROM userTBL WHERE userID ='" + userID + "'"
    cur.execute(sql)
    row = cur.fetchone()

    userName = input("이름("+row[1] + ") : ")
    userName = row[1] if len(userName)==0 else userName
    birthYear = input("출생연도("+str(row[2] )+ ") : ")
    birthYear = str(row[2]) if len(birthYear)==0 else birthYear
    addr = input("지역("+row[3] + ") : ")
```

```
    addr = row[3] if len(addr)==0 else addr
    mobile1 = input("국번("+row[4] + ") : ")
    mobile1 = row[4] if len(mobile1)==0 else mobile1
    mobile2 = input("전화번호("+row[5] + ") : ")
    mobile2 = row[5] if len(mobile2)==0 else mobile2
    height = input("키("+str(row[6]) + ") : ")
    height = str(row[6]) if len(height)==0 else height

    sql = "UPDATE userTBL SET userName='" + userName + "', birthYear="
    sql += birthYear + ", addr='" + addr + "', mobile1='" + mobile1 + "', mobile2='"
    sql += mobile2 + "', height=" + height + " WHERE userID='" + userID + "'"
    try :
        cur.execute(sql)
        conn.commit()
    except :
        print("수정값 오류!")

def delete_func() :
    cur = conn.cursor()
    print(">> 회원 삭제 <<")
    userID = input("삭제할 아이디 : ")
    sql = "SELECT * FROM userTBL WHERE userID ='" + userID + "'"
    cur.execute(sql)
    row = cur.fetchone()
    if row == None :
        print('해당 아이디의 회원은 없습니다')
        return

    print("삭제할 회원은 %s(%s)입니다. " % (row[0], row[1]))
    yesNo = input("삭제하겠습니까 (Y/N) ")

    if yesNo in "Yy" :
        sql = "DELETE FROM userTBL WHERE userID='" + row[0] + "'"
        try :
            cur.execute(sql)
            conn.commit()
    except :
        print("삭제값 오류!")

def print_func() :
    print("\n## 한빛 쇼핑몰 [회원 관리 시스템] ##")
    print("(1) 회원 조회")
    print("(2) 신규 회원 입력")
    print("(3) 회원 정보 수정")
    print("(4) 회원 삭제")
```

```
    print("(5) 프로그램 종료 \n")

## 변수 선언부
conn = pymysql.connect(host="127.0.0.1", user="root", password="1234", db="cookDB",
       charset="utf8")
menu = -1

## 메인 코드
while (menu != 5) :
    print_func()
    menu = int(input("선택하세요 ==> "))
    if menu == 1 :
        select_func()
    elif menu == 2 :
        insert_func()
    elif menu == 3 :
        update_func()
    elif menu == 4 :
        delete_func()

conn.close()
print("프로그램 종료~")
```

이 장에서는 파이썬과 MySQL을 연동하여 실제로 동작하는 회원 관리 시스템을 구축하는 과정을 다루었다. 데이터베이스와 연동되는 파이썬 프로그램을 작성하면서 데이터 조회, 입력, 수정, 삭제가 어떻게 구현되는지를 살펴보았다. 이 시스템은 실제 응용 프로그램을 구현하는 데 필요한 기초적인 내용으로 이루어졌으며, 이를 바탕으로 더 복잡하고 기능적인 데이터베이스 연동 시스템을 구현할 수 있을 것이다.

요약

1 파이썬과 MySQL을 연동하려면 외부 라이브러리인 pymysql을 설치해야 한다. 또한 import pymysql 문을 통해 MySQL과 관련된 함수를 사용할 수 있다.

2 파이썬 코드에서 데이터베이스에 접속하려면 다음과 같이 작성한다.

```
import pymysql

conn = pymysql.connect(host="127.0.0.1", user="root", password="1234", db="DB이름",
          charset="utf8")
cur = conn.cursor()
## 필요한 내용을 여기에 코딩
conn.close()
```

3 파이썬에서 SQL 문을 실행하려면 다음과 같이 작성한다.

```
sql = "SQL문"
cur.execute(sql)
```

4 이 장에서 구현한 회원 관리 시스템은 다음과 같이 구성된다.

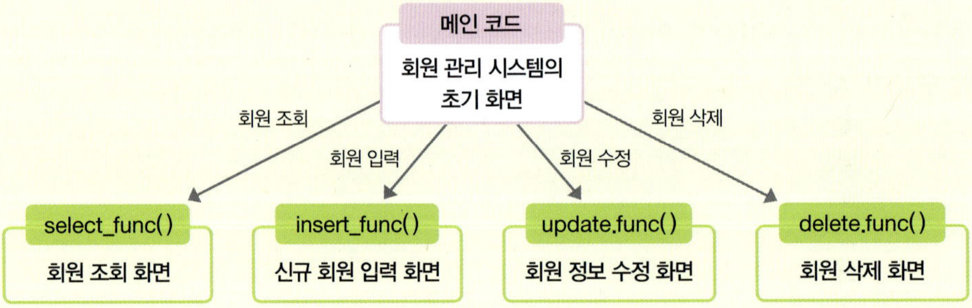

연습문제

1 다음은 myUser(비밀번호: my1234)라는 사용자가 myDB에 접속하는 파이썬 코드이다. 빈칸에 들어갈 내용을 보기에서 고르시오.

user	person	root	database	password	db
connect	cursor	mysql	table	name	query

```
import pymysql

conn = pymysql. ____㉠____ (host="127.0.0.1", ____㉡____ ="myUser",
        ____㉢____ ="my1234", ____㉣____ ="myDB")
cur = conn. ____㉤____ ()
## 필요한 내용을 여기에 코딩
conn.close()
```

2 다음은 userTBL 테이블을 조회하는 파이썬 코드이다. 빈칸에 들어갈 내용을 쓰시오.

```
sql = """
        ____㉠____
        """
cur. ____㉡____ (sql)

print("사용자ID    사용자이름    출생연도   주소")
print("----------------------------------------")
for ____㉢____ :
    print("%5s   %10s   %10s   %s" % (row[0], row[1], row[2], row[3]))
```

3 파이썬에서 MySQL에 접속하기 위해 명령 프롬프트 또는 파워셸에서 관련 패키지를 설치하는 명령을 쓰시오.

응용 예제 MariaDB에서 파이썬 연동하기

5장에서 생성한 singerDB를 사용하여 실습을 진행해보자. 일부 실습에서는 cookDB와 singerDB의 테이블 이름, 열 이름, 데이터 값이 다르므로 그에 맞게 SQL을 변경해야 한다. 다음을 참고하여 변경한다.

cookDB → singerdb	userName → mem_name	userID → mem_id
serTBL → member	prodName → prod_name	birthYear → mem_number
mobile1 → phone1	mobile2 → phone2	mDate → debut_date

1 531쪽에 있는 **[Code 14-05.py] 데이터 조회**를 수행하고 결과를 확인해보자.

실행 결과

```
사용자ID    사용자이름     인원수      주소
----------------------------------------------------
 APN       에이핑크        6        경기
 BLK       블랙핑크        4        경남
 GRL       소녀시대        8        서울
 ITZ         잇지          5        경남
 MMU        마마무         4        전남
 OMY       오마이걸        7        서울
 RED       레드벨벳        4        경북
 SPC       우주소녀       13        서울
 TWC       트와이스        9        서울
 WMN       여자친구        6        경기
```

2 다음과 같은 회원 관리 시스템을 완성해보자.

실행 결과

```
## 한빛 쇼핑몰 [회원 관리 시스템] ##
(1) 회원 조회
(2) 신규 회원 입력
(3) 회원 정보 수정
(4) 회원 삭제
(5) 프로그램 종료

선택하세요 ==> 2
>> 신규 회원 입력 <<
아이디 : NEW
```

```
이름 : 뉴진스
인원 : 5
지역 : 서울
국번 : 02
전화번호 : 1234
평균키 : 170

## 한빛 쇼핑몰 [회원 관리 시스템] ##
(1) 회원 조회
(2) 신규 회원 입력
(3) 회원 정보 수정
(4) 회원 삭제
(5) 프로그램 종료

선택하세요 ==> 1
아이디  이름  인원  주소 국번 전화번호 키 데뷔일자
-------------------------------------------------------------------------------
APN 에이핑크 6 경기 031 77777777 164 2011-02-10
BLK 블랙핑크 4 경남 055 22222222 163 2016-08-08
GRL 소녀시대 8 서울 02 44444444 168 2007-08-02
ITZ 잇지 5 경남 None None 167 2019-02-12
MMU 마마무 4 전남 061 99999999 165 2014-06-19
NEW 뉴진스 5 서울 02 1234 170 2024-10-03
OMY 오마이걸 7 서울 None None 160 2015-04-21
RED 레드벨벳 4 경북 054 55555555 161 2014-08-01
SPC 우주소녀 13 서울 02 88888888 162 2016-02-25
TWC 트와이스 9 서울 02 11111111 167 2015-10-19
WMN 여자친구 6 경기 031 33333333 166 2015-01-15

## 한빛 쇼핑몰 [회원 관리 시스템] ##
(1) 회원 조회
(2) 신규 회원 입력
(3) 회원 정보 수정
(4) 회원 삭제
(5) 프로그램 종료

선택하세요 ==> 5
```

INDEX

ㄱㄴ

ㄷ

ㄹㅁ

ㅂ

ㅅ

ㅇ

ㅈ

ㅊ ㅋ

ㅌ

E

F

G H

M

N